KB002937

경남을 인문하다

송희복

동국대 문과대 국문과 졸업. 동국대 대학원 졸업 (문학박사). 진주교대 국어교육과 교수 역임. 퇴임(2022) 이후에, 문인 및 학자의 삶을 이어감.

저서_『맨얼굴의 강의록』외 다수

경남을 인문하다

2023년 1월 21일 1판 1쇄 인쇄 / 2023년 1월 31일 1판 1쇄 발행

지은이 송희복 / 펴낸이 민성혜
펴낸곳 글과마음 / 출판등록 2018년 1월 29일 제2018-000039호
주소 (06367) 서울특별시 강남구 광평로 280, 1106호(수서동)
전화 02) 567-9731 / 팩스 02) 567-9733
전자우편 writingnmind@naver.com
편집 및 제작 청동거울

ISBN 979-11-981860-0-3 (03090)

이 도서는 한국출판문화산업진흥원의 '2022 중소출판사 출판콘텐츠 창작 지원 사업'의 일환으로 국민체육진흥기금을 지원받아 제작되었습니다.

경남을 인문하다

송희복

글과마음

독자를 위하여

경남 지역에 관한 인문학적인 글쓰기의 원고를 정리해보니 꽤 많은 양의 원고가 저장되어 있었다. 따로 구상하고 있는 다른 성격의 단행본에 들어갈 원고들을 제외하고, 나머지 원고들을 묶었다. 나머지라고 해도 적지 않은 원고의 양이다. 제목은 '경남을 인문하다'로 정했다. 이 문장은 탈문법적인 표현이지만, 독자에게 저자의 의도가 충분히 전달될 수 있는 제목이라고 보였다.

경남이라고 하는 특정 지역과, 문학과 역사와 사상이 주가 되는 인문학의 관계가 이 책의 열쇠가 되는 말, 즉 키 워드라고 할 것이다. 지역과 인문. 이 두 가지의 개념은 알고 보면, 서로 깊은 관계가 있다. 전국이란 범위의 한 부분인 지역은 국민적인 삶의 근거를 이루는 단위이다. 우리는 근거라는 한자어를 두고 우리말 '터무니'로 갈음하기도 한다. 터무니가 있네, 없네, 할 때의 그 터무니 말이다. 경남은 대한민국이라는 총합의 한 근거, 즉 삶의 터무니를 이룬다. 그런데 터무니의 어원을 아는 사람은 거의 없다. 터무니는 놀랍게도 '터의 무늬'라는 말에서 나왔다. 굳이 한자로 표현하자면, 사전의 표제어로 등재되어 있지 않아도 '기문(基紋)'에 해당되는 말이다.

인문은 또 어떤가? 국어사전은 '인물과 문물을 아울러 이르는 말'이라고 풀이하고 있다. 물론 틀리거나 어긋난 표현은 아니지만, 이것은 나의 의도에 현저히 미치지 못한 해석이다. 중국 상고에 글월 문(文) 자와 무늬 문(紋) 자는 같은 뜻으로 쓰였다. 그러니까 같은 어원에서 나왔다는 거다. 인문(人文)은 즉 인문(人紋)이요, '사람의 무늬'라고 하는 원초적인 뜻을 머금고 있다. 이 정도의 얘기라면, 독자들은 이 책이 무슨 성격의 책이란 것을 대충 눈치 챌 수 있을 거라고 본다. 이를테면 '경남을 인문하다'라고 하는 제목의 책은 터의 무늬와 사람의 무늬를 놓고 함께 헤아려보고, 또 더불어 살펴본 책이다.

이 책에 실려 있는 스물여덟 편의 글에는, 더러 인상비평적인 스케치도 있지만, 전체적으로 볼 때 학술적인 성격의 담론이 적지 않다. 또 원고 중에는 20년 전 즈음의 원고도 두 편이나 된다. 20년에 걸쳐 쓴 글을 모은 것이지만, 대부분은 최근 5년 안에 쓰인 것들이다. 분야는 언어학에서부터 예술·연희 분야에까지 아우르고 있다.

나는 경남이란 지역에 대해 무척 각별한 연고와 장소감을 가지고 있다. 김해는 나의 선조들이 5백년 가까이 살아온 고토(故土)이자, 내겐 상재지향(桑梓之鄕)이다. 밀양은 나의 출생지이며, 또 외향(外鄕)이다. 진주는 나와 4반세기 동안 깊디깊은 인연을 맺었다. 필생토록 잊지 못할 곳이다. 또 나는 20대 초중반에 경남 울주군·울산시에서 5년 남짓하게 교사로 재직하기도 했었다. 경남은 이처럼 내 삶의 역정에 뚜렷한 터의 무늬를 새겼다. 이 정도의 연고와 장소감이라면, 나는 경남에 내 고향이면서 본적지인 부산을 넘어서는 '장소애(topophilia)'를 가질 수밖에 없다. 지리학자 누군가는 장소감이 필연적으로 장소애를 낳는다고 말하지 않

6

았던가?

마지막으로 남기고 싶은 말이 있다.

나는 이 책을 통해, 아니 이 책 속에서, 경관, 향토애, 예(藝), 민속연희, 역사지리, 안팎너머(탈경계)의 삶, 인간다움과 아름다움 등의 소중한 가치와 자산을 구현하려고 노력했음을 밝히지 않을 수 없다. 땅은 존재의 근거이고, 터에는 각각의 고유한 무늬가 있다. 경남의 경관과, 방언과, 역사와, 예술 등이 터무니, 즉 터의 무늬라고, 나는 생각한다. 기나긴 원고를 정성껏 교정하는 데 수고를 아끼지 않은 내 아내에게, 감사와 사랑의 마음을 전한다.

2023년 새해 첫날, 해운대에서,
지은이 쓰다.

| 차 례 |

8

제4부_ 언어와 문학

제1부

미시의 역사

지역 문화의 꽃, 고려대장경, 천년의 역사

1. 고려대장경과 경남 지역의 친연 관계

불교가 고대 인도에서 동아시아로 확산되면서 새로운 가르침과 문화를 전파하는 적극적인 도구로 기능하였음은 두루 알려진 바와 같다. 특히 한자문화권의 동북아시아에서는 대승불교로 발돋움하게 되었다. 대승불교에서 역경(譯經)과 사경(寫經)이 가장 중요한 신앙 행위였음은 두말할 나위가 없었다.

불경을 한문으로 번역하기 시작한 때는 서기 147년이었다. 이때 지금의 이란 땅에 있었던 안식국(파르티아)의 한 왕자가 불법을 전하기 위해 중국으로 왔다. 중국식의 이름은 안세고(安世高)였다. 그가 중국 한나라에 20여 년을 머물면서 불전의 언어를 한문으로 처음 번역하기 시작했다.

이로부터 오랫동안 인도와 서역의 승려들이 중국에 들어와 대부분 당시의 집권자들의 후원을 받으면서 안정적인 환경 속에서 역경 사업에 매달려 왔다. 그 대표적인 인물이 신장위구르 지역의 출신으로 어릴 때 인도에 가서 불경을 공부한 후 중국으로 초청된 구마라집(鳩摩羅什)이다.

한편 중국에 불교가 안정적으로 정착하면서 중국인 승려가 인도에 가서 공부를 한 다음에 다시 귀국한 소위 구법승이 출현하기 시작했다. 구법승 가운데 역경 사업에 가장 심혈을 기울였던 이는 현장(玄奘)이었다. 그의 역경 사업은 초인적이었다. 한역된 불전의 4분의 1이 그가 이룩한 것이라고 한다. 그가 663년에 『대반야경』 600권을 모두 번역한 후 이듬해 편안하게 세상을 떠났다. 물론 그 이후에도 누군가에 의해 역경 사업이 있었겠지만, 147년에서부터 663년에 이르기까지 416년간에 걸쳐 한역 불전의 얼개가 갖추어진 셈이다.

역경 못지않게 중요한 행위는 사경이었다. 번역된 한문 텍스트를 옮겨 쓴다는 것 역시 여간 힘든 일이 아니었다. 양 무제와 수 문제의 시대부터 사경소가 설치되었을 정도로 사경의 중요성은 일찍 인식되었다. 말하자면 한문으로 번역하는 역경 사업이 채 끝이 나기도 전에 사경해야 한다는 생각이 먼저 대두하였던 것이다. 그러나 한역 불전을 대량으로 유통하고 보급해야 한다는 점에 있어서는 필사의 한계라는 것이 너무 명백했다. 이 한계가 인쇄술의 발명을 촉발했다고 보는 것이 온당해 보인다.[1]

불전을 집대성해 체계화한 경전이 바로 대장경이다. 이를 두고 한자문화권에선 삼장(三藏)이라고도 한다. 불교의 교주인 석가의 가르침을 기록한 경(經)과, 승려가 지켜야 할 계율을 담은 율(律)과, 불법에 관한 해석 및 논변을 모은 론(論)을 통틀어 이른 것이다. 대장경에 관한 국제적인 통용어는 산스크리트어와 라틴어를 합성한 조어인 '트리피타카(tri-pitaka)'이다. 세 가지 광주리(바구니)라는 뜻이다. 그러니까 삼장이란 것도, 경과 율과 론을 감추어놓은 저장소(곳간)를 의미한다.

대장경이라고 하면, 일반적으로 인쇄술로 판각해 놓은 결과를 가리킨

---

1 이상은 석길암 지음의 『불교, 동아시아를 만나다』(불광출판사, 2010)를 두루 참고했다.

다. 동북아시아에서의 한역 대장경은 주로 10세기와 11세기에 조성되었다. 인쇄술의 기술이 결실을 맺은 시기였다. 북송대장경(971~983), 고려초조(初雕)대장경(1011~1087), 거란대장경(1031~1054)이 긴 역사의 안목에서 볼 때, 거의 비슷한 시기에 만들어졌던 셈이 된다.

고려초조대장경은 거란대장경에 비해 20년 먼저 착수했으나, 완성은 33년이나 뒤졌다. 어쨌든 안세고가 중국에 발을 디딘 후에 역경을 처음 시도한 때부터 고려초조대장경이 완성된 때까지의 시간은 940년이 걸렸다. 또한 고려초조대장경을 착수한 시기부터 지금(2021)까지의 시간은 1010년이 지났다. 이처럼 대장경이라고 하면, 우리에게 그 천년의 의미가 두 차례나 반복되고 있다.

국제적인 통용어로 '트리피타카 코레아나'로 일컬어지고 있는 고려대장경은 고려초조대장경과 고려교장(1091~1101)[2]과 고려재조대장경(1236~1251)을 통칭하는 용어이다. 몽골의 강성한 무력은 중국과 한반도에 전쟁을 불렀다. 이 과정에서의 참화는 이루 말할 수 없었겠지만, 몽골은 북송대장경을 대부분 파괴해버렸고, 고려초조대장경·고려교장을 전소시켰다. 고려가 몽골과의 항쟁 시기에 고려대장경을 다시 새기기 시작했고, 또 완성했다.

고려대장경은 지금 고려재조대장경만이 현전하고 있다. 초조본은 인쇄된 것만 일부 현존한다. 그래서 고려대장경이라고 하면, 지금 합천 해인사에 보관되어 있는 재조본을 가리킨다. 일반적으로는 팔만대장경이라는 별칭이 일반인들에게 더 잘 알려져 있다. 요컨대 이 고려대장경은 목판 인쇄술의 세계사적인 극치라고 할 수 있다. 목판 대장경은 여러 나라에서 여러 차례 만들었지만 남아 있는 거라곤 이밖에 또 어디에 있는가? 몽골의 외침, 홍건적의 난, 왜구의 난동, 임진왜란에서 병자호란에

---

2 대각국사 의천이 주도하여 간행한 대장경 주석 총서이다. 일반적으로 고려속장경이란 이름으로 잘 알려져 있다.

이르는 수차례의 외침, 한국전쟁 등을 겪고도 옹골차고 온전하게 살아 남은 인류의 거대한 유산이다.

그런데 고려대장경은 경남 지역과의 친연성이 뚜렷해 보인다. 이것은 합천 해인사에 보관되어 있어서만이 아니다. 그 밖에 잘 알려져 있지 않지만 여러 가지로 관련되는 의미를 부여할 수 있어서다.

첫 번째로 주목할 사실은 소위 팔만대장경이 해인사에 본래부터 있었다는 가설이다. 해인사에서 전래해온 고문서 가운데 「유진팔만대장경 개간인유」에 의하면, 신라 때의 합천 사람인 이거인(李居仁)이 거제도에서 경판을 새기고 해인사로 운반했다는 것이다. 물론 이 전후 사정이나 얘깃거리가 설화적인 요소로 덧칠되어 신빙성에 의문이 없지 않다. 해인사 사적비(1769)라는 비교적 근세에 해당하는 금석문에도 지금 우리가 알고 있는 팔만대장경과 다른 종류의 것이 있었음을 짐작하게 하는 정황의 실마리를 제기하고 있다.[3] 하지만 이것의 경우도 증빙이 될 만한 사료가 극히 부족하다.

두 번째로 주목할 수 있는 대목은 초조대장경 일부의 발원문이 전해지고 있다는 사실이다. 앞에서 말했듯이, 몽골의 침입 때 초조대장경은 온전히 불태워졌다. 이것의 그림자에 지나지 아니하는 인경(인쇄본)만이 남아 있을 따름이다. 국내에 약 250여권이, 일본에 2500여 권의 초조본 인경이 현존하고 있다. 세칭 팔만대장경(재조대장경)보다 224년 앞선 초조대장경 '대반야바라밀다경' 인경 3점이 국보로 지정되어 있다. 이 중에서 권 제162 권말에 묵서로 된 발원기가 있는데, 이를 쓴 이가 김해부 호장과 예원사를 겸하고 있는 허진수(許珍壽)라고 한다. 호장은 지방토호, 즉 재지세력의 우두머리를 가리킨다. 그는 발원문에서, 국왕과 국가의 평화를 빌고, 살아계신 어머니의 수복과 돌아가신 아버지의 명복

---

3 박상진, 『다시 보는 팔만대장경판 이야기』, (주)운송신문사, 1999, 127~134쪽, 참고.

을 빌기 위해 1046년에 이 경을 찍었다고 말하고 있다.[4] 거의 천년이 된 일이다.

마지막으로 주목할 수 있는 사실은, 지금 해인사에 보관되어 있는 팔만대장경이 강화도에서 판각된 게 아니라 진주·남해 등지의 경남 지역에서 판각된 것이라는 획기적인 가설이다. 충격의 파고는 첫 번째, 두 번째와 비할 수가 없다. 소위 팔만대장경은 고려의 임시수도인 강화도에서 판각되어 한동안 한양으로 옮겨졌다가 조선의 태조 이성계의 재위 막바지인 1398년에 해인사로 옮겨졌다는 게 국민적인 통념, 통설이었다. 해인사에서는 1998년에, 강화경판인 팔만대장경을 서울에서 옮겨온 6백주년으로 보고 기념행사까지 한 바 있었다.

지금 합천 해인사가 소장하고 있는 대장경판이 판각한 장소가 어디인지에 관해서는 사실상 오리무중이다. 일반인들에게는 강화경판이 대장경판이라는 점에 대해서는 의심할 여지가 추호도 없다. 그도 그럴 것이, 항몽(抗蒙)에 대한 국가적 내지 국민적 집단 의지의 소산이라는 얘깃거리를 쉬 저버릴 수 없기 때문이다. 하지만 대장경의 경판이나 마구리(가장자리 부분)에 사용된 목재가 당초 알려진 것처럼 북쪽에서 자생하는 자작나무가 아니라, 남쪽에서 자생하는 이러저러한 나무들이라는 점이 헷갈리게 만든다.

모두 8만 여 경판 중에서 표본 2백 여 장을 추출해 대장경판의 목질을 조사한 바에 의하면, 산벚나무류가 64%, 돌배나무류가 14%였다고 한다. 당초에 대부분인 것으로 알려진 자작나무류는 9%에 지나지 않았다. 표본이 너무 적지 않느냐 하는 얘기가 있을 수 있지만, 국보 중의 국보인 대장경판을 함부로 조사할 수 없는 한계가 있다.[5]

어쨌든 남해안에만 자생하는 산벚나무류와 후박나무류가 경판의 7할

---

4 서진수·이지범, 『고려대장경의 비밀』, 고려대장경연구소 출판부, 2013, 85쪽, 참고.
5 박상진, 앞의 책, 62쪽, 참고.

을 거의 차지한다는 것은 기존 학설이나 종래의 통념에 대한 획기적인 인식의 변화를 생각할 여지가 될 수밖에 없다.

재조대장경을 조성할 당시는 전시였다. 남해안에서 자생하는 목재를 싣고 강화경에 있는 대장도감으로까지 수송할 수는 없다. 가까운 대안 (對岸)에 몽골군들이 눈에 불을 켜고 있어서다. 지리산 산벚나무류는 섬진강을 따라 내려 와 진주(牧)와 남해 사이의 바닷물 속에 오래 잠겨 있었다. 진주는 최씨 무인정권의 영지(식읍)였다.[6]

아버지 최충헌으로부터 권력을 세습한 제2대 실권자 최우(→최이)는 30년 장기 집권을 향유했다. 그는 국왕이나 문인들과도 관계를 원만하게 유지했다. 그의 처남인 정안(鄭晏)은 진주에서 수령으로 있다가 자신의 늙은 어머니를 모시기 위해 사직한 후에 고향 하동으로 돌아갔다. 그후에 그는 남해로 건너가 사재를 덜어 정림사라는 사찰을 짓고, 또 남해 분사도감에서 경판을 새기는 불사를 엄수했다고 한다. 이 때문에, 해인사 경판이 강화도에서 판각한 것이 아니라는 얘기가 나오는 것은 이런 저런 정황을 비추어볼 때 무리가 아니라고 본다.

경남 창녕 출신으로서 부산에서 연구와 강의를 병행해온 최영호는 고려대장경의 권위자로 정평이 나 있다. 그는 남해 분사도감의 의미를 의도적으로 경시한다. 고려대장경이 불교가 국교로 기능했던 고려의 국가사업이었기 때문에, 임시수도인 강화경의 대장도감에서 대부분 조판되었다는 종래의 학설을 고수한다.[7]

---

6 최충헌은 권신 이의민을 제거하면서 실권자가 되었다. 공식적으로 17년, 실질적으로 23년을 집권하면서 여타의 고려 무인과 달리 천수를 누렸다. 그는 네 명의 왕을 바꾸고, 왕의 서녀를 두 번째 측실로 삼았을 만큼 권력이 막강했다. 그의 제후명은 진강공이었다. 아들 최이는 진양공, 손자 최항은 진평공이었다. 진강, 진양, 진평은 모두 진주를 뜻한다. 그가 죽었을 때와 그의 손자 최항이 죽었을 때 묘지명에 훙(薨)이라는 표현이 사용되었다. 왕이나 제후의 죽음을 두고 쓰던 말이다. 최씨 무인정권은 한국사에서 유일하게 지역을 기반으로 한 세습 제후왕이었다. 토요토미 히데요시가 오사카를 기반으로 한 제후왕(관백)으로서 실권자이듯이 말이다.

7 최영호, 『강화경판 고려대장경의 판각사업 연구』, 경인문화사, 2008, 249~250쪽, 참고.

이 논리는 환언하자면 대장경 판각 사업이 최씨 무인정권의 사적인 차원에서 이루어진 불사가 아니라는 것이다.

주지하듯이, 진주와 하동과 남해와 합천은 지금의 서부경남 지역이다. 고려대장경과 이 지역권의 친연성은 역사의 이면과 여백에 담긴 많은 담론의 가능성을 남겨두고 있다. 그럼에도 불구하고, 이것을 강조하면 할수록, 일제강점기의 식민사관 역사학자였던 이케우치 히로시(池內宏)의 '탈국책론'[8]으로 회귀하는 것 같은 인상을 주고 있어 뒷맛이 씁쓸하다.

해인사 고려대장경은 두 차례 위기를 겪었다. 임진왜란 때 의병장 김면·정인홍과, 승병장 소암 등의 적극적인 방어가 없었다면, 한국전쟁 때 우리 공군 비행사가 상부의 폭격 명령을 버티지 않았다면 잿더미가 되고 말았을 것이다. 그 밖에도 세종 때 일본의 끈질긴 요구, 수차례의 화재 위기 등의 고비를 넘기면서 고려 시대로부터 전래되어온 8만 장 넘는 경판 하나 훼손하지 않고 완벽하게 보존해온 것은 기적이라고 아니할 수 없다.

이것의 마지막 인경 작업은 1963년부터 1968년에 걸쳐 있었다. 당시에 문공부로부터 인출 허가를 받아 13질의 방대한 인경을 제본하여 국내외의 사찰 및 기관으로 보내졌다.

2. 남해 지역과 대장경 판각의 역사적 논의

합천 해인사에서 현존하고 있는 재조대장경을 두고 일반적으로는 팔

---

8 이케우치 히로시가 최우 부자와 정안이 대장경 판각의 사업 주체로, 또한 이 불사가 국가적 차원이 아닌 개인적 차원으로 규정한 것에 대해, 최영호는 고려대장경의 국가적 염원과 기능을 도외시했다고 보았다. (같은 책, 23~24쪽, 102쪽, 참고.)

만대장경이라고 한다. 초조대장경의 경판 수가 6만장 남짓하다면, 이 재조대장경의 경판 수는 8만장 남짓하다. 몽골 란에 사라진 초조대장경이 말하자면 6만대장경이라면, 우리가 알고 있는 해인사 대장경은 8만대장경인 셈이다. 이 두 가지와, 국사 의천이 편찬한 속(續)장경을 합해 고려대장경이라고 한다,

　20세기까지만 해도 현존 고려대장경에 관해 조성의 동기·성격·과정 등에 있어서 불심으로써 국난을 극복하는 국가적인 사업이었다는데, 또 강화도에서 판각해 해인사로 조선 개국 초에 옮겨졌다는 데 이견의 여지가 없었다. 하지만 최근 20년 동안에 있어서, 즉 21세기에 들어와 고려대장경을 보는 기존의 관점에 대해 적잖은 변화가 생겼다. 학문적인 진보의 걸음이랄까? 정말 강화도에서 판각을 했나? 판각을 해도 전부를 했나? 산벚나무로 된 경판 재질은 무엇을 뜻하고 있나? 과연 온전한 국책 사업이었나? 이런저런 물음들이 꼬리를 물고 나왔고, 이에 대한 연구가 적지 않게 진행되어 왔다.

　고려대장경판이 어디에서 판각되었는지에 대해 정확하게 알 수 없는 상황 속에서 연구자들은 대장경 권말에 기재되어 있는 간기(刊記)를 새롭게 주목하였다. 강화경, 즉 강화도 임시수도에서 간행했다고 여겨지는 대장도감판 대장경의 10%에 해당하는 부분이 분사남해대장도감에서 판각되었다는 사실이 밝혀졌다.

　이를 더 구체적으로 살펴보면, 다음과 같다. 현존하고 있는 고려대장경 8만 남짓한 경판 중에서 간기로 보아서 강화도 대장도감에서 80.9%, 분사남해대장도감에서는 10.7%를 판각했다. 나머지 8.4%는 어느 장소에서 판각되었는지 알 수 없다. 한편 경판을 새긴 각수(刻手)의 인원수는 5,667명이었다고 한다. 분사남해대장도감에서 활동한 각수의 인원수는 1,807명으로 전체의 31.9%를 점유하고 있다. 이 대목에서, 우리는 몇 가지 의문점을 간과할 수 없다.

첫째, 10% 정도의 경판을 판각하기 위해 그 멀리에 있는 남해에 분사대장도감을 설치했느냐 하는 점이다. 적어도 30~40% 정도는 되어야 분사를 설치할 명분과 실상이 놓여 있었지 않았을까? 요컨대, 행정 체제의 비효율성을 염두에 두지 않을 수 없다.

둘째, 분사남해대장도감이 제조한 경판 수의 점유율과 각수의 인원수 비례가 아무래도 맞지 않다는 인상을 떨칠 수가 없다는 사실이다. 전자인 점유율이 10.7%인데 비해 후자인 인원수가 31.9%라고 하는 건 쉽게 이해되지 않다는 것이다. 서로 비슷해야 설득력이 있지 않을까 한다.

셋째, 해인사 장경각에 현존하는 고려대장경의 80.9%가 강화도 대장도감에서 판각했다면, 왜 산벚나무 등 남부 지방에서 자생하는 나무의 재질을 사용한 수가 무려 70%가 달한다는 의견이 제시되고 있을까 하는 사실이다. 이것은 서로 모순되거나 충돌되는 얘깃거리가 아닌가 한다.

이 세 가지 의문점에 대한 명쾌한 해명이 앞으로 있어야 한다.

2013년 8월 27일, 경남발전연구원에서 주관한 남해 고려대장경 판각지 성역화 사업을 위한 학술 발표회가 남해유배문학관 다목적실에서 있었다. 여기에 발표자로 참가한 최연주(동의대 교수)는 2000년대에 고려대장경에 관해 새로운 관점에 따라 연구를 많이 한 연구자의 한 사람이었다. 그는 이때 「분사남해대장도감과 강화경판 '고려대장경'의 조성 공간」이란 논제로 발표를 했다. 그가 발표한 내용 중에서 가장 주목할 부분은 다음과 같다.

분사대장도감은 국가 행정 체계 내에서 대장도감보다 하부 단위의 기구로서 경판을 조성하기 시작한 해는 고종 30년이다. 분사대장도감에서는 자원 조달 업무도 수행했지만 경판 판각 역시 핵심적인 업무 중 하나였다. 그 비중에 있어서도 대장도감과 동일한 위상을 가졌던 것으로 이해된다. 그래서 분사대장도감은 대장도감과의 유기적인 행정 업무의 협력체계로 운영되었을 것이다. 대장도감에서 활용하지 못한 인적 자원은 물론 각종 물자를 적극적으로 수용 또는 활용하고, 사업의 효율적인 진행을 위해서 지방행정 조직을 적극 활용하여 운영했을 것이다. 대몽항쟁 중이라는 비상시국 상황에서 직제를 신규로 조직하기 보다는 지방행정 조직과 도감 직제를 결합하여 분사대장도감을 운영하였을 것이다. 그래서 몽골군 침입 및 전장 피해를 덜 받는 지역을 중심으로 설치 운영되었을 것이고, 그 유력한 지역 중 하나가 바로 경남 남해였을 것이다.[9]

이른바 도감(都監)이라는 관부는 상설된 관부가 아니라 임시적으로 설치된 관부를 일컫는다. 특정한 일을 수행하기 위해 임의적으로 설치되었다가 업무가 종료되면 자동으로 해체되는 관부인 것이다. 사서 『고려사』에 의하면 1232년에 몽골의 침략으로 소실된 초조대장경을 대신하기 위하여 다시 조성된 재조대장경은 1251년 9월 강화경의 대장경판당에서 경찬 의례를 개최함으로써 일단락되었다고 확인할 수 있다. 대장경 조성 사업이 전쟁 중의 국책사업으로 이루어졌기 때문에 전쟁으로부터 피해가 적을 도감의 하위 관부인 분사를 설치했다면, 최적지가 남해일 수밖에 없다.

하지만 대장경 조성에 관한 한, 도감의 분사가 가졌던 위상이나 역할이 그다지 높거나 크지 않았다는 의견도 여전히 있다. 경상대학교 교수 윤경진은 「고려 대몽항쟁기 남해의 위상과 분사남해대장도감 설치」라는 발표에서, 고려대장경 조성이 강화도와 남해에서만 이루어졌기 때문에 경주(동경)을 비롯한 여러 곳의 분사대장도감이 있었을 가능성을 낮게 보면서, 경판의 판각이 강화경이 군사적인 위협을 받는 일이 발생하지 않아 대부분이 대장도감에서 이루어졌으며, 남해는 유사시 안전한 제작을 확보하는 데 의의를 두었다는 것이다.[10] 그러니까 분사남해대장

---

9 경남발전연구원, 『남해, 고려대장경 탄생의 비밀을 풀다』, 정문애드테크, 2013, 40~41쪽.
10 같은 책, 95쪽, 참고.

도감은 최소한의 의의만을 가질 뿐이라는 것이다.

반면에, 분사남해대장도감의 역사적 의미나 의의를 최대치로 끌어올린 발표도 있었다. 박상국(한국문화유산연구원장)의 발표문 「고려대장경판은 모두 남해에서 판각했다」가 이를 말해주고 있다. 그의 결론은 다음과 같이 발표문의 모두에 명료하게 나타나 있다. 다음의 인용문은 연역법의 진술이다.

> 최근 필자는 분사대장도감판의 간기 부분을 모두 재점검하는 중에 분사대장도감판의 간기에 '분사대장도감' 부분의 글씨가 작다는 느낌이 들어 모두 다시 살펴보았다. 그 결과 분사대장도감판은 상감기법이 사용되었음을 확인하였다. 즉, 기존 경판의 간기에서 '대장도감'을 파내고 그 자리에 '분사대장도감'을 다른 목재에 새긴 후 이를 경판의 간기에서 '대장도감'을 파내고 그 자리에 '분사대장도감'을 다른 목재에 새긴 후 이를 경판에 끼워 넣었던 것이다. 그리고 500권의 분사대장도감판 가운데 무려 473권이 상감수법을 사용하여 바꿔 놓은 것이었다. 대장도감판과 분사대장도감판은 각각 따로 새겼을 것이란 생각을 송두리째 바꿔놓을 수밖에 없는 것이었다. 분사대장도감판은 모두 대장도감판이었고, 대장도감판은 모두 분사대장도감에서 새겼던 것이다. 고려대장경판은 모두 분사대장도감이 설치된 남해에서 판각된 것이었다.[11]

이 인용문은 발표자 박상국이 경판의 간기 부분을 재점검하는 과정에서 각각 다른 데서 대장경판을 판각할 가능성이 낮음을 논증한 부분이다. 이것 외에도 대장경판에는 판각을 담당한 각수의 이름이 새겨져 있는데, 이를 조사해본 결과, 서로 다른 장소에서 동일한 각수가 판각에 참여한 모순도 확인할 수 있었다.[12] 같은 장소에서 판각하지 않으면 이

---

11 같은 책, 100쪽.
12 같은 책, 111쪽, 참고.

해할 수 없는 일이 재발견된 것이다. 만약 한 군데에서 판각했다면, 거기가 어딘가? 강화도인가? 아니면 남해인가?[13]

고려재조대장경을 판각할 당시가 전시였다. 강화도는 임시수도이긴 했지만 김포와 엎어지면 코 닿을 곳이었다. 이런 최전방에서 단군 이래 최대의 국책 사업이 가능했을까? 가장 안전한 곳은 제주도였다. 하지만 물자와 인력을 지원해야 할 뭍에서 너무 멀리 떨어져 있어서 대장경 판각 자체가 불가능한 곳이다. 다소간 안전한 섬으로 완도와 남해와 거제도 등을 생각할 수 있겠다. 몽골의 기마병들이 저지대 해안선을 따라 완도로 가기는 상대적으로 어렵잖다. 몽골은 험준한 소백산맥을 넘어서도 팔공산의 초조대장경과 경주의 황룡사를 불태웠다. 거제도가 안전하지 않기는 완도와 마찬가지다. 대구에서 낙동강을 따라 이를 수 있고, 경주와 거제도는 그다지 멀지 않기 때문이다. 완도와 거제도에 비하면, 남해는 상대적으로 안전한 편이다. 제주도 다음의 먼 후방이다.

분사남해대장도감이 최소한의 의의만을 가질 뿐이라는 가설은 설득력이 좀 부족하다. 실제적으로도 도감의 하위 관부로서 기능하였으리라고 본다. 『종정록』권27 경판을 위시해 불교서 외의 서책도 간행한 흔적이 나타나고 있다. 더욱이 남해는 당시의 실권자인 최우의 세습 영지인 진주목과 인접해 있고, 그의 처남인 정안이 퇴거해 개인 사찰을 짓고

---

13 박상국의 팔만대장경 남해제작설은 조선일보에서 중요한 뉴스거리로 다루면서 대중의 관심을 촉발한 바가 있었다. 조선일보는 팔만대장경의 제작 장소가 남해였음을 입증하는 유력한 증거 자료가 나왔다고 보도했다. 대장도감과 분사대장대감이 같은 곳이라는 가설이 묵직하게 다가왔다. 조선일보는 한국 불교사의 원로인 최병헌(서울대 명예교수)도 대장도감이 남해라는 확실한 증거라고 논평한 것도 아울러 보도했다. (조선일보, 2013. 8. 26. 참고.) 그러나 이틀 후에는 '대장경, 남해서 다 만들었을까'라고 하는 헤드라인의 기사문을 다시 한 번 발표한다. 여전히 대장도감과 분사대장도감이 같은 장소가 아니라는 학자들의 주장이 신문사로 쇄도한 것 같다. (조선일보, 2013. 8. 28. 참고.) 일반인들에게도 관심을 던져주는 학설이 제기된 것이다.

사재를 덜어 경판 판각에 앞장섰다는 역사적인 사실로 보아서도 충분해 실제적으로 기능했으리라는 개연성이 충분하다.

작년 2020년 가을에도 남해에서 고려대장경 학술회의가 있었다. 나는 남해 유배문학관에서 일하는 지인으로부터 이 회의 자료집을 제공받았다. 네 사람의 발표 원고가 유의미하지만, 나는 숙명여대 명예교수 정병삼의 「정안과 남해 분사도감」을 유심히 읽어보았다. 음양과 산술과 의약과 음률에 두루 정통한 정안이 1249년에 남해 사저를 정림사로 고쳐 중창하고 일연을 주지로 초빙하고, 또 당대의 최고의 문인 이규보와 진각국사 혜심 등과 교유를 하면서 불서를 간행했다는 사실이 고려대장경 국책사업과 연관성이 있음에 주목하였다. 특히 정안이『선문염송집』발문에서 사용한 '해장(海藏)'이란 단어가 대장경을 지칭한 것뿐만 아니라 분사남해대장도감을 지칭했을 가능성도 고려해야 한다고 주장하고 있다.[14] 이 발표자는 분사남해대장도감의 역사적 의미 및 의의를 간과하지 않으려는 균형 잡힌 시각을 보여주려고 노력했다.

이 발표에 대한 질의자로 참석한 신라대 교수 조명제 역시 국난 극복의 국책사업이란 종래의 의미로서의 강화경판설에 힘을 실어주는 소견을 반드시 제시하고 있지는 않았다. 실권자 최우가 가졌던 정치 현실의 의도와 무관하게 대장경판의 사업이 이루어졌을 수가 없음을 내비치고 있다.

대장경을 조성하게 된 배경에 대해 몽골의 침략에 따른 국가적 위기와 모순을 불력으로 극복하려는 의도에서 비롯되었다고 이야기하고 있다. 그러나 이러한 설명은 이규보의 수사적 표현을 그대로 옮긴 것에 불과하다. 대장경판을 새긴 각수에 대한 조사, 검토를 통해 민족적 위기와 현실 모순을 직시하던 문

---

14 고려대장경판각성지보존회,『남해 팔만대장경의 새로운 모색』, 2020 우리문화바로알기 대장경 판각 문화제 학술회의 자료집, 2020, 125쪽, 참고.

인, 승려계층을 비롯한 전 계층이 판각사업에 주체적으로 참여하였다는 평가도 재고할 여지가 있다.

최씨 무인정권은 몽골이 침략하자 자신의 체제 유지를 위하여 강화도로 천도하였다. 천도 후에 최씨 정권은 정권의 안정과 국가재정의 확보를 위해 민심을 수습하고, 정권에 대립적인 정치세력과 그와 연결된 사원세력을 통제하기 위한 정책을 강구하지 않을 수 없었다. 즉 몽골의 침략을 계기로 고려 내부의 모순을 몽골 격퇴라는 방향으로 돌리기 위한 목적에서 정치세력과 사원세력을 조정해 나가고자 하려는 의도가 있었다. 이러한 방향에서 내부적인 모순을 은폐하고 몽골 침략이라는 대외적인 위기에 대응하기 위한 차원에서 대장경 편찬이라는 국가적인 이벤트를 활용하였다.[15]

고려대장경 재조사업은 당시로선 엄청난 재정과 노력이 투입되는 국책사업이었다. 전쟁 시기인 당시에 항몽 국가 이데올로기와 결코 무관하지가 않다. 문제는 고려대장경 판각 사업이 형식적이나마 국왕을 정점으로 한 국가안보의 차원에서 기획한 큰 국책사업이지만, 당시에 최씨 무인정권의 두 번째 집정자인 최우가 왕정복고의 기미를 차단하는 효과로서의 정권안보의 의도가 얼마만큼 개입되었느냐 하는 점이 요점으로 떠오른다. 이 문제가 분사남해대장도감의 설치 및 운영과 긴밀한 관련성을 맺고 있다고 믿어진다.

물론 고려대장경 재조 사업은 중앙 귀족, 지방토호세력, 승려, 문인, 군관민 등이 동원된 거국적인 사업이었다. 그렇다고 해도, 이 사업이 국가안보와 정권안보라고 하는 이중의 바탕 위에서 그 사업이 추진되었으리라는 점은 합리적이다. 국가 재정만으로는 감당할 수 없는 사업이었으므로, 최씨 일가의 영지(식읍)이었던 진주목의 사적인 경제 규모와

---

15 같은 책, 133~134쪽.

실권자의 처남인 정안의 사재(私財) 영향력도 결코 무시할 수 없었으리라고 보인다.

3. 하동의 에코투어리즘과 산벚나무 프로젝트

2011년, 고려대장경 천년 세계문화 축전 기간이 있었다. 하동에서도 부대 행사가 열렸다. 고려대장경 판각지를 조명하는 경판 목재 이운행사가 하동 지리산 정안봉과 섬진강변에서 엄수되었다. 나도 처음부터 끝까지 동참하였다. 이렇게 보면 하동군은 역사콘텐츠[16]로서 고려대장경과 관련된 또 하나의 문화원형을 가지게 된 것이라고 해도 좋을 것이다. 하동 대장경 축전은 정안이란 인물에 집중되어 있다고 해도 지나친 말이 아니다. 그의 역사적인 행적에 대한 사전적인 서술은 다음과 같다.

본관은 하동(河東)이다. 초명은 분(奮)이고, 자는 화경(和卿)이며, 호는 일암 거사(逸庵居士)이다. 평장사 숙첨(叔瞻)의 아들이며, 무신집권자 최우(崔瑀)의 처남이다. 젊었을 때 과거에 급제하였으며, 음양·산술·의약·음률 등에도 정통하였다. 여러 벼슬을 거쳐 진양(晉陽)의 수령으로 부임하였으나 노모를 모시기 위해 벼슬을 그만두고 하동으로 내려갔다. 뒤에 최우의 추천으로 국자좨주(國子祭酒)를 거쳐 동지공거(同知貢擧) 등을 역임하였다. 그러나 최우가 정권을 농단하는 것을 보고는 자신에게 화가 미칠까 두려워하여 남해(南海)에 물러가 살았다. 그곳에서 사재를 털어 정림사(定林寺)를 세우고 국가와 반씩 경비를 대어 8만대장경의 일부를 간행하였다. 1251년(고종 38) 최우의 아

---

16 역사콘텐츠는 역사와 관련된 콘텐츠를 말한다. 역사적 인물이나 사건과 관련된 이야깃거리나 모든 형태의 스토리텔링을 두고 역사콘텐츠라고 이름하기도 한다.

들 최항(崔沆)이 정권을 잡은 후 지문하성사(知門下省事)를 거쳐 참지정사에 올랐으나 그의 명성이 높은 것을 시기한 최항에 의해 반란을 꾀하였다는 죄목으로 백령도로 유배되었다가 살해되었다.[17]

관찬 사료『고려사』정세유 열전 정안편에 의하면 그가 사재를 국가에 헌납하고 대장경판을 판각했다는 기록이 있다. 대장경 판각 장소가 강화도에서 남해로 기울어져 가는 최근의 학설을 감안할 때 그의 존재가 역사적으로 자못 부각되고 있는 형국이라고 하겠다. 정안 외에 또 한 사람의 관련자가 있는 데 그가 이익배(李益配)이다.『동국이상국집』발미문(跋尾文)에 의하면 그는 대장경을 조성하는 과정에서 교감(校勘)을 담당한 참여 계층으로 알려져 있다. 그를 두고 하동군 수령이냐, 하동 감무(監務)의 서리냐 하는 논란이 있기도 하다.[18] 그리고 대장경판의 목재가 산벚나무로 밝혀진 이상, 벌목된 곳이 남해안 일대의 섬과, 경남과 전남의 남부 지역이 되겠지만 그 중심지가 지리산 기슭의 하동군이었을 것으로 추단되기도 한다. 이 점에 관해서도 좀 더 학술적인 심층 탐구가 요구되고 있다.

정안이란 인물로 인해 하동의 문화콘텐츠가 부가될 가능성을 갖게 된 것은 고무적인 일이라고 생각된다. 남해역사연구회의 정의연 회장이 이번 대장경 축전과 관련하여 남해군내에 고려대장경 판각연구소 설립과 판각 성지 전시 체험관 건립이 추진되어야 한다고 주장했듯이,[19] 하동군에서도 산벚나무를 활용하는 역사콘텐츠 프로젝트 등과 같은 일이 추

---

17 네이버 백과사전 참조.
18 정상운,『지명연구로 찾아낸 고려대장경 판각 흔적』, 도서출판 한글마당, 2002, 162~164쪽, 참고.
19 경남일보, 2011. 9. 29.

진될 필요도 있다. 그러기 위해서는 먼저 문학 텍스트를 하나의 콘텐츠로 삼아 문화원형의 기반을 조성하는 것이 전제되어야 할 듯싶다.

사람들은 역사적인 인물인 정안을 두고 문화콘텐츠로서 과연 성공을 거둘 인물인지에 관해 회의적인 시각을 가질지 모르겠다. 훌륭한 음식은 주어진 식재료를 어떻게 조리하여 요리하느냐에 따라 달라지는 것처럼, 정안이 문화원형이라면 정안을 어떠한 스토리텔링에 의해 문화콘텐츠로 변형시키느냐에 따라 정안은 달라질 수밖에 없다. TV드라마 「대장금」에 등장한 장금이나, 영화 「왕의 남자」의 주역인 공길은 조선왕조실록에 두어 차례밖에 언급되지 아니한 실로 역사의 엑스트라에 지나지 않는다. 역사의 어두운 익명의 존재를 밝은 세계로 인도할 수 있었던 데는, 작가의 탁월한 상상력과 기발하고 창의적인 스토리텔링이 있었다.

부산 다대포에서도 다대포 역사 인물을 스토리텔링 형식에 의해 계속적으로 발굴하기 위해 향토사학자 한건은 노력하고 있다. 그는 다대포 출신으로 부산대학교 상과대학을 나와, 일본, 중국, 독일 등을 상대로 무역업을 하고 있다. 그의 아버지는 윤공단 향사를 주관한 분이었는데 1998년에 작고했다고 한다. 그는 아버지의 유지를 이어 받아 다대포 역사 인물을 발굴하는 데 여념이 없다고 한다. 한 언론 매체와의 인터뷰 내용을 보자.

지난 10년간을 윤흥신 장군과 정운 장군의 향사를 모셔오다 보니 다대포가 중앙과 역사적 관련을 맺어온 자부심이 있는 도시이자 역사적인 도시라는 사실을 새삼 발견하게 되었습니다. 다대포를 살다간 역사적 인물들을 스토리텔링 형식으로 계속 발굴해 다대포의 문화와 역사를 널리 알리는 데 진력하고 싶습니다.[20]

---

20 부산일보, 2011. 9. 30.

고려대장경과 관련된 역사인물은 그다지 많지 않다. 그나마 이규보, 고종, 정안, 최우, 김윤후 등과 같은 인물이 간접적으로 관련이 있다는 것만으로도 다행으로 생각해야 한다. 올해 조정래의 오래된 소설 「대장경」(1976)이 오페라로 만들어져 경남과 서울에서 상연되었다. 그가 소설 속에 스토리텔링 형식으로 발굴한 허구적인 인물은 권력의 힘에 의해서 대장경 판각 불사가 거행되지만 힘없는 백성들의 고통과 희생을 잊지 않겠다는 수기대사, 사랑하는 사이인 남녀 주인공 장균과 가화, 그밖에 대목수 근필 등이다. 이들은 오페라 속의 주역으로 등장한다. 오페라 「대장경」(2010)[21]에 관한 무용평론가 송종건의 글을 다음과 같이 인용해 본다.

2막으로 갈수록 작품의 예술성이 조금씩 더 잘 살아나고 있는 모습을 보이고 있던 한국 창작오페라 대장경(작곡 : 최천희, 연출 : 방정욱) 공연이 한국음악협회 경상남도지회(회장 : 최천희)의 주관으로 지난 6월 3일 서울 예술의 전당 오페라하우스에서 있었다. (…) 2막에서 이 오페라의 남녀 주인공인 장균(테너 정능화)과 가화(소프라노 이윤숙)가 이루던 사랑의 2중창은 맑고 선명했다. 그리고 대목수 근필(테너 손정희)이 이루던 독창도 설득력 있기만 했다. 하지만 아직 작품 전체에 깊은 '예술적 감동'이 담기지 못하는 아쉬움이 있었다. 그리고 작품 일부가 단순히 '설명적인(narrative)'인 노래나 대사로 이어져 상징이 되지 못하는 모습도 보였다. 그리고 일부 삽입된 무용움직임의 안무도 더 기품 있게 이루어졌으면 했다. (…) 부인사 대장경이 불타고 고종(바리톤 류현승)의 독창이 이루어지는데, 좀 더 예술적 표현의 감동이 살아났으면 한다. 이어지는 중신들의 합창은 장엄하기만 하다. 다시 임금의 호출을 받고 대장경 판각 불사를 명받은 수기대사(바리톤 송기창)의 연주가, 중간막이 내려

---

21 오페라 「대장경」은 2010년 12월2일 창원 성산아트홀에서 초연되었다. 최천희 작곡, 김평호 안무, 방정욱 연출로 이루어진 것이다.

온 무대 앞에서 평범하게 흐르고 있다. (…) 가화와 장균의 만남에서 소프라노 가화(이윤숙)가 이루는 독창은 맑기만 하다. 그리고 테너 장균(정능화)이 이루는 독창연주도 표현력 있다. 2명이 함께 '사랑을 약속하며' 이루는 2중창도 극의 완성도를 높이고 있으며, 오늘 공연에서 가장 자연스럽고 큰 객석의 박수를 오랫동안 받아내고 있다. (…) 합창단과 무용수들 모두가 가슴에 판본을 안고 나타나 장엄한 합창을 이룬다. 다시 이들 모두가 판본을 머리 위로 들고 서서 마무리하자 객석에서는 큰 박수가 흐르고 있다.[22]

오페라로 재구성된 「대장경」은 경남 문화가 올해 이룩해낸 최고의 문화콘텐츠이다. 이것의 공연은 올해만 국한될 것이 아니라 오래오래 무대 위에 올리고, 또 외국으로 진출하여 오페라 한류(韓流)의 위상을 높였으면 한다.

올해 이루어지고 있는 또 하나의 문화콘텐츠는 중앙일보 j섹션에 연재되고 있는 김종록의 역사소설 「붓다의 십자가」이다. 많은 독자들의 관심 속에 전개되고 있는 이 소설은 가상의 인물인 승려 지밀(指密)과 각수(刻手) 김승을 창안했다. 대장경을 다양한 문화콘텐츠로 활용하기 위해 제목이 시사하듯이 파격적인 스토리텔링을 설정하고 있다. 즉, 각수 김승이 경판에 예수 탄생의 장면을 새겨 넣는다. 작가는 아시아 지역의 기독교 즉 경교(景敎)가 널리 퍼져 있음을 전제로 하고 있다. 이야기가 앞으로 어떻게 전개될지 귀추가 주목된다.

정안에 관한 스토리텔링의 가능성은 다양하게 열려 있다. 그의 역사적인 행적을 볼 때 다소 비극적이긴 하지만 매우 드라마틱하다. 특히 권력투쟁의 암투가 개입되어 있어 스토리텔링으로 성공할 가능성이 높다.

그러면 역사 인물 정안에 문화콘텐츠로서 생기를 불어넣기 위해 하동

---

22 sjkdc@hanmail.net, blog.chosun.com/sjkdc

군은 어떻게 해야 할 것인가? 하동 대장경 축전이 올해 일회성으로 끝맺음한다면 아무런 의미가 없다. 정안에 관한 창작 공모전을 열어 문학상을 제도화하는 것도 좋은 방안이 될 수 있다. 그러나 진행 과정에서의 잡음이나 성과에 대한 불예측성 등을 고려한다면 실질적인 효과를 거두기 쉽지 않다. 내가 생각하기로는 창작지원금으로 확실하고 예측가능성이 있게 문화콘텐츠로서 계발하는 것이 효과적이라고 본다. 현역으로 활발하게 활동하고 있는 제1급의 작가에게 장편소설을 쓰게 함으로써 하동군의 또 다른 문화 재보를 이룩해 나아가는 것이 좋을 것이다. 특히 문학은 하동군의 특화된 문화콘텐츠의 영역이 아닌가? 기존의 문화 기반 위에 창작 경험을 축적하는 것이야말로 하동군을 알리고 특화시키는 데 좋은 정책적인 방안이 되지 않을까 한다.

역사 인물 정안과 대장경 경판의 원자재가 된 산벚나무는 하동군 관광 상품을 개발하는 데 적극적인 활용 가치가 충분히 예상되는 것이다. 요즘은 외래 관광객 천만 명에 이르는 시대로 진입하였다. 관광벤처의 아이디어가 절실히 요청되는 시대다. 독일에서 귀화해 오랫동안 우리나라에서 살다가 한국관광공사 사장으로 발탁된 이참은 한 지상에 「관광산업의 '스티브 잡스' 만들기」라는 칼럼을 통해 이렇게 말한 바 있다.

　　요즘 관광은 이렇듯 이채롭고 다양하게 문화 콘텐츠를 만나고 체험하는 형태로 변하고 있다. 자연자원과 역사 유적지를 일상적으로 보여주는 건 너무 일차원적이고, 이래선 개성화, 다양화된 현대인의 기호를 맞추기 어렵다. 오히려 이들을 어떻게 포장하고 스토리를 입혀 내놓을지 많은 아이디어가 공유돼야 한다. 예전부터 있었던 제주의 해안길, 골목길들이 올레로 재탄생한 사례만 봐도 그렇다.[23]

관광자원화에 있어서 포장되고 스토리를 입혀 내놓을 수 있는 아이디어가 무엇보다도 중요하다. 정안과 산벚나무의 경우도 마찬가지이다. 하동군 산벚나무는 대장경판을 위해 쓰였던 역사적인 사실을 전제로 관광자원화에 눈을 돌려야 한다면 포장되고 스토리를 입혀 내놓을 수 있는 아이디어가 무엇보다도 중요하다고 하겠다.

하동군의 관광자원화 정책은 에코투어리즘[24]에 초점을 맞추어야 할 것으로 전망된다. 이것은 대중관광에 대한 대안관광의 가장 대표적인 관광 유형으로 자리를 잡아가고 있다. 또 이것은 지금 지속가능한 관광의 대표적인 유형으로 발전해가고 있다.

하동군 산벚나무 프로젝트가 반드시 필요하다면, 에코투어리즘과 연계시키는 것이 바람직하다고 본다. 하동군은 산자수명한 생태환경을 간직한 곳이다. 최근에 에코투어리즘과 관련하여 도보길 여행이 각광을 받고 있다. 도보길 여행은 애초에 종교순례여행에서 비롯되었다.

세계에서 가장 유명한 도보여행길은 스페인의 '카미노 데 산티아고(camino de santiago)'이다. 본디 산티아고로의 가는 길은 2000년 전 예수의 12제자 중의 하나인 야곱이 복음을 전파하기 위해 갔던 길을 따라 걷는 전통적인 종교순례길이다. 요즘 이 길을 걷은 장거리 도보여행자의 수는 6백만이 넘는다고 한다. 아시아의 종교순례길로 유명한 곳은 일본의 작은 섬 시코쿠. 1200년의 역사를 가지고 있는 불교성지 순례길로 이름난 길 오헨로(お遍路)가 여기에 있다. 흰옷, 지팡이 등의 전통 차림새를 한 순례자들이 전국 각지에서 모여들어 마치 고행하듯이 즐겁

---

23 매일경제, 2011. 9. 16.

24 에코투어리즘(ecotourism)은 생태학(ecology)과 관광(tourism)의 합성어이다. 멕시코의 NGO 회장 헥트로 세발로스-라스쿠라인이 1981년 처음으로 'turismimo ecologico'라는 용어를 사용했다. 에코투어리즘은 친환경 관광을 통해 도시와 농어촌 지역 사이를 교류 확대함으로써 도시와 지역사회 모두에게 도움이 되는 새로운 관광 형태라고 할 수 있다. 이 용어를 두고 생태관광, 녹색관광, 자연관광이라고 하기도 한다. 이상, 박근수,『에코투어리즘』, 뉴턴관광레저연구소, 2011, 25~26쪽, 참고.

게 성지를 순례한다.

우리나라에서 도보여행길로 유명해진 사례는 제주 방언으로 집 마당에서 마을길로 드나드는 어귀의 길을 가리키는 제주 올레길, 지리산 둘레를 끼고 도는 환형(環形)의 도보여행길인 지리산 둘레길, 아름다운 호수와 산을 배경으로 한 대청호반길 등이 있다. 최근엔 남해의 바래길과, 부산 해운대 달맞이고개의 '문탠 로드'도 주목의 대상이 되고 있다. 그렇다면 하동에도 산벚나무가 새로 조성된 '슬로시티 로드' 정도는 있어야 되지 않을까? 하동군은 자연환경의 수려함으로 인해 기존에 나무와 숲이 길과 함께 잘 어우러져 있다. 강변의 송림, 십리 벚꽃길, 2천년된 녹차나무 등등이 스토리와 히스토리로 감싼 산벚나무로 치장된다면 더 말할 나위 없이 좋을 것이다. 산벚나무 프로젝트를 위해서 도움이 될 만한 일본의 두 가지 사례를 이 대목에서 참고할 수 있다. 무언가 시사하는 바가 있을 듯하다.

1982년 일본의 식물학자가 2000년가량 된 무덤에서 발견한 종자 미상의 씨앗을 화분에 심었다고 합니다. 2000년 동안 지하의 어둠 속에 파묻혀 있던 그 씨앗이 놀랍게도 1983년 싹을 틔웠다고 합니다. 2000년 뒤에 부활한 그것은 목련이었고, 그로부터 10년이 지난 1993년 그것은 꽃을 피웠다고 합니다. 자연의 법칙성과 생명의 진리를 생각하게 만드는 그 이야기로부터 우리는 세상에 만연한 생명 경시 풍조와 한없이 나약해진 삶의 자세를 되돌아보게 됩니다.[25]

일본 오사카 인근 와카야마현 이토군 고야초 소재 고야산 천년의 숲은 지난 2007년 일본산림테라피협회로부터 산림테라피기지 인증을 획득한 후 산림치

---

25 동아일보, 2011. 10. 8.

유를 위해 찾는 이들의 발길이 서서히 늘어나고 있다. (……) 이곳 테라피의 특징은 무엇보다 1,200년 전통의 걷기다. (……) 테라피로드 체험은 아침 식사 후 진행돼 피톤치드가 가장 많은 시간에 숲을 걸을 수 있도록 돼 있다. 흐르는 물에 손과 발을 담그고 안정을 취하는 청류 프로그램도 진행되며 나무 안기, 소리 듣기, 숲 속의 색 즐기기, 숲의 냄새 즐기기, 불경낭독, 명상 등의 프로그램을 체험할 수 있다.[26]

앞의 글은 소설가 박상우의 에세이에서 따온 것이며, 뒤의 글은 2007년 세계문화 유산으로 지정된 고야산 천년의 숲에 있는 이른바 '테라피로드'에 관한 소개의 기사문이다. 하동군 산벚나무 프로젝트와 관련하여 자극이 될 만한 글이 아닌가 생각된다. 경상남도는 에코투어리즘의 보고이다. 지리산과 우포늪 등과 같은 자연이 준 최상의 선물이 우리 곁에 있다. 하나의 보고서에 의하면, 경남 에코 투어버스 운행도 제안되고 있다. 경남 지역의 생태 관광 자원과 연계해 자연공원, 습·늪지, 철새 도래지 등의 관광자원과 문화재, 야생 동식물 등을 활용한 지역별, 주제별 루트와 계절별, 목적별 에코 투어버스 루트의 개발 운영을 통해 방문객의 생태관광 체험과 만족을 극대화시킬 수 있다는 것이다.[27]

4. 세계기록유산인 합천 해인사의 대장경판

문화콘텐츠는 문화와 콘텐츠의 합성어이다. 합성어인 만큼 그 뜻이 복합적이고 다양한 것은 말할 필요가 없다. 한 학자의 말에 따르면, 현재 문화콘텐츠에 대한 정의는 마치 장님 코끼리 만지기와 같이 혼란스

---

26 서울경제, 2010. 10. 8.
27 김한도, 「경남의 생태환경자원 실태 및 활성화 방안」, 경남발전연구원, 2010, 75쪽.

럽다. 일부의 학자들은 자신의 전문 분야를 디지털 데이터화하는 것을 문화콘텐츠라고 하고, 또 다른 일부의 현장 기술자들은 자신의 기술로 구체적인 상품을 만드는 것을 문화콘텐츠라고, 경영 부문에 종사하는 자들은 오로지 대중에게 수익을 올릴 수 있는 것을 두고 문화콘텐츠라고 하기도 한다.[28]

  문화콘텐츠를 논의하기 전에 우선 콘텐츠라는 말의 의미를 파악해야 한다. 어떤 이는 콘텐트라는 단수형 개념의 용어를 사용하는 것이 맞는다고 주장하기도 하지만 대체로 집단 창작의 이미지가 강한 복합적인 개념을 연상시키거나 강하게 환기한다는 점에서 콘텐츠라는 복수형의 용어를 사용하는 것이 옳다고 보인다. 콘텐츠란, 한마디로 말해 내용물이다. 문학, 예술 작품, 각종의 아이디어 등이 창작적인 주체의 측면에서 규정되는 조건이라면, 콘텐츠는 미디어에 담긴 내용물을 가리킨다. 콘텐츠는 각종 대중매체에 담긴 내용물 즉 말하자면 '대중문화'를 말한다. 얼마 전까지만 해도 흔히 대중문화라는 용어가 널리 일반적으로 사용된 바 있었으나, 규모가 커지고 산업화됨에 따라 최근에 이르러서는 콘텐츠란 신조어로 부르게 되었다. 이러한 관점에서 본다면 문화콘텐츠는 다음과 같이 적절히 도출된다.

  문화콘텐츠란, 콘텐츠를 담는 그릇들이자 다양하게 활용되는 도구들, 예컨대 방송이나 영화, 게임, 공연 등을 말한다. 과거에는 이것을 '대중매체'라고 불렀으나, 디지털 시대의 도래로 말미암아 각각의 매체들이 서로 융합되어 하나의 거대한 산업화가 됨에 따라 문화콘텐츠란 신조어를 사용하고 있다.[29]

좋은 문화콘텐츠란 참신하고 독특한 아이디어를 대중에게 전달하는

28 송원찬 외, 『문화콘텐츠 그 경쾌한 상상력』, 북코리아, 2010, 11쪽. 참고.
29 http://blog.naver.com/angeldean/150093668119

데 있다. 대중의 관심을 이끌어내고, 흥미롭고 감동적인 이야기를 구현하고, 감정이입과 공감대를 형성하게 하는 힘은 기본적으로 서사를 표현하는 방식으로서의 스토리텔링에 기대지 않을 수밖에 없다. 인간의 음미 본능을 자극하면서 화려한 궁중 문화를 치장한 TV드라마 「대장금」이나, 낯선 동성애의 세계를 인간의 권력관계 속에서 다루면서도 중국의 경극을 한국적으로 변형 수용한 영화 「왕의 남자」 등과 같은 예가 좋은 문화콘텐츠를 위한 스토리텔링이라고 하겠다.

고려 시대 하이테크의 결정판이라 할 수 있는 고려대장경은 내용이 정확하고 글자가 아름답기로 세계에서도 으뜸으로 꼽히고 있다. 글자 수의 방대함은 조선 왕조 대부분의 시기에 기록된 조선왕조실록에 버금간다. 이것의 93% 정도에 해당하는 글자 수를 가진 기록문이다. 경판을 하나하나 높이 쌓는다면 3, 200m에 이른다고 하니 백두산 높이보다도 훨씬 높다. 이러저러한 이유 때문에, 고려대장경 목조 경판은 유네스코(UNESCO)에서 제정한 세계문화유산에 등록되었다. 참으로 대단한 문화콘텐츠가 아닐 수가 없다.

고려대장경 제작 과정 중에서, 나무를 선택하고 벌목하고 수송해 한 곳에 모으는 것에서부터 중요하지 않는 게 없다. 경판을 다듬어서 판각에 들어갈 때에는 더 섬세하게 운영되어야 한다. 판각만 해도 스토리텔링의 소재가 된다.

……먼저 필사본을 뒤집어 붙인다. 그래야만 나중에 인쇄할 때 글자가 바로 찍히게 된다. 필사본 위엔 들기름을 한차례 먹인다. 기름 먹은 종이는 글자가 뚜렷하게 살아난다. 이 기름이 마르면 조각을 한다. 조각은 글자만 두드러지도록 돋을새김을 하는데, 선이 워낙 복잡해서 꽤나 까다롭다. 이때 정성만큼이나 조각칼도 중요한 몫을 한다.[30]

이상의 인용문을 가지고서도 단편소설, 단편 애니메이션, 뮤지컬 하나 정도는 만들어낼 수 있다. 작중인물이나 등장인물이 대화를 나누고 사건을 이끌어가는 게 스토리텔링이 아닌가? 스토리텔링은 인간이 서로 말을 자유롭게 주고받는 이야기 양식이다.

그러나 요즈음에 있어서 스토리텔링이 의미하는 새로운 가치는 대중의 의식과 소비의 흐름을 주도하려는 기술적인 커뮤니케이션 양식으로 바뀌어가고 있다. 그런 점에서 지금 우리는 정보 시대가 아니라 서사 시대에 살고 있다고 해도 과언이 아니다. 사람들을 강하고 실질적으로 움직이는 힘은 이성이 아니라 감성이라면, 「대장금」이나 「왕의 남자」 등과 같은 콘텐츠가 빚어낸 스토리텔링은 어쩌면 오늘날에 있어서 시대적인 유인성, 가장 효과적인 감성 유혹 장치인지도 모른다.

오늘날 문화콘텐츠가 각광을 받고 있는 가장 중요한 원인은 경제적인 부가 가치 때문이다. 생산성의 유발을 촉진하고 있다는 점에서, 그것은 하나의 상품이기도 하다. 드라마 「대장금」에서 수라간 사기그릇을 주문하여 제작하게 한 곳이 하동군에 위치한 새미골이다. 그런데 하동군은 이곳을 「대장금」과 연계하여 관광자원으로 활용하는 데 소극적이었다. 관광객의 이동과 욕구 만족을 전제로 하여 다양한 관광 욕구를 충족시키는 것이 바로 문화콘텐츠로서의 관광 상품이 되는 것이다.

고려대장경에는 마르지 않을 스토리가 내장되어 있다. 그동안 역사소설이나 영화로 만들어지기도 했지만 크게 성공을 거두지 못했다. 하지만 새로운 얘깃거리들이 적잖이 발굴되었다. 특히 최우와 정안을 중심으로 새로운 그물망의 인물군이 형성되었다. 이규보, 혜심, 일연, 출가한 최우의 아들인 만종과 만전 등이 대표적인 인물이다. 지역도 강화도를 벗어나, 진주·하동·남해로 확장된다. 관련되는 사찰도 단속사·쌍

---

30 이복규, 『한국 전통문화의 이해』, 민속원, 2015, 160쪽.

봉사 · 정림사가 추가될 수 있다.

인문콘텐츠는 인문학과 관련된 콘텐츠를 말한다. 문화콘텐츠는 경제적 효용성을 갖는 정보재(information goods)다. 그러나 정보를 정보재로만 볼 것이 아니라, 지식의 산출로 봐야 한다. 지식이란 인간 자신을 되돌아보게 할 뿐만 아니라 삶의 공동체인 사회와 제도, 구조 등을 반성하게 하는 힘을 갖고 있다. 인문학에 기반을 둔 문화콘텐츠는 놀이와 오락에만 치우쳐 있는 것 같은 현대 문화콘텐츠의 새로운 방향을 제시하는 데 관심을 갖고 있다. 결국 우리 민족의 정신이 인류의 보편적 정신의 단계로 구현하는 것으로 나아가는 데 기여해야 한다는 사실이 바람직하다고 하겠다.

지금으로부터 10년 전인 2011년은 각별한 한 해였다. 고려대장경이 조성된 지 천년을 맞이한 해였기 때문이다. 경상남도 단위로만 해도 많은 행사가 열렸다. '천년의 대장경, 고려대장경은 장경각에 갇혀 있는 과거의 문화재만은 아니다. 이천 오백년, 아시아 대륙을 망라하던 기억의 바다다.'[31] 대장경 천년을 기념하는 축전의 의미는 이처럼 콘텐츠를 담는 그릇으로서의 새로운 지식과 정보로 수렴되어야 한다는 것에 있을 것이다. 나는 대장경 축전 기간 중에 한 부분을 차지하고 있는 하동군 대장경 축전에 국한하여 이것을 문화콘텐츠와 관광자원화의 맥락에서 새롭게 이해하고 심층적으로 인식하고자 한다.

중국인 해외 관광객을 가리켜 요우커(遊客)라고 이른다. 요우커는 분명 노다지로 비유되고 있는 것이 십 년 전 당시의 실정이다. 요우커의 규모는 매년 500만 명씩 커져가고 있었다. 이들을 붙잡기 위해 일본, 한국, 대만이 치열하게 경쟁하고 있었다. 중국의 요우커가 선호하고 있는 우리나라 관광지는 서울, 제주도, 부산 순이라고 한다.

---

31 오윤희,『대장경, 천년의 지혜를 담는 그릇』, 불광출판사, 2011. 10쪽.

2011년 당시에, 요우커가 서울에 집중되고 있는 것은 한류 스타들의 인기가 한 몫을 차지했다. 요우커가 그 당시에 김태희가 가는 헤어숍이 어디냐고 물었다고 한다. 그들을 잡기에 필사적이었던 백화점은 새로운 공략 포인트를 강남과 한류에 두고 있다고 한다. 관광(tour)과 대중문화 예술(entertainment)을 동시에 체험할 수 있도록 관광 상품을 개발함으로써 한류 열풍을 관광산업에 접목시킬 수가 있는 것이다. 신종 관광마케팅 기법인 '엔터투어먼트(entertourment)'란 말이 그때 나왔다.[32]

그런데 해외 관광객은 한번 갔던 곳은 잘 가지 않으려는 경향이 있다.

요우커가 한때 선호했던 한국 3대 관광지 외에 제4의 관광지를 어디에 염두를 두고 개발해야 할 것인가 하는 문제도 향후 관심사가 아닐 수 없다. 나의 생각으로는 사천공항, 남해, 하동, 지리산, 진주로 잇는 관광권역의 개발이 아닐까, 한다. 남해의 죽방멸치와 금산, 하동의 대장금 그릇 제작지, 최참판댁, 지리산의 수려한 경관, 진주 남강과 진주성, 촉석루 등이 요우커의 각별한 생태, 역사 체험을 만족시켜줄 것이다.

특히 요우커 사이에는 중국사에서 「토황소격문」으로 유명한 최치원에 대한 인지도가 매우 높다. 그가 남긴 시와 산문, 그와 관련된 설화는 스토리텔링의 가능성을 활짝 열어놓고 있다. 최치원에게는 경남 전역에 걸쳐 관련되는 지역성을 지니고 있다. 합천 해인사는 그의 본거지나 다름이 없고, 중국의 국가 주석인 시진핑이 외교적인 수사로써 걸핏하면 암송하는 최치원 시의 화개동이 있다. 화개동은 하동 지역의 칠불사와 쌍계사 계곡 일대를 가리키고 있다.

우리나라의 화개 마을은,
호리병 속의 별천지라네.

32 중앙일보, 2011. 10. 1. 참고.

東國花開洞,

壺中別有天.

옛날 최치원에게 있어서 '동국'은 우리나라 즉 통일신라이었지만, 지금의 시진핑이나 중국 관광객들에게 있어서는 이 동국이 중국의 동쪽 나라인 한국이다. 최치원이 우리나라를 동국이라고 표현한 것이 중국 측의 구미를 당기게 한다. 화개 마을뿐만 아니라 하동 지역 전체가 산과 강과 바다로 둘러싸인 항아리 속의 별천지다. 지리산과 섬진강과 남해는 아름다운 청정 지대이다. 산업화의 미세먼지 속에 시달리는 중국인들이 오고 싶어 하는 곳으로 잘 갈무리해야 한다.

2010년대 초반에 사천공항 제주 노선 취항을 추진해온 코리아익스프레스에어(KEA)의 운항이 최종 확정되면서 사천공항 활성화에 청신호가 켜진 바가 있었다.[33] 지금은 코로나 팬데믹으로 인해 휴지(休止) 상태에 빠졌다. 앞으로는 관광 호시절이 다시 찾아오면 사천공항이 요우커 전용의 국제공항으로 거듭 나야 한다고, 나는 생각한다. 이를 위해 중앙 정부의 차원에서 이 사실이 적극적으로 검토되어야 할 것이다.

5. 문화콘텐츠, 관광자원, 그리고 남는 말

내가 앞에서 밝힌 바 있었지만, 매부와 처남의 관계인 최우와 정안을 중심으로, 이규보, 혜심, 일연, 출가한 최우의 아들인 만종과 만전 등 새로운 그물망의 인물군이 형성되었다. 현존하고 있는 고려대장경을 만드

---

33 경남일보, 2011. 9. 29.

는 과정에서 가장 공이 큰 사람은 누구일까? 당시의 실권자 최우의 결단이 아니면, 이루지 못했을 일이었다. 그는 고려대장경의 다시 새기고 판각하는 작업을 통해 위로는 불심을 세우고 아래로는 민심을 달래려고 했다. 하지만 아무도 그에게 역사의 공을 돌리지 않는다. 무슨 까닭인가? 독재자여서인가?

물론 고려대장경에 관한 한, 경판 하나하나에 글자 한 자 한 자에 고려의 총력이 담겨 있다.[34] 이 드라마틱한 역사의 감동을 한 개인에게 부여하고 싶지 않은 애국주의의 집단 심리가 우리에게는 전제되어 있는 게 엄연한 사실이다. 이 사실과 더불어 고려대장경이 지금의 경상남도라는 로컬리티와 부합하게 하는 지역주의적인 관점도 그 역사의 감동에 다소 바람직하지 아니한 것으로 치부될 수밖에 없을 것이다. 이 때문에 고려대장경의 역사적인 진실 내지 실체가 지금까지 국책사업론의 덫에 갇힌 감이 없지 않다.

이상과 같이, 고려대장경에 관한 한에 있어서, 역사의 평가 문제에 관해서도, 나는 앞으로 진지하면서도 편견이 없는 관심과 조명이 있어야 한다고 본다. 그래야만이 역사의 진실이 더 잘 드러나게 마련이다.

일연(1206~1289)은 『삼국유사』를 편찬한 이로 유명하다. 경북 장산(경산)에서 출생해 여러 사찰에서 수행한 후 44세부터 56세까지 12년 동안 남해 정림사와 길상암에 머물렀다. 56세에 남해를 떠나 여기저기에서 다시 머물다가 78세에 국사에 책봉되었으며, 79세에 군위 인각사에 있다가 여기에서 84세에 입적했다.

그는 1249년 대장경을 조성하고 있던 남해에 정안의 초대로 머물기 시작했다. 그의 생애 가운데 남해 시절이 차지하는 비중이 결코 가볍지 않다. 고려대장경 조성 사업과의 관련성 때문이다. 그의 문도 열두 명이

---

34 이복규, 앞의 책, 161쪽, 참고.

각수로서 590여 장의 경판을 판각했다는 사실이 확인된다. 그가 남해에 있을 초기에 대장경 조성 사업이 끝이 났다. 이 이후로는 분사남해대장 도감에서 서적 판각을 일삼았다. 대표적인 것으로는 『동국이상국집』 (1251), 『종문척영집』(1254), 『중편조동오위』(1260)이다. 자신의 저술물인 『중편조동오위』은 일본에서 다시 간행된 것이 발견된 바 있다. 분사남 해대장도감의 재정적 후원자는 정안, 행정 책임자는 진주목 부사 전광 재, 실무 총괄자 일연인 것으로 알려져 있다.[35] 이규보의 사후 저술물인 『동국이상국집』 역시 남해의 분사도감에서 판각한 것 같다. 이때 때마 침 이규보의 손자 이익배가 하동군 감무로서 재직하면서 할아버지 유 고를 교감하였으며, 분사도감의 관리자는 진주목의 지방관이었다. 이런 저런 정황을 미루어볼 때, 진주에 별도의 판각 장소가 따로 있었을 리 없다.

이규보의 저서에 의하면, 고려대장경과 관련된 산문 하나가 있다. 이 것과 관련해 중요한 사료의 한 가지로 평가를 받고 있다. 제목은 「대장 각판 군신(君臣) 기고문(祈告文)」(1237)이다.

甚矣達旦之爲患也. 其殘忍凶暴之性. 已不可勝言矣. 至於癡暗昏昧也. 又甚於 禽獸. 則夫豈知天下之所敬有所謂佛法者哉. 由是凡所經由. 無佛像梵書. 悉焚滅 之. 於是符仁寺之所藏大藏經板本. 亦掃之無遺矣. 嗚呼 積年之功. 一旦成灰. 國 之大寶喪矣. 雖在諸佛多天大慈之心. 是可忍而孰不可忍耶. 因竊自念. 弟子等智 昏識淺. 不早自爲防戎之計. 力不能完護佛乘. 故致此大寶喪失之災. 實弟子等無 狀所然. 悔可追哉. [36]

35 김봉윤, 『팔만대장경과 남해』, 고려대장경판각성지보존회, 2019, 259~261쪽, 참고.
36 『東國李相國全集』, 제25권.

이규보는 부처의 진리도 모르는, 금수와 같은 달단(몽골)이 환란을 일으켜 온 나라가 고통을 받고 있을 때, 불법의 진정성을 성찰하고 있다. 초조대장경과 황룡사를 불태운 오랑캐에게 난동이 있을 뿐, 불법은 없다는 것. 나라의 보배를 지키지 못한 책임이 국방의 계책이 없었다는 데 있다는 사실을 통감하고 있다.

또한, 그는 이 기고문에서, 이 글을 쓰고 있을 때 갓 시작하고 있던 재조대장경 조성 사업을 두고 "나라의 큰 보배가 사라졌으면, 어찌 감히 거대한 일을 왕성하게 다시 시도하는 것을 우려하겠느냐(無此大寶則豈敢以役鉅事殷爲慮)."라고 말한다. 대장경 재조 사업의 정당성을 스스로 확인한 셈이다.

이밖에도 고려대장경과 역사적으로 관련된 인물이 적지 않다. 인물의 그물망 형성을 잘 살펴보면서 고려대장경의 숨은 얘깃거리를 발굴해가면서 이것의 실체에 한껏 더 다가서야 할 것이다. 이것과 관련해 경상남도의 차원에서 향후 역사소설을 공모해 문화콘텐츠와 스토리텔링으로 현대화하면 좋겠다는 인상을 마지막으로 덧붙인다.

나는 마지막으로 팔만대장경의 역사적인 의미 내지 의의를 바라보는 상반된 기존 관점을 살펴보고자 한다. 함석헌은 자신의 저서 『뜻으로 본 한국역사』(1962)에서 팔만대장경 국책사업을 두고 당시의 민심과 괴리된 기득권자의 작업이었다고 본 관점을 제시한 바 있었다. 다음의 인용문을 보자.

해인사의 장경각에만 올라가면 16년의 세월을 들여서 완성하였다는 8만이 넘는 경판이 글자 획 하나 흘림 없이 또렷또렷이 있는 것을 보지만 그것은 참 정성에서 (비롯)된 것일까? 참신앙의 표시일까? 저희는 날마다 잔치에 취하여, 백성더러는 나무를 들여라, 돈을 바쳐라 하여 만들어놓은 이 판목, 7백년 간 이 산 속에 잠을 자고 있는 이 경문(經文), 이것은 말로만 하는 정치, 죽은 신앙의 모양 그대로 아닐까?[37]

이 인용문은 팔만대장경을 부정적으로 바라보는 대표적인 관점이다. 초미의 전시 상황에 위정자가 무슨 날마다 잔치를 할 것이며, 굶주린 백성들이 낼 돈이나 곡식이 또 어디에 있다는 말인가? 함석헌은 팔만대장경을 볼 마음조차 없다고 했다. 두말할 나위도 없이, 보든 말든 간에, 우리가 개인의 취향을 두고 군이 논란을 일삼아야 할 까닭이 없지만, 지식인이면, 우리의 역사를 기본적으로 편견이 없이 바라보아야 한다. 이와 견해가 다른 관점을 살펴보자.

대장경이 전시에 만들어졌다는 데 주목해야 합니다. 전시에 가장 중요한 것은 민심을 한데로 모으는 일일 것입니다. 그래야 온 국민이 단결하고 전쟁에 효율적으로 대처할 수 있기 때문입니다. 고려 정부가 전시에 대장경을 만든 것은 바로 이러한 이유 때문이었습니다. 당시는 국교가 불교였으니까 온 국민이 불교 신자였습니다. 불교도들을 단합시키려면 붓다의 이름으로 전쟁을 치러야 할 텐데, 그 중에서도 부처님이 우리 편이라고 주장하는 게 가장 좋(았)을 것입니다.[38]

이상의 인용문은 이화여대 한국학과 교수였던 최준식의 견해다. 그의 저서 『세계가 높이 산 한국의 문기(文記)』(2007)에서 따왔다. 그는 팔만대장경이 그 시대의 민심을 반영한 결과로 보고 있다. 민심을 이반한 국책사업이란 설을 편 함석헌과 전혀 다른 견해다.

이 두 가지 견해는 앞으로 더 이상 논란이 되지 않을 전망이다. 2013년에 그랬듯이, 앞으로도 팔만대장경을 두고, 지금의 경남인 남해에서

---

37 함석헌, 『뜻으로 본 한국역사』, 일우사, 1962, 202쪽.
38 최준식, 『세계가 높이 산 한국의 문기』, 소나무, 2007,98쪽.

만들었다. 그것을 남해에서 다 만들었을까, 하는 것을 둘러싸고, 열띤 논쟁이 벌어질 것 같다. 아직도 학자들 중에는 팔만대장경이 강화도에서 제작되었다고 믿는 학자들이 적지 않을 것이다. 하지만 이들은 팔만대장경 제작에 진주와 하동을 잇는 유력한 지방권력자 정안의 행적, 산벚나무 판각용 목재 수송로가 지리산-섬진강-관음포로 이어진다는 해양지리적인 배경, 전시 상황에서 유목군단의 몽골군에게는 취약한 섬의 은닉처가 지닌 장점의 여건 등등이 지니는 지정학적인 이유들을 쉽게 떨쳐내지 못할 것으로 보인다.

이것들을 떨쳐낼 명분을 찾아내었다고 양보하더라도, 현존하는 팔만대장경 판각이 8백년 역사 중에서 6백년 이상이나 경남 합천에서 보존되어 왔다는 사실은 어김없는 사실이 아닌가? 숱한 내우외환의 위기를 넘어서 국보이자 세계문화유산을 성공적으로 완벽하게 보존한 것만 해도 인류의 자랑거리다.

독립운동의 민(民) 주도형과 거중(居中) 사상

—진주 지역과 진주 권역을 중심으로

1. 백 주년이 된 3 · 1운동의 의의

3 · 1운동이 일어난 지도 정확하게 백 년이 되었다. 3 · 1운동은 서울 중심으로 일본 제국주의에 맞선 저항 운동이 아니라, 전국적으로 확산되어 무려 3개월간에 걸쳐 지속되었다. 여기에서 우선 의의를 찾아야 한다. 운동의 전국적인 성격으로 인해, 결과적으로는 적지 않은 사상자들이 발생했다. 7천5백 명 이상의 인명이 총칼에 의해 사라졌고, 1천6백 명 이상의 부상자가 발생했고, 체포된 사람만 해도 무려 4만 6천명이 넘었다.

물론 시간의 경과에 따라 조선의 민초는 일본인들, 즉 지주 · 상인 · 고리대금업자를 살해하기도 했지만, 대체로 볼 때 비폭력적인 평화주의를 지향했다는 데서 3 · 1운동의 놀라운 정신을 되짚어볼 수가 있다. 우리에게 3 · 1운동의 자랑스러운 측면이 있다면, 바로 이 점이 아닐까, 한다.

3 · 1운동의 유산과 정신이 하나의 지나간 역사의 사건이라기보다, 미래의 삶에 영향을 줄 수 있을 때, 비로소 가치를 발할 수 있을 것이다.

말하자면 분단시대를 극복하고, 한겨레, 한살림 공동체 삶의 실현에 기여해야 한다는 것. 또한 세계의 평화를 위한 역사적인 현재성의 활용을 백 년 전의 사건 속에서 찾을 수 있다는 것이다. 3·1운동과 그 정신은 민족주의 운동의 세계사적인 의미를 부여할 수 있고 평화를 염원하는 세계정신을 확보할 수 있었다고 해도 지나친 말이 아닐 것이다. 다음에 인용한 글은 3·1정신을 궁극적으로 어떻게 재해석해야 하나를 놓고, 하나의 긴요한 문제의식을 제기한 것이라고 할 것이다.

> 3·1정신의 재해석에 있어 마지막으로 놓치지 말아야 할 점은 단순히 민족 통합과 외세 저항의 도구로서의 민족주의에만 의지해서는 안 된다는 것이다. 이는 3·1정신의 본질을 리는 일이다. 3·1정신의 위대한 부분은 한민족의 독립을 천명하는 데서 그치지 않고 세계에 대한 비전을 제시하고 있다는 데 있다. 그러므로 3·1정신의 재해석은 세계를 이끌 새로운 시대정신을 제시하는 데까지 나가야 한다.[1]

이 글은 3·1운동과 그 이후에 일어난 일들이 진주 지역과 진주 권역에 어떠한 사회운동의 성격을 띠게 되었는지를 밝히는 데 있으며, 더 나아가 지사들의 3·1정신이 어떠한 사상으로 변용되어 나타나고 있었는지를 고찰하는 데 논의의 초점을 두려고 한다. 이 지역적인 측면이 3·1운동 전반의 역사상(歷史象)에 있어서 지엽적인 문제가 아니라, 전체의 모습을 구성하는 부분적이고 개별적인 성격이 될 것이라고 생각한다.

---

[1] 3·1문화재단 지음,『3·1운동 새로 읽기』, 예지, 2012, 175쪽.

2. 진주 지역 민 주도형 독립운동의 전개

1) 진주 지역 기미년 3월의 동향

고종 장례에 참석하기 위해 상경한 김재화, 심두섭, 조응래, 박대업 등의 진주 인사들이 서울의 상황을 목격한 후에 경찰 검문을 피해 진주로 돌아왔다. 이들은 독립선언서와 교유문(敎喩文)을 진주로 몰래 반입했다. 시위 주동자들은 집현면 하촌리에 위치한 김재화의 집에서 여러 차례에 걸쳐 비밀리에 모임을 가지고 거사 계획을 꾸몄다고 한다. 1919년 6월 일제의 법원 판결문에 따르면 이들은 교유문에서 '우리 민족은 미국 대통령이 외친 민족자결의 소리에 따라 이 기회를 놓치지 말고 이와 같은 소리로 상응하고 이미 잃은 국권을 회복하고 이미 망한 민족을 구하여 복수를 해야 한다.'라고 되어 있었다. 이상은 동아일보가 3·1운동 백 주년을 기념하는 연간 기획물에 자상히 소개되어 있다.[2]

진주 장날 3만 시위의 시작을 알린 것은 1919년 3월 18일에 울린 진주교회의 종소리였다. 이 종소리는 지역사회의 자랑거리로 구전되고 있다. 관의 시각에서 본 문제의 종은 일제에 의해 철거됐으나, 2012년에 이르러 종탑과 함께 복원됐다.

진주의 기미년 만세 시위는 사회적인 약자들인 걸인과 기생에 의해 전개되었다는 성격을 지니고 있었다. 여타의 지역이 지역사회의 지도자나 학생들에 의해 주도되었다는 점에서 3·1운동이 부르주아 민족주의 운동이라고 할 수 있으나, 진주의 경우는 사회적인 약자들이 주도했다는 점에서 민중적 민족주의의 성격을 드러낸 것이라고 할 수 있겠다. 운동의 역사적 성격에 관해서는 향후 더 연구가 필요하다고 본다.

---

2 동아일보, 2019. 5. 14.

사회적 약자 중에서도, 특히 연약한 여성의 몸인 기생에 의해 가장 적극적으로 전개되었다. 이 사실은 총독부 기관지인 매일신보에 실려 있다. 매일신보는 '기생이 앞서서 형세 자못 불안'이라는 제목의 3월 25일 자 기사에서 '진주는 지금도 진정이 안 되고 자꾸 소요가 일어날 형세가 있는데, 19일은 진주 기생의 한 떼가 구한국 국기(태극기를 가리킴—인용자)를 휘두르고 이에 참가한 노소 여자가 많이 뒤를 따라 진행하였으나 주모자 여섯 명의 검속으로 해산되었는데 지금 불온한 기세가 진주에 충만하여 각처에 모여 있다더라.'[3]라고 하는 정황을 잘 전해주고 있다. 이 여섯 명의 주모자는 무명의 기생들이다. 3·1운동 당시에 '애국 기생'들의 활약이 전국적으로 컸다. 특히 경기 수원, 경남 통영, 진주가 대표적인 곳들이었는데, 수원에선 김향화가, 통영에선 정막래와 이소선이 주도했지만, 진주의 기생 여섯 명은 이름이 남아 있지 않다. 광복 직후의 좌우 대립 및 폭동과 한국전쟁 당시의 화재로 인해 진주법원과 진주시청의 호적과 재판 기록이 모두 사라졌기 때문이다. 이들의 이름이 역사의 진공 속으로 사라진 것은 진주 지역의 문화사에서는 아주 큰 손실이다. 구체적인 신원이 밝혀지지 않아도 본명이나 기명(妓名)은 남아 있었어야 했다. 독립운동사 편찬위원회가 펴낸 『독립운동사』 제3권에도 진주 기생의 독립운동을 구체적으로 기리고 있다.

진주 기생들이 펼친 운동의 실상은 이랬다. 진주읍 장날인 3월 18일 학생, 농민, 장꾼, 심지어 걸인들까지 나선 가운데 대규모 만세운동이 펼쳐졌다. 이튿날인 19일에는 일제가 '기생독립단'이라고 표현한 진주 기생들이 시위에 동참해 태극기를 앞세우고 대한독립만세를 외쳤다. 악대를 선두로 한 기생독립단은 군중과 함께 남강 변두리를 둘러 논개의 자취가 남아 있는 촉석루를 향해 행진

---

3 매일신보, 1919. 3. 25.

했다. 진주 기생들은 임진왜란 당시 왜장을 끌어안고 남강에 몸을 던진 선배 의기(義妓) 논개의 애국충정을 본받고자 했다. '우리가 죽어도 나라가 독립이 되면 한이 없다'고 외치던 기생 6명은 일제에 검거됐다. 기생까지 독립만세운동에 참여했다는 사실만으로도 진주는 독립에 대한 열망의 기운이 식을 줄 몰랐다.[4]

진주 기생의 의거는 논개의 정신적인 영향이 컸다. 진주 지역 사회에 있어서 논개는 사회문화적인 유산이었다. 진주 기생들이 3·1운동 때 사회적인 행동에 적극적으로 가담할 수 있었던 배경도 여기에 있다. 진주의 기생 사회는 구한말 산홍[5]의 예에서 보듯이 논개를 의기의 표상으로 학습화하고 있었다. 일본 제국주의자들은 이 시기에 나라의 독립에 기대는 기생들을 가리켜 '애국기생' 혹은 '사상기생'이라고 불렀다. 애국기생이 후대의 명칭이 아닌가, 한다. 3·1운동의 진주 기생들은 일종의 사상기생이라고 해야 할 것 같다.

이 전국적인 규모의 만세 사건의 기운이 잦아들던 1919년 9월, 경성의 치안 책임자로 부임한 지바 료(千葉了)는, 자신의 저서인 『조선독립운동비화(朝鮮獨立運動秘話)』에서 당시의 조선 기생들을 이렇게 회고한 바 있었다. 사실상 이 기록은 그 당시의 민심 동향을 파악할 수 있는 최적의 사료가 아닐 수 없다. 공식 기록이 아닌 비화라는 점에서 미시의 역사이다. 지금으로선 숨어있는 사진이나 구술 자료 등 미시사를 많이 발굴해야 한다.

---

4 동아일보, 2018. 9. 22, 재인용.
5 황현의 『매천야록』 1906년 조에, "진주기생 산홍(山紅)은 얼굴이 아름답고 서예도 잘하였다. 이때 이지용이 천금을 가지고 와서 기생첩이 되어줄 것을 요청하자, 산홍은 다음의 말을 남기면서 사양하였다. 세인들이 대감을 을사5적의 우두머리라고 하는데 첩이 비록 천한 기생이긴 하지만 사람 구실하고 있는데 어찌 역적의 첩이 되겠습니까? 이에 이지용이 크게 노하여 산홍에게 폭행을 가했다."라고 기록되어 있다.

우리가 처음 부임하였을 때 경성(서울) 화류계는 술이나 마시고 춤이나 추고 놀아나는 기색을 전혀 보이지 않았다. 800명의 기생은 화류계 여자라기보다는 독립투사였다. 기생들의 빨간 입술에서는 불꽃이 튀었고, 놀러 오는 조선 청년들의 가슴속에 독립사상을 불 지르고 있었다.[6]

3·1운동에 직접 참여한 기생들이 사상기생의 원형이라면, 그 이후에 이 명칭이 고정된 것으로 보인다. 일제의 공안 당국이 문서로 기록하기 위해 사상기생이란 명칭을 붙였을 것이라고 추정된다. 3·1운동의 민족 대표 중에서도 리더 격인 손병희를 옥바라지한 태화관 기생 주산월, 대구 출신으로서 한남권번에 기적을 올려 탁월한 각종 기예를 선보였던 정금죽 등이 대표적인 사상기생이었다. 이때 사상이란 민족주의와 사회주의를 망라한 항일 사상을 의미한다.

다시 한 번 말하거니와, 진주의 기미년 만세 운동을 주도한 무명의 기생들의 이름과 구체적인 행적이 전해지지 않고 있는 것은, 지금에 있어서 참으로 아쉬운 일이 아닐 수 없다. 사상기생, 애국기생이라고 불리는 이들의 의거가 문서적 자취도 없이 역사의 진공 속으로 사라지고 말아서다.

2) 근대화 인권 운동으로서의 형평사

진주의 형평사 운동은 3·1운동의 연장선으로 보아야 한다. 자유와 독립의 정신에서, 평등과 인권의 정신으로 확대되었다고 보면 된다. 3·1운동 때 진주에서 독립운동 선언서에 서명한 29명 중의 한 사람으로서 대구교도소에서 1년 6개월을 복역한 사회활동가요, 재지(在地) 지사

---

6 동아일보, 2018. 9. 22. 재인용.

였던 강상호가 1923년에 발생한 형평사 운동에 두루 관여했다는 사실이 그런 시각을 잘 말해주고 있다. 형평사는 초창기부터 반봉건적인 신분 해방을 넘어 궁극적으로 민족 해방, 국권 회복을 표방하였다. 이것은 인권회복 운동이요, 국권회복 운동인 셈이었다. 3·1운동이 민(民) 주도형 운동이었듯이, 형평사 운동 역시 민 주도형 사회운동이었던 것이다.

형평사는 1923년 4월 경상남도 진주에서 조직된 백정 인권을 위한 사회운동단체이다. 계급을 타파하고 백정에 대한 모욕적인 칭호를 폐지하며 교육을 장려하여 백정도 참다운 인간이 되게 한다는 것이 그 설립 목적이다. 백정 출신의 장지필, 이학찬 등이 사회운동가 신현수, 강상호, 천석구 등과 함께 1923년 4월 25일 진주청년회관에서 발기회를 개최하면서 형평사는 탄생하였다. 같은 해 5월 13일 진주좌(座)에서 개최된 형평사 창립 축하식은 진주뿐만 아니라 전국적으로도 큰 충격을 준 사건이었는데, 천대받는 백정들을 해방시키고자 하는 형평운동이 진주 최대의 공공장소에서 벌어졌다는 상징적인 의미뿐만 아니라 역사적인 의미도 지닌다. 이를 통해 창립 1년 만에 전국적으로 68개 지사와 분사가 조직될 정도로 사회 각층으로부터 많은 성원을 받았다.[7]

초유의 백정 해방 운동인 형평사의 설립과 전국적인 확대가 일부 사회운동가들에 의해 이루어진 게 아니라, 백정 자신들의 주체적인 참여를 통해 실현되었음을 간과해선 안 될 것이다. 형평사 운동은 일제강점기에 이미 국제적인 연대를 모색했다. 일본의 부락민 인권을 위해 만든 수평사와의 제휴가 바로 그것이다. 형평사의 말뜻이 막대저울처럼 평평하다는 말이요, 수평사의 말뜻은 물처럼 평평하다는 말이니, 결국 같은

---

7 국내 항일독립운동 사적지 조사보고서, 『부산·울산·경남 독립운동사적지 Ⅱ』, 독립기념관, 한국독립운동사연구소, 2010, 355쪽.

뜻이라고 하겠다.

그런데 우리나라는 아직 사회적인 불평등이 심화되어 있다고 해도 봉건적인 의미의 신분으로서의 사회계급이라는 게 존재하지 않는다. 우리 사회에 백정은 이미 오래전에 사라졌다. 그런데 일본은 아직까지도 부락민에 대한 차별이 잔존하고 있다고 한다.

형평사와 수평사의 연대를 되새기며 참석한 일본 '부락해방동맹' 관계자들은 앞으로 인류 사회에서 인권 보호와 증진을 위한 국제적 연대 활동이 더욱 필요하다는 것을 강조하였다. 그들은 아직도 부락민 차별이 남아 있는 일본과 달리 한국에서는 백정 집단이 사라졌다는 사실과, 또 형평운동의 역사적 의미를 되새기는 멋진 조형물을 그 발상지 진주의 한복판에 세울 수 있는 사회적 여건을 부러워했다.[8]

진주 형평사의 역사적인 존재는 박경리의 대하소설 「토지」에서도 하나의 소재로 다루어져 있다. 그 대표적인 인물이 송관수이다. 이 인물은 실존 인물이 아니라 소설 속의 캐릭터에 지나지 않으나 상당히 구체적인 역사상을 반영하고 있다. 최서희의 남편인 김길상과 어릴 적 친구인 그는 '다부지고 입정 사나우며 저돌적'인 성정의 사내다. 동학 운동, 의병 활동, 형평사 운동, 부산 부두노동자 파업에 관여하는 활동적인 사내다.

진주의 은신처에서 만난 백정의 딸과 결혼함으로써 백정의 사위로 살아간다. 상민으로서 강혼(降婚)한 셈이다. 종에 지나지 않는 신분으로서, 지체 높은 부잣집의 외동딸과 혼인한 친구인 길상의 엄청난 앙혼(仰婚)과는 잘 대비된다.

---

8 김중섭, 『형평운동』, 지식산업사, 2001, 138쪽.

송관수를 추종하는 이는 정석이다. 그는 고지식하지만 정열적인 인물이다. 동학 운동에 참여하고, 3·1운동에 연루되어 구금당한다. 야간 학교를 다녀 훗날 교사가 된다. 소설 속에서 어느 날에 송관수가 정석에게 하는 말이 있었다. 진주 옥봉교회 사건을 두고 한 말이다. 형평사 운동이 있기 전에 백정 열다섯 명이 교회에 나가자 기존의 신도들이 이를 거부한 사건이다. 이 사건은 하나의 사실(史實)이다.[9] 이로 인해 진주에서 형평사가 가장 먼저 뿌리를 내리고 입지를 마련하게 된다.

……몇몇 사람이 한사코 반대를 한 거지. 백정하고 한 자리에서 예배를 볼 수 없다는 주장이었고, 이쪽은 이쪽대로 하누님 앞에서는 만인이 다같이 예배를 볼 수 있다는 주장인데 서로가 팽팽하게 맞서다가 결국 (……) 교회가 두 쪼가리로 갈라진 거지.[10]

소설 속의 인물인 송관수는 자신의 추종자인 정석에 말을 한다. "나는 백정 사위가 된 거를 후회한 적은 없다. 다만 내가 수모를 당하는 것은 견딜 만했지만 내 계집 새끼들이 당할 적엔 피가 끓더라."[11] 송관수의 이 말을 통해 그 당시에 백정된 자의 심경과 가슴앓이가 얼마나 심했을까, 하는 바를 생각하지 않을 수 없다.

---

9 진주에서 기독교 의료 선교 활동을 벌이던 호주 선교사 H. 커를은 처음으로 진주의 백정들에게 전도하였다. 그러나 일반 신도와 함께 예배를 올리지 못했다. 1909년 커를의 후임자인 D. H. 리알은 일반 신도와 백정이 함께 예배를 보게 했다. 이에 반발한 일반 신도가 예배를 거부하는 사건을 일으켰다. (김중섭,『형평 운동 연구—일제 침략기 백정의 사회사』, 민영사, 1994, 92쪽, 참고.)
10 박경리,『토지』, 제7권, 1993, 솔, 166쪽.
11 같은 책, 167쪽.

3) 동맹휴학과 반(反)신사참배

일제강점기 진주 지역의 독립운동 가운데 학생들의 동맹휴학 및 신사 참배 반대를 빼놓고는 얘기할 수가 없다. 동맹휴학은 1927년부터 해마다 4년 동안 지속되었다. 1927년과 1928년은 진주고등보통학교와 진주 공립농업학교가 연대하여 동맹휴학을 감행하는 양상을 보였다. 가장 가열찬 양상을 보인 시기는 1928년이었다. 이때의 동맹휴학은 다음의 인용문을 통해 잘 알 수가 있다.

……1928년 7월 6일 진주농업학교 학생들은 진주고등보통학교와 연맹하여 조일(朝日) 공학제 폐지, 노예 교육 철폐, 조선어 시간 연장, 조선 역사 교수, 교내의 언론·집회의 자유 보장 등을 내걸고 다시 동맹휴학에 들어갔다. 학교 당국은 무기 휴교령을 내리고 학생 전원을 무기정학시켰으며, 진주농업학교에서는 15명을, 진주고등보통학교에서는 10명을 퇴학시켰다. 게다가 진주농업학교의 방화 사건으로 퇴학생은 47명으로 불어났고 무기정학은 350명에 달하였다. 결국 9월 1일 경 무기정학이 해제됨으로써 동맹휴학은 일단락되었다.[12]

이듬해에 일어난 1929년 동맹휴학 사건은 광주학생운동과 관련해서 일어났다. 진주의 학생들은 광주 학생 석방 등의 구호를 외쳤다고 한다. 이때는 시원여학교 학생들도 함께 참여했다. 심지어는 지금의 초등학교 학생들에 불과한 진주제일공립보통학교 학생들도 4백여 명이 동참하였다.[13]

1928년의 진주 일은 박경리의 대하소설 「토지」에도 반영되어 있다.

---

12 국내 항일독립운동 사적지 조사보고서, 앞의 책, 367쪽.
13 같은 책, 373쪽, 참고.

소설 속의 상황은 이렇다. 진주고보, 일신여학교 등의 학생들이 걸핏 하면 가두시위요, 동맹휴학이었다. 잡혀온 학생들이 경찰서 유치장에서 훈계를 듣고 있다. 다음에 인용한 글은 이치가와(市川) 형사의 말에 불복하는 학생들의 불온한 태도가 그대로 드러나고 있는 장면이다.

고개는 꼿꼿이 세우고 눈은 내리깐 채 덩어리 같은 침묵에 잠겨 있던 학생들 한테서 별안간 우우—우우우— 덩어리 같은 소리가 터져 나왔다. 머리카락 하나 움직이지 않았다. 입술도 다물려져 있었다. 우우우 괴성이며 신음이며 분노이며 원한에 사무친 저주의 소리, 이치가와 형사의 얼굴이 시뻘개진다. 말깨나 할 줄 안다고 학생들 설득에 나선 모양인데, 혹 그는 온건파에 속하는지도 모른다. 아니면 산전수전 다 겪은 능구렁이, 하기는 경찰직에 종사하여 사십대가 넘어가고 있다면 노회하지 않다는 것이 이상한 것이다.[14]

시원여학교[15]는 호주의 지원으로 계속 유지되다가 호주 선교회 결정에 따라 학생들이 당국이 강요하는 신사참배를 거부하자, 일제는 1939년 6월에 학교 폐쇄를 신청하라는 통고를 해왔다. 그리하여 호주 선교회에서 경영하던 3개의 여학교, 즉 부산 일신여학교와 마산의 의신여학교와 진주의 시원여학교는 함께 공식적으로 1939년 7월 31일에 폐교를 당했다.[16]

이 무렵에 윤동주도 평양 숭실중학교에 재학하면서 신사참배 반대 운

---

14 박경리, 『토지』, 제10권, 1993, 솔, 95쪽.

15 시원여학교는 1906년 정숙학교로 개교하였다. 그 후 남녀 공학으로 통합해 운영해오다가, 다시 여학교로 개편되었다. 정숙하교 초대 교장인 시넬리는 1919년에 사망했다. 이를 기리기 위해 학교 이름을 '시넬리의 정원'을 줄여서 '시원(柴園)'이라고 이름을 붙였다. 시원여학교는 신사참배를 거부하다가 폐교 처분을 받은 첫 번째 학교라고 한다. (국내 항일독립운동 사적지 조사보고서, 앞의 책, 379쪽, 참고.)

16 조헌국, 『호주 선교사 커클과 그의 동료들』, 한국문화사, 2019, 85쪽.

동에 참여하였다. 평양 시가지에서는 학생과 경찰 사이에 주먹다짐도 있었다고 한다. 이 학교 역시 폐교가 됨으로써 그는 학업을 중단했다. 그는 마침내 고향으로 돌아가 어쩔 수 없이 친일계 학교에서 졸업을 했다.

3. 진주 권역 우국지사와 거중(居中)의 사상

1) 중재 김황과 두 차례 유림단 사건

진주에서 걸인과 기생 등의 민중이 만세운동을 일으켰을 때, 진주와 지역적으로 인접한 산청군 단성면에도 만세운동이 있었다. 이 만세운동이 장터에서 열린 것처럼, 그 주체는 보통사람이었거나 유랑 상인이었을 것이다. 신등면 단계장터 만세운동(1919. 3. 19)과 단성면 성내리 장터 만세운동(1919. 3. 20~21)이 바로 그것이다. 단성면의 시위는 성내리 장터에서 먼저 시작하였으나 객사 터인 단성공립보통학교 정면으로 옮겨졌다. 시위가 전개된 중심 공간은 주요 충돌의 장소인 삼거리와 주재소, 장터가 모두 밀집되어 있는 단성공립보통학교 앞이라고, 이 지역의 사람들은 대체로 추정하고 있다. 특히 후자는 단계장터 시위 때 검거된 사람들의 인도를 교섭하였으나, 합의에 이르지 못해 폭력 사태로 이어졌다. 이 만세운동은 서부 경남에서 가장 치열하였으며, 가장 많은 사상자를 내었다.

산청군 단성면은 조선 시대에 독립된 현(縣)이었다. 옛 단성현은 예로부터 지방 선비들이 많이 배출된 곳이다. 인근의 진주 권역에 속하는 이 지역의 유교 지도자 가운데 우국지사나 독립운동가로서 사람들의 뇌리에 각인된 경우는 중재 김황(金榥 : 1896~1978)이라고 말할 수 있다. 그의

선대는 줄곧 진주의 집현에서 살았다. 그가 태어난 곳은 의령이다. 1910
년 나라가 망하자 아버지(김극영)를 따라 경상남도 산청의 황매산 서쪽
깊은 산골로 이사하여 세상을 등지고 독서에만 전념하였다.

그는 당시 한주 이진상의 주리학(主理學)을 계승한 곽종석의 문하에 들
어가 수학하면서 더욱 학문이 깊어지게 되었고, 그 학통을 계승했다. 김
황에게 있어서의 자신의 시대는 3·1운동이 일어난 1919년에서부터 사
는 곳을 옮겨 본격적인 강학(講學)을 시작하던 1928년에 이르기까지 10년
간이라고 할 수 있다. 그가 펼친 이 시기의 활동은 대체로 다음과 같다.

1919년 스승의 명으로 곽윤(곽종석의 조카)과 함께 상경하여 고종의 장례
식에 참여하였고, 여기서 김창숙과 만나 파리강화회의에 파리장서(巴里長書)
를 보내기로 결의하였다. 거창에 내려와서 스승의 명을 받들어 진주·산청·
삼가 등지의 유림을 순방하면서 장서의 취지를 설명하고 서명을 받았다. 김창
숙이 장서를 가지고 상해로 떠난 뒤, 왜경에 발각되어 제1차 유림단 사건이 일
어나자 옥고를 치렀다. 오래지 않아 병보석으로 풀려난 뒤 스승의 상을 당하였
고, 이때 24세의 젊은 나이로 상례(喪禮)의 중책을 완수하였다. 1926년에는
여러 동문과 더불어 서울에서 『면우집』을 간행하였는데, 그간 계속 상해에 망
명 중이던 김창숙이 이 소식을 듣고 독립운동의 자금을 모집하기 위해 비밀리
에 입국하였다. 김황은 김창숙의 은신처로 몰래 연락하면서 『면우집』 간행소
에서 유림조직을 이용하여 모금 운동에 적극 앞장섰다. 김창숙이 가지고 간 거
액의 자금이 뒤에 나석주의 동양척식주식회사 투폭 등 독립운동에 사용되었음
이 알려져 제2차 유림단 사건이 일어나자 9개월의 옥고를 겪었다.[17]

김황은 자신의 인생에서 가장 중요한 해인 1919년의 상황을 일기 형

---

17 『한국민족문화대백과사전』, 제5권, 한국정신문화연구원, 1994, 109~110쪽.

식의 기록물로 남겼다. 제목은 「기미 일기」다. 아직 번역되지 않은 필사본으로 남아 있는 이 기록물은 사료적인 가치가 무척 높다. 이것은 1919년 2월 13일부터 5월 29일까지 3개월 17일간에 걸쳐 겪은 일들을 적어 놓은 것이다. 3·1운동을 전후한 서울에서의 경험과, 파리장서에 관해 노력한 과정을 잘 나타내고 있다. 최근에 3·1운동 백 주년을 기념하면서 일부 소개되기도 했다. 다음의 내용은 최근의 동아일보 특집 기사에서 따왔다.

3월 1일, 경성에 머문 김황 일행은 소요사태가 벌어질 수 있으니 바깥출입을 자제해 달라는 요청을 받는다.

3월 3일, 고종의 인산일이었다. 김황은 「기미일기」에서, 고종의 상여 행렬을 보며 눈물을 흘렸다, 라고 적었다. 일제 경찰에 저항한 학생들, 혈서로 '조선 독립 만세'를 쓴 수건을 휘두르던 시위대와 상인들의 철시(撤市)까지, 김황은 '갑자기 처음 들으니 결국 멍하다.'라는 표현을 통해 당시의 생경하고도 복잡한 감정을 솔직하게 일기에 적어 놨다.

그 무렵의 어느 날 밤, 김황이 머물던 여관에 뜻밖의 손님이 찾아왔다. 흥선 대원군의 부인인 여흥 부대부인 민씨의 사촌 동생 민용호였다. 그는 충격적인 이야기를 김황에게 들려준다. 고종이 자연사한 게 아니라 친일파에 의해 독살당했다는 것. 이 사료를 연구하는 학예연구사는 '고종 독살설이 지하신문이나 격문 같은 선전물 형태가 아닌 궁중 인사의 입을 통해 전해졌다는 것은 처음 밝혀진 사실'이라고 덧붙인다.

3월 10일, 경남 거창으로 귀성한 김황은 스승에게 경성에서 보고 듣고, 느낀 모든 내용을 전달한다. 곽종석은 마침내 독립청원서의 초안을 김황에게 작성하라고 지시한다. 3월 말이 되자 김황의 초안을 바탕으로 유교계의 독립청원서 파리장서(巴里長書)가 완성됐다. 이 문서에 서명한 유림만 137명. 수백 년간 갈등과 반목을 거듭하던 영남학파와 기호학파가 모두 참여했다.[18]

이상과 같은 김황의 행적에는 1919년에 경험한 일들로 이루어져 있다. 그의 행적을 통해 시골에서 유자로서 살아가고 있는 그의 삶 의식한 편모를 짐작할 수 있겠다. 그는 1928년에 이르러 살던 곳을 떠나 산청군 신등면 내당촌으로 이사하여 강학을 시작했는데, 반세기 동안 1천여 명의 제자들을 길러냈다. 광복 이전은 물론이고 이후에도 대학의 학생과 교수들이 방학 기간에 몰려들어 내당서사(內塘書舍)는 한때 전국 유자의 메카로 알려졌었다. 그런데 내가 최근에 가보니, 이 건물은 온전하게 폐허가 되어 방치되어 있었다. 산청군에서 이 구역을 다시 손질을 하면 좋겠다는 생각이 들었다.

우리나라 최후의 유종(儒宗)인 김황은 일제강점기에 끝내 보발(保髮 : 머리를 기른 채로 보존함)하여 전통 선비의 몸가짐을 고수했으며, 자녀들도 식민지 교육기관에는 보내지 않았다. 일제가 창씨개명을 강요해도, 그는 이를 단호하게 거절하였다.

2) 효당 최범술의 만당(卍黨) 사건

진주 권역에 또 한 사람의 지사가 있었다. 중재 김황과 같은 시대에 살았던 효당 최범술(崔凡述 : 1904~1979)이 바로 그다. 김황이 유자라면, 그는 평생 승려로 살았다. 그는 3·1운동이 일어날 당시에 해인사 지방 학림의 불교 학생이었다. 나이는 우리 나이로는 16세. 지금으로 볼 때 중학교 3학년 나이다.

그와 지방 학림 학생들은 몇 갈래의 루트를 통해 서울에서 독립선언서를 얻게 되었다. 그는 합천에서 대구로 가서 지물상을 찾아 미농지 1만 5천 장을 사 모았다. 이것을 짐꾼에게 맡겨 1백 80리 떨어진 해인사

---

18 동아일보, 2019. 2. 7, 참고.

까지 운반하게 했다. 그들이 등사판을 이용해 만든 독립선언서는 3천1백 벌 가량 되었다. 이들이 만세운동을 획책한 장소는 합천군 삼가면 장터였다. 뜻밖에도 격렬해졌고, 사상자도 많았다. 최범술은 몸을 변장해 대열에서 겨우 빠져나왔다고 한다.[19]

소년 최범술의 동선은 해인사에서 삼가로, 또 진주로 향한다. 진주에서는 뜻을 함께한 선배에게 독립선언서 1백 부를 전달하고는 자신의 고향인 사천군 곤양으로 갔다. 그가 곤양 장날에 거사를 계획했으나, 사전에 발각되어 실패로 돌아갔다. 그를 포함한 동지 여섯 명은 곤양 헌병분견대에 잡혀가 심한 고초를 당했다고 한다. 삽시간에 전신은 피투성이가 되었다.[20] 그는 진주에서 검찰 조사도 받고, 법원에서 재판도 받았다. 나이가 어리다는 이유로 풀려났고, 그해 7월에 해인사 학림으로 돌아가 다시 학업을 이어갔다.

그로부터 3년이 지났다. 1922년 4월로 추정된다. 최범술은 생전에 중요한 증언을 남긴 바 있었다. 그가 경험한 한용운의 연설이다.

만해 한용운은 3·1운동의 주모자로서 옥고를 치르고 마침내 출감했다. 출감한 직후에, 조선불교청년회 주최로 YMCA 회관에서 강연회가 열렸다. 그의 강연을 들으러 온 사람은 초만원이었다고 한다. 그의 강연은 2시간 동안 이어졌다. 그는 마지막으로 다음의 인상적인 말을 남기면서 강연을 마감했다.

개성 송악산에서 흐르는 물이 만월대의 티끌은 씻어가도 선죽교의 피는 못 씻으며, 진주 남강의 흐르는 물이 촉석루 먼지는 씻어가도 의암(義巖)에 서리어 있는 논개의 이름은 못 씻는다…[21]

---

19 채원화 편, 『효당 최범술 문집 (1)』, 민족사, 2013, 538~543쪽, 참고.
20 같은 책, 544~547쪽, 참고.
21 같은 책, 431쪽.

이 말은 청중으로부터 우레 같은 갈채를 받았다고 한다. 뿐만 아니라, 임석한 일본 경찰마저 박수를 보냈다고 회고했다. 그 이후 최범술은 한용운을 스승으로 모시면서 정신적으로나 사상적으로 큰 영향을 받게 된다. 그는 만당(卍黨) 사건과 조선어학회 사건에 연루되어 고초를 당하게 된다.

만당(1930~1933)은 만해 한용운을 추종하는 젊은 승려 19인으로 구성된 불교계의 비밀결사였다. 즉, 조선총독부의 식민주의와, 이의 비호를 받던 친일불교 기득권에 대한 대안세력이요, 대항세력이었다. 이 조직은 서울에서 시작되었지만, 해인사 · 통도사 · 다솔사가 있는 경남 지역이 주된 무대였다. 특히 다솔사는 만당의 행동 본부와 다름이 없었다. 하지만 1938년에 이르러 만당원 전원이 검거되었다.[22] 이를 만당 사건이라고 한다. 더욱이 1942년이 되면, 다솔사에 은거하던 김범부, 최범술, 김법린에게는 조선어학회 사건의 여파마저 덮친다. 최범술은 이때의 상황을 다음과 같이 회고한 바 있었다.

1942년 10월경 합천경찰서장이었던 일인 죽포(竹浦)라는 자는 경남 경찰국의 순사 수백 명을 동원하여 당시 해인사를 근거로 하여 독립운동을 벌이고 있는 주지 이고경, 임환경 두 기숙(耆宿 : 원로를 뜻함, 인용자)을 위시하여 최범술, 오제봉, 박인봉, 최동운, 김주성, 민동선 등 근 30명을 체포해 갔다. 이들은 6개월 이상 합천경찰서 감방에서 옥사하기에 이르렀다.

그러나 최범술, 김범부 등은 부산 도경 유치장으로 이감되었으며 또 해인사에서 최범술, 김범부, 김법린 등이 강사로서 강원생에게 한글을 위주로 한 강의와 또는 동인(同人)들이 사천 다솔사에서 강의하여 대일 항거하던 것이 불경죄로 몰리기도 하고, 한글어학회(조선어학회를 말함, 인용자) 사건에 연루되어 함

---

22 고은, 『한용운 평전』, 민음사, 1975, 392쪽, 참고.

경도 홍원 함흥 등 감옥에 검거되어 옥고를 당하였던 것이다. 그리하여 혹독한 왜적은 해인사에 봉안하여 오던 사명대사의 사적비를 부수기까지 하였다.[23]

이상의 자술을 보면, 진주 권역에 있는 합천 해인사와 사천 다솔사는 독립운동의 온상임을 말하고 있다. 승려로서 해인사와 다솔사를 오가는 삶을 살았던 최범술은 그의 행적을 볼 때 일제강점기 불교적인 독립운동의 핵심적인 인물이었음에 아무도 부인할 수 없다.

만당은 만해 한용운을 당수로 추대했다기보다 정신적인 지주로 생각했을 가능성이 높다. 김법린이 말한 바 있었지만, 당원들은 그를 당수로 추대하기보다는 비밀에 붙임으로써 더 소중한 존재로 간직하고 싶어 했다. 당원들은 1917년에 쓴 한용운의 오도송을 늘 암송했다고 한다. 당시 불교계의 청년들에게는 그가 이미 우상이요 미래의 상징이었기 때문이다.[24]

男兒到處是故鄕
幾人長在客愁中
一聲喝破三千界
雪裡桃花片片紅

이 오도송의 뜻은 대체로 이렇다. 사나이 이르는 곳 어디나 고향인데, 몇몇이나 오랜 나그네로 지냈던가? 한 소리로 삼천대천 세계를 갈파하나니, 눈 속의 복숭아 꽃잎 펄펄 나부끼네. 만당의 당원들은 이것을 함께 암송하면서 서로 우의를 다졌을 것이다.

만당은 항일 비밀결사이다. 그렇기 때문에 사료도 거의 없다. 한때 이

---

23 채원화 편, 앞의 책, 402~403쪽.
24 강석주 외, 『불교근세백년』, 중앙일보 · 동양방송, 1980, 200쪽, 참고.

것에 대한 증언에 의존했다. 구체적인 물적 증거는 없어도, 이 단체가 궁극적으로 항일을 지향한 것은 맞다.[25]

최범술이 주지로 있던 다솔사를 만당의 근거지로 보는 시각이 있다. 그도 그럴 것이 만당 사건의 배경이 바로 여기라서 그렇다. 그는 자신의 선배급인 동양학자 김범부와 프랑스 유학파 학승인 김법린을 초치해 다솔사 사하촌에 살게 했다.[26] 이들은 최고의 학업을 성취했지만 시운을 얻지 못해 서울에서 가난하게 살고 있었다. 그는 다솔사에 강원을 열어 이들에게 강의를 맡겼다. 1938년 만당 사건이 터지자 최범술은 말할 것도 없고, 김법린은 진주 경찰서에 검거되었고, 김범부는 경기도 경찰부에서 감방 신세를 졌다.

사실상 만당의 영수요, 정신적인 지주인 한용운은 구속 당원들에 대한 지지를 공개적으로 표명했다. 진주에서 검거된 최범술·장도환·박근섭·김법린이 장부의 기개를 잃지 말고 꿋꿋이 싸우라고 격려하는 의미에서, 그가 준 꽃다발에 관한 일화가 불가에 지금까지 전해오고 있다.

요컨대, 최범술은 (친일 승려라는 일각의 견해에 대한 첨예한 쟁점도 없지 않았지만) 일제강점기하의 독립운동가[27]의 삶이라는 뚜렷한 이미지와 더불어, 해방 이후에는 정치인, 교육자, 차인(茶人) 등의 삶을 살게 된다.

---

25 비밀리에 조직된 결사 '만당'의 강령은 ①정교분립(政教分立) ②교정확립(教政確立) ③불교 대중화의 세 가지로 알려 있다. 강령 자체로만 본다면 불교 종단개혁에 비중을 뒀던 것으로 파악할 수 있다. 그런데 ①정교분립의 속뜻은 조선 불교가 총독부의 간섭으로부터 벗어나야 한다고 말하는 것 같다. 이런 점에서 은유적인 방식이긴 해도 항일을 사실상 표방한 것이라고 본다.

26 일제강점기의 다솔사는 지사들의 모임 터였다. 훗날 문교부 장관을 지낸 김법린, 동양철학자 김범부, 그의 아우인 소설가 김동리, 그밖에도 수많은 좌익계 인사들이 드나들었다. 최범술은 다솔사를 '죽로지실'(다실)이라고 했다. (『다솔사 다(茶)정신』, 다솔사 차 축제 추진위원회, 2013, 306면, 참고.) 이 말은 대나무 통에 담긴 차를 내어서 그릇에 담아 방안의 화로에서 끓인 물을 붓는다는 뜻이 아닐까, 한다.

27 소설가 조정래의 선친으로 만당의 재무를 담당했던 조종현은 최범술을 가리켜 친일 승려가 아닌 독립운동가라고 증언했다는데, 나는 이 사실을 문서나 문헌으로 미처 확인하지 못했다.

3) 투쟁과 상생, 온건한 평화주의

유림의 지도자인 김황과 불교계의 지도자인 최범술은 사상적으로 투쟁 속에서도 상생의 실마리를 찾으려고 했던 중도주의자, 온건한 평화주의자였다. 이 점에서는 서로 비슷한 노선을 걸었던 사람들이 아닌가, 하고 여겨진다. 이들의 정신적인 지주였던 스승들의 사상적인 영향에 그 원인이 있었을 것 같다. 곽종석의 동도서기론과, 한용운의 불교유신론이 바로 그것이다.

면우 곽종석은 일부의 유림이 위정척사의 기치를 높이 든 을미년 (1895) 및 을사년(1905)의 의병 투쟁 분위기에 휩쓸리거나 합류하지 않았다. 그의 문도 역시 스승과 공통된 정세관을 공유했다. 이들이 자신의 정체성에 대한 표현을 밝혔는지의 여부는 잘 알 수 없으나 서구 열강에 대한 외교적인 접근을 통해 주권을 회복하려는 경향이 뚜렷했다.[28] 결과적으로 볼 때, 파리 장서 사건도 그런 정세관의 소산이라고 하겠다. 이들의 눈으로 보기에는 척사 이데올로기가 무모하고, 또 급진적이었다. 사실상 위정척사에는 글자 그대로 나는 옳고, 너는 그르다, 나는 정의롭고, 너는 사악하다, 라고 하는 이분법적인 가파름이 있다. 요즈음 잘 쓰는 시쳇말로 '내로남불'에 해당한다고 할 것이다. 이에 비하면, 동도서기란, 우리의 정신문화와 서구 열강의 물질문명을 조화롭게 융합한다는 것에 다름 아니다. 중국에도 '중체서용'이란, 일본에서도 '화혼양재(和魂洋才)'란 유사한 표현이 존재했다. 요컨대, 동도서기는 배타적인 위정척사와, 외세에 기댄 문명개화 가운데 중도랄지, 중재의 역할을 하는 노선이라고 하겠다. 무능한 제왕인 고종 역시 동도서기라고 하는 이 노선을 지지하기도 했다.

---

28 민족문화연구소 편, 『한말 영남 유학계의 동향』, 영남대학교 출판부, 1998, 620쪽, 참고.

유림뿐만 아니라, 불교계도 근대의 격랑 속에서 묵수와 변화의 갈림 길에 서 있었다. 변화의 기류에도 노선의 차가 엄존했다. 불교를 변화시 킨다는 데도 불교유신론이 있고 불교혁신론이 있었다. 한용운의 불교유 신론이 승려가 불법에 귀의하여 불교의 폐단을 찾아낸 후 개혁하려는 입장이라면, 박중빈의 불교혁신론은 몸소 깨달은 안목에서 지난날의 불 폐(佛弊)를 혁신하고자 하는 더욱 새로운 입장이라 할 수 있다.[29] 두말할 필요조차 없이, 전자가 중도적이라면, 후자는 급진적이다. 급진의 한 예 를 들자면, 불상을 버리고, 대신에 일원상(一圓相)을 모시자는 것이다.

최범술은 한용운의 불교유신론을 지지하였다. 과거를 묵수하는 불교 와, 불상을 포기하는 불교의 양극단을 배격한 셈이 된다. 그는 자신의 회고록 「청춘은 아름다워라」(1975)에서 '융희 황제 4년에 한용운의『조 선불교유신론』(1910)이 공간될 때, 불교계에 신진 기풍이 감돌면서 획기 적인 전환의 분위기를 이룩했다'고 회고했다.[30]

안병직에 따르면, 한용운의 독립사상의 핵심은 자유주의에 입각한 불 교 사회주의에 있다. 그는 한용운의 독립사상을 통해 역사 발전의 동인 이 국민 대중의 자유정신의 발전에 있다고 보았고, 그것이 독립의 역량 또한 국민 대중으로부터 나온다고 보았다.[31] 아닌 게 아니라, 한용운은 『삼천리』(1931. 11)와의 대담에서, 말하자면 '석가의 경제 사상을 현대어로 표현하자면 불교 사회주의이다.'라는 등의 자기 견해를 밝히기도 했지만, 이 사회주의를 이데올로기의 개념으로 보았다기보다 적극적인 사회 평등 의 구현 정도로 간주했을 가능성이 높으며, 또 불교 사회주의에 관한 사 상과 저술의 체계는 구상했지만, 결국에는 실행에 옮기지 못했다.

요즈음에는 거의 사어화되었지만, 전근대 전통 사회에서 사용하던

29 한기두, 「불교유신론과 불교혁신론」, 『창작과 비평』, 1976, 353~354쪽, 참고.
30 『다솔사 다(茶)정신』, 앞의 책, 302쪽, 참고.
31 안병직, 『3 · 1운동』, 한국일보사, 1975, 148쪽.

말 가운데 '거중(居中)'이라는 말이 있다. 국립국어원의 표준국어대사전에 의하면, '두 편의 중간에 들어 있음'이라고 풀이하고 있다. 서로 옳그름이나 잘잘못을 가릴 때 중간에 서서 말리고 화해하고 조정하는 것이 바로 거중이다. 우리나라 식자층은 이 거중을 가치 개념으로 보지 않는 경향이 있었다. 어정쩡한 태도를 취하는 사람은 학문적으로나 정치적으로 마녀사냥의 대상이 되었다. 예를 들면, 병자호란 주전파들에 의하면 최명길은 변절자이고, 극단적인 주자주의자들의 눈 밖에 난 윤증, 박세당, 허목, 윤휴 등은 사문난적이었다. 개화기에서 한말에 이르는 척사와 개화의 대립 역시 척사파의 시각에서 보면 사문과 난적의 대립이었다.

곽종석, 김창숙, 김황 등의 사제(師弟) 집단은 극단의 위정척사도, 외세 의존적인 문명개화도 손을 들지 않았다. 일종의 거중 논리인 동도서기론의 입장에 서 있었다. 중재 김황이 두 차례 유림단 사건에 연루되었지만 과격한 투쟁의 양상을 보이지 않은 것은 투쟁 속에서 상생을 모색하는 데 있었다. 말하자면, 그의 온건한 평화주의는 거중의 사상을 바탕으로 삼았던 것이다.

최범술의 경우도 마찬가지다. 그는 산중에만 칩거한 선사가 아니었다. 그렇다고 대중 속의 당취(떵초)도 아니었다. 그에게 있어서의 거중의 사상은 은거(隱居)도 민거(民居)도 아닌 데서 비롯하였다. 그는 전형적인 사판승(행정과 사무를 관장하는 승려)이었지만, 원효 사상을 연구하던 학승이기도 했다. 그의 불교적인 색깔도 선(禪)불교도 아니요, 대중 불교도 아니었다. 산중의 전통 불교를 교육 사업으로써 민간으로 접근한 유신불교라고 할까?

진주권은 이처럼 거중의 사상이 감도는 곳이었다. 그래서 그런지, 예로부터 사민(士民)의 일체가 잘 이루어졌다. 의병 활동이 활발했던 임진왜란, 선비들이 개입한 단성 민란, 가진 자들이 지원한 진주 형평사 운

동이 대표적인 사례이다. 왜 거중인가? 극단적이면, 정의도 상해(傷害)가
되기 때문이다.

4. 남는 말 : 모국어를 위한 항일

진주 지역과 진주 권역의 독립운동사를 살펴보면서 쉬 간과하지 못할
내용이 하나 있다. 그 당시의 조선어가 환기하는 독립의 정신에 대한 오
롯한 성찰의 느낌이 바로 그것이다. 조선어가 일본어와 서로 다르기 때
문에, 조선과 일본도 서로 같지 않다는 것이다. 그러니까 독립해야 한다.

1928년 7월 6일, 진주고등보통학교와 진주농업학교의 학생들은 연맹
하여 동맹휴학을 감행했을 때 학생들의 요구 중의 하나가 조선어 수업
시간의 연장이었다. 학생들로선, 당당한 학습권의 요구였다.

서울에서 솔가해 다솔사 주변에 삶의 터준을 마련한 김범부와 김법린
은 다솔사 강원에서 강의를 했다. 각각 독일과 프랑스의 유학까지 한 당
대 최고의 지성이 시운을 얻지 못해 가난에서 벗어나지 못한 것을 본 최
범술의 배려였다. 이들 모두는 만당 사건과 조선어학회 사건 때 고초를
겪었다. 한글로 된 교재 때문이라는 얘기가 있었다.

또한 최범술이 다솔사에서 약 10리 떨어진 원전 마을에 광명학원을
설립할 때 청년 소설가 김동리를 교사로 채용해 낮에는 어린아이들, 밤
에는 머슴이나 마을 처녀를 가르치게 했다. 교육의 성과가 상당히 컸다.
한글과 산수 위주의 교육과정을 편성했다고 한다. 조선어 말살을 획책
한 일제는 이 학교를 1942년에 폐쇄시켜버렸다.[32] 이때 젊은 김동리가
무사한 것은 본인으로선 다행이었다.

---

32 『다솔사 다(茶)정신』, 앞의 책, 20~21쪽, 참고.

진주 권역의 인물 가운데 조선어학회 사건에 연루된 사람이 적지 않았다. 의령 지역의 출신의 인물 중에 이극로, 안호상, 이유식은 옥고를 치렀다. 고성 출신의 정세권은 서울 북촌에 많은 건물을 지어 1930년대에 건축왕이라고 불렸다. 그는 2층 양옥을 지어 조선어학회에 기증했다. 이것이 물론 조선어학회 사건 때 문제가 되지는 않았지만, 그는 이 학문 공동체에 물질적으로 엄청나게 기여했다.

　진주 권역과 조선어학회(한글학회)의 상호 관련성은 앞으로 적극적인 논의의 대상이 될 것이라고 전망된다. 나는 경남 지역의 인물들이 핵심적으로 가담해 순국까지 한 일제강점기의 조선어학회사건에 관해 원고를 달리해 따로 정리할 계획을 가지고 있다.

잘게 보는 역사, 1751년 안음현 살인사건

1. 안음현의 역사 : 1597~1914

지금은 경상남도 서북부에 위치한 조선시대의 함양군, 거창군, 안음현은 험준한 산들에 둘러싸여 있다. 해발 1천m 넘는 고개들이 수두룩하다. 이 지역은 전형적인 산중 지역이다. 이른바 덕유산 문화권에 속하는 지역이다. 이 중에서 안음현은 함양군과 거창군 사이에 있는, 비교적 작은 현이었다. 안음현이 현(縣) 단위 치고도 작은 곳이지만, 역사적으로는 사연이 적지 않은 곳이기도 했다.

고문헌에는 안음현 사람들의 기질은 '억세고 사나우며 다투고 싸움하기를 좋아한다.'(신증동국여지승람)고 기록되어 있다. 거창 사람들의 기질도 이와 비슷하다고 했다. 반면에 유풍(儒風)이 강한 함양에는 사람들 사이에 근신하고 정성스러움을 숭상하는 풍속이 있다고 했다. 한때 항간에 나돌았던 속언에 의하면, 안의(안음현) 송장 하나가 거창 산 사람 셋을 당한다느니, 또 그 하나가 함양 산 사람 열 사람 당한다느니, 하는 말이 있었다. 안음현 사람들의 기질을 적절히 설명해주는 말이 아닌가, 한다.

안음현의 백성들은 왜군의 정유년(1597) 재침 때, 황석산성에서 대규모의 왜군에 저항하여 떼죽음을 당했다. 이 사건을 두고 '백성의 전쟁'이라고도 한다. 지금도 그다지 기억하지 아니하는 이 전쟁은 왜군이 정유재란 후반에 수세에 몰리다가 결국 패퇴하게 된 주요한 원인이 되었다. 그 당시 일본의 실권자였던 도요토미 히데요시에게 있어서의 산음현은 개전 초반에 맞닥뜨린 뜻밖의 암초였던 것이다. 안음현 후손들은 향촌과 나라를 지키려다가 희생된 절의의 집단 기억을 공유해 왔으리라고 본다.

무신년(1728)에 일어난 무신난, 즉 이인좌의 난 때는 병자호란 척화의 상징적 인물로 유명했던 정온의 4대손이자 안음현 선비인 정희량이 끝까지 영조에게 저항해 역향(逆鄕)의 낙인이 찍히게 된 일이 있었다. 이 일에 머물지 않고, 영조는 안음현을 아예 없애버렸다. 훗날에 이르러 영호남을 잇는 지역이란 점에서 수령을 따로 두어야 한다는 신하들의 건의에 따라 다시 독립 현으로 복원되었지만, 영조는 30년이 지나도 안음현이라고 하면 이를 갈았다. 1767년에, 산음군에서 어린 소녀가 임신을 하는 괴이쩍은 일이 일어났다. 영조는 지명에 음이 들어있는 산음과 안음이 '음(陰)' 자여서 음탕하다고 해 지명을 바꾸기를 명한다. 그래서 산음은 산청이 되고, 안음은 안의가 되었다.

실학자로 잘 알려진 연암 박지원은 55세의 나이에 이 안의현감으로 부임해 재임 기간(1792~1796) 동안에 수십 권의 저서를 집필한 바 있었다. 그가 개발한 물레방아는 지금도 이 지역의 실사구시 상징물로 귀히 여기고 있다. 이로부터 세월이 흘러 1914년에 이르면, 조선총독부는 안의현을 함양군과 거창군으로 나누어서 편입시킨다. 행정의 효율성 때문이었을까. 어쨌든 안의의 땅이름은 지금의 함양군 안의면으로 남아 있다.

미국의 도시 밀워키는 오대호 가장자리에 위치한 중소도시다. 대도시 시카고와 멀리 떨어져 있지 않은 곳이다. 한때 사회주의의 성지라고 일컬어졌다. 그래서 근래의 좌파 정치인 버니 샌더스가 칭송한 곳이다. 지금은 60만 정도의 인구수를 가진 도시인데, 시민의 40% 정도가 흑인이라고 한다. 광역권 교외에는 독일계가 많이 산다고 하는 곳이다.

밀워키가 미국 사회주의 운동의 성지였듯이, 경남 함양군 안의면은 일제강점기에 아나키즘 운동의 성지였다고 할 수 있다. 우리나라 아나키즘 운동사는 3·1운동 직후에 선도자 손명표가 안의 마을의 젊은이들을 선동해 아나키스트 청년회를 개창한 데서 시작했다. 이 마을의 출신의 이진언은 아나키스트 시인으로서 시집 『행정(行程)의 우수』(1933)를 상재하기도 했다. 그는 일본에서 유학할 때 아나키즘의 사상적인 영향을 크게 받은 시인 유치환을, 자신이 설립한 안의중학교 초대 교장으로 초빙했다. 유치환의 친구인 아나키스트 철학자 하기락(경북대 철학과 교수 역임)도 안의가 고향이었다. 또 한 사람의 안의 출신의 아나키스트로 박영환(박노석)을 기억할 수 있다. 그는 1946년에 부산에서 개최한 경남북 무정부주의자 대회에서 의장으로 피선되기도 했다.

이상과 같은 여러 가지 예들을 볼 때, 안의 사람들의 오랜 전통인 반골 기질이, 무정부적인 사상적 카오스와 연계될 수 있었던 원인적인 조건이 되지 않았을까, 하고 막연하게나마 짐작해볼 수 있다.

2. 안음현 살인사건과 재판 과정

영조 27년 신미년 유월 열여드레 날이었다. 양력으로 환산하자면, 1751년 8월 9일이었다. 한 해 중에서 가장 더울 때였다. 이 날은, 네 사람의 기찰군관에게 있어서 예상치 못한 운명이 들이닥친 순간의 하루였다.

고을에는 면 단위마다 한두 명씩의 기찰군관을 두고 있었다. 글자 그대로 풀이하면, 술을 마시고 난동을 부리는 자를 나무라고(譏), 범죄를 저지른 사람을 살피는(察) 일을 하는 공무수행자이다. 이들은 고을의 형방에 소속된 자들이다. 향촌의 기찰 제도는 범죄 발생을 예방하기 위한 방법이었다. 고을마다 이 제도를 강화하지 않을 수 없었다. 특히 큰 장시가 형성된 곳은 두말할 나위도 없었다. 옛날에 미국 서부 개척 시대를 배경으로 해 선악의 총잡이들이 서로 싸우는 서부영화를 보면, 보안관이 있지 않았던가? 향촌의 치안을 유지하기 위해 둔 기찰군관은 서부영화의 보안관이라고 생각하면 된다.

궁벽지고 한적한 한 시골 고을에서 대낮에 살인 사건이 일어났던 것이다. 두 명의 기찰군관은 살해되고, 두 명의 기찰군관은 피의자가 되었다. 기찰군관 중에서도 우두머리의 격인 도(都)기찰 김한평과, 그를 수행하는 김동학이 밝은 대낮에 살해되었다. 이를 현감에게 보고한 이는, 동료 기찰군관인 김태건과 구운학이었다. 이들은 오후 서너 시경에 현청의 문을 열고 뛰어들었다. 이들은 안음현감에게 보고하기를, 동료 두 사람이 10여 명의 도적떼에게 변을 당했다고 한다.

당시의 안음현감은 심전이었다. 역사의 문헌에 이름만 겨우 남아 있는, 사실상의 무명의 인물이다. 그는 사마시에 합격했지만 대과에는 합격하지 못했다. 6품직인 안음현감은 대체로 음관(蔭官)으로 부임하는 자리였다. 그 역시 보나마나 알음알이로 안음으로 왔을 터다. 하지만 그는 6개월마다 시행하는 인사고과 평점이 아홉 차례 연속으로 '상(上)'을 받았을 만큼 행정 능력을 발휘하고 있었다. 그는 임기 만료를 얼마 남지 않은 상황에서 심각한 악재에 맞닥뜨리게 된 것이다. 향촌에서의 도적떼의 발호는, 백성의 재물이나 생명과 관련되는 일이기 때문에 매우 엄중한 일이었다. 일단 그는 신고자 두 사람인 기찰군관 김태건과 구운학을 가두어놓고 피해자들의 검시부터 시작하려고 했다. 밤이 지나기를 기다렸다가, 다음 날 3시경에 많은 사람들과 함께 살해 현장인 산속 30

리 길을 걸어갔다. 해가 뜰 무렵에 도착했을 것이다.

이 살인사건은 지금까지 다행히도 많은 기록들이 남아 있어서 들여다 볼 부분이 적지 않다. 이 사건을 미세한 눈금으로 재구성한 책이, 바로 출판사 '푸른역사'에서 간행한 『1751년, 안음현 살인사건』(2021)이다. 저자 이상호는 본디 동양철학인 양명학을 전공한 이지만, 조선 사회의 민간 일기를 토대로 해 '스토리테마파크' 사업을 기획하고 있다. 그는 이 책이 미시사 역사연구가 아니라고 극구 부인하고 있지만, 내가 보기에는 겸양의 표현으로 보인다.

이 책은 한마디로 말해 민간의 형사사건을 가지고 향촌사회의 실상을 접근해간 미시사적인 연구 결과의 한 본보기가 될 것이다. 국가 수준의 정치·경제의 큰 사건에 익숙해온 우리들에게는 들도 보도 못한 얘깃거리들이 차고 넘친다. 한 가지 예를 들어보자. 살인현장의 가까운 곳에 자리하고 있는 사찰 장수사는 2백 명 이상의 승려가 상주하고 있는 곳인데 임진왜란이 끝난 지 오래 지났어도 승병 조직을 상시로 운영하고 있었다. 도적 떼의 발호를 대비해 큰 사찰이면 어느 곳에서나, 비상 상태를 대비한 상시의 승병 조직이 있었다고 한다. 이 정보는 시쳇말로, 이상호의 책이 내게 준 '꿀팁'이다.

나는 이 책을 서너 시간에 걸쳐 한달음에 읽었다. 추리소설을 읽는 것 같은 느낌이 들어서였다. 1751년의 안음현 살인사건에 여자가 등장하지 않고 남녀관계가 개입되지 않아도 무척 흥미롭다. 흥미도 흥미지만 공부거리가 된다. 나는 이 책을 읽고 나서 앞으로도 동서양을 막론하고 미시사에 관한 책을 읽어야겠다는 생각을 깊이 했을 정도다. 더욱이 여자나 불륜이 개입되는 미시사는 문학처럼 최대치의 흥미를 유인할 거라고 본다. 살해 현장의 검시에 참가한 사람들의 명단은 다음과 같다.

호장 하용래 : 37세

기관 이시무 : 43세

장교 유응준 : 20세

의생 최치홍 : 20세

형방 정홍집 : 26세

오작 양인 하순걸 : 40세

절린 정귀봉 : 50세

권농 변옥경 : 50세

　그밖에 피해자들의 가족, 친지 중의 한 사람씩이 검시에 참여하고 있
다. 호장은 고을의 향리 중에서 수석의 지위에 놓인다. 기관(記官)은 호
장을 수행하는 서기관으로서 문서를 담당하는 향리를 가리키는 것 같
다. 장교는 각 지방 군영에 소속된 군관을 말한다. 의생은 의학적인 식
견을 갖춘 사람이지만, 지금의 국과수에서 부검하는 법의관의 수준에는
현격하게 미달하는 수준의 공무수행자다. 지방의 행정 조직은 중앙정부
의 6조 체제처럼 6방을 두었는데, 형사 및 송사 사건은 형방이 주로 맡
았다. 더욱이 살해된 기찰군관들은, 또 현감에게 사건을 처음으로 보고
한 가찰군관들은 모두 형방에 소속되어 있었다. 절린은 가까운 이웃이
라는 개념이다. 권농은 자치제인 향청 소속의 농업 지도자이다. 고려 때
의 농무별감, 유신 시대의 새마을지도자와 비슷한 개념이다. 이처럼 살
인사건에 최소한 열 명이 검시에 참여하고 있다.

　이 자리에서 주도적인 역할을 한 사람은 오작 양인 하순걸이다. 살인
사건이 났을 때 시신을 직접 매만지면서 검사를 진행하는 일을 맡은 사
람을 두고 오작인이라고 한다. 이 일이 일반인으로선 기피하는 일이라
서 검시의 주요 인물은 천인(賤人)이 담당했다. 이 사건에서 검시한 하순
걸이 천인이나 관노가 아니기 때문에, 오작 양인이라고 칭했다. 그는 살

해된 이들의 독살 가능성을 염두에 두고, 은비녀를 사용하고, 또 흰밥 한 덩이를 입안에 넣었다가 빼서 이를 닭에게 먹이기도 했다. 이 얘기는 오늘날의 우리에게 흥미를 불러일으키기에 족하다.

이 사건을 책으로 재구성한 이상호는 김한평의 키 5척 5촌을 소위 '영조척' 즉 영조 시대의 도량형에 따라 170.5cm로 추정했다. 시대마다, 나라마다 도량형의 차이가 있기 때문이다. 그는 현대 의학의 관점에서 볼때, 도기찰 김한평과 수행원 김동학의 사인은 저혈성 쇼크사이다.

김한평과 김동학은 6촌 형제였다. 두 사람의 시신은 2~3km 떨어진 곳에서 발견되었다. 두 사람 다 격투의 과정 끝에 죽임을 당했는데, 안음현감 심전은 김한평이 칼에 찔려 죽었고, 김동학은 돌이나 몽둥이와 같은 흉기에 맞아 죽은 것으로 결론을 내렸다.

문제는 이들을 죽인 가해자가 누구인가다.

신고자들인 김태건과 구운학에 의하면, 갑자기 출현한 도적떼들에 의해 두 사람이 살해되었고, 자신들은 도망을 쳤다고 했다. 도적떼의 습격을 강조해야만 자신들이 의심을 사지 않는다고 본 것이다. 이것이 잘 소명이 되지 않자 두 사람은 말을 바꾼다. 김태건의 진술에 의하면, 김동학이 갑자기 손에 돌덩이를 들고 구운학에게 공격을 가했는데, 김한평이 말리려는 과정에서 죽었다는 것. 구운학의 진술에 따르면, 김동학의 돌연한 광증에 김한평과 김동학 사이의 언쟁과 싸움이 계속 이어졌고, 이 과정에서 김한평이 죽었다고 했다. 신문이 강화되고, 마침내 고문이 등장한다. 그들은 또 말을 바꾼다. 공모한 사람들이 서로 다른 얘기를 하게 되는 소위 '죄수의 딜레마(prisoner's dilemma)'가 시작되는 시점에 이른다. 김태건은 구운학이 칼로 김한평의 목 부분을 내리쳐 죽였다고 했다. 반면에, 구운학은 김태건이 김동학을 참나무 몽둥이로 난타했다고 진술했다.

이 사건은 미궁에 빠져들었다. 말하자면, 이 사건은 게임이론의 고전적인 사례라고 일컬어지곤 하는 '죄수의 딜레마'를 적절히 제시하고 있으며, 구로사와 아키라의 유명한 영화 「라쇼몽(羅生門)」에서나 경험할 수 있는 진실게임의 양상으로 흘러가고 있었다.

김태건과 구운학의 거듭된 말 바꾸기는 진퇴양난에 처해 있던 자신에게 유리한 출구를 찾으려는 전략이다. 하지만 신문과 고문이 가해질수록 말의 신뢰성은 떨어져가고 있었다. 이상호는 기록된 것만을 가지고서, 안음현 살인사건을 재구성하려고 했다. 추리를 개입하지 않았다. 오로지 기록되어 남아있는 고문서의 맥락을 중시했다.

더위가 기승을 부리기 시작하던 어느 여름날, 도둑을 잡기 위해 수망령을 넘어 고현면과 북리면을 함께 다닌 중년의 기찰군관 4명은 수망령을 넘은 날로부터 대략 4~5개월 만에 모두 유명을 달리했다. 사건의 조사대로라면 도기찰 김한평과 그를 보좌하던 사후 김동학은 함께 활동한 구운학과 김태건에게 살해되었고, 구운학은 취조 과정에서 옥사했으며 김태건은 1751년 말이나 그 이듬해 초, 따뜻해지는 봄을 보지 못하고 사형에 처해졌을 것이다. (『1751년, 안음현 살인사건』, 176쪽.)

이 사건에 대한 미시사적인 연구의 결과물 『1751년, 안음현 살인사건』을 기술한 저자 이상호는 그 시대에 기록된 '사건의 조사대로' 체계화시켰다. 이 사건을 요약한 것이 바로 위에 인용하고 있는 글이다. 인용문대로라면, 이 살인사건의 의미와 진실을 품지 못한다. 객관적인 정황을 개관한 것일 따름이다. 네 사람 중에서 두 명은 살인사건의 피해자였던 것이 엄연한 사실이고, 다른 두 명은 당해 사건의 가해자였던 것이 거의 분명해 보인다.

만약 나에게 추리가 허용된다면, 이 사건의 단초는 뇌물 수수에서 비롯되었으리라고 본다. 도기찰 김한평은 사사건건이 피의자들로부터 늘 뇌물을 받았을 터이다. 이번 출장에도 피의자 누군가로부터 1냥 5전의 뇌물을 받고 모종의 일에 눈을 감아주었다. 한양의 좋은 기와집이 150냥이니까, 이 돈이 그리 적은 돈이 아니었다. 자신들의 월봉에 미치는 수준이었을 게다.

돈 계산을 해보는 것도 미시사의 쏠쏠한 재미다.

화폐 가치는 시대에 따라 다르다는 점을 먼저 염두에 둔다. 정확하게 맞아떨어지는 계산법이 아니지만, 영조 때의 화폐 가치와 관련해 150냥이 서울의 좋은 기와집 한 채 값이라면, 지금의 괜찮은, 시쳇말로 똘똘한 아파트 15억 정도로 추산된다. 그럼 1냥 5전이 지금의 화폐 가치로 어느 정도일까? 어렵지 않은 계산이다. 즉, 150만으로 추산된다. 조선시대의 화폐는 1냥이 10전이요, 1전이 10푼이다. 대구감영 군관의 월봉이 3냥인 것을 미루어볼 때, 경력이 있는 안음현 도기찰의 월봉도 3냥 정도 될 것 같다. 그렇다면, 일반 기찰군관은 2냥으로 볼 만하다. 즉 김한평의 월급이 3백만이라면, 그 나머지 세 사람은 각각 2백만 원 정도였을 것이다.

이것저것 고려하자면, 거지들이 한 푼 줍쇼, 할 때의 한 푼은 지금의 1만 원 정도이다. 요즈음 구걸하는 노숙자에게 1만 원 정도 주어야 진심으로 고맙다고 여길 것이다. 한 푼이 지금의 화폐 가치로 1만 원 정도라면, 두말할 나위도 없이 반 푼은 그 절반이다. 관용적인 표현의 '어림 반 푼어치도 없다.'의 반 푼은 지금의 5천원에 정도에 해당한다. 이 반 푼은 대체로 보아서 조선시대에 장터 난장에서 사먹는 국밥 한 그릇 값으로 추정된다.

이러저러한 경제적인 사정을 염두에 둔다면, 뇌물을 곧잘 받고는 하던 김한평이 자신의 수하이기도 한 나머지 세 사람에게 주막에서, 수고한다면서 술도 사고 밥도 살 만큼 선심을 써야 좋은 상관이라고 할 수 있겠는데, 자신이 뇌물을 늘 착복했던 게 틀림없었으리라. 이로 인해 세 사람 모두 김한평에게 불만을 가지고 있었던 것 같다. 특히 자신의 사후 (伺候 : 보조원 혹은 수행원)인 6촌 동생 김동학의 불만이 컸다. 그는 언제나 뇌물을 잠시 보관하는 역할을 맡았을 거다.

사건의 중심축인 김한평과, 욱 하는 성격이 있는 김동학은 서로 큰소리를 치면서 대판으로 입씨름했다. 김동학은 평소에도 광태가 좀 있어서 분노가 극심했다. 김동학은 화를 낸 채로 대열에서 이탈해 먼저 가버렸다. 이때 김태건과 구운학은 두 사람의 갈등을 어부지리로 이용하려고 했으리라. 김태건이 먼저 김한평에게 공격을 가함으로써 격투가 벌어졌다. 공격의 틈새를 노리던 구운학이 칼로 김한평의 목 부분을 내려쳤다. 그리고 두 사람은 상관의 주검을 내버려둔 채 김동학을 좇았다. 빠르게 접근한 김태건은 김동학의 등 뒤에서 참나무 몽둥이로 난타해 죽였다. 뇌물로 받은 돈 1냥 5전을 놓고 서로 다투다가, 네 사람은 자신들이 만들어놓은 죽음이란 운명의 덫에서 자유로울 수가 없었던 거다.

이 살인사건은 공권력에 대한 도전이요, 김한평에게 있어선 하극상이기도 했다. 안음현감 심전은 용의주도하게 사건의 전모를 밝히려고 했다. 오늘의 우리는 이상호의 저서를 통해 초동수사를 담당했던 안음현감의 판단에 따라 조선시대 사람들의 형사 처리 과정을 살펴볼 수 있다. 그는 이 사건을 통해, 그 동안 우리가 동네북이나 묵사발로 만들어온 데 익숙한 조선 사회의 긍정적인 면을 살펴본다.

조선에서 사람의 생명은 매우 중시되었다. 최소한 이념적으로는 현대와 조선시대의 차이를 발견할 수 없을 정도로 조선시대 역시 생명을 중시했다. 그리고 국가는 백성들이 억울하게 생명을 잃는 일이 발생하지 않도록 노력을 했으며, 억울한 생명이 발생했을 때에는 그 억울함을 국가 차원에서 해결하려 했다. (……) 행여 길거리에 버려진 시신이라도 있으면 국가가 나서서 장사지냄으로써 그 원혼을 달래주려 했다. (앞의 책, 178~179쪽.)

이처럼 억울한 죽음이 없어야 한다는 유교적인 국가 이념 아래, 조선의 형사 제도도 매우 치밀했던 것이다. 신문 과정에서 이른바 '동추(同推)'라는 것도 있었고, '3복(覆)제'라는 것도 있었다. 동추는 글자 그대로 함께 유추, 즉 미루어서 짐작한다는 것. 복수 신문을 말한다. 억울한 죽음이 없어야 한다는 원칙 아래, 최소한의 오판을 줄이기 위함이다. 3복 안에 동추가 포함된다. 즉, 3복은 검증, 또 검증, 교차 검증을 말하는 것일 터이다. 조선의 형사 제도에는 그 나름의 시스템을 작동하고 있었던 게다.

벌써 40년이 지난 일이다. 아마 미제 사건으로 끝났을 사건이리라. 한 여대생이 살해되었다. 평소에 사교적인 성격의 그녀에게는 남자 친구들이 많았다. 경찰은 남자 친구 중의 한 사람인 장 모 군을 피의자로 지목했다. 장씨 측에서 펄쩍 뛰면서 언론플레이를 하니까, 검찰이 재수사를 했다. 검찰은 또 다른 사람을 피의자로 지목한다. 정 모 군이라는 이다.

범인은 장 모 군이냐, 아니면 정 모 군이냐?

언론이 독자에게 흥미를 부추겼다. 많은 사람들이 신문을 추리소설 읽듯이 읽었다고, 나는 본다. 이 무렵에 실린 네 컷짜리 신문 만화가 기억난다. 의인화된 경찰과 검찰이 함께 장기를 두고 있었다. 경찰이 '장군아!' 하고 부르니까, 검찰이 '멍군아!'라고 응수했다. 이것이 바로 동추요, 교차 검증인 것이다.

안음현감의 손에서 떠나보낸 1751년 안음현 살인사건은 경상도 관찰사의 손에 넘어갔다. 그 당시에 대구 감영에서 재직하던 경상도 관찰사는 조재호였다. 이상호의 책에서는 경상감사라고 했는데, 일반적으로는 대구감사라고 한다. 대구감영에 근무하는 경상도 관찰사라는 의미에서

다. 평양감사도 제 하기 싫으면 그만이라는 속담이 있듯이 평안(도)감사가 아니라 평양감사인 것도, 경상우도병사가 아니라 병영이 있는 곳의 이름의 관례에 따라 진주병사라고 하는 것도 이 때문이다. 조재호는 경상도 관찰사의 재임 시에 개인 비망록을 남겼다. 그가 남긴 기록물인 『영영일기(嶺營日記)』에는 1751년 안음현 살인사건에 대해 조정에 올린 장계(보고서)도 포함되어 있다.

우리는 수령의 손에서 범인을 특정하고 중형을 내린다고 생각하고 있었다. 네 죄를 네가 알렸다! 사극에 유포된, 이 허황된 이미지가 가진 편견 및 오류가 우리의 의식을 지배해 왔던 것이다. 김한평과 김동학의 살인에 대한 죄를 다스리는 과정에서 구운학은 감옥에서 병사하고, 끝까지 살아남은 김태건은 경상도 관찰사 앞에서 더 이상 이의를 제기하지 못했다. 그가 올린 장계가 어떻게 처리되었는지에 관해서는 기록이 없는 것 같다.

여기에서 우리가 되짚어볼 일이 있다. 크고 작은 지방관에게는 생사여탈권이 없었다. 처형에 대한 최종결정자는 오로지 국왕(영조)이었다. 그러니까 조선 시대의 사법 시스템 역시 3심제라고 보면 된다. 안음현감의 판단이 지방법원의 판단이고, 경상도 관찰사의 판단이 고등법원의 판단이라면, 국왕의 판단은 대법원의 판단인 셈이다.

이것을 볼 때, 소설 「춘향전」에서 수령 변학도가 퇴기의 딸이지만 기생도 아닌 춘향을 죽음으로 내몬다는 것이 얼마나 허무맹랑한 얘깃거리인가 하는 걸 알 수 있다. 하물며 수령 자신의 수청을 들어주지 않아 애먼 젊은 여인, 사실상의 유부녀를 죽인다는 발상은 생각하지도 못할 얘기다. 소설이 현실이라면, 지방관이 무죄한 사람을 중형에 처한다는 건, 거꾸로 말해 극형의 대상인 거다. 문학 작품은 객관적인 사실을 따지는 게 아니라, 삶 속의 숨어 있는 본질적인 진실을 따지는 것이기 때문에, 그러려니 하고 넘어갈 따름인 것이다.

3. 역사적 현재성의 눈으로 보다

앞에서 말했듯이, 김태건이 처형되었다는 기록은 너무 자잘한 것이라고 판단되었는지 실록 같은 큰 기록물에는 남아있지 않다. 김태건도 아마 그해(1751)를 넘기지 않고 처형되었으리라고 본다. 경상도 관찰사 조재호는 이 사건을 마무리한 다음에 이조판서로 영전하여 중앙 무대로 자리를 옮긴다. 만약 도적 떼 발호로 인한 살인사건이었다면 책임을 지고 물러나 더 이상 벼슬을 하지 못하게 될 심전 역시 다행히도, 강원도 철원군 속의 일부 지역을 관할하는 금성현감으로 자리를 옮긴다.

그러나 조선시대의 인권 수준이 오늘날과 비교할 때 현저히 미치지 못한다는 것은 시대의 한계로 읽히지 않을 수밖에 없다. 고문, 자백 강요, 이승의 지옥이라고 일컫는 감옥살이는, 기본적인 인권 및 인간의 존엄성을 무시하는 처사에 지나지 아니하는 것이었다.

조선시대 인권의 수준은 후기가 되어갈수록 시기적으로 성숙해야 하는 것인데 불구하고, 초기인 세종 시대에 정점을 찍었다는 것이 문제였다. 세종은 소를 잡고 돼지를 잡는 도살업자를 천대하는 불평등한 사회 분위기가 잘못되었음을 알고선 그들도 일반 백성이다, 라는 의미의 용어인 '백정(白丁)'을 사용하도록 했고, 각 지방의 옥중 관리 위생을 위해 피의자나 죄수도 머리카락을 감고 목욕도 하고 겨울에는 멍석 위에 볏짚을 두껍게 깔 수 있게 했다. 조선 사회가 세종의 인권 수준에서 더 진보되어야 하는데, 그렇지 못한 것이 역사를 바라보는 오늘날의 아쉬움인 것이다.

과거의 역사는 과거인 시대의 역사가 아니라, 오늘의 역사가 되어야 한다. 역사는 과거에 머무는 것이 아니라, 늘 오늘의 문제를 상기시킨다. 역사는 이제 오늘의 관점과 기준과 가치에 따라 언제나 수정되고 재해석되고 또 다양화되어야 할 것이다. 이를 가리켜 역사적 현재성이라고 한다.

근래 20년 전부터 지금까지 독서계에 미시사가 인기를 끌고 있다. 혹자는 이런 경향을 열풍이라고 한다. 최근에 간행된『세계사를 바꾼 커피 이야기』는 열풍까지야 아니지만, 젊은 여성 독자들이 좋아할만한 책이다. 과거 역사 속의 커피 얘기는 커피를 좋아하는 오늘날 젊은 여성의 몫이다. 다양한 목소리의 미시사는 역사를 중앙 무대에서 변방의 지역에로, 인간 중심에서 사물 중심으로, 왕후장상의 인간상에서 돈 1냥 5전 때문에 살인을 저지르는 장삼이사 소인배에게로 눈을 돌리게 하거나, 물꼬를 트게 한다. 여기에서 소인배란, 도덕적인 가치판단에 대한 언표가 아니다. 한때 왕후장상이 역사의 주역이었듯이, 장삼이사야말로 역사의 엑스트라임을 은유한 하나의 기표다.

진주의 사상과 지리산의 사상
—소설, 지역 역사, 이념의 갈등

　지금 내가 쓰고 있는 글은 글이라기보다 사실은 군말에 지나지 않는다. 나는 군말 다음에 올 본문의 성격에 관해 잠시 말하려고 한다. 본문은 이미 발표된 두 개의 원고와 새로 덧붙이는 글을 놓고, 기존의 순서를 바꾸어가면서 재구성한 것이다.

　나는 2019년 봄에 경남 하동의 이병주문학관에서 이병주의 작가 생애에 중요한 장편소설인 「관부연락선」에 대한 작품론을 구두로 발표하였다. 그때 나는 이병주기념사업회에, 발표집의 제작을 위해 미리 원고를 제출했었다. 제출된 원고의 제목은 '이병주의 「관부연락선」과 진주(晉州)의 사상'이었다. 이 원고는 작년에 간행된 『역사와 신화의 행적』(이병주기념사업회 엮음, 바이북스, 2022) 속에 다시 실리기도 했다. 또 다른 원고는 나의 산문집인 『진주에 살다, 진주를 쓰다』(글과마음, 2022)에 실린 글의 제목인 '지리산의 사상과 진주의 사상'이다. 물론 내용은 차치하고서더라도 앞엣것과 뒤엣것은 원고의 분량부터 차이가 난다. 앞의 원고가 2백자 원고지로 50매 넘지만, 뒤의 원고는 겨우 십 수 매에 지나지 않는다. 이 두 원고를 다시 정리하여 제3의 원고로 다시 쓴 게 바로 이 글의 본문이다. 글의 제목은 '진주의 사상과 지리산의 사상'으로 정했다. 문체는 첫 번째의 원고처럼 구두로 발표하는 가상 형식을 취했음을 밝혀둔다.

1. 산하가 있을 뿐, 조국은 없다

안녕하세요. 여러분께, 우선 인사를 드립니다. 제 이름은 송희복이라고 합니다. 문학평론가로 활동하고 있고요, 현재 인근에 있는 진주교육대학교에서 교수로 재직하고 있습니다.

제가 지금 드리고자 하는 얘기는 2013년으로 돌아갑니다. 문학과 통일이란 두 기둥 말을 가지고 경주에서 세미나가 있었지요. 저는 소설가이면서 자유주의 사상의 논객인 복거일 님의 주제 발표에 대한 지정 토론자로 참여하였습니다. 통일에 대한 다양한 논의들이 마치 지금의 4월처럼 백화난만하였었지요. 오후의 종합 토론 시간에 이르러 동리목월문학관 세미나 장소는 열기가 후끈 달아올라 무슨 사상 논쟁의 난장, 갑론을박의 아고라가 되고 말았었지요.

물론 잠시이었지만, 우리나라에 통일에 대한 논의가 민간 차원에서 다양하게 전개된 적이 있었습니다. 4·19와 5·16 사이의 일 년 남짓한 기간이 바로 그때입니다. 문학에서도 그 이전에 북진 통일만을 부르짖던 자유당 시대에는 생각하지도 못했던 유연성이 보장되어 있었습니다.

주지하는 사실이겠지만요, 최인훈의 소설 저 「광장」이 바로 그러한 시대적인 분위기에서 탄생할 수 있었던 거지요. 「광장」은 역사성의 바탕 위에서 탄생했지요. 4·19혁명의 열기가 사회의 구석구석에 배어 있을 때, 이 소설은 시대적인 분위기랄까, 역사성의 지지를 받으면서 창작되었던 거랍니다. 하지만 이 소설의 역사성은 이성화된 논리의 역사가 아니라 내면화된 정념(情念)의 역사를 바탕으로 한 것이었지요.

한편 부산의 언론사에 소속된 칼럼니스트 이병주는 1960년 12월에 월간『새벽』이라는 잡지에「조국의 부재」라는 논설을 발표하고, 이듬해 자신이 재직하고 있는 국제신보에「통일에 민족 역량을 총집결하자」라는 제목의 연두사를 게재합니다. 그리고 5개월 후에 반공을 국시로 한다는 기치 아래 군사 쿠데타가 발생하지 않았겠어요?

최인훈의 소설「광장」은 무사히 넘어갔지만, 이병주의 두 편의 칼럼은 혁명재판부에 의해 10년 징역형으로 단죄되고 맙니다. 오늘날의 관점에서 볼 때 일종의 필화사건이요, 명백한 언론 탄압이에요. 더구나 그가 혁명 지도자 박정희 장군과의 개인적인 친분이 없지 않았음에도 불구하고 말입니다.

주지하듯이, 문학적인 글쓰기는 상징 형식으로 쓰일 뿐더러, 작가의 자유로운 기질을 감안한다면, 내면화된 정념을 지향하는 경향이 있습니다. 이에 비해 논설의 주의주장은 이성과 논리에 기초해 있는 것이 일반적이에요. 소설가가 아니라 논객이었던 이병주는 2년 7개월에 걸쳐 옥살이를 한 후 풀려납니다. 그리고 그는 소설가로 등단합니다. 그는 훗날 자신의 억울한 옥살이에 대해 항변한 바 있었지요.

당시 '조국이 없다. 산하가 있을 뿐이다.'라고 한 말은, 우리가 애착할 수 있는 조국을 만들어야겠다는 결론을 내리기 위해 쓴 말인데, 그걸 가지고 '조국이 없다'고 조국을 부정했으니 반국가적이라고 한 거야. (……) 통일의 방식 중에 이남의 이북화는 최악의 통일이고, 이북의 이남화는 최선의 통일이다. 이 사이에 중립 통일은 차선의 방법이 될 수 있지 않은가. 통일에는 백론이 있어야 한다. 중립통일론은 위험하다고 해서 그냥 억누르는 것은 재미없다. 이렇게 쓴 거야. 그걸 용공으로 본 거야. 그러니 그게 말이 돼?[1]

국가는 인위적인 제도의 소산이요, 국가주의는 폭력성을 띤 개념입니다. 이에 반해 산하는 자연발생적인 삶의 터전입니다. 인간은 산하 중에서도 산의 품과 물의 띠를 배경으로 해 살아갑니다. 인간뿐만 아니라 모든 동식물 할 것 없이 뭇 생명들도 마찬가지입니다.

작가 이병주의 고향인 이곳, 하동군 북천면은 지리산에서 가깝고, 또 진주와도 가깝습니다. 이곳 사람들은 하동 읍내에 갈 일보다 진주 시내에 갈 일이 더 자주 있다고 합니다. 소위 생활권이 진주입니다. 그의 진주사랑은 각별했지요. 그는 1970년대에 발표한 산문 「풍류 서린 산하」에서 고향 못지않은 진주에 대한 사랑을 밝힌 바가 있었지요.

진주는 나의 요람이다. 봉래동의 골목길을 오가면서 잔뼈가 자랐다. 진주는 나의 청춘이다. 비봉산 산마루에 앉아 흰 구름에 꿈을 실어 보냈다. 남강을 끼고 서장대에 오르면서 인생엔 슬픔도 있거니와 기쁨도 있다는 사연을 익혔다.[2]

우리나라 어느 곳이라고 해도, 우람하고 도도한 산하가 있고, 없으면 낮은 야산과 얕게 흐르는 물이라도 있습니다. 이병주는 산하를 지리산과 낙동강으로 생각했을 것입니다. 아니면 진주의 여기저기에 놓여있는 야산들과 또한 이 사이를 흐르는 남강 정도를 염두에 둔 것은 아닐까요? 산하의 상징성은 국가보다 원초적이고 또 포괄적입니다.

이 정도에서 산하와 조국간의 쟁점은 그치고 다시 통일에 관한 얘기로 돌아가겠습니다. 통일 논의에 관한 한 지금의 사정은 어떨까요? 지금에 있어서도 이병주가 우려한 바와 같이 이분법적인 통일론이 힘을 얻고 있는 게 현실입니다. 다양한 통일 논의가 나오지 않고 있거든요.

---

1 월간 『마당』, 마당사, 1984. 11, 59쪽.
2 이병주 지음, 김윤식 · 김종회 엮음, 『여사록』, 부록, 바이북스, 2014, 104쪽.

정파적인 이해관계나 소위 진영논리가 개재되어 있기 때문이 아닐까요? 통일론은 잘못 건드리면 일파만파 문제가 확산되기 때문에 사람들은 대체로 침묵하려고 해요. 그때 복거일 님의 통일관은 소위 '최선의 통일'에만 치우쳐 있는 게 아닌가 하는 생각이 들었지요. 그래서 저는 통일 논의에 회색의 논리가 틈입하지 않으면 흑백논리로 황폐화된다고 판단해, (물론 저의 평소의 생각대로) 그때 통일에 관한 한 다양한 가운데 중도적인 시각을 제시하였고, 최인훈과 이병주의 한 예를 들었던 것입니다.

이때 뜻밖의 일이 일어났어요.

그 자리에 참여한 진보 진영의 한 원로 문학비평가는 제 말씀에 다소 불만을 나타내면서 이병주야말로 '우파의 거두(巨頭)'라고 주장했지요. 이 분의 말이 소설가 이병주가 사상적으로 우파의 거두라는 말인지, 아니면 우파 문학의 거두라는 말인지, 또 아니면 두 가지를 싸잡아서 칭한 말인지 진의를 알 수 없어서 지금도 그의 평판에 대해 모호하게 생각하지 않을 수 없습니다. 뉘앙스로 볼 때, 매우 불쾌하게 내뱉은 말이 아닌가 하고, 저는 지금 생각하고 있습니다.

저는 그때 깜짝 놀랐습니다. 세상에, 중도파는 없다는 것. 이것은 진보로부터 우파로 비난을 받고, 보수로부터 기회주의로 의심을 받는 숙명이 아닌가, 해요. 물론 이 사실을 제가 모르는 바가 아니었지만 이 정도까지 첨예한가, 하고 생각하였지요. 저 역시 그 분에게는 흑도 백도 아닌 회색의 빛깔을 드러내거나, 우경화된, 또 아니면 좌도 우도 아닌 상태에서 어정쩡하게 좌고우면하는 기회주의적인 지방대학교 교수 정도로 여겼는지도 모를 터입니다.

2. 해방정국의 좌우대립을 반영하다

이병주의 「관부연락선」(1968~1970)은 '한 통의 편지가 고향에서 전송되어 왔다.'라는 문장에서 시작하여 '운명……그 이름 아래에서만이 사람은 죽을 수 있는 것이다.'로 끝을 맺는 소설입니다. 저는 이 소설을 동아출판사 1995년 판으로 읽었습니다. 소설 본문은 661면에 이릅니다. 장편소설 중에서도 분량에 있어서는 평균 이상의 분량이라고 하겠습니다. 시간적으로는 대체로 1940년대 전체를 포함하고 있으며, 공간적으로는 대부분 일본의 동경과 한국의 진주와 중국의 소주 등의 광역을 포함하고 있습니다. 이 소설은 최인훈의 「광장」(1960) 이후에 세상에 나온 지식인 소설이지만, 그의 「관부연락선」은 「광장」 이전의 시대사적인 배경으로 소급된 일종의 관념소설이기도 합니다.

이 소설은 역사적 사실을 전달하는 기록의 방식을 소설의 형식에 기대고 있습니다. 이 형식을 두고 실록과 소설의 간극을 좁힌 글쓰기의 형식이라고도 말할 수 있겠습니다. 이 소설에 등장하는 인물들 가운데 상당수가 실존 인물인 것으로 짐작됩니다만, 이 인물 모두가 역사적인 인물인 것은 아니지요. 제가 보기에는 역사적인 인물이라면, 이 소설에 잠시 등장하는 하준수라고 하겠습니다. 이 사람의 인간됨이나 얘깃거리는 지금도 진주권 지역의 높은 연령층에서 인구에 회자될 만큼 전설적입니다.

하준수는 뒤에 괴로 중장 남도부(南道富)란 이름으로 대한민국 경찰에 붙들려 죽을 운명을 가진 사람이다. 진실한 자기가 아닌 또 하나의 자기가 되기 위해 안간힘을 쓰다가 죽은 사람이란 느낌이 짙다.[3]

---

3 이병주, 『관부연락선』, 동아출판사, 1995, 610쪽.

이 소설에서의 하준수의 인물평은 마치 실록의 '졸기(卒記)'를 연상시키고 있습니다. 가장 압축적이고 객관적인 시각에서 한 인물의 일대기를 평판의 대상으로 삼은 것이 졸기의 기록적인 가치라고 하겠습니다. 단독 정부 수립을 앞두고 제헌국회의원 선거 유세에서 후보자들이 등장해 정치적인 견해를 발표한 것과, 한국전쟁 개전 초기에 진주가 인민군의 수중에 들어가기 전에 서울에서 조병옥과 유진산이 내려와 시민들 앞에 진주여고 교정에서 시국강연(반공강연)을 했다는 사실과 내용은 사료적인 가치가 충분합니다.

이 소설의 시공간적인 배경 가운데 가장 많은 분량을 할애하고 있는 부분은 좌우 대립이 극심한 해방정국의 진주 지역입니다. 이 부분은 어림잡아 이 소설 전체의 3분의 2를 훌쩍 넘어서고 있습니다. 소설의 주인공은 유태림. 자산가의 아들로 태어나 남부럽지 않게 성장한 후에 일본 동경을 유학하고, 이런 가운데 학병으로 끌려가 중국에서 전쟁의 마감을 경험한 후에 귀국해 진주 지역의 한 학교의 교사로서 재직하고 있습니다. 이 사실은 작가의 자전적인 삶과 일치하고 있습니다. 작중 인물인 유태림이 작가의 삶과 유사한 경로를 밟고 있습니다만, 작가의 자전적인 경험과 결정적으로 차별되는 것은 그가 '팔자가 센 아들의 액을 풀어주는 셈'으로 그 부친이 머슴과 소작인들에게 토지를 무상으로 분배하지만 액을 풀지 못하고 해인사에서 빨치산에 의해 납치되어 행방이 불명하다는 사실입니다. 이 유태림의 행적과 사상을 옆에서 지켜본 소설 속의 관찰자인 '나'가 도리어 작가 이병주의 분신이라고 할 것입니다.

유태림은 그 시대에 끊임없는 사상 논쟁의 중심에 놓입니다. 그는 사회주의와 공산주의 체제에 끊임없이 회의의 시선을 보냅니다. 좌파의 안달영과의 논쟁이 소설의 초반에 이미 나오고 있는데, 그가 안달영에게 던지는 말—스탈린이 증명한 것은 나라 전체를 감옥으로 만들고 백성의 자유를 죄다 빼앗지 않고는 공산 국가를 만들 수 없다[4]는—은 오늘날에도 울림을 주고 있는 말이기도 합니다. 그도 그럴 것이 지금의 북한 체제가 주민이 자신의 지도자를 직접 뽑지 못하는 정치적인 B급 체제라는 점에서입니다. 이런 유태림을 두고, 안달영은 대단한 휴머니즘, 개도 먹지 않는 썩어빠진 센티멘털리즘, 비굴하게 구는 토착 부르주아 근성 등의 표현을 써 가면서 심하게 몰아붙입니다.

마침내 유태림은 좌파로부터 반동의 낙인이 찍힙니다. 부르주아 기득권 이미지가 강한 한민당원이라는 소문까지 나돌기 시작합니다. 한국전쟁 때는 그를 심문하는 자가 이렇게 말합니다. '유태림이란 반동분자가 인민공화국의 하늘 밑에 활보할 수 있을 줄 알아? 뻔뻔스럽게?'[5] 그는 이와 같이 한 시대의 반동이었습니다. 그는 우여곡절을 겪다가 지리산 빨치산에게 납치되어 이데올로기의 노예로서, 필경 역사의 희생양이 되기에 이릅니다.

해방정국에, 그가 우파에게는 어떤 처우를 받았을까요? 우파가 그를 기회주의자로 의심하는 것은 당연하겠지요. 소설에서는 우파의 전형적인 인물로, 작가는 그의 친구이자 동료인 이광열을 내세웁니다. 해방정국에 핵심적인 쟁점이 되었던 단독 정부 수립과 관련하여, 유태림과 이광열이 대립합니다. 두 사람 간에 펼쳐지는 논쟁적인 대화를 살펴볼까요.

이광열 : 그래 자네는 끝까지 단정 반대 운동을 할 것인가?

유태림 : 운동이랄 것도 없다……. 나는 내 나름대로 단정 반대의 편에서 노력하고 있을 뿐이다.

이광열 : 그것이 자네의 소신이라면 할 수 없구나. 하지만 교사들이 학생들

---

4 같은 책, 80~81쪽.
5 같은 책, 626쪽.

을 정치적으로 선동한다고 해서 자네는 좌익들과 싸우지 않았나? 그러니 자네
도 자네가 자네의 소신대로 하는 것은 좋네만 학생들을 선동하는 언동은 하지
말게, 주의주장의 문제이기 전에 자아당착(自我撞着)이니까.

(……)

　유태림 : 난리가 겁이 난단 말이야, 난리가……. 너희는 난리가 겁나지도 않
나?
　이광열 : 난리?
　유태림 : ……
　이광열 : 혼자 당하는 난리가 겁나지, 모두가 당하는 난리 같은 건 겁나지 않
는다.[6]

　이광열은 우파의 인물로서 유태림의 모순적이면서, 기회주의적인 처
세관을 꾸짖습니다. 이 처세관을 '자아당착'이라고 표현하고 있습니다.
보통은 자가당착이라고 하는데 여기에서는 자아당착이라고 표현했네
요. 학생들을 정치적으로 선동하는 좌익 교사와 싸우면서 자신도 학생
들을 정치적으로 선동하는 모순인 언동을 말합니다. 또 자아당착은
자아와 세계의 화합할 수 없는 관계를 말합니다. 여기에서 말하는 난리
는 한국전쟁의 예감 같은 것을 말하는 것인데요, 마침내 이광열이건 유
태림이건 둘 다 난리의 희생자가 되고 맙니다. 이광열은 우파적 세계관
과, 유태림은 좌파적 세계관과 화합할 수 없게 된 결과에 이르러 난리가
난 거지요. 해방정국의 지식인 사회에서는 무수한 이광열과 무수한 유
태림이 공존하고 있었지요. 공존의 터전을 없애야겠다는 결의가 표출된

---

6 같은 책, 543~544쪽.

것이 바로 한국전쟁이었습니다.

유태림은 한마디로 말해 경계인이에요. 일본 동경 유학생 시절에는 내지와 반도의 경계인이었어요. 동경에서는 소위 '에트랑제(이방인)'이요, 고향에 돌아오면 동경에 유학하고 있는, 혹은 유학한 선민(選民)이었지요. 서로 다른 집단이나 처지의 경계에서 느끼는 혼란, 자아의 분열상 등을 가리켜 경계인 의식이라고 표현할 수 있겠지요. 이 의식을 상징하는 기표가 다름 아닌 '관부연락선'이 아닐까요? 관부연락선은 수탈의 비애와 기회의 통로라고 하는 상호모순적인 뜻이 얽혀 있어요.[7] 이것은 제국과 식민지, 내지(內地)와 반도를 연결하게 하는 배, 뱃길이요, 가상의 선(線)이기도 합니다.

최인훈의 「광장」에 나오는 주인공인 이명준이 경계인이었듯이, 이병주의 「관부연락선」에 등장하는 문제적 인물인 유태림도 전형적인 경계인이라고 하겠습니다. 사실은 넓게 볼 때, 지식인 치고 경계인 아닌 사람이 없습니다. 그는 정치적으로는 중도파이지만, 약간의 아나키즘적인 냄새도 감도는군요. 지리멸렬해질 우려 때문에, 이에 관해서는 더 이상 언급을 아니 하겠습니다.

경계인은 '형편없는 데카당'[8]으로 떨어질 수 있겠지만, 유태림이 동경 유학 시절에 자신을 대신하여 심문을 당하고 옥고를 치른 서경애에게도 사상적인 시달림을 받지만 그녀의 말대로 '제3의 방향'[9]으로 틀 수도 있습니다. 세상의 모든 경계인에게는 제3의 길이 대안이겠지요. 그렇지 않으면 좌절하거나 허무의 늪에서 헤어나지 못합니다. 「광장」의 이명준의 경우가 대표적인 사례라고 하겠지요. 좌와우의 경계에 선 유태림도

---

7 손혜숙, 「이병주 소설과 기억의 정치학」, 이병주기념사업회 엮음, 『역사와 신화의 행적』, 바이북스, 2022, 288쪽, 참고.
8 이병주, 『관부연락선』, 앞의 책, 466쪽.
9 같은 책, 324쪽.

자신의 입지에 관해 고민하고 있습니다.

> 유태림은 자기가 좌익계의 기관에도 잡히고 대한민국의 검찰에도 걸려들고 한 사실 자체에 적잖은 충격을 받았던 것 같았다. 그의 말을 빌리면 설 자리가 없다는 기분이며 그러니 도무지 살맛이 나지 않는다고 했다.[10]

소설의 작중 화자인 '나'가 기억하고 있는 유태림은 이랬어요. 그에게는 설 자리가 없고, 그가 살맛이 나지 않는다고 했다지요. 이 뿐이 아니에요. 화자는 더욱이 그에게서 '일종의 허무사상'[11]과 같은 것마저 감지하고 있어요. 경계인이 고통스러워하는 자아의 분열상이란 것이야말로 바로 이러한 유의 현상이 아닐까, 하고 생각합니다.

이병주의 「관부연락선」에서는 동경과 진주라는 두 지역이 소설 줄거리의 중요한 실마리가 되고 있습니다. 이 소설은 일부분이 동경에서 일어난 일이지만, 대부분은 진주의 시대상을 반영하고 있습니다. 이에 관해 소설가인 조갑상 님이 한 논문에서 이런 얘기를 남겼습니다. 상당히 의미가 있거나 울림이 있는 견해가 아닌가 하고 생각합니다.

> 동경이 식민지 출신의 젊은 지식인에게 일인 형사들의 사상 검증이 언제라도 강요되는 곳이기는 하지만 에트랑제로서의 자기 존재를 내세울 수 있는 최소한의 도피가 가능한 곳이라면, 해방과 미군정, 단독 정부 수립과 6·25가 휩쓰는 진주는 질문과 답, 좌와 우 중의 어느 한쪽이기를 강요한 공간이다.[12]

지리산의 사상이 장풍득수를 배경으로 한, 매우 포용적인 의미의 일

---

10 같은 책, 638쪽.
11 같은 책, 421쪽.
12 김종회 엮음, 『이병주』, 새미, 2017, 92~93쪽.

종의 산천(山川)의 사상이라면, 이를테면 진주의 사상은 거점의 사상이라고 하겠습니다. 거점이라고요? 활동의 근거가 되는 지점 말이에요. 진주의 사상은요, 군주를 위한 사상도 아니요, 백성을 위한 사상도 아닌 것입니다. 둘 중의 하나가 선택되어야 하는 것의 사상입니다. 김시민의 충절과 논개의 항거(순국)는 군주를 위한 사상이요, 진주민란이 19세기 전국 민란의 도화선이 되고 형평사 운동이 백정 해방의 첫 번째 기치를 밝힌 것은 백성을 위한 사상인 것입니다. 소설에서 유태림이 교사로 재직하던 혼란한 해방정국의 진주는 좌와 우를 선택해야 하는 소위 거점의 사상이 자리하는 공간이었습니다. 그는 가파른 선택의 갈림길에서 무게 중심을 잡지만, 한때 그를 대신해 수난을 겪었던 여인 서경애는 이미 저울질이 끝난 상태입니다.

겨울철이 들었지만 따스한 소춘(小春)의 날씨가 계속하고 있는 날의 오후였다. 들 위엔 아지랑이가 가물거렸다.

C루에 올라 아름드리 기둥에 기대어 나는 경애가 올 방향을 향해 서 있었다. 흡사 애인을 기다리는 가슴의 설렘조차 느꼈다. 서경애는 정시에 나타났다.

C루에 오른 경애는 인사를 끝내자 나완 두어 걸음 떨어진 곳에 서서 바로 아래를 흐르는 N강을 바라보기도 하고 건너편 백사장과 백사장을 따라 푸르게 울창한 죽림에 눈을 보내기도 하고 멀찌막하게 단정한 선으로 남쪽 하늘에 아담하게 치솟은 M산을 바라보기도 했다. 그리곤 고개를 돌려 동쪽에 있는 K산, 북쪽의 B산, 서쪽의 S대(臺)를 두루 보고 나더니,

'C시란 참으로 아름다운 곳이군요.'

하고 탄성에 가깝게 중얼거렸다.[13]

---

13 이병주, 『관부연락선』, 앞의 책, 317~318쪽.

작가는 이 대목에서 진주시의 지리적인 경관을 잘 묘파해내고 있습니다. 지리산에 잠입해 머잖아 여성 빨치산이 될 서경애의 눈길은 서상대에까지 미칩니다. 그녀는 진주가 아름다운 곳이라고 감탄하고 있네요. 산천이니 산하니 하는 말 역시 문학지리학적인 개념의 틀에서 보자면 경관에 지나지 않겠지요. 요즘은 경관이란 말이 시간이 흐르면 흐를수록 힘을 얻고 있어요. 도시경관이니 생태경관이니 하면서요.

촉석루를 중심으로 남강이 흐르고, 강 건너에는 백사장과 죽림이 펼쳐져 있고, 망경산과 비봉산이 남북으로 서로 마주보고 있습니다. 진주가 영남에서 가장 아름다운 장소성을 지닌 곳이라는 평판은 이미 고려시대의 문헌인 『파한집』의 첫머리에도 나오는 얘기랍니다. 진주는 예로부터 '산하금대'의 자연 풍광으로 유명한 곳입니다. 예제의 뭇 산은 옷깃을 세운 듯하며, 남강의 흐름은 마치 띠를 두른 것 같습니다.

뿐만 아니라, 진주는 교통의 요지이기 때문에 물류와 유통의 거점이 되고, 또 사상이니 이념이니 하는 것도 모이거나 스쳐 지나가기 용이하답니다. 그러나 시대의 격랑에 휩쓸린 극단주의자들에 의해 강잉히 무장된 이데올로기 앞에는 경관의 아름다움이 무엇이고 산천의 의연함이 무엇이고 간에 그 압도하는 힘에 미치지 못하는 측면이 없지 않습니다.

N강의 빛깔은 주위의 흰빛 때문인지 검게 보였다. 녹청을 흘린 것 같은 흐름이 잔잔한 주름을 잡은 물결 위에 간혹 엷은 얼음 조각이 희미한 광택으로 태양빛을 반사하고 있었다.

C루 위에서 이런 풍경을 내려다보며 그 의논해야 할 얘기라는 것이 하마나 나올까 하고 기다렸지만 서경애는 말문을 열지 않았다. 나는 제정 러시아 말기 혁명조직에 가담한 여자들의 군상을 서경애의 모습을 통해 공상했다.[14]

---

14 같은 책, 577쪽.

소설의 작중 화자는 서경애를 객관적인 시점에서 바라보려고 애를 쓰는 것 같군요. 해방정국에 좌우가 꿈틀대고 준동하는 거점의 공간인 진주에서, 언제라도 여자 테러리스트로 돌변할 여지가 있는 서경애에게서, 돌이킬 수 없는 운명의 삶을 예감하게 되는군요. 이 운명은 작가의 자전적인 육체성을 부여한 화자 '나'나 작가 자신이 영혼의 형식을 부여한 주인공 유태림에게도 해당되는 얘기입니다.

3. 대자연의 경관과 이념의 허구성

최근에 전 세계적으로 지역문학에 대한 관심과 연구가 비상한 관심거리가 되고 있습니다. 이 개념은 문학과 지지학(地誌學)의 상관관계를 규명하는 데서 비롯된 것이라고 합니다. 그런데 문학과 지지학 중에서 어느 쪽에 방점을 두느냐에 따라 시각의 차이가 있게 마련이지요. 전자를 중시한다면 이른바 '지리적 문학(geography literary)'이 될 것이요, 후자를 강조한다면 문학지리학(literary geography)이 될 것입니다. 지역문학론의 관점에서 볼 때, 하동을 배경으로 한 문학의, 가장 대표적인 사례로 손꼽히는 것은 두말할 나위도 없이 박경리의 「토지」(1968~1993) 제1부와 이병주의 「지리산」(1972~1977)입니다. 이 두 작품은 한국문학을 대표하는 지리적 문학의 명편입니다. 두루 잘 알다시피 질량의 면에서 볼 때, 이 두 작품은 매우 웅숭깊은 시대의 대작이 아닐 수가 없습니다.

사실상, 문학지리학은 문학 쪽에서 다루어질 분야가 아닙니다. 이것은 어디까지나 지리학자의 몫입니다. 문학지리학의 전제 조건은, 첫째 문학이 지리학자들의 원천 자료가 된다는 것, 둘째 지리학자들의 연구에 지형적으로 관련성이 있는 시와 지역을 다룬 소설이 포함된다는 것, 셋째 무수한 지각과 행동, 그리고 환경적 영향으로 만들어진 경험을 집어내거나 구조화하는 것이라고 말해질 수 있는 문학관의 승인 등이 되는 것이 아닌가 합니다.[15] 앞으로, 이 두 소설에 관한 한 작품성의 내재적인 가치 해명 못지않게, 하동 지역의 인문 지리의 환경을 염두에 둔 객관적인 사실 관계의 규명을 지향하는 측면으로서의 문학지지학에 어느 정도 접근하는 연구 방식을 취할 수도 있다고 하겠습니다.

이병주의 소설 가운데 하동의 지역문학에 포함될 수 있는 것이 있다면, 아무리 생각해 보아도 대하소설 「지리산」을 빼놓을 수 없을 것 같습니다. 이 소설의 지리적인 배경인 지리산에는 그의 고향인 하동도 포함됩니다. 하동의 지리적인 배경 하면, 가장 먼저 떠올릴 수 있는 것은 박경리의 「토지」 제1부입니다. 이 작품에 녹아 있는 문학사상 가운데 하나의 것을 손에 꼽는다면, 이른바 '산천(山川) 사상'이라고 할 수 있어요. 얼마 전에 고인이 되신, 이병주 작가의 기념사업에 큰일을 하셨던 김윤식 선생께서 이미 제안한 탁견입니다. 임금을 위한 사상도, 백성을 위한 사상도 아닌 산천의 사상. 민족주의도, 사회주의도 아닌 그 산천의 사상 말입니다. 이 산천 사상에 관해선 이 발표에서 재론할 예정입니다.

이병주의 소설인 「지리산」에서도 이 산천 사상과 엇비슷한 논리가 녹아 있습니다. 인간의 제도와 이데올로기는 변해도 산천은 변하지 않는다. 그는 '조국보다 산하(山河)'라는 논리를 폈다가, 무정부 내지 반(反)정부를 선동했다는 사상의 의심을 받고 투옥 생활을 했던 겁니다. '조국보다 산하'의 논리 내지 사상은 박경리적인 '산천 사상'보다 시기적으로 앞서 있다고 하겠다. 산천이니 산하니 하는 말은 문학지리학적인 개념의 틀에서 보자면, 이른바 경관이라고 할 것입니다. 이것은 자연의 배경

---

15 최지원 옮김, Yi-Fu Tuan, 「문학과 지리학 : 지리학적 연구의 함의」, 경남지역문학회, 『지역문학연구』, 제5호, 1999년, 가을, 131~133쪽, 참고.

은 물론 인간의 삶의 터전까지 포함하는 개념입니다.

> 관목 숲이 시야 아득히 펼쳐진 광활한 고원의 풍경은 정말 장관이었다.
> '봄철이 되면 이 고원 전체가 꽃밭이 되오. 정말 아름답지, 아름다워.'
> 하며 선 요원은 황홀한 표정을 지었는데, 지금의 풍경도 그지없이 아름답다
> 고 느꼈다. 고원 전체를 덮은 노랑과 붉음이 섞인 단풍바다가 절정이었던 것이
> 다. 이태가 문득 생각한 것은─.
> '내가 이 자리에서 죽으면 이태, 이 자리에서 죽다가 될까?'
> '자연의 거창한 아름다움에 비하면 인간이란 허무하기 짝이 없다는 느낌이
> 사무쳐, '만일 내가 살아남는다면 기필 이 아름다움을 문장으로 남기리라.'고
> 마음속으로 다졌다.
> (……)
> 밤이 내렸다. 고원은 태고의 정적으로 돌아가고 바람소리만 남았다. 낙엽 지
> 고 눈보라 치는 밤이면 이 산막은 얼마나 적막할까? 사람은 그 적막마저도 견
> 디어야 하는 것이다.[16]

대자연의 압도적인 경관 앞의 이념은 왜소한 것에 불과할 뿐입니다. 저
조국보다 산하의 사상은 이처럼 소설 속에서 작가의 숨을 쉬고 있습니
다. 이때 말하는 조국은 모든 인위적인 것의 상징입니다. 작가 스스로는
이 작품의 주제를 '의분(義憤)'이라고 했고, 김윤식 선생은 이 작품의 문
학사상을 두고 '지리산의 사상'이라고 했습니다. 공산주의의 사상적 측
면이란 한갓 허망에 지나지 않는다고 보는 것이 작가의 세계관이구요.[17]

---

16 이병주, 『지리산』, 제7권, 한길사, 2006, 45~46쪽.
17 같은 책, 389쪽, 참고.

눈이 내리고 눈이 쌓였다. 계곡이 빙하로 장식되고, 얼음 밑으로 흐르는 개울물 소리가 은근한 멜로디를 닮았다. 칠선계곡이 바야흐로 겨울의 절정을 이루었지만 동면하는 빨치산에게 어떤 감흥이 있겠는가. 종파 분자와 그 졸개로 몰린 그들이 빨치산으로서의 긍지를 어디서 찾아야 될까. 긍지 없는 빨치산은 거지꼴이 된 산적일 뿐이다.[18]

이병주의 소설 「지리산」은 빨치산을 소재로 한 소설이지만, 빨치산을 위한 소설이 아닙니다. 긍지 없는 빨치산은 대자연의 아름다움 앞에, 거지꼴이 된 산적일 뿐이에요. 이념은 온데간데없이 산하에 무력하게 압도된 속빈 강정일 따름입니다. 작가 이병주는 이 허점을 노렸을 것입니다. 제가 모두에 한 원로 문학평론가가 소설가 이병주를 가리켜 '우파의 거두'라고 다소 신경질적으로 반응한 것도 사실은 이 허점에 찔렸기 때문인지도 모를 일입니다.

이병주의 「관부연락선」이 진주를 소설의 주 무대로 삼았다면, 대하소설 「지리산」은 지리산을 소설의 주 무대로 삼았습니다. 이 두 소설은 유태림과 박태영이라는 회색 지식인을 각각 내세우고 있는데요, 작가는 우파적 회색 사상이건 좌파적 회색 사상이건 난세에 뿌리를 내릴 수 없음을 힘껏 말하고 있습니다. 생각하기에 따라서는 이 두 소설이 '막다른 고투에 다다른 중립주의의 쓰디쓴 실패담'[19]으로 귀결된 소설일 수 있습니다. 실패담을 성공시킨 작품이랄까요?

이 두 소설이 그의 대표적인 작품이라고 하겠는데요, 또 하나의 대표작이 있다면 그동안 조명되지 못한 최후의 작품인 「별이 차가운 밤이면」이 아닐까, 합니다. 이 소설은 작가의 죽음으로 인해 미완으로 끝이 났다

---

18 같은 책, 337쪽.
19 이광욱, 「중립 불가능한 시대와 회색의 좌표」, 『민족문화연구』, 제8호, 고려대학교 민족문화연구원, 2019, 675쪽.

는 점에서 작품성을 인정받지 못했지만, 식민지 학병 세대의 체험이 고스란히 담겨 있습니다. 주 무대는 진주도, 지리산도 아닙니다. 중국 상해입니다. 앞의 두 소설이 주로 해방 직후의 얘기라면, 이것은 해방 직전의 얘기입니다. 즉, 일제가 말하는 소위 대동아전쟁은 태평양전쟁과 중일전쟁을 합한 개념이지요. 중일전쟁이라는 역사의 격랑 속에 조선인 주인공이 끼어든 얘기가 바로 「별이 차가운 밤이면」(1989~1992)이에요.

이 주인공의 이름은 박달세.

그는 노비의 아들로서 태어나 동경제국대학 법학부생이 되었지요. 반일의 불가능성, 항일의 무모함을 논하던 그는 일본인 특무장교 엔도오의 역할을 대신하는 가짜 일본이 되어야 했지요. 또 그는 상해에서 중국인 방세류로 변신하기도 해요. 특히 조선인 공작원, 조선 출신의 학도병을 단속하고, 탐지하고, 체포하는 일을 주로 맡습니다. 그는 한마디로 말해, 가장 어지러운 시대에, 타락한 인생을 타락한 방식으로 살아가는 이를테면 '문제적 개인(problematic individuals)'이라고 할 수 있겠습니다. 소설 속에서 진주 출신의 인물들인 「관부연락선」의 유태림이나 「지리산」의 박태영보다 더 문제적인 주인공이라고 하겠습니다. 소설 「별이 차가운 밤이면」은 소설의 막바지에 이르러 끝이 나고 말았습니다. 이 소설이 완성되었다면, 어떻게 마무리되었을까요? 이 원고를 마지막으로 정리하는 과정에서 눈에 띈 최근(2022)의 글을 참고로 덧붙입니다.

일본인 엔도우, 중국인 방세류에서 다시 박달세로 돌아간 그의 내면은 이 모든 상황을 수용할 수 없었던 것일까? 체포된 공작원이 학도병 출신이었음을 알게 된 박달세는 깊은 실의에 빠지고, 정신쇠약증으로 아편의 힘을 빌려야 하는 상황에 이른다. (……) 종전과 해방을 맞은 박달세는 아리이 상, 엔도오, 방세류라는 가짜 이름을 벗어던지고 본래의 자신으로 조국에 돌아올 수 있었을까? 패전국 전범으로 처벌되지는 않았을까? 그도 아니라면 그가 사랑했던 중국인 양미운과 함께 방세류로 상해의 삶을 이어갔을까?[20]

저는 소설 「별이 차가운 밤이면」이 미완으로 끝맺음한 게 완결성의 훼손이 아니라 도리어 작품성을 드높이게 된 것이라고 봅니다. 연주의 여운이나 회화의 여백과 같은 것이라고 봐요. 미진한, 혹은 미지근한 맹탕의 끝내기라고 해도, 독자들이 마음껏 상상의 날개를 펼칠 수 있게 문을 활짝 열어놓은 것 같은 결말 구조라고, 어찌 말하지 않겠어요?

여러분도 두루 알다시피, 이병주는 언론인으로서 망한 후에, 문인으로 땅을 짚고 일어섰습니다. 기자는 그 시대에 역사의식의 한계를 가지지 않을 수밖에 없었거든요. 그 당시에 권력이 모든 걸 독점하던 시대에, 기자는 있는 그대로의 사실만 기록하지 않을 수 없었지요. 역사에 대해서도 인식할 뿐, 의식은 못한다는 겁니다. 해석도 재해석도 못하구요. 잘못했다가는 이병주 짝이 나지요. 혁명 정부에 의해 왜 이병주는 강제로 잡혀가고, 최인훈은 버젓이 살아남았느냐? 작가는 온갖 비유와 상징의 장치를 통해 자신의 목소리나, 해석 내지 재해석이 가능합니다. 역사도 인식할 뿐 아니라 의식하기도 하지요. 이런 점들을 전제로 할 때, 저는 문학을 통해 '공적인 역사에서 배제된 사건이나 인물을 선택해 역사의 자장 안에 재배치하는 행위는 작가의 역사의식과 관계가 있다'[21]고 봐요. 우리가 지금까지 서상(敍上)한 바대로, 이병주의 학병 체험 3부작은 이와 긴밀한 관계가 있지요. 미셸 푸코가 창안한 하나의 개념을 대입할 수 있다면, 잃어버린 역사의 기억을 재구성한 이른바 '대항기억(Gegen-Gedachtnis)'[22]의 넓은 범주에 포함한다고 하겠습니다.

이병주는 젊었을 때 산하가 있을 뿐 조국은 없다는 말과 생각 때문에

20 남송우, 「새로 읽는 나림 명작 (12) '별이 차가운 밤이면'」, 국제신문, 2022. 12. 5.
21 손혜숙, 앞의 논문, 앞의 책, 293쪽.
22 김영목, 「역사적 기억과 망각된 역사」, 『뷔히너와 현대문화』, 23호, 한국비휘너학회, 2004, 232쪽, 참고.

지배 권력으로부터 밉게 보였습니다. 혹시 저 자가 용공이 아닌가 하고요. 그 '혹시'만으로 사람을 가둘 수 있는 게 바로 국가폭력이에요. 자신의 억울함을 이렇게 풀고 있습니다. 작가인 자신이 창조한 작중 인물 박태영의 입을 통해서 말예요.

태영은 흙이 곧 조국이란 사상을 익혀보았다. 모든 생명이 흙에서 나고 흙으로 돌아간다. 흙은 신성하다. 이 신성한 흙이 강토의 규모가 되면 거기 조국이 생긴다. 흙이 신성한 것처럼 조국도 신성하다. 사람은 조국의 신성을 더욱 신성하게 하기 위해 아쉬움 없이 목숨을 바칠 수가 있다. 목숨을 조국을 위해 바쳤다는 것은 조국의 생명에 스스로의 생명에 귀일한다는 뜻으로 된다.[23]

문학평론가 남송우 님은 박태영의 이 같은 생각 틀을 두고, 산이 지닌 생명력을 확인하기 시작하면서 마침내 산 자체가 살아있는 생명체임을 인식하는 단계로 나아가는 것이라고 했습니다.[24]

누가 뭐래도, 지리산은 포용적입니다. 이 산은 모든 것을 품습니다. 박경리의 대하소설 「토지」 제1부에서 친구지간인 최치수와 이동진이 대화하는 장면이 나옵니다. 이동진은 이미 망명을 결심하고 있었죠. 최치수가 물어요. 마지막 강을 건너려는 이유는 무엇인가, 하고. 또한 이 이유가 백성을 위해선가, 군왕을 위해선가, 하고 다그칩니다. 이동진은 백성도, 군왕도 아니라고 잘라서 말합니다. 굳이 말하자면, 이 산천을 위해서라고. 김윤식 선생은 이 대목이 저 「토지」의 참주제가 깃든 곳이라고 말합니다.

제가 소설 「토지」에 관한 담론을 거의 반세기에 걸쳐 수없이 봐 왔는데요, 이 작품에 관한 한, 김윤식 선생이 지적한 것 이상의 울림을 준 비

23 이병주, 『지리산』, 제7권, 앞의 책, 179~180쪽.
24 남송우, 「『지리산』이 품은 생명의식」, 이병주기념사업회 엮음, 앞의 책, 276~277쪽, 참고.

평적인 지적은 제가 아직 접하지 못했습니다. 간요한 핵심의 주제의식이라고나 할까요? 소설 읽기, 소설 분석에 있어서 이 깊고도 오랜 통찰력이 아니고선 드러내기 힘든 식견이나 안목이라고나 할까요?

> 「토지」의 참주제는 최치수의 오기도, 최서희의 뱀처럼 영리한 처세술도, 복수담도 아니며, 하물며 탱화나 그리는 무능한 김길상일까 보냐. 이 '산천'에 비하면 민족주의, 사회주의, 친일파, 독립운동 또는 무슨 평화주의 따위란 얼마나 초라한가. 그렇다면 그 '산천'이란 또 무엇인가. 삶의 영원한 터전, 신식 용어로 하면 '자연'이 아니겠는가. 생명 사상 그것 말이외다. 이병주가 '조국이 없다. 산하가 있을 뿐이다.'라 외친 것도 눈여겨볼 일이 아닐 것인가.[25]

우리 토박이말 중에 '웅숭깊다'라는 낱말이 있습니다. 국어사전에 의하면, 생각이나 뜻이 넓고 큰 것을 두고 이르는 말입니다. 만약 지리산이 사람으로 의인화되거나 신령으로 신격화되거나 한다면, 지리산도 하나의 웅숭깊은 생명체라고 할 수 있겠지요. 넓고 큰 것의 한자어는 '광대(廣大)'라고 하는 말입니다. 이 글을 다시 쓰는 최근에 중국의 지도자였던 장쩌민이 서거했습니다. 그는 한 세대 전에 중국을 통치자로 권좌에 올랐을 때 국정 철학의 3대 지표를 표방했는데, 그 중의 하나가 '광대 인민의 근본 이익'이었지요.

무엇이 광대 인민인가? 일반적으로 인민이라고 하면, 노동자와 농민을 두고 말합니다. 자산가와 중간층 지식인들까지 포함한 개념이 광대 인민입니다. 인민의 폭을 넓고도 큰 범위로까지 확장을 했다는 말입니다. 그의 통치 기간 중에, 그는 중국의 국력을 G2의 기반 위에 올려놓습니다. 그는 참으로 웅숭깊은 지도자인 것 같습니다. 일당 독재에 개인

---

25 김윤식, 『한국문학, 연꽃의 길』, 서정시학, 2011, 79쪽.

우상화까지 지향하는 지금의 중국과는 대비되고 있어요. 지금의 시점에서 가족과 함께 거의 도피 생활을 하다시피 한 마윈을 보십시오. 장쩌민 시대의 마윈과 시진핑 시대의 마윈을 비교해 보십시오.

우리에게도 지리산은 인간과 뭇 생명에게 광대한 근본 이익을 가져다 주고 있습니다. 지리산 앞에는 영남과 호남도, 보수와 진보도, 천안함과 세월호도, 토착왜구와 좌빨도, 이대남과 개딸도 없습니다. 우리 앞에게 놓인 울타리를 넘고, 벽을 허물어야, 우리에게 비로소 광대무변의 근본 이익을 가져다 줄 것입니다.

4. 거점의 사상과 심처의 사상

이병주의 소설 「관부연락선」의 대부분은 해방기 진주의 시대상, 사회상을 반영하고 있습니다. 앞에서 제가 얘기했거니와, 진주의 사상이 거점의 사상이라면, 지리산의 사상은요, 장풍득수를 배경으로 하면서, 또 전체를 아우르거나 모든 것을 포괄하고 포용하면서 하나로 귀의하는 저 산천의 사상입니다. 이것이 실종된 가운데, 오로지 좌우의 거점을 확보하려고 가파르게 대립하고 충돌하던 해방기에 있어서 진주의 민족주의 사상이 시의적으로 유효했을까를, 생각하게 됩니다. 또한, 극단으로 치우지지 않는 중간자 유태림의 중도적인 삶이 현실적으로 가능하기나 했을까, 하는 생각도 듭니다.

끝내 말예요, 양쪽으로부터 압박을 받는 경계인 유태림과, 믿고 싶은 것만 믿으려 들고 한쪽의 진실만을 추수하고자 하는 극단주의자 서경애가 세상을 함께 등지면서 사랑의 도피, 혹은 도피의 사랑을 완성할 수 있었을까요? 경계인이 곧잘 취하기도 하는 휴머니즘이 이분법을 지양하는 위기의 사상, 전환기의 사상으로 과연 시대의 유효성을 얻을 수 있었을까요?

또 한국전쟁 때는 어떻고요. 제가 진주에 부임하던 1998년에, 진주의 지리가 익숙하지 않아 한동안 주로 택시를 이용했습니다. 한번은 나보다 20년 정도 나이가 든 60대 초반의 기사 분이 그랬습니다. 소년 시절인 한국전쟁 때, 비봉산에서 말티고개로 이르는 능선으로 선발대가 진공하던 일이 생생하다고요. 그 속도가 엄청나게 신속하고 질서정연했다고요. 진주를 진공한 선발대가 정규 인민군인지, 지리산 빨치산 부대인지 알 수 없습니다만, 지리적으로 잘 아는 후자가 진공의 길라잡이가 되었는지도 모르겠습니다. 만약 그렇다면, 그들은 지리산의 사상을 버리고 진주의 사회주의 사상으로 무장한 채 진입했을 것입니다.

진주는 예로부터 교통의 요지이기 때문에 물류와 유통의 거점이 되었고, 또 사상이니 이념이니 하는 것도 모이거나 스쳐 지나가기 용이하지요. 그리하여 시대의 격랑에 휩쓸린 극단주의자들에 의해 강잉히 무장된 이데올로기 앞에는 경관의 아름다움이 무엇이고 산천의 의연함이 무엇이고 간에 그 압도하는 힘에 미치지 못하는 측면이 없지 않았을 겁니다.

저는 이 대목에서 진주와 지리산의 지리적인 성격 내지 운명을 다음과 같이 대조해볼 수 있다고 봅니다. 어디 한번 살펴볼까요.

진주 : 지리산

거점 : 심처

풍류객 : 은둔자

도회의 조건 : 산천의 근원

집산의 공간 : 포용과 귀일

행정의 중심지 : 무정부 상태

양자택일 : 양비론

속속 : 속속들이

진주가 거점이라면, 지리산은 심처(深處)입니다. 진주는 예로부터 사람과 물건이 모였다가 흩어지는 곳, 들어왔다 나가는 곳입니다. 물류와 유통은 예술을 촉발시키기도 했지요. 풍류객이 많았지요. 교방과 권번을 중심으로 한 자생적인 풍류, (주로 호남에서 온) 외래적인 풍류도 이루 많았지요. 이에 반해 지리산은 은둔자가 숨기에 좋은 환경이잖아요? 빨치산도 넓은 의미의 은둔자가 아닌가요? 지리산인 심처는 최치원 이래 지금까지의 은둔자부터 한국전쟁 전후의 빨치산에 이르기까지 모두를 품는 장소입니다. 글자 그대로 웅숭깊은 곳이지요. 심처는 국어사전에도 등재된 낱말입니다.

저는 진주와 지리산을 대비할 때마다 두 개의 부사를 떠올립니다. 하나는 '속속'이요, 다른 하나는 '속속들이'입니다. 진주는 한국전쟁의 인민군들이 속속 들어와서 속속 나간 곳입니다. 반면에 지리산은 빨치산들마저 속속들이, 즉 깊은 곳까지 샅샅이 숨어든 곳입니다.

진주의 사상인가, 지리산의 사상인가.

거점인가, 아니면 심처인가. 도심에의 참여인가, 아니면 산중에의 은신인가. 양자택일의 갈림길인가, 아니면 양비론적인 포용인가. 이와 같이 점점이 이어지는 물음들은 제 얘기를 경청하는 여러분 개개인 삶의 가치관으로 귀결될 것입니다. 이 물음들이 사람마다 하나의 몫과 값과 짐으로 변주되는 것은 아닐까, 하는 생각의 여지를 남기면서 보잘것없는 제 소견을 이 정도에서 마칠까, 합니다. 마지막으로 제 생각을 굳이 밝히자면, 향후 어느 시대이고 간에, 정치적으로나 경제적으로 난세에는 진주의 사상이 입지를 마련할 것이라고, 무사한 화평 시대에는 지리산의 사상이 뿌리를 내릴 것이라고 보입니다.

감사합니다.

옛 마산의 야화(野話)와 미시의 역사

1. 마산 사람 김형윤의 인생과 사상

마산의 보기 드문 기인이요, 평생토록 언론계에 몸을 담았던 언론인이요, 사상적으로는 무정부주의자였던 목발 김형윤(1903~1973)은 만년에 마산의 숨은 역사를 집필하다가 간행을 보지 못하고 세상을 떠났다. 그의 유고집 『마산야화』의 서문을 쓴 노산 이은상은 그를 두고 '일찍이 소년시절로부터 평생을 통하여 이미 그의 사람됨을 알고 있는 사이'[1]라고 했듯이, 두 사람의 관계가 동갑내기 향우(鄕友)였음이 틀림없다. 두 사람의 출신 성분은 현저히 달랐다. 이은상이 자산가 집안의 아들이라면, 김형윤은 노동자(품팔이) 부모의 아들이었다. 그럼에도 불구하고, 두 사람이 오랜 우정을 유지해왔던 것이 재미있다. 식민지 조선이 독립해야 한다는 포부와 기개를 지닌 면에선 서로 통하는 바가 있었을 터이다.

---

1 이 글에서의 『마산야화』 텍스트는 1996년 도서출판 경남에서 간행한 개정판이다. 인용은 책 이름과 더불어 이 텍스트의 쪽수를 병기한다. 마산야화, 341쪽. 이하 같음.

이은상은 김형윤을 가리켜 '목발기인'이라고 했다. 남의 눈을 뽑아버린 기이한 인물이란 뜻이다. 세인들은 그를 두고 '목발'이라고 했다. 호를 대신한 별칭으로 사용되어온 말이다. 이 별칭에 대한 유래는 잠시 뒤로 미루고, 그가 어떻게 살아왔나를 살펴보자.

그는 마산시 수성동에서 태어났다. 1920년대 초반에 일본에 건너가 1925년 무렵에 다시 마산으로 돌아온 것으로 짐작된다. 그가 도일 기간에 학업을 했는지, 노동을 했는지 정확하게 알 수 없다. 분명한 것은 도쿄와 오사카에서 무정부주의자들과 접촉을 했다는 사실이다. 그가 마산으로 귀향해 처음으로 시작한 사회활동은 벽신문 논설위원이었다. 토요일과 일요일의 밤에 사람들을 모아놓고 정치 및 시사와 관련된 논설을 발표하는 것. 전지 크기의 종이에다 글을 써서 벽에다 붙인 뒤, 글쓴이 자신이 읽고, 해설하고, 질의하거나 응답하거나 하는 과정을 밟는다. 참여 대상의 사람들은 주로 문맹자인 노동자들과 여성들인 것으로 짐작된다. 이 시기에 논설위원은 김명규와 김형윤이 맡았는데, 전자가 계급투쟁론의 사회주의자라면, 후자는 상호부조론의 무정부주의자였다. 이때 후자인 김형윤은 유물사관에 극히 반대하는 입장에 서 있었다.[2]

그는 1925년 밀양 수산에서 발생한 소작 쟁의에 관여해 옥살이를 했다. 이 이후로 지역 언론에 거의 평생토록 몸을 담았다. 보통학교(초등학교) 출신의 청년이 언론인이 되었다는 것은 어느 정도의 지식 및 문필 능력이 인정되었음을 반증한다. 그가 일본에서 아나키즘 사상을 독학하고 심취했던 사실이 충분히 미루어 짐작된다. 아나키즘의 동지 한 사람이 공주 경찰서장이 되자, 큰 소리로 질타하면서 인연을 끊어버리기도 했다. 무정부주의자가 정부의 관리가 된다는 것이 모순이요 배리(背理)라고 보았기 때문이다.

---

2 마산야화, 266~267쪽, 참고.

그는 만주를 바람처럼 편력하다가 서울에 돌아와서 조국 해방을 맞았다. 해방정국에서는 반공반탁 운동에 열을 올렸다. 아나키스트 전국 조직으로서 '자유사회 건설자 연맹'을 조직하는 데 참획했다고 한다. 신탁통치 반대 시위에 앞장을 섰다가 미군정에 의해 구금되기도 했다. 기개가 있었던 그를 두고, 세인들은 '목발장군'이라고 하였고, 그의 친구인 이은상은 '목발기인'이라고도 하였다. 그의 아호 내지 별칭인 '목발'에 관해서는 대체로 두 가지 설이 전래되고 있다.

우금 50년 전 마산 櫻町의 벚꽃이 滿開일 때 일인 요정에서는 가설무대를 지어놓고 일인 게이샤들이 三味線을 퉁기며 日男들과 어울려 가무가 한창 무르녹고 있었다. 한 조선인 지게꾼이 흥에 겨워 관중 속으로 들어가는 것을 보고 日 헌병이 민족적 모욕을 주며 그를 끄집어내었다. 이를 본 김 공은 의분을 참지 못하여 비호 같이 日 헌병에게 달려들어 그의 한 쪽 눈을 뽑아버렸던 것이다. 공의 용기도 용기려니와 당시 힘이 또한 장사였었다.[3] (조병기)

1925년 경에 밀양 수산이란 곳에서 농지 문제로 일인들과 지방 농민과의 사이에 큰 싸움이 벌어졌었다. 그 혈투의 급보를 듣고 義血에 끓는 김형윤은 단신 응원에 나섰다. 그 충돌의 혈투 속에서 당시의 소문에는 둔하기 짝이 없던 김형윤이 어디서 그런 勇力과 날쌘 힘이 솟아났는지 수많은 왜놈의 포위 중에서 비호 같이 날더라는 것이다. 그러나 자기는 한 곳의 부상도 입지 않고 수많은 왜놈들을 때려눕히는 사이에 왜놈의 눈을 빼놓았다는 것이다. 그로 인해 김형윤 형은 數朔의 옥고를 치렀지만 그의 배일 항쟁의 그 기개를 마산 청년 동지들이 칭송하느라고 목발 장군이라 불러 왜놈의 눈을 뺀 그 전과를 기리었는데 그것이 전 마산 시내에 퍼져서 '目拔'이 되고 만 것이다.[4] (조항웅)

---

3 마산야화, 354쪽.
4 마산야화, 349~350쪽.

김형윤의 별칭인 목발은 자칭이 아니라, 세칭이다. 유래도 보는 바와 같이 서로 다르다. 본인도 이에 대한 언급이 따로 없었기 때문에 더욱 오락가락한 것 같다. 이처럼 전해진 이야기로는 설화적인 구조를 가지고 있어 실상에서 과장되었을 가능성이 없지 않다. 그가 일본인들과 싸워 일본인들을 '눈탱이 밤탱이'가 될 정도로 흠씬 두들겨 팼다는 정도로 봐야 할 것 같다. 정말 남의 눈을 뽑았으면, 수개월 정도의 옥살이를 했겠느냐 하는 의문이 든다. 이런 유의 과장이나 이것이 유포되는 과정은 전통 사회의 민담, 설화, 야담집에도 말이나 글로 반영되어 있다. 실존 인물이 민간의, 민속의 이야기로 확대 재생산되고는 하는바, 한 예로 김해 송장군 설화의 괴력담에서도 잘 반영되어 있다.

목발 김형윤이 남긴 유의미한 저서(유저)인『마산야화』의 집필을 시작한 시점은 1970년 말이었다. 3년 가까이 집필하다가 1973년 한여름에 자택에서 별세했다. 이때 미완의 원고 937매를 남겨 놓았다. 그해 가을에 주변 사람들에 의해 '마산야화'라고 하는 제목의 유저가 간행되었다. 제목을 두고 볼 때, 그가 쓴 마산의 역사는 정사(正史 : 정확한 기록의 역사)라기보다 소위 야사요, 혹은 일사(逸史 : 잃어버린 역사)라고 하겠다. 역사 기술에 있어서『삼국유사』나『매천야록』의 전례처럼 유사(遺事) 및 야록(野錄)의 성격을 지닌 역사 서술이다.

이 책은 오래 전에 쓰인 유사나 야록이지만, 역사 서술의 최근 관점 및 방법론에서 대입해볼 때 이를테면 '미시의 역사'에 해당한다. 이 역사는 문학성과 문화비평으로 서술된 역사이기도 하다. 인문학자들은 이 역사를 가리켜 때로 '미시사(微視史)' 즉 '미크로스토리아(microstoria)'로 표현하곤 한다.

역사의 서술 및 연구는 이때까지 구조와 계량을 중시하는 거시적인 관점이나 방법론에서 역사의 상을 조명해 왔던 게 사실이었다. 이에 대해 역사 속에서 사소하고 소소하고 자잘한 소재를 줌인으로 확대해 보려는 경향이 20세기 후반부터 나타났다. 미시사라면, 카를르 진즈부르그의 『치즈와 구더기』(1976)가 가장 대표적인 저작물이라고 할 수 있다. 로렌스 스톤이 논문 「이야기체의 부활(The Revival of Narrative)」(1979)에서 '경제 결정론적 모델에 의한 역사 설명에 대한 환멸'[5]의 표현으로서 역사 서술의 문학성을 강조한 것도 이런 맥락과 관련이 있다. 미시사의 선구자 진즈부르그는 이탈리아 사람이다. 이탈리아어로 '스토리아(storia)'는 이야기라는 의미보다 역사라는 의미로 더 자주 쓰인다.

그는 16세기에 살았던 범속한 이탈리아인 메노키오라는 인물을, 아무도 눈길조차 돌리지 않았고 관심조차 주지 않았던 역사 속의 일사(逸士)를 줌인하였다. 그의 눈에는, 우유에서 치즈가 만들어지고, 치즈에서 구더기가 생겨나듯이 모든 게 하나의 혼돈 덩어리이라고 하는 사실이, 즉 유물론적인 우주론이 무엇인지가 보이며, 그의 붓끝에서는 예수의 신성마저 부정한 한 이단자, 자기 생각으로 살아갔던 평범한 개인의 삶에 새롭게 의미를 부여하는 작업이 이어져 갔다.

진즈부르그의 미시사적인 관점에서 본다면, 김형윤의 『마산야화』는 '화(話)'가 다름이 아니라 '미크로스토리아(microstoria)'이듯이, 소소하고 자잘한 이야기인 동시에 잘게 본 미시의 역사이다. 거시사가 정치, 경제, 이데올로기, 종교, 위인, 영웅, 천재 등의 범주에 한정되는 감이 있지만, 미시사는 참으로 폭이 넓다. 예컨대, 소집단, 연희, 축제, 민속 현상, 지역사, 생활사, 구술사, 풍속사, 여성사, 젠더, 몸, 경계인, 소수자, 섹슈얼리티, 평범한 개인, 문제적 개인, 반(反)종교 등의 개념들과 공유하는 면이 있다.

---

5 조지형, 「역사의 문학성과 문화비평」, 『이화사학연구』, 제23 · 24합집, 2020, 8쪽.

주지하듯이, 김형윤의 사상은 아나키즘, 즉 무정부주의이다. 그의 유저에 나타난 주안점도, 역사를 보는 관점도, 질서보다 혼돈, 억압보다 자유에 있다고 말할 것이다. 연대기적으로 서술하지 않고, 사안별로 독립적으로 배열되어 있을 뿐인 그의 책에는 기준도, 순서 개념도 없다. 구성 방식 및 담론의 성격이 현저하게도 수의적이다. 또한 그의 책의 사상적 향방성은 가치지향성도, 가치중립도 아닌, 바로 가치의 무정부 쪽으로 놓인다.

2. 잘게 본 역사 『마산야화』의 내용

김형윤의 『마산야화』는 구한말, 일제강점기, 미군정으로 이어온 20세기 전반(前半)의 마산 이야기를 다루고 있다. 주지하듯이 마산(포)은 창원도호부에 속해 있는 범속한 포구에 지나지 않았다. 다만 특기할 만한 것은 먼 한양으로 향해 배로 세곡(稅穀 : 나라에 조세로 바치는 곡식)을 띄워 보내는 데 저장 공간이 되는 조창이 있었다는 사실뿐이다.

이 마산이 1889년에 개항되었다. 마산의 위상이 하루아침에 바뀐 것이다. 이로부터 15년이 지난 후인 1914년에, 마산부가 설치되었다. 마산이 창원으로부터 행정적으로 독립된 것이다. 이것은 마산이 창원으로 통합된 2010년까지 가게 된다. 그러니까 마산은 96년 동안 독립된 행정 지역으로 유지해 왔던 것이다. 마산은 1960년 3월 부정선거에 저항하는 시민 시위가 4월 혁명의 도화선이 되었던 사실로 유명해졌고, 1979년에는 부마사태의 한 축이 되었다는 점에서 한국 현대사의 민주화에 적지 않게 기여했다고 높이 평가된다. 마산이 가장 융성한 시기는 1970년에서 1983년까지다. 1970년은 마산수출지역이 설치된 해이며, 1983년은 창원이 경남 도청 소재지가 된 해이다. 이 해에, 부산에서 창원으로 도청이 이전됨에 따라, 마산의 위상이 떨어지기 시작했다. 마산 13년의 융성기에는 지금의 '부울경'이라고 불리는 동남 지역에서 마산이 부산에 버금가는 도시적인 위상을 지녔다. 그래서 그 시기엔 소위 '부마산'이라는 말이 늘 따라다녔다.

마산의 도시 구조는 크게 구(舊)마산과 신(新)마산으로 나뉜다.

구마산이니 신마산이니 하는 명칭은 공식적인 행정 명칭이 아니다. 지금도 별칭으로 불린다. 구마산 중에서도 협의의 구마산은, 읍성이 있었던 마산포 일대인 원(原)도심을 가리킨다. 일제강점기에는 주로 조선인들이 살던 곳이었다. 특히 오동동과 창동은 조선인 상권의 중심지였다고 한다.

이에 반해 신마산은 개항할 때 해상 지역을 매립한 각국의 공동 조계지, 즉 치외법권 구역을 중심으로 형성된 곳이었다. 일반적으로는 신마산을 가리켜 일제강점기의 계획된 식민도시라고 보는 시각이 우세하다. 그런데 김형윤은 신마산의 형성기 안(案)을 1889년 이후 설도, 1914년 이후 설도 아닌, 1905년 이후 설로 획정한다. 이 중립적인 안은 상당히 고개를 주억거리게 한다.

마산포는 요새지로서 일로 양국의 각축지로 각광을 나타낸 유명한 곳이다. 일본은 재빠르게 선수를 뻗쳐 신마산, 현 월영국민학교로부터 서편에 걸쳐 99개년 즉 1세기의 조차조약을 체결(강제)함으로써 그들의 거류민을 보호한다는 구실로 영사, 헌병분견대, 경찰, 세관 등 중요 기관을 설치하고 학교 조합을 만들어 소학교를 설립하였다. 이때에 한인들은 신마산을 조계 혹은 거러지(거류지)로 천칭하였다.[6]

---

6 마산야화, 126쪽.

김형윤은 이처럼 러일전쟁에서 일본이 승리한 직후에 마산의 신도시
인 신마산이 형성되었다고 보고 있다. 남의 나라 땅에 타국(일본)의 이주
민들이 빌붙어 산다고 해서 원주민인 조선인들은 신마산인 거류지를 두
고 이와 발음이 비슷한 '거러지(거지의 경남 방언-인용자)'라고 천칭했다고
한다. 거류지와 거류민에 대한 민의 반감을 잘 반영하고 있다고 볼 수
있다. 그가 70여 년 전의 일을 이렇게 증언할 수 있었던 데는 이유가 있
었다. 앞 세대로부터의 전문(傳聞)이 그 이유였다.

마산의 근대사는 개항으로부터 시작했다. 그 다음의 주요 사건은 대
한제국의 황제였던 순종의 마산포 순행이었다. 1907년 10월, 마산만에
정박해 있던 일본의 연합 함대가 101발의 축포를 터뜨렸다. 황제를 수
행한 이는 일본의 통감 이토 히로부미와 한국의 내각총리인 이완용 등
을 중심으로 한 문무백관이었다. 특히 이 두 사람은 경술국치의 주역이
었다. 대한제국 시기에, 개항장과 개시장의 행정 및 통상(通商) 사무를
맡아보던 관아였던 감리서(監理署)에는 황제의 옥좌가 마련되었다. 감리
서 안팎에 마산 백성들이 모여, 황제께 부복하면서 배알했다고 한다.[7]

일본 도쿄에 유학하던 수재 급의 마산 학생들 중에서 요절한 여섯 명
학생들의 이름들을 들먹이면서 그들이 이국에서 어떻게 죽어갔는지를
쓴 「요사(夭死)한 유학생들」은 정형적인 미시사이다. 공식 문서나 신문
기사와 상관없이 사람들의 입에서 입으로 전해진 일종의 '풍문의 역사'
라서다. 다음에 인용된 부분은 도쿄가 아닌 서울에 유학하던 한 학생에
관한 얘기다.

마산 유학생으로 학창시절에 타계한 최초의 사람은 마산 보통학교 제3회 수
석이던 완월동의 鄭永歡인데 이는 경성공립사범학교 3학년으로 석차가 4번이

7 마산야화, 248~249쪽, 참고.

라 하여 일반이 忌하는 四字 때문이라고 그 당시 말썽이 많았던 것이다.[8]

경성공립사범학교는 경성제일고보와 더불어 조선의 8도 수재들이 들어가는 학교다. 전교 4등의 우등생인 마산 학생이 요절했다는데, 죽을 사(死) 자를 연상시킨다는 점이 사인이 된다는 얘기는 그 시대 사람들의 마음에는 미신이 아직 적잖이 남아있음을 반증하고 있다. 이런 민도의 수준을 반영하는 것도 미시사의 몫이다.

김형윤의 『마산야화』는 정규적인 범주의 역사 서술이라기보다, 지역의 지나간 사소한 일에 대해 주목한다. '매천야록' 유의 역사 서술도 이와 같은 게 있었다. 숨은 과거지사를 발굴한다는 점에선 의미가 전혀 없는 것은 아니지만, 보수적인 역사 이론의 관점에서 볼 때, 매천야록이니 마산야화니 힐 때 '야(野)'는 역사의 이성 및 계몽을 대체한 조야한 역사에 지나지 않을 것이다.

내 눈에 가장 들어온 김형윤의 글은 「마산의 미각」이었다. 이것은 마산의 식재료와 음식 문화에 관한 생활사인데, 오늘날의 독자로 하여금, 긴즈부르그의 『치즈와 구더기』처럼 마산 시민들이 오랫동안 이용해 왔던 소위 '유물론적인 문화 전승의 방식'[9]을 유추하게 하는 원고이기도 하다. 김형윤은 마산의 대표적인 식재료로, 창원 미나리, (매축되기 이전의) 서성 모래밭의 조개와, 서성 굼터기[10]의 연근, 돝섬 근처의 생멸치, 설진 앞바다의 감성돔과 도다리, 특히 마산 앞바다의 특산물인 미더덕과 가재 등을 꼽았다. 그런데 일반적으로 알기로는 마산의 대표적인 음식은 아귀찜이다. 이 원고를 보면, 마산 아귀찜이 그다지 오래되지 않

---

8 마산야화, 49쪽.

9 최현정, 『미시사의 방법론과 그 가능성』, 서강대학교 대학원 사학과, 1996, 17쪽, 참고.

10 굼터기는 구덩이의 경남 방언이다. 바다를 향해 오목하게 파인 지형을 가리키는 말이다. 내가 접한 지명으로는 서성 굼터기와 남해 굼터기가 있다. 그밖에도 경남 해안이 리아스식 해안이기 때문에, 더 있을 것 같다.

았던 것으로 보인다. 1960대 말에 등장한 마산 음식이 아닌가 한다.

최근 새로운 음식이 나타났다. 즉 아구라는 것인데 3, 4년 전만 해도 어망에
걸리면 바로 바다에 버리던 것이 갑자기 밥반찬과 술안주로 대중의 총애를 받
고 있다. 이게 지독하게 매운 양념으로 만들어져서 도리어 구미에 매력이 있다
는 것이다. 이것을 먹을 땐 휴지나 수건을 갖고 있어야 땀, 콧물, 눈물을 닦을
수가 있다. 아주 맵다.[11]

인용문을 볼 때, 마산 아귀찜은 통념과 달리 지역의 신흥 음식임을 알
수 있다. 내가 부산에서 생아귀찜을 먹고 자랐기 때문에, 내게는 마산의
말린 아귀찜이 맵고 딱딱해서 입맛에 조금 맞지 않다. 향토음식이란 이
처럼 호불호가 나누어지게 마련이다. 「마산의 미각」을 보면, 마산의 오
래된 향토음식으로는 미더덕찜이나 가재를 다진 된장찌개 등이 있을 수
있겠는데, 이런 유의 것들이 원형을 유지한 채로 지금도 현전하고 있는
지가 궁금하다.

김형윤은 마산의 유명한 대중음식점으로 두 가지를 꼽는다. 하나는
구 삼성병원 뒤의 복년이네의 곰탕이요, 다른 하나는 구 조창 뒤의 복남
이네의 비빔밥이다. 둘 다 전등 없는 시절에 문전에 석유 호롱의 가등
(街燈)을 세운 집들이었다고 한다. 그런데 비빔밥이라고 하면, 인근의 진
주와 통영이 유명하다. 진주비빔밥은 밥에 소고기 육회를 넣어 비비는
밥이요, 통영비빔밥은 밥에 멍게를 넣어 비비는 밥이다. 둘 다 산뜻하면
서 싱싱한 재료를 써야 한다. 마산 복남이네 비빔밥은 어떤 종류의 비빔
밥이었는지가 자못 궁금하다.

마산의 식재료는 뭐니 뭐니 해도 좋은 물이다. 김형윤의 글 「공동 우

---

11 마산야화, 75쪽.

물의 순력(巡歷)」을 보면, 마산에는 유명한 (인공적인) 우물이 많았다.[12] 광의의 우물에는 이 외에도 자연으로 형성된 샘도 포함된다. 예로부터 마산의 '물이 좋아 술맛은 日酒 '나다(灘)'와 어깨를 같이할 수 있고, 가정 에서 담근 간장 맛은 동래 간장 맛과 난형난제'[13]라고 했다. 마산의 양조 업은 일제강점기에 유명했다. 마산 양조업의 원천은 광대바위 샘물, 즉 통칭 몽고정이다. 일본인들이 마산에서 일본 청주를 우후죽순처럼 개발 했고, 장류에 있어선 몽고간장이 해방 후에 한국인의 손으로 넘어가 창 업 백년을 훌쩍 넘겼다. 지금도 시장점유율이 30%에 달한다고 한다.

나는 또 하나의 기본적인 지역 생활사에 관한 글로서 「면 · 마포상들」 을 지적하지 않을 수 없다. 앞의 글에서 식재료가 음식 문화에 끼친 영 향을 다소 살펴볼 수 있었는데, 이 글에서는 옷감이 패션으로 연결되지 못해 아쉬운 감이 없지 않다. 여기에서 지금 우리가 감각적으로 받아들 이지 못하는 옷감이 수도 없이 등장한다. 이제는 역사 속으로 들어가 앉 아 있는 옷감들이다. 일제강점기 마산의 옷감 가게는 꽤나 번성했던 것 으로 여겨진다.

마산 시내의 외래 綿布와 麻布 도, 소매상들은 대부분이 현재의 부림동과 남 성동에 집중해 있었는데 청국인 상점의 상호로는 源生號, 聚星號, 德盛號, 瑞祥 號, 東盛號 등 다섯 개가 있었으며, 일본인의 그것은 吉田商店, 谷直商店, 田中 商店 등이고, 한인으로서는 南士兼, 李基一 등이 있었다. 한국 토산품인 苧(모 시-인용자), 마포 도매상으로는 李順吉, 姜昌彦 등이 있었다.[14]

김형윤의 『마산야화』에서 특기할 만한 내용이 있다면, 고급의 요정업

---

12 마산야화, 109~110쪽, 참고.
13 마산야화, 76쪽.
14 마산야화, 70쪽.

과 저급의 매춘업에 관한 얘기들이 많다는 사실이다. 이것은 여성의 접대 문화와 관련된다는 점에서, 여성사 혹은 여성의 인권사의 큰 틀에서 볼 수 있다.

일반인들 중에는 지금도 기생이 매춘하는 여성이라고 생각하는 사람이 많다. 이런 경우가 전혀 없다고 단정하기도 어렵겠지만, 기생의 주업은 매춘이 아니라, 자신의 예술적 재능을 품팔이하는 여성이다. 매춘을 주업으로 하는 여성은 창녀이다. 이를 창기라고도 하는데, 여기에서 언어의 혼선이 생겼던 것 같다. 개항기에 일본의 예기가 이 땅에 들어오기 전에는, 우리에겐 풍류의 격조라는 게 있었다. 사사롭게 운영하는 고급스런 처소에, 은근짜(隱君子)나 노기(老妓)라고 불리는 중년 여성[15]이 점잖은 손님을 영접하고, 손님의 청에 따라 젊은 기생들을 불러 가무악을 연행하게 한다. 이 처소가 물이 흐려지면서 생긴 왜식, 양식의 요정은 일제강점기에 생긴 고급 음식점이다. 이때부터 풍류의 격조도 시속과 함께 떨어지게 되었다. 일본의 예기가 유녀(遊女)와 경계가 흐려지게 되면서, 우리의 경우도 기녀와 창녀의 경계도 흐려지는 면이 없지 않았다. 이런 경우를 두고, 사람들은 속칭 화초기생이니 3패 기생이라고 했다.

마산에는 신마산에 망월루(望月樓)[16], 탄월(呑月), 이예옥(伊豫玉) 등의 이런저런 요정이 생기기 시작하면서, 구마산에 조선인이 운영하는 요정이 덩달아 생겨났다. 주로 오동동이었다. 오동동의 요정 거리는 일제강점기에 광역화되어 있었다. 신마산의 일본식 요정과 조선식 요정, 일본 예기와 조선 기생은 늘 경쟁관계에 놓여 있었다고 한다.[17] 일본식 요정 주

---

15 이 여성을 가리켜 속되게는 '기생어미'라고도 한다.
16 사진으로 모습이 남아 있는 망월루는 초대형 3층 목조 건물이다. 1908년에 개장할 때 고급 음식점과 숙박업소로 쓰였다. 한국전쟁 시기에는 야전병원으로 사용되었다가 헐렸다고 한다.
17 김형윤의 글 「미기(美妓) 인기대회」에 의하면, 한 지역신문사가 1917년에 신마산의 일본 예기들과 구마산의 권번 기생들 간에 인기투표를 실시했다. 민족적 자존심이 걸린 미인 대회의 한일전이랄까, 여기에다 신구마산이 펼치는 소지역주의 양상이 추가된 형국이었다. 권번 출신의 배학희(裵鶴姬)가 가장 많은 표를 얻었다고 한다. (마산야화, 91쪽, 참고.)

변에는 벚꽃이 조성되었고, 조선식 요정 주변에는 수양버들로 조성되었다. 젊은 날에 기개가 넘치던 김형윤도 늙어서는 일본식 요정을 회상하는 마음에 애틋함의 파문이 내비춰지고 있다.

으레 술자리나 어깨 너머로 꽃이 붙는데 어쩌다 술잔에 (벚꽃이-인용자) 떨어지면 술 흥취는 더욱 솟구친다. 京橋 옆에 자리 잡은 東雲, 望月樓, 呑月 같은 고급 요정 藝妓들의 가냘픈 가요에 애조를 담뿍 실은 三味線 소리가 妓樓에서 흘러내릴 때 마음 없는 길손들에 일말의 애수를 느끼게 한다.[18]

천하의 김형윤도 말년에는 추억 속에서 감상적이었다. 세상의 모든 이치가 그러하듯이, 낙화유정이요, 유수무의라. 만개한 꽃은 정취가 있게 떨어지고, 세월의 강물은 아무린 뜻이 없이 흘러간다. 화양연화라고 하듯이, 꽃처럼 가장 아름다운 시절은, 지나고 보면 짧은 순간에 지나지 않는다. 김형윤의 젊은 시절도 그것처럼 한 순간이었으리라.

애조 띤 사미센 가락이 흘러나오던 신마산 일본 기업(妓業)은 번화로운 옛 꿈과 함께 사라지고, 오동동의 한국 기업만 해방직후에 명맥을 유지한다. 이 기업은 좌우 대립과 한국전쟁에 적잖은 타격을 입었지만 전후에도 일부가 남아서 황정자의 유명한 대중가요 「오동동 타령」(1955)에 나오는 '멋쟁이 기생들(의) 장구소리'로 되살아난다. 두말할 것도 없이, 이 장구소리는 오동동 요정에서 나는 소리인 것으로 널리 알려져 있다.

김형윤의 글 「일류 요정들」은 마산 요정의 역사다. 책으로는 두 쪽 분량에 지나지 않지만, 스토리들이 촘촘하게 엮어져 있다. 이 글이 제법 분량을 갖추었으면, 마산의 기업사(妓業史), 지역의 요정사라고 하는 미시사를 복원한 상당한 성과로 남아 있을 텐데 하는 아쉬움이 없지 않다.

---

18 마산야화, 78쪽.

곱뿌에 부은 탁주는
목이 메어 못 먹고
기생어미 만또는
눈꼴이 시어서 못 보네.
文昌券番 기생은
손님이 와서 못 오고
南鮮券番 기생은
비가 와서 못 오네.[19]

　김형윤에 의하면, 이 노래는 각설이타령에 새로 노랫말을 붙인 일종의 통속적인 잡가로 보인다. 문창권번과 남선권번은 마산에 있던 권번이다. 기(생)업이 점차 타락해가다가 보니 권번의 의미도 변화되고 있다. 권번은 본디 기생학교의 개념이지만, 이 노랫말의 문맥으로 보아선 권번이 단순한 기생 대기소인 것으로 보인다. 진주권번이나 동래권번은 가무악을 배우고 익히던 곳이었다. 노래의 내용으로 보아서는 마산의 권번이 초심과 달리 연행보다 접대에 방점을 찍었던 게 아닌가 하는 생각이 든다.

　우리나라에서는 전통적으로 매춘이라는 게 없었다. 사당패 여성이 매춘을 했다는 얘기가 있으나, 전업 매춘의 개념은 아니었다. 전통 매춘업은 일본적인 남성중심의 사회에서 유행했고, 또 융성했다. 에도시대에 호색(好色)과 유녀(遊女)의 개념은 서로 맞물리면서 짝을 맺는 개념이었다. 이것들은 우리 전통 사회에선 거의 쓰이지 않던 용어였다. 일본의 근대 매춘업은 사창과 공창(집창)으로 나뉜다.[20] 김형윤도 '짐작건대 일

<hr />

19 마산야화, 96쪽.
20 일본에서는 사창가를 두고 대체로 청루(靑樓)라고, 집장촌(공창)을 가리켜 유곽(遊廓)이라고 명명했다. 청루가 푸른 색 건물의 요릿집의 개념이라면, 유곽이란 단어는 그 주위를 도랑이나

본인들이 개척사업으로 한국에 발을 붙이게 될 때 일본의 이동 창녀들이 따라붙어 점점 그 수가 늘어짐으로써 집창(集娼)의 효시가 된 게 아닐까.'[21]라는 의견을 낸 바 있었다. 반세기 지난 지금의 관점에서 볼 때, 그것은 짐작이 아니라 역사적인 사실로 충분히 판단된다.

마산에는 일제강점기에 일본인이 운영하는 사창이 많았다. 『마산야화』에서는 일본인 전용 사창이었던 명월루의 화재 사건을 취재하고 있다. 1908년에 일어난 일이니까, 구한말의 사건이었다. 새벽에 포주의 실수로 램프의 석유가 쏟아져 불이 났는데 목조 2층 건물이 타버렸다. 새벽의 내방객들과 유녀들이 대피한 것 같은데 잔일을 하던 하녀가 금고를 껴안고 죽었다. 김형윤의 붓끝에는 아쉬움이 묻어나고 있다.

주인을 위해서였을까? 돈이 아까웠을까? 그 한창 나이에…….[22]

창녀로 온 조선인 소녀들은 대체로 방직공장에 취직을 시켜준다는 꼬임에 빠져 온 경우가 많았다. 최 씨 성을 가진 한 18세 소녀가 사창의 마굴(魔窟)로부터 탈출했다. 포주인 일본인은 와타나베(渡邊)라고 하는 성을 가진 이였다. 조선인 전용의 사창도 주로 일본인이 운영한 것 같다. 포주가 최 양을 경찰서에 고발하자, 경찰은 그녀를 구속했다.

이 소문이 마산 지역사회에 퍼지자 조선인 식자는 물론 일본인 유지조차 경찰서장과 포주를 비난했다. 여론이 좋지 않자, 경찰서장은 대차관계로 인신 구속을 못한다는 일본 대심원(최고재판소) 판례에 따라 최 양

울타리로 에워싸고 출입구를 한 곳으로 제한하여 외부와의 관계를 차단한다는 개념에 가깝다. 전자가 중국풍의 느낌이 있는, 후자는 일본풍의 느낌이 있는 명칭이라고 하겠다. 특히 유곽은 에도시대 때 법적인 보호를 받는 공창제 하에서 나온 말이다. 사창가를 유곽이라고 지칭하는 것은 어원에 맞지 않는 표현이다.
21 마산야화, 26쪽.
22 마산야화, 185쪽.

을 석방했다. 김형윤은 이 사건을 두고, 흡혈귀 포주와의 쟁취를 통해 소녀가 자유를 얻었다고 평가한다.[23] 무정부주의인 그의 사상적인 귀결점인 개인의 자유 실현이었다.

3. 극장흥행사 혹은 박애의 화신

생활사에 관한 것으로서 「마산의 미각」과 함께 나란히 주목을 받을 수 있는 김형윤의 또 다른 글은 「극장 순례」이다. 나처럼 나이가 든 사람이면, 부산의 어느 지점에 어떤 극장이 있었으며, 또 거기에서 무슨 영화나 무슨 공연을 보았느냐를 회상하면, 아련한 추억 속에 잠기게 마련이다. 그는 이 글에서 마산 지역에 있어서의 극장의 탄생과 그 변천을 개관했다. 그의 반세기 정도의 기억 공간 속에 마산 지역의 극장사 및 극장흥행사가 들앉아 있었고, 이제는 그가 세상을 떠난 지도 정확하게 반세기가 되었다. 이런저런 점에서, 「극장 순례」는 사료적인 가치가 무척 높은 글이다.

마산의 최초의 극장은 신마산의 환서좌(丸西座)라고 한다. 목조 2층 건물에 가부키를 공연하는 구조의 극장이란다. 그리고 구마산에 수좌(壽座)가 생겼고 이것이 마산좌로, 또 마산극장으로 변천해 갔다. 그 다음에 생긴 앵관(櫻館)은 훗날 제일극장이 되었다. 그밖에도 김형윤이 마산 초창기 극장의 회전무대, 유명한 변사인 서상호·상철 형제가 마산의 극장에도 등장했다는 사실, 나운규의 「아리랑」 상영이 되었다는 사실, 박승희의 토월회 공연, 일본 남녀 정상급 성악가의 공연, 진주와 삼천포에서 원정을 온 사람들로 대성황을 이룬 최승희의 무용회 등을 증언하

---

23 마산야화, 17~18쪽, 참고.

고 있다. 그가 다음과 같이 기억하고 있는 것, 신파극 흥행을 선전하는 거리 풍경은 색다른 느낌이 물씬 풍긴다.

신파 배우들은 대본도 없이 단장이 배우들에게 1, 2차 講釋(대사를 가르치면서 해석함-인용자)을 하면 훌륭히 무대에서 극을 진행할 수 있었다. 흥행 初日 선전할 때면 맨 앞에는 초립 쓴 일행이 퉁소, 징, 북, 장구, 날라리, 꽹과리 등 순 국악으로 聚群(무리지음-인용자)을 하고 다음은 배우 전원은 인력거로써 시내 방방곡곡을 일주한다.[24]

거시사가 정면의 역사라면, 미시사는 측면의 역사다. 미시의 역사는 우선적으로 아무도 거들떠보지 않는 역사의 소외된 측면을 엿보면서, 조야한 것일망정 역사의 화젯거리를 취재하려고 한다. 미시사가는 무의미하거나 유의미할지 모르거나 하는 이런 화젯거리 속에서 인간의 삶을 되새겨보고 되짚어봄으로써 인간다운 삶의 가치에 대한 판단에 도달하고자 한다.

해방 직전에 마산에 열렬한 애국여성 두 사람이 있었다. 이때 애국여성의 개념이란, 열광적인 친일의 개념이다. 한 사람은 신마산의 김 씨 부인이요, 다른 한 사람은 구마산의 장 씨 부인이다. 김 씨의 남편 조(趙) 씨는 사진관을 운영하는 것 같고, 장 씨의 남편 조(曺) 씨는 시계 가게를 운영하는 것 같다. 이 두 여인은 나라의 국방을 위한 정기성금을 10원씩 다달이 희사해 왔다. 특히 장 씨는 면포상을 소유하고 있었는데, 한 번은 제국 일본에 거액의 5백 원을 헌금한 적도 있었다고 한다. 아무리 부자라고 해도, 독립운동 자금 5백 원도 내기 어려운 시대에 참 대단하다는 생각이 든다.

---

24 마산야화, 32쪽.

해방이 되자 김 씨는 진정으로 참회를 했는지 대한민국 부인회로 돌아왔지만, 장 씨 부부는 좌파로 돌변하더라는 것이다. 그리곤 김형윤에게 이 부부가 길가에서 방황하고 있더란 소문이 들려 왔다. 1970년대 초반인 '지금'에 이르러 장 씨가 무얼 하고 있는지, 그는 궁금하다고 했다.[25] 김 씨나 장 씨는 전환기에 자신의 이익을 추구해 마지않는 전형적인 기회주의자들이다.

이에 반해 「박애의 두 간호원」이란 글에는 인간의 보편적인 가치를 실천한 일본 여성 두 간호원에 관한 화젯거리가 담겨 있다. 마산에는 결핵을 치유하는 국립병원이 있었다. 우리는 해방이 되고, 일본은 종전이 되어 한반도에 거류하던 일본인들이 귀국하고 있었다. 마산에서는 목선을 타고 일본으로 가는 사람들이 많았다. 두 간호원은 자기 나라로 떠나지 못했다. 중증의 조선인 젊은 환자 두 명 때문이었다. 김형윤의 글을 인용해본다.

두 처녀 간호원은 죽음 길을 달리는 두 환자를 위해 一日千秋로 고국으로 돌아가고픈 맘을 억누르고 이러한 병원 분위기는 아랑곳없이 오직 간호에만 열중했었다. 갸륵한 그들은 천사적인 박애감과 나이팅게일 정신 그대로 움직였다. 그러나 보람 없이 이듬해 두 젊은 환자는 때를 전후하여 운명하였다. 두 사람의 시체를 경건히 입관시킨 다음 병원의 뒷산에 안장했다. 두 사람의 명복을 빌면서 가포 동민들의 석별의 정을 뒤로 그들은 고국으로 떠났다.[26]

일본 여성인 두 간호원은 수개월에 걸쳐 귀국, 귀향하지 못하고, 발이 묶여 있었다. 환자를 내버려두고 함부로 떠나갈 수 없다는 것이다. 스스로 돌아갈 기회를 내던진 것이다. 이들이 조선을 떠난 시점은 해가 바뀐

---

25 마산야화, 274쪽, 참고.
26 마산야화, 211~212쪽.

1946년이었다. 10년 후에, 마산의사회는 이들을 찾아 표창하려고 했으나, 아사히신문사도 이들을 찾지 못했다고 한다. 그녀들은 박애의 화신이었던 것이다. 해방 직전의 애국여성과 해방 직후의 간호원의 대조적인 사례를 보면, 지금의 우리에게 기회주의자로 살 것인가, 아니면 박애주의자로 살 것인가를 가르치고 있는 것 같다.

가치의 무정부 상태에 빠져 있던 아나키스트 김형윤은 말년에 이르러 하나의 가치 체계를 발견하기에 이른 것이다. 마침내 그는 미시의 역사를 통해 박애정신이란 가치를 찾았던 것이다. 인간의 정신적인 가치를 중시하는 역사 서술의 대표적인 사례는 이처럼 뜻밖에도 미시사에서 나타나는 것이다.[27]

---

27 최현정, 앞의 논문, 6쪽, 참고.

뜻밖에도 함경도 변방에서 목숨을 부지하네

—경남 인물과 조선어학회 사건

1. 우리 말글이 조국이요 민족혼이다

한글학회는 서울에 본부가 있고, 지방에 지회가 많이 설립되어 있다. 광주와 전남 지역은 광주·전남 지회로 통합되어 있고, 경남 지역은 지회가 동부와 서부로 나누어져 있다. 동부는 본래부터 있어 왔던, 창원 중심의 경남 지회이며, 서부는 1999년에 새로 창립된, 진주 중심의 진주 지회다. 한글학회의 진주 지회가 광역시가 아닌 일반 시 단위의 지회로 구성되어 있는 것은 매우 예외적이다. 그 이유에 관해선 정확히 알지 못하지만, 대체로 이런 이유가 아닌가 한다. 창립 당시의 진주에는 재지(在地) 인물 중에서 한글주의자로 잘 알려진 분, 김용태·여증동·김수업 등이 창립 당시에 생존, 거주하고 있었다. 또한 당시에 국립대학교가 세 곳인 교육도시라는 점도 작용되었을 것이다.

나는 한글학회 진주 지회의 창립 회원으로서 20년 넘게 지회 일을 직, 간접적으로 관여해오고 있다. 2015년 때는 내가 진주 지회장으로 일을 하고 있을 때『진주 한글』창간호를 제안하고, 간행하였는데, 이것은 지금까지도 잘 이어져 오고 있다. 진주지회 회원들은 한글날이면 외부 인사를 초청해 특강을 청해 듣고는 했다. 창립 첫 해에는 오랫동안 한글학회 이사장을 지낸 허웅 선생의 특강을 들었다.

각별하게 기억되는 말이 있다면, 2008년에 진주 출신의 국어학자인 고영근(서울대학교 명예교수) 선생을 초청해 특강을 들었는데 한글날의 의의가 세종대왕의 한글 창제 못지않게 일제 치하의 조선어학회 사건의 중요성을 제기하기도 했다는 사실. 그의 말 한 부분을 들어보자.

한글날이 국경일이 된 것은 세종대왕의 위업도 있지마는 그보다도 일제 강점기에 목숨을 던지면서 우리말과 우리글을 구호한 선열들의 고귀한 뜻을 기리기 위한 정성이 응결되어 실현된 것이라고 믿는다. 주시경 선생은 서울 시내의 국어 시간을 도맡아 가르치다가 '허로증'으로 39세에 작고하였고, 이윤재 선생과 한징 선생은 일본 형사의 고문에 시달리다가 옥중 원혼이 되었다.[1]

인용한 글 가운데 주시경 님의 사인인 허로증이란 무엇인가? 심신이 쇠약하여 생기는 병이라고 한다. 해마다 시월이면 한글에 대한 의미를 되새긴다. 시월에는 한글을 창제한 날, 조선어학회 사건이 일어난 날이 동시에 포함되어 있어서다. 이 사건은 기미년 만세 사건에서부터 여러 형태의 학생 의거 및 신사 참배 거부 사건, 일장기 말살 사건 등에 이은 항일 사건 중의 하나다. 거의 막바지에 일어난 항일 사건이라고 하겠다. 이 사건과 관련해 역사적인 현재성(가치)은 아직도 지속적이라고 하겠다. 지금은 고인이 된 두 사회적 원로의 대담 속에 이것이 잘 반영해 있다.

대담의 한 사람인 김재순은 출판사 샘터의 창업주이며 국회의장을 지

---

[1] 고영근, 「한글날을 어떻게 보내는 것이 좋을까」, 『한글날 행사 자료집』, 한글학회 진주 지회, 2008. 10. 11, 5쪽.

냈고, 다른 한 사람인 피천득은 영문학자이지만 살아생전에 '정채(精彩) 있는 촌필(寸筆)'[2], 즉 아름다운 빛깔이 돋보이는 짧은 수필로 유명한 수 필가로 잘 알려졌다. 물론 이런 유의 평판은 그의 사후에도 마찬가지로 이어지고 있다.

김재순 : 저는 평소에 조국이란 무엇일까를 생각하면서 '우리말이 곧 조국이 아닌가' 하고 스스로 납득하곤 했습니다. 이는 본래 프랑스 사람들이 한 말인 데, 유태 민족이 2천 년 이상이나 나라 없이 유랑하면서도 히브리말을 잃지 않 았기 때문에 다시 나라를 세울 수 있었던 것 아니겠습니까. 일제 치하에서 조 국의 광복을 위하여 희생한 선열이 많이 계십니 다만 그 중에서도 우리말을 지 키고 발전시키기 위해서 갖은 고초와 학대를 이겨낸 선배들. 조선어학회 사건 을 생각할 때면 절로 눈시울이 뜨거워집니다.

피천득 : 옳은 말씀입니다. 제2차 세계대전 때 미국과 영국이 같은 편이 될 수밖에 없었던 이유는 바로 말이 같았기 때문이 아닌가 싶어요. 그만큼 언어는 중요합니다. 우리말은 곧 우리 민족의 혼이거든요. (……) 그런데 요즘 보면 어 린 아이들한테 우리말 잘 가르칠 생각은 하지 않고 영어 가르치기에만 급급한 데 너무 서두르는 건 안 좋아요. 부모들이 아이들에게 우리말을 사랑하도록 해 야 하는데 말이죠.[3]

이 대담에서 김재순은 우리말이 곧 조국이라고 했고, 피천득은 이를 민족혼이라고 했다. 해마다 시월이면, 우리 말글을 사랑하는 사람이라 면, 조선어학회 사건을 생각하지 않을 수 없을 것이다. 고영근 님이 세 종대왕이 한글을 창제하고, 주시경과 그의 제자들, 추종자들이 조선어

---

2 윤오영 편저, 『한국수필정선』, 관동출판사, 1976, 31쪽.
3 피천득 외, 『대화』, 2004, 샘터, 38~39쪽.

학회를 통해 우리 말글을 사수하려고 한 사실을 높이 평가한 것도 이 때문이라고 생각된다.

2. 조선어학회 사건 속의 경남 인물들

오늘 국어를 사용했다가 선생님에게 꾸중을 들었다. 함흥 영생고등여학교 4학년 박영희의 일기장 한 문장에서 조선어학회 사건이 시작되고 일파만파 확대되어 갔다. 그 당시의 국어는 일본어요, 우리말은 조선어였다. 가까운 친구 사이인 문인 이상과 김소운이 주고받은 비공식적인 사신(私信)에도 일본어를 가리켜 국어라고 했다. 일본 경찰은 처음에 일본어를 사용하는 걸 꾸중한 교사를 찾으려 했다. 그러나 국어가 일본어가 아니라 조선어임을 알게 되고, 평소 조선어를 국어라고 여학생들에게 민족주의 감화를 준 교사를 추적했다. 수사한 결과, 그 사람이 한때 영생고등여학교에서 교편을 잡았다가 상경해 우리말 사전 편찬을 하고 있던 정태진임이 밝혀졌다.

일경은 1942년 9월 5일에 정태진을 연행, 취조해 조선어학회가 민족주의단체로서 독립운동을 목적으로 하고 있다는 자백을 받아낸다. 같은 해 10월 1일, 첫 번째로 최현배 등 11명이 서울에서 구속되어 다음날 함경남도 홍원으로 압송되었다. 이를 시작으로 하여 잇따라 조선어학회에 관련된 사람이 검거되어, 1943년 4월 1일까지 모두 33명이 검거되었다. 홍원경찰서에서는 사전 편찬에 직접 가담했거나 재정적 보조를 한 사람들 및 기타 협력한 33명을 체포, 구금해 내란죄로 몰고 갔다. 오랫동안 함흥형무소에 수감되었다가 최종 공판에 넘어간 사람은 12명이었다. 이들에게는 '고유 언어는 민족의식을 양성하는 것이므로 조선어학회의 사전 편찬은 조선 민족정신을 유지하는 민족운동의 형태'라는 함흥지방재판소의 예심종결 결정문에 따라 치안유지법[4]의 내란죄가 적용되었다.

이들에 대한 함흥지방재판소의 재판은 1944년 12월부터 1945년 1월까지 9회에 걸쳐 계속되었다. 이극로 징역 6년, 최현배 징역 4년, 이희승 징역 2년 6개월, 정인승 · 정태진 징역 2년, 김법린 등이 징역 2년 집행유예 3년으로 선고되었다. 이극로 · 최현배 · 이희승 · 정인승 4명은 판결에 불복, 바로 상고했으나 같은 해 8월 13일자로 기각되었다. 그러나 이틀 뒤인 8월 15일에 해방이 되자, 그들은 8월 17일에 풀려 나왔다.

조선어학회 사건은 한마디로 말해 조선어학회의 관련 인사들이 일제의 조작과 날조 때문에 탄압을 받은 사건이 아니라 언어독립운동을 전개하고 있었기 때문에 탄압을 받을 수밖에 없었던 사건이었다.[5]

내가 이 사건에서 별도로 주목한 것은 함흥형무소에 수감된 33인 중에서 경남 지역의 출신 인물이 아홉 명이 된다는 사실이다. (그 다음이 다섯 명의 전북이다.) 경성(서울)과 13도를 포함한 열넷의 지역에서 한 지역의 인물이 27% 이상 차지하고 있다는 사실은 놀라운 일이 아닐 수 없다. 이름을 열거하면, 다음과 같다. 이윤재, 이극로, 최현배, 이우식, 윤병호, 김법린, 이은상, 안호상, 정인섭. 특히 이윤재 · 이극로 · 최현배는 이 사건에 연루된 33인 가운데서도 가장 핵심적인 인물이라고 할 수 있다.

33인 중에서 가장 연장자인 이윤재는 1888년 김해에서 태어났다. 3 · 1운동 직전에 평북 영변의 숭덕학교에서 조선어와 조선사를 가르치고

---

4 시인 윤동주가 치안유지법에 적용되어 감옥으로 간 것 역시 한글로 시를 썼다는 데 있었다. 그의 연희전문학교 은사인 최현배, 김윤경, 정인섭이 조선어학회 사건 33인에 포함되었다는 사실은 그에게 끼친 한글의 교육적인 영향을 충분히 짐작하게 한다.
5 박용규, 『조선어학회 33인』, 역사공간, 2014, 273쪽, 참고.

있었다. 그는 이 무렵에 영변 만세 사건을 주도해 평양에서 1년 6개월 동안 옥고를 치렀다. 그는 1930년대에 조선어학회에서 추진한 3대 사업, 즉 한글 맞춤법을 통일하고, 표준어를 조사해 정하고, 외래어 표기법을 제정하는 일에 앞장섰다. 조선어학회 사건 때 1942년 12월 8일 형무소에서 향년 54세의 나이로 사망했다.

이극로는 1893년 의령에서 빈농의 아들로 태어났다. 갖은 고생 끝에 독일 베를린 대학에서 경제학 박사를 받고 돌아왔다. 해방 직후 미국 군정청에 한글 전용을 건의해 정책에 반영되기도 했다. 한국 전쟁 이후에는 북한의 언어 정책을 도맡기도 했다.

최현배는 1894년 경남 울산군에서 태어났다. 교토제국대학 문학부에서 교육학을 전공했다(1923년 3월 졸업). 동래고보 교원과 연희전문학교 교수로서 후학을 양성하면서 또 한편으로는 한글의 학문적인 연구에 매진했다. 그 탁월한 결과가 『우리말본』(1937)과 『한글갈』(1942)이다. 대한민국 건국 과정에서 국어 정책을 입안하고 실행하는 데 주도적인 역할을 하였다.

이 세 사람 외에도 특기해야 할 인물이 많다. 나는 그 중에서 이우식과 김법린 등을 꼽는다.

이우식은 의령 출신으로 동향의 실업가인 백산 안희제 등과 함께 백산상회를 운영했다. 이극로의 유학비용을 대고, 조선어학회에 거금을 후원했다. 조선어학회 사건 때 재정적인 후원자로 영어의 생활을 하다가, 해방 때 출소했다.

김법린은 경북 영천에서 태어났으나, 본적이 경남 동래군이었다. 만해 한용운의 수제자로 3·1운동의 피의자로 외국으로 도피, 상해와 파리에서 공부했다. 조선으로 돌아와 불교계의 한글 보급 운동을 역설했다. 초대 문교부 장관인 안호상을 계승해 3대 문교부 장관을 재임하면서 한글 전용 정책을 추진했다.

또 한 사람이 있다.

일제강점기에 부동산업자로 개량 가옥 2천 채를 지은 '희대의 건축왕'인 정세권. 그는 조선어학회 계동 사옥을 지어 희사했다. 조선어학회 사건으로 연행되는 등 재산이 빼앗김으로써 33인에 포함되지 않고서도 사세가 급격히 기울어져 갔다. 그는 한국전쟁 이후에 경남 고성으로 낙향해 단칸방 농가에서 살았다.

어쨌든 조선어학회 계동 사옥에서 우리말 큰사전이 만들어져 갔다. 큰사전 완성을 목전에 둔 1942년 가을, 10월 1일 발생한 조선어학회 사건을 계기로 일제는 학회를 해산시킨다. 그리고 일제는 조선어학회 인사 33인을 비롯하여 정세권 등 도움을 준 인물들까지 모두 연행 수감하였고, 사전 원고 및 관계 서류 일체를 압수하였다. 이들 서류와 원고는 재판의 증거물로 사용되어 함흥으로 이송되었다.[6] 이 와중에서 잃어버린 원고 뭉치가 해방 후 서울역 운송부 창고에서 찾았다. 기적적인 일이 벌어진 것이다. 이 감동적인 이야기를 극화한 것이 근래에 영화관에서 상영된 영화 「말모이」이다.

조선어학회 사건에 연루된 사람들의 고초는 이루 말할 수 없었다. 조선어를 국어라고 지칭한 고녀생(여고생) 네 명 중에서 두 명은 고문 후유증으로 숨졌다는 후일담도 있다. 일본 제국주의는 어린 소녀에게 못할 짓을 한 것이다. 제 나라 말글을 가리켜 국어라고 했다고 해서 국가 폭력을 행사한 것은 야만적이다.

그 당시에 직접적으로나 간접적으로 관련된 이들이 겪은 고초는 이루 말할 수 없었다. 신산과 형극이란 낱말이 여기에 해당한다고 하겠다. 다음의 옥중시 두 편을 보면, 특히 33인의 육체적, 정신적 고통을 충분히 알 수 있다.

---

6 박용규, 『조선어학회 항일투쟁사』, 한글학회, 2012, 171쪽, 참고.

나라와 임금이 사라진지도 어언 30년,
뜻밖에도 함경도 변방에서 목숨을 부지하네.
밥 하는 놈들은 식량 빼돌리기 급급하고,
간수 놈들의, 미친 듯 사나운 노호 잇따르네.
인정사정없는 젊은 것들은 이 무슨 일인가.
웃지도 말하지도 말라니, 부자연스럽다네.
죽음 속 같은 간고함, 누가 익히 알리오,
우리 스물아홉 명 이미 정해진 운명을.

國破君亡三十年
不圖生梗北關邊
飯僕老鍊謀利急
守奴狂暴怒號連
不齒不面是何事
勿笑勿言非自然
幽中艱苦誰能識
二九人曾有宿緣

　이 시는 한시로 된 이우식의 옥중시이다. 마지막 행의 '이구인(二九人)'
이 29인을 말한다면, 구체적으로 누구일까? 이윤재의 옥사 이후에 쓴
것으로, 그를 포함해 불기소된 안재홍, 병중으로 기소가 중지된 권덕
규·안호상 네 사람을 제외한 29인이 아닐까, 막연히 짐작된다.
　이우식이 한시로 된 옥중시를 썼다면, 이은상은 시조(時調)로 된 옥중
시를 썼다. 제목은 「ㄹ 자」이다. 이 ㄹ 자는 그가 옥중에서 모든 관절을
구부리고 앉아 있는 자신의 모습을 시각적으로 묘사한 형상이다.

평생을 배우고도 미처 다 못 배워

인제사 여기 와서 ㄹ 자를 배웁니다.

리을 자 받침 든 세 글자 자꾸 읽어봅니다.

제 '말' 지키려다 제 '글' 지키려다

제 '얼' 붙안고 차마 놓지 못하다가

끌려 와 ㄹ 자 같이 꼬부리고 앉았소.

말과 글과 얼은 모두 ㄹ 자 받침으로 된 우리말이다. 우리 토박이말
가운데 물, 불, 술, 달, 실(谷), 고을 등과 같이 ㄹ 자로 끝나는 낱말들이
적지 않다. 이런 것들은 마치 물이 흐르듯이 흐르는, 가장 우리말다운
말이라고 하겠다. 그가 1943년 9월 18일에 석방되었으니, 이 이전에 쓴
시이다.

3. 조선어학회 사건 기념관을 세우자

모든 언어는 인간 인식에 대한 둘레와 한계를 동시에 제공한다. 언어
와 민족 개념은 관련이 있는가, 아니면 무관한가? 언어사회학자 이병혁
은 두 가설이 동시에 있다고 한다. 하나는 언어를 민족혼과 동일시한 헤
르더-훔볼트의 가설이요, 다른 하나는 언어와 사고가 애초 있었다면 반
영 이론에서 비롯된 탓이라고 본 마르크스-엥겔스의 가설이다. 마르크
스가 세계 인식과 언어의 등식을 수립했다면, 훔볼트는 민족정신과 민
족어의 등식을 수립했다.[7]

---

7 이병혁 편저, 『언어사회학 서설』, 까치, 1986, 94쪽, 참고.

원주민의 언어를 식민주의의 언어로 동화시키는 것을 두고 이른바 '언어침식(glottophagie)'이라고 한다. 식민주의의 입장에서 볼 때 민족정신과 민족어의 등식이 성립하기 때문이다. 이에 관한 논문으로는 루이-장 칼베의 논문「식민주의와 언어」가 유명하다. 일본 제국주의는 '식민주의가 치장하고 있는 허울 좋은 미명, 즉 문화를 전파하고 문명을 보급한다는 그럴듯한 명분'[8]을 내세웠다. 조선어학회의 경우처럼 '언어침식에 대한 주된 저항 세력을 형성하는 것'[9]은 식민주의의 언어에 의한 침식이 쉽게 이루어지지 않는다. 그 대표적인 적례가 알제리이다. 알제리가 130년에 걸쳐 프랑스의 지배를 받았지만 여기에서 프랑스어가 끝내 뿌리를 내리지 못했다.

조선어학회 사건은 한마디로 말해 식민주의의 언어침식에 저항한 어문 민족주의의 발현이다. 조선어학회 사건 33인 가운데 일제강점기에 활동한 사회주의자가 아무도 없었다. 훗날 월북한 이극로를 두고 일본 재판부 역시 민족주의자로 보았다.[10]

이윤재와 한징이 옥중에서 순국하였고, 서른 세 명 중에서 나머지 분들이 해방을 맞았다. 이들 중에서 이극로, 이만규, 정열모는 월북했다. 이들을 가리켜 북한에서는 광복 후 당의 품속에서 자라난 공화국의 새 세대 언어학자, 조선어 발전을 위한 사업에서 큰 성과를 거둔 사람들이라고 높이 평가했다.[11] 조선어학회 사건 33인 가운데 대부분은 대한민국 건국 과정에서 사회문화계의 중추 세력이 되었다. 많은 사람들이 대학교에 진출해 총학장과 교수로 재임하면서 학자로 일했다. 또, 이들 33인 중에는 장관 5명, 차관 1명을 배출했다. 도지사나 국회부의장 등의

---

8 같은 책, 148쪽.
9 같은 책, 160쪽.
10 박용규,『조선어학회 33인』, 앞의 책, 278쪽, 참고.
11 정순기 외,『조선어학회와 그 활동』, 과학백과사전종합출판사, 2000, 참조.

관직에 오른 이도 5명이나 이른다.

이상과 같이, 조선어학회 사건 33인 중에는 경남 출신의 인물들이 많이 차지하고 있다. 조선어학회 사건을 국가 차원에서 선양하지 않는다면, 경남 지역에서 기념관을 세워 자라나는 성장 세대에게 귀감이 되게 해야 한다. 조선어학회 사건 기념관은 33인 중에서 세 사람을 배출한 의령, 이 사건의 상징적인 존재인 이윤재의 고향인 김해, 도민들이 가장 많이 드나드는 창원 가운데 한 곳을 선정해 역사 바로 세우기의 일환이 되게 하면, 좋을 것이다.

술의 미시사 : 왜구와 소주

1

고려 왕조의 40년 남짓한 막바지 시기는 왜구와의 전쟁에 모든 것을 다 쏟아 부었다. 백성들의 고통은 이루 말할 수 없었을 것이다. 고려는 북방 세력에 그렇게 당하고도 군사력을 제대로 갖추지 못한 나라였다. 위기의식도 없는 나라는 위기를 해결하거나 극복할 수도 없다. 고려는 한낱 왜구로 인해 왕조의 리더십에 치명적인 타격을 입고, 또 국력을 소진해 버렸다. 근세로 치면 국민적인 영웅이요, 국난 극복의 지도자였던 이성계에 의한 조선 왕조의 수립은, 어쩌면 당연한 역사적인 귀결인지 모를 일이었다.

고려 말 왜구와의 전쟁은 1350년에서 1391년까지 일어난 난리다. 40년 남짓한 전쟁이다. 한때 우리는 왜구의 실체마저 잘 몰랐다. 지금도 일본 학자들은 왜구를 가리켜 감합(勘合) 무역의 소산이니 고려인주체설이니 하는 해괴한 학설을 유포하고 있다. 우리나라에서도 일부 사람들은 단순한 해적 집단으로 보고는 한다.

다음 예를 보자. 1377년 5월에 50척의 선단을 이끌고 황산강(낙동강)을 거슬러 오르던 왜구를, 김해부사 박위가 숨어서 기다리고 있었다. 그는 퇴로를 차단하고선 포위한 채 공격을 가했다. 강물에 빠져 허우적거리거나 육지로 가까스로 상륙하거나 했다. 육지는 배극렴이 이끄는 고려 지상군이 기다리고 있었다. 선단의 우두머리인 듯한 자가 온몸과 손발에 갑주를 뒤집어 쓴 채 호위병들의 호위를 받으면서 착륙했다. 모두 당황한 나머지 수렁에 빠져 넘어졌다. 이 기회를 놓치지 않고 고려의 병사들이 일제히 달려들어 그 우두머리와 호위병들을 단칼로 찌르거나 베어버렸다. 그 자가 바로 패가대(霸家臺)의 만호란다. 즉, 하카타(후쿠오카)의 영주였다. 만호는 일만 가호를 지배하는 사람으로서 영주를 가리킨다. 임진왜란 때를 빗대면, 가토 키요마사나 고니시 유키나카 등과 같은 중량급 인물이었다. 이들을 두고 누가 해적이라고 하겠는가?

이처럼, 일반인들의 통념과 달리, 왜구는 해적이라고 불리는 불법 해상 세력만이 아니다. 더 조직적인 정규 세력이라고 할 수 있다. 그 당시 일본의 국내 상황을 조금이나마 알아야 한다. 일본사에는 전무후무하게도 천황이 두 명인 남북조 시대(1336~1392)가 있었다. 상고로부터 전해진 신화적인 3종의 신기(神器)는 남조(서일본)의 천황이 소유했기 때문에 정통성이 있었으나, 아시카가 가(家)의 무로마치(室町) 막부의 실권을 배경으로 한 근기(近畿) 중심의 북조가 승자였다. 공교롭게도, 1392년에 일본에서 북조에 의한 남북통일이 이루어졌고, 한반도에서는 고려에서 조선으로 왕조가 교체되기에 이르렀다. 요컨대 고려 말에 한반도에 출몰해 조운(漕運) 시스템을 무력화하는 등 고려 왕조를 괴롭혔던 왜구는 남조의 무장 세력과 대마도의 불법 해상 세력이 뒤섞인 것으로 추단된다.

고려는 왜구와의 전쟁에서 임진왜란 7년 전쟁 못지않은 피해를 입었다. 더욱이 홍건적이 날뛴 1360년 경에는 양쪽에서 공격을 받았다. 이 북로남왜의 날강도들이 입힌 피해는 막심했다. 홍건적의 피해를 본 지역이 대체로 양서였다면, 왜구의 피해를 본 곳은 삼남이었다. 양서는 평안·황해요, 삼남은 경상·전라·충청이다. 일본과 가까운 경남 지역은 피해가 가장 컸다. 먼 훗날의 임진왜란 때도 마찬가지였다.

2

고려 말 왜구의 침노는 1350년 소위 경인년 왜구로부터 시작한다. 이미 이때부터 왜구는 조직화되었고, 남북조 내전에서 대군을 유지할 수 있는 군량미 확보와 공급이란 수행 목적을 가지고 한반도를 진출했다. 이때부터 왜구의 침노는 연례행사와 같은 것. 야생동물이 춘궁기에 해당하는 겨울에 인가로 내려오는 이치와 같다. 왜구의 진출 목적은 인명의 살상과 식량의 약탈에 있었다. 조창과 조운선이 이들의 가장 좋은 먹잇감이었다. 조창의 위치나 조운선의 동선을 잘 아는 것으로 보아 국내의 약탈 세력과도 결탁이 되었는지도 모른다. 그래서 일본인 학자들 사이에는 왜구의 고려인주체설이 등장하기도 한 것이다.

왜구와의 40년 전쟁에서, 고려는 참상도 적잖이 경험했다. 일본과 가깝다는 까닭에 가장 피해가 컸을 경남 지역의 경우를 먼저 살펴보자.

1374년 4월에, 왜구는 350척의 큰 선단을 이끌고 합포(마산)로 기습적으로 내침해 왔다. 미처 대처하지 못한 합포의 군관민은 손 쓸 틈도 없이 무너지고 말았다. 전선은 40척이 소실되고, 사망자는 5천이 넘었다고 한다. 왜구와의 40년 전쟁에서 최대 규모의 참패였다. 더욱이 군사지리적인 이점이 매우 좋은 합포에서 말이다. 훗날에 있을 정유재란 때 원균의 칠천량 패전을 연상시킨다.

1378년, 진주 아전인 정만이 서울(개경)로 출장간 사이에 왜구들이 진주에 쳐들어왔다. 정만의 처와 어린 네 아들이 있었다. 정만의 처는 30

대 초반의 미인이었다. 왜장이 강간하려고 하자, 죽기를 각오한 채 저항하다가 죽었다. 두 아들은 잡혀가고, 젖먹이 막내아들은 엄마가 흘린 피를 젖인 줄 알고 빨다가 죽고, 여섯 살 난 셋째 아들인 정습이 혼자서 울부짖고 있었다. 이로부터 42년이 지났다. 1420년. 지방 아전은 세습이었다. 진주 아전으로서 적지 않은 나이의 정습은 과거 시험조차 볼 수 없었다. 예조에서는 세종께 건의했다. 정습이 열녀의 아들이오니, 잡과에 응시하는 자격을 부여하옵소서. 세종이 윤허했다. 경(京)아전과 달리 지방 아전은 중인의 지위도 되지 못했던 모양이다. 국가유공자임에도 불구하고 말이다. 가슴 저린 조선 사회의 신분제가 아닐 수 없다.

1382년에는, 이런 일이 있었다. 창녕의 강변에서 한 소녀가 왜구들에게 끌려가지 않으려고 멱살을 잡고 발로 차 쓰러뜨리다가 칼로 난자당했다. 16세 소녀 신효의의 슬픈 얘기다. 논개가 따로 없다. 야담집에 실려 있는 풍문의 역사라는 점에서, 논개의 실체를 의심하는 극단적인 시각도 없지 않은데, 소녀 신효의의 얘기는 당당하게도 정사에 기록되어 있다.

고려는 처음에 주로 남해안에서 피해를 보다가 서해안 쪽으로 피해 지역이 옮아간다. 왜구는 시간이 흐를수록 짭짤한 맛을 보았던 거다. 13세기 후반에, 미시사적으로 볼 때, 정만 가(家)의 비극처럼, 소녀 신효의의 참상처럼 가슴 아픈 얘기는 수도 없을 것이다. 한 예로, 1360년에 왜구가 강화도에 들어가 주민 3백 명을 죽인 다음에, 남조 군의 군량미가 될 곡식 4만석을 탈취했다. 이때 신원을 알 수 없는 평범한 무인이었던 심몽룡은 혼자서 왜구들과 칼부림을 했다. 그는 왜구 13명을 죽이고도 힘이 다해 전사했다. 영화에서나 볼 수 있는 장엄한 죽음이었다.

고려의 수도 개경까지 왜구의 손길이 뻗친 예는 수도 없이 많았다. 내가 어디에선가 읽은 얘기인데, 지금은 출처를 확인할 수가 없지만, 개성 정부가 해안에 정박해 있는 왜구에게 물러갈 것을 요구하면서 쌀과 술을 선물로 보냈다. 왜구들은 쌀과 술이 적다면서 심부름꾼들까지 포로로 잡아버렸다. 이 사례를 두고 볼 때, 정말 왜구는 왜구 식의 '뗑깡'을 부리는 날강도나 다름없었다. (정치적인 이해관계가 맞지 않는다고, 같은 자국민을 가리켜 '토착왜구'라고 매도하는 사람들의 정체 역시, 나는 궁금하다.) 이때 술이란, 그 시대의 유명한 최고급 술인 개성 소주(燒酒)였을 것이다. 왜구의 주제 꼴에는 꿈에서도 전혀 맛보지 못했을 명품 술이었을 게다. 일국의 중앙 정부인 고려의 개성 정부가 한낱 해적과 다름없는 무장 집단에게 이렇게 수모를 당해서야.

이런저런 이야기들 속에서 피해의 구체적인 사례, 스토리텔링할 수 있는 자잘한 사례, 문학에의 영감이 될 만한 감정적인 사례 등이 드러난다. 역사의 총합에 의해 가려진, 이 작은 사례들의 역사가 바로 미시사인 것이다. 광대한 숲을 뚫어지게 보는 것도 중요하지만, 나무 한 그루에도 생명이 있고 진실이 있다. 우리에게 19세기 후반 왜구와의 전쟁은 잊혀진 역사다. 사람들에게 너무 오래된 얘기라서 관심조차 없다. 고작 알고 있다는 것은 국난 극복사 정도이다. 이것은 전형적인 거시사이다. 큰 틀에서 본 숲의 역사랄까? 하지만 이제는 거시사보다 스토리코(storico)다. 이탈리아에서는 역사가 이야기고, 이야기가 역사다. 단어도 같다. 역사 속의 소주 이야기가 바로 미시사요, 한 그루 나무로 서 있는 스토리코다.

3

경남 지역이 왜구의 피해가 컸어도, 역사 속의 숲은 낭보도 기록되어 있다. 두 가지 사례를 보자. 하나는 1364년의 진해 전투이며, 다른 하나는 1379년 진주 · 사천 전투이다.

진해현에 대규모 왜구가 들어섰을 때, 군관민이 피난할 기회조차 없었다. 당시에 보병을 이끌고 있었던 경상도 도순문사 김속명은 왜구가 상륙을 마칠 때까지 기다렸다. 상륙이 완료된 다음에 왜구가 전열을 미처 갖추기 전에 재빨리 선제공격을 가했다. 3천 명의 전력이 혼란에 빠진 채 배를 버리고 진해현의 북산으로 달아났다. 그들은 산으로 몰려가 방책을 설치하고는 농성했다. 마침내 고려군은 이 방책을 깨뜨리면서 왜구를 섬멸했다. 나는 이 이름 없는 전투를 가리켜 진해 군관민들이 합세해 이룩한 위대한 승리라고 본다.

 1379년 5월에는 기병 7백 명, 보병 2천 명 규모의 병력을 가진 왜구가 진주로 쳐들어 왔다. 싸움터는 반성현으로, 지금의 진주시 반성면이다. 고려군의 장군 이름도 7명인 것으로 보아 적잖은 규모의 병력이었던 것 같다. 한 해 전에 정만의 처를 죽인 왜구인 것 같다. 작년에 왔던 각설이가 죽지도 않고 또 온다고, 왜구가 한번 재미를 본 곳으로 지리적으로 익숙하면 다시 찾게 마련이다. 하지만 이 왜구는 인근의 확산 정상에까지 올라가 방책을 세우고 농성에 들어갔다. 앞의 진해 전투에서 보았듯이, 왜구가 수세에 몰리면 쓰는 상용 수법이다. 그해 8월에 왜구가 사천으로 내침했다. 아마도 확산에 농성 중인 왜구를 구원하기 위해 온 세력이었을 게다. 진주에 있던 고려군 일부는 이 왜구의 포로 140명을 참살했다. 그리고 9월에 확산에서 농성 중인 왜구 34명을 참수하고 또 잔당을 격퇴했다고 한다. 2천 7백 명의 왜구 병력 중에서, 과연 몇 명이나 살아 돌아갔을까?

 이른바 경신년 왜구의 출현이 고려와 왜구의 전쟁 기간 중에서 가장 큰 전환점이 된다. 경신년이라면 1380년이다. 왜구는 남해안을 거들떠 보지도 않고 가장 큰 병력을 이끌고 서해안을 진격해 올라갔다. 이때부터 남해안의 가장 중요한 군사 거점인 합포를 피했다. 합포가 고려군이 한때 대패한 곳이지만 방비 시스템이 가장 잘 갖추어져 있었다. 왜구는 진주와 사천과 진해에서 패배한 경험이 있다. 왜구에 의한 피해 지역이 기도 한 경남 남해안은 이제 내침에 대한 내성이 생겼던 것 같다.

이영의 탁월한 연구 성과인 『잊혀진 전쟁 왜구』(2007)에 의하면, 고려에게 있어서 대마도가 왜구의 본부였다면, 일본에게 있어서 마산은 몽고 원정 시 최전선 요새였으며, 두 나라에게 있어서 대마도와 마산은 각각 목에 걸린 가시 같은 존재였다. 아닌 게 아니라, 대마도는 남조 무장 세력, 서일본 호족의 기생 세력, 불법 해상 세력 등이 집결하는 곳이요, 비유컨대 해상로를 엄호하는 다릿목 병참이었다. 마산(합포) 역시 우리 입장에서 볼 때 군사지리적인 이점이 많은 곳이었다.

왜구 연구가 이영은 1380년 이후에 왜구가 마산 지역에 내침하지 않았던 사실을 어떻게 해석해야 하나, 라고 자문한 바 있었다. 두말할 나위도 없이, 대마도 해안과 합포만은 두 나라에게 대규모 충돌의 위험성을 안고 있어서 서로가 슬슬 피하던 곳이었다.

경신년 왜구는 최대 규모의 병력이었다. 군사의 숫자가 최대한 2만 명까지 추산된다. 왜구는 진포에 5백 척의 대선단을 묶어 놓았다. 이영은 진포를 두고 의심할 여지가 없이 충남 서천군 장항읍 일대의 현장이라고 했다. 지루한 왜구와의 전쟁 중에 고려가 터득한 것은 재래식 무기가 해상의 원거리 전투에서 위력을 발휘할 수 없다는 사실이었다. 화포의 개발이 시급했다. 또 시간과 경험은 이 개발을 촉진했다. 최무선은 화포를 개발해 진포 해전에서 위력을 유감없이 발휘했다. 더욱이 묶여져 있어 기동력을 상실한 왜선들은 순식간에 불바다가 되었다. 죽지 않은 잔병들은 내륙을 누비면서 인명을 살상하고 재물을 약탈하면서 여기저기를 돌아다녔다. 함양의 사근내역 전투에서는 대승을 거두고, 육십령 고개를 넘어서 인월역에 당도하기에 이른다.

여기에서 백전의 노익장 이성계가 지휘하는 고려군과 소년 명장인 아지발도를 앞에 세운 왜구가 일전을 겨루게 된 것이다. 저 운봉에서의 황산전투가 벌어진 것이다. 왜구의 주력은 기마병과 중장갑기병(중무장보병)이었다. 특히 중장갑기병은 산악전에 능했다. 남조의 무장 세력임을 반증하는 대목이다. 가마쿠라 막부 시대에는 강변 평지에서의 전투가 많았는데, 남북조 내전에 이르면 산악전이 부쩍 많아졌다고 한다. 이성계는 왜구를 이전투구의 장소인 저습지로 유인했다. 왜구들이 딱 걸려들었다. 이전투구의 육박전이 벌어진 것. 군마의 발을 묶고, 중무장의 움직임을 둔화시킨 이 전투의 결과는 뻔했다. 특히 이성계와 부하 장수와의 콤비네이션에 의해 아지발도를 활로 쏘아 죽였다.

이성계는 이 전투에서 손자병법에 충실했다고 한다. 가령 이런 거였다. 높은 곳의 적을 공격하지 마라. 높은 데서 내려오는 적을 공격하지 마라. 우회전술을 써라. 적을 포위하면서도 도망갈 구석을 남겨두라. 전투는 이런 식으로 전개되어갔다. 왜구로선 저습지로 유인을 당한 게 치명적이었다. 왜구의 잔당 70여 명은 지리산으로 도망쳤다. 이들은 이 이후에 한동안 지리산에서 숨어 지내다가 무등산에서의 산악전을 도모했다. 상황에 따라 서해안으로 탈출해 일본으로 돌아갈 심산이었다. 전라도 도순문사 이을진은 백 명의 결사대를 선발해 이들을 소탕했다. 그러니까 경신년 왜구 2만 명은 전멸한 것이다. 진포에서의 최무선, 운봉에서의 이성계, 무등산에서의 이을진이 영웅이었다. 고려가 개발한 화력이 불이라면, 왜구들은 불나방이거나 부나비로서 제 스스로 모두 죽어간 것이다. 이 경신년 왜구의 전멸로 인해 왜구 세력은 이미 기울어진 운동장이 되고 말았다. 고려는 이 이전부터 일본의 중앙 정부와 지방 정부에게 왜구의 준동을 금압해 달라는 외교 활동을 해 왔다. 외교가 당근이라면, 화포는 채찍이었다.

이로부터 3년 후에 왜구들은 다시 불 속으로 뛰어들었다. 1383년 5월에, 120척의 왜구 선단이 경남 남해에 쳐들어왔다. 노량의 관음포에서

정지의 지휘 아래 해상 전투를 수행했다. 정지는 그때 전라도를 지키는 장수였다. 구원병으로 남해로 급히 파견되었다. 국방군사(軍史)연구소의 『왜구토벌사』(1993)에 의하면, 이 전투에서 왜구의 승선 인원 2천4백 명이 섬멸되었다고 했다. 우연인지 우연찮은 일인지 잘 모르겠으나, 조일전쟁의 막바지에 이순신이 이 전승지에 다시 등장해 대승을 거둔다,

이 글의 첫머리에 나는 김해부사인 박위는 하카타 영주를 참살하는 등 황산강(낙동강) 전투에서 승리를 거두었다고 했다. 밀양 출신인 그가 낙동강변의 지형을 잘 알았기 때문이라고 본다. 이로부터 그는 10년여 간의 자잘한 전투에서 연전연승을 거두었다. 1389년에는 그가 백 척의 배를 이끌고 대마도 정벌에 나섰다. 이때 대마도 왜구들은 모두 산으로 도망쳤다. 그래서 그는 해변에 놓인 3백 척의 배들을 불사르고 돌아왔다. 대마도 왜구들의 입장에서 볼 때, 인명 피해는 없었어도 회복하기 어려운 물적인 피해를 입었다.

4

왜구 연구의 전문가인 이영은 왜구의 실체조차 가늠하기 어려운 상황 속에서 연구 성과를 냈다. 그는 일본 국내의 무장 세력들 간의 충돌, 즉 남북조 내전과 관련해 남조의 군량미 확보, 내전에서 패배할 경우를 상정해 도피처를 한반도 남부에서 탐색해야 한다는 압박감이 주요한 원인이었음을 밝혀낸다. 말하자면, 그는 큐슈의 무력 충돌이 증가하면 왜구의 한반도 내침도 증가하고, 이것이 소강상태에 빠지면 내침도 감소한다는 사실을 밝혀냈다.

왜구의 후일담은 이성계가 창업한 조선의 몫이 되고 말았다.

1392년, 왜구와 관련된 남조가 망하고 북조에 의해 일본은 남북통일

이 되고, 고려 왕조는 역사의 진공 속으로 사라지고, 조선이 개국했다. 중국 역시 명나라가 온전히 대륙을 차지하고 있었다. 왜구는 14세기 말에 중국 연안까지 간헐적으로 침범하기도 했다. 대륙의 명과 한반도의 새 왕조 조선은 무로마치 막부에 왜구 금압을 강력히 요청했다. 막부는 두 나라와의 무역으로 경제적인 이익을 추구하는 게 유리하다고 판단했기 때문에 왜구의 단속에 노력을 기울인 게 사실이었다.

새 왕조인 조선 역시 친교의 목적으로 대마도와 서일본의 호족들에게 귀하고 귀한 소주를 선물로 기증했다. 조선이 개국 초기에 일본에 소주를 보낸 횟수는 모두 89회였다. 술 단지의 양으로는 2355통이었다고 한다. 15세기 초에 조선에서는 살림의 여유가 있는 서민들도 소주를 제조했다. 일본에게 기증할 소주는 경남 지역의 백성들이 맡았을 가능성이 높다, 이 지역은 벼농사가 비교적 잘 되는 곳이요, 세곡을 서울까지 운반하는 일이 멀기 때문에 세곡 대신에 소주를 제작하라고 명했을 가능성이 매우 높았다.

내가 살펴본 일본 책『본격소주편』(2002)에 의하면, 이때까지의 일본에서의 소주의 원류는, 1580년에 태국 국왕이 유구국(오키나와) 국왕에게 선물한 증류주 '향화홍주(香花紅酒)'였다. 이 정설이 최근에 뒤집히고 있다. 16세기 말에 태국에서 유구국을 경유해 가고시마로 전파된 루트보다는, 이미 70년 전 즈음에 조선에서 대마도를 경유해 북구주 · 서일본으로 전파된 루트가 더 타당하다고 본 것이다.

소주는 증류주이다. 쌀로 빚은 술에다 열을 가한다는 점에서, 태울 소자 소주인 것이다. 우리나라에서는 예나 지금이나 '소주(燒酒)'라고 칭하지만, 일본에서는 '소주(燒酎)'라고 쓰고 '쇼츄'라고 읽는다. 일본에서는 양조주(발효주)를 주(酒)라고 하고, 증류주를 주(酎)라고 한다. 우리에게는 전통적인 예에 따라 굳이 구분할 필요나 이유가 없다.

우리의 전통 소주는 쌀로 만들었다. 그러나 지금의 대중화된 소주는 근대 일본이 개발한 희석식 소주로서, 열대작물인 카사바의 뿌리에서 채취한 식용 녹말인 타피오카를 이용한다. 쌀에 비해 훨씬 저렴한 당 원료이기 때문이다. 증류주는 중동에서 처음으로 개발되었다. 이것이 십자군 전쟁 때 유럽에 전파되어 중세에는 '아쿠아비타(aqua-vita)'라는 약용의 생명수로 쓰였다. 이것이 위스키의 기원이 되었다. 한쪽으로는 중동에서 중앙아시아로 전파되었다. 몽골이 여기저기와 좌충우돌할 때 접한 증류주 기술은 중국의 몽골화와 함께 중국술로 토착화되었다. 중국 증류주 백주(白酒)의 탄생이다. 원료는 고량(수수)이다. 러시아 증류주 보드카는 원료가 주로 밀이다. 우리 역시 몽골의 간섭기를 거치면서 중국 원나라의 백주를 받아들였다. 이 백주를 두고 중국에선 '백간(白干)주'라고도 한다. 백간은 중국어로 '빠이간'으로 발음된다. 이 빠이간이 우리 말의 유음화 현상과 관련해 '빼갈'이라고 정착한 것이다. 이 바뀐 리을을 두고 중국어 얼화(儿化) 현상이라고 보는 견해도 있다. 우리 세대만 해도 빼갈은 매우 익숙한 말이다.

내가 일본에서 1년간 체류할 때 오키나와의 유명한 전통 소주인 '아와모리(泡盛)'를 두고 유구국이 개국 무렵의 조선과의 조공무역을 하면서 조선 국왕이 하사한 답례품 소주에서 유래했다는 내용의 글을 읽은 적이 있었다. 이게 사실이라면, 대마도가 아닌 또 다른 루트의 '증류주 로드'가 있는 셈이다. 어쨌든, 증류주 로드의 끝이 일본이었다.

일본의 양조주인 청주는 일본술(니혼슈)이라고 불린다. 한때 애주가인 나는 이 일본의 청주, 우리나라에선 '정종(正宗)'이라고 불리는 이 술에 대해 큰 매력을 느끼지 못했다. 내 취향으로는 일본 술 역시 소주였다. 일본 소주의 고급 브랜드는 수도 없이 많다. 내가 무슨 일로 일본에 가면 우리나라로 돌아올 때마다 괜찮은 일본 소주를 사와 술 좋아하는 동료교수들과 더불어 단골 횟집에서 마시곤 했다. 내가 일본에 머물러 있을 때는 가고시마 산(産) 대중 브랜드인 '시라나미(白波)'도 애호했다. 이 일본 소주가 우리 조상들이 왜구를 달래기 위해 보낸 데서 유래했다고 생각하니 감회가 새로웠다. 그때 소주를 보내도 왜구의 움직임이 있으니, 상왕 태종(이방원)이 화를 내면서 이종무를 대마도로 보냈다. 크게 혼내지 못하고 엄포만 놓았지만, 실효는 있었다. 오랫동안 왜구는 경남 지역에 출몰하지 않았다. 긴 역사의 안목에서 볼 때, 조선의 소주가 약발이 있었던 모양새일까? 대신에, 왜구들은 중국 연안으로 몰려갔다. 16세기에 준동한 후기 왜구의 실체다.

우리는 왜구들에 시달리면서 이들을 달랬다. 소주가 당근이라면, 정벌은 채찍이었다. 왜구의 내침은 아니지만 한참 후에 국내에 거주하는 왜인들이 난을 일으킨 적이 있었다. 역사는 이를 두고 1510년의 3포왜란이라고 한다. 조정에서는 관직을 하다가 고향 진주에서 잠시 시묘살이를 하고 있던 조윤손과 정은부에게 난리를 치는 왜인을 진압하라는 명을 내린다.

이들은 제포, 지금의 창원시 진해구의 해안에서 3백 명의 왜인을 사로잡아 목을 내리쳤다. (출처 : 어득강이 쓴 묘지) 조윤손이 위기에 빠졌을 때, 정은부가 그를 구해주기도 했다. 이 일로 인해 난이 평정된 후에 조윤손은 정은부의 아들 정항을 사위로 맞이했다. 조윤손은 훗날 정2품(장관급) 병조판서와 종1품(부총리급) 좌찬성을 역임한다. 전형적인 출장입상이다. 변방에로 장군으로서 나가서 승리한 후에, 서울로 들어와 판서 반열의 상(相)이 되었던 것이다.

제2부

연행과 예술

판소리의 변강쇠와, 오광대의 말뚝이

—그로테스크 리얼리즘의 미학

1. 그로테스크 리얼리즘론

문학비평 및 미학의 용어 중에서 '그로테스크(grotesque)'라는 용어가 있다. 일반적으로 볼 때, 이것은 괴기하고 흉물스럽고 익살맞고 부조화한 것을 말한다. 볼프강 카이저는 자신의 저서『미술과 문학에 나타난 그로테스크』에서 문학에 있어서 그로테스크의 사례를 두고, 후술할 코메디아 델라르테, 기형적으로 부조화한 '미녀와 야수'로 알려진 빅토르 위고의 경우와, 1920년대 전후로 간행된 카프카의 단편소설 등을 그로테스크의 문학적 양상으로 꼽은 바 있었다. 그는 그로테스크로 부를 만한 근거가 없는 작품조차 그로테스크로 받아들여질 수 있거나, 작품의 그로테스크한 구조가 진짜 그로테스크로 받아들여지기보다는 기이하고 우스꽝스런 것으로만 해석되거나 하는 경우가 있다고 지적하기도 했다.[1] 그

---

1 볼프강 카이저 지음, 이지혜 옮김,『미술과 문학에 나타난 그로테스크』, 아모르문디, 2019, 284~285쪽, 참고.

만큼 이 용어가 광범위하게 쓰이고 있다는 것이다. 그로테스크는 특정 시대의 산물이라기보다는 시대마다 나타나 보이는 괴(怪)형상의 상징적인 동향까지 포함한다고 봐야 할 것이다.

그런데 그로테스크 외에 그로테스크 리얼리즘이란 용어도 있다. 이 두 가지 용어는 굳이 동의어는 아니라고 해도, 비슷하게 쓰이고 있는 용어다. 그로테스크 리얼리즘은 조어법, 즉 말 됨됨이의 관행에서 볼 때, 아닌 게 아니라 모순형용의 표현이라고 해도 과언이 아니다. 그로테스크란 용어가 괴기스러운 흉물 같은 비정형의 형상을 가리킨다면, 리얼리즘이란 개념은 객관적으로 존재하는 정형의 형상을 의미하기 때문이다.

그럼에도 불구하고, 러시아의 문학이론가 미하일 바흐친은 이 용어를 사용해 국제적인 인문학계에 큰 파문을 던져 주었다. 그는 이것을 두고 중세기의 공식적인 이데올로기를 전복한 데서 비롯한 것으로서, 문학에 민속 문화의 사회 현상을 표현한 심미적 양식이라고 보았다.[2] 또 명쾌하게 확인된 정보는 아니지만, 그는 1920년대에 대두한 사회주의 리얼리즘의 미학적인 대안으로 그로테스크 리얼리즘의 개념을 제시, 제안한 것이라고 하는 얘기도 있다. 이것은 그로테스크가 극적 환상에 매몰될 수 있다는 사실을 미리 염두에 둔 개념이 아닐까, 한다. 이런 점에서 볼 때, 그로테스크라는 용어에 대한 허점을 통제하거나 이것의 개념적인 인상을 강화하거나 하기 위해 기술한 개념으로 보아도 될 것 같다.

이 연구는 그로테스크 리얼리즘이 우리나라 문학사에서 어떻게 적용될 수 있느냐를 고찰하려고 하는 글이다. 19세기 문학 가운데 민속 문화의 사회 현상을 표현한 심미적 양식으로서, 우리는 판소리와 탈놀음[3]

---

2 김욱동, 『대화적 상상력—바흐친 문학 이론』, 문학과지성사, 1988, 248쪽, 참고.
3 송석하는 일제강점기에 「오광대 소고」(『조선민속』, 1933, 1.)에서 탈의 연희를 두고 전조선에서 '탈놀음'이라고 하지만 예외적으로 봉산에서만은 '탈춤'이라고 한다고 했다. (최철 외, 『민속의 연구(1)』, 정음사, 1985, 128~129쪽, 참고.) 이두현이 사용한 가면극이라는 용어와 심우성이 사용한 민속극이란 용어는 상위 개념이다. 이것은 세계에서 보편적으로 사용할 수 있는 용

을 주목할 수 있다. 이 종합예술적인 문학 양식을 지향하는 판소리와 탈놀음은 현저히 민속적이요, 가장 토착적이다. 이 중에서도 나는 '변강쇠'와 '말뚝이'라는 인간상에 주목해 이 개념을 놓고서 우리의 연희적인, 내지 문학적인 관점에서 의미나 의의를 되살펴보고자 한다. 이들은 우리 문학에서 최초로 등장한 하층민 주역이다. 변강쇠는 신재효 본의 판소리사설인 「변강쇠가(歌)」에만 드러나지만, 말뚝이는 각종의 탈놀음이나 탈춤에서 무수히도 출현하였다.

나는 이 논문에서 판소리와 탈놀음이란 연희 양식을 연구 대상으로 삼았다. 말하자면, 19세기 경남 지역을 배경으로 형성된 적나라한 성희(性戱)와 괴이쩍은 죽음의 서사로 형성된 판소리사설 「변강쇠가」와, 여타의 탈놀음과 성격이 좀 다른, 19세기 말 이후에 주로 경남 지역의 연희 예술로 정착된 오광대를 중심으로 다루어보려고 한다.

민속학자 이두현은 탈놀음에 관한 본격적인 연구의 선구자로서 이 방면 연구에 적지 않은 공헌을 남겼다. 통영오광대에서 비비양반의 대사중에 이런 게 있다. "야 이 놈의 자식 그 소리 좀 치워라. 씩겁하겠다." 이 '씩겁(씨껍)하다'의 낱말을 두고 '식겁(食怯)인 듯. 겁을 먹는다.'[4]라고 주석한 바 있다. 이 낱말은 과거에는 흔히 사용한, 하지만 지금은 간혹 쓰고 있는 부산경남 지역의 고유한 방언이다. 정확하게는 '모진 일을 겪다' 혹은 '낭패를 당하다' 등의 의미로 쓰이는 말이다. 함경도 출신의 이두현은 이런 디테일한 부분을 놓칠 수가 있다.

이 점에서 볼 때, 이 연구는 지역 문화 연구의 일환으로 탐색되기도 한다. 최근에 지역성과 인문학과 접점을 모색하는 연구 영역이 적잖은 관심의 대상이 되고 있다. 지속적인 삶의 가치와 인간다움의 의미, 또

어이다. 우리나라의 경우에 국한하자면, 탈놀음이 적절해 보인다. 일부는 탈놀이라고도 한다.
4 이두현 교주, 『주석본 한국가면극선』, 교문사, 1998, 304쪽.

무엇이 인문적 비전인가를 묻는 일이 기존의 인문학 수행 영역이었다면, 현재(顯在)와 잠재의 양면적인 역학을 주목하면서 지역 문화의 존재론 및 의미론의 맥락에서 관련된 문제의식을 제기하는 것이 지역성을 추구하는 인문학의 새로운 과제라고 본다. 이와 같이 지역 문화를 바라보는 시각에서, 나는 이 연구가 시작되었음을 미리 밝혀둔다.

2. 과장과 왜곡, 생성의 힘

판소리 중에서 가장 괴상하고 이색적인 것이 있다면, 두말할 나위도 없이 「변강쇠가」가 아닌가, 한다. 이것의 존재 흔적은 송만재의 한시 「관우희」(1843)에서 비롯된다. 이 기록에 의하면, 판소리는 19세기 중반에 레퍼토리(공연종목)가 이미 열두 마당이나 이르렀다. 물론 「변강쇠가」가 1880년대 초로 추정되는 신재효 본 여섯 마당 판소리사설집에 최초로 채록되었으니, 이것은 시기적으로 말하자면 19세기의 문학이라고 할 수 있다. 이 작품의 시대 배경과 언어가 19세기에 해당하기 때문이다.

그런데 「변강쇠가」의 창작 배경이 어느 곳이냐를 두고, 한때 전남 남원시와 경남 함양시 간에 분쟁이 있었다고 한다. 물론 창작 배경이 소유권을 의미하는 것은 아니다. 셰익스피어의 「베니스의 상인」을 영국의 작품이 아닌 이탈리아 베네치아의 것으로 볼 수 없는 것처럼 말이다. 어쨌든 2007년 함양시가 여러 가지 증거를 제시하여 지금은 함양 배경설로 상당히 기울어졌다. 이에 관해선 김창진의 「변강쇠의 전승 과정」에서도 명쾌하게 잘 드러나 있어 창작 배경에 관해서 일단락을 맺은 것으로 본다.

불 때인 장승이 대방 장승에게 자신의 신분을 밝힐 때 "소장(小將)은 경상도 함양군에서 산로(山路) 지킨 장승"이라고 밝히는데, 여기에 '경상도 함양군'이라고 명확히 밝혀져 있다. 또 옹녀가 강쇠가 병이 들었을 때 "함양 자바지 명의(名醫)라는 말을 듣고"라는 대목에도 '함양'이라는 지명이 명확히 드러나 있다. 그리고 변강쇠가 지리산에 나무하러 갈 때, "등구 마천 백모촌에 여러 초군(樵軍) 아이들이 나무하러 와" 있었다. 그런데 그 '마천'은 현재 함양군 '마천면(馬川面)'을 가리킨다. 그리고 '등구'는 오늘날 함양군 마천면 구양리(九楊里) '등구(登龜) 마을' 일대를 가리킨다. 또한 '백모촌'은 함양군 마천면 '백무동(白武洞)'이 1914년 행정구역 통폐합이 되기 이전 이름이라 한다. 또 변강쇠가 뽑은 장승이 서 있는 곳도 '등구 마천 가는 길'로서 앞과 같은 지역임을 알 수 있다. 원래 경상남도 함양군 마천면 벽송사(碧松寺)의 목장승은 예전부터 유명했다. 그랬기에 아마도 판소리 창작자들이 그 장승을 염두에 두고 이 작품을 무대에 설정했으리라 본다.[5]

작품 「변강쇠가」에 등장하는 지명 중에서 지금 함양군 소재의 지명인 것이 적잖이 확인되었다. 자바지는 잿바지, 즉 높은 산 고개의 비탈진 곳이라는 뜻을 가지고 있다. 목장승 산지로 유명한 곳도 함양에 있다고 하니, 「변강쇠가」의 지역적인 연고는 상당히 있다고 말해진다. 또 결정적인 것은 방언의 문제다. 이 작품에 '아적밥(아침밥)'이라는 방언이 나오는데, 적어도 이 낱말은 한 세대 이전에만 해도 진주 권역과 함양 지역에서 주로 사용했던 낱말이었다. 「변강쇠가」에 나타난 방언에 관해서는 방언 전문가가 다시 한 번 살펴볼 필요가 있다.

미학적인 원리에서 볼 때, 그로테스크는 기본적으로 과장과 왜곡을 드러낸다. 필립 톰슨의 저서에는 그로테스크가 부조화, 희극적인 것과 끔찍스러운 것, 지나침과 과장, 비정상성, 패러디, 풍자, 아이러니 등등

5 신재효 지음, 김창진 옮김 『변강쇠가』, 지식을만드는지식, 2009, 20~21쪽.

과 관련이 있다고 했다. 판소리사설 「변강쇠가」에 과장과 왜곡의 미학은 이른바 '기물(器物) 타령'에서 찾을 수 있겠다. 기물은 여기에서 토기나 질그릇, 도자기 유를 가리키는 말이 아니라 남녀의 생식기를 가리키고 있는 개념이다. 고대 도상이나 원시종합예술 이후에, 문학이나 예술의 표현에서 한 동안 금기시되어 있는 것이 「변강쇠가」에 이르러 버젓이 드러나게 된 것이다.

> 도끼날을 맞았던지 금 바르게 터져 있다.
> 생수처(生水處) 옥답인지, 물이 항상 괴어 있다.
> 무슨 말을 하려관대, 옴질옴질하고 있노.
>
> (……)
>
> 감기를 얻었던지, 맑은 코난 무슨 일꼬.
> 성정도 혹독하다, 화 곧 나면 눈물 난다.
> 어린아이 병일난지, 젖은 어찌 게웠으며,
> 제사에 쓴 숭어인지, 꼬챙이 굶이(구멍이) 그저 있다.
> 뒷 절 큰방 노승인지, 민대가리 둥글린다.
> 소년 인사 다 배웠다, 꼬박꼬박 절을 하네.[6]

남녀의 생식기에 대한 묘사는 우리 문학사에서 처음 경험하는 것이기도 하다. 당시로서는 매우 파격적이라고 하겠다. 여기에서 멈추지 않는다. 여성의 생식기를 물이 괴어 있는 옥답으로 비유한 것이나 남성의 생식기를 제물로 쓰는 큰 생선으로 비유한 것은 과장인 동시에 왜곡이다.

---

6 강한영 교주, 『신재효 판소리 사설 여섯마당집』, 형설출판사, 1982, 426~427쪽.

필립 톰슨의 표현을 빌려 오자면, (판소리 청중을) '어떨떨하게 하고 심지어 놀라게 하지만 잠재적으로는 희극적이기도 한, 현실과 비현실의 뒤얽힘'[7]이 느껴지는 대목이다. 여기에서 비현실은 무엇일까? 인간만이 가질 수 있고 누릴 수 있는 성적 환상이 아닐까, 한다.

볼프강 카이저는 그로테스크에도 환상적인 그로테스크와 풍자적인 그로테스크가 있다[8]고 했는데, 이 기물 타령은 전자의 경우에 해당한다. 그러면 이것에서도 그로테스크 리얼리즘이 발견되는가, 하는 의문이 든다. 환상적인 것과 실재적인 것이 서로 상충하는 점에서 말이다. 인간의 식욕과 성욕은 일차적인 욕구이다. 삶의 기본적인 행복을 추구하려는 데서 확인될 전형성이나 전형적인 상황 등[9]이 판소리의 리얼리즘 성격과 무관하지 않다고 본다면, 기물 타령의 그로테스크 리얼리즘은 유효성을 지닌다고 하겠다.

각종 탈놀음에서 과장과 왜곡의 미적 특질은 예상사였다. 특히 오광대의 경우가 더 심해졌다. 후술하겠지만 고성 오광대의 원형으로 짐작되는 원(原)탈놀음에 '대면(大面)'이 있음을 문헌적으로 가리키고 있는데, 이 과장스럽게 큰 탈의 모습을 한 것은 말뚝이상일 가능성이 가장 높다. 오광대에 있어서의 부조화의 왜곡상은 이루 말할 수가 없다. 통영 오광대의 홍백, 먹탈, 손님탈, 비뚜르미와 마산오광대의 눈멀이떼, 턱까불 등 모두 못생기고 병신스럽고 추악한 모습들이다.[10]

여기에서 홍백(탈)은 붉고 흰 양면성을 띤다. 한 색녀가 요즘 말로 두 남자와 '3섬(some)'을 해 임신을 했는데 아이의 아버지가 남양 홍씨인지 수원 백씨인지 모른다는 데서 착안한 기형의 이미지인 것이다. 손님탈은

---

7 Philip Thomson, 김영무 역, 『그로테스크』, 서울대학교출판부, 1986, 32쪽.
8 볼프강 카이저 지음, 앞의 책, 296쪽, 참고.
9 김종철, 「판소리 리얼리즘과 그 특질」, 『국어교육』, 제104호, 2001, 208쪽, 참고.
10 박진태, 『한국가면극연구』, 새문사, 1985, 147쪽.

천연두 귀신을 형상화했으니, 이것의 흉물스러움은 말할 필요가 없겠다.

그로테스크 리얼리즘의 세계관은 역동적인 변화와 생성을 중시하는 운동과 힘에 있다고 보인다. 변강쇠는 살아서 남과 다투기를 자주 하더니, 죽어서도 자신의 주검을 치상하러온 사람들에게 해코지를 한다. 옹녀와 정분이 날까 질투가 나서란다. 죽어서까지 가진 집착과 소유욕은 일종의 생성력의 상징이다. 미하일 바흐친에게 있어서의 생성의 개념은 소위 '카니발화'하는 모든 형식, 유형을 통해 표현되는 미학적 현상인 것이다. 이때 생성의 운동성은 그로테스크의 이미지에 남겨져 리얼리즘의 미학을 완성해간다는 것이다.[11]

바흐친의 문학 이론을 연구한 김욱동 역시 카니발화된 언어와 문학에 주목하면서 시정의 축제에서 벌어지는 희언(戲言), 재담, 욕설 등의 언어가 문학 및 예술의 그로테스크 리얼리즘을 완성하는 데 기여한다고 보았다. 그는 카니발의 세계관이 지향하는 특징을 두고, 자유와 평등, 집단적이고 민중적인 성격, 변화와 다양성으로 보았다. 카니발은 본질적으로 비종결적이고, 개방적이며, 미래지향적이다.[12] 탈춤은 전형적인 카니발 문화권에 귀속된다. 그도 그럴 것이, 탈춤이 지닌 역동과 생성의 힘이 움직이기 때문이다.

이런 점에서 볼 때, 판소리의 탈놀음의 주역으로 등장한 19세기의 인간상인 변강쇠와 말뚝이에게는 '카니발적 세계 감각으로 응축된 정념과 욕망의 총체'[13]로서 생성의 힘을 지니고 있었다. 이 힘은 변강쇠보다 말뚝이에게 더 현저하다. 판소리의 변강쇠가 청감에 의존하는 부면이 있다면, 오광대의 말뚝이는 시각적인 이미지가 강렬하다. 그래서 한결

---

11 최진석 지음, 『민중과 그로테스크의 문화정치학—미하일 바흐친과 생성의 사유』, (주)그린비 출판사, 2017, 391쪽, 참고.
12 김욱동, 앞의 책, 240~242쪽, 참고.
13 최진석 지음, 앞의 책, 368쪽.

더 그로테스크하고, 또 표현주의적이다.[14] 그렇기 때문에 생성력의 정도가 강하다.

> 양반은 말뚝이를 호령해서 제압했으므로 만족해하고 평화를 구가하지만, 말뚝이는 양반에 항거해 승리를 거두었으므로 즐거워하는 것이다. 그런 동상이몽의 균형을 관중이 개입해서 깨버린다. (……) 탈놀이가 대동놀이로 진행되어, 싸움의 승패가 나누는 데서 '신명풀이'가 최고조에 이른다. 탈놀이가 끝난 다음에도 시작하기 전과 마찬가지로 관중 모두가 나서서 함께 춤을 추는 난장판 군무를 벌이면서 탈놀이에서 이룩한 승리를 구가한다.[15]

국문학자 조동일이 말한 '신명풀이'가 바로 카니발적인 생성의 힘이다. 관객의 개입이 연희 공간에 새로운 힘을 고무한다. 광대와 관객은 하나가 된다. 공감과 연대의 카오스적인 살판이라고나 할까? 카오스가 카니발적 세계관에 기인하는 것은 물론이다. 유럽의 르네상스 이후에 형성된 극의 성격은 한마디로 말해 '데아트로 문디'였다. 이때의 무대는 세계 자체를 의미하는 '요지경 무대(Guckkastenbuhne)'라고 하겠다. 이에 반해 우리의 탈놀음 · 탈춤 · 오광대의 유는 배우의 육성에 의한 무대 언어보다는 의미 생성적인 몸짓 언어가 더 중시된다. 관객들도 테 없는 무대의 열린 연희공간에서 이에 동조하면서 어깨를 들썩인다. 우리의 경우도 브레히트의 서사극처럼 '관객의 비판적 태도'[16]로 극의 주된 효과를 지향했다. 조동일과 학창시절에 만날 술을 함께 마셨다는 김지하도 탈춤을 가

---

14 시각적인 표현이 강렬한 말뚝이에게서 표현주의적 숨결이 느껴지는 게 사실이다. 고흐와 뭉크의 예술적 영감에서 기원을 찾을 수 있는 유럽 20세기 표현주의는 회화와 영화 등의 시각예술에서 특히 두드러졌다. 박찬기에 의하면, 유럽에서의 표현주의 논쟁기(1937~1938)에, 민중예술의 새로운 형식과 표현이 시대를 대변하는 예술이 될 수 있다는 의견이 제기되기도 했다. (박찬기 편저, 『표현주의 문학론』, 민음사, 127~129쪽, 참고.)
15 조동일, 『카타르시스 라사, 신명풀이』, 지식산업사, 1997, 109~110쪽.

리켜 기운생동의 생명예술 및 민족미학이라고 지적한 바 있었다.[17] 그의 탈춤 미학은 생명의 고리(環)를 의미한다. 그에게 있어서 탈춤의 기형적인 몸짓 언어는 항아리의 비뚤어진 조형언어였다. 이 같은 자생 이론의 틀은 2002년에 행한 수차례의 부산 특강을 통해 마련되었다. 민족미학이 인류미학의 그루터기가 될 거란 그의 예언은 10년, 20년 이후에 한류라는 생명의 고리로 이어진다. 싸이의 말춤에서 본 역동적 이미지처럼, 영화와 드라마에 비추어진 갈등의 영상언어처럼. 이에 반해, 김용옥은 이런 유의 생성력을 감지하지 못한 것 같다.

  탈춤의 본질은 탈을 쓰지 않고 살아야만 하는 인간과 탈을 쓰고 살아야만 하는 인간의 양면성의 동시적 추구를 통하여 조명하는 인간 존재 자체의 갈등 구조의 탐구이다. 나는 물론 탈춤이 가지고 있는 사회풍자적 기능도 부정하지 않는다. 그러나 그러한 풍자도 구역질나는 직설화법으로 이어질 때는 그 풍자의 효능이 약화되거나 상실된다.[18]

김용옥은 탈춤의 그로테스크 언어에 크게 공감하지 못하는 것 같다. 갈등 구조에만 지나치게 집중함으로써 욕설의 힘과 같은 직설화법에서 생성력을 감지하지 못한다면, 그가 바라는 연희 공간에는 패러디와 아이러니만 난무할 것이다. 이것만으로는 카니발적인 세계 감각의 총체성을 획득하지 못한다. 이때 탈춤이 지닌 생성의 힘이 분산되거나 파편화되는 것은 명약관화한 일이 된다.

---

16 아리스토텔레스의 비극이 관객과 무대가 감정이입의 상태에 빠져드는 카타르시스 효과를 중시한다면, 브레히트의 서사극은 관객이 열린 연희 공간에서 비판적인 태도를 취하는 소외 효과에 치중하게 된다. (송동준, 「소외극과 게스투스극으로서의 서사극」, 송동준 외 공저, 『브레히트의 서사극』, 서울대학교출판부, 1993, 29쪽, 참고.) 무대가 기존의 세계상을 비추어주는 것이 아니라, 관객이 새로운 세계상을 생성하는 힘을 가지게 되는 것이다.
17 김지하, 『탈춤의 민족미학』, 실천문학사, 2004, 354~365쪽, 참고.
18 김용옥, 『아름다움과 추함』, 도서출판 통나무, 1987, 52쪽.

3. 성적 농담 및 괴기 미학

변강쇠와 말뚝이에게 있어서 나타난 리얼리즘의 미학은 성적 농담과 괴기 미학에서 두드러져 보인다. 판소리사설 「변강쇠가」를 처음으로 문학사적으로 이해하려고 한 이는 이명선이었다. 그는 「조선 연(軟)문학의 최고봉 '변강쇠전'」에서 순수한 창작문학인 연문학을 최고 작품으로 파악했다. 연문학은 프랑스적인 개념으로 볼 때 이른바 '벨레뜨흐(belles-lettres)'에 해당한다고 하겠다. 축자적인 의미대로라면, 벨레뜨흐는 이른바 '미(美)문학'이다. 그가 판소리사설 「변강쇠가」를 소설 「변강쇠전」으로 본 것은 좀 앞서 나아간 것이며, 더욱이 도덕적 구속으로부터 자유롭고 경제적으로 성장하는 중인 계급의 사회적 성장의 배경에 특히 주목한 사실[19]에 대해선 선뜻 이해가 되지 않는다. 그는 해방기라는 정치적인 혼돈 시대에, 지나치게 문학을 사회학적인 맥락에서 이해하고자 했던 것이다. 그런데 이런 맥락을 의도적으로 벗어나고자 한다면, 「변강쇠가」는 미문학이 아니라 '추(醜)문학'일 수밖에 없다.

이명선의 논문으로부터 9년이 지난 1958년에, 손낙범은 이 「변강쇠가」를 가리켜 '감히 눈을 떠 볼 수 없는 무시무시하고도 그로테스크한 이야기'라고 규정했다.[20] 이 작품에 대해 최초로 그로테스크의 의미를 부여한 것이다. 그리고 1970년에, 국제펜클럽이 주관한 제37차 세계작가대회가 서울에서 성황리에 개최된 바 있었다. 이 대회의 큰 주제는 '동서 문학의 해학'이었다. 많은 발표자들이 6일에 걸쳐 발표했다. 한국계 재미 학자 서두수가 '판소리의 해학'이란 주제를 발표했다. 그는 이 주제 발표에서 「변강쇠가」에 관해 다음과 같이 언급하기도 했다.

---

19 이명선, 「조선 연(軟)문학의 최고봉 '변강쇠전'」, 『신천지』, 1949, 7, 194~196쪽, 참고.
20 손낙범, 「신재효와 변강쇠전」, 『학술계』, 제1권1호, 1958, 7, 60쪽.

Even, for instance, the title of another work, Karujigi or The Burial of a Body Carried on an A-Frame, lieterally translated, does not disturb the audience or reader with its gloomy picture of life due to its richness of humorous expression. Lamentations by the young wife over the death of her husband result in the deaths of those who come on the pretext of helping her, while in actuality their purpose is licentious. Assisted by picturesque mode of expression, the whole work gives the native audience and reader pleasure in depicting shamanistic and Buddhistic superstitions and beliefs familiar to all. Of course, we cannot overlook the honest and blunt reaction to thing unjust and immoral.[21]

그는 「변강쇠가」의 풍부한 해학적인 표현을 긍정적으로 바라보면서도 옳지 못하고 부도덕한 것에 대한 반발, 즉 혐오감을 간과할 수 없다고 했다. 인용한 발표문의 행간에 과도한 성적 노출에 대한 괴이하고 망측한 점들을 지적하고 있다. 「변강쇠가」의 괴기(怪奇) 미학에 대한 가장 수준 높은 안목은 김종철의 「'변강쇠가'의 미적 특질」에서 성취적으로 드러나기에 이른다.

「변강쇠가」를 읽으면 우리는 정상적 인간의 정서를 벗어나는 기괴한 사태에 종종 직면한다. 물론 어떤 문학 작품이 독자에게 끼치는 정서적 효과를 정상적이냐 아니냐를 구분한다는 것이 무의미하기도 하다. 모든 문학 작품은 인간의 정서에 일종의 충격을 주는 것인 한 비정상적 효과를 갖는다고 할 수도 있다. 그러나 「변강쇠가」에서 느끼는 우리의 정서는 그런 차원에서가 아니라 그 미적 특질의 복잡성, 또는 당대의 관습이나 삶의 정상적 감각을 넘어서는 그 괴

---

21 Doo Soo Suh, 「Humor in P'ansori Literature」, 『Humor in Literature East and West』, The Korean P. E. N. Centre, 1970, p.173.

기성 때문에 문제가 되는 것이다.[22]

　김종철은 인용문에서 보는바와 같이 「변강쇠가」의 미적 특질을 괴기미의 추구와 관련하여 간파하고 있지만, 이 괴기 미학이 19세기 당시에 새로운 사회에 대한 어떤 전망을 보여주고 있었는가 하는 문제는 앞으로 심화될 탐구 과제라고 보았던 것 같다.[23] 「변강쇠가」를 읽은 학자들마다 지나친 성적 농담이 괴기 미학을 불러왔다는 데 동의한 것으로 볼 수 있다.

　물론 김종철의 경우는 학문적인 가치중립성을 유지하려고 애를 쓰는 모습을 보이고 있었다. 그러면 변강쇠에 있어서의 성적인 괴기의 과잉된 측면을 살펴보자. 변강쇠와 옹녀는 오랜 유랑 생활 끝에 지리산 함양으로 흘러들었다. 임진왜란 때 숨어 살다가 버려진 한 기와집 폐가를 얻어 정착된 삶을 가지려 한다. 두 사람의 음행은 다음과 같은 것이다. 두 사람은 집들이(입주식)를 질펀한 정사로 대신한다.

　　부엌에 토정(土鼎) 걸고, 방 쓸어 공석(空石) 펴고, 낙엽을 긁어다가, 저녁밥 지어 먹고, 터 누르기 삼삼구(三三九)를 밤새도록 한 연후에……[24]

　이때의 성은 성스러운 의식이다. 터를 누른다는 것은 소위 지신(地神) 밟기의 의례인데 이것은 방사(房事) 의식과 등가의 것이 된다. 이 글 중에 다 이해가 될 수 있지만, 문제는 '339'가 무엇인지 잘 알 수 없다는 것이다. 문맥상 해석으로는 오밤중에서 꼭두새벽까지 잇따라 지속하는 성행위의 잦은 횟수라고 볼 수밖에 없다. 초저녁에 3번, 깊은 밤중에 3

---

22 김종철, 「'변강쇠가'의 미적 특질」, 『판소리 연구』, 제4집, 판소리학회, 1993, 290쪽.
23 같은 논문, 316쪽, 참고.
24 강한영 교주, 앞의 책, 431쪽.

번, 새벽녘에 3번. 하룻밤에 모두 9번이나 섹스를 했다는 것이다.

중국 남방의 농경문화권에서 2수 문화, 짝수 문화의 원형을 중시하지만, 북방 기마민족의 유목문화권에서는 3수 문화, 홀수 문화의 원형을 받아들였다. 우리의 경우는 전자보다 후자에 더 영향을 받았다. 반면에 일본은 한반도를 건너 뛴 북방 대륙보다는 멀어도 뱃길이 열려 있었던 중국의 영향을 받은 것 같다. 중국과 일본이 음양 교차의 태극을 주로 사용했다면, 우리나라는 3태극의 이미지를 즐겨 사용했다. 고구려 시대의 삼족오나 5세기 경 미추왕릉의 보검 모양을 보면 우리가 3이란 숫자를 매우 선호했음을 알 수 있다. 속신에 의하면, 재채기를 해도 세 번을 해야 재수가 좋다느니, 보리밭에서 새알 아홉 개를 주우면 풍년이 든다느니 하는 사례가 여기에 해당한다. 다음의 인용문을 보면, 「변강쇠가」에 나오는 '339'의 수수께끼가 풀릴 것 같기도 하다.

3태극의 문양은 없음(0)에서 하나(1)가 나오고 하나에서 셋(3)으로 분화하고, 셋이 각각 셋을 분화하여 아홉이 생겨난다. 이러한 인식 틀에서 3은 변화의 계기수가 되고, 9는 변화의 완성수가 되며, 9의 자기 복제수인 81(9×9)은 우주의 완성수를 의미하는 3수 분화의 세계이다.[25]

우리나라 춤음악이 3박자로 주로 이루어진 것도 이 3수 분화의 세계관과 무관하지 않을 것이라고 본다. 집들이 지신밟기에 해당하는바 변강쇠와 옹녀의 하룻밤 아홉 번 섹스는 이처럼 주술적이고 제의적이다. 또 과장된 괴기 미학이기도 하다. 미하일 바흐친이 프랑수아 라블레의 문학에 비추어 '물질적 육체 원칙'을 괴기 미학 즉 그로테스크 리얼리즘과 관련시키기도 했다.[26]

---

25 이찬주, 『춤 예술과 미학』, 도서출판 금광, 2007, 284쪽.
26 김욱동, 『탈춤의 미학』, 현암사, 1997, 195~196쪽, 참고.

경남 지역에서 현전하는 탈놀음인 오광대[27]가 민속 연희로서 괴기 미학을 잘 드러내고 있다. 「변강쇠가」가 노래와 아니리와 동작을 통해 연행하지만, 오광대는 시각적으로 강렬한 이미지인 탈들의 괴이쩍고 삐뚤삐뚤한 모양과, 주된 요소인 덧뵈기춤[28]의 사위와, 상스러운 대사와, 유럽의 서사극을 연상시키는 이야기 구조 등에 있어서 그것에 비해 더 인상 깊고 뚜렷한 그로테스크 리얼리즘의 미의식을 보여준다. 판소리가 김용욱의 말마따나 '창자와 관객 사이에서 성립하는 상징체계'[29]라면, 탈춤은 존재론적 갈등구조에 의한 분리체험이 아니겠나?

오광대의 발상지는 경남 합천군 덕곡면 율지리였다. 이 마을의 토착적인 지명을 두고, 흔히 '밤마리'라고 한다. 지금은 범속하고 한적한 강촌이지만, 19세기만 해도 낙동강 중류의 물류 유통의 중심지였다. 낙동강은 1930년대까지만 해도 수심이 깊었다. 이 밤마리는 남해안에서 안동까지 소금배가 오르내리는 물길의 요지였고, 특히 6월에는 함양산청에서 온 삼베의 집산지로서 큰 장이 형성되었다. 경상도 온갖 지방에서 온 미곡이 교역하는 곳도 여기였다.[30] 밤마리 나루터는 항상 어염 상선이 정박할 수 있던 일종의 하항시(河港市)였다. 난장을 이룰 때 장터에서

---

27 오광대의 숫자 '5'의 다층적인 의미는 이두현에 의해 명쾌하게 설명되어 있다. "오광대라고 하는 이름은 오행설에 의거한 '5'로서 진주와 마산 오광대에서 오방신장무가 나오는 예가 5행과 벽사 관념에서 연유한 '5'임을 짐작케 하고, 이 오방신장에 합치되는 오양반을 만들어 연출하기도 하고, 진주에서는 문둥 광대도 다섯을 등장시키고 있으며, 그 문둥이 가면은 오방각색으로 만들었고, 통영과 고성 오광대는 5과장으로 구성되어 있다."(이두현, 『한국 가면극』, 서울대학교출판부, 1995, 328쪽.)
28 우리 전통 춤의 기원은 대체로 북방형과 남방형으로 나누어진다. 북방형이 천신으로 향하는 뛰는 춤인 도무(跳舞)라면, 남방형은 지신밟기의 제의와도 무관하지 않듯이, 위에서 아래로 재앙을 단칼로 베어버리는 시늉으로 밟는 춤인 답무(踏舞)이다. 경상도 남부의 모든 춤은 덧뵈기춤에서 비롯했다는 설이 있다. 덧뵈기라는 말의 어원이 요사스런 귀신을 물리치는 벽사(辟邪)의 의미를 내포한 것이라는 설이 유력하다. 부산 지역의 탈춤인 들놀음과 경남 지역의 탈춤인 오광대는 덧뵈기춤의 전형이다.
29 김용욱, 앞의 책, 93쪽.
30 이두현, 『한국연극사』, 민중서관, 1973, 123쪽, 참고.

는 대(竹)광대패라는 유랑 예인 집단이 가면극을 연행했다. 이것이 경남 지역 오광대의 시작을 알리는 밤마리오광대였다. 상인들이 이 오광대를 후원했다. 이 밤마리오광대는 의령 신반장에서 연행된 신반오광대로 이어진다. 신반장은 유명한 신반 종이가 거래되는 곳이었다. 이처럼 '장터는 비공식적인 모든 곳의 중심지'[31]였다. 이 의미에서 오광대 형성과 전개의 사회경제적인 조건 및 입지를 찾을 수 있을 것 같다. 밤마리오광대와 신반오광대는 흔적도 없이 사라졌지만, 이것들은 진주오광대의 생성에 큰 영향을 미쳤다.

진주오광대는 영문학자이고 민속학자이기도 한 정인섭이 이미 1933년에 존재의 흔적을 밝혔다는 점에서 오래 전부터 관심의 대상이 되어 왔다. 그 다음 세대의 정상박의 연구에 의하면, 진주오광대가 1910년대 기생조합에서 주관했으며, 제3의 과장인 양반과정에서 김만중의 소설 「구운몽」과 관련된 요소가 개입된다. 육관대사와 성진이 등장하고, 상좌의 춤과 양반·8선녀의 춤도 선보인다.[32] 진주목사 정현석이 저술한 『교방가요』에 적시된 연예종목인 한량무와 모종의 관련성이 있을 것도 같다. 이 역시 누군가에 의해 앞으로 탐구되어야 할 과제이다. 공연의 후원층이 상인에서 기생조합으로 옮아갔다는 점도 예사롭지가 않다. 또한 연희 집단의 주체도 대광대패가 아니라, 진주 지역의 고유한 연희 집단인 솟대쟁이패로 바뀌어졌다. 송석하는 1930년대 초반에 많은 사람들을 탐문해, 김해오광대와 창원오광대가 약40년 전에, 통영오광대가 약30년 전에, 진주오광대가 약50년 전에 형성되었다고 보았다. 그렇다면 김해오광대와 창원오광대가 1890년대에, 통영오광대가 1900년대에, 진주오광대가 1880년대에 형성되었다고 볼 수 있다. 이 진주오광대는

---

31 김욱동, 『대화적 상상력』, 앞의 책, 255쪽.
32 정상박, 『오광대와 들놀음 연구』, 집문당, 1986, 67쪽, 참고.

지역 문화와 상당히 관련성을 맺고 있는 특징을 보인다.

> 경상도 들어서서 진양(진주)을 나리올 제 말티를 얼른 넘어 진양 풍경 바래
> 보니, 山上高 높은 집은 공부자의 집이로다. (……) 장하도다 大聖 공부자의 도
> 덕이 관천이라. 수창봉 붉은 안개 조양각을 둘렀고나. 비봉산 둘러보니, 의곡사
> 저 중놈들은 예불할 줄 제 모르고……[33]

진주오광대에는 진주와 관련된 지명, 건축명이 등장하고 있다. 여타
의 오광대에서는 볼 수 없는 표현이다. 이 인용문은 반어와 직설화법으
로 혼재되어 있다. 유교에 대해선 반어로 띄우고, 불교에 대해선 직설로
가라앉힌다. 언덕바지에 높이 세워진 공(부)자의 집은 향교이다. 이를
두고, '장하도다, 대성 공부자의 도덕이 관천이라.'라고 겉으로 찬미한
다. 위대한 성인 공자의 도덕이 하늘을 꿰뚫어 훌륭하다고 말이다. 모든
사회적 존재에 반어 구조가 포함되어 있듯이, 잠재적으로 비극적인 긴
장을 우스꽝스런 결과로 전환하기 위해 대화체로 된 탈중심화 전략을
기도한다. 이 전략은 카니발 언어의 전략이다. 오광대 사설의 카니발 언
어는 공자왈 맹자왈 하는 근엄한 독백의 권위주의를 폭로하는 개별적
인 주제들을 대화체로 탈중심화하려고 한다. 카니발 담화의 특징은 호
불호 양가적 평가의 중립적인 조건에서 실현되지 않는다.[34] 통속적인 어
법대로라면, 기면 기고, 아니면 아닌 거다.

탈놀음에서는 특히 오광대에선 상전인 생원과 하인인 말뚝이 사이에
말싸움이 늘 벌어지곤 하는데, 생원이 말뚝이에게 '죽는 놈은 네 놈이
요, 사는 양반 이내(1인칭 대명사)……'라고 하니까, 말뚝이가 이렇게 대거

---

33 최상수,『야유·오광대가면극의 연구』, 성문각, 138쪽.
34 Terry Eagleton,『Walter Benjamin or Towards a revolutionary criticism』, Thetford Press
Limited, 1985, p.149, 참고.

리한다. "이런 제기를 붙고 금각 대명을 우줄우줄 갈 양반아!" 이 '대명'
이라는 말은 진주 지역어 내지 서부경남 방언이다. 지금은 아무리 고연
령층이라도 인지하지 못할 낱말이다. 대명은 전라남도 담양을 가리킨
다. 유배지의 대유적인 표현이다. 말하자면, 이렇다. 제 어미와 상피 붙
고 금방이라도 귀양 갈 양반이란 뜻이다. 지독한 악담이요, 괴기한 저주
다. 담양은 대명, 함양은 해명으로 발음되었었다. 이 지역에 '해명산청
물레방아'라는 옛 민요도 있었다.

오광대가 전파된 또 한 루트는 밤마리에서 창원(마산포)을 거쳐 통영
에 정착되어 통영오광대를 형성했으며, 또 여기에서 고성과 거제로 파
생되었다. 통영에는 일찍이 탈춤이 있었다. 하지만 영문(營門 : 감영이나 병
영의 문)을 지나는 매구(풍물) 행렬의 탈과 현존하는 통영오광대의 탈이
서로 다르기 때문에 서로 다른 계통으로 봐야 한다는[35] 의견이 지배적
이다. 전경욱에 의한, 더 자세한 설명이 있다. 19세기 통제영(지금의 해군
본부)의 부속 관아인 취고수청(吹鼓手廳)의 악공(군악대원)들이 30여 명의
무리를 이루어 섣달그믐날에 동헌에 들어가 밤늦게까지 매구를 치면서
탈춤을 놀았다고 한다. 이 탈춤은 한 해의 잡귀를 몰아내고 새해의 복을
부른다는 의도에서 행하는 연희다. 이 통영 원(原)탈춤과 현존하는 통영
오광대와 성격이나 계보가 다르다. 현존하는 통영오광대는 창원오광대
의 연희자였던 이화선(李化善)이 통영으로 이사해 전파한 것이라고 한
다.[36]

고성에도 고성오광대 이전에 고성 원(原)탈춤이 존재했음은 문헌적으
로 증명되고 있다. 고성부사인 오횡묵이 1893년에 이것을 보고 난 기록
과 감상이 그의 사적인 비망록인 『고성총쇄록』에 남아 있다. 이 역시 통

35 박진태, 『탈놀이의 기원과 구조』, 새문사, 1991, 308쪽, 참고.
36 전경욱, 『한국 가면극 그 역사와 원리』, 열화당, 1998, 93~94쪽, 참고.

영 원탈춤과 마찬가지로 관아의 벽사진경을 위한 연말 행사였던 것이다.

每歲端陽除夕例自本府作廳公兄及時任各房排備祭物設奠時衆樂齊進……儺
戲輩鳴錚伐鼓踊躍轟闖齊入官場場中石臺上預設炬火明若白晝而金革亂聒人語
亂分月顚大面老姑優兩班倡奇形怪容之流頭頭迭出面面相謔或狂叫或慢舞如是
數食頃而止[37]

고성부사 오횡묵이 증언한 바에 의하면 대체로 다음과 같다. 해마다
단오와 섣달그믐이 되면 고성 관아에서 공형, 즉 3공형인 호장과 이방
과 수형리 및 현직 아전들이 갖춘 제물을 배열하고 제사음식을 진설한
후에 함께 즐기는 일로 나아갔다. 나희배(연희패)가 징을 울리고 북을 치
면서 등장했다 이들은 팔짝팔짝 뛰며 춤추고, 말 달리고 수레 끄는 악기
굉음을 낸다. 사람들이 관아의 마당에 등장하면 석대 위에 미리 설치된
횃불이 대낮처럼 밝았다. 금혁, 즉 쇠붙이는 꽹과리와 날라리요, 가죽은
북과 장구이다. 이처럼 악기 소리는 어지럽게 시끄럽고, 연행 중인 광대
의 대사는 어지럽게 나누어진다. 월전과 대면은 신라 시대의 탈춤이다.
탈의 종류는 할미광대(노고우)와 양반광대(양반창)로 적시되어 있다. 대면
은 큰 가면을 쓴 광대인데 아마도 말뚝인 듯하다. 말뚝이는 경남 지역의
오광대로 정착되면서 가장 두드러진 주역으로 부상되었기 때문이다.

오횡묵은 탈을 쓴 광대들이 갈마들면서 장중(무대)에 출현하고 얼굴마
다 익살스럽게 보이면서 혹은 미친 듯이 부르짖고 혹은 길길이 날뛰며
춤추는 이 모습을 두고 '기형괴용(奇形怪容)의 유파'라고 한 것으로 보아
그 당시에 경남 지역에 기괴한, 괴기스러운 형용의 원(原)탈춤이 있었음
을 알게 한다. 그가 함안군수로 재직할 때 이 유사한 것을 경험하기도

37 오횡묵, 『고성총쇄록(영인본)』, 고성문화원 · 도서출판 아이디니, 2008, 216~217쪽.

했다. 이것이 지금은 확인할 수 없는 오광대의 원형이라고 본다. 현전하거나 현존하고 있는 오광대는 20세기의 산물이라고 보는 것이 맞다. 19세기말 경남 원탈춤 중의 하나인 밤마리오광대의 영향을 받은 것이다.

각 지방마다 먼저 존재했던 원형과 어느 정도 습합이 되었는지는 잘 알 수 없지만, 할미 탈과 양반 탈, 심지어는 말뚝이탈로 짐작되는 대면 등이 문헌에 기록된 것으로 보아, 원탈춤과 오광대가 서로 계통이 다르다느니 서로 성격이 다르다느니 쉽게 말할 수가 없다. 오횡묵은 공연 시간을 '몇 식경'이라고 했는데 현존 오광대의 연행 길이와 엇비슷하다. 한 식경은 밥 먹을 만큼의 짧은 시간을 말하는데 몇 식경이라면 대체로 한 시간 전후인 듯하다.

이상으로 서술한 바와 같이, 고성부사 오횡묵이 남긴 기록은 오광대 연구에 적지 않은 의미를 남기고 있다. 이 짧은 기록 속에는 함축하는 바가 결코 작지 않다. 특히 고성오광대를 복원시킬 수 있는 여지를 마련했다는 것이다. 실제로 이에 관한 이훈상의 연구는 매우 의미가 있다.[38]

어쨌든 간에, 일반적인 범주의 탈놀음은 말할 것도 없고, 경남 지역의 원탈춤이나, 오광대의 괴기 미학에 관해서라면, 오횡묵의 기록을 통해서, 또 그가 기형괴용, 즉 기괴한 형용의 존재상, 왜곡상을 증언으로써 충분하게 입증되었으리라고 본다. 좀 더 구체적으로 들여다보면, 다음과 같다.

바흐친이 라블레의 문학 작품에서 그로테스크 리얼리즘의 전형적인 사례를 '얼굴 모습은 웃음으로 일그러지고 배는 아이를 임신하여 동그

---

38 이훈상은 고성부사 오횡묵이 재직하던 1893년 당시에 그를 보좌하던 이서(吏胥)의 아들들이 중심이 되어 일제강점기에 권번의 중심인물로 활동한 것에 착목해, 이들이 오횡묵이 말한 '잡희(매귀희)'가 1926년에 만들어진 고성 권번에서 '매귀극'으로 재구성해 공연되다가, 해방 이후에는 지금의 고성오광대로 발전시키는 주역이 되었다고 했다. 매귀는 풍물놀이를 말한다. 이훈상, 『경상남도 사천의 가산오광대와 고성의 고성오광대 그리고 이들의 연희자들과 고문서』, 동아대학교 석당학술원 한국학연구소, 2015, 154~160쪽, 참고.

랑게 부풀어 오르는 노파의 형상이 묘사되어 있는'[39] 것이라고, 김욱동은 보았다. 이와 유사한 우리의 사례도 있다. 노부부가 격렬한 성행위를 하고 임신했다는 상당히 엽기적인 상상력은 봉산탈춤에서 반영되어 있다. 오광대의 양반과 할미에 각각 해당하는 영감과 미얄은 서로 어르는 (섹스하는) 행위를 일삼는다. 매우 음란한 연행이다. 영감이 땅에 누우면 미얄은 영감의 머리 위로 기어 나간다. 미얄이 고통스럽게 내뱉는 대사가 있다. "아이고, 허리야. 연만(年晩) 팔십에 생남자(生男子) 보았드니 무리 공알이 시원하다."[40] 늦은 나이인 여든 살에 남자와 실제로 섹스를 했더니, 공알 즉 여성기의 음핵(陰核 : clitoris)이 시원하게 상통했다고 한다. 이보다 더한 그로테스크 리얼리즘이 있을까, 싶다.

이처럼 인간의 신체를 솔직하고 과감하게 묘사함으로써 탈의 춤판에 카니발적인 세계관이 반영된다. 오광대의 주역으로서의 말뚝이에게도 성적 농담 및 괴기 미학은 이어진다. 오광대 중에서도 가산오광대에 이르러 극에 달한다. 가산은 어촌 마을로 진주의 조세 창고가 있던 곳이었다. 지금의 행정구역으로선 경남 사천시 축동이다. 가산오광대의 양반 과장에 하인인 말뚝이가 상전인 양반 부인과 남몰래 격한 성관계를 맺었음을 양반에게 실토하는 장면이 있다.

여보 새안님, 새안님을 찾으려고 새안님댁으로 들어가니 새안님 마누라가 벽장문을 주르르 열고 하얀 백병에 모주 한 잔 콩콩 부어주기에 이내 말뚝이가 호부락홀짝 마신 후에 새안님 마누라가 거불렁껍적하기에 이내 말뚝이가 눈치 채고 새안님 마누라를 배 위에 (불림조로) 더덜컹 실고 둥둥켕켕—. (모두 장단에 맞춰 춤을 춘다.) (……) 새안님 마누라가 새안님을 흥보하시는데(흥을

39 김욱동, 『대화적 상상력』, 앞의 책, 248쪽.
40 심우성 편저, 『한국의 민속극』, 창작과비평사, 1976, 244쪽.

보시는데) 새안님이 낮거리를 하야 낳다 합디다.[41]

하인이 상전 부인과 간통했다는 것도 그다지 현실적인 일이 아니지만, 이 불륜 사실을 당사자인 양반(새안님, 생원님)에게, 당신 아내와 상간했소, 라고 자신만만하게 밝히는 것도 비현실적이다. 비현실적인 극적인 환상이지만 현실이기를 소망하는 구경꾼들에게는 현실 그 자체이다. 양반을 조롱하고 풍자하는 괴이쩍은 실재감이랄까? 당신 아내와 상간했소, 라고 한 말뚝이의 말은 늘 요설적인 언사를 쓰지만, 이처럼 외설적인 음사는 엇나감의 추(醜)의 미학이다. 비위가 틀리어 말이나 행동이 이치에 어긋나게 비뚜로 나가는 것이 말뚝이의 존재감을 나타낸다. 낮거리, 즉 아버지가 누군가 낮에 섹스를 해서 낳은 그 양반은 서출(庶出)임을 홍보하는 것이다. 온전한 양반도 아닌 것이 양반 행세를 한다는 것. 경남 지역이 권력의 중심지인 중앙 무대와 멀리 떨어져 있기 때문에, 이 지역을 대표하는 연희 양식인 오광대는 중앙 집중적인 권력 질서에 대한 반감이 매우 컸을 수밖에 없었다.

4. 쓴웃음 속의 흑색 해학

그로테스크 리얼리즘에는 괴기 미학 외에도 '흑색 해학'이 자리하고 있다. 물론 이 얘기는 바흐친이 한 말이 아니다. 용어의 순서를 살펴보자면, 그로테스크 리얼리즘이 1920년대에 출현했다면, 흑색 해학의 용어는 1930년대에 생겨났다. 일반적인 관점에서 볼 때, 흑색 해학을 두고 '블랙 유머'니 '블랙 코미디'니 하는 말로 대신하고 있다.

---

41 이두현 교주, 앞의 책, 342~343쪽.

이 흑색 해학이란 용어를 처음으로 쓴 이는 문학비평가 백철이 아닌가 한다. 1970년 서울에서 국제펜클럽 세계작가대회가 6일간에 걸쳐 열린 후에 회의록을 남겼을 때, 한국어 간행사를 쓴 이가 그였다. 그는 이 대회 기간 동안에, 이 용어가 발표자 중에서 가장 많이 언급된 용어라고 했다. 특히 그는 소련으로부터 망명한 한 작가가 '소련에 있어서의 블랙 유머'를 발표하였는바, 이 용어가 공산주의 사회에서는 정치 체제에 대한 저항의 의미로, 자유주의(자본주의인 듯) 사회에서는 지나친 기계문명화로 인한 불합리에 대한 비판의 의미로 쓰였다고 했다.[42]

흑색 해학은 기원전 5세기의 아리스토파네스와 16세기의 프랑수아 라블레의 작품에까지 거슬러 올라가 적용될 수 있다. 현대에 이르러서는 프랑스의 초현실주의자였던 앙드레 브로통이 1939년에 처음으로 프랑스어로 '이무흐 누아(humour noir)'를 사용했다. 말하자면, 세계의 모순과 부조리를 전제로 한 음울한 웃음이다. 제2차 세계대전이 끝난 이후에 프랑스에서는 부조리극이 상당히 성행했는데 여기에서 제기된 웃음의 성격은 우스꽝스럽고 기형적이며 또 불길했다. 김욱동은 이 부조리극이 우리의 탈춤과 여러 모로 유사하다고 보았다. 1960년대에 이르면, 흑색 해학은 세계적으로 관심의 대상이 된 비평 용어로 자리를 잡는다. 유머 중에서도 음침하고 절망적이고 잔혹한 웃음의 방식에 의해 실현된 문학·미술·연극 등이 고개를 들었기 때문이다. 일반적으로는 블랙 유머라고 칭하며, 또 블랙 코미디와 거의 동의어로 사용되고 있다.[43] 1970년 국제펜클럽 세계작가대회에서 미국인 발표자로 나선 애너 밸러키언의 「블랙 유머와 현대 커뮤니케이션」 중의 일부를 살펴보자.

---

42 제37차 세계작가대회 회의록, 『동서 문학의 해학』, 국제펜클럽 한국본부, 1970, xv, 참고.
43 영문학자인 김욱동은 우리말 규범 표기인 블랙 유머, 블랙 코미디 대신에, 원음에 가까운 블랙 휴머, 블랙 코메디로 표기하고 있다.

The sense of indignation channeled into the sphere where it is detached from personal interest gives to rebellion an objective, unbiased quality, and thereby it becomes more communicative to others; it is relayed from the individual to the collective group. This is why dark humor can become identifiable with the situation of universal man, whatever his social structure may be. As a form of literary communication it can therefore reach vast audiences, for it transcends the barrieres of race, rank, and time.[44]

여기에서 흑색 해학을 가리켜 '분개의 감각'이라고 표현한 것이 흥미롭다. 이것은 개인적인 관심으로부터 벗어난 영역에서 운위되는 개념이다. 그렇기 때문에 객관적이며 또 편견 없는 기질과 관련을 맺는다. 분개의 감각이 개인의 문제가 아닌 집단의 문제인 까닭이다. 또 흑색 해학이 보편적인 인간 상황과 사회구조에 대한 인지가 가능한 까닭이기도 하다. 문학적 소통 형식에 따르면, 이 개념은 인종과 지위와 시대의 장벽을 넘어 거대한 수용층에까지 도달할 수 있다. 흑색 해학은 이처럼 공적 감각의 영역으로까지 확대될 수 있다.

판소리나 탈춤과 부조리극이 유사한 것은 자아와 세계의 관계가 모순과 부조리의 관계로 설정되는 조건에 있다. 강고한 세계에 대한 무력한 자아의 무기는 적대적인 쓴웃음 정도밖에 없기도 한다. 유랑민에 지나지 않는 변강쇠가 옹녀와 살림을 차리고 만날 섹스에만 탐닉하다 보니 현실주의자인 옹녀도 짜증이 났다. 그녀의 말이 요즘 식의 어법대로라면 이렇지 않았을까? 인간아, 섹스가 밥 먹여 주냐? 밖에 나가 돈 좀 벌어 와라. 물론 변강쇠가 이러한 유의 말을 듣고 나무하러 갔는데, 그는

---

44 Anna Balakian, 「Black Humor and Modern Communication」, 『Humor in Literature East and West』, 앞의 책, p.134.

나무를 베지 않고 장승을 뽑아 왔다. 이 사실이 빌미가 되어 동티(탈)가 나 죽음에 이르게 된다. 민속 신의 저주인 셈이다. 변강쇠가 장승을 허수아비 같은 존재로 취급한 것이 그 시대의 표준에 맞지 않은 행위였을까? 현대의 학구적이요, 현학적인 용어를 빌리자면, 탈신비화랄까, 탈물신(物神)화랄까? 그럼에도 불구하고, 그는 희극적인 데서 비극으로 단초를 자초하기에 이른다. 그가 장승을 뽑기 직전에 엄청난 호기를 부렸다.

> 네 이놈, 뉘 앞에다 색기(色氣)하여, 눈망울 부릅뜨니. 삼남(三南) 설축 변강쇠를, 이름도 못 들은다. 과거(科擧) 마전(馬廛) 파시평(波市坪)과, 사당(寺黨) 노름 씨름판에, 이내 솜씨 사람 칠 제, 선취(先取) 복장(腹腸) 후취(後取) 덜미, 가래딴죽 열두 권법(拳法). 범강(范彊) 장달(張達) 허저라도, 다 둑 안에 떨어지니……[45]

변강쇠의 자신만만함은 어디에서 연유하는 것인가? 세상에는 애최 주물 따위는 없다는 것. 주물이 없으니 주물숭배도 없고, 물신(物神)에 대한 인간의 원초적인 속박도 공포도 없다고 판단한 것이다. 오로지 육체적인 자유만이 있을 뿐이다. 인간의 육체에도 주박(呪縛)은 있을 리 없다. 가진 것이라고는 생식기만이 그 자신 존재의 뿌리인 거다. 그가 주술적인 속박에서 벗어나려고 하다가, 마침내 그것에 걸려든 것은 이 작품이 가지는 최대의 한계이다. 왜 소설의 형식으로 발전하지 못했는가를 알 수 있게 하는 대목이다.

변강쇠는 그가 장승을 뽑아온 것을 보고 옹녀가 기겁을 하면서 목신과 조왕에게 목숨을 보전하지 못할 거라고 다시 세워 놓고 오라는 간청도 거부해버린다. 앞에서 서술한 것처럼 분개의 감각이라고 하겠다. 청

---

[45] 강한영 교주, 『신재효 판소리 사설 여섯마당집』, 형설출판사, 1982, 436쪽.

중의 입장에서 볼 때 웃기는 상황이 아닐 수 없다. 이에 대해 옹녀는 이미 불길의 상황을 예감했던 것이다. 판소리사설 「변강쇠가」는 변강쇠의 삶과 죽음에 관해 반반으로 다루고 있다. 그의 삶은 유랑과 섹스요, 그의 죽음은 질투와 저주다. 후반부의 죽음은 잔혹한 공포의 괴담으로 점철된다. 변강쇠는 살아서나 죽어서나 길길이 날뛰었다. 그의 죽음을 정리해준 사람은 '뎁득'이었다. 변강쇠의 분개와 질투를 통제한 새로운 질서 형성이란 관점에서 볼 때, 뎁득은 새로운 문화영웅의 출현을 예감케 했다. 변강쇠와 뎁득은 살아생전에 서로 만나지 못해도, 민중예술에서 보는 일종의 짝패 구조라고 할 수 있다.[46]

요컨대 지금은 잘 연행이 되지 않고 판소리사설이란 문학텍스트로 남아 있는 「변강쇠가」의 성격은 이렇게 정리된다. 변강쇠의 카오스와 뎁득의 코스모스가 합일해 하나의 카오스모스, 통합적인 전망의 코스몰로지(우주론)를 이루어갔다.

변강쇠의 죽음과 관련해 무언가 불길한 예감이 장승을 뽑을 때부터 있었다. 언더플롯이랄까? 후반부에서는 치상하는 사람들을 해코지하는 것이 블랙 유머, 즉 흑색 해학을 불러일으킨다. 변강쇠를 달래는 옹녀의 독백 역시 음울한 웃음을 자아낸다. 김종철은 괴기미에서 유발한 「변강쇠가」에서의 웃음이 축제적이고 경쾌하다기보다 음습하다고 했다.[47]

이 후반부는 우리나라의 음울한 코미디 영화로서 배우 송강호의 초기 출연작이기도 한 「조용한 가족」(1998)을 마치 보는 것과 같다. 말하자면 판소리사설 「변강쇠가」나 영화 「조용한 가족」의 웃음이 블랙 유머, 즉

---

46 이상일은 자신의 논문 「브레히트 민중극의 코스몰로지」에서 민중극에서 등장하는 어릿광대의 쌍·짝 구조라는 표현을 사용한 바 있었다. 판소리도 민속 연희라는 점에서 민중극에 다를 바 없다. 변강쇠와 뎁득의 대칭 구조에는 '원초적인 한 쌍(primordial pair)'의 축제적인 코스몰로지가 깃들어져 있다. 고대 주술 심성의 잠재적, 우주론적인 그림자랄까? (이상일, 「브레이츠 민중극의 코스모로지」, 송동준 외 공저, 앞의 책, 250~258쪽, 참고.)
47 김종철, 앞의 논문, 312쪽, 참고.

흑색 해학에 적잖이 기반을 삼고 있다는 점에서, 나는 공통적이라고 본다. 죽음이 비극적인 성격을 지닌 것만은 아니다. 죽음에도 해학이 있다. 바흐친의 글을 다음과 같이 인용해본다.

……죽음에 대한 기괴한 (그리고 우스꽝스러운) 묘사의 예들에서 죽음 그 자체의 이미지는 해학적인 측면을 지닌다. 죽음은 웃음과 불가분의 것이 된다. 그리고 대부분의 경우에 라블레는 웃음을 자아내는 쪽으로 죽음을 그려낸다.[48]

오광대도 웃음을 유발한다. 오광대에서의 웃음은 어떤 웃음일까? 웃음에도 긍정적이거나 부정적인 양면성이 있다. 긍정적인 웃음은 명랑한 웃음이다. 이 웃음은 인간관계를 좋게 하는 웃음이라고 하겠다. 이 웃음은 일상의 양념이나 삶의 윤활유가 된다. 반면에 부정적인 웃음에는 쓴 웃음, 억지웃음이란 게 있다. 일상의 삶터에서 마지못해 웃는 강잉한 웃음 따위도 적지 않게 만난다. 심지어는 날을 세우는 풍자적인 웃음도 있다. 이런 유의 웃음에는 인간관계를 전제로 하기보다 이해관계가 있는 웃음이다. 오광대에서의 웃음은 명랑한 웃음이 결코 아니다.

일반적인 탈놀음에서의 할미 춤은 때로 섹시하다. 이 춤이 팔을 크게 벌리고 엉덩이를 심하게 흔듦으로써 동작이 외설적이고 익살맞다.[49] 그런데 할머니와 섹시함은 어울리지 않는다. 오히려 괴이쩍다. 그런데 오광대에 이르러서는 이 엉덩이춤이 외설적인 것을 넘어서 삶과 죽음의 틈새에서 비롯한 모순과 부조리를 처연하게 느끼게 하기도 한다. 고성오광대의 엉덩이춤은 다음과 같이 성격화된다.

제밀주 과장에서 큰어미가 추는 춤으로 엉덩이를 마구 흔드는 춤사위다. 큰

48 미하일 바흐찐 지음, 천승희 외 옮김, 『장편소설과 민중언어』, 창작과비평사, 1988, 396쪽.
49 최인학, 『바가지에 얽힌 생활 문화』, 민속원, 2004, 174쪽, 참고.

어미가 등장하면 한스러운 음악이 구음으로 반주되기도 하는데 경박스러운 엉덩이 춤사위와 대비된다. 엉덩이춤은 역설적인 춤 동작이며 인생을 압축시켜 놓은 춤 동작이다. 곧 다가올 죽음을 모른 채 즐겁게 또는 슬프게 살아가는 모습을 춤으로 보여주고 있기 때문이다.[50]

이 엉덩이춤은 인간이 곧 다가올 죽음도 모른 채 추는 춤을 표상한다. 불길한 조짐이나 기미가 감도는 것 같은 느낌의 춤이란 점에서, 마냥 명랑하기만 한 춤은 아니다. 불길한 것이라면, 흑색 해학과 관련이 있다. 이때 자아와 세계의 관계는 모순과 부조리라고 하겠다. 통영오광대는 서막에 문둥탈을 쓴 문둥이가 등장해 넋두리를 하는데, 주목할 부분은 이런 것이다.

> 만사가 모두 다 여망(餘望)이 없는 내 신세야.[51]

여망이란, 다름이 아니라 사전적인 풀이로는 아직 남은 희망, 장래의 희망이란 의미를 가리킨다. 문둥이의 희망 없는 삶은 외국 영화의 제목처럼 '동정 없는 세상'에 대한 기의이기도 하다. 흑색 해학의 미학적인 조건은 희망 없는 삶, 동정 없는 세상에서 비롯한다.

오광대의 주역은 말뚝이라고 해도 과언이 아니다. 여타의 탈놀음에서는 역할이 분산되어 있지만, 오광대에서는 말뚝이에게 초점이 주어진다. 가부장제에서 억압 받는 할미 역시 중요한 배역이 되기도 한다.

말뚝이의 대사는 늘 상전인 양반을 조롱하거나 풍자하는 데 이용된다. 그는 양반의 부인을 희롱하거나, 언감생심 범하거나 하는 얄궂은 역

---

50 심상교, 『고성오광대』, 화산문화, 2000, 109~110쪽.
51 이두현 교주, 295쪽.

할을 맡고 있다.[52] 이 역할이 구경꾼들을 일시적인 카타르시스로 인해 폭소를 터뜨리게 할 수 있게 하겠지만, 그 다음의 단계가 문제다. 도덕적으로 정상적인 사람이라면, 다음 단계에서 도덕성을 성찰하게 마련이다. 남의 부인을 범하는 게 정말 옳은 일인가? 말뚝이 입에서 다시 한 번 성적 농담이 튀어나온다면, 청중은 쓴웃음이나 억지웃음, 강잉한 웃음을 지을 수밖에 없다.

말뚝이의 성범죄적인 언행이 오광대에서는 그다지 세지 않다. 이보다는 수영과 동래에서 연행된 들놀음에, 그 인상이 거의 포르노 수준으로 강화되어 있다. 「변강쇠가」가 신재효의 6마당에 들었다가 20세기에 판소리 텍스트로 소임을 다하지 못하고, 판소리계 소설로도 탈각되기도 했듯이, 오광대가 말뚝이에 대한 도덕적인 성찰이 부족했던 탓에 흑색 해학의 수준에서 발을 묶게 했던 것 같다.

5. 권력 비판과 제도 비판

변강쇠와 말뚝이는 19세기 조선 사회에 대한 체제비판자로서 부상된 문학예술적인 캐릭터다. 이들은 소위 '시그나투라 템포리스(signatuta te-mopris)', 즉 시대의 부호로서, 말하자면 낙오된 인간상의 상징으로 자리를 잡았다. 서로 장르는 달라도 연희 공간의 인간상인 점에 있어서는 공통된다.

이 두 인간상은 미학적인 견지에서 볼 때 이른바 '추의 미학'에서 빛

---

52 "언쟁적 상황에 능숙한 말뚝이는 필경 신분의 역전, 상황 관계의 전복을 도모하기에 이른다. 양반 안방마님과의 통정이 그것이다. 신분의 사회학적인 상향 이동(upward mobility)으로는 돈·공부·출세보다도 섹스가 가장 직접적인 것이다."(송희복, 『소설의 역사성, 소설사의 환(幻)과 탈역사성』, 청동거울, 2004, 56쪽.)

어진 캐릭터다. 이런 제목으로 책을 낸 카를 로젠크란츠는 '추는 미에 기대어 미로부터 형성된다.'[53]고 하였다. 미가 있기 때문에 추가 있다는 거다. 영웅의 일대기에서 보여준 인물의 완전무결한 도덕이상주의가 미라면, 결점투성이의 문제적 개인들은 이 미에 기대어 있다가 미의 자기파괴에 부정적으로 기여한다. 문제적인 그들은 시대가 요구하는 그 나름의 추의 미학을 형성하면서 권력 및 제도에 비판적으로 취한다. 특히 변강쇠는 권력 비판에, 말뚝이는 제도 비판에 집중하고 있다.

변강쇠와 옹녀는 정착민으로서 실패한 인간들이었다. 변강쇠가 본디 삼남인이었다면, 옹녀는 서북인이었다. 옹녀가 음행이 심해 남자 잡는 귀신이란 소문이 나자, 이런 말이 나돌았다. 저 년 때문에 서북이 여인 국이 된다. 그래서 악화된 여론에 떠밀리어서 서북 지역에서 추방을 당한다. 이때 그녀가 악을 쓰면서 저주한 말이 있었다. "어허, 인심(人心)이 흉악하다, 황평 양서가 아니면 살 데가 없느냐? 삼남(三南) 좆은 더 좋다더라!" 그녀의 고향인 황해도 평안도 두 서도를 비난하면서, 충청·전라·삼남의 사내들이 더 섹스를 잘해준다고 하더라는 농언을 해댄다. 남남북녀라는 말과도 관련이 있는지도 모를 일이다.

두 남녀는 청석골에서 우연히 만나 서로 좋아했다. 이들이 남하하는데 논산 강경읍, 부안의 줄포면, 영광의 법성포 등지를 돌아다녔다. 이 지명들은 장시가 있는 곳들이다. 특히 법성포는 예로부터 조기잡이 파시(波市)로 유명한 곳이었다. 생활력이 강한 옹녀는 들병장수 등을 하며 간신히 돈과 곡식을 모았다. 여기저기 떠돌던 이들은 마침내 유랑 생활을 청산하기 위해, 즉 정착민이 되기 위해 지리산 기슭으로 들어간다. 지금의 경남인 함양 땅이다. 이들은 현대적인 용어로 경계인이었다. 변강쇠는 마을의 수호신이자 경계의 표지 기능을 지닌 장승을 뽑아서 땔

---

53 카를 로젠크란츠, 조경식 역, 『추의 미학』, 나남, 2010, 23쪽.

감으로 사용했다. 어느 목부(牧府)와 군현(郡縣)에도 소속되지 않은 그의 내면적인 분노가 드러난 것이다. 장승을 쪼개 땔감으로 사용했다는 건 관권에 대한 민의 저항으로 읽힌다. 특히 19세기 조선 사회는 삼정의 문란으로 인한 민이 동요하던 시대, 혹은 민란의 시대가 아니었던가. 이 작품 속에 19세기 백성의 간고하고도 신산한 살림살이를 토로하고 있는 것도 현실의 정확한 반영이라고 볼 수 있다.

> 가지록(갈수록) 일이 생겨, 불쌍한 게 백성이라.
> 일 년 사절(四節) 놀 때 없이, 손톱 발톱 잦아지게,
> 밤낮으로 벌으려도, 불승기한(不勝飢寒) 불쌍하다.[54]

백성은 주야장천 일을 하고 돈을 벌려고 해도 굶주림과 추위를 이길 수 없다는 말이 된다. 이 대목은 우리 고전문학사에서 백성의 고충을 잘 대변한 내용이다. 이 부분은 산문으로 쓰인 게 아니라 율문으로 노래되었지만, 결기 어리고 날을 세운 산문정신의 정수로 남아 있다. 변강쇠가 비판한 권력은 중앙 권력이라기보다 지방 권력으로 보아야 한다. 고향인 서북에서 쫓겨난 옹녀도 마찬가지다.

탈놀음과 오광대에서는 잡색(雜色)의 극적 인물들이 무대과 객석이란 테두리가 없는 열린 연희 공간에서 마음껏 제도를 비판한다. 특히 말뚝이는 신분제를, 할미는 가부장제를 비판한다. 말뚝이는 종이면서 마부다. 마부라서 늘 양반을 따라다닌다. 양반을 관찰할 기회가 많고, 누구보다도 양반의 내막을 잘 알기 때문에 이를 폭로하기에 가장 적합한 인물이다.[55] 말뚝이의 양반 비판, 신분제 비판은 주로 양반 과장에서 이루어진다. 통영오광대의 대사에는 이런 게 있다.

---

54 강한영 교주, 앞의 책, 57쪽.
55 조동일, 『한국 가면극의 이해』, 한국일보사, 1975, 84쪽, 참고.

날이 떱떠부리하여지니 양반 놈의 새끼들이 연당 못에 무자수 새끼 모이듯이 촌 골목에 도야지 새끼 모이듯이 그저 주렁주렁이 모아 서서 말뚝인지 쇠뚝인지 화삼사월 초파일날 장안 만호(萬戶) 등 달 듯이 과거 장중(場中)에 제 의붓아비 부르듯이 그저 말뚝아 말뚝아 불러? 이 놈들.[56]

대사가 이 지경이면 양반과 상것의 층위가 없이 서로 막 가자는 것에 다름이 없다. 조선 사회의 신분제를 근본적으로 뒤엎자는 얘기다. 경남 방언에서 불평등하다는 것의 표현을 두고 '칭아지다'고 말하기도 했다. 칭아는 층위(層位)이다. 특히 오광대의 말뚝이는 '칭아 없는' 세상에 대한 대리만족의 극적인 구현자로서 입지를 마련한 것이다.

민속학자 심우성은 『한국의 민속극』(1975)을 편저하면서, 오광대가 여타의 탈놀음과 달리 파계승에 대한 조롱 장면이 가벼운 반면에, 양반 관료층에 대한 저항의 정도가 철저하며, 처첩(妻妾) 관계의 폭로를 통한 봉건적인 가족제도에 대한 불만이 두드러지게 나타나고 있다고 했다.[57] 할미 탈을 쓴 광대가 등장한 기록이 1893년의 고성부사 오횡묵의 글에서 나타나는 것처럼 할미 캐릭터는 시기가 상당히 소급되는 것 같다. 이것은 오늘날 페미니즘의 관점에서 가부장제를 비판한 극적인 인간상으로 재평가될 수 있다.

---

56 이두현 교주, 앞의 책, 299쪽.
57 심우성 편저, 『한국의 민속극』, 창작과비평사, 1976, 33쪽.

노래의 사회사 : 경남 지역의 민요

1. 경남 민요의 원류를 살펴보다

지금 경남 지역의 민요라고 하면 가장 원형적이요 원초적인 것이, '쾌지나 칭칭 나네'나 '칭이야 칭칭 나네' 등의 후렴이 딸려 있는 이른바 '칭칭이소리' 유(類) 노래다. 이 노래는 경남인의 농경 생활과 함께 시작되었다고 추정된다. 그러니까 삼한 시대에까지 거슬러 올라간다. 칭칭이소리를 연구한 김봉우는 자신의 저서 서문에서 다음과 같은 소회를 밝히고 있다.

내 심금을 울리는 것은 칭칭이의 소리가락이다. 정월 대보름날 달집 주위에서 밤이 이슥토록 부르던 칭칭이도 그렇고, 일꾼들의 신명을 지피던 칭칭이도 그렇다. 더구나 칭칭이 소리만 나도 신명이 나서 춤판으로 뛰어들던 이웃 사람들의 멋과 흥도 잊을 수가 없다.[1]

---

1 김봉우, 『경남지역의 칭칭이소리 연구』, 집문당, 1994, 3쪽.

칭칭이소리는 경상도 지역에서 일하거나 놀 때 메기고 받는 형식의 선후창 소리다. 메기는 소리를 앞소리라고 하고, 받는 소리를 뒷소리라고 한다. 빠른 곡조와 경쾌한 가락이 경상도 사람들의 기질이 잘 반영된 민요라고 평가되고 있다. 원초적인 민요 「쾌지나 칭칭 나네」는 일반 민중이 제창해야 맛이 난다. 그런데 나는 CD음반 『명창남도민요』에서 여성 창자들이 부른 이 노래를 들어본 일이 있다. 여기에서 여성 창자들의 노래라고 지칭한 경우는 한 시대를 풍미한 김소희 · 박귀희 · 오정숙 등의 최고 소리꾼들이 어우러진 소리를 말한다. 굵은 목구성이 아니라 가녀린 성음으로 불리어진, 무척 이채로운 「쾌지나 칭칭 나네」 버전이었다. 잊지 못할 버전의 경남 대표의 민요였다.

낙동강과 남해가 싹을 틔운 경남의 역사지리학적인 조건은 풍요로운 농경문화 및 어로문화의 꽃을 일찍부터 피웠으리라. 그 기원은 변한 12국과 포상(浦上) 8국에까지 소급된다. 중국의 옛 사서가 기록하고 있듯이, 변한(→가야) 사람들이 농사일이 끝나면 남녀가 무리를 지어 가무를 즐겼다고 했다. 칭칭이소리와 허튼춤은 이 가무의 원형이요, 기원이었던 거다.

　　얼씨구나 친구들아
　　치이나 칭칭 나네

　　칭칭이소리 한번 하자
　　치이나 칭칭 나네

　　　(……)

　　먼 데 사람 구경하고

치이나 칭칭 나네

옆의 사람 춤 잘 춘다
치이나 칭칭 나네[2]

인용한 것은 경남 고성 지역의 칭칭이소리 중에서 따왔다. 여기에서
보다시피, 노래와 춤은 한 세트를 이루고 있다. 춤은 무(舞)와 용(踊)으로
나누어지는데, 여기에서는 앞엣것에 해당된다. 남방계의 무는 상체를,
북방계의 용은 하체를 이용하는 춤이다. 무당이 추는 춤과 싸이의 말춤
은 팔짝팔짝 오르내리는 뜀춤으로서 후자에 속한다. 이에 반해 하체의
움직임이 별로 없이 두 팔을 벌리거나 어깨를 들썩이는 춤은 일종의 허
튼춤이다. 흐트러진 춤 말이다. 무형식과 즉흥을 연행하는 춤이다.
　요컨대 이 허튼춤이 칭칭이소리와 짝을 이루었던 것이다.
　이 허튼춤은 경남의 탈춤을 상징하는 오광대의 덧배기(혹은 덧뵈기)춤
과도 연결된다. 도무(跳舞)가 아닌 답무(踏舞)라서다. 하나의 짝을 맺은 가
무는 풍농을 기원하거나, 또 이를 점치는 일종의 의식으로 발전한다. 예
컨대 김해의 삼정걸립치기, 진주삼천포의 농악, 밀양의 백중놀이, 함안
의 지신밟기, 함양의 들소리, 통영의 매구 등이 칭칭이소리에서 나왔다
고 해도 과언이 아니다. 이런 점에서 볼 때, 칭칭이소리는 일종의 종합
예술인 원초적인 통섭 연행 속에 포함되어 있던 것이다.

황새야, 덕새야,
너으 집에 불났다.
신짝 갖고, 불 꺼라.[3]

---

2 같은 책, 165쪽.
3 임석재 편저, 『한국구연민요』, 집문당, 1997, 210쪽.

나는 임석재의 편저『한국구연민요』에서, 남해 지역의 구연동요 한 편을 골라 보았다. 황새는 18세기까지 거의 전국적으로 '한새'였다. 큰 새를 뜻한다. 19세기에 '한새'가 '황새'로 변한 것은 '한쇼'가 '황소'로 변한 이치와 같다. 황새는 몸의 길이는 1미터 정도이고 백로(白鷺 : 해오라기)와 비슷하지만 이보다 훨씬 더 크며, 다리와 부리가 길다. 몸빛은 흰 빛이고, 날개 깃, 어깨 깃, 부리는 검정이며 눈언저리는 붉은 빛이다. 높은 나무 위에 둥지를 트는데 한국, 동부 시베리아, 일본 등지에서 분포한다. 우리나라 천연기념물이다. 덕새는 두루미의 경남 방언이기도 하지만, 따로 황새를 두고 덕새라고 하기도 한단다. 그렇다면 '황새야, 덕새야'는 같은 낱말의 반복으로 볼 수 있다.

옛날에 이런 동요가 있었다. 지금의 노년층에 잘 알려진 구연동요다. "해야, 해야, 나오너라. 김칫국에 밥 말아먹고, 장구 치며 나오너라." 물 속에서 헤엄을 치다가 강가나 시냇가에서 추위에 떠는 아이들이 부르는 노래다. 멀리는 가락국의「구지가」에까지 연원이 닿는다. 황새야 덕새야, 해야 해야, 거북아 거북아 등의 호명(呼名)의 노래는 서로 비슷한 성격의 기능요라고 하겠다. 주술적인 힘에 대한 동심의 귀의라고나 할까? 새에게도 방재(防災)의 기능이 있다면, 그건 보통의 새가 아니다. 원초적인 토템의 그림자가 깃든 신조(神鳥)라고나 하겠다.

칭칭이소리나「황새야 덕새야」와 같은 구전동요가 경남 민요의 원류나 원형에 가깝지 않나, 짐작된다. 칭칭이소리는 변한 시대의 원시종합예술에,「황새야 덕새야」는 금관가야의 개국 의식요인「구지가」에까지 멀리 닿아있는 게 아닐까 하고 추정해 볼 수 있겠다.「황새야 덕새야」는 남해의 것과 서로 유다른 김해 버전도 따로 존재하고 있다.

2. 부르는 민요와 흥얼거리는 민요

상고 시대의 원(原)경남 지역은 변한 12국과 포상(浦上) 8국으로 이루어져 있었다. 대체로 보아 2천 년 전의 경남은 20개 지역이었던 셈이다. 그런데 우연의 일치인지 모르겠지만, 지금의 경남 역시, 1960년대 이후에 독립한 부산과 울산을 포함한다면 8시(市) 10군(郡) 등의 20개 지역으로 구성되어 있다. 소지역들은 지형에 따라 한번 정해지면 2천년을 갈 수 있음을 보여준 예라고 하겠다. 이렇기 때문에, 문화권도 대소로 나뉜다. 경남문화권 아래에서도 내륙과 해안으로 크게 나누어지다가, 또 다시 스무 갈래의 소문화권이 나누어진다는 것. 방언도, 민요도 마찬가지다.

경남권의 민요는 메나리(토리)권과 육자백이(토리)권으로 대별된다. 메나리권은 변한 12국을 이어받은 내륙농경권이요, 육자백이권은 포상 8국을 이어받은 남해안어로권이다. 물론 육자백이권이라고 해서 메나리토리가 없다는 건 아니다. 이 권역은 온전한 육자백이형이거나 육자백이-메나리 혼합형이다. 이에 관해선 따로 후술할 예정이다.

경남 지역을 대표하는 민요로는 칭칭이소리, 지신밟기, 모심는 소리, 어산영(於山詠), 보리타작 소리 등이 있다. 이 중에서도 칭칭이소리와 모심는 소리가 가장 대표적이라고 하겠다. 칭칭이소리가 조금은 억센 것 같으면서도 자연스럽게 풀어내는 신명이 특징적이라면[4], 모심는 소리는 구연 현장에서 다양한 전승 양상을 보여주는[5] 삶의 형식이나 생활 감각이 특징적이라고나 할까? 모심는 소리는 모를 심을 때 내는 소리다. 한 예를 보자.

---

4 (주)코리아루트 보고서, 『경남 민요 100선』, 경상남도 외, 39쪽, 참고.
5 같은 책, 36쪽, 참고.

새야 새야 청조새야

니 어데 자고 이제 오노

낙동강 칠 백리 수풀 속에

숲속에서 자고 오네[6]

이 노래는 경남 밀양에서 전승되어온 노래다. 새야 새야, 하면서 사물을 호명하는 것은 생활의 현장에 더 밀착하려는 의도가 반영된 것이다. 생활 문화가 바로 가창 문화가 되는 삶의 소리, 현장의 소리인 것이다. 따라서 이것은 문학성이 높은 민요로 보인다. 청청이소리와 모심는 소리는 본디 집단가무였는데, 개인의 가창 영역으로 분화되어가면서 음악성도 확보하게 된다. 다시 말하면, 한결 노래답게 이루어져간다는 것이다.

일반론의 관점에서 볼 때, 타령 유의 민요는 노랫말을 구성하는 데 있어서 사물의 종류를 흥미롭게 열거하거나, 사물의 모습이나 행위의 특징 또는 기능적 특성들을 애상적으로, 혹은 해학적으로 구성하거나 한다. 타령 유의 노래가 무가, 판소리, 잡가, 민요 등에서 두루 나타나면서 전문 소리꾼이 등장하게 되고, 또 가창의 주체가 집단에서 개인으로 확실하게 자리매김한다.

가창 문화가 집단에서 개인으로 옮겨가면서 모심는 소리도 덩달아 이른바 '정자소리'로 격상되는 감이 있었다. 정자소리는 삶의 진실한 소리라는 점에서 '정자(正字)'의 소리이며, 또 들판에서 부르는 소리가 아니라 마을의 '정자(亭子)'에서 몇 명이 앉아서 부르거나 듣거나 하는 노래다.

그런데 경남의 민요 중에서도 정자소리보다 더 문학성과 음악성의 높은 단계로 발전한 것은 어산영인 것 같다. 어산영은 나무꾼이 산에 나무하러 가서 한 짐 해놓고 쉬면서 부르는 신세타령의 민요이다. 한숨에 섞

---

6 같은 책, 30쪽.

여 흐느끼듯 내지르는 곡조에 인생의 체념적 노랫말이 함께 어우러지면서 아주 독특한 신세타령이 만들어진다.[7] 남성 신세타령으로 한의 정서가 응집되어 있는 민요다.[8] 이런 점에서 여성의 시집살이 노래와 짝이 되는 민요라고 하겠다.

민요가 집단의 노래에서 개인의 노래로 분화하면, 어산영과 같이 특유한 독백의 미학이 완성된다. 정자소리가 시적 성격을 지향한다면, 어산영은 극적 성격을 지향한다. 시적이거나 극적이거나 간에 이러저러한 성격은 매우 문학적인 특징을 보이는 것이라고 하겠다.

경남의 대표적인 민요인 어산영은 지역이 매우 한정되어 있다. 박자가 규칙적인 창원 어산영, 잔가락이 많지 않고 선율이 단순한 밀양 어산영, 장형의 노랫말에다 리듬이 자유로운 양산 어산영 등은 '끝날 듯 끝나지 않고 잔가락을 이어가는 것'[9]이 공통적인 특징이라고 하겠다. 그다지 많지 않은 텍스트 중에서 한 편을 보자. 창녕 어산영 중의 하나이다.

우리 부모 날 기를 제
추우시면 추울세라 아하
에이 더우면 더울세라
에이 곱게 곱게 길렀건만
이내 팔자 험악하여
에이 요 종사를 다하노라
에이 가슴 답답 못 살겠네
에헤 에헤 뒷동산 고목 남기
속이 탄들 넘(남)이 아나

---

7 같은 책, 153쪽.
8 같은 책, 140쪽.
9 같은 책, 50쪽, 참고.

아하 아하아하아하아하아하아어이[10]

채록자 임석재는 이 민요의 제목을 「창녕 어산영 · 1」이라고 하고 있
다. 이 노래는 제목만 어산영이지 실제로 어산영이 아닌 것 같다. 노래
속의 화자가 남자가 아니라 여자이기 때문이다. 사설보다는 부르기를
위한 전형적인 소리라는 점에서도 여타의 어산영과 구별되는 게 아닌
가 생각된다.

인용한 어산영은 남자 소리꾼이 불러도 화자는 여성이다. 화자는 젊
어서 과부가 되어 이제는 고목처럼 늙은 여인네다. 종사는 일부종사를
말한다. 청상(靑孀)이 수절을 하느라고 얼마나 어렵게 살아왔겠는가? 이
넋두리가 그래서 절절하다. 아하, 에이, 어이 등으로 이어지는 비탄의
감탄사는 김소월의 마지막 시 「삼수갑산」을 연상시키고 있다.

민요 노랫말을 채록한 임석재는 음악 전문가에게 부탁해 채보를 자신
의 편저 『한국구연민요』에다 싣고 있다. 이런 점에서 이 책은 공을 적잖
이 들인 것으로 평가된다. 나는 음악에 관해 잘 모르지만, 악보를 보니,
매우 섬세한 잔가락이 많은 것으로 보아, 음악성이 매우 높은 것으로 보
인다. 어산영이란 민요 양식을 두고, 창녕에서는 '어산영'이지만, 영덕
에선 '산태롱(산타령)', 영양과 봉화에선 '어생', 무주에선 '을사영'이라고
한단다.[11]

민요는 부르는 노래 외에 흥얼거리는 노래도 아주 많다. 물론 이 두
가지가 뒤섞인 경우도 있다. 경남의 대표적인 민요 중에서 보리타작소
리는 흥얼거림의 대표적인 양식이라고 할 수 있다. 흥얼거림이 심해지

---

10 임석재 편저, 앞의 책, 194쪽, 참고.
11 같은 책, 193쪽, 참고.

면 음악적인 리듬감은 있어도 노래라기보다 구호나 말에 가깝다.

일본인 단가 작가로 조선에 와서 조선의 민요를 수집하고 또 이를 연구한 이치야마 모리오(市山盛雄)는 일찍이 『조선 민요의 연구』(1927)라는 제목의 편저를 공간하였다. 이 책이 공간한 지 89년 만에 우리말로 번역되기도 했다. 물론 이 책의 원본이 영인본으로 나돌아서 국문학 연구자들에게 적잖이 유포되었으리라고 본다. 이 책에서는 민요의 지역적인 성격이나 특질에 대한 얘기가 없다. 따라서 경남 지역의 민요에 관한 논의가 전혀 없다. 다만 경남의 지명이 포함된 몇몇 편의 민요 가사가 인용한 것처럼 나올 뿐이다.

> 병에 걸린 소중한 어머니가
> 어머니가 큰 병에 걸렸네
> 자리에서 못 일어나고 병은 깊어져
> 나는 어쩌나 약초 캐러 갈까나
> 김해의 산 속 깊은 골짜기에
> 불로초 캐러 갈까나[12]

지명 김해가 나오는 것으로 보아 이 민요는 김해 지역의 민요이거나 인근 지역에서 전승되었다고 보인다. 사설이 장형화된 것으로 보아선, 부르기 위한 민요라기보다는 흥얼거리기 위한 민요이다. 서사나 교훈에 충실한 이런 유의 민요는 노래보다 노랫말을 중시한다. 반면에, 우리가 잘 알고 있는 대부분의 민요들은, 이를테면 「한오백년」이나 「진도아리랑」 등의 경우는 음악성이 발전되고 세련된 것으로 후대의 민요라고 볼 수 있다. 다음의 사례도 흥얼거리기 위한 민요라고 볼 수 있다.

---

12 이치야마 모리오 편, 엄인경·이윤지 역, 『조선 민요의 연구』, 역락, 2016, 57쪽.

삼가 합천 너른 들에
온갖 화초 숭상하여
봉선화는 길을 잡고
외꽃을랑 한 동 묶고
가지 꽃은 깃을 달고[13]

진주 단성 얽은 독에
찹쌀 빚은 단감주야
딸 길러서 날 준 장모
이 술 한 잔 잡수시오[14]

이상으로 본 세 편의 민요는 부르는 민요라기보다 흥얼거리는 민요이
다. 이 민요는 멜로디는 극히 단순하다. 음악성에 대한 기대는 저버리는
게 좋다. 대신에 교훈적이거나 스토리가 있다. 이 때문에 부르는 민요보
다 내용이 사뭇 길다. 세 편의 민요에는, 경남 지역의 보수적인 지방색
과 관련해 유교적인 삶의 세목이나 덕목이 반영되어 있는 것은 두말할
나위가 없다. 이런 유의 민요를 가리켜 '사설민요'라고 한다. 여자들이
방아질을 한다거나 무명을 짜거나 할 때 지루함을 달래기 위해 혼자 콧
노래를 하듯이 흥얼거리는 민요를 말한다. 음악성은 떨어지지만 제 나
름대로 흥취를 느낄 수 있다.[15]

---

13 같은 책, 120쪽, 참고.
14 같은 책, 123쪽, 참고.
15 임석재 편저, 앞의 책, 203쪽, 참고.

3. 역사를 품다, 시대의 거울이 되다

민요가 민심의 동향을 잘 반영한다는 점에서 때로 역사를 품기도 하고 때로는 시대의 거울이 되기도 한다. 경남 민요 중에서 가장 원초적이고도 대표적인 칭칭이소리의 후렴이 '쾌지나 칭칭 나네'으로 잘 알려져 있는데, 이보다 더 오래된 형태가 있었을 것으로 보인다. 내가 생각하기에는 감탄사가 우선이라고 본다. 신라 10구체 향가의 낙구(落句)를 유추해도 그렇다. 그렇다면, 그것은 '에헤라, 칭칭이소리가 나네'와 관련되는 게 아닌가, 한다.

이런 의미와 관련해 임진왜란 때의 일과 관련시키는 이들도 있다. 왜군이 7년간에 걸쳐, 주로 동남 해안 지역에서 버티다가, 결국에는 수괴 도요토미 히데요시가 내국에서 자연사한 탓에 물러났다. 그들이 대륙으로 나아가려는 전쟁 목적도 한반도 하(下)4도를 지배할 이득 있는 강화 조약도 수행하지 못했으니, 명백하게도 패해서 돌아간 거다. 몇 백 년 이후의 베트남전이나 다름없다. 따라서 그 후렴은 승전의 기쁨을 구가한 소리란다. 이를테면, 이런 뜻이란다. 쾌재(快哉)라, 만족스럽도다⋯⋯ 수괴의 똘마니인 청정(淸正 : 가토 키요마사)이 패퇴해 자기 나라로 돌아가네. 쾌지나 칭칭 나네. 물론 근거가 전혀 없다고 말할 수는 없겠지만, 특별한 근거가 제시되지 않는 한, 민간어원설의 수준에서 벗어나기도 어렵다고 본다.

전쟁 때, 수많은 조선인 도공들이 잡혀갔다. 물론 이들이 현지에서 기술자로 대접을 받고 자자손손 가업으로 계승해 19세기에 일본 도자기의 세계화에 성공을 거두었다. 조선의 신분제 아래에 사람대접을 받지 못한 도공들이 사실상 외국에서 생활이 윤택해지는 등 신분상승을 했지만 외래인의 굴레로부터 벗어나지 못했다. 한편으로는 늘 고향을 그리워했다. 일본 서안의 하기(萩)에서 제작된 다완(찻사발)에 시조가 적혀 있는 귀한 것이 우리나라로 기증되었다. 진주 출신의 이작광 · 이광과 관련된 도자기일 가능성이 매우 높다. 시조의 내용은 멀리서 개 짖는 소리가 들리므로, 그리운 고향으로 돌아가고 싶다는 취지의 내용이다.[16] 원문은 '개야즈치말라밤살옵다도둣가주목지호고려님지슙딩겨ㅅ라그개도호고려개로다듯고줌즘ᄒᆞᄂᆞ라'이다. 내 나름대로 이 시조의 정본(定本)을 만들어 보았다.

개야 짖지 마라
밤 사람이 다 도둑이가

자목지 호고려(胡高麗) 님
지슙 댕겼어라

그 개도 호고려 개로다
듣고 잠잠하노라

이 시조의 원문을 놓고, 최근에 국어학자 정광 · 백두현에 의한 자석(字釋)이 자연스럽게 시도되었고, 일본의 역사와 민속을 전공한 학자인 노성환에 의해 풍성하고도 정교한 역사 해석이 이루어졌다.[17] 난해한 표현들이 집중된 중장에 대한 의문이 대부분 해소될 수 있다는 점에서 매우 인상적인 해석이 아닐 수 없다. 또한 원문에 있는 '지슙'이 '밤마실'이란 사실도 밝혀지기도 했다.

한일 두 나라 사람들이 다완에 대한 사랑도 각별한데, 이 시조가 적힌 다완도 덩달아 유명해졌다. 스토리텔링의 여지가 남아 앞으로 더 유명

---

16 노성환, 『일본 하기(荻)의 조선도공』, 민속원, 2020, 19쪽, 참고.
17 같은 책, 18~47쪽, 참고.

해질 것이다. 이 다완을 가리켜 한국에서는 '한글묵서(墨書)다완'이니 '한글로 쓴 찻사발'이라고 하고, 일본에서는 '하기철회시문(詩文)다완'이라고 한다.[18]

그런데 더 중요한 사실이 밝혀졌다.

일제강점기에 일본인 다나카 하쓰오가 우리의 전래 민요 「개타령(犬打令の唄)」을 채보한 바가 있었다. 악보는 전술한 이치야마 모리오의 편저 『조선 민요의 연구』에 실려 있다. 이 민요의 노랫말은 한글묵서다완에 적힌 시조의 내용과 좀 비슷하다. 그러니까 「개타령」은 15세기부터 존재한 민요이며, 왜국에 잡혀간 도공은 시조로 지어 놓고 민요로 불렀던 것이다. 이 민요는 경남 지역의 민요라는 점에서, 하기모노를 개창한 두 도공이 진주 출신의 형제라는 점에서, 더욱이 도공의 대부분이 지금의 경남 사람들이란 점에서, 뭔가 아귀가 척척 맞아떨어지는 느낌이 들지 않을 수 없다.

이것저것 제쳐놓는다고 하더라도, 임재욱(경북대)의 최근 논문인 「하기야키에 기록된 '개' 소재 시조에 대하여」(2017)의 초록 부분만 다음과 같이 인용해도 전후 맥락이 충분히 이해될 것 같다.

본고에서는 경남 지역의 민요 〈개타령〉 두 편과 가집 『고금명작가』에 수록되어 있는 이본 한 편을 함께 검토했다. 경남 지역의 민요 〈개타령〉과 대비해 본 결과, 이 시조는 화자가 호(胡)고려님으로 표현된 자에 대한 사랑을 노래하고 있는 작품인 것으로 보인다. 경남 지역의 민요 〈개타령〉에는 공통적으로 사모하는 임이 오실 때에 방해가 되지 않도록 개에게 짖지 말 것을 당부하는 내용과 표현이 나타나고 있는데, 하기야키에 기록되어 있는 시조도 개를 소재로 한 민요와 유사한 시상과 정서를 표현하고 있을 가능성이 높기 때문이다.

---

18 신웅순, 『시조의 문화와 시대정신』, 푸른사상, 2022, 86쪽.

(⋯⋯) 하기야키의 시조는 본토에서 16세말 이전에 지어졌다가, 도공들에 의해 일본으로 전파되어 도자기가 제작된 17세기 이후의 어느 시점에 도자기에 기록되었다고 할 수 있다. 그리고 본토에서는 이 노래가 계속 전승되다가 18세기 초엽에 이르러 『고금명작가』 편찬자에 의해 문헌에 정착하게 되었던 것으로 보인다. 하기야키의 작품은 와전에 의해 난해구를 다수 포함하고 있기는 하지만, 시기적으로는 본토의 가집 『고금명작가』 수록본보다 빠른 것으로 추정된다.[19]

나는 빠른 템포, 흥겨운 신명풀이의 「통영 개타령」을 CD음반 『명창 남도민요』을 통해 감상한 바 있었다. 이 음반은 김소희·박귀희·오정숙 등의 쟁쟁한 명인들이 노래한 음반이다. 이것과 경남 지역의 「개타령」이라고 지칭한 것과 같은 텍스트인지 아닌지는 악보를 보아야만 알 수 있을 것 같다.

이학규는 19세기 초에, 물억새가 바람결에 따라 이리저리 나부끼던 김해에서 20년 넘게 유배 생활을 했던 인물이다. 그가 남긴 글 중에서 김해에 관련된 기본 자료는 김해 향촌사회사의 연구에 결정적인 초석을 남긴 것과 다름이 없었다. 김해의 민중이 불렀던 민요도 한역(漢譯)하거나 자신의 시적 소재로 삼았다. 김해 민요를 한역한 경우를 보자.

明月何彎彎
只在彦陽山
兒家彦陽邑
近月起樓欄

---

19 임재욱, 「하기야키에 기록된 '개' 소재 시조에 대하여」, 『시조학논총』, 제47집, 2017, 137~138쪽.

(······)

前見月彦陽

更在東川端

其外海漫漫

去天九萬里

月光如等閑[20]

　한문으로 옮긴 이 민요는 김해 아전 배씨의 아내가 지은 것이다. 마을의 아이들이 서로 주고받으면서 이 노래를 불렀다. 이학규는 이 노랫소리를 듣고 노랫말의 뜻이 은근하고도 아름다워 기록할 가치가 있다고 여겼다. 그래서 5언의 한역시로 번역했던 것이다. 제목은 '답월사(踏月詞)'다. 뜻은 달밤에 거닐면서 부른 민요의 노랫말 정도로 이해하면 좋겠다. 김해 출신의 국문학자 이강옥은 이 민요를 가리켜 '시집살이 하는 여인이 고향에 계신 부모를 생각할 때의 간절한 정조를 피력한 것'[21]이라고 했다. 내가 이 인용된 한역시를 거꾸로 옮겨 보겠다. 기존의 역본을 참고한 것은 물론이다.

　　밝은 달이 어쩌면 저리도 둥글게

　　고향 언양의 산 위에 떠 있나요.

　　내 어릴 적의 집은 언양 읍내이고,

　　누각난간은 달 가까이에 있었지요.

　　　　(······)

　　예전에 쳐다보던 그 언양의 달은

20 이학규 지음, 허경진 옮김, 『낙하생 이학규 시선』, 평민사, 1998, 55쪽.
21 이강옥, 「김해 여성과 이학규의 시세계」, 『한국고전여성문학연구』, 제12호, 2006, 137쪽.

김해 동녘 하늘 끝에 뜬 고향 달

그 너머에 있는 바다는 넓디넓어서

하늘에 맞닿은 구만 리라 하네요.

달빛이 비친 곳마다 두루 곱네요.

우리말로 전해지지 않아 노랫말이 지닌 말맛을 가늠하기 어렵지만, 매우 서정적이고 아름다운 노랫말인 것 같다. 고향 언양에서 김해로 시집을 온 여인. 신분은 관과 민의 중간층이라고 할 수 있는 향리(鄕吏)의 아내이다. 일반 백성과 달리 먹고 사는 일이야 어렵지 않았겠으나, 부모가 계신 고향이 늘 그립다. 김해와 언양 간의 거리가 그리 멀지 않지만 큰 강과 산이 가로막혀 있다. 고향에 대한 그리움의 시나 노래가 무수히 많았지만, 이처럼 절절하고 애절한 것은 그다지 많지 않으리라. 본디 민요는 지은이가 없는데, 이것은 예외적이다. 역사적인 인물인 한 유배객이 평범한 여성이 창작한 우리말 민요의 노랫말을 한문으로 번역해 남아 있는 것도 매우 이채롭다.

민요에는 당대의 사회상이나 민심의 동향을 적극적으로 반영하기도 한다. 가장 대표적인 사례 중의 하나는 진주민란의 주도자인 유계춘이 지었다는 난중 민요라고 할 수 있는 「언가(諺歌)」이다. 1862년 임술년에 관의 부당한 조세와 수탈에 저항하는 농민들이 항쟁을 일으켰다. 진주 근교의 농민들이 진주성으로 진격할 때 이 언가를 불렀다.

언가는 '이 걸이 저 걸이 갓 걸이, 진주(晉州) 망건(網巾) 또 망건'으로부터 시작한다. 이 걸이 저 걸이 갓 걸이는 백성들은 양반이 걸어두는 갓의 걸이(掛)에 지나지 않는다는 뜻으로 읽힌다. 즉, 백성은 지배 계층의 종속물이어서 인권도 없다는 얘기다. 망건은 양반의 상징물이다. 진주 망건 또 망건이란, 진주에는 양반 위에 또 양반이 있다는 것. 진주를 다스리는 자는 진주목사이다. 정3품의 벼슬이다. 또 그 위에 경상우도 병마절도사가 있다. 병마절도사는 광역화된 지역의 기관장이기 때문에 진주목사보다 품계가 높다. 종2품이다. 진주에 병영을 두고 재직하기 때문에 세칭 진주병사라고도 한다.

그 당시 진주목사는 홍병원이었고, 진주병사는 백낙신이었다. 이 두 사람은 집요하게도 불법으로 수탈을 자행했다. 진주 백성들의 고혈을 짜내었다. 『속진양지』에 의하면, 조선 후기의 진주 목민관들 중에서 이와 같은 사악한 이들은 거의 없었다. 역대 목민관들의 선행 기록도 적잖이 남아있다. 원인은 중앙 정부가 제공했다. 그들은 이른바 3정을 문란케 한 세도정치가 낳은 기형의 목민관들이었다. 임술년은 성난 민심이 요원의 불길처럼 전국으로 번져갔다. 그 도화선 즉 폭약의 심지가 진주였던 것이다.

이 걸이 저 걸이 갓 걸이
진주 망건 또 망건
짝발이 휘항건(揮項巾)
도로매 줌치 장도칼(장독간)
머구밭에 덕서리
칠팔월에 무서리
동지섣달 대서리

진주의 지배자는 진주목사 홍병원이고, 그 위에 또 다른 지배자가 있으니, 그가 바로 진주병사 백낙신이다. 특히 백낙신은 전라도에서의 전횡 전력이 있었고, 진주에 오자마자 엄청난 규모의 부당 이익을 챙겼다. 짝발이 휘항건(揮項巾)은 바로 그를 두고 한 말이다. 그는 글자 그대로 목을 휘두른 목가리개용 수건인 휘항건 차림새를 하고 있었던 모양이다.

그는 무인이었다. 휘항건의 항 자는 자전에도 잘 보이지 않지만 때로 목을 가리키는 표현이 되기도 한다. 고양이 목에 방울 달기를 '묘항현령(猫項懸鈴)'이라고 하듯이 말이다. 그런데 왜 짝발이일까? 이 낱말에는 상반되는 두 개의 뜻이 병립하고 있다. 짝발이가 절름발이라면, 불구의 휘항건으로서, 문맥에 맞지 않다. 사람에 어울리는 물건의 뜻이라면, 딱바른 휘항건이다. 문맥상의 의미라면, 풍자의 방식인 후자다.

도로매 줌치는 지갑 주머니이다. 그 다음이 문제다. 장도칼인가, 장독간인가. 구전되는 것은 정확하지 않다. 하지만 어느 쪽이든, 해석상의 치명적인 오류는 피해갈 수 있다. 지갑 주머니 속의 장식용 칼 같은 것이라면, 백성들을 위협하는 칼일 수도 있다. 혹은 지갑주머니에는 돈으로 가득 차 있고, 장독간(창고)에는 곡물로 가득 차 있다. 머구 밭의 머구는 머위의 경남 방언이다. 덕서리가 가장 난해하다. 이것은 '된서리'가 아니고선 대체할 단어가 아무것도 없다.

나는 이 민요가 전승되는 과정에서 순서가 바뀌지 않았을까, 하고 생각해 본다. 머구밭의 덕서리는 음력 9월과 10월의 된서리일 것이다. 이 된서리는 진주목사 홍병원의, 진주 백성에 대한 악행이다. 7월과 8월의 무서리는 관아의 아전 나부랭이들이 급급한 이자 챙기기가 아니었을까? 음력 11월과 12일인 동지섣달의 대서리는 말할 필요도 없이 백낙신의 끝 모를 탐욕이다. 대서리는 된서리보다 더 큰(가혹한), 다시 말해 큰 대 자의 큰 서리일까? 아니면 '대설(大雪)+이'의 형태일까? 어느 쪽이든 관계없다.

단 두 줄짜리 민요라도 시대의 거울이 되기도 한다. 짧게 나열된 글자 중에서 감정적인 강음부가 놓이는 부분에 따라, 잠정적인 제목을 일단 '하이칼라 잡놈'이라고 해보자. 내가 알고 있는 이본은 두 가지이다. 단어 하나의 차이만 있을 뿐이다. 무엇이 하이칼라(high-collar)인가? 과거에 일상적으로 가장 자주 쓰인 뜻은 '머리카락 밑의 가장자리만 깎는 남자의 서양식 헤어스타일'이었다. 내 어릴 때도 이것은 자주 쓰이던 말이었다.

　　낙동강 칠 백리 공굴 놓고
　　하이칼라 잡놈이 손찔한다

　　이 이본은 창원 지역에서 전승되었다. 공굴은 콘크리트. 여기에서는 철도를 말한다. 이 민요의 창작 시기는 경부선이 부설되던 1901년에서 1904년 사이의 시기이다. 경부선 부설은 한 일본 회사에 의해 주도되었으니, 하이칼라 잡놈은 일본인 감독관일 터. '손찔하다'는 무엇일까? 현장의 육체노동자에게 손가락으로 욕질하거나, 손찌검을 하거나 한다는 말이다. 두 줄짜리 민요이기에, 흥얼거리는 민요라기보다 부르는 노래라고 볼 수 있다. 가락이 궁금하지만, 악보가 남아있지 않다.

　　낙동강 칠 백리 공굴 놓고
　　하이칼라 잡놈이 왕래한다

　　이 이본은 함안 지역에서 전승되었다. 앞엣것이 한말(韓末)의 작품이라면, 이것은 일제강점기의 노래다. 노래의 사회사는 '손찔'에서 '왕래'로 변화시켰다. 이 시기의 하이칼라 잡놈은 서양식 유행을 쫓던 멋쟁이기도 하다. 모던보이라고도 했다. 혹자는 개화 바람에 물든 그 잡놈을 두고, 화자가 사치와 향락, 술과 계집에 탐닉하던 사람을 빗대고 있다고 했다.[22]
　　어쨌든 공통적인 것은 상층에 대한 하층의 적대감이다. 하나의 사회

22 최운식, 「한국 근대민요에 나타난 항일의식」, 『비평문학』, 제15호, 2001, 401쪽, 참고.

는 갈등을 만들고, 갈등은 또 다른 사회를 만든다. 현진건의 소설을 비추어볼 때, 일제강점기의 사회는 소지식인에게 '술 권하는 사회'요, 육체노동자에겐 '운수 좋은 날'의 인력거처럼 복불복이 오락가락(왕래)하는 사회다.

1925년 4월1일. 경상남도 도청이 진주에서 부산으로 옮겨졌다. 일본 제국주의의 생각으로는 경남 도청이 부산으로 옮겨져야 식민지 정책에 유리하다고 판단했다. 부산은 일본에서 가깝고, 또 여기에서 시작한 철도가 서울을 지나 신의주까지 향한다. 한반도를 관통하는 이 철도는 대륙을 진출하기에도 나쁘지 않다. 진주를 비롯한 인근의 지역이 반발하고 나선 것은 두말할 나위도 없었다. 이때 경남 도민들 사이에는 다음과 같은 말이 나돌았다.

신다 신슈
고맛다 고죠
시센노 다쓰 시센
도우 스루까 도에
바카노 바잔
후에루 후잔

일본어로 된 말. 이런 뜻이다. 죽었다 진주, 딱하다 고성, 사선(死線)에선 사천, 어떡해요 통영, 바보가 된 마산, 늘어나는 부산. 일본어 동음끼리 연결한 언어유희의 민요다. 조선시대에도 이런 말장난 유의 소리들이 더러 있었다. 사실상 식민 정책에 반대하는 정치적인 구호에 가깝다. 도시의 규모가 증가할 부산만 이득을 얻었지, 진주와 그 인근 지역들은 죄다 위기에 처했다는 거다. 이 말장난 민요는 박경리의 대하소설인 「토지」에도 나온다.

4. 진주낭군 : 비탄조와 수난의 서사

2019년 11월 29일 오후에, 진주교육대학교 제1강의동 1층 대강의실에서 국립대학 육성사업 연구소간 협업 학술대회가 있었다. 학술대회명은 '진주 지역의 인문학적 과제 탐구' 였다. 나는 이때 발표자의 한 사람으로서 '진주 지역의 가창(歌唱) 문화—여창가곡, 판소리, 대중가요를 중심으로'라는 주제를 놓고 발표를 하였다. 갖가지 민요와 이선유의 판소리, 또 남인수의 노래 등의 음원을 준비해서 청중들에게 들려주면서 하고 싶은 얘기를 했다. 결론은 풍류의 재발견이었다. 결론 이전에 선행한 것이 진주의 가창 문화. 나는 진주의 민요 부분에서 이런 말을 했다.

진주의 민요는 「진주난봉가」가 유명하다. 이것은 창(唱) 못지않게 이야기의 구조가 분명하기 때문에 서사민요의 일종으로 보아야 한다. 이야기만을 보면, 『고려사』 악지에 보면 나오는 실전(失傳) 속요 '월정화'의 내용과 매우 유사하다. 노래의 근원을 여기에까지 거슬러 오른다고 보는 것이 정설이다. 그러나 노래의 내용이나 음의 구성이 그리 오래 되지 않는다고 보는 것이 타당하다. 이 노래가 진주 지역의 민요가 맞나, 하는 점도 의문이 생긴다. 김수악은 이 노래를 젊어서 들어본 일이 없다고 단언했다.

문화방송에서는 마산문화방송과 문화방송이 대체로 1984년부터 1992년까지 경남 지역에서 녹음한 민요 2000여곡을 대상으로, 이 가운데 155곡을 선정하여 『한국민요대전』 경상남도편 음반에 수록된 바가 있다. 또 여기에서도 진주 지역의 민요는 다섯 편이 선정되어 수록되어 있다. 진주의 지역적인 성격과 진주 지역의 음악적인 성격을 고려할 때 가장 대표적인 진주 민요라면, 여러 면이 모호한 「진주난봉가」라기보다 「진주 줄 메고 가는 소리」라고 할 수 있겠다.[23]

나는 MBC에서 발굴하고 제작한 『한국민요대전』(1994)을 통해 「진주 줄 메고 가는 소리」를 감명 깊게 들어보았다. 이것은 진주의 농부들이 줄다리기할 때 부르는 노래로서, 1984년 진주시 하대동에서 채록되었다. 특히 부산과 경남의 지역 민요를 들어보면 음악적인 유전자란 게 있는 것인지 모르지만 어쨌든 오래 여운이 남는다. 예술적인 격조가 민요보다 높은 가곡·시조창·판소리보다 더 원초적이고 직핍(直逼)의 맛이 남는다. 나는 「진주 줄 메고 가는 소리」의 노랫말을 다음과 같이 옮겨 적어본다.

우이야 어허
우이야 어허

어허허 좋네
우이야 어허

아래 웃담 떨장이들아
우이야 어허

걸어도라 걸어도라
우이야 어허

줄을 한분을 걸어세라
우이야 어허

---

23 2019년 국립대학 육성사업 연구 네트워크 활성화 프로그램, 『진주 지역 인문학적 과제 탐구』, 경상대학교 인문학연구소 외, 2019, 91~92쪽.

화란춘성은 만화방춘
우이야 어허

때는 좋다 벗님네야
우이야 어허

이 노래는 우선 8분의 6박자의 두 장단에 걸쳐서 메기고 받는 형식으로 이루어져 있다. 당시 소리를 한 가창자는 1915년 생이라고 한다. 그러니까 조선시대부터 불러온 진주 민요인 것이 틀림없다. 채록자는 당시에 이 민요의 곡을 해설하면서, 이 민요의 성격을 이렇게 규정하고 있다. 첫째는 가창자가 어릴 때 여름에 비가 오지 않아 가뭄이 들면 진주성 안과 밖이 편을 갈라 줄 싸움을 했다고 하니 기우의 의미도 있었던 것으로 보인다. 둘째는 3분박 느린 2박자로 부르는 이 노래는 메기는 소리가 대체로 높다. 셋째는 선율의 구성음은 '미솔시도레'이며, 도에서 시로 꺾는 음이 나온다. 미가 떨지 않는 선율 진행으로 보아 메나리토리로 볼 수 있다. 이러저러한 점에서 볼 때, 이 민요는 전형적인 경남 민요의 성격을 고스란히 지닌 것이라고 하겠다.[24]

진주와 울산 등지에서는 몹시 가물 때 비를 바라는 의미에서 민속놀이인 줄다리기를 연행했었다.[25] 민초들은 줄을 용으로 간주했다. 용의 상징인 줄을 당김으로써 비가 흡족하게 내리기를 바라 마지않았다. 이때 용은 암소의 토템처럼 농경신의 화신이기도 하다. 나는 줄을 당긴다는 것에 이른바 '아전인수'의 의미가 함의되어 있다고도 본다.

나는 무슨 사정이 있어서 1980년대 중반에 5년 만에 복학한 대학생

---

24 『한국민요대전』, 경상남도민요해설집, MBC, 1994, 296쪽, 참고.
25 김광언, 『김광언의 민속지』, 조선일보사, 1994, 227~228쪽, 참고.

으로서 서울의 아무 대학교에서 2년 6개월을 수학했다. 함께 공부한 학생들은 무려 5년이나 아래의 후배들이었다. 소위 전두환 시대였던 이 시기는 정치권력의 비정통성에 대한 저항심이나 불평등한 사회 구조에 대한 반감 등이 매우 거칠게 표현되던 격동의 시기였다. 운동권 학생이 굳이 아니더라도 대학가에 유포되던 가제본 노래책 정도는 가지고 있기도 했다. 그 당시에 대학가에 유포되는 노래는 민중가요라는 새로운 장르였다. 내 기억 속에 인상 깊게 들앉아 있는 것으로는 '진주낭군'과 '찔레꽃'이라는 제목의 노래다. 울도 담도 없는 집에……앞엣것은 일종의 서사민요이고, 누나 일 가는 길에 하얀 찔레꽃……이원수의 동시를 개사해 익숙한 멜로디의 동요에다 갖다 붙인 서정동요였다. 특히 후배 여학생들은 앞엣것을 좋아했다. 그 당시의 영화 제목처럼 조선 여인의 '잔혹사'를 잘 알고 있기 때문이다. 지금도 4·4조 노래의 시작 부분이 들리는 것 같다.

> 울도 담도 없는 집에
> 시집살이 삼년 만에
> 시어머니 하신 말씀
> 얘야 아가 며늘 아가
> 진주낭군 올 터이니
> 진주 남강 빨래 가라

민요 「진주낭군」는 일반적으로 '진주난봉가'로 잘 알려져 있다. 사회적인 약자를 동정하는 관점에서 본 제목이다. 서사민요로서의 스토리는 대체로 이렇다. 남강변의 울도 담도 없는 가난한 살림살이에 기생첩이 웬 말인가. 이 가난한 집에 시집간 주인공 아내에게 있어서의 남편(진주낭군)이 기생첩을 끼고 귀가한 것으로 봐선 아마 과거에 급제한 것 같다.

출세한 낭군이 기방도 아닌 집에서 기생첩을 끼고서 권주가를 부르더라. 진주낭군의 젊은 아내가 자신이 소박데기가 된 것을 알고 분을 참지 못해 낭군이 출세하면 사용할 숨겨둔 옷감(명주)을 석 자로 잘라서 이로써 목을 매고 죽는다. 낭군이 후회하고 자탄한다. 화류(花柳) 정은 3년이고, 본댁 정은 백년인데 하면서. 그야말로 가부장적인 난봉에 대한 조선 여인의 몸부림 서사요, 비탄조 사설이다. 이 민요의 텍스트는 모두 61편이나 된다. 진주에서 채록된 이본은 고작 두 편인데 서로 다른 성질의 것이다. 채록자, 제목, 전승 장소 등은 다음과 같이 대조가 된다.

류종목 : 정상박
첩노래 : 시집노래
경남 진양군 사봉면 : 경남 진양군 금곡면
1980. 8. 9 : 1980. 8. 10
변이형 : 표준형

이본 61편을 지역별로 분류해보면, 이 노래는 경북 28편, 경남 12편, 전남 9편, 전북 6편 등으로 분포되어 있다. 이 수치를 참고하자면, 이건 좁게는 경북의 노래요, 넓게는 영호남의 노래다. 제목도 일반론과 달리 '진주난봉가'라는 제목은 6편에 지나지 않는다. 오히려 '진주낭군'이란 제목이 훨씬 많다. 바로 이 제목이 35편이요, 이 단어가 포함된 것까지 합하면 그것은 모두 39편에 이른다.[26] 앞으로 제목을 '진주난봉가'보다 '진주낭군'으로 정하는 게 합리적이라고 본다. 어쨌든 이 노래는 1980년대에 경북 영양의 민요라고 소개되었다. 61편 중에서 이 지역에서 무려 7편이나 채록되었기 때문이다.

---

26 김종군, 「'진주낭군'의 전승 양상과 서사의 의미」, 『온지논총』, 제29집, 2011, 75~78쪽, 참고.

정작 진주에서는 어떤 반응을 보이고 있을까? 내가 진주에서 26년의 연고가 있어서 잘 알거니와, 진주 시민들은 정선이나 진도가 아리랑을 자랑거리로 생각하는 것과 대조적으로, 민요 '진주낭군'을 그리 달갑게 생각하지 않고 있다. 난봉이나 자살 등의 부정적인 화소 때문일 거다. 그들은 시큰둥한 반응도 짓지 않는다. 그저 무덤덤할 뿐이다. 전국적인 분포의 부요(婦謠) 정도 치부하는 감이 있다.

민요「진주낭군」이 아무리 진주에서 외면되고 있다고 하더라도, 누구도 노래의 기원이 진주에 있음을 부인하지 못한다. 고려시대의 월정화 이야기는 『고려사』악지(樂志) 속악 조에 실려 있다. 월정화는 진주 기생이었다. 진주의 관리인 사록 위제만이 그녀에게 미혹되었으므로, 그 부인은 한을 품고 화병으로 죽었다. 진주의 읍인들이 원통하게 죽은 그 부인을 위해 우리말로 된 노래를 지었다고 한다. 악지의 기록에 의하면, 그 노래는 우리의 토박이말인 이어(俚語)로 만들어졌다. 앞서 말한 문헌의 속악 조에 제목이 적시된 속악 31편 중의 하나이다. 노래의 제목은「월정화」요, 노래의 내용은 부부가 친애하지 않고 기생 따위에게 광혹(狂惑)됨을 칼날처럼 꾸짖었다는 것. 하지만 노랫말은 전해지지 않고 있다. 나는 얼마 전에 월정화에 대한 글을 쓴 바 있었는데 그 일부를 따온다.

기생 이름에 대해 살펴보자. 월정화의 정(精)은 이른바 정기(精氣)와도 같은 것이다. 이때 정기는 일종의 색기(色氣)이다. 따라서 월정화는 달의 정기가 깃든 꽃, 달빛에 물든 꽃, 달의 요정과 같은 꽃이다. 달은 여성성을 반영한다. 여성의 생리도 달의 주기율과 일치한다. 그래서 멘스, 월경, 달거리에서 보듯이 여성의 생리는 달과 깊은 관련성을 맺고 있다. 위제만과 월정화도 처음에는 신윤복의 풍속화인「월하정인」처럼 밀애를 즐겼겠지만, 마침내 부인이 알 정도로 들통이 났다. 이때부터 둘이는 보란 듯이 사랑놀이를 일삼았을 터다.[27]

고려속요 「월정화」는 서사민요 「진주낭군」으로 이행되었다. 특히 기생 월정화는 민요 속의 기생첩으로 변이 과정을 겪는다. 단순한 삼각관계의 모티프라기보다는 민중의 반봉건적인 자각과 성찰이란 당위론에 방점이 찍힌다. 1980년대의 학생들은 진주낭군과 기생첩의 관계를 정치와 경제, 즉 정경유착으로 보았을 것이다. 배신감에 못 이겨 자살한 소박데기 아내는 소외와 박대를 당한, 혹은 당하고 있는 민중 그 자체다. 그 당시에 민중가요의 키 워드가 바로 민중이듯이. 이 「진주낭군」이 그 당시에 여학생들이 특히 좋아했던 까닭에는, 기존 가부장적인 가족제가 만들어낸 횡포에 대한 여성의 자의식이 담긴 노래[28]라는 사실이 전제되어 있었기 때문이 아니었을까?

에야디야 에헤야 에헤야
두견이 울음 운다
두둥가 실실 너 불러라.

너는 죽어 만첩청산에 고드름 되거라
나는 죽어서 아이가 이가 봄바람 될거나

에야디야 에헤야 에헤야
두견이 울음 운다
두둥가 실실 너 불러라.

너는 죽어 푸릇푸릇 봄배추 되거라

27 송희복, 『진주에 살다, 진주를 쓰다』, 글과마음, 2022, 60쪽.
28 『한국민속문학사전 · 민요편』, 국립민속박물관, 2013, 444쪽, 참고.

나는 죽어서 아이가 이가 밤이슬 될거나[29]

　지금 인용하고 있는 「함양 양잠가」는 경남 지역의 부인들이 박자 없이 부르던 전래민요의 소리였다고 한다. 「진주낭군」과 마찬가지로 일종의 부요이다. 이 소리는 박귀희가 편곡하여 가야금병창에 올린 곡으로도 유명하다. 가사는 후렴 3장단, 본문 4장단으로 구성되어 중중모리장단에 얹어 부르는 노래다. 4절 중에서 2절만 인용해 보았다.

　이 노래의 내용은 「춘향가」의 눈대목인 '사랑가'와 비슷한 내용이라고 하겠는데, 어느 것이 선행한 것인지는 알 수 없다. 전래민요 「함양 양잠가」가 판소리 「춘향가」의 '사랑가'에 영향을 받았다고 단정할 수 없다. 내가 생각키로는 「함양 양잠가」의 원형이 시골풍의 자연발생적인 노래라면, 「춘향가」의 '사랑가'는 도회지적인 성격의 근세적인 노래이기 때문이다. 근대전환기에 일본에서도 '이나카부시(田舍節)'와 '미야코부시(都節)'로 나누어지는 게 있었다. 일본의 경우는 음계의 문제였다면, 전래민요와 판소리는 수용층의 문제에 초점이 모인다. 전래민요 중에서도 부요가 혼자서 부르는 넋두리(독백)라면, 판소리는 창자와 청자의 공감적인 대화요, 또한 여기에 상업성이 개입된다.

　물론 박귀희가 편곡한 「함양 양잠가」는 과연 전래민요인가 하는 생각이 들 정도로 세련된 성음이 자랑이다. 잔가락도 매우 섬세해 원형에서 좀 이탈된 도회지풍의 신민요의 느낌이 없지 않다. 노랫말의 문학적인 수준도 매우 높다. 경남 민요 중에서 부요의 대표적인 적례가 있다면, 서사민요 「진주낭군」과 서정민요 「함양 양잠가」라고 할 수 있겠다.

29　김미숙, 『악보와 뜻풀이가 있는 해설 남도민요』, 민속원, 2009, 221쪽.

5. 밀양아리랑 : 환조와 신명의 파고

주지하듯이, 경남의 민요 중에서 가장 대중적으로 잘 알려진 것이 「밀양아리랑」이다. 이것은 경남 밀양 지방의 민요라기보다는 국민적 성격의 애창 민요 중의 하나다. 그러니까 한 시대를 울렸던 테너 가수인 임웅균도 불렀고, 천재적인 소녀 국악가수인 송소희도 불렀다. 변형된 「밀양아리랑」이라고 해도 가창력의 동영상 기록물이 남아있다. 유튜브를 보면, 언제 어디서라도 쉽게 감상할 수 있다. 사전적인 풀이에 의하면, 또 「밀양아리랑」은 세마치장단의 씩씩하고도 경쾌한 리듬을 가진 환조(歡調) 가락의 가창유희요다.[30]

표준국어대사전에 '환조'라는 표제어를 찾아보니, 이런 낱말이 없었다. 한자의 새김으로는 기쁠 환 자. 사람들이 기뻐하는 마음으로 부르는 음조의 리듬이나 가락을 가리키는 말이다. 평소에 사랑하는 사람이 날 바라보고, 정든 님이 내게 찾아왔는데 어찌 기쁘지 않을 수가 있나? 비탄조와 서로 상대되는 말이라고 보면 좋을 것 같다.

환조의 민요 「밀양아리랑」은 「한오백년」 유과 같은 한(恨) 품음의 노래이기보다, 기쁜 마음으로 세상과 마주하는 신명풀이의 노래다. 이 노래의 기원은 오리무중이다. 1921년에 『속악유희』의 원고를 마친 최영년은 「아라리(哦囉哩)」가 1880년대에 전국적으로 유포된, 슬프고, 원망하고, 음란한 말세의 소리라고 규정했다.[31] 이것이 아리랑을 통칭하는지 구체적으로 지정한 아리랑의 한 종류인지 잘 알 수가 없다. 하지만 이것이 「밀양아리랑」과는 성격이 아주 멀다.

일각에서는 「밀양아리랑」의 기원을, 조선시대에 억울하게 죽어 원혼

---

30 『한국민속문학사전 · 민요편』, 앞의 책, 229쪽, 참고.
31 최영년 지음, 황순구 역주, 『속악유희』, 정음사, 1986, 41쪽, 참고.

으로 나타난 소녀 '아랑'의 설화에서 찾기도 한다. 아리랑이라는 말도 이 아랑에서 왔다고 한다.[32] 아랑의 영혼을 위로하기 위해 「밀양아리랑」을 지어 불렀다는 것은 그럴싸해 보이지만 전혀 근거가 없다. 아랑, 아리랑과 같은 유사한 소리만 남아있을 뿐이다. 「밀양아리랑」이 아랑 설화와 관계가 있다면, 왜 환조이겠는가? 이 세상에서 가장 애처로운 노래여야 않겠는가? 삶의 기쁨을 구가하는 그 노랫말이 우리에게 너무 친숙하다. 경상도 특유의 성조(聲調)와 무관치 않은 노래. 즉 와자지껄한 경상도 사투리처럼 들려온다.

> 날 좀 보소, 날 좀 보소, 날 좀 보소.
> 동지섣달 꽃 본 듯이 날 좀 보소.
>
> 정든 님이 오셨는데 인사를 못 해,
> 행주치마 입에 물고 입만 방긋(하네).

나는 1987년에 대학원에 재학하고 있었는데, 서강대학교 국문과 교수 김열규에게 강의를 듣고 있었다. (그때 교수들은 타교 강의도 더러 했다.) 강의는 연구실에서 진행될 만큼, 수강 학생들이 몇 명 되지 않았다. 그 당시에 김열규는 MBC가 기획한 아리랑 다큐멘터리 진행자로서 전국을 누비고 다녔다. 강의의 초점도 집중적으로 아리랑에 맞추어졌다. 그해 11월에 공들여서 제작한 그것이 방송으로 나왔고, 그는 또 거의 동시에 아리랑에 관한 책을 내기도 했다. 책의 제목은 '아리랑…역사여, 겨레여, 소리여'였다. 그때 김열규는 우리에게 그랬다. 그가 밀양에 가서 연만한 촌로(村老)들을 만났는데, 그들의 증언에 의하면, 유명한 대중가요

---

32 신경림, 『강 따라 아리랑 찾아』, 문이당, 1992, 74쪽, 참고.

작곡가였던 박시춘의 아버지가 권번(기생양성소)을 운영하면서 「밀양아리랑」을 작곡했다는 것이다. 만약 그렇다면 이 노래는 1910년대 이전의 전래민요가 된다. 신민요의 기점을 1930년대로 보기 때문이다. 이 중요한 얘깃거리가 그의 책에는 없다. 좀 확신이 서지 않아서였을까?

김열규는 그 당시에 「밀양아리랑」의 후렴이 매우 독특하다고 보았다. 즉, 우리가 알고 있는 것과 다르다고 했다. 우리가 알고 있는 후렴은 '아리 아리랑 쓰리 쓰리랑 아리리가 났네…'가 아닌가? 이 후렴이 「밀양아리랑」의 후렴이라고 하는 사실에 의심의 여지가 없었다. 그는 밀양의 원(原)가창자들이 이 민요를 부를 때, 지게목 장단에 구유 장단, 물동이 장단에 맞춰 부른다고 했다. 그러니 밀양뿐인 후렴, '듣기에 희한한 후렴'이 생겼다는 거다.[33] 악기 소리의 의성어를 이용한 원형의 후렴은 다음과 같다.

아리 당다쿵 쓰리 당다쿵 아라리가 났네.
아리랑 어절시구 잘 넘어간다.

다시 일반론으로 돌아 가볼까, 한다. 국악 전문가들에 의하면, 「밀양아리랑」이 밀양 지역의 토속 전래민요라기보다 가창을 목적으로 한 통속민요이다. 즉, 많은 사람이 애창하는 민요이다. 이 견해의 근거는 1920년대 서도창과 경기창을 하던 소리꾼들에 의해 「밀양아리랑」이 음반으로 만들어져 유행해 경기 민요와 유사한 선율 구조를 가지고 있다는 데서 찾아진다는 사실. 또 환조의 경쾌한 리듬으로 인해 광복군 군가로도 수용되기도 했다는 사실.[34] 물론 이런 사실들이 객관적인 근거를 가진다고 해도, 그 너머의 얘깃거리도 없지 않을 터이다.

---

33 김열규, 『아리랑…역사여, 겨레여, 소리여』, 조선일보사, 1987, 164쪽, 참고.
34 『한국민속문학사전 · 민요편』, 앞의 책, 229쪽, 참고.

밀양 지역에는 전통적인 양식의 이름 있는 연희가 있다. 하나는 '감내 게줄당기기'이며, 다른 하나는 '밀양 백중놀이'이다. 전자가 소리판의 연희라면, 후자는 춤판의 연희다. 둘 다 마을의 안녕과 풍농의 기원을 추구하는 농경의례적인 연행물이다. 전자의 연행 과정에 향토의 전래민 요「밀양아리랑」이 포함되어 있는 것은 잘 알려진 사실이다. 이 소리를 통해 경쟁적인 놀이에 임한다. 일종의 사기 진작의 노래라고 할 수 있 다. 밀양의 향촌 사회는 신분의 경계가 뚜렷한 곳이다. 경계가 모호한 곳은 진보적인 지역이라고 할 수 있다. 밀양처럼 경계가 뚜렷한 곳은 보수적인 향촌이다. 여기에는 유풍(儒風)이 강한 천·만석꾼 양반과, 향리 (아전)층 중심으로 구성된 수백지기 토호 세력과, 자작인과 소작인 중심의 소농(小農) 상민과, 또한 노비·머슴·백정으로 구성된 천민이 뚜렷이 나누어져 있었다. 밀양 백중놀이는 하층민을 위해 만든 민간의 연희양식이었다.

밀양 백중놀이는 우리나라 연희사에서 '끈질기게도 왕성한 생명력을 지닌 독특하고 멋들어진 춤놀이판'[35]이라고 평가되고 있다. 이 연희 속에는 여러 가지 연예종목(레퍼토리)의 춤들이 이루어져 있다. 가장 대표적인 종목은 병신춤이다. (내가 20대에 울산의 교직에 있을 때 한번은 교사들이 노래판을 벌였다. 자주 있는 일이 아니었다. 신명이 나니까 밀양 출신의 교감이 곱사춤을 추었다. 춤꾼의 춤이 아니어도 잘 춘 춤으로 기억된다.) 그밖에 양반춤, 범부춤, 오북춤이 있다. 밀양 백중놀이의 춤들은 활달하고 힘차고 야성적인 향토 무용이다. 지방색이 매우 짙다고 한다. 이 중에서 범부춤은 더욱 그렇다. 경남의 오광대니, 부산의 야유(들놀이) 계통과 배김새(맺고 풂의 동작)와 매우 다르기 때문이다.[36]

---

35 강혜숙,「밀양 백중놀이의 춤사위」, 민속학회 편,『민속예술』, 교문사, 1989, 318쪽.
36 무형문화재 지정 조사보고서 제138호,『밀양 백중놀이』, 문화재관리국, 1980, 37쪽.

민요「밀양아리랑」이 전래민요냐 통속민요냐에 하는 것에 대한 쟁점에는 감내 줄당기기와 밀양 백중놀이라고 하는 연희와 관련성을 맺고 있다. 이 연행 과정 속의「밀양아리랑」이 차지하는 위상과 무관하지 않다. 문제는 언제부터 포함되었는지가 무엇보다 긴요하다. 1930년대 신민요가 음반으로 제작되기 이전이라면, 무조건「밀양아리랑」은 전래민요다. 1980년에 밀양 백중놀이를 무형문화재로 지정해 달라고 청구할 때의 보고서에는 민요「밀양아리랑」이 개입되었다는 보고가 없었으나, 그 후에 이것이 병신춤 과장에 포함되어 있는 것으로 보고하고 있다. 물론 빠질 수도 있다. 밀양백중놀이보존회가 밀양아리랑 전승의 대표 단체가 된 것도 이것이 포함된 때부터라고 보인다.[37]

민요「밀양아리랑」이 통속민요가 아닌 전래민요였을까? 그렇다면 원형을 찾아야 한다. 근래에 밀양문화재단에서『잇다, 밀양아리랑』(2021)을 간행했다. 큰 판형에 455쪽이나 되는 이 책의 몸체는「밀양아리랑」을 부른 48명의 제보자(가창자)를 대상으로 인터뷰를 하고, 또 부른 노래를 음악적으로 분석한 책이다. 나는 음악 전공자가 아니지만, 이 책을 무척 재미있게 읽었다. 제보자 연령의 폭은 컸다. 1937년생부터 2009년생까지 분포되어 있다. 내가 보기로는 토속민요 유형과 경기민요 유형으로 대별된다고 볼 수 있다.

가장 고령인 박문호(1937년생)는 48명의 제보자 중에서 가장 느린 템포로 노래하였다. 또 그의 순차적인 하행 선율은 경기민요와 구별되는 투박한 경상도적인 선율적 특성이라고 한다.[38] 그 다음의 고령인 이용만(1939년생)은 밀양백중놀이회장을 역임한 예능인이다. 그의「밀양아리랑」창법은 다음과 같이 정리된다.

---

37 류화열 등 기획,『잇다, 밀양아리랑』, (재)밀양문화재단, 2021, 23~25쪽, 참고.
38 같은 책, 225~226쪽, 참고.

여섯째 마디의 '꽃 본 듯이'에서는 '꽃 본 듯이' 다음에 '으아'를 넣어 모음 변화를 주었다. 단조로운 밀양아리랑을 음악적으로 다양한 변화를 준 그의 음악성이 돋보이는 부분이다. 특히 이용만은 밀양아리랑을 부를 때 남창으로서는 다소 높은 음정으로 노래하였다. 원래 목청이 굵은 편이기도 하지만, 음정이 매우 높은 편이기 때문에, 이러한 그의 특징은 독창으로 부를 때 오히려 진가를 발휘한다. 밀양아리랑은 저음이 아닌 가장 높은 음으로 노래가 시작되는 곡이어서, 질러내어야 제 맛이 나기 때문이다.[39]

이상의 분석을 통해 보면, 이용만의 창법은 짐작컨대 현존하는 「밀양아리랑」 중에서 가장 원형에 가깝지 않을까, 한다. 한편 이런 것도 원형이 아닐까, 한다. 어릴 때 할머니와 함께 밀양에서 살아왔다는 황종자(1959년생)는 할머니가 아리랑을 부를 때 박자에 맞춰 부르는 게 아니라 자유롭게, 신세한탄을 하듯이 부르는 걸 자주 들었다고 한다.[40] 그 옛날 밀양의 여인들이 마치 「정선아리랑」을 부르듯이 「밀양아리랑」을 불렀을지도 모른다. 비교적 고령에 속하는 안철수(1956년생)는 노래를 '날-조옴-보-소오'의 숫쇠 리듬으로 시작한다. 이는 경상도 사투리의 느낌을 자아내는 리듬을 만든다.[41] 이상과 같이 본다면, 「밀양아리랑」의 원형은 템포 느림, 고음의 투박함, 숫쇠 리듬의 단순 반복, 박자 개념의 경시 등의 개념과 관련이 있지 않을까, 한다.

이에 비해 이민진(2001년생)은 밀양 출신으로서 부산예고 졸업, 용인대 국악과 경기민요 전공자로 입학이 예정된 학생이다. 그는 담백한 「밀양아리랑」의 선율을 최대한 화려하게 하기 위해 요성이나 앞짧은 꾸밈음과 같은 세련된 시김새를 적극적으로 활용한다.[42] 그보다 더 낮은 연령

---

39 같은 책, 102쪽.
40 같은 책, 163쪽, 참고.
41 같은 책, 115쪽, 참고.
42 같은 책, 283쪽, 참고.

층인 소녀들도 마찬가지다. 이들의 주된 리듬 형은 '나알-좀-보오-소'와 같은 암쇠 리듬이다. 대체로 21세기에 출생한 밀양의 소녀들은 빠른 템포, 정확한 박자를 가지고 있다. 그러니까 이들은 고음과 저음, 숫쇠와 암쇠의 경계를 넘나들면서 경기민요 유형의 「밀양아리랑」을 자유롭고 세련되게 구사한다.

제보자 중에서는 어릴 때 「밀양아리랑」을 들어보지 못했다는 제보자도 있었다. 경우에 따라선 밀양 주민들이 「노들강변」 같은 신민요, 경기민요를 불렀다고 한다. 아리랑을 찾아 전국을 돌아다닌 시인 신경림도 '막상 밀양에 가보면 이 고장 사람들은 밀양아리랑을 많이 부르지 않는다.'[43]고 했다. 나도 열 살 때 겨울방학을 이용해 외할머니의 친정 마을인 밀양 상동면 산곡리에서 일주일 이상을 머문 적이 있었다. 마을에는 두 차례의 결혼식이 있어 일주일 내내 잔치 분위기였다. 기억이 환히 떠오르지만, 마을 사람들은 「밀양아리랑」은커녕 민요 한 가락을 하는 사람조차 없었다. 이미자 노래가 가장 인기가 있었다. 특히 갓 나온 「울어라 열풍아」 속에 온 마을이 잠겨 있었다. 한국 사회가 산업화의 초입에 들어서면서 호롱불 속의 추운 겨울을 보내던 시골에도 영향을 미치기 시작한 것이다. 산업화 시대에 성장기를 보낸 세대는 민요와 먼 생활감정에 빠져 있었다. 나도 마찬가지다.

청량산 속 물레방아 물을 안고 돌고
우리 님은 나를 안고 배뱅뱅뱅 돈다.

(후렴) 다당당따 웃당 다당 당따당
　　　다당당따 웃따이다

---

[43] 신경림, 앞의 책, 191쪽.

이 민요는 경남 함안의 민요라고 하는「물레방아타령」의 노랫말 일부이다. 사당패들의 뒤풀이 노래로 쓰였다고 한다. 곡은「밀양아리랑」과 같거나 거의 비슷하다. 경기 잡가인「자진방아타령」의 지역적 변이 양상이라고 하는데, 과문한 탓에 어느 정도 같고 다른지 잘 알 수 없다. 후렴구가 가사가 아닌 구음으로 처리되어 있다는 사실이 원형으로 추정될「밀양아리랑」과의 텍스트상호관련성을 생각해볼 여지가 있다. 나는 이 노래가 CD음반 '최윤영 경상도 민요'에 실려 있어 감상해볼 수 있었다.

국립민속박물관이 간행한 회심의 저작『한국민속문학사전 · 민요편』에서 경남을 대표하는 민요인「밀양아리랑」을 두고 토속의 전래민요가 아니라, 누구나 애창하거나, 또 할 수 있는 통속민요라고 규정한 바 있었거니와, 이에 대해 나는 속단하기 어려운 문제라고 보았다. 물론 통속민요는 가치중립의 용어이다. 이에 대해서는 늘 쟁점의 여지가 늘 남아있다고 본다. 나는 이른바 통속민요라고 하면, 대체로 이런 것이 아닐까, 생각한다.

> (후렴) 꽃 사시오 꽃을 사시오 꽃을 사
> 　　　사랑 사랑 사랑 사랑 사랑
> 　　　사랑의 꽃이로구나
>
> 꽃바구니 울러 메고 꽃 팔러 나왔소
> 붉은 꽃 파란 꽃 하얀 꽃 남색 자색에 연분홍
> 울긋불긋 빛난 꽃 아롱다롱에 고운 꽃
>
> 봉올봉올 맺힌 꽃 숭얼숭얼 달린 꽃
> 방실방실 웃는 꽃 활짝 피었네 다 핀 꽃
> 벌 모아 노래한 꽃 나비 앉아 춤춘 꽃[44]

전형적인 통속민요라고 할 수 있는 「꽃타령」은 박헌봉이 작사하고 박귀희가 작곡했다. 나의 기억으로는 가수 하춘화가 부른 「영암 아리랑」 이전에 나온 1960년대의 신민요라고 보인다. 진주 권번의 선생이요 서울국악예술고등학교 초대 교장을 역임한 박헌봉은 경남 산청 출신이다. 작곡자 박귀희는 경북 칠곡 출신이다. 국악 비전문가인 나는, 이 노래가 음악적인 인상 및 성격에 있어서 경상도 민요와 무슨 관련이 있지 않겠느냐고 막연히 짐작해 본다.

6. 민요, 창작동요, 대중가요의 교섭

민요는 20세기에 이르러 창작동요와 대중가요에 영향을 미쳤다. 창작동요보다 대중가요가 민요를 수용하는 데 더 적극적이었다. 1930년대에 성행했던 신민요가 바로 그것이다. 진주에서 태어나 김천에서 성장한 문호월이 경기민요의 느낌을 잘 살려 만든 「노들강변」(1934)은 신민요를 촉발하는 데 크게 기여했다.

그런데 이원수의 동시 「고향」이 서양풍의 창작동요로 작곡되어 애국가 다음 가는 국민의 노래로 사랑을 받기도 했다. 이원수의 당해 동시가 세 가지로 작곡되었다는 사실을 아는 이가 그다지 많지 않다. 이를테면, ①이부근작곡본(1929, 5), ②홍난파작곡본(1929, 10), ③이일래작곡본(1938)이 그것이다. 하나의 노랫말에 세 가지의 곡이 만들어진 예는 거의 없는 일이다.

가장 먼저 작곡된 버전 ①은 8분의 6박자 굿거리장단의 민요로 작곡된 것이다. 작곡자 이부근은 경남 통영 출신으로서 작곡뿐만 아니라, 시

---

44 같은 책, 273쪽.

창작과 서예에도 능했다고 한다. 내가 이 악보를 진주교대 음악과 학생에게 피아노로 연주하게 해 이미 오래전에 들어봤는데, 악상이 매우 애절하여 고향을 그리워하는 한국적인 애상의 정서에 잘 맞는다는 인상을 가졌었다. 앞으로 재평가되어야 할 민요풍 창작동요다.

버전 ②는 두말할 필요도 없이 유명한 곡이다. 단순한 동요가 아니라, 남녀노소가 함께 즐기는 국민가요라고도 할 수 있다. 원작의 제목도 조금 변형했다. 동시의 제목인 '고향'은 우리가 잘 알고 있는 대로 '고향의 봄'으로 슬쩍 바꾸어졌다. 홍난파는 단순 음표의 구성, 4분의 4박자 리듬의 이 동요를 어린이들이 쉽게 부를 수 있게 작곡해 큰 성공을 거두었다.

버전 ③은 ①을 편곡한 버전이라고 하겠는데 민요가 아닌 서양 가곡의 느낌을 살렸다고 한다. 나는 이 버전은 들어보지 못했다. 어딘가 악보나 음반 자료가 남아 있을지도 모른다. 경남 창녕 출신인 작곡자 이일래는 「산토끼」(1929)라는 동요를 작곡, 작사해 우리에게 친숙해진 향토 음악인이다.[45]

> 에헤야 디야 바람 분다
> 연을 날려보자
>
> 에헤야 디야 잘도 난다
> 저 하늘 높이 난다
>
> 무지개 옷을 입고 저 하늘에
> 꼬리를 흔들며

---

45 문화일보, 2011. 5. 23. 참고.

모두 다 어울려서 친구 된다

두둥실 춤을 춘다

잘 알다시피, 연날리기는 주로 정월 대보름날에 즐기는 세시풍속이요 민속놀이다. 이 연날리기를 소재로 한 민요풍 창작동요가 있다. 권연순·한수성부부가 작사, 작곡한 「연날리기」다. 이것은 제7회 MBC 창작동요제(1989)에서 대상을 받았던 작품이다. 또 이것은 지금 초등학교 음악교과서에 「쾌지나 칭칭 나네」와 「통영 개타령」과 함께 실려 있다. 당시에 이 부부는 밀양에 거주하고 있었다. 이 곡이 경남 민요와 관련이 있는지의 여부는 도내에서 음악을 공부하는 사람들의 몫이라고 생각된다.

신민요와 대중가요의 교섭 양상 가운데 경남 지역의 장소성과 관련된 대표적인 사례를 꼽으라면, 단연 「오동동 타령」(1955)이라고 생각된다. 야인초 작사에 한복남 작곡인 대중가요다. 두 사람은 38선 이북 사람이었는데 부산에 정착해 부산에서 음악 활동을 하던 1급의 대중가요인들이었다. 여기에서 말하는 오동동은 구 마산의 원도심 술집거리다. 작사가가 오동동이라는 지명을 낙숫물 소리와 장구 소리로 의성화한 것은 기발한 착상이다.

이 노래는 한국전쟁 직후의 곤핍한 서민들을 위로한 노래요, 또한 시대의 울림판이 된 명곡이다. 이것이 1955년에 처음 나와서 한 10년 넘게까지 유행하면서 인구에 회자한 국민가요다. 1960년대 중반, 내가 초등학교 4학년 때였다. 3월의 학기 초에 처음으로 출석을 부를 때, 담임이 '오동춘' 하고 누굴 불렀더니, 아이들 전체가 크게 웃었다. 모두들 '오동추야'를 연상해서였다.

그럼, 오동추야의 뜻은 뭔가? 오동잎이 떨어지는 쓸쓸한 가을밤이란 뜻. 이 계절적인 조락(凋落)의 쓸쓸함, 마산 기생들의 생활 애환을 깨뜨린 것은, 시적인 울림이 큰 해학적인 노랫말, 민요의 신명나는 것에 대한 압도적인 인상, 여기에 추가된 게 외래의 맘보 리듬이다. 쿵쿵 따따따따, 오도옹추야 달이 밝아 오도옹동이냐, 쿵쿵 따따따따…… . 또는 이 노래를 두고 '전통의 피리소리와 서양의 스윙 리듬이 만나 이색적인 가락을 선보인 혁신적인 신민요'[46]라는 평가도 있다. 노래의 제목에 '타령'이 들어선 것도 다 까닭이 있었다. 나는 이 대목에서 다음의 인용문을 적절하게 가져와 본다.

일반 대중이 주로 부르는 타령류 민요는 사설의 구성에서 사물의 종류를 흥미롭게 열거하거나, 사물의 모습이나 행위의 특징 또는 기능적 특성들을 해학적으로 구성하거나, 서사적 내용을 역시 해학적으로 엮고 있다는 특징을 갖는다.[47]

신민요적인 대중가요인 「오동동 타령」의 노랫말을 자세히 살펴보면, 상당히 합치하는 바가 있다. 민요의 유희적 기능을 최대치로 반영한 것이랄까? 이때 유희는 음주가무 뿐만이 아니다. 격조 있는 언어유희도 한 몫을 한다. 이 노래는 원창자인 황정자가 처음으로 부르고, 1979년에는 그룹 들고양이들이 다시 불렀다.

한복남이 작곡한 또 다른 신민요는, 경남 함안의 악양나루가 창작의 배경이 된다는 「처녀 뱃사공」(1959)이다. 한국전쟁 때 전사한 오빠의 애틋한 사연이 깃든 노래다. 이것은 「오동동 타령」에 비해 민요적인 성격이 미약하다. 에헤야 데헤야 노를 저어라, 삿대를 저어라. 이 후렴이 민

---

46 출처 : 한국대중가요연구소, 네이버 지식백과.
47 『한국민속문학사전 · 민요편』, 앞의 책, 475쪽.

요적인 느낌을 살려주고 있을 뿐이다. 이 노래 역시 가수 황정자가 불렀다.

경남 민요가 대중가요로서 대중화한 사례는 가수 김상국이 부른 「쾌지나 칭칭 나네」(1965)이다. 이로써 경남의 칭칭이소리는 전국적으로 알려지게 된 것. 지방의 민요가 전국적인 규모로 잘 알려지게 되는 것을 두고, 대중민요니, 통속민요니 하는 말을 쓴다. 경남 민요 중에서 대중민요라고 할 수 있는 것은, 김상국의 「쾌지나 칭칭 나네」와, 1980년대의 운동권 가요 「진주낭군」과, 지금의 초등학생들도 잘 알고 있는 「밀양아리랑」이다.

7. 이야기는 거짓말, 노래는 참말

경남 지역의 민요의 음악적인 특성을 두고 부산대학교 국악학과 교수 황의종은 이렇게 정리했다. 첫째, 선법에 있어서는 메나리토리가 대부분이다. 둘째, 박자는 3분박 4박자가 가장 많이 쓰였다. 셋째, 가창 방식은 한 사람이 메기고 여러 사람이 받는 형식이 많다.[48]

여기에서 주목을 요하는 것은 3분박 4박자이다. 이것은 8분의 12박자를 가리킨다. 빠른 속도의 장단이므로 중중몰이, 굿거리, 자진몰이와 관련이 있을 것이다. 물론 드물게는 경남 민요가 3분박 3박자(8분의 9박자), 2분박 2박자(4분의 2박자)인 경우도 있다. 3분박 4박자는 '따다다, 따다다, 따다다, 따'와 같은 꽹과리소리를 염두에 두는 것이 좋을 것이다.

이상의 사실을 두고 볼 때, 경남 민요는 4박자에서 3박자로, 3박자에서 2박자로 졸아드는 감이 없지 않은데, 2박자에 이르면 소리가 경남 방

---

48 『한국민요대전』, 앞의 책, 37쪽, 참고.

언의 성조처럼 단촉(短促)해진다. 다음의 경우와 같이, 의성어와 의태어에도 강약이 엿보인다. 이 경우에는 경남 방언이 경남 민요가 되고, 경남 민요가 경남 방언이 된다. 노래와 언어는 혼연일체가 된다.

까치소리 찌숙째죽 (남해)

엄벙덤벙 노다가요 (함안)

여기에서 첫 번째로 인용한 바, 까치소리를 '찌숙째죽'이라고 표현한 예는 유일할 것이다. 두 번째의 '엄벙덤벙'은 1920년대 초반의 번안가요 「희망가」에도 반영되어 있다. 침착하지 못하고 덤벙거리는 모양새다. 노랫가락이 어떻든 간에, 노랫말로는 나에게 강약장단이 어우러진 '갠-지 개갱'으로 읽힌다. 호남 사람들이 판소리를 좋아하는 것이 육자백이 때문이라면, 경남 사람들이 속칭 '뽕짝(강약)' 리듬으로 된 트로트를 좋아하는 것은 메나리토리와 단촉한 두 박자 리듬 때문이다.

아주 오래 전의 일이다. 1990년이 저물어갈 무렵에 『현대시학』 12월에 나와 시인 박재삼의 대담이 있었다. 30대 초반의 문학평론가와 50대 후반의 시인이 만난 것이다. 시인의 말 중에서 지금도 나의 뇌리에 각인된 부분이 있다. 다음의 인용문을 음미할 필요가 있다.

오래전에 저의 어머니께서 말씀하신 적이 있습니다. '이야기는 거짓말이고, 노래는 참말'이라고. 어려웠던 시대에 전혀 교육을 받지 못해 까막눈이셨던 어머니의 이 말씀 가운데에는 심오한 뜻이 담겨 있습니다. 말을 바꾸면, 소설이 허구화된 언어라면, 시는 심정의 근저로부터 울림하는 진지한 말씀이라는 것. 어머니의 그 말씀이 바로 나의 시관이며 시론입니다.[49]

내가 그때 처음으로 들었던 말, 이야기는 거짓말이요, 노래는 참말이다, 라는 명제는 그 이후에 경남 지역에서 몇 차례 더 접했다. 경남 지역의 민간에서 이미 오래 전부터 나돌던 속언이 아닌가, 한다. 문학장르에 관한 가장 원시적인 형태의 이론이기도 하다.

다시 화제를 1987년으로 옮겨본다. 50대 중반의 국문학자였던 김열규는 아리랑의 실체를 규명하기 위해 전국을 돌고 있을 때, 강원도 정선읍 화암 약수골에서 한 할머니를 만나 이렇게 물었단다. 할머니, 아리랑을 부를 수 있어요? 이 물음에 그 할머니의 대답은 기상천외였다.

> 밭고랑에 엎드려도 노래고,
> 논바닥에 엎드려도 노래지.

대답 자체가 한 편의 시요, 선문답이다. 노래는 이처럼 생활 그 자체이다. 이때 김열규는 '노래야말로 소리다운 소리, 참다운 소리'[50]라고 하는 사실을 터득한다. 시인 박재삼의 어머니가 말한 '참말'이다. 아리랑도 맺힘의 소리인 동시에, 풀림의 소리다.[51]

이야기와 노래는 어떻게 다른가?

이 두 가지는 리듬의 없음과 있음에서 차이가 난다. 이야기에는 리듬이란 게 없지만, 노래는 강과 약, 장과 단, 긴장과 이완, 듦과 낢 등의 대립성의 단위로 형성된다.[52] 그 외에도 맺힘과 풂, 웃음과 욺 등과 같은 대립적인 요소를 강약장단 속에 담기도 한다. 조선시대 중기의 문신인 신흠(申欽)의 시조 중에 '노래 삼긴 사람 시름도 하도 할샤.'로 시작하는 시

---

49 송희복,『말의 신명과 역사적 이성』, 문학아카데미, 1993, 207쪽.
50 김열규, 앞의 책, 24쪽.
51 같은 책, 28쪽, 참고.
52 김대행,「시와 노래」, 유종호 외 엮음,『시를 어떻게 만날 것인가』, 민음사, 2005, 463쪽, 참고.

조가 있다. 노래를 만든 사람은 시름(근심걱정)도 많기도 많구나. 그는 노래는 불러서 시름을 푼다고 했다. 이야기로는 시름을 풀 수 없기 때문에 노래로 시름을 푼다는 거다.

노래는 시름풀이요, 또 신명풀이다. 경남 민요 중에서 「진주낭군」과 「창녕 어산영」이 시름풀이의 민요라면, 「쾌지나 칭칭 나네」와 「밀양아리랑」은 신명풀이의 민요라고 할 수 있다. 무엇이든 간에, 지금의 우리에게 그것은 우리의 생활감정 속에서 가치 있게 약동하는 노래인 것이 사실이다.

어느 추상조각가를 위한 회상록을 읽다

1. 각백의 망치질 소리는 리듬이 있다

경남 창원 출생의 조각가인 김종영(1915~1982)은 우리나라 추상조각의 선구자이다. 서울대학교 조소과 교수로서 교육자로서도 존경을 받았던 분이다. 김세중 등 많은 제자들을 길렀다. 그는 남부럽지 않게 좋은 집안에서 태어나, 일제강점기에 쉽게 할 수 없었던 예술을 공부할 수 있었다. 소설 속의 집안을 비유하자면, 「소나기」 속의 윤초시 댁과 비할 수 없고, 「토지」의 최참판 댁과 엇비슷한 만석꾼 김승지 댁이다. 승지는 지금의 대통령 비서관이다. 아동문학가 이원수의 「고향의 봄」에 나오는 '꽃 대궐'의 상징적인 공간이라고 두루 인정하고 있는 그의 생가가 지금도 잘 보전되어 남아있다.

내가 늙어가면서 저녁을 먹고 두 시간 정도 후에 잠에 떨어지는 일이 있다. 잦은 일은 아니지만 한 달에 한두 번 꼴이 아닌가 한다. 이 글을 쓰고 있는 어제도 초저녁잠에 빠졌다. 이럴 때면 으레 꼭두새벽에 일어나곤 한다. 새벽에 일어나면, 따로 할 일이 없어, 책을 읽거나 글을 쓰거나 하는데, 이 이른 새벽은 나에게 있어서 최상의 시간대가 된다. 몸과 마음이 마치 새벽이슬처럼 맑아지는 것 같다. 오늘은 『큰스승 김종영 각백(刻伯)』(2015)을 읽었다. 그를 기억하는 서른세 명의 제자들이 쓴 글을 묶은 회상록이다.

한 시대를 풍미한 김종영은, 추사 김정희의 표현을 빌리자면 '잔혹한 형리(刑吏)의 손길'처럼 글씨를 쓰고, 그림을 그리고, 조각품을 다듬었다. 요즘 말로는 멀티 아티스트다. 그를 두고 묵백이니 화백이니 하는 말을 쓰지 않고 '각백'이라고 칭하는 것을 보면, 사람들은 그를 조각가로만 기억하고 있다. 학생들이 무엇에 쫓기는 듯이 조각을 하고 있는데, 학생들의 선생인 각백은 연구실에서 엿장수의 한가로운 가위 소리처럼 석조가 아니면 목조를 다듬는 가락이 햇살처럼 문밖으로 번져간다. 각백에게는 망치질 소리도 리듬이 있었으리라. 강하고 빠른 소리인 '땅! 땅!'과 여리고 느린 소리인 '따—악! 따—악!'이 서로 잘 어우러진다.

한번은 스승이 망치질하는 모습을 보고 학생들이 묻는다. 선생님, 어디서 그런 힘이 나오시나요? 선생의 대답은 평범하다 못해, 흘러가는 물결 위에 돌을 던져 곧 사라질 작은 파문을 내는 것에 지나지 않는다.

조각은 힘으로 하지 않는다.

짐작컨대, 석공이 돌의 결을 따라 하루 종일 망치질을 하듯이, 석재든 목재든 물성을 극복하면 힘들지 않다는 사실을 강조한 것 같다. 이 평범한 말이 경우에 따라서는 제자들에게 마음의 파문으로 오래 각인되기도 하였으리라. 평범한 한마디 말에도 때로 울림이나 여운을 준다.

그는 이처럼 매사 혼자말로 중얼거리듯이 말을 하곤 한다. 서양화 전공의 여학생이 조소과로의 전과가 허락되기를 바라면서 찾아왔다. 학과장이 노, 라고 하면 그만이다. 과묵한 그가 전과를 허락하는 한마디 말을 했다. 보통 선생 같으면, '그래, 잘해봐.'나 '환영해.'라고 할 텐데, 이런 말을 했다고 한다. "조소과에 오면 수제비는 잘 뜰 거야."(『큰스승 김종영 각백』, 열화당, 2015, 44쪽, 참고. 이하 쪽수만 적음.) 수제비 뜨듯이 조각을 하면, 이것은 최고 경지가 아닌가. 하한선이 따로 없고, 상한선이 따로 없다. 상한선이 바로 하한선이다.

2. 통찰의 예술, 불각(不刻)의 아름다움

나는 올해(2022)에 두 차례에 걸쳐 서울 평창동이 있는 김종영미술관에 갔다. 한 번은 나 혼자, 한 번은 아내와 함께 갔다. 메마른 만추에도 북한산에서 흘러내려오는 서기(瑞氣) 어린 계곡물이 사뭇 운치가 있었다. 이 물소리는 만날 책 읽고 글 쓰고 하는 나의 메마른 일상에 수묵화의 감성으로 적셔와 마음속으로 번져가고 있었다. 미술관의 커피숍에서 주문한 커피도 원두를 갈아서 나온다. 물 흐르는 소리와 짙은 커피향이 추상조각품을 바라보는 시선에 못지않은 절묘한 공감각을 이루는 것 같다.

미술 분야의 비구상에 익숙하지 않은 나 같은 딜레탕트는 방마다 전시되어 있는 각백의 조각품들이 알쏭달쏭하기만 하다. 추상조각은 뭐가 뭔지 알 길 없다. 말없이 덩그러니 앉아있는 품이 오묘하기까지 하다. 존재론적인 순수성의 배후에 미지의 실재가 있으리라. 조각가 스스로 공간을 채우지 않고 비워두는, 혹은 그가 감상자로 하여금 공간예술로서 시간을 사유하게 하는 추상조각은, 불교적으로 비유컨대 밀교다. 진언을 통해 성불에 이르는 붓다의 비밀스러운 가르침과 같은.

평창동에서 시내버스를 타고 경복궁 전철역으로 내려오는 여유로운 정취도 느낄 수가 있다. 내년에는 계절이 바뀔 때마다 다녀오려고 한다. 아내도 자주 가고 싶다고 했다. 김종영미술관을 한 열 번 정도는 방문해야 그의 조각품에 관한 식견이 비로소 생길 것 같다.

식견이 생겨야 안목도 열린다.

작단, 비평계, 감정하는 곳, 문화적인 유통 시장 등에서 다음의 말이 나돌고는 한다. 식견은 아는 것만큼 볼 수 있지만, 안목은 보이는 것만큼 안다고. 물론 안목도 단계가 있다. 심미안과 금강안과 정문안이다. 이에 관해서는 이 글의 마지막 부분에서 재론하려고 한다.

김종영은 과묵하고 어눌했다. 말씨는 표준어를 쓰려고 노력했던 것 같다. 통영 출신의 신입생 심문섭과의 첫 만남에서 이런 말을 했다고 한다. "자네, 표준말을 써야겠네. 서울말을 하라는 것이 아니라, 그 사투리를 고쳐야 할 걸세." 이 제자는 먼 훗날에 국제적으로 명성을 떨친 조각가로 성장했다.

그의 여제자 중에 강은엽이란 조각가가 있다. 어릴 때 병약해 외가에서 요양하고 있을 때 아버지가 보내준 초에서 촛농을 모아 피에타상을 만들었다는 그는, 소설가와 만화가로도 활동했다고 한다. 강아지 애호가로도 유명하다. 그는 스승인 김종영을 이렇게 회고했다. "선생은 잠시 뒷짐을 지시고 제자들을 바라보다가 사라지는 존재로만 알았는데, 학생들의 모든 면을 꿰뚫어보고 계셨다." (나도 나를 이렇게 기억하는 제자가 있으면 좋겠다.) 내가 평생을 학교에 있어서 잘 알지만, 학생들을 들들 볶는 선생치고, 스승은 없다. 진짜 선생은 학생 하나하나에게 무관심한 듯해도, 관심을 가지는 선생이다. 그는 제자들이 작업을 할 때 휘 돌아보고 가는 게 고작이었다.

어쩌다 한마디씩 툭 툭 던지는 말이 이렇다. 이런 범속해 보이는 말을 새길 수 있어야 발전이 있다는 건 두말할 나위가 없다. 선생의 말을 받아들일 수 있는 학생에게서야 늘품수가 있다. 늘품수란, 성장가능성을 가리키는 경남 방언이다. 요즘은 거의 쓰지도, 쓰이지도 않는 말이다.

뭐, 그리 주제가 거창해?(119쪽)

용두사미로군, 할 수 없지.(119쪽)

손 뗄 시간을 놓쳐 작품이 상했군.(134쪽)

물론 학생들에게 하는 말과 조각가로 입문한 제자들에게 하는 말은 수준이 다를 것이다. 작업 중인 학부생 제자들에게 과묵한 가운데 어눌한 한마디씩 툭 던지던 그에게도, 한 단계 오른 제자들은 이제 동업자가 된다. 동업자인 제자들에게 창작의 기본을 말할 수 없지 않은가? 하지만 예술의 근본정신을, 그는 사랑한다.

그래, 우린 우주 질서를 찾아야 해. (126쪽)

예술의 본질은 유희다. (130쪽)

나는 죽음에 대해선 하나도 두렵지 않아, 단지 죽을까봐, 두려워. (128쪽)

그의 어록은 인생관과 사생관이 반영되면서 이처럼 격이 높아진다. 그가 죽기 직전에 제자들이 병문안을 갔을 때 하던 말이었다고 한다. "겨울밤이 하도 길어 중간에 한 번 숨을 쉬었다가 다시 숨을 쉰다."(135쪽, 참고.) 죽음 앞의 이런 유머 감각이라면, 그는 마치 인생을 달관한 사람과도 같다. 소설가 김영하의 말마따나, 귀신이 무서운 게 아니라, 귀신 이야기가 무섭듯이, 죽음 그 자체가 두려운 게 아니라, 죽음을 둘러싼 얘깃거리가 두렵다.

김종영의 수제자라면, 김세중과 최종태라고 꼽을 수 있다. 1950년, 서울대학교 예술대학 제1기생으로 졸업한 김세중은 동료 교수로도 함께 오래 재직했다. 제자라고 하지만, 같은 시대를 함께한 동업자의 개념에 가깝다.

　김종영과 최종태 사제 사이에 오간 의미 있는 대화록이 매우 단편적으로 남아있다. 그의 예술가에 대한 가치관을 음미할 수 있는 부분이다. 조선시대가 5백 년인데 손꼽을 만한 화가가 몇인가? 글쎄요, 열을 세기가 어려운데요. 19세기에 아시아에선 완당(김정희)이요, 서구에서는 세잔이지(27~28쪽. 참고.). 추사 김정희는 세상의 온갖 신산고초를 겪으면서 동양권 정통 문인화의 세계를 성취했다(148쪽. 참고.). 김정희야말로 글씨는 그림처럼, 그림은 글씨처럼 경계선을 넘었다. 그보다 한 세대 늦은 폴 세잔은 추상화를 시도하지 않았지만, 구상과 비구상, 즉 형상과 추상의 틈새에서 현대미술의 길을 열어주었다.

　한 분야의 예술가는 반세기에 한 명 꼴로 태어나거나 만들어진다. 대중예술가 트로트 가수도 그렇다. 1950년 이전에 남인수가 있었다면, 그 이후에는 이미자와 나훈아가 등장했다. 이미자가 태어난 가수라면, 나훈아는 만들어진 가수다. 양자택일하라면, 양자택일해야 하는 수용자가 선택할 몫이다. 추사 김정희는 글씨에선 조선시대를 대표하는 서예가이다. 그림에선 19세기 전반기를 대표한다고 보는 것이 김종영의 생각이다. 그는 김정희가 19세기에 세잔과 어깨를 겨루는 화가란다.

　그에게 있어서 그림은 무엇인가. 그림은 수직선을 그리고, 수평선을 그리고, 거기에다 사선을 긋는 것. 너무 단순하지 않은가? 내가 20대 초반 시절의 일이었다. 문학평론가 김윤식이 진행하는 문학 교양 강좌였다. 그때는 이런 교양강좌가 TV프로그램 속에 많이 포함되어 있었다. 산중에 은거하는 시조시인이었던 것 같다. 한 젊은이가 방문해서 묻는다. 어떻게 하면 시조를 잘 쓸 수 있는가요? 답이 이렇다. 마지막에 '하노라'만 잘 마무리하면 충분하다고. 가만히 생각해보니, 근세 일본의 하이쿠도 문장 끝의 감탄사인 '기레지(切字)'를 잘 사용하면 훌륭한 하이쿠가 되기도 했다. 근데, 감탄사 '하노라'가 어디 쉬운가? 수직선을 긋고,

수평선을 긋고, 사선을 긋는 게 어디 쉬운 일이겠는가?

김종영은 늘 이렇게 생각했다. 글씨는 그림같이 쓰고, 그림은 글씨같이 그려야 한다고. 말하자면, 예술가는 적어도 경계선을 그리지 말아야 한다. 그런데 지금의 우리 주변을 돌아보라. 문학계와 예술계를 보라. 너는 보수, 나는 진보. 문재인 정권 막바지에, 문인과 예술인 사이에 검찰총장 퇴진과 종전선언에 대한 지지는, 지금 우리에게 무슨 의미를 남기고 있나? 문학이나 예술은 안팎을 넘나들어도, 안과 밖 사이에 경계를 짓지 말아야 한다. 흙(소조)은 안에서 밖으로 붙여 나가고, 돌(조각)은 밖에서 안으로 들어간다. 그렇다면, 조소는 안팎의 경계에서 노는 유희 삼매경의 예술이 되는 것이다. 김종영에게 있어서 미술 분야에는 이와 같이 장르의 경계선이 없다고 여긴 것 같다. 아니, 예술 분야가 다 통섭의 영감이 있다고 본 것 같다. 그래서 한 제자는 이렇게 말했다.

선생의 조각은 글씨 같고, 입체로 쓴 시(詩)로 보인다.

시는 동화요, 융합의 세계다. 조각은 물질적인 조건과 비물질적인 상징의 조건마저 아우른다. 이럴 때, 시와 예술은 세상이 온통 한통속이 되는 경지로 나아가게 마련이다. 김종영은 추사 김정희의 그림 같은 글씨에 매료되었던 것 같다. 그는 서예 작품 8백 편 이상을 남겼다. 추사체의 '아시머트리(asymmetry)' 미학은 그의 예술 전반에 큰 영감을 주었다.

시와 조각은 닮았다. 고대에서는 시가 신과 인간의 영적 소통을 더 직접적으로 수행한다고 여겨 조각보다 시를 선호했다. 하지만 중세 이후에 탈중세, 근세의 에로티시즘을 추구한 조각이 시보다 더 인간적인 예술 양식으로 각광을 받았다. 근대에 이르러 시와 조각은 행복하게 만난다. 로댕과 릴케의 만남이 매우 상징적이다. 나는 젊었을 때 조각을 두고 가장 시적인 조형예술이라고 말한 바 있었다. 무슨 마음에서 이런 말을 했는지 모르겠지만, 난 그때 시는 결정(結晶)화된 정열과 영혼이요, 조각은 얼어붙은 언어의 정수다, 라고 했다. 황지우의 조각시집『저물면서 빛나는 바다』(1995)가 간행될 때는, 뒷물하는 여인의 나상을 묘사한「멀어지는 다도해」등을 두고 '순간적인 소멸의 환혹(幻惑)적인 빛남이 주는 황홀감의 극치'라고 높게 평가하기도 했다.

김종영에게는 예술의 목표는 '통찰'에 있었다. 이 말은 그의 제자 류종민, 조재구, 최인수, 유형택 등의 글에서 반복된다. 통찰은 경계 지우기랄까, '유한한 구상 세계와 무한한 추상 세계를 아우르는 것'(148쪽)에 비교적 가까운 개념이다. 자연이나 사물의 질서에 대한 꿰뚫어봄의 세계이기도 하다. 통찰은 아름다움의 극점이요, 이데아요, 김종영의 예술관을 나타내는 표지요, 키 워드다.

그의 제자인 윤명로는 예술의 궁극적인 목표를 통찰이라고 했다. 2013년에, 국보 83호인 금동미륵반가사유상이 뉴욕으로 갈 때 외신들은 이를 두고 세상에 대한 깊은 통찰의 상이라고 극찬했다. 그렇다면 통찰은 '새김(刻)이 깨달음(覺)으로 이르는 도정'(79쪽)이요, 시공간을 초월한 광대무변의 온 세상, 미륵이 손가락질하는 일종의 대동세상(大同世相)이 아닐까?

깨달음이니 시공간의 초월이니 미륵의 대동세상이니 하는 것은 다름 아닌 자연이다. 제자 엄태정의 증언에 의하면, 김종영의 예술가관은 자연에 머무는 예술가가 진실한 예술가라는 데 있다. 특히 조각 예술은 초월을 향해 열려 있으며 우리 앞에 자연과 함께 존재하고 있다. 조각상에는 물성이 안 보인다. 조각품은 한정된 시공간에서 무한의 가치를 성찰하는 것의 결과이다. 제자 박충흠은 프랑스에 가서 아주 고생한 사람이다. 좌절과 고뇌에다 생활고까지 겹쳤다. 프랑스 시골에서 지어보지 못한 농사도 지었다.

처음 해보는 농사는 무척 힘들었지만, 씨를 뿌리고 일주일 쯤 지났을 때 파릇파릇 돋아난 녹색의 떡잎을 보는 순간, 그것은 하나의 '경이' 그 자체였습니다. 어느 조각가가 저 생명력을 표현할 수 있을까요. 어느 예술가, 어느 인간이 풀 한 포기를 자라게 할 수 있을까요. 그때 저는 비로소 자연을 만났습니다. (131쪽)

자연 속에서 자연이라고 하는 추상 개념을 터득한 순간이다. 이 순간에 자신의 스승인 김종영의 예술 세계를 떠올렸을 터이다. 또 다른 제자 이춘만은 스승의 예술사상을 가리켜 '모든 형상 안에서 인위적인 마음을 비운다. 그래서 자연으로 간다.'(64쪽)고 했다. 자연은 구상도 추상도 아니다. 구상과 추상을 넘나드는 데서 자연의 진짜 모습이 드러난다. 이를테면 '가식 없는 참 모습'(166쪽)이다. 이 참 모습의 아름다움이 김종영의 이른바 '불각(不刻)의 미'가 아닌가 생각된다.

자연의 미와 유사한 무게로 다가오는 또 다른 표현이 바로 '불각의 미'다. 조각하지 않는 조각인 불각이라니. 새김이 없는 조각의 아름다움이라. 조각하지 않는 경지의 심미적인 조각품이라. 이런 모순이 또 어디에 있단 말인가? 아니면, 참으로 눈부신 역설의 표현이다. 요컨대, 구상과 비구상, 대상과 비대상, 대칭과 비대칭의 경계를 넘나드는 것이 저 불각의 아름다움인 것이다. 각백 김종영이 안팎너머의 인간상으로 소중하게 여겨지는 이유다.

3. 심미안, 보이는 것만큼 알 수 있다

김종영은 학생들에게 물음을 툭 던지곤 한다. 마치 선문답하듯이. 슬퍼서 우느냐? 울어서 슬프냐? 학생들이 모두 어리둥절했을 거다. 그는 슬퍼서 우는 게 아니라, 울어서 슬프다고 했다. 그의 제자인 조각가 김병화는 스승의 이 어록에 대해 각주를 다음과 같이 달았다.

처음에는 억지울음 같지만, 계속 초상집의 곡쟁이처럼 꺼이꺼이 울다 보면 그동안 슬펐던 기억들이 하나 둘씩 되살아나서 급기야는 정말 슬퍼서 울게 되는데, 그것처럼 작품도 영감이 떠오를 때까지 기다리지 말고 무작정 덤벼들어 하다 보면 자기도 모르게 솜씨도 늘고 영감도 떠올라 좋은 작품을 창작할 수 있다는 것이다. (164쪽)

나는 평소에 이렇게 생각해 왔다. 울음과 욺이 다르다고. 문법적으로 볼 때, 울음이 명사라면, 욺은 명사형(동사)이다. 울음이 자연이라면, 욺은 형식(예술)이다. 옛날에 양반가에는 전문적으로 곡을 하는 여인, 즉 곡비(哭婢)가 있었다. 곡비는 일종의 예술가다. 곡을 함으로써 슬픔의 세계로 인도한다. 따라서 예술은 자연의 모방인 거다. 예술이 자연을 모방할 때 김병화의 말마따나 '가식 없는 참 모습'의 아름다움을 드러낸다. 이것이 바로 '불각의 미'다.

언젠가 서울에서 나와 지인들이 모여 강화도에 간 일이 있었다. 거기에서 만나 거의 하루 종일을 대화를 나누면서 보냈던 조각가가 있었다. 김병화다. 시도 쓰고 수필도 쓰던 분이다. 얼마 전에 지병으로 돌아갔다는 얘기를 전해 들었다. 그는 스승 김종영을 가리켜 예술가로서, 조각가로서 됨(being)과 함(doing)에 있어서 한 치의 빈틈이 없는 분이라고 회고했다.

나는 '됨'이 작가의 존재성이라면, '함'은 작품 그 자체라고 해석하고 싶다. 작가와 작품의 관계에 있어서 작가의 인품이 작품의 품격을 결정한다는 고전적 견해가 오래 전부터 있어 왔다. 중국에서는 이 견해는 철칙이었다. 이를테면 '문자인야(文者人也)'니 '기인기화(其人其畵)'니 하는 표현이 바로 그것이다. 글이라고 하는 것은 바로 그 사람됨의 소산이요, 그 나물에 그 밥이라고, 그 화가에 그 그림인 것이다. 이 견해와 전혀 반대되는 견해도 있다. 나의 은사인 시인 이형기가 술집에서 내게 이런 말을 했다. 마치 귀엣말을 하듯이 했다. "송군, 내 말 들어봐. 인간 못된 게 예술을 한다구." 예술가의 도덕의식의 수준과, 예술가로서의 예술적 성취는 전혀 별개의 것이라는 뜻으로 이해하지 않을 수 없다.

오광수가 지은 『한국 현대조각의 선구자 김종영』(2013)에는 김종영의 서예 작품 하나가 실려 있다. 추사 김정희의 어록이다. 사람들이 글씨와 그림을 감상하는 데 있어서 '금강안과 혹리수'가 있어야 한다는 내용의 어록이다. 김종영이 이것을 붓으로 썼다. 서예의 안목이 없는 사람이라고 해도 한눈으로 보아서도 달필임을 감지할 수 있다. 이 글씨의 내용처럼 금강역사와 같은 매서운 눈과 혹독한 세리(稅吏 : 세금을 거두는 아전)의 손끝 같은 치밀함이 있어야 한다. 이 눈과 손길이 서화를 감상하는 안목의 바로미터다. 김종영이 쓴 이 글씨가 추사체인지 하는 것의 여부는 서예 전문가의 판단에 맡겨야 하겠지만, 그림 같은 글씨라고 하는 인상만은 결코 떨칠 수가 없다.

수용자뿐만 아니라, 예술가에게는 창작하는 안목도 필요하다. 평범한 예술가에게는 심미안이 있다. 비범한 예술가에게는 금강안이 있다. 그럼, 이 보다 더 높은 경지의 예술가에게는 무엇이 있을까? 나는 정문안(頂門眼)이라고 본다. 추상조각의 각백이었던 김종영과 같은 이가 가지고 있었을 창작의 경지가 정문안이다. 불교에서는 모든 사물의 이치를 환히 아는 특별한 안력(眼力)을 가리켜 정문안이라고 한다. 본디 두 눈 외에 정수리에 있는 또 하나의 눈이 있다는 뜻이다. 한 분야의 정문안을 가진 예술가는 앞에서 얘기가 되었듯이 반세기에 한 명 꼴로 태어나거나 만들어지거나 한다.

곧 다가올 내년(2023)은 내게 매우 각별한 해다. 비평가로서 문단에 등단한 지 40년이 되는 해요, 두 번째로 상경하여 본격적으로 서울 생활을 시작한 지도 40년이 되는 해다. 오랫동안 경남 진주에 주소지를 두었지만, 본가는 서울에 그대로 두었다. 나는 이제 40년 동안 비평가로 살아왔으니, 이제는 작가로 살고 싶다. 서울에서 주로 전철을 타고 다니면서 바쁘게 살아왔다. 이제는 전철과 시내버스를 골고루 타고 다니면서 좀 생활의 여유를 찾고 싶다. 또 예술을 감상하는 데 있어서도 구상의 리얼리즘 안목에서 벗어나, 이제는 구상과 비구상, 형상과 추상의 경계를 넘나드는 안목이 마련해준 공간 속에 침잠하고 싶다. 안팎너머의 인간인 김종영처럼.

예술의 고장 통영과, 예술가의 화양연화

1. 역사성과 장소성을 지닌 통영

통영은 역사성과 장소성을 지닌 곳이다. 통영이 이로 인해 앞으로 지역연구에 있어서 역사지리학적인 관심도가 매우 높은 지역이 될 것이라는 데 아무도 이의를 제기하지 못한다. 통영은 이미 오래 전부터 자연의 풍광이 명미하고, 또 상거래가 활발하게 이루어진 항구로 잘 알려졌다. 통영의 고지도를 보면 알 수 있듯이, 마을은 통영의 주산인 여항산의 남사면을 따라 어업이 가능한 해안에 인접해 발달하였고, 하구안 해변에는 각종 물품을 돈으로써 사고파는 가게인 물화전(物貨廛)이나, 쌀가게인 미전(米廛) 등이 표기되어 있는 것으로 보아서 상거래가 번성했던 것으로 충분히 짐작된다.[1]

주지하듯이, 통영은 3도수군통제영(1604~1895)이 설치된 조선 후기 3백년간 통제영 문화의 꽃을 피웠던 곳이다. 지금으로 하면 해군본부에

---

[1] 이전 외 지음,『경남 지역의 지리』, 경상대학교출판부, 2021, 68쪽, 참고.

해당하는 통제영이 있는 것이라고 해서 통영이다. 통제영의 우두머리는 종2품 차관급의 통제사이고, 초대 통제사가 이순신 장군이었다. 전시의 수군 총본부는 애최 한산도에 있었다. 이순신 장군의 한산도는 전승지이면서 근무지이기도 했다. 그는 여기에서 한시를 남겼다. 이것은 명작으로 지금까지 인구에 회자되고 있다. 특히 묵객들이 쓰는 글씨의 소재로도 자주 활용된다.

예향 통영의 문학 및 예술은 한산도에서 지은 이순신 장군의 시조 한 편으로부터 시작한다. 우리가 익숙하게 알고 있는 그 시조. 내가 대학교 1학년 학생들에게 물어보니 대부분 모르는 시조였다. 나는 마음속으로 초등학교 때에서 고등학교 때까지 이런 시조를 가르치지 않고 무슨 시조를 가르치나, 했다. 이순신 장군의 시조는 기존의 시조 곡조에 붙여져 진중(陣中) 가요로도 활용된 것인지 모른다. 통영의 문학예술은 이순신 장군의 시조와, 군용악기였을 '호가(胡笳)'의 가녀리고 구슬픈 소리로부터 시작한다.

한산 섬 달 밝은 밤에
수루에 홀로 앉아

큰 칼 옆에 차고
깊은 시름하는 차에

어디서 일성호가는
남의 애를 끊나니

나라와 시대에 대한 깊은 오뇌의 밤중에, 이순신 장군이 홀로 앉아 있다. 달은 휘영청 밝은 달이다. 앉은 곳은 수루(戍樓)다. 수루는 졸병들이나 앉는 곳 즉 망루인데 장군께서 왜 여기에 홀로 앉아 마치 넋 나간 사람처럼 계셨을까? 마음이 워낙 복잡해서다. 어디선가 들려오고 있는 일성호가(一聲胡笳)는 그의 비감한 심사를 더욱 자극한다.

사람들은 호가를 피리로 잘못 알고 있다. 호가는 서역으로부터 진시황 때이거나 아니면 그 이전에 중국에 들어온 외래악기다. 이것이 우리식으로 변형된 것이 태평소다. 일명 '날라리'라고도 한다. 조선 후기에 남사당패가 불어대며 사람들을 모으던 소리다. 음이 높고 가볍다. 멋을 내는 경박한 사람을 두고 날라리라고 하는 것도 여기에 근거한다. 요컨대 일성호가는 한 가락의 날라리소리다.

날라리소리는 어떤 때 경쾌한 리듬을 이용해서 신명을 내기도 하지만, 어떤 때는 마치 애간장을 끊을 듯이 매우 슬픈 심회를 자아내기도 한다. 호가는 군용악기였을 터. 남이라니. 자신을 남이라고 하고 있다. 이 시조의 무수한 이본에는 남과 나로 나누어져 있다. 남이 더 문학적이다. 자신을 객관화시키고 있기 때문.

임진왜란이 종식되어도 남해상에 왜선이 간혹 출몰하기도 했다. 1603년 6월 13일에는, 제주도 앞바다에 왜선이 나타나 왜인 20급을 참하고 중국인 포로 6명을 생포하기도 했다. 해상 방어를 강화하기 위해, 수군의 근거지를 한산도에서 거제도로, 또 다시 지금의 통영 해안으로 옮길 필요성이 제기된다.[2] 마침내 1604년 9월9일에 통영에 3도수군통제영이 설치되어 통영이 군사도시의 성격을 띠면서 근대 도시형 터전으로 발돋움하였다. 임진왜란 때 일본에게 크게 당한 조선은 통영을 해상 방어의 거점으로 삼았던 것이다. 그러면 통영의 행정적 위상은 대구 감영과 비할 때 어느 정도였을까?

---

2 신윤호, 「임진왜란 직후 해상방위와 통제영」, 『통영』, 국립진주박물관, 2013, 213쪽, 참고.

경상도 관찰사는 1도를 관리한다면, 통제사는 3도를 관리한다. 그런데 감영과 통영은 경상도 한 지역 안에 있다. 1714년 4월 4일에, 경상도 관찰사 홍우녕과 3도수군통제사 이석관이 통영에서 만났다. 두 사람의 관품은 종2품이다. 관찰사가 통제사에게 상관 대접을 요구하지는 않았을 것이다. 두 사람은 대등하게 죽도에 나아가 경치 구경을 하였다. 오후에는 통제사가 군사훈련을 시행해 통제영의 위엄을 과시한다. 그럼에도 불구하고 이석관의 그날 일기에는 피곤함을 느꼈다고 했다. 미묘한 관계임에 틀림없다.[3]

군사도시의 성격인 근대형 도시로 성장한 통영은, 해륙이 상응하는 관방(關防)의 형국을 갖추었다. 이런 통영에 사람들이 모여들고 물화(物貨)가 쌓이는 것은 당연하다. 통영은 음식 문화가 발달했던 곳이었다. 멍게비빔밥, 바닷장어시락국, 뽈락김치, 복국 등이 언제부터 있었는지 알 수 없지만, 우리가 모르는 통영의 향토 음식이 그 옛날에도 있었을 터. 지금도 '아적재자(아침시장)'에 관광객들이 몰린다. 통영은 예로부터 풍미향(風味鄕)이었다. 하지만 무엇보다도 예술인들을 많이 배출했다고 하여 우리나라의 예향으로 가장 이름이 나 있다. 통영의 지역적인 문화 특성을 말하기에 앞서 그 지리적 환경을 전제로 삼는 것이 보통이다. 이에 관해서라면 방대한 분량의 『통영시지(統營市誌)』 상·하권 첫머리에 이렇게 적혀있다.

지세가 남쪽으로 향하고 있어 볕바르고 그윽할 뿐 아니라 산줄기가 서로 싸안고 도는 것이 정다워서 아름답다.

육지부는 삼면이 바다이고 해안선은 톱날처럼 굴곡이 심한데다 한국의 3대

3 이효종, 「18세기 초 삼도수군통제영의 실제와 그 운영」, 『통영』, 같은 책, 225쪽, 참고.

다우 지역에 속해 충분한 강수량으로 항시 풍부한 영양류(營養流)가 연안에 형성되니 물고기의 서식 환경으로는 더없이 좋은 곳이다.

거기다가 바다 남쪽으로는 동해 난류가 흘러 수온이 따뜻하니 어류 · 패류 · 해조류 등 수산 자원이 다양하고 풍성하여 이 해역을 한국수산자원의 보고라 일컫는다.

맑고 잔잔한 앞바다는 150여개의 크고 작은 섬들이 그림처럼 떠 있는 다도해의 어귀라 눈길 닿는 데마다 절경 아닌 곳이 없고 물길 흐르는 목마다 어장 아닌 데가 없다.[4]

통영은 자연발생적으로 형성된 취락으로부터 발달한 (읍성 유의) 성곽도시가 아니라,[5] 일종의 계획도시였다. 서울에서 전문적인 군관이 파견되는 등 사람들이 모여들면서 군수품이 필요했다. 통제영 부속건물에 각종 장인(기술자)들이 입주하였다. 이른바 12공방(工房)의 설치가 바로 이것이다.

이 지역에 12공방이 출현함으로써 지역문화를 온전히 바꾸어 놓았다. 통영이 가진 조선 후기의 도시적인 성격은 혁명적이라고 해야 할 것 같다. 군수품이 필요한 지역인 통영에서 그 후 군수품은 민수품으로 전환되어 조선 후기에 각종 통영 명품에 대한 입소문이 자자하게 만들었던 것이다. 민수품으로도 물품이 만들어졌다는 것은 통제영 바깥에도 개인 공방이 있었다는 얘기다.

통영이 돈과 물류의 집산지가 되었기에, 통영 사람들은 여유로운 생활 속에 예술의 감각을 추구해가면서 생활할 수 있었다. 그리고 시대가 근대로 전환되면서 점차 윤이상 · 전혁림 · 박경리 · 유치진 등의 예술인들을 여러 분야에 걸쳐 배출하게 됐던 것. 말하자면 이순신, 통제영

<hr>

4 『통영시지(上)』, 통영시사편찬위원회, 1999. 3쪽.
5 이전 외 지음, 앞의 책, 64쪽.

12공방, 통영의 명품, 예향 등의 개념들이 역사지리학적 내지 사회경제학적인 인과 관계를 맺게 되고, 또 이것의 상호 관련성을 통해 근대 도시로 점차 성장하게 된 것이다.

바다의 문화는 거칠다. 그리고 꾸밈없는 날것 그대로다. 욕망을 드러내는 것을 부끄러워 하지 않는다. 이런 생명과 활력이 통영 정서를 낳았다. 통영 사람들은 활기차고 정이 많다. 또 그 활력과 정을 표현하는 것에 인색하지 않다.[6]

통영의 원색적인 색감의 지역 환경이 예술 속으로 스며든다. 나전이나 장석에서 보듯이 공예미술품이 화려하다 못해 탐미적이기까지 하다거나, 전혁림의 회화가 전통 오방색으로 이룩한 원색의 미감을 드러낸다고 하거나, 박경리의 소설에 등장하는 인물들이 절제된 이성의 인간상보다 인간의 본능과 욕망에 충실한 유형이 우세하다고 하거나 하는 것도 이와 같은 데 근거를 두고 있을 것이라는 추론이 가능해진다.

2. 조선후기의 전통 예향인 통영

통제영의 본영은 세병관이었다. 여기에는 많은 부속 건물이 있었다. 12공방의 공인들은 말할 것도 없고, 취청(吹靑)과 기생청에도 예인들이 많았다. 취청에는 군악대와 같은 취고수와 세악수들이 속해 있었다. 성 밖에 기거하면서 통제영에 출퇴근하던 이들의 숫자는 1687년에 이미 백 명에 이르렀다고 한다. 뿐만 아니라, 통영에는 향리들 중심으로 시회(詩會)를 통하여 시와 그림 그리고 음악이 어우러진 가곡시조의 맥이 근

---

6 조윤주, 『명품명장 통영12공방 이야기』, 디자인 하우스, 2009. 24쪽.

대에까지 이어지고 있었다.[7]

먼저, 통영 공예문화의 상징인 12공방을 살펴보자. 통제영에 소속된 관리들과 군인들과 그 가족들은 물품을 현지에서 조달해야 했다. 워낙 지리적으로 변방이고 폐쇄된 곳이기 때문에, 물품의 수요가 적지 않았다. 전국적으로 장인들이 모여 들었다. 통제영의 12공방은 군수품 생산은 물론 조정에 진상할 물품과 때로는 중국에 헌상하는 물품까지도 조달하는 조직적인 분업이 공방체제를 갖추고 있었다. 이것의 명성은 18, 9세기에 국내 전역뿐만 아니라 중국과 일반에까지 떨쳤다고 한다.[8]

통제영 12공방의 체제가 어떤지에 관해서는 의견이 다를 수가 있다. 개방과 폐방을 거듭했기 때문에, 늘 고정된 것은 아니었다. 이 공방이 가장 번성한 시기인 18세기의 문헌인『통영지』에는 다음과 같이 12종[9]으로 규정하고 있어 다음과 같이 참고할 만하다.

①칠장방 : 각종 공예품에 옻칠을 하던 곳이다.

②석장방 : 주석·백동 등으로 각종 장석을 만들던 곳이다. 놋쇠를 다루었다.

③화원장방 : 지도와 수조도 및 의장용 장식화를 그린 곳이다.

④총장방 : 말총을 엮어 망건 등을 만들던 곳이다.

⑤야장방 : 지금의 대장간, 쇠를 녹여 각종 철물 및 병기를 만든 곳이다.

⑥상자장방 : 버들가지나 대오리를 엮어 고리짝이나 상자류를 만들던 곳이다.

⑦소목장방 : 각종나무로 장롱 등 가구 및 문방구를 만들던 곳이다.

⑧은장방 : 금은 제품을 만들던 곳, 지금의 금은방과 같은 곳이다.

⑨입자장방 : 흑립(黑笠)을 비롯한 벙거지, 패랭이 등의 갓을 만들던 곳이다.

---

7 정은영,『인문도시 통영, 그 아름다움에 빠지다』, 지식공감, 2015, 66~67쪽, 참고.
8 유미나,「조선후반기의 통제영 수군조련도 연구」,『미술사학연구』, 281호, 2014, 3, 한국미술사학회, 193쪽, 참고.
9 특별전 도록,『끈질긴 삶과 신명 경상남도』, 경상남도·국립민속박물관, 2013, 76쪽, 참고.

⑩동개장방 : 화살을 넣는 활집인 동개를 만든 곳이다.

⑪화자장방 : 신발을 만든 곳이다. 후기에 폐방되었다.

⑫안자장방 : 말안장을 만들었으며, 후기에 폐방되었다.

그밖에 19세기에 이르러 신설된 것으로는 자개를 붙여 나전제품을 만든 패부방, 가죽제품을 만든 주피방, 둥근 부채를 만든 미선방 등이 있었다. 또 선자방은 임금이 하사하는 단오절선(端午節扇)을 주로 생산해 진공하는 독립된 공방이었다. 이 중에서 전국적인 명품으로 각광을 받은 곳은 통영반을 만든 소목장방, 통영장석을 만든 석장방, 통영갓을 만든 입자장방, 통영자개를 만든 패부방이었다. 이들이 만든 통영 지명이 붙여진 물품은 전국적으로 알아준 명품이었다. 이 중에서 가장 규모가 큰 곳은 석장방였던 것 같다. 여기에서는 주석을 주로 다루었던 곳으로 네 칸의 공방에서 편수 1명, 석사옥편수 1명, 공장 19명이 장석을 만들었다. 일명 주석방이라고도 했다.

통제영의 12공방 중에서 최근에 가장 주목을 받은 것은 지금의 화실과 같은 화원장방이다. 1713년에서부터 1830년에 이르기까지 116년 간 활동했던 24명의 화사군관의 이름이 세병관 편액을 통해 확인된다. 이들 중에 주요 국가행사에 동원된 도화서 화원도 포함되어 있다.[10] 1895년에 간행된『통영지』에 의하면 여기에 소속된 인적 구성원은, 화사군관인 듯해 보이는 우두머리 장인 1명과, 일반 화원을 지휘하고 감독하는 장인 1명과, 화공(畫工) 즉 일반 화원 19명으로 구성되어 있다고 한다.[11]

지금 국립진주박물관에는 '통제영 수군조련도'라고 하는 제목의 8폭 병풍이 소장되어 있다. 통영시립박물관에 있어야 할 물건이 왜 거기에 있는지는 나도 잘 모른다. 이 병풍 그림은 지역 경관의 세밀화라는 점에

---

10 같은 논문, 193쪽, 참고.
11 같은 논문, 194쪽, 참고.

서 사료적인 가치가 매우 높다. 이 그림을 그린 사람은 화사군관이거나 화원장방에 소속된 일반 화원들이었을 가능성이 매우 높다는 사실은 두 말할 필요도 없다.

통제영 수군조련도는 통영을 그린 고지도보다 더 세밀한 재현 경관의 텍스트로 남아있다. 한 부분을 클로즈업했기 때문이다. 신문화지리학에서는 경관을 재현의 관점에서 보는 방식 혹은 텍스트로 이해하려고 한다. 경관이 서술하거나 해석할 수 있는 가시적인 지표의 일부이기 때문이다. 경관의 의미는 최근에 인문 현상과 자연 현상이 합성된 신개념으로 보는 경향이 없지 않다.[12] 이 그림은 전형적인 문화경관의 실체이다. 사람에 의해서나 시대의 변화에 따라서 바꿀 수 있는 것이 문화경관이다. 고지도에서 이 같은 그림으로 경관이 바꾸어진 것도 일종의 문화경관인 것이다. 덧붙이자면, 1990년대의 구한말에 이르면, 통영의 지역 경관은 고지도와 그림에서 사진으로 바뀐다. 통영성 전경, 통영항 전경, 통영시장과 항남동의 전경 등은 한결 객관적인 경관의 실체로 한껏 다가선다.[13]

통영의 전통 공예품이 군수품에서 민수품으로, 또 혼수품으로 전개되어간 사실에서도, 나는 일종의 문화경관으로의 변화 관점에서 봐야 한다고 본다. 인간의 심미적 차원과 지리적 실체로서의 경관[14]은 무관하지 않기 때문이다. 17, 8세기에는 주로 군수품이었다. 이 군수품이 민수품으로 더 유명해진 시기는 19세기인 듯하다. 통영 명품은 안동 김씨 세도가도 인정을 했다. 철종 때 좌의정(지금의 부총리)까지 역임한 이헌구 역시 통영 장인이 만든 경상과 소반을 2냥 2전에 구입했다는 기록을 남겼다. 한 시대를 풍미한 흥선대원군 이하응은 통영에까지 사람을 보내어

---

12 이전 외 지음, 앞의 책, 88~89쪽, 참고.
13 같은 책, 75쪽, 참고.
14 같은 책, 54쪽, 참고.

갓을 맞추었다고 했을 정도다. 1919년 고종의 장례식 때 통영의 흰 갓 주문이 하루에 3백 개 정도였다고 한다.[15]

또 해방 이후에는 통영의 명품은 혼수품으로 더욱 각광을 받았다. 통영의 공예예술은 현대에까지 꾸준히 계승되어 갔다. 1980년대 이전까지만 해도, 즉 아파트 주거문화가 일반화되기까지의 자개농은 고급의 혼수품이었다. 물론 통영산 혼수품은 19세기에도 더러 보이기도 했다. 사진으로나마 슬며시 볼 수밖에 없지만, 앞뒷면에 부귀, 공명, 다남(多男)과, 수복, 다자(多子) 등의 글씨가 자개로 새겨진 '나전혼수함'이 그것이다.[16]

주지하듯이 통영은 토착 사족(士族)도 거의 없었을 뿐만 아니라, 조선시대의 반상 차별이 가장 먼저 해체된 곳이기도 하다. 조선 사회에서 누대로 천시되었던 상공인이 다소 큰소리를 칠 수 있었던 곳이기도 했다. 조선 사회의 신분제 시스템으로 당시의 통영 향촌사를 인식해선 안 된다. 여기에서는 향리 층의 신분이 민간을 주도했을 가능성이 매우 높다. 민간 예술 역시 아전들에 의해 관리되었을 가능성이 높다. (경남의 오광대와 경남 밖의 탈춤도 아전들과 관련이 있었다.) 통제영 바깥의 민간 공방도 이 향리 세력에 의해 인허가가 개입될 개연성이 있다. 그러니까 19세기 시장 형성의 배후 세력이 아전들일 수 있다는 것이다. 이에 관해서는 역사학계에 깊이 있는 연구의 여지로 남아있다.

19세기 중엽에는 중인들이 모여 시단을 결성했다. 당대의 정황으로 볼 때 변방의 위항인(委巷人)들이 시의 에콜을 이룩한다는 것은 상상조차 할 수 없는 일이다. 통영의 삼소계(三笑契)와 팔선정계(八仙情契)가 그것이다. 특히 팔선정계의 동인들이 남긴 엔솔로지 『유양팔선집(柳陽八仙集)』은, 작품의 수준은 차치하고서더라도 경남 지역문학의 연구에 있어

---

15 조윤주, 앞의 책, 28~29쪽, 참고.
16 특별전 도록, 『끈질긴 삶과 신명 경상남도』, 앞의 책, 88쪽, 참고.

서 주요한 사료가 될 수 있다. 이것은 1981년에 통영 지역의 '물푸레문학' 동인회에서 자료를 발굴하여 동인지에 소개하였다가, 1995년에 이르러 통영문화원이 한학자 김상조에게 번역을 의뢰하여 번역집을 간행한 바 있다.[17] 문학의 가치 판단과 무관하게 이것은 사료의 차원에서 다시 들여다볼 필요가 있다고 본다.

3. 윤이상과 전혁림을 키운 통영

윤이상의 출생지는 경상남도 산청군이다. 1917년에 태어났다. 그의 나이 세 살 때, 아버지가 통영으로 이주하면서 통영에서 수학하며 성장하였다. 사실상의 고향은 성장지인 통영이라고 할 수 있다. 기억을 더듬을 수 있고, 인격이 형성되고, 삶의 영향을 끼친 곳이 고향이라고 말할 수 있을 것이다. 열네 살 때부터 독학으로 작곡을 시작하였으며, 1935년 일본 오사카 음악학교에 입학하여 전문적이고 체계적으로 작곡을 배우기 시작했다.

1967년에는 이른바 '동베를린 사건'에 연유되어 2년간 복역을 하였으나 세계 음악계의 구명 운동으로 풀려나 독일로 돌아가 귀화했다. 1972년에 뮌헨 올림픽 문화행사의 일환으로 위촉받은 오페라 「심청」의 대성공으로 세계적인 작곡가라는 명성을 얻을 수 있었었다.

우리나라 전통음악의 연주 기법과 서양 악기의 결합을 시도하여, 서구의 모던 음악 기법을 통한 동아시아적 이미지의 표현에 노력을 기울였으며, 동서양을 잇는 중개자 역할을 한 음악가라는 음악사적 지위를 자연스레 얻게 되었다. 말하자면 윤이상의 음악은 아무나 할 수 없었던

17 『통영시지(下)』, 앞의 책, 215쪽, 참고.

다문화적인 예술음악으로 격을 높이는 데 공헌한 것이다.

1977년에는 소설가 루이제 린저와의 대담을 엮은 자서전『상처받은 용』이 독일과 서울, 그리고 평양에서 각각 공간된 바 있었다. 그가 세계적인 예술가로 성장하게 된 바탕이 지역적인 환경과 무관하지 않다는 사실을 잘 말해주고 있어 눈길을 끌게 했다. 내가 알기로는 이 책이 1988년에 국역되었는데, 번역자가 다른 두 종의 책으로 간행되었었다.

윤이상에게 있어서의 바닷가의 통영은 아침이면 어시장의 좁은 길에서 수천의 은빛 물고기가 바구니 속에서 웅성대던 곳. 이런 지리환경적인 조건이 그의 예술적인 영감의 원형이 되었다. 별들이 가득한 맑은 밤하늘 아래 어부들의 노랫소리가 배에서 배로 흘렀다. 그의 아버지는 밤바다 낚시를 즐겼는데 그를 데리고 갔다. 그가 어부들의 소리에 귀를 기울이면, 노래의 여운은 먼 수면으로 향해 길게 퍼져 나갔다. 마치 바다는 공명판과 같았다. 그는 린저에게 어부들의 밤바다 노랫소리가 가장 아름다운 기억의 하나라고 했다. 그의 음악적인 영감의 원체험이라고 말할 수 있겠다. 낮에는 여자들이 밭에서 일을 하면서 노래를 불렀다. 자신의 어머니도 늘 옛 민요를 불렀는데 아름다운 목소리를 가졌다고 했다.[18]

그의 어린 시절 기억 속 잔상으로 남아 있었던 (1920년대 후반으로 짐작되는) 통영의 구체적인 모습은 아래와 같다.

(통영은) 반도이며 곶에 위치해 있고 수산업 때문에 유명하지요. 내 기억으로는 그래요. 밤에는 별이 총총한 맑은 하늘과 바다 위에 떠 있는 고깃배들과 배에서 배로 전해지는 어부들의 노랫소리, 그리고 아침에는 도시의 좁은 거리거리에 열리던 어시장, 광주리 속에 담겨있는 많고 많은 물고기의 무리들, 때

---

18 홍종도 옮김,『윤이상-루이제 린저의 대담 : 상처 입은 용』, 도서출판 한울, 1988, 25~35쪽, 참고.

로는 물고기 한 마리가 은빛 섬광처럼 높이 튀어 올라 바구니에서 길 위로 떨어지기도 했어요.[19]

통영은 이처럼 풍요의 고장이며 예술의 고장이었다. 바다에는 늘 음악(노래)이 있었다. 물고기를 잡는 데 부르는 일종의 노동요이었을 게다. 이를 가리켜 '어로(漁撈)가'라고 한다. 그의 아버지는 한문을 공부한 외래의 선비였지만, 수산업에 손을 대 크게 손해를 보았다. 일반 지역의 선비는 상행위에 투자하는 쉽지 않았다. 하지만 통영은 바닷가이기 때문에 직업적으로나 신분적으로 덜 차별적이요, 또 개방적이었다.

그는 우리나라의 경우에, 북쪽 지방 사람들이 조직적이라면 남쪽 지방 사람들은 유미적이라고 보았다. 예향이라고 불리는 곳은 대체로 남부지방에 모여 있다. 자신의 아버지도 수산업에 실패한 후에 일고여덟 사람들이 모여 목공업을 했다고 했다. 조그마한 장식용 책상을 만들었다고 했다. 이를테면 소목장이었다. 장식용이라고 했으니, 자개상이 아닌가 한다. 그러면서도 한시를 써서 감상, 비평했고, 기생들과 어울러 가무를 즐겼다고 한다. 그가 본 기생은 매춘부가 아니라 예인이요, 시인이었다.

그가 어릴 때 누군가 깊은 밤에 거문고를 타면서 부르는 노랫소리를 경험한 바 있었다. 아주 매혹적인 노래라고 했는데, 아마 남창가곡이거나 시조창이었을 것이다. 그는 이 노래를 두고 '초지상적으로 아름다운 목소리'[20]라고 했다. 그밖에도 오광대의 연희, 무당이 부른 무가를 기억하고 있었다. 통영 오광대니, 남해안 별신굿이니 하는 것이 통영을 예향으로 만들어온 바탕이 되었던 것이다.

윤이상보다 1년 먼저 태어난 화가 전혁림은 초기의 구상에서 후기의

19 루이제 린저 지음, 정태남 옮김, 『상처받은 용』, 영학출판사, 1988, 17쪽.
20 같은 책, 29쪽.

추상으로 점차 옮아가는데, 그 역시 로컬리티와 무관치 않은 예술 세계를 이룩하였다. 특히 「생선」(1973), 「하늘」(1978) 등과 같은 작품에서 향토성이 짙은 색채를 구사하였다.[21] 이러한 사례들이 통영의 예술사회사를 앞으로 재구성하는 데 있어서 불가피하게 다루어야 할 환경적 요인이 될 것이라고, 나는 본다. 그의 예술도 윤이상처럼 통영이라고 하는 지역 환경과 무관할 수 없었다. 그 역시 소지본가의 유복한 가정환경 속에서 성장했다. 그가 그림을 필생의 업으로 자각하던 섬광 같은 순간이 매우 흥미롭다.

그가 아홉 살일 때 높이뛰기(봉고도) 선수가 되기 위해 통영의 모래사장에서 몸을 솟구치는 연습을 해 왔다. 푸르게 깔린 쪽빛 바다, 푸른 하늘을 오르내리는 그의 몸동작으로 말이다. 코발트블루 등을 사용하는 등 색감에 민감한 그는 자연을 배경으로 한 그 몸동작에서 비롯되었을 것이다. 그러다가 그에게 큰 부상이 있었다. 이때 그림을 그려야 겠다는 생각이 섬광처럼 떠올랐고 한다.[22] 그가 살아온 과정의 일이 그를 화가로 성장시켰지만, 그의 성장 환경인 통영이 그를 화가로 키운 측면이 더 큰 원인인지도 모를 일이다.

그가 자란 통영은 일찍이 개화된 곳이었다. 조선시대 3도수군통제의 본영으로, 세병관을 중심으로 열두 공방이 있어 문물이 앞서 나가고 있었다. 소지주들의 아들들이 일본 유학을 많이 다녀와 자못 문화적 분위기가 일궈졌다. 또 기후가 온화하여 일본인들이 많이 이주해와 살고 있었던 것도 그런 분위기를 거들었다.[23]

---

21 2013년 특별전『통영』, 국립진주박물관, 2013, 202~204쪽, 참고.
22 이석우,『내가 만난 화가들(상)』, 소나무, 1995, 62~63쪽, 참고.
23 같은 책, 63쪽.

일제강점기의 통영은 근대형 도시로 발전하고 있었다. 이 시기에 이곳은 남해안의 수산업과 해운업의 거점 도시로 급성장했다. 이 때문에, 수산물과 돈과 선박과 사람이 부지런히 오가는 장소성을 지닌 곳으로 이미지가 굳혀졌다.[24] 이것은 물론 역사지리학적, 예술사회학적인 의미망을 형성한다.

조선시대에는 3도 문화라는 다문화가 흘러들어온 것이 통영이었는데, 일제강점기에는 근대 자본의 흐름과 함께 일본을 통해 근대 서구문명이 들어와 토착 문화와 융합되는 양상을 띠는 곳이었다. 지금도 어선의 보유가 4,638척에 달하여 경남 도내의 어로 활동에 사용 중인 총 선박의 28.9%를 점유하고 있다고 한다(2015년 통계).

통영의 재지(在地) 시인인 최정규는 다음과 같은 말을 남긴 적이 있다. 예술과 자본이 얼마나 친연관계를 공유하느냐를 암시하는 말이다. 더욱이, 통영이 전통 예향에서 근대 예향으로 탈바꿈할 수 있었던 단서를 확인할 수 있는 발언이다.

어릴 때부터 이탈리아·나폴리에 가보고 싶었다. 르네상스를 꽃피운 곳은 도대체 어떤 곳일까 궁금했기 때문이다. 막상 가보니 느낀 것은 결국 인적·물적 중심지였다는 것이다. 신흥 자본이 형성되면서 이전 왕족들만 쥐고 있던 문화예술이 부를 쌓은 이들에게 옮겨간 것이다. 통영도 이와 다르지 않다고 생각한다.[25]

---

24 1912년에 통영에 전국 최초의 어업조합이 창립되었다. 1914년에 전국에 31개의 어업조합이 있었고, 경남에는 6개의 어업조합이 있었고, 이 중에 3개가 통영에 있었다. 1932년에 경남 전체의 수산생산액의 7할이 통영의 그것이었다고 한다. 1925년에는 일본인들이 통영에 조선기선주식회사를 만들어 남해안의 해운업을 독점하였다. (이전 외 지음, 앞의 책, 104~105쪽, 참고.)

25 남석형 외 지음, 『한국 속 경남』, 도서출판 피플파워, 2017, 103쪽.

수산업을 통한 적당한 부의 축적은 신교육에도 영향을 주었다. 신교육을 받은 새로운 세대가 근대의 문학과 예술에 관심을 두기 시작했다. 1920년대에 청년단 악대가 자체적으로 만들어졌고, 1930년대에 서양 악기를 파는 악기점이 들어섰고, 또 삼광영화사는 영화 「화륜」을 제작하기도 했다.[26]

전혁림은 평면 회화, 입체 회화, 도자 회화, 도자 공예, 목조 공예 등 다(多)장르의 미술 세계와 조형 언어를 탐색해 나아갔다. 그는 미술 분야에서 그림만이 최선이라고 생각하지 않았다. 그림이 지선지미의 발로일 수 있어도, 추와 악의 발산일 수도 있기 때문이다. 그는 피카소처럼 미술 분야에서 안팎너머의 존재였다. 평면과 입체, 구상과 추상, 색감과 형태, 로컬과 글로벌 등의 경계를 넘어선다.

윤이상과 전혁림은 통영 예술의 전성기로 평가되는 해방 직후의 통영 문화협회의 시절에 함께 우파 예술인 활동을 했다. 두 사람은 그 이후에 부산에서 활동을 하다가, 윤이상이 독일로 가고, 전혁림은 귀향했다. 윤이상은 독일에서 고향의 지인으로부터 고향의 마른멸치 선물을 받고 오열했다. 귀국하면 남도 음악을 제대로 배워 세계적인 음악으로 만드는 게 꿈이라고 했는데, 이 꿈을 이루지 못했다. 장수한 전혁림은 죽을 때까지 고향에 머물면서 고향인 통영의 예술적인 경관을 추상적으로 표현해냈다. 통영은 예로부터 샤머니즘 문화의 그림자가 짙게 남아있는 곳인데, 그의 색감은 무속화의 추상적인 표현이라고 해도 크게 틀린 말은 아니다. 남도 음악과 샤머니즘이 무언가 모르게 상통하는 바가 있지 않은가?

---

26 같은 책, 104쪽, 참고.

4. 근대형 예술 도시로 발전하다

통영은 사농공상의 경계가 뚜렷하지 않았던 곳이었다. 조선시대부터 근세도시형의 싹수가 엿보였던 곳이다. 통영이 근대형 예술 도시로 발전하게 된 데는 예술사회적인 조건이 자리하고 있었다. 윤이상이 소설가 루이제 린저와의 대담에서 밝힌 바 있듯이, 그의 아버지는 친구들과 더불어 한시를 쓰면서 낭독하고 비평하는 시회(詩會)의 중심인물이었다. 때로 기생을 불러 노래와 춤을 연행하기도 했다. 이런 유한계급인 신사도 생업을 위해 일고여덟 명의 직인(職人)을 두면서 소목장의 일을 가지고 있었다. 사인(士人)과 장인의 경계를 넘나드는 곳이 통영이었다. 박경리 소설 속의 김약국도 학식이나 인품으로 보아 사인으로 보인다. 그 역시 중인 내지 상인(약종상)과 다를 바 없었다. 시조시인 김상옥의 집안도 지식 계급에 속했지만, 갓을 만들어 팔았다고 한다. 통영에서 사농공상의 경계를 짓지 않은 시기는 이미 18, 9세기까지 거슬러 올라갔던 것 같다. 소설 「꽃신」에서 꽃신장이와 백정 아들 간의 갈등은 신분제적인 갈등이라기보다 예술가로서의 자존심에 관한 갈등이었다.

통영 지역 출신의 문인들이 유독 많다는 것은 이미 잘 알려진 사실이다. 다른 예술 분야보다 통영 출신의 문인들이 일궈낸 문학 분야가 실로 돋보인다. 유치진 · 유치환 형제를 비롯하여 김상옥 · 김춘수 · 김용익 · 박경리 · 주평 등이 우리 문학사에 기여한 바는 참으로 크다고 하겠다. 이 문인들은 대부분 자기 분야의 대가이기도 하다.

최근에 전세계적으로 지역문학에 대한 관심과 연구가 붐을 이루고 있다. 이 개념은 문학과 지지학(地誌學)의 상관관계를 규명하는 데서 비롯한 것이다. 그런데 문학과 지지학 중에서 어느 쪽에 방점을 두느냐에 따라 시각의 차이가 있기 마련이다. 전자를 중시한다면 이른바 '지리적 문학(geographical literary)'이 될 것이고, 후자를 강조한다면 문학지리학(literary geography)[27]이 될 것이다.

나는 십 수 년 전에 「박경리 소설에 나타난 지역문화의 성격」(2009)을 발표한 바 있었다. 통영을 주된 배경으로 삼고 있고 있는 그의 소설 「환상의 시기」(1966), 「김약국의 딸들」(1962), 「파시(波市)」(1964)를 중심으로 통영의 지역 문화 내지 인문 지리의 환경을 중시하는 문학지리학의 방법론에 어느 정도 접근하는 연구 방식을 취하였다. 통영의 지역문화가 반영되어 있는 이 세 작품에는, 박경리 여타의 소설에서도 그러하듯이 환멸의 세계상에 직면한 여성의 운명에 대한 한과 희망을 얘기한다거나, 여성성의 옹호가 자신의 시대에 어떻게 문학적으로 구현되어야 하는가 하는 문제의식이 반영되어 있다. 특히 「김약국의 딸들」의 분위기를 상징적으로 집약하는 하나의 문장을 찾으라고 한다면, 나는 '온통 미쳐버릴 것만 같은 붉은 황혼이 몰려 왔다.'[28]라고 하는 것을 꼽고 싶다. 암묵적인 비극의 예징(豫徵)을 가장 함축적으로 드러낸 문장으로 판단되기 때문이다. 김약국 가의 비극적인 원인은 고대 그리스 비극의 경우처럼 운명에 있음을 작가는 은연중에 암시하고 있다.

소설가 김용익은 재미 작가로서 영어로 소설을 썼던 이다. 1920년 경남 통영에서 출생한 그는 생애의 대부분을 외국(일본과 미국)에서 보냈다. 그에게 필생의 대표작이라고 할 수 있는 「꽃신(The Wedding Shoes)」은 1956년에 처음으로 발표한 이래 아름다운 단편소설이라는 이유로 세계 각국에 열아홉 차례 소개되기도 했던 작품이다. 그의 소설들이 영어로

---

27 사실상, 문학지리학은 문학 쪽에서 다루어질 분야가 아니다. 이것은 어디까지나 지리학자의 몫이다. 문학지리학의 전제 조건은, 문학이 지리학자들의 원천 자료가 된다는 것, 지리학자들의 연구에 지형적으로 관련성이 있는 시와 지역을 다룬 소설이 포함된다는 것, 무수한 지각과 행동, 그리고 환경적 영향으로 만들어진 경험을 집어내거나 구조화하는 것이라고 말해질 수 있는 문학관의 승인 등이라고 할 수 있다. (최지원 옮김, Yi-Fu Tuan, 「문학과 지리학 : 지리학적 연구의 함의」, 경남지역문학회, 『지역문학연구』, 제5호, 1999년, 가을, 131~133쪽, 참고.)
28 박경리, 『김약국의 딸들』, 나남출판, 1995, 277쪽.

발표했다는 점에서 원문이 영어일 수밖에 없으나, 그 자신의 모국어가 한국어이기 때문에 원고의 초안은 아마도 한국어로 썼을 가능성이 많다. 소설 「꽃신」의 본문은 이렇게 아름답게 시작된다.

그래도 나는 시장에서 노인의 앞 판자 위에 놓인 꽃신을 보다가 오곤 또 오곤 했다. 앞으로는 오지 않으리라는 결심이, 올 때마다 이 시장 모퉁이에 더 오래 있게 한다. 다시 오면 꽃신이 한 켤레씩 눈에 띄지 않았지만 사려고 머뭇거리는 사람은 볼 수 없었다. 슬퍼서는 안 될 일이 슬프게 되어버린 어떤 결혼의 내 추억처럼 꽃신을 사가는 사람은 눈에 잡히지 않았다. 지금 저 판자 위에 꽃신 다섯 켤레만이 피난민으로 가득 찬 시장의 공허를 담고 있다. 그것이 다 팔려가기 전, 한 켤레 신발을 위해 돈주머니를 다 털어버리고 싶지만 결혼 신발 아닌 슬픔을 사지나 않을까 두렵다.

But I came again and again to watch the silk brocade shoes set on a stool before the old man at the market. My previous decision not to come any more made me stand longer each time on the market corner. Each day I returned, one more pair of wedding shoes was missing ; yet I had never seen anyone stop even to look. Those buyers must have come like my memory of a wedding day that was not meant to be sad but was sad. Now on his wooden stool there remained only five pairs. They seemed to contain the whole emptiness of the refugee-crowded market. I would have emptied my money bag for a single pair before they all went away, yet I was still afraid I might buy sorrow instead of wedding shoes.

소설 「꽃신」의 배경은 이렇다. 시대적인 배경은 한국전쟁 시기이며, 공간적인 배경은 부산과 통영이다. 통영은 작가 김용익의 고향이다. 이

소설 어디에도 통영이 지역 배경이라는 단서를 남기고 있지 않았지만, 문화적인 전통의 심상 지리는 통영임에 틀림이 없다. 주인공 상도는 신집 사람 부부의 딸을 사랑하고 있었다. 신집 사람이란 결혼식 때 신는 전통적인 신발인 꽃신, 즉 꽃의 문양이 있는 가죽신을 제작하는 장인(기술자)이다. 12공방 중의 화자방 장인의 기술을 몇 대에 걸쳐 이어받은 장인인 듯하다. 꽃신도 화자장방에서 만들었으리라고 짐작된다. '신집 사람'은 스스로 예인(예술가)이라는 자긍심을 갖고 있다. 그는 장인이라기보다 예인임을 자처했고, 꽃신은 단순한 공예품으로서의 제품이 아니라 예술품이라고 스스로 생각한 것 같다. 소설에서는 꽃신의 제작 과정까지 묘사하고 있다.

신집 사람은 나를 좋아했다. 내가 울타리 높이만큼 클까 말까 했을 때 그는 일방(공방)에 흩어진 줄, 끈, 바늘 따위를 치우고 나와 그의 딸의 자리를 마련해 주었다. 그가 쇠가죽 바닥에 둥근 은빛 못을 박고 화려한 비단에 풀칠하여 붙이고 신발에 알맞은 빛깔의 장식을 하는 것에 나는 정신이 빠졌다.

The shoemaker had always liked me. When I was not higher than the fence, he would make room for his daughter and me to sit in a corner of his work-room, putting aside his small adze, chisel, and nails. I was fascinated as I watched him stud and round silver nails in the hide bottoms, paste bright colored silk on the upturned sides, then put brocade of a matching color on the nose of the shoes.

작가 김용익의 꽃신 만드는 정경 묘사는 통영이란 특수한 공간에서 경험하지 않고서는 불가능한 일이다. 소설의 주인공 상도는 성장해가면서 신집 사람의 딸을 사랑한다. 특히 꽃신 신은 그 딸의 모습을 사랑한다. 그러나 결혼은 예술가의 자긍심과, 꽃신의 원료인 쇠가죽을 대어주는 백정집의 아들이란 신분적인 차별관 때문에 좌절된다.

이런 상처를 안고 사는 상도는 전쟁통에 사랑하던 신집 사람의 딸이 폭격으로 죽었다는 사실을 알게 된다. 신집 사람의 늙은 부인이 예술품이라고 일컬어진 꽃신을 눈 내리는 날의 난장에 처연한 모습으로 내다 팔고 있을 뿐이다. 한 장돌뱅이는 퇴물인 꽃신을 두고 '하늘 (높은 줄 모르는) 값'을 부른다고 볼멘소리를 한다. 하지만 상도는 꽃신을 물끄러미 바라보며 그것이 지닌 아름다움과 슬픔에 동시에 몰입한다. 상도는 백정의 아들이란 트라우마를 안고 살았다. 사랑하는 여자와의 사랑도, 결혼도 좌절되었다.

……나는 그녀의 얼굴을 생각해 본적이 없고 다만 그녀가 신은 꽃신을 좋아했다. 그녀는 발이 부르틀까 흰 버선을 신었는데 학교로 가는 좁은 길에서 나는 가끔 그녀보다 뒤져 가며 꽃신에 담긴 흰 버선발의 오목한 선과 배(木船) 모양으로 된 꽃신을 바라보았다. 그 선은 언제나 달콤한 낮잠을 자고 있는 느낌을 주었다.

I never thought about her face. I loved her shoes that others did not have. With them, to prevent chafing, she wore white muslin socks, and on the narrow path to the school, I often walked a step behind, watching the line between the white socks and the canoe-shaped shoes. The line always gave me the feeling that I was taking the sweetest nap.

주인공 상도는 쉽게 지워지지 않은 자신의 트라우마를, 한 여자에 대한 애욕이나 성욕보다 한 여자의 신체 일부를 감싸고 있는 물품에 대한 애착의 시선에 의해 극복하려고 한다. 그것은 예술적인 향수(享受)의 승화 과정을 겪는다. 이를테면 페티시즘이다. 요즘 정신분석학에 의하면, 꽃신에의 그의 집착은 소위 물품 음란 증세에 해당된다고 하겠지만, 그녀에 대한 그의 주물적(呪物的)인 탐미의 사랑에 대한 하나의 상징 장치라고 할 수 있겠다.

소설가 김용익은 자신의 고향인 통영이 낳은 작가이다. 그도 통영이 배출한 장인과 예술가이었다. 언어적 감수성의 장인이요, 소설적 구성의 대목장이라고 할 수 있다. 다시 말해 그 역시도 언어 예술가로서의 소설가라는 각인을, 우리에게 남겨 주었다. 국문학자 김열규는 그를 고향인 통영의 예술 전통과 관련해 문학적인 가치 판단에 도달하고 있다.

……먼저 그 언어에, 그 표현에 매료되고 만다. 크게는 문학이 작게는 소설이 '언어 예술'이란 것을 새삼 절로 실감하게 된다. 그의 작품은 극세공품(極細工品)이다. 금강석이나 홍옥 등. 다듬고 깎고 벼르고 한 보석 알이며 옥석 같다.

그의 출생지이자 그가 길이 잠들 안식의 자리로 택한, 바로 그 통영 땅의 '12공방의 12장인'들의 솜씨를, 그 세기를 곧장 문학에 되사려 놓은 것이 그의 소설이고 문학 작품이다. 그는 그래서는 통영의 '열세 번째 장인'의 자리를 차지하고 있는 셈이다.[29]

시인 유치환과 시조시인 이영도는 통영의 아름다운 시절에 등장한 주역들로서, 이들은 1946년에 통영여자중학교에 함께 재직하는 동료 교사로 만났었다. 유치환의 서간문은 독서 대중에게 잘 알려진 스토리. 이 스토리를 영화로 스토리텔링해야 한다. 스토리에 스토리를 덧칠하는 게 스토리텔링이 아닌가? 유치환의 시편 「행복」은 연시의 절창으로 손꼽

29 김열규, 「김용익론─정든 품으로의 귀향 길」, 『통영문학』, 제28호, 통영문인협회, 2009, 46쪽.

힌다. 우리나라 20세기 시의 역사 속의 사랑시 가운데 연모의 대상이 구체적인 것으로는 첫 번째로 손꼽히는 주옥의 명편이다. 이 시는 1953년에 발표되었지만, 짐작컨대 1952년에 씌어졌을 것이다. 그가 통영에서 안의(安義)로 직장을 옮기게 결정된 때가 그해 시월이기 때문이다.[30]

> ―사랑하는 것은
> 사랑을 받느니보다 행복하나니라
> 오늘도 나는
> 에메랄드빛 하늘이 환히 내다뵈는
> 우체국 창문 앞에 와서 너에게 편지를 쓴다
>
> 행길을 향한 문으로 숱한 사람들이
> 제각기 한 가지씩 생각에 족한 얼굴로 와선
> 총총히 우표를 사고 전보지를 받고
> 먼 고향으로 또는 그리운 사람께로
> 슬프고 즐겁고 다정한 사연들을 보내나니
>
> 세상의 고달픈 바람결에 시달리고 나부끼어
> 더욱 더 의지 삼고 피어 흥클어진 인정의 꽃밭에서
> 너와 나의 애틋한 연분도
> 한 방울 연연한 진홍빛 양귀비인지도 모른다
>
> ―사랑하는 것은
> 사랑을 받느니보다 행복하나니라
> 오늘도 나는 너에게 편지를 쓰나니

---

30 유치환, 『사랑했으므로 행복하였네라』, 중앙출판공사, 1989, 93쪽, 참고.

—그리운 이여 그러면 안녕!
　　설령 이것이 이 세상 마지막 인사가 될지라도
　　사랑하였으므로 나는 진정 행복하였네라

—유치환의 「행복」 전문

　감탄형 어미 '네라'는 통영에서만 쓰는 지역어다. 박경리의 소설 본문에도 더러 나오는 표현이다. 유치환이 이영도에게 매양 편지를 보내던 그 우체국이 지금도 남아 있다고 하니 감회가 새롭다. 정신적으로 깊이가 있는 유부남과 육체적으로 시들지 않고 아름다운 청상(靑孀)의 사랑은 그 당시의 도덕률로는 도저히 용납될 수 없었으리라. 나는 어디에선가 흥미로운 사랑의 정의를 본 일이 있었다. 다름 아니라, 사랑이란 사랑을 말할 수 있는 용기이다, 라는 것. 유치환은 이 말이 시의 언어요, 편지글의 문자였던 것.

　유치환은 불멸의 사랑 시편 「행복」을 쓰고, 또 이중섭과 만나 술을 마시고, 또 그의 그림에 시쳇말로 필(feel)이 꽂히고는 했다. 이중섭이 통영에 머물었다는 1952년에서 1954년이야말로 유치환과 이영도의 사랑이 정점에 이르렀고, 통영의 문인들과 전혁림과 이중섭이 교유하던 시기였다. 이 시기는 통영 예술의 (영화 제목처럼) 화양연화(花樣年華)였다. 미증유의 내전으로 인해 세태는 삭막하고 온 세상은 황폐해도, 예술가들의 인정은 꽃무늬(화양)처럼 화사했던 시절이었다.

　저 19세기 말에 서울의 최고 가객인 안민영과, 호남의 판소리 고수인 송흥록이 경남 함안에서 만나 남창가곡과 판소리를 돌아가며 부르면서 밤을 지새웠다는 일화에 못지않은 화양연화였던 것이다.

　국민화가로 잘 알려진 이중섭의 대표작은 거의 통영에서 그려졌다. 짧은 기간에 무더기로 나온 그의 대표작의 산실이 바로 통영인 셈이다. 그는 특히 통영에서는 풍경화를 많이 그렸다. 매우 이례적인 일이라고 한다. 1953년 10월 경남도립나전칠기기술원양성소의 주임을 맡고 있던 유강렬이 이중섭을 초청하여 약 6개월간 양성소의 강사로 머무르며 작품 활동을 했다고 한다. 전혁림은 이중섭이 통영에서 햇수로 3년, 제자인 이성운은 2년을 머물렀다고 증언했다. 경남나전칠기기술원양성소의 설계자인 유강렬은 최근에 이건희 컬렉션에 70점이나 작품이 소장되어 있어 판화가와 공예가로서 크게 주목을 받고 있다.

미술사 강사로 통영에 온 이중섭의 제자 이성운은 훗날 나전칠기 장인으로서 국제적으로 명성을 떨쳤다. (1984년, 교황청 박물관에서 그에게 작품 제작을 주문하기도 했다.) 앞에서 말한 양성소에서 이성운이 공부하고 있을 무렵이었다. 고향인 욕지도로 잠시 귀가할 일이 있었다. 이때 스승인 이중섭이 그를 따라갔다. 이중섭은 여기에서 2박 3일을 머물면서 「욕지도 풍경」 등을 스케치했다.

그리곤, 이중섭은 1954년 1월에서 5월 사이에 통영의 경관이 담긴 풍경화를 마치 신들린 사람처럼 쏟아냈다. 그에 의해 실현된 예술적인 경관은 이제 두고두고 명작으로 남을 것이다.

이중섭의 통영 시절에서 중요한 일은 통영 출신 문인들과의 인적 교류이다. 이중섭이 1953년 10월에 열린 김상옥의 출판기념회에 축의금 대신 '복숭아를 문 닭과 게'의 모습을 그린 그림을 시집 내지에 그려주었다. 김상옥은 그 그림에서 영감을 받아 「꽃으로 그린 악보」라는 시를 썼다. 이중섭의 명화 「달과 까마귀」를 보고 유치환이 시편 「괴변」을 쓴 것은 유명하다. 훗날 김춘수는 이중섭 연작시 9편을 창작했다. 이처럼 이중섭은 통영 예술사에 뚜렷한 흔적을 남겼다. 빈센트 반 고흐가 머문 남프랑스의 다사로운 작은 마을 아를(Arles)을 연상케 한다.

건너 어두운 등성이,

검은 침엽수들의 고요로운 가장자리 위로
난데없이 사자(死者)의 사면(死面) 같은 차가운 얼굴을 내밀고
휘황히 나타난 저것은.

아아, 원만 무결한지고!
바야흐로 앞산 마루를 넌지시 벗어나온
만만(滿滿)한 만월(滿月)을 앞에 하고
그러면서도 사자의 사면 같은
차가운 빛을 휘황야릇하게 던지는 저것은
짐짓 무슨 의미의 괴변인가?
무엇을 혼령들에 추달하련건가?

유치환의 시편 「괴변―이중섭 화(畵) '달과 까마귀'에」이다. 이 시는 4
연 31행의 시다. 이 중에서 나는 이와 같이 3연과 4연을 인용했다. 1954
년, 이중섭이 통영 중심가에 있는 한 다방에서 전시회를 할 때, 유치환
도 이중섭의 「달과 까마귀」를 유심히 보았다.

뭐랄까? 무언가 지껄여대면서 눈에 보이지 아니하는 혼령들을 깨우
는 까마귀 떼를, 시인은 불길한 예징이라고 보았을까? 어쨌든 괴변이라
고 했다. 까마귀의 얼굴을 두고는 사면, 즉 데스마스크(death mask)라고
했다. 하지만 가득 찬 달과 흐릿한 달빛이 세상의 유명(幽明)을 상징하는
가운데 절망 속의 한줄기 희망을 찾기 위함인가? 이 시에서 중요한 것
은 깊은 밑바닥을 드러내고 있는 이중섭의 무의식의 세계에 대한 시인
유치환의 직관이다.[31]

이중섭이 죽은 지 10년 만에 그 그림이 잡지의 표지화로 활용된 바 있

---

31 허만화, 『청마풍경』, 솔, 2001, 132쪽, 참고.

었다. 이걸 보고 유치환이 12년 전의 기억을 떠올리면서 시를 쓴 것이다. 그 무렵에 전쟁의 참화 속에서 많은 사람들이 잡혀가거나 죽지 않았나? 그림 속의 다섯 마리의 까마귀들은 죽은 혼령들에게 생명 의지를 촉구(추달)한다. 생명파 시인이었던 그의 시적인 취지와 심미안에 맞는 작품이라고 하겠다.

5. 통영의 예술 전통을 계승하다

통영의 도시적 성격은 조선 후기의 군사도시, 20세기의 수산·해운도시, 21세기의 관광도시로 변화를 겪어왔다. 앞으로의 미래상은 한국적이면서 세계적인 휴먼시티, 즉 인문도시다. 통영이 어떻게 변화되어 왔든, 그 저류에는 예술의 고장, 즉 예향이라는 이미지가 일관되게 흐르고 있다.

그런데 통영에는 대학 본교가 없으니 젊은이들이 밖으로 나갈 수밖에 없다. 예술적인, 예능적인 끼가 있는 젊은이들조차 예술적인, 예능적인 수요가 있는 수도권으로 몰려간다. 통영의 예술인 모임에는 50대가 막내 급이라고 한다. 동피랑협동조합 사무장인 유용문은 예향 제2의 전성기는 미래의 몫으로 남았다고 말한다.[32] 이 말은 언중유골이라, 통영이 예향으로서 지금에 이르러 위기에 처해 있음을 뒤집어 놓고 말한 것에 다를 바가 없다.

나는 전통 예술에서 통영의 미래를 찾아야 한다고 본다.

통영 예술은 이순신 장군으로부터 비롯했다. 어디서 울려오는 일성호가는 통영의 소리를 기록한 최초의 텍스트다. 달 밝은 밤의 한산도 역시

---

32 남석형 외, 앞의 책, 107쪽, 참고.

최초로 문자로 재현된 지역 경관이다. 이순신 장군이 연에 그려진 문양으로 작전 명령을 내려 섬과 섬, 섬과 육지를 연결하는 통신수단으로 이용했다.[33] 통제영 열두 공방 중의 하나인 옻칠 공방은 고중세기의 경남 문화를 집약한 것이다. 창원 다호리 고분군의 옻칠나무와, 아직도 썩지 않은 해인사 8만대장경판의 옻칠이 바로 그것이다. 이런 점에서 볼 때, 한국 옻칠의 본고장은 경남이다.[34] 통영에는 아직도 통제영 열두 공방의 전통을 이어가는 장인들이 숱하다. 이들은 철저히 분업과 협업을 추구한다. 나전장 송방웅을 비롯해 각종 장인들을 소개한 책『통영을 마나는 가장 멋진 방법 : 예술 기행』에는 이런 글이 적혀 있다.

최고의 통영 나전 이층장 하나가 만들어지기까지는 나무로 가구와 문방구를 만드는 소목방, 자개를 붙여 나전을 장식하는 패부방, 옻칠을 하는 칠방, 장석을 만드는 주석방 등의 장인들이 각 공정마다 자신의 솜씨를 발휘해야 했다. 최고의 장인들이 경쟁하듯 협업하여 하나의 공예품을 완성한 것이다.[35]

이런 식의 작업은 최고의 명품 브랜드로 꽃피운 조선시대에서부터 지금까지 이어지고 정교해지며 켜켜이 쌓여오고 있다.

통영의 전통 예술 중에서 연행도 빼놓을 수 없다. 이것은 가장 원초적이요, 가장 기층적이며, 가장 민속적이다. 생활공간이 바다이다 보니, 통영 사람들은 샤머니즘에 밀착한 생활을 영위해 왔다. 이 지역에, 두레풍물에 의한 문화, 오광대와 별신굿 등의 연행 문화가 발달해온 것은 당연한 귀결이다. 여기에는 무속인 공동체라고 할 수 있는 신청(神廳)이라는

---

33 천안박물관 제9회 기획전, 『길목에서 만난 통영─통제영과 전통 공예』, 2015, 9쪽.
34 김훤주, 『경남의 숨은 매력』, 도서출판 해딴에, 2016, 254쪽, 참고.
35 남해의봄날 엮음, 『통영을 마나는 가장 멋진 방법 : 예술 기행』, 남해의봄날, 2016, 18~19쪽, 참고.

악공조합이 지금까지 이어져 오고 있고,[36] 용선놀음, 용선굿, 용선춤 등에서 보듯이 신성의 위엄을 자랑하는 용과 조화로이 어우러지는 승방의 몸짓이 뭐라 표현할 수 없는 미의 극치를 이룬다.[37]

통영의 자연경관은 무수한 섬들로 이루어져 있다. 이 무수한 섬들은 인간의 손이 닿지 않은 원초적 공간의 경관이다. 이순신 장군의 사적이 깃든 한산도, 박경리의 소설 「김약국의 딸들」에 나오는 대구 어장의 소재지였던 지도, 이중섭이 풍경화를 남기고, 또 내가 오래 전에 시편을 남기기도 했던 욕지도……. 무엇보다도 특기할 것은 남해안별신굿의 전통을 잇는 유일한 당골판 섬인 죽도이다. 남해안별신굿은 들맞이당산굿, 위만제, 일월맞이, 골매기굿, 부정굿, 가망굿, 제석굿, 선왕굿, 용왕굿, 지동굿, 손님풀이 등등의 제의가 며칠 동안 마치 끝없는 것처럼 이어진다. 죽도는 비용을 감당할 만큼의 부를 축적하고 있었다. 그래서 사람들은 '돈섬'이라고도 했다.[38]

부의 원천은 삼치잡이였다.

이처럼 예술은 자본과 관련된다. 남해안별신굿은 연행자들과 주민들이 혼연일체를 이룬다. 죽도는 남해안별신굿의 최고 무대이며, 주민들은 수준 높은 귀명창들이다.[39] 별신제는 일종의 풍어제다. 이 제의는 세습무에 의해 연행되어 왔다. 연행의 중심 위치에, 전통예술 분야의 이름 높은 연출자요, 이 방면의 최고의 비평가인 진옥섭이 '3백 리 한려수도의 마지막 대사산이요, 제사장'[40]이라고 칭한 정영만이 있다. 통영의 제의에서는 무녀 중의 으뜸인 '대모'가 있고, 그 아래에 '승방'들로 구성되

---

36 정은영, 『인문도시 통영, 그 아름다움에 빠지다』, 지식공감, 2015, 67~68쪽, 참고.
37 같은 책, 108쪽, 참고.
38 김상현, 『통영 섬 부엌 단디 탐사기』, 남해의봄날, 2014, 147쪽, 참고.
39 같은 책, 159쪽, 참고.
40 진옥섭, 『노름마치 2』, 생각의나무, 2007, 194쪽.

어 있다. 또한 악사는 '대산산이'라는 우두머리와 그 아래에 '산이'들로 구성되어 있다.

정영만은 어릴 때 신청에서 무당들에게 법도와 예술을 배웠다. 그의 예(禮)와 예(藝)는 샤머니즘에서 나온 것이다. 여덟 살 때 재력 있는 유지들의 풍류 모임인 산수회(山水會)에서 피리를 불었고, 열 살 때는 부산 충무동 요정집에서 김소희, 이매방, 조상현 등의 명인들을 만났다. 나는 이태 전인가, 그와 부산 해운대에서 만나 몇 시간 동안 얘기를 나눈 적이 있었다. 충분히 기록해 두었으면 좋았을 텐데 하는 아쉬움이 남는다.

남해안별신굿 보유자인 정영만은 많은 이수자를 길러냈다. 이 중의 한 사람이 한예종 연희과를 졸업한 황민왕이다. 정영민의 제자인 셈이다. 그는 2011년에 허창열 오구굿에서 음악감독을 맡아 타악기 굿음악을 모색한 바 있었다. 작가이면서 다큐영화감독인 유채늘샘은 이른 나이에 고향 통영으로 귀향해 사람들의 이야기를 담은 로드무비형 다큐를 지속적으로 만들어내고 있다. 시작하면 곧 망할 것 같았던 통영국제음악제도 20년 이상 이어져 오고 있다. 통영의 예술적 저력이 아닌가 한다. 요즘은 진주 실크로 수놓은 통영누비 가방이 좋은 평가를 받고 있다고 하는데, 명품 한류를 예감케 한다.

통영 지역사회는 젊은 아티스트를 전폭적으로 지원해야 한다. 또한 대학원 과정의 예술종합학교도 도립이나 국립으로 세워야 한다. 이것이 예술의 고장 통영의 살길이다. 서울에서 통영으로 바로 오는 고속철도가 완공되면, 인적 교류나 관광에 있어서 예술사회학적인 힘을 받을 것 같다. 이제 예술은 돈으로 지탱하는 시대다. 예술이 매양 고고한 상아탑의 성채에 안주할 수는 없다.

이성자의 그림, 천문과 지리의 상징

1. 예외적인 우연성의 개입

제가 이 자리에 나오기까지 우연성이 개입되었습니다. 본래 이 자리에 참석해야 할 분이 갑자기 사정이 생긴 거였지요. 오늘 행사를 야구 경기로 비유하자면, 저는 대타(代打)로 출전하게 된 셈이지요. 며칠 전 아침에 난리가 났어요. 행사를 진행하는 담당자가 아침 일찍 인쇄소에 원고를 넘겨야 하는데 선생님 원고가 도착하지 않았다면서, 저를 다그치는데 저도 혼이 났습니다. 그때 저도 새벽 일찍 일어나 원고를 쓰고 있었거든요.

그런데 이 우연성에 예외적인 성격을 부여하자면, 또 하나의 인연이 되기도 합니다. 카를 융은 중국의 아주 먼 옛날 책인 『주역(周易)』을 서양인들에게 소개하기 위해 서문을 쓰는 데서 서양인들이 가지고 있는 인과론적인 합리적인 사유와 다른 독특한 동양인들의 사유를 발견해요. 예외적인 우연성의 개입이 바로 그것이랍니다. 이것이 주역에서는 '괘(卦)'가 되고, 불교에선 '인연'이 됩니다. 인연이란, 꼬리를 물고 점점이 이어집니다. 저의 경우는 오늘 이 자리에 발표하기에 이르기까지 세 가지나 되는 인연이 꼬리를 물고 따라오더군요.

처음으로 따라온 인연은 이성자 화백의 판화를 구입한 일에 관한 것입니다.

저는 여기 진주에서 20년 2개월을 교수로 재직해 왔습니다. 그 동안 진주에서, 골프를 치면서 사람들과 친교를 맺은 것도 아니요, 지역의 발전을 위해 헌신적으로 봉사활동을 한 것도 아닙니다. 제 공부와 상관없이 여기에서 틈틈이 해온 게 있다면, 진주의 서화(書畵)를 하나하나 모으는 일이었습니다. 저는 20년 동안 비싸지 아니한 서화 쉰 점을 모았습니다. 십중팔구가 진주와 관련된 것입니다. 박생광의 한국화나 정현복의 서예는 각각 석 점이나 되고요, 각별히 아끼는 게 있다면 황영두의 병풍화 묵매(墨梅)와 양달석의 촉석루 채색화 등입니다. 올해 봄에 이성자의 그림 하나라도 가졌으면 좋겠다는 생각을 했는데, 제 경제 사정으로 살 수가 있나요? 그래서 4호 짜리 판화 두 점을 아쉬운 대로 구했습니다. 오늘 이 자리에 대타로 나올 수 있었던 것도 이 일이 부여한 예외적인 우연성의 개입이 아닌가, 해요. 말하자면 봄에 이성자 판화 두 점 구입한 것이 가을에 이성자 학술행사에 참석하게 된 인연이 아닌가 하구요.

제가 미술에 관해 문외한이지만 이성자의 그림 세계에 관해 그럭저럭 한 마디 말을 할 수 있다면, 제가 그 동안 진주의 서화를 수집해온 사람이라는 사실에 있을 것입니다. 물론 아마추어 감각의 수집가입니다만. 저는 문외한이어서 작고한 이성자 화백의 미술 세계에 관해 딱히 드릴 말씀이 없습니다만, 문학평론가와 영화평론가의 시각에서 이성자의 그림 세계를 바라볼 수 있는 기회를 가지게 된 것입니다. 그림은 시작도 끝도 없는 공간의 예술, 공간예술입니다. 반면에, 영화라는 건 시작과 끝이 분명히 있는 시간예술이면서, 동시에 화면이란 공간 속에서 연출되는 공간예술이기도 하지요. 이 때문에 종합예술이라고 이르지요. 그림에는 조형언어가 있듯이, 영화에도 영상언어가 있습니다. 이런 점에서 볼 때 그림과 영화는 시(視)지각 이미지 및 매체 속성을 지닌 예술이란 점에서, 서로 통하는 면도 있네요. 이 접점에서 제 역할도 찾을 수 있긴 합니다만 말예요.

그러나 무엇보다도 이성자는 영화보다 문학에 더 가까운 화가입니다. 그가 1964년 파리에서 개인전을 개최할 때 (미술비평가로 짐작되는) G. 부다이유는 '한 동양의 시(詩)가 현대의 형태 속으로 스며들고 있다.'라고 했다더군요. 시라고 했지만 정확한 의미는 시심(詩心)이 될 것 같아요. 그저 비유적으로 시라고 표현했겠지요. 시심은 프랑스인들이 즐겨 말하는 '에스프리'가 아니겠습니까. 시정신이랄까, 시의 영성이랄까 하는 그런 개념 말예요.

2. 시인들이 본 이성자의 그림

알고 보니까, 이성자에 대한 시인의 친연성이 매우 강하네요. 화가 이성자를 노래한 시가 이리도 많은 것을 두고, 전 놀라지 않을 수 없었어요. 그 만큼 시심에 충실한 그림 세계를 지녔다고 볼 수 있을 것 같아요. 이성자의 그림 「오작교」(1965, 유화)가 있습니다. 오작교는 까막까치의 다리. 이건 한없는 격절의 틈새를 이어주는 우주적인 상징 언어 아닙니까? 이 이성자의 상징적인 조형 언어를 시로 재해석한 시인이 다름 아닌 조병화입니다. 이 분은 우리나라에선 다산성의 시인으로서 한때 유명했었지요. 그는 이 그림에 대한 헌정의 시 마지막 부분에

이것은 사랑하는 마음 사이에만 놓이는
동양의 다리다.

그리움이여.
너와 나의 그리움이여.

라고 목청껏 노래하고 있네요. 그리움이란 말, 본디 그림에서 나온 말이
잖아요? 마음속에 그림을 그리는 게 바로 그리움이에요. 그는 남편과
이혼하고 세 아들과 헤어져 살게 되었습니다. 지구의 반대편인 프랑스
에서 붓질 한 번에 아이들 한 번 생각했다지요. 얼마나 많이 어미로서
한국의 아들들을 그리워했겠습니까? 고려 때의 향가 「보현십원가」 수
편(首篇)에 '마음의 붓으로 그리는' 것이 바로 그리움이라고 하는 사실을
암시하고 있지 않았습니까?

　제 젊었을 때 스승이기도 한 시인 서정주의 시편 「이성자」는 여기에
계신 시인 신달자 선생님의 말씀 속에도 일부 인용되어 있습니다. 연만
하신 신 선생님께서는 서울에서 여기까지 멀리 오셔서 방금 재미있는
말씀을 많이 하셨습니다. 나혜석은 이혼을 당했지만, 이성자는 스스로
이혼을 선택했다고요. 우리 거창 신(愼) 씨 집안을 배격하고 뛰쳐나갔지
만, 같은 여자로서 존경한다고요. 어쨌든 신 선생님께서 거론하신 서정
주의 그 시는 1986년 9월 15일에 쓴 것이라고 해요. 저는 이 시에서 딱
한 행이 모든 것을 대변하고 있다고 봅니다.

　이성자는 더 이상 나이를 먹지 않는다.

　참 대가적인 풍모의 웅숭깊은 시적 진술이네요. 시의 내용을 보면, 시
인은 화가에게 '왜 열여섯 살 시골처녀처럼 아름다운가요?'라고 묻습니

다. 화가는 '그 뒷일이 시끄러워 열여섯 살의 진주로 돌아갔지요.'라고 대답해요. 열여섯 살 이후의 일들이란, 철이 들면서 조국이 없다는 생각, 아시아-태평양 전쟁, 해방, 해방기의 격동, 한국전쟁, 가정불화, 이혼, 낯선나라로의 진출 등등의 일들이 점점이 이어진 사실을 말하는 게 아닐까요? 열여섯 살의 뒷일이 시끄러워 다시 열여섯 살로 돌아갔다? 시인과화가의 문답은 일종의 선문답입니다. 이 문답이야말로 한 편의 시라고봅니다. 이를테면 '화려한 난센스'로 된 눈부신 언어의 향연입니다.

　이성자와 미셸 뷔토르의 예술적인 친교가 꽤 깊었나 보네요. 좀 알 만한 사람들에게는 미셸 뷔토르라고 하면, 누보로망(앙티로망)의 대표자격인 소설가로만 알려져 있었지요. 그는 알랭 로브그리예와 함께 기존의소설적 서사방식에 반기를 듭니다. 소설의 후기 근대성은 여기에서부터시작한다고 해도 과언이 아니죠. 다만 이것이 크게 시대의 반향을 불러일으키지 못했기 때문에 로브그리예는 영화감독으로, 그는 시인으로,말하자면 전업(轉業)을 시도하지 않았나, 해요. 그가 시인이었다는 사실은 프랑스 문학의 전문가가 아니고선 거의 알지 못했으리라고 봅니다.이성자에 관한 그의 시편이 여러 편인 것으로 보아, 두 사람의 친교는서양인들에게 흔히 볼 수 있는, 나이 잊음의 사귐, 즉 망년지교(忘年之交)가 아닌가, 해요. 발표문에 없는 시가 있어서 참고로 소개하려고 합니다. 1995년 '재불 45년 이성자 회고전' 도록에 실려 있는 시입니다.

　　미명(未明)의 새벽길을
　　홀로 깨어서 걸어오신 이
　　유년의 국경을 지나고 대양을 건너서 온
　　그녀와 우리들의
　　종려나무의 싱그러움을 안겨주는 듯한 해후

이역의 아틀리에에서

역사의 씨앗을 심어 가꾸며

폭풍우, 기술(記述)의 회오리 같은 계시를

파리의 거리에서 그리시더니

이제 그녀는 쓸쓸하고 외딴 집 정원

돌 사이에 솟은 궁전에서 추억을 끌어내고

희망은 혼란과 대소동을 지나

고국에까지 역사의 씨앗을 알린다

어제의 근원과 빛남과 황폐와

평화에 이르기까지 그 전복을……

—미셸 뷔토르의 「비상(飛翔)」 전문

저는 오늘 이 시를 제 페이퍼에 인용한 것을 두고 참 잘 했다고 생각해요. 미셸 뷔토르가 오늘 이 자리에 자주 얘기되었어도 이 시는 유독 입에 오르지 않았기 때문이에요. 시의 내용은 이성자의 그림을 두고 특정한 비평적인 진술의 시가 아니라, 이성자 자신에게 있어서의 화가로서의 존재감을 드러낸 것입니다. 이 분의 프랑스에서의 삶의 자취가 행간마다 어렴풋이 비추어져 있네요. 관심이 계시는 분들은 행사를 파한 이후라도 한번 읽어 보시기를 바랍니다. 번역된 외국 시 같지 아니한 느낌을 주는 좋은 시인 것은 틀림없습니다.

3. 하늘의 무늬와 땅을 결을 잇다

누군가 말이죠, 이성자 그림에 나타난 추상의 기호를 두고 '역사의 씨앗'이라고 한 말을 남겼습니다. 지금 누구인지는 잘 기억에 남아 있지 않지만 의미 있는 표현을 남긴 것 같아요. 여기에서의 역사란, 역사 이전의 것이라고 말해지는 것입니다. 소위 몰(沒)역사성이라고 해도 좋을 개념입니다. 역사와 몰역사는 상대적이지만 하나가 되기도 합니다. 이것은 카를 융이나 노스럽 프라이가 말한 '원형(들)'이라고 보아도 좋을 것 같습니다. 신화적 상상력의 개념 틀이라고나 할까요?

이성자가 1953년 프랑스에 가서 미술을 공부할 때 「보지라르 가에 내리는 눈」(1956, 유화)에서 보듯이 구상적인 이미지가 선명하게 남아 있습니다만, 그 이후에는 고전적 회화의 재현을 벗어나는 철저한 모더니즘적인 사유에 길들여져 추상적인 구성에 용심(用心)하기에 이릅니다. 단청이나 도자기 등의 우리나라와 관련된 풍토성의 기호가 하나의 원형 모티프로 삼게 되었지요. 이를테면, 그의 추상적인 그림이 한국인으로서 한국적인 기표를 찾아감으로써 한국인의 내면 풍경을 심성적으로 세계화한 게 아니냐 하는 생각입니다. 어디까지나, 제 생각이 그렇다는 말이지만요.

그의 기본적인 추상 형태는 이른바 음양(陰陽)입니다.

그는 광양 외가에서 태어나 김해와 창녕에서 유년기를 보낸 후에 고향인 진주로 돌아갑니다. 아버지는 일제강점기에 직업 관료였습니다. 주로 경남 지역의 지방장관으로 재직했어요. 김해군수로 재직할 때 아버지를 따라서 김수로왕 행사에 참여합니다. 김수로 왕릉으로 통하는 대문에는 음양을 상징하는 태극 문양이 있어서 그의 마음을 사로잡습니다. 이 음양문의 태극 문양은 그에게 평생을 두고 각인된 (카를 융의 표현을 따르자면) 일종의 '영혼 심상(soul-image)'인 셈입니다. 자신의 예술 세계를 결정짓게 한 라이트모티프, 즉 주도 동기가 되기도 하구요.

이성자의 그림은 천문과 지리의 조화로움이 가져온 결과입니다.

천문이란, 하늘의 무늬를 가리킵니다. 고대 중국에선 글월 문(文) 자와 무늬 문(紋) 자는 같은 어원, 같은 원리의 추상성을 지닌 것이었죠. 지리는요 땅의 결을 말하는 것이었죠. 이치 이(理) 자는 결을 뜻하기도 합니다. 우러러보아 하늘의 무늬를 관찰하고, 굽어보아서 땅의 결을 성찰하는 것. 이것이 천문지리요. 이성자의 그림 사상입니다.

저에게는 이 대목에서 두 번째의 인연이 꼬리를 물고 있습니다.

제가 이 행사의 '땜빵'인 주제꼴에 원고마저 늦어진 이유가 있었습니다. 저는 한 달 후에 간행될 시인 윤동주에 관한 저서를 며칠 전에야 마무리해 탈고했습니다. 그 바람에 원고가 늦어졌는데요, 그 원고 속에 윤동주를 천문의 시인으로, 김지하를 지리의 시인으로 대조한 대목이 있습니다. 윤동주는 하늘의 무늬를 관찰하는 시인이었고, 김지하는 땅의 결을 성찰한 시인입니다. 20세기 중반에 하늘을 우러러 별을 노래한 시인이 있었다면, 20세기 후반에 땅을 굽어보면서 생명과 환경과 풍수를 노래한 시인이 있었죠. 하늘의 무늬와 땅의 결을 하나로 이은 화가가 있다면, 그가 바로 이성자인 것입니다.

이성자에게도 조형언어의 변천 과정이 있었겠지요. 제가 비전문적인 아마추어 감각으로 대충 시기별로 살펴보니까, 그가 처음엔 땅의 결에 치중한 모성적 포용성의 화가였다가, 다소 세월이 흘러가면서 하늘의 무늬인 은하수를 그리는 데로 조금씩 기울어져 가더라구요.

애초엔 대지에 깃들였죠. 그는 이렇게 말했죠. 나는 여자요, 여자는 어머니, 어머니는 대지다, 라구요. 이 어록에 나타난 연쇄적인 문법의 수사(修辭)가 인상적이네요. 진주여고 출신의 아티스트는 한 계보를 형성해요. 화가 이성자, 소설가 박경리, 그리고 최근에 작고한 시인 허수경은, 공통적으로 대지의 포용성을 지닌 에코페미니스트라고 할까요? 여기에 오신 연세 많은 분 중에 진주여고 출신이 많으시죠? 이 세 사람을 두고, 동문으로서 자랑스럽게 생각해도 좋겠지요.

그런데 「은하수에 있는 나의 쉴 곳」(2000, 유화) 이래, 후기로 갈수록 결국에는 화면의 대부분은 하늘의 이미지로 채워집니다. 그는 이렇게 고백했다죠. '50여 년 늘 혼자였던 시간, 밤하늘의 별을 쳐다보는 시간이 많았지.' 2007년 이성자 '우주의 노래' 전을 개최할 무렵에 남긴 어록입니다. 그는 귀국하면 석굴암이 있는 토함산에서 하늘의 무한한 푸른 공간을 울려다 봅니다. 은하수야말로 인생의 완성을 시도한 작품이라고 생각하였지요.

　그에게 있어서 가장 기본적인 원형적인 이미지는 동양적인 무(無)의 세계에서 비롯된 대조적인 순수 추상 형태라고 할 수 있겠지요. 이것은 바로 기하학적인 형태인 문자 추상으로서의 '원(圓)방(方)형'을 뜻합니다. 우리 한글 음소적인 기호로 따지자면, 원은 이응(ㅇ)의 세계요, 방은 미음(ㅁ)의 세계인 것입니다. 원과 방은 하늘과 땅, 천문과 지리, 시간과 공간, 둥긂과 모남의 상반된 원형 이미지 내지는 영혼심상을 가지고 있는 거랍니다.

　저는 1990년대에, 서울에서 대학교 여기저기에서 시간강사로 연명하던 시절에, 학생들에게 글씨 쓰기를 강조했습니다. 과제는 반드시 원고지에 써서 제출하게 할 때가 적지 않았습니다. 저는 그때 학생들에게 늘 강조했어요. 글씨를 잘 쓰려면 이응은 둥글게, 미음은 모나게 하면 충분하다고 했어요. 이 기본적인 원칙이 잘 지켜지지 않죠. 원(둥긂)은 가득 채우고, 방(모남)은 반듯해야 합니다, 이 말이 '원만방정'입니다. 사람에게는 성품은 원만해야 하고, 행동은 방정해야 합니다. 한자문화권에서의 사람됨의 우주론적인 기초라고나 할까요? 제가 올해 봄에 구입했다는 판화 두 점을 볼까요? 이 역시 이응(ㅇ)과 미음(ㅁ)의 추상적인 도상으로 이루어져 있습니다. 잘 보세요.

　(발표장의 화면에 그림을 제시하며)

제가 사진을 잘못 찍었는지 선명하지가 않네요. 본래 작품은 이미지가 사진보다 훨씬 밝고 뚜렷합니다. 이 그림의 원형은 붉은 색입니다. 원 속에는 흰 색의 추상 도안이 있고요. 하늘의 무늬를 상징하는 원초적인 언어인 셈입니다. 무슨 의미의 도안인지는 잘 알 수 없어요. 마치 상형문자와도 같습니다. 어찌 보면 상평통보와 같은 구상적인 이미지로 다가오기도 하네요. 반면에, 아래쪽의 방형은 녹색, 연두색 톤으로 이루어졌네요. 땅의 결을 상징하는 원초적인 언어예요. 결을 잘 이루고 있습니다. 물결도 바람결도 아닌 이를테면 '땅결'입니다.

다음의 판화를 볼까요? 다음의 것은 앞의 것과 하나의 세트를 구성하고 있나 봐요. 양과 음의 대조적인 특성을 우주론적으로 드러내기 위한 조형적인 전략이 아닐까 생각하고 싶네요.

(발표장의 화면에 그림을 제시하며)

이 그림은 앞의 그림과 여러 모로 대조적입니다. 방형이 상위에 올라져 있고, 색감의 톤은 브라운 계통입니다. 원형 역시 붉은 색이지만 아래로 전위(轉位)된 특징을 보이고 있습니다.

앞의 그림이 남성성을 상징한다면, 뒤의 그림은 여성성을 상징합니다. 앞의 그림을 보면, 웅비(雄飛)라는 말이 생각나요. 수컷의 새가 하늘로 향해 날아오른다는 뜻이에요. 뒤의 그림을 보면, 그 반대말인 자복(雌伏)이 연상됩니다. 자복? 처음 듣는 단어지요? 암컷의 새가 땅에 웅크리는 것을 말합니다. 오늘날 젠더 감수성에 어울리지 않는 얘기지만, 전철 안의 '쩍벌남'이 웅비요, 무릎을 모은 다소곳한 앉음새의 여성은 자복이랄까요? 저는 같은 남자라도 쩍벌남을 경멸합니다.

오늘, 이 자리에서 흥미로운 얘기를 들었습니다.

미셸 뷔토르와 이성자가 협업한 시화(詩畵)가 있었다죠. 「샘물의 신비」

(1977)라는 제목의 6폭 병풍화 말이죠. 이때 뷔토르는 이성자의 작품성의 의미를 '주름(plis)'이라고 이름했다죠. 뷔토르의 친구인 철학자 질 들뢰즈는 이 알쏭달쏭한 핵심 개념을 가지고 전 세계 사상계에 파동을 일으켰다죠. 어쨌든 주목됨직한 얘깃거리입니다.

들뢰즈의 철학적 견해도 소개되어 있어 한결 흥미롭습니다. 주름이 접히면 함축(implication)이요, 주름이 밖으로 펼쳐지면 설명(explication)이라더군요. 전자는 소우주요, 후자는 대우주랍니다. 함축과 설명을 암시와 명시로 각각 옮기는 것은 어떨지요? 어쨌든 주름이 펼쳐지면 드러낸다는 뜻의 (나타날 현 자) 현재성(ex-plier)이요, 이 펼쳐진 주름이 다시 접히면 감춘다는 뜻의 (잠길 잠 자) 잠재성(re-plier)이랍니다. 앞에서 제가 말씀 드린 '땅의 결'이라고 할 때 '결'은 다름 아니라 '주름'입니다. 결은 겹쳐지지 않습니다. 하지만 결 너머의 원형과 방형은 겹쳐집니다. 이를 두고, 들뢰즈의 방식으로 표현하면 주름의 얽힘인 '조합 / 합성(complication)'이 되겠지요.

제가 가지고 있는 이성자의 판화 두 편은 이응(ㅇ)과 미음(ㅁ) 형태의 조합이라고 하겠습니다. 원만과 방정이 우주론적인 하모니를 이루는 그런 이미지입니다. 차이가 있다면, 하나는 원형이 위로 상승하고, 다른 하나는 아래로 하강합니다. 어쨌든 둥긂과 모남이 서로 만나고, 때로 포개지고, 유기적인 생명 체계로 구성되고 있습니다.

이성자의 그림은 일종의 한국적인 기표라고 할 수 있는 문자 추상, 즉 이응(ㅇ)과 미음(ㅁ)의 독특한 조형언어를 실현하고 구성해 나아갔습니다. 제가 가지고 있는 『한국현대미술전집』(1983) 제12권에 제시된 이성자의 그림을 보면, 대체로 이러한 기표와 조형언어를 구사하고 있습니다. 예컨대, 「한 별의 전설」(1959), 「우리들의 마을문은 너에게 열어주마」(1967), 「새벽 무지개」(1970), 「오월의 도시 / 유월의 도시」(1974) 등이 그

것입니다.

이성자의 추상성은 요철의 꽉 찬 느낌으로 상징화되고 있으며, 음양의 이치에 따라 밀고 당김의 상생의 원리로서 천지합일의 사상으로 귀결하고 있습니다. 서양의 기독교 사상이 신인합일을 지향하는 것과 다른 의미의 천지합일의 지향성. 이성자의 그림 사상이 동양적인 근본 사상으로 귀결하고 있습니다.

4. 통합의 비전과 관계성의 추구

이성자는 통도사 주지 스님인 성파 스님으로부터 '일무(一無)'라는 이름을 받습니다. 불자(佛子)의 계명을 받았는지, 아니면 단순한 예술가로서의 별호(別號)를 받았는지 잘 모르겠습니다. 1981년의 일이었죠. 일무는 무엇을 의미할까요. 하나도 남김없이 비운다는 것. 단칼에 끊어버린다는 것. 그는 한국전쟁 기간 중에 모든 인연을 단칼에 끊고 마치 수행자가 출가하듯이 실존적인 결단으로 프랑스에 갔었습니다. 그 어렵고도 어지러운 시대에 말이죠.

일무라는 말뜻, 우주의 공시성을 말하지 않을까요? 공시(共時)성이란 시간 개념을 무화하는 것. 서정시의 장르적인 특성과 같습니다. 시간을 공동(共同)화하는 것. 말하자면 시간의 공동(空洞)화이기도 합니다. 모든 것이 역사 이전의 음양 개념, 원형 개념으로 환원됩니다. 여기에 신화가 숨을 쉽니다.

저는 이 대목에서 또 한 번의 인연을 느낍니다.

오늘 세 번째로 꼬리를 문 인연이네요. 제가 공식적으로 밝히는 것은 처음인데요, 저도 이성자 화백이 그랬던 것처럼 1년 후인 1982년 10월 어느 날에, 성파 스님으로부터 불자로서의 계율(戒律)을 받았습니다. 물론 지금까지도 전 땡땡이 신자예요. 그때 성파 스님은 그 이전에도, 또 그 이후에도 본 적이 없는, 세상에서 가장 맑은 얼굴빛을 하고 계신 분이었어요. 우리 지역의 유명한 시조 시인인 김복근 선생님을 제가 평소 잘 아는데, 이 분이 성파 스님과 매우 가까운가, 봅니다. 제가 선배인 이 분께 부탁해야 되겠어요. 제가 젊어서 성파 스님께 계를 받고 두 달 후에 신춘문예에 처음으로 입문하고, 또 이어서 36년간에 걸쳐 인생이 잘 풀렸다는 말씀을 좀 전해달라고요. (웃음) 제 말을 농담으로 생각해도 좋습니다.

성파 스님은 손재주도 많고 예술적인 재능도 뛰어나신 분이에요. 아마 불문에 귀의하지 않으셨다면 멀티아티스트가 되었을 거예요. 이성자 화백이 성파 스님을 만날 때는 스님은 마흔 정도의 연세였습니다. 연만한 고승을 만나지 않고 젊은 주지스님을 만났다는 것, 그것도 열아홉 살 아래의 남동생인 가수 위키 리와 비슷한 연배의 젊은 스님을 만났다는 것은 시인 서정주의 말처럼 그가 더 이상 나이를 먹지 않는 여인임을 말합니다. 성파와의 인연 역시 미셸 뷔토르와의 경우처럼 망년지교처럼 느껴지네요. 모든 것이 무시간성이요, 우주의 공시성인 것입니다.

전 그래요. 이성자의 부적(符籍) 같은 그림을 보면, 카를 융의 만다라가 얼핏 생각나지요. 우주의 상징성으로선 가장 완벽한 추상 형태가 만다라인 거예요. 서양인들이 말하는 과학은 인과율의 법칙에 근거하고 있고, 인과율은 자명한 진리로 받아들여지고 있습니다. 그러나 인과의 모든 과정은 부분적으로나 전적으로 우연에 의해 간섭을 받는다는 것과, 자연 상태에서 일어나는 사건 과정이 특정한 법칙에 전적으로 부응하는 일은 거의 예외적이라는 것입니다. 카를 융은 저 유명한 주역 서문을 서양의 언어로 썼는데 서양인들이 인과율이라고 떠받드는 것을 고대의 중국인들이 거들떠보지도 않는다는 데 착안을 합니다. 그는 우연의 중요성이 대단하다는 것을 서양인들도 인정해야 한다고 주장합니다.

주역은 셀 수 없이 많은 인간의 노력 가운데 우연이 가져다주는 위험에 대처하고 그 폐해를 막으려는 데 집중하고 있습니다. 주역에서 현실을 바라보는 태도는 우리가 익숙해 있는 인과론적인 절차와는 상반되는 듯이 보입니다. 이 가설을 두고, 융은 공시성(synchronicity)이라고 했죠. 공시성이란 개념은 인과율과는 정반대되는 관점을 양식화합니다. 인과율은 단지 통계상의 진리일 뿐이고, 공시성은 시공간에 일어나는 사건들의 우연의 일치를 단순한 우연, 말하자면, 객관적인 사건들 자체의 특수한 상호의존성이나 그 이상의 무엇을 의미하는 것으로 간주되는 것입니다.

그럼, 마지막으로 제 생각을 갈무리하겠습니다.

이성자의 그림 세계는 한마디로 말해 통합론적인 비전의 소산입니다. 이 개념은 천문과 지리, 시간과 공간, 판타지와 리얼리티, 시정신과 산문정신 등의 양극성을 하나로 아우르는 데 있습니다. 또 여기에서 시간에 관해 말해 보겠습니다. 시간은 하늘의 무늬로 새겨지는 것. 시간은 무(無)시간이기도 하지요. 정신분석학에서 의식과 무의식이 동전의 양면처럼 서로의 관계를 맺는 것처럼, 시간과 무시간은 문맥의 상호관련성을 맺기도 합니다. 앞에서 말했듯이, 역사와 몰역사도 마찬가지입니다. 무시간성과 몰역사성은 서정시와 그림에서 보는 공간의 미학입니다. 시작도 끝도 없기 때문이죠.

시간과 공간과 인간. 동양 철학의 근원에는 천지인(天地人) 3재(才) 사상으로 환원합니다. 모두가 사이 간(間) 자네요. 이처럼 동양적 사유는

간적(間的) 존재론의 특성을 가집니다. 사이는 뭘까요? 관계성의 표지입니다. 이성자는 우주의 관계성을 추구한 진주의 화가로 기억되어야 합니다.

공시성은 시간을 공동(共同)화한 것. 이것은 제가 이미 말했듯이 시간 개념의 공동(空洞)화이기도 합니다. 이 공동화한 시간 속에서, 우리의 문명론적인 관점에서 보자면 이 황폐한 전복 속에서, 이성자의 그림과 그림 사상이 존재하고 있는 것입니다. 저는 2018년인 올해에 이른 그의 탄생 백주년을 기리고, 오늘 행사를 위해 알차게 준비해온 진주 지역의 관계자 여러분께 노고의 말씀을 전합니다.

그런데 진주는 여기에서 이성자로 끝나지 말아야 합니다.

제2의 이성자인 여성화가 김명남은 1961년 진주 출신으로서 도불(渡佛)하여 그림(수채화)에 있어서의 '하얀 묘법(ecriture blanche)'의 선풍을 불러일으켰지요. 특히 하늘과 땅의 중간에 놓인 물의 투명한 깊이에서 오는 여백의 독창적인 정서를 환기하였지요. 이성자의 전통이 김명남으로 이어져 또 하나의 진주의 전통이 되어야 합니다. 지역 사회의 문화예술이 이 가치를 먼저 확인해야 하는 것입니다.

지금까지 보잘것없는 제 말씀, 두서없는 비전문적인 담론을 귀를 기울여주신 여러분께 진심으로 고마움의 뜻을 전합니다.

감사합니다.

진주 춤의 두 명인(名人)에 대하여

—최완자와 김수악

1. 진주 검무의 계보

시인이면서 국학자인 조지훈은 「'멋'의 연구」(1964)라는 논문에서, 자신이 일제강점기에 한성준의 춤을 보고 감개를 토로하기도 했다. 한국춤의 상징적인 존재인 한성준의 어깨가 문득 한번 으쓱하고 미동했을 때 벼락이 치는 듯한 율동을 경험한다. 이윽고 그 팔이 서서히 퍼져서 원을 그릴 때 그 텅 빈 무대가 하나 가득해지는 것을 보고 놀란다. 그는 훗날 이 감흥과 경이를 두고 지상(至上)의 멋이라고 표현했다.

전통춤이 우리에게 주는 알뜰한 멋의 세계.

한성준 춤의 레퍼토리는 무척 많다. 조지훈이 본 그의 춤은 무엇이었을까? 승무였을 개연성이 가장 높다. 조지훈이 한성준의 승무를 보고 예술적인 수용의 감개가 주는 친화력을 가졌다면, 그 이후에 젊은 비구니가 추는 승무에 촉발이 되어 누구나 아는 명시인 「승무」를 창작하기에 이르렀을 것이다. 하지만 그가 우리 춤을 통해 경험한 감흥과 경이는 우리 전통춤의 전체 목록에 해당될 수 있다.

우리 춤에 관해 잘 모르는 사람이라고 해도, 전통춤 하면 승무 외에도 검무를 떠올리고는 한다. 검무는 조선시대 기생들이 곧잘 추었고, 일제 강점기에 국제적인 수준의 신무용가였던 최승희도 근대적인 감각으로 재현하기도 했다. 그만큼 그것은 잘 알려져 있다.

검무와 칼춤은 같은 말이다. 우리의 토박이말인 칼춤이 버젓이 있지만 잘 사용되지 않는다. 칼춤이란 말이 대체로 부정적으로 사용되기 때문이다. 간헐적으로, 정치판에는 '망나니 칼춤'이니 하는 표현도 난무하기도 한다. 이를테면, 지금은 서슬이 시퍼런 법무부장관(추미애)의 망나니 칼춤에 검찰총장(윤석열)의 목이 위태롭다, 라는 등의 표현이 가능할 것 같은 시국이다. 이런 걸 볼 때, 검무는 칼춤에 비해 가치중립적인 용어로 사용되고 있다.

검무의 유래는 신라의 황창랑이 추었다는 황창무에서 비롯했다. 고려 시대의 문인들의 시에 의하면, 검무가 가면을 쓰고 연출되었음을 나타내는 구절이 있다. 각 지방에서 오래 전승된 검무는 민속탈춤이었던 것으로 추정되는 대목이다. 조선통신사 일행의 노고를 위로하는 의미에서 수행한 대구 기생 옥진 형제의 황창무, 실학자 박제가 당대 검무의 제1인자라고 평한 밀양 기생인 운심의 검무가 가면무라고 하지 않았던 걸로 보아서, 조선 후기에는 가면 벗은 춤꾼의 독자적인 검무가 정립되었을 것으로 보인다.

검무는 조선 시대 기생들이 춘 대표적인 한국 춤이다. 일제강점기에 국제적인 명성이 자자했던 신무용가 최승희가 추었던 검무도 조선 시대의 기생이 추었던 검무에서 영감을 얻었다. 검무라고 하면, 진주 검무가 유명하다. 여러 지방에 전승되는 검무 중에서도 진주 검무의 작품성이 가장 현저하기 때문에 문화재로 유일하게 지정되어 있다. 그것도 국가 단위의 중요문화재이다.

정약용은 젊은 날에 장인 홍화보가 경상우병사로 재직하고 있던 진주

병영에 방문해 새로 단장한 의기사(논개 사당) 기문(記文)을 썼다. 또, 바로 옆의 촉석루에서 진주 기생이 추던 검무를 감상하면서 시로 남긴 바 있었다. 시는 장시에 해당한다. 한시로 된 이 한시는 7언으로 되어 있다. 제목은 「칼춤 추는 미인에게」가 적절해 보인다. 오늘날 개념의 형식을 살펴보면, 32행의 시편이다.

> 살포시 내리면 하늘의 선녀 같고,
> 발아래 번득번득 가을 연꽃 피우네.
> 춤사위 앉을사위 오래토록 지속되면,
> 열 손가락 뒤집어서 뜬구름을 짓누나.
> 한 칼은 땅에 두고 한 칼로 휘두르니,
> 푸른 뱀 칭칭 휘감는 가슴 띠 보이네.
> 현란한 칼부림의 춤꾼 온데간데없고,
> 구름 안개만 허공에 자욱이 맴도네.

나의 졸역이다. 이 졸역을 읽어보면 잘 알겠거니와, 정약용은 진주 검무의 춤추는 과정을 섬세하게 묘사하고 있다. 비유법이 화려하기가 비할 바가 없다. 시상의 흐름도 사뭇 자연스럽다. 물결 같고, 바람결 같다. 이 시의 내용을 보면, 춤꾼은 혼자이다. 말하자면, 이때의 진주 검무는 독무였다.

이로부터 그다지 오래 되지 않은 시점에, 신윤복은 「쌍검대무」(간송미술관 소장)를 그렸다. 이 그림에는 조선시대 검무의 모습이 매우 아름답고 여실하게 묘사되어 있다. 그림 내용을 보면, 어느새 검무가 독무에서 쌍무(2인무)로 변한 것을 알 수 있다. 순조 때 지방의 춤들은 비약적으로 발전하고, 이 춤들이 표준화되면서 궁중무용으로 격상된다. 임금께 바치는 예술적 재능을 두고 정재(呈才)라고 하는데, 검무 역시 정재(무)의 주요 목록이 되었다. 검무는 지방 교방에서 4검무로 추어졌고, 궁중에서는 각 지방의 검무들이 정재화(표준화)되면서 8검무로 정립된다. 검무의 연행자는 이처럼, 독무, 쌍무, 4인무, 8인무로 확장되어 갔다.

지방의 무기(舞妓)들이 입소문이 나면 궁중으로 뽑혀간다. 진주 교방청에서 뽑혀간 기생들이 적지 않았다. 이 중에 한말에 이르면, 산홍과 최순이가 있었다. 검무에 특히 능한 두 무기는 십 수 년의 나이 차가 있었지만, 비슷한 시기에 고종 앞에서 연행했다. 산홍은 서울에 남아 난세의 애국 기생이 되지만, 최순이는 관기 제도가 폐지되면서 귀향한다. 궁중정재의 영향을 받은 그는 귀향한 후에 어려서 교방에서 배운 진주 원(原)검무를, 진주 신(新)검무로 개량한다. 정약용이 시로 남긴 검무는 진주 원검무요, 시민들이 지금 알고 있는 검무는 진주 신검무다.

훗날 최순이는 진주 권번의 춤 선생으로 장기간 활동한다. 그는 진주 춤의 과거와 현재를 이어준 가교다. 그가 없었다면, 진주 춤의 전통과 계승도 결코 생각할 수 없다. 한 시대의 명무인 김순녀도 그의 제자다. 두 사제 간의 계보는 바로 진주 춤의 역사다. 두 사람은 자연인을 넘어 예인이니까, 본명보다 예명으로 명명하는 게 좋겠다. 이른바 최완자-김수악 계보라고 해야 온당하다.

진주 춤의 전승에 관한 한, 최완자는 교방(진주교방청)에서 배워서 권번(진주권번)에서 가르쳤고, 김수악은 권번에서 배워서 학원(진주민속예술학원)에서 가르쳤다. 가르치고 배우고 하는 제도는 시대의 추이에 따라 바뀌었어도, 그 춤의 정체성 및 역사적 존재 의의는 변함이 없었다.

2. 최완자의 생애와 어록

진주 교방청과 궁중 진연도감청 관기였던 최완자(1892~1969)는 진주시 봉곡동이 본적이다. 재색이 겸비한 어린 기생이 서울로 뽑혀갔으니, 이르되 선상기(選上妓)인 셈이다. 옛날에 나라의 부름을 받고 나라님 앞에서 노래하거나 춤을 추는 것은 둘도 없는 영광이었다. 그는 관기 제도가 폐지되면서 진주로 귀향했는데, 그 정확한 시점은 알 길이 없다. 그가 결혼을 했는지 하는 여부 등의 사생활에 관해서도 세월이 오래 지나서 알 수가 없다. 그는 일제강점기에 권번에서 장기간에 걸쳐 시조창과 춤을 가르쳤다고 한다. 권번 제자 중의 한 사람인 김수악은 그로부터 권번에서 시조창부터 배웠다고 했다. 이에 관한 기억은 그다지 남아 있지 않은 듯하다. 춤은 모든 춤의 기본이라고 할 수 있는 손놀림과 발 디딤을 배웠고, 검무를 본격적으로 수련했다고 한다.

김수악은 최완자에게서 전통 춤을 처음 배울 때 발 디딤만을 일주일 동안 배워야 했다고 한다. 당시의 최완자는 발 디딤을 무척 중요하게 가르쳤다고 했다. 김수악이 기억하고 있는 최완자의 인상은 지금 대체로 어떤 형태로 남아 있을까? 2004년 김수악과 채록연구가 이숙희의 대화록으로 남은 구술 자료집에 의존할 수밖에 없다. 최완자의 인상은 우리 전통 무용사에서 중요한 자료가 될 것 같다.

첫째, 김수악에 의하면, 최완자는 언제나 점잖고 말씀이 없는 분이었다는 것. 평소에 할 말은 가끔씩 할 뿐 별로 말씀이 없었던 분이었다고 또렷이 기억하였다. 인물도 좋았다고 한다. 하기야 미색이 아니면 선상기가 될 수 없었다. 그에 대한 사진도 동영상도 없으니, 전설 속의 인물처럼 남아 있을 뿐이다.

둘째, 최완자는 가무악을 두루 익혔다. 김수악은 최완자가 학습이 고르고, 배운 것이 반듯했다고 한다. 당시 진주 권번에는 선생으로서 박국엽, 홍채자, 임완선 등의 관기 출신이 있었지만, 그가 가장 활발하게 교육 활동을 했다고 한다. 어린 학생들에게 기예를 술장사로 이용하는 걸 아주 질색하면서 미리 주의를 주었다고 한다. 말수는 적지만 예술에 관해선 엄격한 분이라는 것.

셋째, 김수악은 최완자의 사생활에 관해 전혀 기억하지 못했다. 결혼을 했는지의 여부조차 알지 못했다. 옛날의 예인들이 대체로 큰 욕심을 부리면서 살지 않았듯이, 그 역시 무슨 비리를 가지고 있지 않았다고 한다. 이것을 미루어 그는 도덕적인 결점이 있는 사람이 아니었던 것으로 보인다.

이 : (최완자 선생님의) 자태가 고우셨어요?
김 : 사명당하고 비슷하게 생겼지.
이 : 사명당? (웃음) 춤추는 모습을 보셨어요?

앞서 말한 구술 자료집에 이런 대화가 있다. 이숙희는 김수악에게 최완자의 춤추는 모습(자태)에 관해 질문했다. 하지만 김수악은 스승 최완자의 생활 태도 및 인간적인 품격에 관해 답을 했다. 그래서 동방의 현모양처인 사임당을 떠올리면서 비유하였는데, 좀 정확하지 못한 화자의 발음으로 인해 사임당을 사명당 대사로 잘못 들었던 것이다. 김수악이 사명당 대사의 춤추는 모습을 전혀 볼 수 없었으니, 우스울 수밖에. 동문서답인 셈이다. 하지만 확인이 되는 사실은 김수악의 마음속에는 신사임당 같은 여성상으로 자리를 잡고 있었던 게다.

최완자가 오늘날 우리에게 계승해준 춤의 또 하나는 진주 교방굿거리 춤이다. 우리는 지금의 젊은 무용수들이 추는 이 춤의 동영상을 여기저기에서 적잖이 감상해 볼 수가 있다. 누군가 치마를 사뿐히 걷어 올리는 이 춤의 한가로운 자태를 두고서 '부드러운 봄 햇살과 바람, 수천 갈래의 섬세한 곡선으로 휘늘어진 수양버들의 가지가지에 새파란 움들이 솟아나고 얼음이 풀린 개울에 잔잔한 물살을 일으키는……어깨 놀림이 편안하고 춤사위가 봄바람에 버들잎이 날리는 듯 운치가 그윽한'(경남신문,

1985, 2, 21) 춤이라고 묘사한 바 있었다.

진주 교방굿거리춤은 조선 시대 때 노랑저고리에 남치마를 입은 진주 기생이 추었던, 곱다란 손놀림과 단아한 발 디딤과 유연한 선율이 아우른, 이른바 정중동, 이를테면 미동 속의 정적인 춤이다. 우리 춤이 가지고 있는 네 가지 요소인 정한과 감흥과 멋과 맵시(자태)를 고루 갖추어 보여준 춤이다. 이 아름다움의 원천은 최완자에게서 찾아진다.

최완자에 관한 자료는 거의 찾기가 힘들다. 동향의 후학인 성계옥이가 재현한 어록 하나는 그의 의암별제를 직접적으로 경험한 것에 관한 한 소중한 자료로 남아 있다. 이 어록은 진주의 방언, 당시의 어감, 개인의 말투로 재현되어 있다는 점에서 더 실감이 있어 보인다.

느그들 이애미벨제(의암별제) 아나? 사흘 동안촉석루가 불야성을 이뤘데이. 백리 이내 사람들은 일손 놓고 모다 구경 왔제. 천하 명기들이 촉석루 쪽에서 차일을 치고 소리를 하면 배건네(강남 · 망경 지역)에 몰려 있던 사람들이 화답하고 땅재주도 벌어졌거든. 돼지 잡고 국수 말고 비빔밥 비벼 구경꾼까지 실컨 먹었지. 진주공설운동장 자리에 있던 제위답(의암 별제 경비를 내는 농토)의 소출로 경비를 댔거든. 진주 부자 정상진이나 김기태가 거금을 내놓을 때는 소를 잡기도 했지. (성계옥 · 차옥수, 『진주검무』, 화산문화, 2002, 49~50면.)

의암별제는 진주 목사 정현석이 논개의 사적을 기념하기 위한 제사의식으로서 1868년(무진년)에 처음으로 시행하게 했다. 그 이후에 해마다 음력 유월에 길일을 택하여 며칠간에 걸쳐 관민이 함께 참여하는 대동제 성격의 축제였다. 1893년 논개 순국 3백주년을 때맞추어 성대한 행사를 준비했는데 촉석루에 수천 명 인파가 모였다는 기록이 남아있다고 한다. 이것은 조선시대에 종묘제례와 문묘제례에 버금가는 종합 가무제례라고 한다.

최완자가 경험한 의암별제는 국운이 기울어져 가는 때였을 것이다. 그가 귀향한 때와 한일합방 사이에 있었던 1900년대 후반의 일인 것으로 추정된다. 일본은 그 이후인 일제강점기에 항일 영웅을 위한 축제를 허락하지 않았다. 인용문에서 땅재주를 부렸다는 것의 의미는, 촉석루 마루 위에서는 기생들이 가무악을 행한 반면에, 마당에서는 백성들을 위해 각종 연희를 행한 사실을 가리키는 게 아닐까, 한다. 여기에 진주의, 잘 알려진 농악이나 오광대도 포함되었을 것이라고 본다.

3. 김수악의 춤과 예술관

김수악은 어릴 적 권번에서 최완자로부터 검무와 굿거리장단춤을 배웠다. 특히 후자는 한국 춤의 모본과 같은 것이다. 손놀림과 발 디딤에 있어서는 더 말할 것도 없다. 속담에 굿거리장단에 춤 나온다고 하듯이, 판소리를 배울라치면 단가 먼저 배우듯이, 한국 춤을 추려면, 먼저 굿거리장단에 손을 놀리고 발을 디뎌야 한다. 굿거리장단이 무겁게 가라앉는다고 해도, 여기에서 부드럽고 섬세한 잔가락이 다양하게 파생된다. 그는 제자들에게 늘 주의를 주곤 했다. 치마 속에서 발을 떼고 디뎌도 제대로 해야 옳은 춤이 된다고. 치마 속이 안 보인다고 얼렁뚱땅, 엄벙덤벙해선 안 된다고 보았다.

그가 춤을 악기 음에 편승하지 않고 춤추는 이의 구음(口音)에 의해 연행되는 것이 예술적으로 더 좋을 것이라고 보았던 것 같다. 예컨대 3분박의 느린 4박으로 된 굿거리장단은 '덩-기덕, 궁떠러러, 덩-기덕, 궁떡-'이란 장고 구음으로 이루어진다. 이 장단에 맞추어 진주 교방굿거리춤을 연행하다가 정점에는 자진모리장단의 소고춤이 개입한다. 여기에 덧배기 가락의 특유한 신명이 감도는 특징을 보여준다. 경남 지역의 독창적인 춤과 연대감을 갖게 되는 대목이다.

그의 춤에 구음을 도입하게 된 데는 까닭이 따로 있었다. 그가 권번에서 기예를 충분히 배우고 난 뒤에는 10대 후반의 나이에 대가들에게 따로 심화된 가르침을 받았다. 만고 한량이었던 그의 아버지가 가진 부(富)의 배경이 큰 힘이 되었던 것은 말할 나위가 없다.

그가 가장 공을 들인 부분은 판소리였다. 권번에서는 이선유에게 가르침을 받았고, 하동 쌍계사에서 따로 유성준에게 개인 교습을 받았다. 함께 공부한 이가 임방울, 신숙이었다. 그는 해방 이후에 창극 무대에서 판소리를 하기도 했지만 큰 명성을 얻지 못했다. 대신에, 이를 바탕으로 아무도 흉내 낼 수 없는 구음의 독자적 영역을 개척했다. 세간에는 그의 구음은 헛간의 도리께도 춤추게 한다는 말이 나돌았다. 춤과 구음이 함께 하면, 악기 음보다 감흥과 신명을 이끌기 쉽고, 밀고 당기고, 맺고 풀고 하는 리듬감에 이점이 있을 것 같다. 김수악의 구음검무를 보고 쓴 시인 이지엽의 시가 꼭꼭 숨어 있다. 이참에 이를 소개하려고 한다.

소리의 몸은 둥글다
나누어지지 않는 한 몸이다

그러나 때로
소리도 갈라진다
소리도 쪼개진다
소리가 노래를 부르고 춤을 부르고
춤을 세운다
살구꽃 파르르 피는가
검무 발끝을 굴리는 저 소리
날아가지 않게 치마 속단 잡고

휘어져 물이랑 일으키는 소리

무덤 속에서 살아나는 저 소리

나무에 새순 돋듯

초승달 덧니 돋듯

은빛 여울 저 비늘의 눈부신 파닥임처럼

만만파파(萬萬波波) 만만파파(萬萬波波)

소리가 악기가 되어 노래가 되어

둥글게 한 몸을 만든다

댓잎에 달빛 댓잎에 달빛

수수만 갈래 쪼개지듯

사람의 몸은 이윽고 외로워져

서로가 서로의 몸 비비며

낮고 가늘게 저 맨살의 겨울

견디며 걸어가느니

사랑이 지극하면 두 몸도 한 몸이 된다

이 시는 시인 이지엽이 쓴 「구음(口音)」이다. 이 시의 부제는 '김수악'이다. 이 시는 김수악의 구음을 제재한 시이다. 시인의 시집인 『어느 종착역에 대한 생각』(고요아침, 2010, 93~94면)에 실려 있다. 몸동작인 춤사위와 입소리인 구음이 절묘한 조화를 이루고, 또 인간과 자연이, 정과 한이, 신명과 외로움이 하나의 일체감 속에 둥글게 우주의 형태를 닮아가고 있다. 시는 김수악의 춤과 구음이 융합되는 일원론적인 세계관의 극치에 마침내 도달하고야 만다.

김수악은 춤과 구음과 장단이 함께 어우러지는 바, 혼연일체의 예술적 융합 상태를 궁극적으로 지향했다.

그의 무용관은 무거움의 미학과 상당히 관련이 있다. 춤은 무거우면서도 부드럽게 안에서 배여 있는 것이 드러나는 알뜰한 멋의 세계란다. 멋이라는 것은 하루아침에 이루어지지 않고 그의 말마따나 '나무에 물 오르드키(오르듯이)' 점차 공력(功力)을 기울여야 한다. 그는 춤에서 천재적인 재능의 영감보다는 공력, 점진적 수행을 강조했다.

춤이 가벼워선 안 된다는 게 그의 지론이었다. 진주 교방굿거리춤의 과정 속에서 자진모리장단을 끼어 넣느냐 마느냐, 라는 문제를 두고, 마뜩찮게 생각한 것도 가벼움과 무거움의 문제였던 것이다. 그는 춤은 무겁게 춰야 한다고 했다. 팔랑거리며 댕긴다고 해서 좋은 춤이 되는 것은 아니라고 했다.

4. 남는 말, 몇 가지

우리 전통 춤의 기원은 북방 형과 남방 형으로 나누어진다. 전자는 천신으로 향하는 도무(跳舞)의 성격이 강하다. 반면에 후자는 지신밟기의 제의와도 무관하지 않듯이, 혹은 위에서 아래로 재앙을 단칼로 베어버리는 시늉처럼 답무(踏舞)의 성격이 강하다. 경상도 남부의 모든 춤은 덧배기춤에서 비롯했다는 설이 있다. 덧배기라는 말의 어원이 벽사(辟邪)의 의미가 내포된 것이라는 게 다소 유력해 보인다. 부산 지역의 탈춤인 들놀음과 경남 지역의 탈춤인 오광대는 덧배기춤의 전형을 보여주고 있다.

최완자와 김수악의 계보를 이어주는 우리 춤이 지닌 무거움의 미학적인 계보도 춤의 지역적인 특성 및 전통과 무관하지 않으리라고 본다. 진주 교방굿거리춤에서 사용되는 굿거리장단이 엇박은 거의 쓰지 않고 원박(정박)을 주로 쓰는 것도 덧배기춤의 영향이라고, 춤 전문가들은 이해하고 있다.

검무는 북방 형 춤일까, 아니면, 남방 형 춤일까? 내가 생각으로는 두 가지가 융합된 춤이라고 보고 싶다. 검무의 남방 지향성은 여기에서 논외로 삼는다. 다만, 여기에서는 그 북방지향성에 관해 간단히 말하려고 한다.

검무를 시작할 때 한삼을 뿌리는 사위의 원형이 고구려 벽화의 무희들이 긴 소매를 흔드는 것이라고, 나는 본다. 또, 검무의 클라이맥스는 이른바 '연풍대'라고 하는 부분이다. 문자 그대로 말해, 제비가 바람을 일으키면서 날아오르는 것 같은 대목이다. 이 대목에선 춤꾼이 동작을 묵중하게 가라앉히는 게 아니라, 춤꾼의 도약의 욕망을 아낌없이 보여준다. 위로 약동하고자 하는 춤의 기원이 소위 북방 형이 아닌가? 다음의 시를 보자. 피천득의 시다.

고개 숙여
악사들 줄을 올리고

자작나무 바람에 휘듯이
그녀 선율에 몸을 맡긴다

(……)

백조 나래를 펴는 우아
옥 같이 갈아 다듬었으니

맨발로 가시 위를 뛰는 듯
춤은 아파라

—피천득의 「어떤 무희의 춤」 부분

피천득은 수필가로 잘 알려져 있지만, 젊었을 때는 시인이기도 했다. 시편 「어떤 무희의 춤」에서 묘사된 춤은 서양 춤일까, 아니면 전통춤일까? 악사가 줄을 울린다고 했으니, 전통춤임에 틀림없다. 하지만 구체적으로는 어떠한 춤인지 알 수 없다. 둘로 나누어 살펴보면, 북방 형 춤이다. 자작나무는 열기에 약한 나무의 속성 때문에 따뜻한 지방에서는 볼 수 없다. 전형적인 북방의 나무이다. 춤이 '위를 (향해) 뛰는' 것이라고 했으니, 도약의 춤이다. 시심이 '춤의 아픔'으로 갈무리되고 있는 것은 영혼의 승천을 이루지 못한 인간의 좌절된 보편적인 영혼심상을 담은 것이다. 춤의 아픔이란, 다름 아니라 초월성의 좌절이라고 언표될 수 있는 착지(着地)의 아픔이다.

그러면, 화제를 돌려본다.

김수악은 최완자뿐만 아니라 김옥민과 김녹주와 (춤에 관한 한 최고의 대가인) 한성준에게서도 춤을 배웠다. 그가 일제 때 진주에서 경성 (서울)을 드나들면서 한성준으로부터 어렵사리 배웠던 승무는 향후 전혀 활용하지 못했다. 그가 승무를 연행했다는 기록이나 증언이 없어서다. 시인 조지훈만큼 감화를 받지 못한 탓이었을까? 반면에, 그가 유독 최완자로부터 배운 진주 검무와 진주 교방굿거리춤 부문에 있어서 문화재로 지정되었다는 사실은 교방 문화의 전통과 계승, 그리고 예술사적인 존재 의의를 방증해주고 있다고 봐야 할 것이다.

춤은 내가 추는 게 아니라, 몸이 추는 것이다. 수십 년 간 동작의 반복 훈련을 해온 운동선수에게 몸이 기억한다는 말이 있지 않은가? 춤꾼에게도 마찬가지다. 춤과 춤꾼이 하나가 되면, 춤꾼의 몸은 관객과 함께 들린 상태에 빠진다.

아일랜드의 국민시인으로 세계적으로 잘 알려져 있는 W. B. 예이츠가 남긴 유명한 시구 중에 이런 게 있다. 어린 학동 여럿이 춤추는 자태를 보면서, 자신의 감회를 노래한 것이다.

춤에서 춤꾼을 어찌 식별할 수 있으랴?

(How can we know the dancer from dance?)

춤이 황홀경에 이르면, 춤과 춤꾼은 온전한 하나(치)가 되게 마련이다. 이것을 가리켜, 우리는 곧잘 신명이라고 하지 않나? 춤꾼이 춤을 추는 게 아니라, 춤꾼의 몸이 춤을 춘다는 것은 마치 무녀(巫女)가 굿의 황홀경에서 헤어나지 못하는 것처럼, 신인(神人)이 합일된 몰입의 경지에 들어섬을 뜻하지 않나?

김완규의 한국화 : 풍경과 시선

한국화가 김완규는 내 친구입니다. 1976년인 열아홉 살의 새봄에 2년 제 교원 양성 대학의 신입생으로 만났지요. 이제는 어느덧 반세기가 되어가고 있습니다. 나는 그와 같은 하숙집에서 2년을 보냈지요. 나는 2층 방이었고, 그는 1층 방이었죠. 문학과 미술에 관한 얘기도 서로 많이 나누었습니다. 그의 순천고등학교 국어 은사인 시인 이수복은 내가 고등학교에도 알았던 이름이었지만, 그가 사숙하는(본 적은 없어도 마음으로 마치 스승처럼 따르는) 것 같은 허백련 화백은 그때 처음으로 접한 이름이었지요. 그는 미술에 대한 열정이 대단했지요. 내 기억으로는 그가 방학 때 서울에 올라가서 따로 미술공부를 하기도 했어요.

우리는 울산 관내의 가까운 학교에서 교사로 근무하기도 했습니다. 그때 교육계에서 5년을 근무하면, 우리는 나라로부터 군 실역 복무를 면제하는 혜택을 받을 수가 있었지요. 5년이 되자마자 나는 한 학기를 마치고 내려온 동국대학교 국문과를 복학했습니다. 그도 몇 년 후, 교직을 그만두고 창원대학교 예술대학 미술(학)과에 입학했습니다. 그리고 서울에서 주로 활동하던 나와 경남에만 머물러 있었던 그가 다시 만나기까지는 짐작컨대 20년 가까운 세월이 흘렀을 겁니다. 각각 문단과 화단의 중견으로 성장하고 있었지요.

한국화가 김완규의 선대는 경남 남해에서 살았다지요. 기사년(1869) 흉년 때, 흉년이 되면 먹을 것이 모자라곤 했던 섬을 벗어나기 위해 친척 몇 가호가 배를 타고 섬진강 하류를 지나 광양에 정착했다지요. 그는 1976년에 조상의 고향인 경남에서 새로운 삶의 터전을 마련한 이후, 지금까지 경남에서 살아오고 있습니다. 그의 그림도 주로 경남의 풍경, 경관, 머묾, 삶의 흔적을 반영하고 있습니다. 그에게 있어서의 경남은 이제 조상의 고향이 아니라, 또 하나의 자기 고향이 되어버린 것이지요. 나는 그가 경남의 풍경을 주로 그리는 한국화가로서 이제 대가의 반열에 올랐다고 봅니다.

그의 예술적 경관은 환하고도 눈부셔요. 나도 그의 그림을 적잖이 소장하고 있는데, 늘 보면 볼수록 빨려 들어가는 것 같습니다. 그가 그린 그림의 매혹과 흡인력은 이루 말할 수가 없기 때문이지요. 공간지각과 문화관습으로 구성된 한국화의 긴 전통 속에서, 그는 화폭에 형상의 씨앗을 심고 창조의 싹을 틔우고 이상적인 경관의 꽃을 피워냈지요.

그는 내 외향인 밀양에서도 오래 살았지요.

그의 대표작 가운데 하나라고 생각되는 그림, 즉 밀양 부북면의 겨울 풍경은 내가 한때 무척 탐을 낸 작품이었지요. 나목(裸木)을 중심으로, 땅바닥, 정든 삶의 바닥에 암수로 보이는 까치가 추운 날씨에도 한가로이 서 있는 모습입니다. 나는 근래에 이 그림이 공적 기관에서 소장하게 되었다는 소식을 접했습니다. 비록 내가 가지지 못했지만, 공적 자산이 되었다는 점에서 퍽 다행스럽다고 생각됩니다. 이 그림 대신에 구입한 게 있었지요. 나는 그가 밀양 '긴 늪'이라는 지명의 소나무 숲을 대상으로 그린 풍경화를 가지고 있는데, 그림 속의 경관은 내가 태어난 출생지인 외가 마을과 지척지간, 즉 엎어지면 코 닿을 데입니다. 나는 이 그림을, 사사로운 연고와 무관하게 무척 아끼고 있습니다.

그의 그림들은 내 저서의 표지로도 자주 이용되곤 하였지요. 이런 점에서 볼 때, 나는 친구의 덕을 많이 보고 있습니다. 나의 평론집 『불안한 세상, 불안한 청춘』(2019)의 표지로 활용된 산청의 눈 내리는 풍경은 짐 자무시 감독의 흑백영화 「천국보다 낯선」(1984)이 보여준 눈 내림의 난폭한 이미지를 하나의 프레임 속에 순하게 가두어놓은 돋을새김 같은 이미지입니다.

김완규의 한국화는 동양 예술 특유의 기운생동 같은 게 있습니다. 그다음의 기(氣)의 동향이랄까, 그만의 마음의 움직임이랄까요. 그림 감상의 초심자가 보기에 아무런 가치가 없어 보이는 남해 노도의 스산한 풍경조차, 비구상과 거리가 먼 그가 유배객 서포 김만중의 측량할 수 없는 절망의 늪을 비구상적으로 묘파한 잿빛 내면풍경입니다.

그가 이때까지 주로 다루었던 소재는 경남 남해안의 경관이었지요. 그가 주로 산 곳이 남해안이었기 때문이지요. 그가 살았거나 살고 있는 장소는 남해, 사천, 고성, 마산, 창원 등이었습니다. 이런 점에서 그의 경관은 그의 삶의 흔적이라고 할 수 있습니다. 그에게는 몇 점의 우포늪 소재의 그림도 있었어요. 이 원초적인 모습은 생태환경의 낙원이랄지, 경관의 이상형이라고 하겠습니다. 그의 예술정신은 학교장으로 정년퇴임한 이후에 더 빛이 나리라고 봅니다. 앞으로는 개펄이나 낙동강 같은 곳을 묘파하는 것에 관심을 두고 있다고 해요. 그의 화필을 쥔 손에 행운이 깃들기를 바랍니다.

다음의 글은 그가 2015년에 전시회를 할 때 내가 전시 참고자료에 쓴 짧은 감상문이었습니다. 벌써 일고여덟 해가 흘러갔네요. 내가 이번에 저서 『경남을 인문하다』를 상목하면서 여기에 다시 수록한 것은, 그의 한국화가 경남 지역의 심미적 경관을 성취하는 데 있어서 얼마나 기여하였는가를, 그때 발표한 내용 그대로 보여주어야겠다는 생각에서였죠.

다음의 글 「김완규의 한국화 : 풍경과 시선」을 읽어보시기를 바라면서 나와 김 화백의 시절인연에 관해 한두 마디 말씀을 드렸습니다. 시절인연이란 말뜻은 다양하지만, 이 문맥에서는 오랜 시절을 함께한 인연 정도로 이해해 주시면, 고맙겠습니다.

1

김완규는 한국화가 이전에 교육계에 종사하는 인물이다. 그는 지금 초등학교의 교감으로 재직하고 있다. 화가로서의 김완규는 일단 과작의 작가다. 그가 전업 작가로서 활동할 수 없는 시간적인 한계 속에 있기 때문에 여태껏 비교적 적은 양의 작품을 생산할 수밖에 없었다. 그의 연륜에 비하면 네 번째에 해당하는 개인전이란 점이 무언가 소략하다는 느낌을 주기에 충분하다.

물론 작품의 양은 작가의 질을 평가하는 정확한 비평적인 잣대가 될 수 없다. 과작의 작가라고 해서, 또는 전업의 작가가 아닌 부업의 인상을 주는 작가라고 해서 애호가 수준으로 치부해버린다면, 한국화가 김완규의 그림을 바라보는 정당한 심미안이 결코 될 수 없다.

그가 비록 숨어 있는 보석과 같은 지방의 무명작가일망정, 제대로 된 평가는 받아야 한다는 게 나의 지론이다. 한마디로 말해, 그림의 참맛을 아는 사람이라면, 그의 재능을 허투루 지나쳐버리거나, 그의 진가를 결코 간과하는 일은 없을 것이다. 그의 작품 세계에 대한 평판을 새롭게 정립하고 또 재인식해야 한다는 사실 속에서, 그의 네 번째 개인전이 지닌 의미와 진정성을 새삼스러이 확인할 수 있다는 것이다.

2

김완규의 그림은 가까운 시점에 정물을 내세우고 멀리 바라보이는 지점에 풍경을 배치하는 기법을 즐겨 사용하고 있다. 물론 그 이전에도 이런 기법은 여타의 작가들에 의해 전혀 사용되지 아니한 것은 아니지만, 김완규만의 개성에 의해 정형화되고 그만의 독창성에 의해 양식화된 것도 부인할 수 없는 사실이다. 두말할 나위가 없거니와, 한국화의 대종(大宗)은 풍경이요, 이 중에서도 산수이다. 이에 비해 김완규 그림의 주종(主宗)은 산수가 존재하되 그 여백을 채워 나아가는 정물의 치밀한 묘파가 가미된 것. 그의 그림은 가까운 시점에 정물을 앞세우고 멀리 바라보이는 지점에 풍경을 뒤에 배치하는 독특한 두 겹의 '뷰 포인트'가 압권이다. 화훼의 이미지가 보통 소위 전경화(前景化)되어 있다면, 그의 산수는 현저히 배경화된 산수다. 전통 한국화에선 배경화된 산수는 있을 수 없는 일이다. 그의 산수는 배산임수로 표현된바 풍수적으로 완벽한 산수라기보다는 섬과 바다가 제 자리를 잡고 우주론적으로 조화를 이루고 있는 완미한 산수이다. 섬과 바다는 또 다른 의미의 산수가 아닌가?

온화한 정감이 물씬 풍겨오는 남국적인 풍경의 「고성 하일」, 시각적 풍경이 세상을 여는 무한의 확장성을 지닌다고 할 때 수평으로의 무한의 확장성을 은유하고 있는 「한려수도」, 녹색 모노톤만으로 미감을 완결한 「경남 남해안」(이 책의 표지 그림), 넓은 잎과 가느다란 줄기의 틈서리에 놓인 마을 풍경을 엿보게 함으로써 보는 이로 하여금 모종의 황홀을 감지하게 하는 「고성 삼산」, 수묵화적인 연상의 너른 빈 공간에 강한 진채(眞彩)의 화훼 이미지를 얹어놓은, 그럼으로써 진채와 수묵의 진지한 조화를 꾀한 「고성 상삼면 하촌」, 화평의 공간과 몰려오는 먹구름이 대위적인 층위에서 서로 맞서 있는 「고성 코끼리 바위」…….

한편, 김완규는 자연의 시각적인 풍경과 인간의 내면풍경을 조응하게 하는 한 가능성을 보여주고 있기도 하다. 물론 이 가능성은 앞으로의 전망을 드러내는 지표가 될지도 모른다. 「김만중의 유배지 '노도'」에서 보여준 먹구름 이미지는 유배객 김만중의 내면풍경과 잘 어울리고 있다. 그가 바라보는 시선 속에 사람의 모습이나 마을의 원경을 배치한 것도 인간과 자연을 일원론적으로 바라보려는 동양적인 융합 사상과도 관련이 있으리라고 본다.

그는 지금으로부터 10년 전 즈음에 이글거리는 햇살 내지 화염의 이미지로 된 강한 진채가 인상적인 싸움소 그림을 내가 재직하고 있는 진주교육대학교에 기증한 바 있었다. 나의 연구실에서 지근의 위치에 걸려 있는 이 그림을, 나는 오면서 가면서 바라다본다. 볼 때마다 명품임을 느끼지 않을 수 없었다. 비교적 최근의 그림 가운데, 진주의 지역적인 특색이 담아 있는 데 관해 이보다 더한 그림은 나는 보지 못했다.

김완규는 스무 살 약관의 나이에 경상남도로 들어 와 그 동안 40년 가까운 세월을 이 지역에서 살아 왔다. 생의 3분의 2를 경남 지역에서 보내 왔기 때문에 그에게는 이 지역이 고향보다 더 친숙하리라고 본다. 나는 그가 지금 현존하는 작가 중에서 가장 경남적인 성격의 지역 작가가 아닌가 생각한다. 이번 개인전에 제시한 그의 작품에 그려진 풍경은 남이섬과 그리스 산토리니를 제하고는 모두 경남의 산수를 대상으로 삼고 있다. 그는 박생광과 양달석을 이어 가장 경남적인 작가로 성장하고 있는 중이다. 요즈음 모든 분야에 걸쳐 장소 상상력이니 장소애(topo-philia)니 하는 개념에 대한 담론들이 적지 않다. 김완규가 자신이 살고 있는 삶의 지역과 자연적인 풍광을 화폭 속에 담는 것은 극히 자연스럽다. 사람이 처한 공간 중에서 가장 근원적인 곳은 바로 자연이다. 그는 자신이 처한 지역의 자연 경관을 물끄러미, 또한 그윽이 관조한다. 정물을 바라보는 관찰의 시점과는 사뭇 다르다. 그래서 앞서 말했듯이 나는 그를 가리켜 독특한 두 겹의 '뷰 포인트'를 지닌 작가로 보았던 것이다.

한국화가 김완규는 진채를 사용하는 작가이다. 진채란, 진하고 강한 채색을 말한다. 또 이것을 사용해서 그린 그림을 가리킨다. 이런 점에서 그에게 있어서의 시원(始原)의 미적인 감각은 멀리 고구려벽화로 거슬러 오른다. 그가 2001년과 2008년의 개인전에서 강한 진채를 사용했다. 이 것의 아름다움은 때로 어질머리를 불러일으킬 만큼 현혹적이기도 하다. 선연함의 극치에 달했다고나 할까? 화려함의 극에 도달했다고나 할까?

이에 비해 이번 개인전의 그림들은 여백의 공간이 생겼다. 꽉 찬 느낌 에서 비교적 느슨해지고 진채의 사용도 좀 자제하고 있다. 마음의 여유 가 생겼음을 반증하는 걸까? 앞선 두 차례 개인전에선 사물을 논리적으 로 바라보고 마음을 점수적(漸修的)으로 가다듬었다면, 이번의 경우에 있 어선 사물의 현상보다 그 본질을 꿰뚫어 보고 마음을 돈오적(頓悟的)으 로 포착하려 하는 느낌이 있다. 몇몇의 사변적인 그림도 그 부산물이 아 닌가 하고 여겨진다.

3

점수와 돈오는 불교 용어이다. 김완규의 그림은 불교와 아무런 상관 이 없다. 지금 내가 비유적인 범주 속에서 하나의 회화적인 비평 이론으 로 차용했을 따름이다. 점수가 무엇을 그릴 것인가의 문제라면, 돈오는 어떻게 그릴 것인가 하는 문제와 관련된다. '무엇'이 콘텐츠요 기의라 면, '어떻게'는 표현양식이요 기표이다. 전자가 점진적 수행의 예(禮)의 과정이라면, 후자는 단박의 깨달음에 이르는 예(藝)의 완성이 아닐까?

김완규는 대체로 보아서 앞으로 기호적인 의미의 내용에서 기호적인 표현의 형식으로 나아갈 것 같다. 다만 그가 이번 개인전을 통해 무엇을 그릴 것인가 하는 문제와 관련하여 약간의 뒷맛을 남겨 놓은 게 있다.

「캠퍼스의 자작나무」와 「아스팔트와 개구리」가 바로 그것이다. 전자는 실경적(實景的)인 삶의 풍속도에 대한 예비 단계가 아닐까 하고 짐작된다. 또 후자는 극(極)사실의 정밀 묘사로 인해 마치 사진 보는 느낌마저 주고 있다. 그리고 생명의 진실성을 하나의 메시지로 유머러스하게 전해준다.

나는 이 대목에서 예감했다.

그가 도회지적인 삶의 풍속과, 도시적인 정서에 알맞은 통속의 풍경에 앞으로 기울어질지 모른다는 그런 예감 말이다. 만약 그렇다면 김완규 한국화의 미학적인 지평은 더욱 확대되고 심화되리라고 본다.

제3부

인물의 재조명

경남과 최치원 : 지금 왜 풍류인가

1. 신이한 탄생의 달그림자

고운 최치원의 생애가 차지하는 영역은 광범위한 장소성을 지니고 있지만, 특히 지금의 경남 지역과 친연성이 매우 높다. 서기 885년 중국에서 귀국한 그는 이듬해에 왕명을 받아 하동 쌍계사에서 앞 시대의 고승인 진감 선사의 비문을 짓는다. 이른바 '진감선사대공령탑비명'이다. 그가 지은 네 가지 산중의 비문(사산비명) 중에서도 가장 먼저 지은 것이며, 또 그가 쓴 필체대로 새긴 유일한 것이기도 하다. 그의 필적이 아직 남아 있다는 점에서, 그 당시에 그가 직접 현장으로 찾아간 것이 틀림없다. 물론 찾아간 김에 하동 지역에서 일정 기간에 걸쳐 머문 것으로 보인다. 그래서인지 경남 지역 아홉 시군에 그의 유적이 쉰 군데 남아 있는데, 하동에 가장 많이 남아 있다. 그와 관련된 유적의 수는 하동(13), 합천(11), 창원(7) 순으로 이어진다. 이 세 지역에 있어서 최치원에 관한 얘깃거리는 적지 않다. 그에 관한 한, 스토리텔링과 문화콘텐츠의 보고가 되는 지역이다.

그가 현실 정치의 한계를 인식하고는 퇴 · 은거할 장소를 찾았을 것이다. 최종적으로 선택한 곳은 지금의 경남 합천군 가야면에 소재한 가야산 기슭이었다. 처음에는 포항이나 울산에서 배를 타고 해운대로 갔을 것이다. 다시 배를 타고 간 곳이 옛 마산의 해안인 월영대다. 이곳 합포만에 머물면서 제자들을 가르친 곳으로 알려져 있다. 이 두 곳에서는 그가 잠시 머문 듯하다. 처음엔 바다구름(海雲)을 찾았다가, 달그림자(月影)로 옮긴 것이다.

역사 저술가로 역사 속에 굳건히 자리하고 있는 김부식이 『삼국사기』 열전에서 최치원이 머문 장소의 대표적인 곳을 가리켜, 경주 남산, 강주(진주) 빙산, 합주(합천) 청량사, 지리산 쌍계사, 합포현(창원) 별서(별저)로 꼽기도 했다. 최준용이 최근에 편저한 『경남의 르네상스 최치원이 열다』(2019)에, 최치원과 경남 지역의 친연성에 관해 상세하게 설명하고 있고 있다. 그가 남긴 시문에 지금의 경남과 관련된 장소성이 무수히 등장하고 있는 것도 그것을 잘 말하고 있다.

그에 관한 소설은 조선시대에 창작된 「최고운전」이 유명하다. 중세적 보편주의로부터 벗어나 초현실적인 전기(傳奇)의 요소를 가미한 민족주의적인 내용의 소설이다. 나는 1978년 대학 국문과에 재학할 때 은사였던 한 국문학자로부터 이 작품의 원문을 놓고 강독을 받은 적이 있다. 이 소설에 의하면, 최치원의 탄생은 설화적 내지 신화적이다. 토템인 금돼지와 관련이 있어서다. 그의 탄생 모티프는 입사식의 상징체계를 충분히 갖추고 있다. 그의 실제 탄생지는 경주가 유력한데, 설화에서는 용신, 섬, 지하굴 등이 등장하고 있지 않은가? 이것은 그가 기거하던 월영대 주변과 가까운 돝섬과의 연관성 때문이다. 노성미의 저서 『스토리텔링의 발견—별신제 · 오광대 · 최치원』(2014)에는 최치원의 탄생담이 돝섬 기우제의 발생설화로 변형되었다고 논증한 바 있다.

이 대목에 이르러 덧붙일 내용이 있다. 내가 앞에서 최치원의 삶의 자취가 가장 뚜렷이 남아있는 곳을 하동, 합천, 창원 순으로 보았다. 이 밖의 장소성 외에도 그는 천령 태수를 역임한 바 있었다. 천령은 지금의 함양군에 해당한다. 여기에서 선정의 흔적들이 남아있다. 그가 조성한 숲의 일부와, 집무와 강학을 일삼았던 학사루가 그것이다. 유서 깊은 건축물인 학사루는 그가 머물기 이전에 처음으로 건립된 것으로 추정된다. 퇴계 이황의 제자로서 벼슬이 예조판서에 이른 윤근수가 지은 제영시 「차학사루운(次學士樓韻)」에 '풍류당일양시선(風流當日兩詩仙)'이란 구절이 있다. 두 시선은 최치원과 김종직을 가리킨다. 주지하듯이, 김종직은 함양 군수로 재직할 때 영남 사림파 인맥을 형성하는 데 지대하게 공헌했다. 함양의 지역 수령으로 속현 안의에서 현감을 지낸 박지원도 간과할 수 없는 역사적 인물이다. 함양의 지역사에서, 모두 외지의 선각자이기는 하지만 동국조종 최치원, 사림파의 사장(師匠)인 김종직, 북학파의 중심인물인 박지원으로 이어진다. 함양에서는 이처럼 이들과 연계하여 지역 문화의 내력과 정체성을 규명하는 데 노력을 기울여야 한다고 본다.

2. 지리산 별천지 화개마을

최치원은 주지하는 바와 같이 말세의 지식인이었다. 그는 시대적으로 볼 때 통일신라의 말기를 살았지만, 여러 면에서 볼 때 초기의 인간상으로 정평이 나 있다. 그는 문학사의 첫 작가이며, 유학사의 첫 선비이다. 물론 퇴계 이황은 그가 '동국유종'이라는 평가에 대해 격하게 비판한 바 있었다. 그가 조선의 첫 번째 유학자라고 보기에는 해인사의 승려들과 노니면서 부처에게 아첨한 인물이라는 데 문제가 있다는 것이다. 그의 친불교적인 성향을 비판했던 것이다. 그의 형은 해인사 승려이기도 했다.

앞서 말했듯이, 그는 경남 전역에 걸쳐 관련되는 장소적 연고를 지니고 있다. 합천 해인사는 그의 본거지나 다름이 없고, 중국의 국가 주석인 시진핑이 외교적인 수사로써 걸핏하면 암송하는 최치원 시의 화개동이 있다. 이 화개동은 하동 지역의 칠불사와 쌍계사 계곡 일대를 가리키는데, 그가 처음 지은 지명이기도 하다. 이곳은 그에게 진감선사 혜소의 삶과 사상에 관한 비문을 짓고 쓰라는 왕명을 받고 머물렀던 곳이다.

그의 문학 작품은 시와 산문 가리지 않고 오늘날의 우리에게 적잖이 전해지고 있는데, 이 중에서 그가 「지리산 둔세(遁世)의 시」 16수를 지었음이 의미 있게 다가오고 있다. 이것은 절반을 잃어버린 채 발굴되어 실학자 이수광에게 전해졌다. 이 시를 통해 최치원은 지리산의 문학과 사상을 처음으로 열었다. 현전하는 8수 가운데 첫 번째의 시편은 다음과 같다.

東國花開洞, 壺中別天地.
仙人推玉枕, 身世欻千年.

우리나라의 화개 골짜기 마을은
호리병 속에 담겨있는 별천지라네.
선인이 옥 베개를 내게 양보하니,
나와 세상은 어느새 천년이라네.

지리산의 화개마을은 꽃이 처음 피기 비롯하는 입구이다. 지금은 영호남 지역감정을 포용하는 마을의 소중한 상징처럼 여겨지고 있다. 선인은 지리산 산신령이거나 자연의 주재자인 마고할미 정도가 아닐까? 이 마을은 자아와 세계가 서로 조응한다. 인간이 자연화하기에 이르면,

초시간성의 유토피아가 실현된다. 이처럼 지리산의 사상은 포용의 관용주의를 지향하고 있다.

박경리의 「토지」에 의하면, 지리산의 사상은 산천(山川)의 사상이다. 이 사상은 군주를 위한 사상도 아니요, 백성을 위한 사상도 아니다. 인간들이 모여 사는 강산은 십년이면 변할 수 있지만, 산천은 천년, 만년이 되어도 변치 않는다. 자아와 세계의 합일은, 또 만물의 조응은 인용한 시의 내용처럼 천년토록 유지한다. 지리산의 산천은 우리 시대의 문제로 부상된 것, 중국에서 날아오는 미세먼지도 품는다. 산천 아래 민족주의도, 사회주의도 없었다. 오로지 관용과 포용만이 있을 뿐이다.

3. 재조명할 다문화 인간상

최치원은 우리 고대사의 인물이면서 우리 문화의 중세사를 처음으로 연 획기적인 인물이기도 하다. 편협한 국수적인 관점에서 보자면 중세 보편주의라는 셈판을 두들긴 최초의 인물이라는 점에서 비판을 받기도 한 역사 인물이기도 하다. 그가 중국에서 크게 문명을 떨치다가 쇠운머리에 달한 통일신라의 말기에 초현실의 은자로 살아갔다.

주지하는 사실이거니와, 최치원은 진감선사 혜소에 관해 글을 남겼다. 선객 혜소와 유자 최치원은 서로 다른 시대를 살다간 사람들이다. 그는 내가 앞서 말했듯이 친불교적인 인물이었다. 자신의 동복형(同腹兄)이 신라 말기에 화엄종의 유명한 승려였던 현준(賢俊)이었다는 사실은 그다지 알려지지 않은 사실이다. 그가 유불선 3교에 두루 능통하였기에 조선시대에 들어서면서 서산 대사와 같은 선승에게는 크게 추앙을 받았지만, 일부의 성리학자, 실학자에게는 비판의 대상이 되기도 했다. 그가 폐쇄적인 사상의 도그마에 갇혀 있지 아니하고, 유불선 3교의 울타리를 넘나드는 매우 개방적인 자세를 취하기도 해서였다.

최치원의 사산비명 가운데 혜소를 평한 비문의 마지막 부분을 보면, 여기에 인용된 그의 담론이랄까 사상이 다문화 시대를 살아가고 있는 우리에게 작지 않은 울림을 전해주고 있다.

……지난 세월 중국에서 이름을 얻었고, 장구(章句)로써 살지고 기름진 맛을 보았으나 아직 성인의 도에 흠뻑 취하지는 못하였다. (우물 안의 개구리처럼) 우물 안에 깊숙이 엎드려 있었던 것이 오직 부끄러울 뿐이다. 하물며 법(法)은 문자를 떠난지라 말을 붙일 데가 없으니, 굳이 말한다면 끌채를 북쪽으로 두면서 남쪽의 영(郢) 땅에 가려는 격이 되리라.

혜소와 최치원은 모두 다문화적인 인간상이다. 두 분 모두 중국으로 가서 공부를 했었다. 혜소가 구법승이라면, 최치원은 유학생이라고 하겠다. 또 모두 귀국해 뜻을 펴려고 했다. 최치원은 우리에게 중국의 한문과 같은 문자가 없음을 한탄하고 있다. 아직 성인의 도에 취하지 못해 부끄러운 것은 혜소나 자신에게도 고스란히 해당되는 몫이라고 하겠다. 하지만 혜소는 불교음악인 범패를 받아들여 오늘날에 이르기까지 쌍계사에서 계승하게 하고, 최치원이 시문으로써 후대의 문사와 유자(儒者)에게 자못 큰 영향력을 끼쳤으니, 어찌 마냥 중세 보편주의자라고 비판만 할 수 있겠는가?

우리도 이제 우물 안의 개구리처럼 자기만족에 빠지지 말고, 넓은 세계로 눈을 돌려야 한다. 그를 지금 다문화 인간상으로 재조명해야 한다. 지금 우리는 일본처럼 자연과학 중심의 노벨상 수상자 스무 여 명을 배출해야 하는 시점에 있다. 천여 년 전의 혜소와 고운(최치원)처럼 다문화적인 감각을 익혀야 세계 속의 한국으로 문명적으로 기여하는 게 아닌가 한다. 그래야만 오늘을 사는 우리가 미래 세상에 무언가의 좋은 영향을 남길 수 있을 것 같다.

4. 경계인으로서 삶을 살다

최치원은 경계인으로서 살았고, 경계인으로 재조명되고 있다. 경계인은 고중세의 용어가 아니라, 현대의 용어이다. 경계인(境界人 : marginal man)이란, 나치즘을 등지고 미국으로 향했던 쿠르트 레빈(K. Lewin, 1890~1947)이 사용한 심리학의 용어이다. 요즈음은 사회학적인 용어로 더 많이 사용되고 있다. 오랫동안 소속되었던 집단을 떠나 새로운 다른 집단으로 옮겼을 때, 본래 집단의 사고방식이나 행동양식을 금방 버릴 수 없고, 새로운 집단에도 충분히 적응되지 않는 경우를 말한다.

이 개념이나 용어가 우리나라에서는 최인훈의 소설 「광장」에서 주인공 이명준이 경계인으로 묘사되면서부터 주목을 받기 시작했다. 우리 시대의 경계인으로서 재독 사회학자 송두율이나, 이주 결혼 여성을 떠올릴 수 있지만, 모든 지식인이면 누구나 어떤 형태로든 경계인의 의식을 가지고 살아가고 있다.

그는 고대와 중세, 통일신라시대와 고려시대, 말기와 초기, 중국과 동국(한반도), 유교와 불교, 문학과 사상, 동국유종과 동국문종, 왕실과 민중 사이에 끼어있는 존재였다. 뭐랄까? 틈새에서 머뭇거리는 존재로서 전형적인 경계인이라고 말할 수 있겠다.

그가 한반도를 재통일한 고려시대에까지 살았는지의 여부는 아무도 모른다. 그는 문창후, 즉 문장이 창성한 분이라는 시호를 받았다. 신라에서가 아니라 고려 왕조로부터 받았다. 그는 전형적인 경계인이었다. 현대의 개념 틀을 통해볼 때, 요컨대 최치원은 고중세의 사람이지만 현저히 경계인의 의식을 가지고 살아갔다. 그의 생애는 한마디로 말해 경계인의 삶을 살아간 생애였던 것이다.

첫째, 그는 신라와 당(唐)이라는 두 나라의 경계선 위의 위상에 놓여 있었던 사람이다. 유(留/遊)의 시기에 17년간을 재당 활동을 했고, 출(出)의 시기에 13년에 걸쳐 통일신라의 관료로서 살았고, 처(處)의 시기에는 적어도 최소한 10년(+α) 동안 은일지사로서 은둔과 소요를 일삼았다. 그가 오랫동안 중국에서 머물고 있을 때 자작의 시편 「가을밤에 비 내리는 가운데(秋夜雨中)」에서는 '이 중국에 뉘라서 외국인을 가련히 여기랴(海內誰憐海外人)?'라고 한탄한 바 있었다. 이 한탄이야말로 경계인이 가지기 쉬운 정체성의 혼돈이랄까, 자아의 분열상이랄까, 하는 것이다. 그에게 있어서의 경계선은 중국과 동국, 당과 신라의 틈서리에 놓여 있었던, 저 아득한 바다인 셈이었다.

둘째, 토착사상과 외래사상의 경계선에 놓여 있었다. 오늘 내가 발표할 풍류에 관한 개념이 이 대목에서 주요한 발상의 틀로 제기되고 있다. 또한 외래사상 가운데에서도 유교와 불교의 경계선에 놓여 있기도 했다. 그는 누대에 걸쳐 동국의 유종(儒宗)으로서 추앙을 받았지만, 퇴계 이황에 의해 그가 부처에게 아첨한 자라고 낙인이 찍히기도 했다. 유교 중에서도 성리학의 프레임에 의하면, 최치원의 유교는 공맹의 도를 실천하는 정도의 원시유교에 지나지 않았던 것이다.

셋째, 오늘날의 관점에서 보자면, 그는 보편주의와 민족주의, 신라와 고려, 보수와 진보의 경계선상에 놓여 있기도 하였다. 그는 정치적으로 신라의 묵은 제도를 개혁해야 신라가 살아날 수 있다고 보았다. 일본의 천황제와 인도의 사성제(카스트)가 일본과 인도의 미래에 장애물이 될 수 있듯이, 그 당시 신라의 장애물은 골품제였다. 그는 육두품이란 계급적 한계를 크게 자각하고 신라에 더 이상 희망을 걸지 않았다.

이런 점에서 볼 때, 최치원은 지금의 후기 근대 사회에서도 쟁점이 될 수 있는 인물이다. 다시 말해, 그는 언제든지 시대의 추이나 양상에 따라 재해석되고, 재조명될 수 있는 역사적인 인물이기도 하다. 희망이 없다고 해서 절망하는 게 아니지 않은가?

5. 현묘한 풍류의 접화군생

역사서 『삼국사기』 권4에 실려 있는 최치원의 「난낭비서(鸞郎碑序)」는 매우 의미심장하게 남아 있는 비문이다. 비록 전문이 아니고 병서(竝序)의 일부분에 지나지 않지만 화랑의 예를 통해 풍류의 해석을 내린 최치원의 생각은 우리 고유 사상의 근원을 탐구하려는 뚜렷한 목적의식에서 비롯되었다고 볼 수 있다(최영무, 『역주 최치원 전집·2』, 아세아문화사, 1999, 316면. 참고.). 이 병서의 앞부분은 우리 사상사의 비밀을 푸는 입문의 열쇠와도 같은 것이다.

> 나라에 현묘한 도가 있으니, 풍류라고 이른다. 이것의 가르침을 세우는 근원은 『선사』라는 책에 상세히 갖추어 있다. 따라서 풍류는 유불선 세 가르침을 포함해 뭇 중생과 접해 이들을 교화한다. (國有玄妙之道, 曰風流. 設敎之源, 備詳仙史. 實內包含三敎, 接化群生.)

한마디로 말하면, 풍류는 3교를 포함해 군생과 접화한다. 이 고대적 고유 사상은 유불선 세 가르침을 포함하면서도 이 유불선에 의해 엷어져 온 것도 사실이다. 최치원이 말한 풍류는 심오한 사상의 수준에까지 이른다. 근대의 동양철학자 김범부도 풍류 사상에 관한 제 나름의 사상 체계를 정립한 바 있었다.

풍류의 또 다른 의미는 예술이나 고상한 취향의 대유법으로 사용하기도 했다. 이 풍류를 두고 '유풍여류(遺風餘流)'의 준말, 즉 남아 있는 풍속과 시류(時流)를 가리키는 말로 부회된 것이 아닐까, 생각한다. 대체로 보아, 풍류는 중국에서 시문(詩文)을, 우리나라에서 가무악을, 일본에서 다도와 꽃꽂이 따위를 각각 지칭한다. 우리는 전통 사회에서 현악기 연주를 '줄풍류'라고 했다.

그밖에도 풍류가 전혀 다른 낱말의 패러다임으로 사용되기도 한다. 중국과 한국과 일본을 꿰뚫는 풍류의 의미도 있다. 다소 세속적이고 저급한 의미인 남녀관계에 격조 있게 의미를 부여한 것이 세 나라에 공통되는 풍류이기도 하다. 지금도 중국은 남녀관계에서 빚어진 법적인 문제를 두고 '풍류공안'이라고 한다. 일본에서도 로맨틱한 사랑을 가리켜 오랫동안 '연애풍류'라고 했다.

그런데 우리의 고유 사상인 풍류는 신라시대에 이미 제도화되었다. 먼저 토착신앙의 형태로 이른바 '신궁(神宮)'이 있었고, 그 다음에 화랑도를 가리키는 '낭도'가 생겨났었다. 이 현묘한 도의 제도는 유교적 합리주의에 의해 꺾였다. 대신에 이것이 일본으로 도래하여 일본의 국가 이데올로기가 되었다. 전자는 신도(神道)이며, 후자는 무사도이다. 루스 베네딕트가 말했듯이, 일본 문화의 두 수레바퀴는 국화와 칼로 상징화된다. 국화는 일왕(천황)의 가문을 상징하는 문양이다. 칼은 사무라이의 힘있는 세계를 가리킨다. 평화와 전쟁을 각각 상징하는 단어이다.

풍류가 일본화되어 갔다는 논리는 별로 달갑지 않을 것이다. 하지만 이 풍류는 우리의 삶 속에 아직까지 남아있는 것도 사실이다. 저 붉은 악마의 자발적이요 저돌적인 응원 문화, 말춤과 방탄소년단의 한류 현상은 논리로서는 표현하기 힘들다. 현묘한 도에 의한 혼돈적 질서의 세계상이 깃들여 있는 것 같다. 김지하는 풍류에 대해 철학보다 도리어 예술 쪽에 접근이 여실하다고 했다. 그는 풍류를 가리켜 일종의 생명미학으로 본다. 그래서 그는 최치원의 '접화군생'을 두고 '뭇 삶을 가까이 사귀어 화한다.'라고 풀이한다.

혼돈적 질서를 다스리는 자기조직화랄까?

유교적 합리주의나 성리학에서는 '이(理)'를 중시하는 경향이 강하다. 이 이성과 이치의 우주적 질서는 소위 '코스모스'의 세계이다. 이 반대 편에 '카오스'라는 혼돈의 세계가 있다. 우리의 고유 사상은 본디 카오스의 세계였다. 한과 신명과 엇박자와 무(巫)와 음주가무의 뒤풀이…….성리학의 프레임에 들지 않는 현묘의 세계상이랄까? 정신분석학에서 말하는 무의식, 리비도, 아우라 등도 혼돈이다. 코스모스와 카오스를 접화하면 '기(氣)'가 형성된다. 이 기를 우리가 흔히 말하는 '끼'라고 해도 좋다. 이 기질과 기운의 혼돈적 질서를 두고, 우리는 '카오스모스'라고 말한다. 혼돈의 고유 사상이 유불선을 포함해 종합적인 단계의 풍류 사상을 이룩한 것이 바로 카오스모스이다.

예를 들어보자. 노래에 있어서 판소리 명창이 부르는 귀곡성의 '지리산 삭힘'으로서의 시김새랄지, 나훈아가 「사나이 눈물」에서 보여준 바 반박자 쉬면서 홱 낚아채는 강음부이랄까 하는 것은 카오스모스로서의 풍류의 진경이라고, 나는 생각한다.

한글문화의 발전에 기여한 김해의 인물들
―김해시의회 특강, 2021. 10. 26.

1. 시작하는 노래 한 편

한글문화의 발전에 기여한 김해 인물들, 이를테면 허웅·금수현·김윤식·김원일에 대한 생애 및 주요한 발자취를 더듬어보기 전에, 노래한 편을 소개하려고 한다. 즉, 작곡가 이수인의 명곡인 「고향의 노래」다. 비교적 익숙한 우리 가곡인 이 노래는 이수인 자신의 사향, 망향을 노래한 것인 줄로 알고 있는 사람들이 적지 않다.

하지만 원작자, 즉 작사자는 따로 있다. 시인 김재호다. 두 사람은 마산중학교 동기이며, 한때 마산 제일여고 동료 교사로 재직했다. 이수인이 KBS어린이합창단장으로 상경하자, 두 사람은 헤어졌다. 김재호가 친구 이수인에게 보낸 편지 속에 사향을 자극하는 시 한 편이 씌어 있었다. 이 시를 곡으로 옮겨 불후의 명곡으로 남게 된 것이 바로 「고향의 노래」다.

국화꽃 져버린

겨울 뜨락에

창 열면 하얗게
무서리 내리고

나래 푸른 기러기는
북녘을 날아간다.

아아, 이제는 한적한
빈들에서 보라.

고향 길 눈 속에선
꽃등불이 타겠네.

고향 길 눈 속에선
꽃등불이 타겠네.

　여기에서 가리키는 고향은 작곡자 이수인의 고향인 의령이 아니라, 시인 김재호의 고향인 김해 진영이다. 이 사실을 아는 사람이 그다지 많지 않다. 시인은 이 시의 창작 동기를 '고향 진영에 대한 연연한 그리움'(경향신문, 1992. 1. 26, 참고.)이라고 말한 바 있다.

　노랫말은 노래이기 이전에 한 편의 서정시다. 노랫말의 낱말 중에서 '꽃등불'은 고향집 처마 끝에 매달려 있는 육각형으로 된 등불을 말한다. 실외에서, 눈 내리는 어두운 겨울밤을 밝히는 등불. 들어본 사람은 잘 알겠지만, 이 노래는 참 서정적이고도 아름다운 노래다. 시심과 악상이 이처럼 잘 어우러진 경우는 흔하지 않다. 사향의 정서를 자극하는 주옥같은 명곡이다.

시인 김재호는 연세대학교 국문과를 졸업한 후, 경남 지역 여기저기를 전전하면서 시인으로서, 국어교사로서 살아갔다. 고향 김해에서는 교단에 서지 않았던 것으로 알고 있다. 이수인은 주옥 같은 명곡을 많이 남기고서 올해(2021) 작고했는데, 김재호는 지금 생존하고 있는지 여부를 나로서는 잘 알 수 없다.

이 노래의 작사자와 작곡자 모두 경남 사람이다. 1968년, 이 노래를 초연한 성악가도 경남 양산 출신의 엄정행이었다. 세계적인 소프라노 조수미도 이 노래를 곧잘 불렀다. 그녀의 원(原)고향은 진영과 맞붙어있는 창원 북면이다. 서너 사람 모두 경남인이라는 점에서, 나는 이 노래를 경남의 공식적인 도가(道歌)로 삼았으면, 좋겠다고 생각해 보았다.

미국에서 공식적인 주가(州歌) 역시 대중적인 노래를 삼는 사례가 적지 않다. 대중가요로서 명곡 중의 명곡, 패티 페이지의 「테네시 월츠」가 테네시 주의 공식 노래이듯이, 또한 레이 찰스의 「조지아 온 마이 마인드」가 조지아 주의 공식 노래이듯이 말이다. 테네시 주나 조지아 주에서는 이런 노래들이 울려 퍼지는 가운데 행사를 진행한다고 한다.

2. 허웅 : 학자와 교육자와 한글운동가로서 살다

허웅은 김해가 낳은 자랑스러운 인물이다. 언어학과 국어학을 평생 연구해온 학자적 풍모의 인간상으로서, 또 주시경과 최현배를 계승한 한글운동가로서 천수를 누리면서 일세를 풍미하였다. 그의 생애는 하나의 신념 체계 하에 큰 변화나 굴곡이 없이 전개해 왔기 때문에, 극적인 변화나 면모가 거의 없다. 동향 선배의 국어학자인 이윤재가 어려운 시대에 영화적 인물처럼 살았다면, 허웅은 재직하는 학교를 옮겨 다녔지만 파란곡절을 심하게 겪지 아니하였다. 역사적인 사건이 개인적인 삶에 크게 영향을 준 경우도 거의 없었다.

그의 성품이 매우 조용했듯이, 그의 삶도 비교적 조용한 편이었다. 그에게 열정적인 면이 없어 보이지만, 그에게 있어서의 열정은 항상 내면화되어 있었다. 그의 열정은 모국어와 한글과 언어의 체계에 대한 학구적인 열정이었다.

그런데 그는 필생토록 많은 글을 남겼지만 자신의 삶에 대한 회고의 기록은 전혀 남기지 않았다. 그래서 가족과 제자들이 무수히 생존하고 있지만, 그의 삶을 재구성하기란 결코 쉽지 않다. 나는 여기에서 학술적인 성격을 벗어난 저서인 그의 『(고친판)우리말과 글에 쏟아진 사랑』(1987)과 『이삭을 줍는 마음으로』(1987) 등을 중심으로, 또한 제자들의 기억과 증언이 여기저기에 반영되어 있는 『눈뫼 허웅 선생의 삶』(2005)을 중심으로 그의 삶을 재구성해보려고 한다.

허웅은 1918년 7월 26일 김해 동상동에서, 부모님 슬하의 5남 2녀 중에서 셋째 아들로 태어났다. 백형도 교육계 인물이었고, 막내아우 허발 역시 언어학자로서 명성이 한때 자자했다. 초등교육 기관인 김해보통학교(6년제 : 1926~1932)를 수학한 후에, 중등교육 기관인 동래고등보통학교(5년제 : 1932~1938)를 입학, 졸업했다. 이 수학 기간에 병을 얻어 1년간 휴학을 했다.

동래고보(약칭 : 동래고등보통학교) 수학 기간에 알려진 얘기들이 몇 가지 남아있다. 한글학회 부산지회장을 역임한 제자 류영남의 「연(緣)은 인(因)으로 이어지고」에 의하면, 다음과 같은 주요한 내용이 나온다.

1998년에 개교 100돌을 맞은 동래고등학교의 역사에는 국어 수호 운동을 하셨던 선생님의 자취가 남아있다. 선생님께서는 동래고보 재학 시 18명의 학생이 일제 감시를 피해가며 '동래고보 조선어연구회'를 조직하고, 최현배 선생님의 『우리말본』을 한 권씩 구입하여 하숙집을 전전하면서 강의에 앞서 애국가를 불렀는데, 이때 선생님께서 강의를 맡으셨다는 일과, 이러한 국어 수호 운동이 광복 후 '한글문화회'로 이어졌다는 내용들이 『동래고등학교 100년사』에 실려 있다.

사실상 허웅은 고보 시절에 독립운동을 했다고 할 수 있다. 학생들이 결성한 단체는 비밀결사 단체로서 당시에는 심각한 위법 단체이다. 사실은 결성하지도 않고 알음알음으로 알려진 학생들끼리 만났던 것을 두고 '재경도(在京都) 민족주의 그룹사건'을 갖다 붙여 송몽규와 윤동주가 비명횡사한 것에 비하면 중죄에 해당한다. 다행히 적발이 되지 않아, 역사적인 의미를 얻지 못했던 것이다.

동래고보는 일본 유학을 다녀온 최현배가 1920년에서부터 2년간 교사로서 근무한 학교이기도 하다. 그의 주저 『우리말본』의 초고는 그가 이 학교의 교사 시절에 썼던 것으로 알려져 있다. 교사 최현배를 이어 허웅·나진석·박지홍 등의 출신이 한글 운동에 관여했다는 것은 동래고보의 항일·국어 사랑의 학풍을 충분히 짐작하게 한다.

허웅이 동래고보에 재학할 때 늘 전교에서 1등을 했다고 한다. 이와 관련해 동기생 나진석과의 일화가 국어학계에서 구전으로 전해지고 있다. 늘 2등을 하던 나진석이 1등을 해서 이번에는 허웅을 꺾었구나, 생각했는데, 허웅의 병결로 인한 1등이란 사실을 알고 실망했다고 한다.

고보 재학 중의 허웅의 영어교사는 훗날 서울대학교 총장을 역임한 권중휘였다. 동경제국대학교 출신인 그는 동래고보 교사로 재직할 때 학생 허웅을 만났다. 학습 재능이 출중한 그를 도쿄에 소재한 '제일고등학교'에 추천하려고 했으니, 본인은 진로를 연희전문학교로 돌렸다. 이 주목할 이유에 관해서는, 경남고등학교에 재학할 때 담임이었던 허발의 제자이며 또 김해 출신의 실업가로 알려진 김경희의 글 속에 잘 나타나 있다.

허웅 선생님의 한글 사랑은 1932년 동래고보 시절로 거슬러 올라갑니다. 학교 근처의 허름한 책방에서 『중등 조선말본』을 구입한 선생님은 외우다시피 탐독한 끝에 우리말의 소중함과 매력을 알게 되면서 이 책의 지은이이신 외솔 최현배 선생을 만나기 위해 1938년 연희전문학교 문과로 진학하셨습니다. 그러나 최현배 선생이 흥업구락부 사건으로 교단에 서지 못하게 되자 1년만에 중퇴합니다.

허웅의 연희전문학교 시절에 관한 얘기들은 거의 남아있지 않다. 그의 동기 중에는 잘 알려진 사람들이 적지 않았다. 주로 문학 내지 문학 연구와 관련된 사람들이다. 이를테면, 윤동주 · 송몽규 · 유영 · 강처중 · 백인준 · 김삼불 등이었다. 강처중은 언론인이었지만 해방 후에 윤동주의 존재를 세상에 처음으로 알린 인물이다. 이런 친구들 가운데 허웅은 1년만을 수학해서인지 동기들 사이의 일화들이 거의 남아있지 않다. 다만, 그 자신이 전문학교 시절을 회상한 게 있다.

국어학자 김윤경이 쓴 필생의 저서 『조선문자급어학사(朝鮮文字及語學史)』는 1938년 1월에 세상에 공간되었다. 국어학사에 관한 방대한 자료를 정리하여 학문적으로 잘 체계화한 저술물이다. 허웅은 고보 졸업과 전문학교 입학을 기념해서 이 신간을 구입했던 것 같다.

그해 봄에 필자는 연희전문학교에 들어갔고, 그때 바로 탐독한 것이 이 책이었다. 그때 읽은 책을 필자는 아직 간수하고 있는데, 그 끄트머리에 '1938년 5월 19일 저물어가는데……학교 다녀와서'라 적혀 있다. 이 날은 필자가 이 책을 다 읽은 날이다. 뒤에 안 일이지만, 그때 선생님은 '동우회' 사건으로 검거되어 곤욕을 당하고 계셨던 것이다. 오늘 이 책을 펼쳐 놓으니, 얼기설기 얽힌 감회에, 마음 둘 바를 알지 못하겠다. (원간 : 『신동아』, 1969. 3.)

김윤경의 『조선문자급어학사』는 내용이 매우 방대한 책이다. 이 책을 스무 살 나이의 전문학교 1학년생이 통독했다는 것도 놀라운 일이다. 그 당시에는 조선어에 대한 기본적인 체계를 공부할 수 있는 학문적인 여건도 마련되어 있지 않을 때였다.

이때 그는 최현배에게 수업을 받았을 것인데, 이에 대한 얘기가 전혀 없다. 동기들이 최현배의 강의에 너도나도 감격해했다고 증언한 바 있었다. 앞에서 본 김경희의 글 역시 행간을 건너뛰고 있다. 허웅이 최현배의 강의를 들으려고 열망했으나, 흥업구락부 사건으로 인해 듣지 못했다고 읽히기도 한다.

윤동주 연구를 한 내가 알고 있기로는 이렇다. 허웅은 최현배로부터 1938년 1학기의 강의를 들었다. 제자들은 다들 감격했다. 이때부터 일제의 공안당국은 망명객 이승만의 잔존 세력이 남아있다고 보고 조사를 시작했다. 수도권에서 사회활동을 하고 있는 지식인 수십 명을 잡아 심문한다. 이게 바로 흥업구락부 사건이다. 최현배는 이 사건으로 연희전문학교 측으로부터 강제 사직을 당했다고 하는데, 내가 알기로는 강의를 박탈하기 위해 교수직에서 도서관 직원으로 전환했다. 이에 대해 향후 더 살펴볼 필요가 있다. 이때 허웅은 1년을 수학한 후에, 최현배로부터 더 이상 강의를 듣지 못하고, 또 자신의 병을 고향에서 치료하기 위해 학업을 중퇴한다. 낙향한 그는 독학으로 우리 말글을 공부하기로 작심했다.

그는 이 시기가 일생에서 가장 어두운 시기였다. 부산과 김해를 오가면서 교사로 근무하고 있는 동기생 나진석을 만나기도 했다. 직장이 없다보니, 전쟁터에 징용으로 끌려갈 수도 있었다. 이 때문에 김해 읍내의 산업조합 서기로서 일하기도 했다고 한다. 그는 세계가 전쟁터가 된 이 낙백시절에 우리말을 연구하는 일에 오직 한 길로 매진했다. 그는 전형적인 '독학파'였다. 훗날 그는 사실상의 고등학교 학력으로써 천하의 준재들이 모인 서울대학교의 언어학과 교수로 취임한 것이다. 한편의 휴먼 드라마가 아니고 무엇이겠는가?

해방이 되자마자, 학교마다 모든 분야의 교사가 부족한 사태에 이르고 말았다. 특히 일제 치하에 존재할 수 없었던 국어 교사는 절대적으로 부족했다. 그는 1945년 9월에 서울의 사립학교인 광신상업학교 교사가 된다. 동래고보 은사 권중휘의 부름을 받았던 것이다. 권중휘는 동래고보 교사를 마친 후에 만주에 가서 신경공업대학 교수로 재직했다. 시대 정황의 낌새를 알았던지 1945년 7월에, 광신상고 교사로 취임한다. 교수에서 다시 교사로 돌아간 것. 한 달 남짓 후에 해방이 되어 교장으로 승진했다. 교장으로서 제자 허웅을 소환한 것. 권중휘는 이듬해에는 고려대학교 영문학 교수로 자리를 옮긴다.

1947년 9월, 부산대학교에 국어국문과가 창설되었다. 창과 교수로 부임한 이는 국어학자 허웅, 고전문학자 정병욱, 소설가 김정한이었다. 허웅은 그 후 1954년에 연세대학교로, 1960년에 서울대학교로 자리를 옮긴다. 그리고 1984년 2월에 정년퇴임을 하고, 그해 3월부터 5년간에 걸쳐 동아대학교 대학원 교수로 재임한다. 이상의 이력을 살펴볼 때, 대학에 재직한 기간은 대충 42년인 것 같다. 그의 강의 스타일을 두 제자의 글에서 확인해본다.

일단 강의가 시작되면 열강을 하셨고, '언어분석론'이라는 강의에는, 영어로 쓰인 언어학 책을 강독하셨다. 영어 원서를 강의하실 때는 학생들의 발음 하나 하나까지 지적하셨다. 당시에는 중고등학교에서 영어 발음을 제대로 하는 선생님은 썩 드물어서 학생들이 독해는 어느 정도 하지만 영어 발음을 제대로 배우고 들어오는 학생은 드물었다. (……) 선생님께서는 영어 못지않게 독일어와 불어에 대해서도 독해력을 가지고 있다는 것은 다 알려져 있는 사실이지만, (……) 외국어 실력이 뛰어난 데도 불구하고 스스로 자랑하는 것을 한번도 보지 못했다. (김차균)

선생님 수업에서 학생들은 곧잘 졸았다. 내용은 힘들고 선생님의 목소리가 낮은데다가 높낮이가 거의 없어 곧잘 먼 데서 들려오는 자장가 소리처럼 느껴졌다. 그래서 우리가 선생님께 붙인 별명이 '허최면'이었다. 하지만 낮은 목소리로 차근차근 설명하시다가 당신이 고민하고 있던 문제점을 만나면 어떤 이론이나 방법론에 대해 비판을 하시거나 회의를 보이시는 모습에서 우리는 선생님의 학문적 깊이를 조금이나마 눈치 챌 수 있었다. 선생님의 그런 진지함과 철저함을 보면서 우리는 평생 공부한다는 일이 얼마나 힘들고 진지한 과업인가를 깨달을 수 있었다. (유재원)

허웅의 외국어 능력은 나도 누군가로부터 들은 적이 있었다. 1960년대에 이미 구조주의 이론을 바탕으로 한 언어학 개론을 저술할 수 있었던 것이다. 앞의 글은 학생들의 외국어 발음을 일일이 교정해주는 자상한 면을 잘 보여준 사례라고 할 수 있다. 뒤의 글은 외국어대학교 그리스-발칸어과 교수를 역임한 유재원의 증언을 따온 것이다. 나도 이런 경험을 했지만, 국어학을 하는 선생님 중에 톤이 낮으면서도 수업을 지루하게 이끌어가지만 이 지루함 속에서도 진지함과 철저함이 배어있는 분들이 더러 있었다.

허웅은 제자들과 함께 격의 없이 음주가무를 즐겼다는 얘기들이 여기저기에서 흘러 나왔다. 평소에 과묵하고 조용하게 말을 하는 분이지만 노랫소리가 우렁찼던 모양이었다. 증언이 좀 엇갈리는데, 한쪽에서는 트로트풍을 즐겼다고 했고, 다른 한쪽에선 성악가처럼 노래했다고 한다. 술도 좋아해 애주가였다고 한다.

내가 보기에는 젊었을 때는 트로트풍을 즐겼던 것 같다. 고향을 소재로 한 망향가풍의 가요를 좋아했던 듯싶다. 누구는 그렇게 적시했다. 또 누구는 음정과 박자 하나 흠잡을 데 없고, 감성이 너무 풍부해 마치 나훈아를 만난 것 같다고 했다. 제자들이 어찌하여 노래를 좋아하시냐고 물으면, 술 마시고 남 말을 하는 것보다 낫지 않느냐고 반문했다고 한다. 다음의 인용문은 좀 늦은 나이의 일이었던 것 같다. 짐작하건대, 나이가 들면서 우리 가곡을 더 선호하였던 모양이다.

강의를 마치고 나면 특별히 나에게 먼저 질문을 하라고 하시고, 다른 약속이 없으면 잠시 기다렸다가 저녁을 먹고 가라고 하셨다. 한글학회 가까운 곳에 '산천초목'이라는 한식집이 있는데 그 곳에서 주로 저녁 진지를 잡수셨다. 저녁을 먹고 난 후에 자주 들르는 곳도 있는데 조그마한 단란주점 '카누(canoe)'라는 곳이다. 그 곳에서는 차와 맥주를 마실 수 있고 노래도 부를 수 있었다. 허회장님은 나를 만나면 노래를 자주 부르곤 하셨다. 아마 국어학자가 되지 않았으면 음악가가 되었을 것이라는 말씀도 들려 주셨다. 그때 자주 부르신 노래가 「성불사의 밤」과 「가고파」 그리고 「옛 동산에 올라」와 같은 가곡이었다. 연세가 희수(77세-인용자)를 넘겼는데 얼마나 목소리가 우렁차고 아름다웠는지 주인과 종업원도 일손을 놓고 함께 들었다. (최용기)

이상의 증언들은 허웅의 음주가무 취향과 인간적인 면모를 잘 드러내 준 얘깃거리가 아닌가 한다. 8순을 앞둔 노학자의 우렁차고 아름다운 목소리(노랫소리)가 단골집 주인과 종업원의 손길을 잠시 멈추게 할 정도였다면, 숫제 '풍류인'이라고 해야 할지 모르겠다. 앞으로 누군가 허웅 평전을 쓴다면, 반드시 다루어져야 할 얘깃거리가 아닌가 한다.

허웅에게 있어서 국어학자로서 가장 왕성한 시기는 이숭녕과 논쟁하던 시기였다고, 나는 생각한다. 1958년 소위 국어의 '삽입모음'을 두고 허웅과 이숭녕은 논전을 벌이는데, 1965년에 이르기까지 7년 동안, 이와 관련해 15세기 중세 국어의 여러 문법 요소를 두고 논쟁이 오갔다. 이 7년의 기간이야말로 40대 초중반의 중견 학자인 허웅의 학문이 정점에 달하지 않았나, 추정된다.

허웅이 인정했듯이 이숭녕은 경성제국대학교 조선어문학과 출신의 국어학자 중에서 가장 학문적인 업적이 많은 국어학자이다. 두 사람은 출신 성분부터 달랐다. 허웅보다 10년 장(長)인 이숭녕은 서울 양반 중에서도 명문가 연안이씨의 후예다. 일제강점기 최고 엘리트 교육기간인 경성제국대학(6년제)을 졸업했다. 이에 비해 허웅은 지방의 서민 가정에서 태어나 자랐고, 학력도 전문학교 1년 수학 정도였다. 이숭녕은 저명한 일본인 학자를 모시고 연구에 매진했으나, 허웅은 향리에서 독학으로 공부를 했다. 이숭녕은 같은 서울대학교 교수라도 나이도 열 살이나 적은 허웅을 조금 우습게 보았을 것이다. 두 사람은 국어학자로서 쌍벽이었다. 경성제대 · 서울대 중심의 엘리트주의 학파와, 일제강점기부터 항일 투쟁을 일삼아온 한글학회는 사사건건 서로 부딪쳤다. 이승만 정부의 초기 각료 중에는 조선어학회사건에 연루된 33인 중의 인물들이 더러 포함되어 있었다. 초대 법무부 장관과, 초대 · 제3대 문교부 장관······세월이 20년이 지나 이숭녕이 1965년 문교부 문법 통일 방안을 두고 금력의 투입이니, 권력과의 야합이니 하는 말을 동원하면서 시비를 걸었다. 이에 대해 허웅은 「학자적인 양심과 학문의 한계」(1965)라는 반박문을 발표하기도 한다. 쌍방이 상당히 감정적으로도 격화되어 있었다.

허웅은 추모비문에도 서술되어 있지만, 대학 교수로서 국어학의 크고 높은 봉우리를 이루었으며, 한편으로는 훌륭한 후학을 수많이 길러냈다. 30여 년 동안 한글학회 회장으로서 학회를 반석 위에 올렸고, 이 학회는 말글운동의 굳건한 초석이면서 또 국어 사랑의 국민적인 기둥이 되었다.

2. 금수현 : 음악교육 용어를 우리말로 확정하다

금수현은 1919년에, 경남 김해군 대저면 사덕마을에서 정미업과 땅콩 재배를 했던 부모의 장남으로 태어났다. 그가 태어난 대저면은 지금 행정 구역이 부산광역시(대저동)에 포함되어 있다. 앞 장(章)에서 내가 논의한 국어학자 허웅보다, 그는 한 살 아래의 역사적인 인물이다. 두 사람은 동시대에 살았던 김해 인물이라고 할 수 있다. 그가 그 당시에 정미업자의 아들로 태어났으니, 유복한 환경에서 성장했을 것으로 보인다.

그의 중등 과정 교육은 부산 제2상업학교(→부산상고)에서 이루어졌다. 상업학교를 다니면서도 음악공부를 계속했다고 한다. 또 이 시기에 금융조합 기관지에 농민해방을 그린 단편소설을 발표한 일도 있었다고 한다. 그는 상업학교를 졸업하고 취업할 것을 기대하던 부친을 설득하여 일본 유학의 길을 떠났다. 동양음악학교(→도쿄음대) 본과에서 성악(바리톤)을 전공하였는데, 문화운동 사상범으로 3개월 남짓 옥살이를 하기도 했다. 1941년 귀국한 그는 부산좌(부산극장)에서 독창회를 열고 경남 등지에서 순회공연을 열기도 했다. 1942년부터는 동래여고에서 음악 교사로 재직하였다.

그는 유명한 가곡 「그네」을 작곡했다. 세모시(올이 가늘고 고운 모시) 옥색 치마 금박물린 저 댕기가……. 그의 장모인 소설가 김말봉이 작사한 시다. 서양 음악과 우리 민요풍을 절묘하게 결합한 가곡으로 평가되고 있다. 하지만 그는 성악가, 작곡가보다는 교육자, 교육행정가로 더 많은 사회 활동을 해갔다. 30대 나이에 부산사범학교 교감, 경남여중 교장, 통영여고 교장을 역임했다. 1957년에는 문교부 편수관으로 6년간 근무했다. 편수관은 음악과 교육과정과 국정 및 검인정 교과서 등에 관한 일을 담당했다.

무엇보다도 그가 남긴 일 중에서 가장 후세에 영향을 미친 것은 문교부 편수관으로 교육과정과 교과서를 감독, 관리할 때 음악교육 용어를 우리말로 확정시킨 일이다. 이 사실은 대중에게는 거의 알려져 있지 않은 얘기다. 최근에 부산의 국제신문에 그에 관한 기사가 대서특필로 나왔는데 일부를 인용하고자 한다.

'한글학회 회원' 금수현의 업적 중 한글 전용과 바로 쓰기 운동에 앞장선 점이 눈에 띈다. 서양 음악 용어의 한글화 관련 활동의 시작은 그가 부산에서 교육자로 활동하던 시절부터다. 해방 직전부터 1950년대 중반까지다. 해방 이후 우리 음악계는 서양 음악 용어를 일본어(한자)로 번역한 것을 그대로 쓰고 있었다. 금수현은 부산의 교육자 시절이던 1945년 음악 용어를 순우리말로 바꾼 악전책('음악말')을 펴내 여러 학교에 배포했다. '높은음자리표(고음부기호 · 高音部 記號)', '다섯줄(오선 · 五線)', '마디(소절 · 小節)', '쉼표(휴부 · 休符)' 등이 그 것이다. 이를 당시 문교부 편수국장이던 한글학자 외솔 최현배에게도 보냈다. 이 같은 노력은 1960년 '표준음악사전'의 편찬으로 이어졌다. (국제신문, 2021. 9. 27)

그의 한글 사랑은 국어학자나 한글운동가 못지않다. 일제강점기에 초등교육부터 전문교육까지 일관되게 제도적인 교육을 받은 사람 치고 윤동주나 금수현만큼 우리 말글을 사랑한 사람은 그다지 많지 않을 것이라고 본다. 우리가 학창 시절에 배운 음악 용어 중에서, 으뜸화음, 버금딸림화음, 세게, 여리게, 도돌이표, 당김음 등의 이름을 보면 우리말에 대한 경건함을 느끼게 한다.

금수현은 살아생전에 신문 칼럼도 적잖이 발표했다. 그의 아들 금난새(지휘자)는 아버지 탄생 100주년을 기념해 부자 공동 칼럼집을 간행하기도 했다. 『아버지와 아들의 교향곡』(2019)이 그것이다. 아버지 금수현의 글 75편과 아들 금난새의 글 25편을 합본한 책이다.

나는 1990년인지 1991년인지 분명하지 않지만 금수현이 TV에 출연하여 대담하는 프로그램을 본 일이 있었다. 별세하기 직전의 일인 듯싶다. 30년 전의 일이 엊그제의 일처럼 기억이 또렷하다. 언어에 관해 민족주의자인 그가 자신의 전공인 음악에 관해선 '글로벌 스탠다드'적인 사유의 틀을 가지고 있어서 놀라웠다. 나는 그때만 해도 민족주의에 빠져 있었다. 학교 선생님들이 모두 일제강점기 세대, 전후 세대, 4·19세대인데, 내 어찌 다문화주의에 눈을 뜰 수가 있었으랴. 음악에 관한 한, 나는 우리 국악에의 자긍심도 작지 않았다. (물론 지금도 이를 자랑스러워한다.) 그런데 금수현은 국악에 약간 비판적인 시각을 가지고 있었다. 물론 자신이 서양음악을 전공했으니, 그럴 만도 했다.

그는 피아노가 하루아침에 만든 악기가 결코 아니라고 했다. 천년 동안 음을 조율해 '평균율'을 만들어 왔다는 것. 내 기억 속에는 평균율이었다. 나는 이렇게 오랫동안 기억을 해 왔다. 그런데 그의 칼럼 중에 이와 비슷한 논조의 글이 거기에 있었다. 그의 칼럼 「솔잎 따는 성악가」를 이제 읽어보니까, 평균율이 아니라, '순정률(純正律)'이었던 것도 같다. 이것은 다름 아니라, 소리의 높낮이 비율이 일정해야 한다는 것. 각 음의 사이의 비(比)가 완벽해야만, 온전한 협화음을 만들어낼 수 있다는 게 순정률의 존재 이유다. 평균율과 순정률의 같고 다름에 대한 교양적인 지식에 관해서는 아직도 개념이 잘 잡히지 아니한다. 어쨌든 이와 관련해 다음의 글을 인용해본다.

가야금은 한 번 튕기면서 줄을 늘이면 몇 가지의 소리가 난다. 이런 특색 있는 악기는 다른 나라에는 없다. 그러나 단칸방에서만 알맞은 악기다. 좀 더 크게 만들고 큰 소리가 나도록 개량하면 세계 여행을 할 수 있는 악기다. 보수족들은 못마땅하게 생각할는지 모르지만 국악기는 개량되어야 하고, 음률도 순정률로 고쳐야 화음을 낼 수 있고, 음감이 정해진 학생에게도 가르칠 수 있을 것이다. (『아버지와 아들의 교향곡』, 87~88쪽)

30년이 지난 지금에 누가 이 발언을 다시 해도 파격적이라고 할 수 있다. 가야금이 단칸방에서만 알맞은 악기라니, 하면서 말이다. 단칸방은 사실은 기방(妓房)이다. 그럼, 가야금 연주자가 기생이란 말인가, 하면서 벌컥 화를 낼 것이다. 나는 음악에 문외한이지만, 몇 년 전에 숙명가야금합주단이 합주하는 비틀즈의 노래 「렛 잇 비」를 들은 적이 있다. 팝음악을 가야금 연주로 들으니 매우 독특한 음색을 내지만, 무엔가 원음의 온전한 음정이 아니라는 느낌이 스치고 지나갔다. 피아노와 같은 순정률이 아니라는 얘기다.

그는 또한 국악의 명창들이 목소리에 무리를 가하고 자극해 피를 토하면서 득음(得音)을 한다는 것도 말이 안 된다고 했다. 그는 성악가가 늘 자신의 목소리를 보호하면서 인후결절을 조심해야 한다고 보았을 것이다. 물론 이에 관해선 견해차가 없지 않을 것 같다. 음이 매우 높은 경기민요, 서도창, 여창가곡, 판소리를 늘 연습하는 사람들에게는 어림 반푼 어치도 없는 얘기인 지도 모르겠다.

그가 일본 도쿄에서 유학할 때 조선의 영화 「나그네」(1937)를 상영했다고 한다. 감독 이규환이 연출하고, 여배우 문예봉이 출연한 영화다. 한 일본 여성이 이 영화를 보여 달라고 조르기에 함께 본 적이 있었다고 한다. 일본인들의 생활에 비해 누추하기 이를 데 없는 오막살이, 더욱이 도끼로 사람을 치는 장면 등이 부끄러웠다고 한다. 하지만 그 일본 여성은 대륙적인 박력감이 넘치는 좋은 영화라고 칭찬하여 마지않았다. 그는 영화는 이국적인 데 매력이 있다고 했다. 하지만 음악은 제 나라의 것이 좋다고들 한다. 그는 제 나라의 케케묵은 예술이 최상의 것이라고 여길 때, 더 이상의 발전을 기대하기 힘들다고 한다. 그의 칼럼 「영화제 후감」에 있는 얘기다.

허웅이 쓴 신문 칼럼 중에서 「한글과 소설」(부산일보, 1974. 11. 21.)이란 제목의 것이 있다. 그는 여기에서 일반 예술의 수단인 선·색채·음에는 국경이 없는데, 문학의 수단인 언어에는 국경이 있다고 했다. 음에는 국경이 있을 수 없다고 늘 주장해온 이가 금수현이다. 우리 국악을 맹목적으로 숭배하는 경우를, 그는 가장 싫어했다.

금수현은 본인의 성인 김(金)뿐만 아니라 자녀의 이름도 나라, 난새, 내리, 누리, 노상 등 토박이말로 지었고, 손자 손녀의 이름 역시 나나, 다다, 드무니 등의 순수한 우리말로 지었다. 그의 칼럼 「이름과 닮은 사람」을 다음과 같이 인용하고자 한다.

성명이 그 사람의 성격이나 생활에 영향을 끼치는 것만은 틀림없다. 사람이란 자기만이 지닌 이름에 대하여 자부심을 가지기 때문에 그렇다. 가령 '선(善)' 자가 들어가면 마음 착하기에, '신(信)' 자가 들어가면 믿음직하기에, '근(根)' 자가 들어가면 심지 굳기에 노력하는 것이다. (……) 한글 쓰기를 목표로 한 사람은 아이들 이름을 아주 한글로 짓는다. '내리(始終一貫)'나 '누리(宇宙)' 등으로 말이다. '봉투지'나 '개똥'이는 곤란하지만 '뿌리(根)', '보리(麥)', '시원(凉)' 등은 시적이다. 차라리 이름에 좌우되지 않도록 발음이 인상적인 것을 택하는 것도 한 가지 방법일 것이다. (『아버지와 아들의 교향곡』, 39쪽)

이 인용문은 금수현의 칼럼 「이름과 닮은 사람」에서 따온 글이다. 그의 한글 사랑이 가장 드러난 부분이 아닐까, 한다. 서양의 라틴어 속담에 '이름이 운명이다(Nomen est omen).'라는 말이 있다. 한자로 이름을 쓰면 이름대로 살아가려고 애를 쓰면서 그 이름이 운명처럼 구속감을 가질 수도 있다. 한글이 뜻글자가 아니기에, 한글 이름은 의미를 부여한다기보다, 다시 말해 운명적이라기보다 시적이다. 금수현의 생각은 매우 적절해 보인다.

요컨대 금수현은 언어에 있어서는 특수성(민족주의)을, 음악에 있어서는 보편성(글로벌 스탠다드)을 지향하고 있다. 국경과 국경의 넘나듦이란 투 트랙 전략의 사유자였다는 점에서, 민족주의와 다문화주의의 호환이 긴요한 이즈음의 시대정신을 잘 반영하고 있다고 봐야 한다. 불교의 『화엄경』에 '일즉다(一則多), 다즉일(多則一)'을 연상시키기도 한다. 하나가 곧 여럿이며, 여럿이 곧 하나인 것이다.

부기(附記) 하나 남긴다.

나는 최근에 부산의 지역신문인 국제신문에서 오광수의 칼럼 「한글학회 회원 '부산 사람' 금수현」을 읽었다. 그에 대한 평가는 음악 쪽이라기보다 한글 쪽으로 기울어가는 것은 아닐까 하는 생각이 든다. 성악가 금수현은 남긴 음반도 없이 거의 잊혀졌고, 작곡가로서의 그는 「그네」로서 노, 장년기 사람들의 추억 속에 살아있지만, 가곡을 멀리하는 청, 중년기 사람들에게는 대부분 모르거나 알아도 관심 밖이다. 이제 한글 공로자로서 그를 기억할 시점이다.

열흘 여 뒤인 다음 달 9일은 한글날 575돌이다. 금수현이 한글에 이바지한 업적을 돌아보는 이유다. (……) 서울 정릉에서 말년을 보내기 전 40년간 부산에 살았다. 말 그대로 '부산 사람'이다. 그런데 금수현은 아직 저평가돼 있다. 그가 남긴 업적이 제대로 조명되지 못한 탓이다. 한글날을 맞아 '금수현의 도시' 부산이 무엇을 기억할 것인지를 생각한다. (국제신문, 2021. 9. 27.)

금수현이 부산 사람인가? 본인의 살아생전에 행정 구역이 개편되어, 자신의 고향이었던 김해 대저면이 부산 대저동으로 바뀌었다. 하지만 본인은 김해 사람이라고 생각하며 살아왔을 것이다. 사실은 그는 부산 사람이기도 하고, 김해 사람이기도 하다. 고향을 두고 이처럼 경계인이 되는 사례는 더러 있다. 대표적인 경우가 법정 문제까지 된 시인 유치환의 사례가 아닌가? 나는 아버지 금수현은 일단 김해 사람이요, 아들인 (아버지보다 더 유명한) 지휘자 금난새는 부산 사람이 아닌지를 생각해본다.

3. 김윤식 : 한글 문학을 가장 많이 읽은 비평가

작고한 국문학자 김윤식(1936~2018)은 김해 진영 출신이다. 국문학 연구와 문학비평적 글쓰기에 있어서 그가 남긴 방대한 작업은 앞으로도 있을 수가 거의 없다. 김윤식 이전에도 없었고, 김윤식 이후에도 없을 전설 급의 인문학자이다. 그의 학위 논문이면서 또 첫 번째 저서이기도 한 『한국근대문예비평사연구』(1973)는 좌파 비평가들을 중심으로 체계화한 우리나라 근대문학비평사 연구였다. 이를 두고 사람들은 집안에 그럴 만한 사정이 있지 않을까, 하고 궁금해 했다고 한다. 본인은 이에 관해 침묵했다. 자신이 살아온 삶의 내력에 관해, 후기의 저작물에 해당하는 『내가 읽고 만난 일본』(2012)에서 다음과 같이 밝힌 바 있었다.

나는 경남 김해군 진영읍 사산리 132번지 소작 및 자작 농가에서 태어났고, 부모님은 그야말로 음력 달력과 동네 동제(洞祭)를 지내는 범속한 농부였다. 그 장남으로 태어났고, 항구도시 마산의 상업학교에 들고 주산과 부기를 배워 은행원 되는 길, 세속적인 출세의 길에 접어들었지만 대학에 들어갈 때 아버지는 내게 조용히 말씀하셨다. "너는 교장선생님이 되어 보라."라고. 돈도 출세도 교장선생님에 비견될 수 없다는, 달밤이면 『유충렬전』을 소리 높게 읽으시던 농부의 염원을 따라 나는 상과대학 가는 친구들과 떨어져 교원양성 대학으로

갔지만……(692쪽)

그는 늦둥이 장남으로 태어났다. 자신이 스스로 밝혔듯이, 그는 '강변 포플러 숲 초가에서 병자년 윤3월 열이틀, 오시 대낮에 태어난 쥐띠, 그래서 19년 만에 생일이 돌아오는 아이'(762쪽)라고 했다. 그가 태어날 때는 누이가 이미 출가외인이 되어 있었다. 마산상업고등학교를 거쳐 서울대학교 사범대학 국어교육과에 진학한 그는 대학교가 교원을 양성하는 곳이 아니라, 학문하는 곳이라는 자각에 이르게 된다. 그가 교사로 만족하지 않고 학문을 하겠다고 발버둥을 친 것은 어쩌면 운명적이라고 할 수 있었다.

그는 학인으로 차츰차츰 성장해 나아갔다.

그의 학문 세계는 애최 민족주의로부터 자유로울 수가 없었다. 그 당시의 지적 지형도를 볼 때, 전후 세대와 4·19세대의 인문학자는 누구나 할 것 없이 식민사관의 극복이 지상과제였다. 특히 그는 우리 문학사에 있어서 이식문화론과 씨름하면서 내재적 발전론에서 비롯된 자생적 근대성의 탐색에 골몰했다. 이것이 김윤식·김현 공저의 『한국문학사』(1973)다. 그는 10년의 시차를 두고 두 차례의 일본 체험이 있었다. 첫 번째의 일본 체류 중에는 이런 일이 있었다. 사상의 자유가 만연한 도쿄대학교에, '점심시간이면 직원들조차 구호를 외치며 캠퍼스 내를 메뚜기처럼 뛰어다녔다.'라는 것. 1970년의 일본에서 경험한 문화 충격이 반공을 국시로 한 대한민국의 한낱 교육공무원인 그에게 충격으로 다가오지 않을 수 없었다. 8백 쪽 넘는 대작인 『내가 읽고 만난 일본』(2012)의 서문을 보자.

……노력을 하면 할수록 나는 길을 잃게 되었음이라. 곧, 문수보살도 없이 바랑만 매고 헤매는 선재동자. 굳이 빈 바랑을 매고 집을 떠나고 있다. 바랑에 뭣

을 채우려 함이리라. 그 노력이 크고 집요할수록 군은 필시 길을 잃을 것이다. 내가 바로 그 꼴이었다. 문수보살은 어디로 갔는가. 그런 것은 당초에 없지 않았던가. (6쪽)

김윤식은 어릴 때 고향 김해 진영에서 빈 바랑을 메고 집을 떠나 항도 마산에 이르렀고, 고등학교를 졸업한 후에 서울로 간 것도, 1970년에 서울대학교 젊은 조교수로 도쿄로 간 것도 마찬가지. 그는 언제나 문수보살이 없는 선재동자였다. 그가 집을 나선 것을 두고 까마귀와 붕어, 메뚜기, 솔개를 속이고 떠났다고 했다. 그는 고향에서 이런 유의 동물들과 벗을 삼아 지내왔던 것이다. 그는 교수가 되어 누나의 교과서에 있던 일본을 향해 또 떠났다. 자신의 표현대로라면, 수심도 모른 채 현해탄을 건넜다는 것이다.

그가 두 번째로 일본에 간 1980년 이후에 비로소 5명의 선지식을 만나게 된다. 그의 눈을 뜨게 하고, 그의 정신을 이끌어준 인도자 말이다. 그 5명의 선지식을 나열하면, 첫째는 일본 최고의 비평가 고바야시 히데오요, 둘째는 『소세키와 그의 시대』를 써 그에게 『이광수와 그의 시대』를 촉발하게 한 에토 준이며, 셋째는 글쓰기는 수사학으로 귀결된다는 모리 아리마사이고, 넷째는 『국화와 칼』로 유명한 미국 여성 인류학자인 루스 베네딕트요, 다섯째는 『일제하의 사상통제』를 저술한 리처드 H. 미첼이었다. 그는 이 다섯 사람의 영향을 적잖이 받게 된다.

짐작컨대, 김윤식이 (물론 실제의 만남이 아니지만) 이 다섯 명의 선지식(불교에서 바른 도리를 가르치는 사람을 말한다.)을 만나게 됨으로써 일본을 더 이상 극복의 대상인 것만이 아니라는 사실을 비로소 깨달았던 것 같다. 1980년대의 그의 저작물 중에서 가장 대표적인 저작물인 『이광수와 그의 시대』 전3권(1986)은 2백자 원고지 8천매에 달하는 대작이다. 평전적인 작가 연구의 전범이라고 할 수 있는 이 책에 대하여 그는 『내가 읽고 만난 일본』서문에서 '민족이란 이름의 문수보살의 것'이라고 했지만, 그것은 동시에 '에토 준이란 이름으로 된 필사적 글쓰기에 대한 애완동물 기름의 결과'이기도 하다. 그는 일본인 특유의 선문답 같은 소리를 했다. 글쓰기를 애완동물 기르는 것에 비유하기도 했다.

어쨌든 선재동자가 구도의 어린이듯이 그 역시 나이가 들어도 항상 아이로만 남아서 문수보살을 찾았던 것. 학자라기보다는 학문의 구도자라고 하는 편이 더 적확한 표현인지 모르겠다.

불교의 『화엄경』에 일다무애(一多無礙)란 말이 있다. 하나(一)와 여럿(多)에는 경계도 걸림도 없다는 뜻. 하나와 여럿이 서로 경계나 걸림이 없다는 것은 함께 갖추어서 하나라고 말할 수 없고 두 모습이 없으므로 많다고 할 수 없음을 뜻하지만, 오늘날의 관점에서 적극적으로 재해석할 수도 있을 것 같다. 김윤식의 경우와 관련시키자면, 하나가 민족주의를 가리킨다면, 여럿은 다문화주의로 볼 수 있다. 그가 두 차례에 걸친 일본 체험을 통해 일본을 극복해야 한다는 생각과 일본을 이용해야 한다는 생각이 서로 부딪치지 않고 균형을 유지하려고 했던 것 같다.

나와 김윤식은 아무런 연고가 없는 사이지만, 평생을 두고 몇 차례 뵌 적은 있었다. 첫 만남은 1978년 5월 중순. 남산 기슭의 국토통일원에서 북한 문학 세미나가 오전부터 저물녘에까지 있었는데 구상·김윤식·홍기삼 등 대여섯 명의 발표자들이 참가했다. 객석은 거의 다 찼었다. 요즘은 생각조차 할 수 없는 볼거리라 하겠다. 연단의 책상 위에는 재떨이가 각각 놓여 있었다는 것. 발표자들이 간혹 담배를 피워도, 누구도 이상하게 생각지 않던 시절이었다. 김윤식은 다른 분들과 달리, 시종일관 담배를 피우지 않았다.

그 당시에, 국토통일원은 행사를 끝내자 성대한 다과회를 열었다. 나는 그때 어린 아이의 주먹 크기나 되던 딸기를 처음 보았다. 먹을 것이 풍성했지만, 짧지만 김윤식과의 대화를 나누고 싶었다. 대가와 보잘것

없는 학생의 짧은 대화 말이다. 다과회장 구석에 서 있는 그에게 다가서서, 나는 질문을 던졌다. 일제강점기의 박영희가 카프를 탈퇴하면서 남긴 유명한 전향 선언의 명언이 있지 않은가? 나는 '얻은 것은 이데올로기요, 잃은 것은 예술이다.'를 남긴 박영희의 명언을 염두에 두고 몇 가지 물음을 제기해 보았다. 정곡을 찌른 그의, 단박의 대답은 마치 선문답처럼 내 뇌리 속에 아직도 선명히 남아 있다.

　　문 : 이데올로기의 문학과 예술의 문학은 서로 구분돼야 하지 않겠습니까?
　　답 : 예술이란 것도 알고 보면 이데올로기예요.

　나는 그때 큰 충격을 받았다. 그의 생각 틀 속에는 이데올로기와 예술 사이에 경계도 걸림도 없었던 것. 이미 대가급의 반열에 들어서면서 대중으로부터 점차 이름이 알려지기 시작한 이 중견 학자는, 비유컨대 스물한 살 대학생의 어깻죽지에 선방(禪房)의 죽비를 내리쳤던 것이다. 나는 선승에게서 죽비를 세차게 얻어맞고 우두망찰하는 땡중 꼴이었다.
　김윤식은 한글로 된 문학을 가장 많이 읽은 사람이다. 아무도 그를 따를 수가 없다. 물론 앞으로도 그럴 것이다. 그는 수십 년에 걸쳐 소설 월평, 계간평을 써 오지않았던가. 그는 글쓰기 그 자체의 인물이다. 뿐만 아니라, 한글로 된 비문학적인 글쓰기를 그보다 많이 남긴 사람이 또 있겠는가. 한겨레신문 기자였던 고종석(소설가)은 한 기사문에서 이런 문장(文章)을 남긴 바 있었다. 이 짧은 문장은 이제 와서 하나의 빛나는 문장(紋章 : 김윤식을 상징하는 말을 의미함.)처럼 되고 있다.

　　김윤식이란 이름은 동사 '쓰다'의 주어처럼 보인다.

　김윤식의 방대한 후기 저작물인 『내가 읽고 만난 일본』에는 우리말과 한글에 관한 얘기들이 없다. 다만 그는 잠시 교유했던 재불학자 이옥 교수와의 관계를 언급한 내용이 있는데, 이옥의 아버지가 이인(1896~1979)이라는 것. 이인은 일제강점기에 민족변호사였다고 한다. 조선어학회 사건에 연루되어 3년간 옥고를 치렀다. 그리고 고문 후유증으로 절름발이가 되었다. 그는 해방 후에 대한민국 정부가 수립되자 초대 법무부 장관이 되었다. 그가 세상을 떠날 때 모든 재산을 한글학회에 기증했다고 한다. 광화문 신문로에 있는 한글회관은 이 유언으로 지어졌다. 김윤식은 이 얘기를 거론하면서 이인·이옥 부자를 민족주의자라고 했다.

김윤식의 논문 중에서 우리 말글과 우리 문학의 관계성을 가장 잘 드러낸 논문이 하나 있다. 제목은 「민족어와 인공어」이다. 이것은 그의 저서 『한국근대문학사와의 대화』(2002)에 실려 있다. 이것이 대화록 형식의 논문이기 때문에, 논문의 수준에 미치지 못한다고 볼 수 있다. 하지만 내가 생각키로는 깊이가 있고 훌륭한 논문이라고 생각한다. 형식은 형식에 지나지 않는다. 내용이 더 중요하지 않은가. 나는 그가 말한 민족어와 인공어의 성격을 다음과 같이 작성해 보았다.

민족어 : 인공어

민족정신 : 계몽적 이성

토착적 세계관 : 모더니즘적 세계관

한글 : 한자어 · 일본어 · 서구어

언문일치 : 의미의 투명성

연출의 언어 : 실용의 언어

문장파 : 구인회 · 삼사문학

문장강화 : 문장론 신강

나는 김윤식이 대비한 민족어와 인공어를 위와 같이 대비해 보았다. 민족어는 궁극적으로 민족정신을 지향하고 있으며, 인공어는 이를테면 근대성 즉 계몽적 이성을 지향한다. 그가 말한 인공어란, 베네딕트 앤더슨의 『상상의 공동체』(1983)에서 도출한 개념이다. 여기에서 소설이 근대 국민국가(nation-state)의 성립에 심대한 영향을 끼쳤다는 가설이 제기되는데, 김윤식은 앤더슨이 말한 국민국가를 실체가 아니라 상상의 공동체에 불과하다는 것, 이 공동체를 가능케 한 중심점에 소설이 놓여 있다는 것을 참신하게 수용한다. 민족어는 토착어와 관련이 있기 때문에, 토착적 세계관과 무관치 않다. 여기에 한(恨)이니 인정주의니 샤머니즘이니 하는 것들이 따라오는 것이 아닐까? 그는 인공어의 계보가 개화기의 애국계몽문학에서 이광수를 거쳐 임화의 카프문학과 이 연장선에 모더니즘에 놓인다고 했다.

비평가 : 이상 문학, 김기림 문학, 박태원 문학 등 이른바 30년대의 모더니즘 삼총사가 등장한 셈인데, 그들 공통점이 인공어에 있긴 하나 각각의 편향성도 있지 않겠습니까? 가령 이상 문학이 철저한 기능적 인공어라면, 김기림의 그것은 투명하기 짝이 없는 인공어이며, 박태원의 경우는 공허하기 짝이 없는 인공어라 할 수 없겠습니까.

문학사가 : 기능성, 투명성, 공허성이 30년대 이 나라 모더니즘(인공어)의 성격이라 해도 될 것입니다. 이 중 투명성에 특히 주목해볼 필요가 있지 않을까. 김기림의 저서 『문장론신강』(1950)의 놓일 자리가 그 동안 이런저런 이유로 지나치게 가려졌음과 이 문제가 무관하지 않습니다. (『한국근대문학사와의 대화』, 279~280쪽.)

김윤식은 민족어와 인공어의 대비를 잘 드러내주는 문장작법에 이태준의 『문장강화』(1939, 1948)와 김기림의 『문장론신강』(1950)이 나란히 있었다고 했다. 이태준의 글은 1939년 『문장』지에 연재되었지만, 1948년에 이르러 개정, 증보된 채 단행본으로 공간되었다.

그는 『문장강화』에서 민족어의 세계, 시적 세계를 발견한다. 그의 생각 틀대로라면 근대성의 저층(底層)에 해당하는 개념이다. 저층이란 미달 수준이 아닐까? 앤더슨이 민족을 상상의 공동체라고 했듯이, 민족어는 연출의 언어이다. 각 지역의 방언을 수집하여 통일된 표준어를 상정하는 것도 하나의 연출이다.

이에 반해 김기림에게는 한글이 우리의 것이라는 의식보다는 민주화를 위한, 말하자면 지적 평등화를 추구하기 위한 도구적 언어이기 때문에 한글이다, 라는 의식이 강하게 자리하고 있었다.

김윤식은 「민족어와 인공어」라는 논문에서 '몰근대의 저층이랄까 고층(高層)으로 놓인 세계'(앞의 책, 282쪽.)라는 표현을 사용했다. 나는 이것이 무슨 의미인가, 하면서 잘 이해를 하지 못했다. 이 짧은 표현 속에 김윤식의 대단한 식견이 내재되어 있었다. 저층은 근대 이전의 세계라면, 고층은 근대 이후의 세계이다. 근대성에 대한 성찰이란 점에서는 저층이건 고층이건 연장선에 놓이는 개념들이다. 저층이 토착적 전근대적 세계관이라면, 고층은 근대초극적인 세계관을 지향한다.

고층 중에는 모든 것을 무화시킬 수 있다는 불교의 선(禪)의 세계도 포함된다. 정지용이 모더니즘에서 동양적 정신주의로 환원하거나, 이태준이 선으로부터 동양인 최고 교양의 표정을 읽은 것도 이 때문일 것이다. 이 대목에 이르러 김윤식의 책에 있는 다음의 글을 살펴보자.

민족어의 범주란 이제 흔적도 없이 사라졌군요. 동양의 선 앞에 서면, 국민국가 따위란 하도 시시해서 입에 담을 수조차 없는 것이겠는데요. 선이란 이른바 '제로'(영) 개념과 흡사하지 않습니까. 제로에 어떤 숫자를 곱해도 제로에 지나지 않는다는 것. 만일 이런 경지가 '고층의 세계'라면, 상허 자신을 스스로 부정하는 형국이 되겠는데요. (앞의 책, 288쪽.)

　김윤식은 상허 이태준의 고층적 세계관을 충실하게 계승한 사례를 두고 '구경적 생의 형식'이란 기치를 든 김동리의 리얼리즘론을 들었다. (나는 해방기의 서정주가 주장하고 실행한 '한글시론'도 여기에 해당한다고 본다.) 이렇게 본다면, 우리의 근대문학은 민족어의 계열과 인공어의 계열로 나누어진다. 예건대 한용운, 김소월, 이태준, 백석, 김동리, 서정주, 황순원 등이 전자에 해당한다면, 이광수, 임화, 이상, 박태원, 김기림, 손창섭, 최인훈 등이 후자에 해당한다고 봐야 한다. 손창섭은 국적마저 일본으로 바꾸었다. 부인이 일본 여성이었기 때문이기도 하다. 그의 소설 언어는 무국적의 언어라는 인공어로 쓰인 것. 그에게 있어서 한글은 우리 것의 언어라기보다 기능적인 도구의 언어에 지나지 않는다. 최인훈의 「광장」 역시 우리 문학이 도달한 세계성의 언어였다. 이데올로기로써 이데올로기를 성찰한 문학이랄까? 내가 보기에는 노벨문학상에 가장 근접한 세계성의 언어였다.

　손창섭의 사례, 최인훈의 소설이 인공어의 극점에 도달한 문학이라면, 이 이후에 등장한 196, 70년대 4·19세대가 이루어낸 문학은 민족어와 인공어를 통합한 첫 번째 사례가 될 것이다. 이들의 문학 이후에 생성되고 전개된 문학에는 민족어와 인공어의 경계가 사라진다. 우리 문학도 비로소 근대 이후의 문학으로 진입한 것이다.

　해방기에 남북한 모두 한글전용의 정책을 열정적으로 추진했듯이, 한글전용이란 다름이 아니라 한글이 우리 것이라는 자각의 민족어 정신과 사용 목적에 기반을 둔 인공어 기능주의를 통합한 사실이라고 보는 게 맞는다. 물론 김윤식도 이러한 취지의 논지를 표명하기도 했다.

　그의 대화록 형식의 논문 「민족어와 인공어」는 우리말과 우리 문학의 관계를 밝혀준 매우 예외적이요, 의미 있는 논문이다. 이 논문의 가치에 대해 학계에서는 그 동안 그다지 주목하지 않았고, 또 않고 있지만, 앞으로는 김윤식의 독창적인 가설이 담겨 있다는 사실을 인정해야 할 것이다.

5. 김원일 : 분단의 현대사를 체험하고 직시하다

한때 우리나라 작가들에게는 한국전쟁이 원체험과 같은 것이었다. 이제는 현역 작가 중에서 유소년기에 이것을 경험한 작가들은 거의 없다. 한국전쟁을 소설의 모티프와 주요한 소재로 활용한 작가들 중에서 분단의 역사에 의한 가족사의 불행과 비극을 유소년기에 경험했던 작가들이 한때 더러 있었다. 그 대표적인 경우라면 고은, 이문구, 김원일, 이문열, 김성동 등을 들 수가 있겠다. 이들의 경우를 두고, 나는 언제인가 '결딴난 가족사의 세대'라고 이름한 적이 있었다. 이 세대에 속한 작가들은 제 각각 서로 다른 문학 세계를 보여주었지만, 분단의 비극적인 현실로부터 비롯된 개인적 트라우마로부터 늘 자유로울 수 없는 공통점을 지니고 있었다.

김원일은 1942년 경남 김해 진영에서 태어났다. 그는 유소년기를 이곳에서 보내면서 6·25 이전에 좌익 활동을 하면서 월북한 아버지로 인한 가족사의 파탄을 겪었다. 청소년기에는 가족이 대구로 이주하여 중고등학교를 다녔고 일찍이 소설가로 등단한 이후로는 주로 서울에서 문학 활동을 해왔다. 김원일에게 있어서의 소설의 공간적 배경 중에서 고향인 진영인 경우가 많다. 김해 진영을 소설의 공간적인 배경을 삼은 경우에는 한국전쟁의 원체험과 관련된 자신의 대표적인 작품 군(群)에 포함된다.

김원일이 처음 소설을 창작한 연대는 1960년대부터였다. 그의 초기 작품들은 자신의 작가 세계가 확립되기 이전의 것이었다는 점에서 그다지 평가를 받지 못하였다. 작가로서의 전환점이 된 작품이라면 자전적 체험을 어느 정도 반영한 「어둠의 혼」을 당연히 꼽지 않을 수 없다. 그 이후 이른바 '분단 가족사'로서의 체험에 관한 유형으로 차츰 양식화되어가기에 이르렀다. 그의 대표작으로 손꼽히고 있는 일련의 작품은 「노을」·「마당 깊은 집」·「겨울 골짜기」·「환멸을 찾아서」·「불의 제전」 등이며 여기에는 6·25 전사(前史)와 관련된 그의 유소년기 체험이 직접적이거나 간접적으로 반영되어 있었다.

그래, 임자가 사람 탈을 쓴 인간인교, 아니모 짐생인교, 짐생도 지 식구를 이래 내삐리지는 안할 낌더, 어머니 목소리가 높아갔다. 아버지는 아무 말이 없었다. 어머니가, 사상에 미친 늠, 거리 구신 들린 놈 하고 욕설을 퍼붓기 시작했다. 아버지는 슬그머니 자리에서 일어났다. 날 쥑이고 가, 쥑이고 가란 말이다. 이 미친 사내야, 자슥새끼들하고 날 쥑이고 가. 내 죽어서 혼백이라도 니늠 따라댕기미 망하게 하고 말끼다! 어머니는 아버지 바짓가랭이를 잡고 늘어졌다. 그늠으 짓이 처자슥보다 그래 중하모 일찍 불알 떼놓고 그 짓 하제 멋 때매 처자슥 이 꼴 만들고 그늠으 사상에 미쳐! 아버지는 우리 오누이 쪽에 잠시 눈을 주다 어머니 손을 뿌리쳤다. 아버지는 뒷문으로 날쎄게 달아났다. 어머니가 뒤쫓아나갔다. 나도 오줌을 누려 일어났다. 마당으로 나와 오줌독에 소변을 보자 아니나 다를까, 호각소리가 들렸다. 잡아라! 저쪽이다. 활터 쪽이다! 순경들 고함이 들렸다. 연달아 총소리가 터졌다. 쥑이라, 쥑여! 갈겨버려! 순경들 고함이 차츰 멀어졌다. (「어둠의 혼」에서)

30대 초반의 한 중년 남성이 서술자로 등장하고 있는 회상기적 성격의 이 소설은, 한 소년을 소설의 주인공으로 삼고 있다는 점에서, 선악 이전의 미분화된 순수 상태에서 문제적(problematic)인 과거를 문제로 삼고 있는 것이라고 해도 좋을 것이다.

인용한 부분은 과거 속의 과거, 회상 속의 회상이라고 할 수 있다. 연극에서 드물게 보여주는 극중극(劇中劇)의 구조와도 매우 유사하다. 극중극의 효과가 관객의 감정을 고조시키거나 주제를 집약적으로 제시하는 데 있듯이, 이 가층(加層)의 부분 역시 작품의 모든 것을 첨예화시킨다. 제목 '어둠의 혼'이란 것은 다름 아니라 우리 역사의 어두운 면에 대한 객관적 응시와 화해의 시선을 가리키는 것은 아닐까? 아버지의 육체적 붕괴 다음에 오는 신념과 성찰의 비판정신, 또는 이를 딛고 현실을 뛰어넘을 수 있는 역사의 문제의식 같은 것은 아닐 것인가?

김원일의 대하소설 「불의 제전」은 1980년에 발표하기 시작하여 일곱 권 분량의 소설로 1998년에 '문학과지성사'에서 완간했다. 18년이 소요된 셈이다. 소설 속의 시간적 배경은 1950년 1월 5일부터 시작해 그해 10월 31일까지 약 10개월의 역사적인 시간대에 속한다. 나는 젊었을 때, 이 소설 제1부에 관한 작품론을 쓰기도 했다. 당시의 제목은 「소설과 역사적 상상력」(1984)이었다. 나는 그때 소설이 역사의 실상을 주관적으로 투영하는 문학적 허상이며 과거에 대한 허구적인 기억의 소산이라는 전제 조건으로부터 논의를 시작하고 내용을 분석했다. 먼저 소설이 시작되는 본문의 배경 묘사에 주목했다.

낮게 내려앉는 하늘에는 무거운 구름이 켜켜이 덮여 있었다. 해가 지기에는 아직도 이른 시간이었다. 그러나 황량한 너른 들은 저물녘의 잿색으로 침침하게 가라앉아 있었다. 응달진 논배미에는 며칠 전에 싸락눈이 흩뿌려 아직 잔설이 희끗하게 남아있었으나 습한 수리답으로 보리를 갈지 않은 빈들은 쓸쓸히 버려져 있다. 삭막한 들의 빈 공간을 채우며 겨울바람이 음울하게 몰라쳐 왔다.

이 인용문은 단순한 정경 묘사의 차원을 넘어 당시의 음울한 시대상을 암시해주고 있다. 이때 작가의 나이는 우리식 나이로 아홉 살 때였다. 무거운……황량한……응달진……습한……삭막한……이런 분위기는 그 당시의 시대 분위기를 여실하게 반영하고 있다. 진영읍을 배경으로 농민들은 소작쟁의를 일으키고, 산중에서는 빨치산 부대가 활동하고, 가진 자들은 온갖 치부와 비행을 저지르고.

작가는 특히 1947년 미군정 하에서 기획된 '남조선 토지개혁법' 초안과 관련된 사료(史料)를 면밀하게 검토한 것 같다. 작가가 역사적인 사건을 취재할 때는 엄격한 검증이 필요하다. 조정래의 「태백산맥」이 여순 반란 사건에 대한 역사적인 검토를 전제로 삼았듯이 말이다. 나는 1984년에 처음으로 발표하고 2004년에 단행본 속에 포함시킬 때 조금 개고한 「소설과 역사적 상상력」의 마지막에 다음과 같이 서술하였다.

> 그의 소설의 역사적 상상력은 단순히 우리 역사의 과거사를 이야기하고 있다는 데 머물지 않고, 하나의 동시대적 문학 형식에 대한 전망과 통찰력을 제기하고 있다는 데 그의 소설 의의를 발견할 수 있다. 내남없이 한계의 벽에 부닥치기 쉬운 계층과 이데올로기 대립의 문제를 편견 없이 정관하고 상상적 가치를 부여한다는 것은 상당하게도, 작가 개인의 능력의 몫에 귀속하는 문제이리라. (졸저, 『소설의 역사성, 소설사의 환(幻)과 탈역사성』, 227쪽)

김원일의 문학적 성취는 남다르다. 그의 아우 김원우 역시 적극적으로 평가되어야 한다. 그는 아직도 생존하고 있는 작가다. 앞으로 지역사회에서는 '김원일 소설과 김해 진영'이라는 주제를 놓고 학술대회를 열고, 또 그 결과를 단행본으로 공간해야 한다고 본다. 궁극적으로는 진영읍에 그의 문학기념관을 설립해야 한다. 스스로 목숨을 끊은 대통령을 기념하는 것보다, 우리 언어에 온기와 생명을 불어넣은 작가를 기념하는 것이 문화 강국으로 가는 지름길이라고 본다. 구미의 문명국가에 가서 보면, 제왕이나 대통령을 지낸 통치자를 기념하는 것보다 작가나, 예술인을 기념하는 경우가 훨씬 많다.

6. 끝맺는 노래 한 편

진영 출신 중에 문인들이 많다. 문학평론가 김윤식, 소설가 김원일 · 원우 형제, 이 글의 모두에서 언급했던 시인 김재호도 진영 출신이다. 또 한 사람의 인물이 있다. 고향이 김해인 정진업(1916~1983) 역시 진영이 연고지라는데, 나는 그의 생장지가 어딘지 정확하게 알지 못한다. 태어난 곳이 진영이고, 자란 곳은 김해 시내가 아닌가, 짐작된다.

정진업은 일찍이 출향했다. 김윤식과 김원일처럼 초등교육을 향리에서 받았고, 외지에서 살면서 중등교육을 받고 사회 활동을 이어갔다. 삶의 동선은 이렇다. 마산, 평양, 만주, 부산을 거쳐 마산에 정착했다. 그는 김윤식과 김원일보다 훨씬 먼저 문인으로 활동했다. 문단의 대선배라고 할 수 있다. 일제강점기인 1930년대부터 활동을 했으니, 1960년대에 등단한 이들보다 한 세대 앞선 역사적인 인물이라고 할 수 있다.

그는 마산공립상업학교를 졸업하고 평양 숭실전문학교 문과를 중퇴하였다. 1936년부터 연극인으로 활동하다가, 1939년 단편소설 「카츄사에게로」가 『문장』지에 추천받아 등단하였다. 1940년대에는 이광래가 이끄는 황금좌의 일원이 되어 전국은 물론 멀리 만주까지 순회공연을 했다. 해방 후에는 김수돈과 함께 영남 일대 가설무대에서 신파 연극을 공연하였다. 1951년에는 부산일보 문화부장에 재직했는데 당시 용공 기자로 몰려 옥고를 치르기도 하였다. 1958년에 마산의 성지여교 교사로 재직하면서 시작 활동에 전념하였다. 대표적인 작품은 시집 『김해평야』(1963)이다. 다음에 인용한 글은 그가 작사한 가곡 「길손」(작곡 : 조두남)의 노랫말 전문이다.

고향 하늘 다정하여 옛 구름 피어오르고
푸른 제비 깃을 찾던 다리 건너 못 잊을 그의 집
외론 길손 되어 떠나가는 황혼, 행여나 만나지랴.

구구구 산비둘기 어미 그려 울음 울던
그 시절이 그 시절이 애타게 그리웁소.

향교 아래 은행나무 연못에 전설 남기고
어린 것들 꿈을 찾아 삼삼오오 짝을 지어 노리
옛 성터를 지나 흘러가는 길손 행여나 아시려나.

구구구 산비둘기 어미 그려 울음 울던
그 시절이 그 시절이 애타게 그리웁소.

정진업이 고향을 그리워하면서 쓴 시가 이처럼 노래가 되었다. 나는
이 노래만큼이나 슬프고도 아름다운 노래가 세상에 또 있을까 하고 생
각을 하고는 한다. 과거의 이름 높은 소프라노 이규도가 불러 음악인들
사이에 유명해지게 했다. 하지만 대중적으로 잘 알려지지 않았다. 김재
호·이수인의 「고향의 노래」에 비할 수 없다.

하지만 「고향의 노래」가 대중적인 심금을 울리는 데 기여했다면, 정
진업·조두남의 「길손」은 들어본 사람들은 알겠거니와, 마음속 깊이에
까지 예술적인 비감을 자아내게 하고 있다. 지금 활동 중인 김해 출신의
가수가 더러 있다. 특히 여가수인 은가은은 성악에서 시작해 댄스뮤직
을 거쳐 트로트로 정착했다. 그가 이 「길손」을 특유의 파워풀한 보이스

로 부른다면, 금상첨화가 될 것 같다.

　이 노래는 노랫말 2절에 보면, 향교와 옛 성터 즉 김해 읍성이 등장하고 있는 것으로 보아 김해의 장소성이 두드러진 경우라고 하겠다. 나는 이 노래를 김해의 공식적인 시가(市歌)로 정했으면 한다. (만약 유명무실한 공식 시가가 있다면, 그냥 내버려두어도 좋다.) 시에서 각종의 행사가 있을 때마다 이규도의 슬프고도 아름다운 목소리를 들려주어 고향을 사랑하는 마음을, 옷깃 여미듯이 경건하게 가지면 좋을 것 같다.

조식의 문학사상을 살펴보는 세 개의 관점

1. 출처관과 애민의식과 낙원지향성

남명 조식(1501~1572)은 조선조 중기의 큰 학자이며 사림의 지도자로서 후세에 정신적인 면에 뚜렷한 흔적을 남겼던 인물이다. 그는 무엇보다도 획일적인 존유(尊儒)의 영역으로부터 벗어나, 학문의 다면성, 다양성을 추구하려고 했다. 그렇기 때문에 그의 사상은 독자적인 성격을 지니고 있다.

그의 학문과 사상은 학파를 형성하고, 또 학맥으로 이어졌다. 그러나 기축옥사(1589)와 인조반정(1623)과 무신란(戊申亂, 1728)으로 이어지는 정치적인 격변의 과정에서 초토화되다시피 하면서 겨우 명맥만을 유지해오다가 오늘날에 이르러 활발히 재조명되고 있다.

조식이 평소에 절의와 실천을 숭상하면서 학구적인 공론(空論)을 경계했기 때문에 학문적인 족적의 문헌적 총량은 그다지 많이 현전되어 있지 못하다. 그의 사후에 상목된 유저『남명집』에는 성리학보다는 오히려 문학 작품의 성격을 띠는 것들이 적지 않다. 물론 그의 문학 작품 속에 깃들어져 있는 사상의 자취를 되살려 보는 것도 전혀 의미가 없는 것은 결코 아니다. 그의 문학사상에 관한 기존의 연구는 비교적 꾸준하게 이루어져 왔다.

조식은 시를 적잖이 남겼지만 시를 짓는 일을 그다지 좋아하지 않았다. 이를테면 시를 짓는 걸 두고 죄를 짓는 일이라고 생각했다. 그의 문학관은 아리스토텔레스의 시(인)추방론을 연상시키기도 한다. 아리스토텔레스가 이성의 진리를 드러내거나 행하는 데 있어서 시가 무익의 차원을 지나 유해의 가능성에까지 내다보고 있었듯이, 조식 역시 시적 대상을 희롱함으로써 그 대상의 본질을 꿰뚫어보지 못하고 시적 자아를 도리어 거만하게 만든다는 것, 즉 완물상지(玩物喪志)에 이르고 또한 그럼으로써 교오지죄(驕傲之罪)를 더하게 된다고 주장했다. 『남명집』 기유본(己酉本) 서문에 의하면,

시를 읊고 글을 읽어 반드시 세상을 논하고 시문의 아름다움에 현혹되지 아니해서 반드시 그 속에 있는 진미(眞味)의 실(實)을 구명하여 말로 인해 덕을 숭상하고 글을 익혀서 도를 구하니 선생은 난세에 절조를 지킨 표간(標杆)이다.[1]

라는 표현이 있듯이, 그가 궁극적인 도의 경지에 도달하는 데 시문을 수단으로 삼았음을 밝히고 있다. 그럼에도 불구하고, 후세의 평판에 의하면 남명의 문학은 긍정적으로 평가되어 왔다. 이를테면, 권응인의 어고지심(語高指深), 금란수의 초월지기(超越之氣), 이익의 벽립만인(壁立萬仞) 등의 표현 등이 좋은 예가 될 것이다.

---

1 전병윤, 「남명의 사상과 문학 연구」, 계명대학교 교육대학원, 1984, 19쪽, 재인.

결론부터 말하면, 남명 조식의 문학사상은 다음과 같은 세 가지 과정에서 얘기되어지고 요약적으로 설명되어진다고 하겠다. 그 관점을 세목화하자면, 나는 첫째 출처관(出處觀)이요, 둘째 애민의식이요, 셋째 낙원 지향성이라고 본다.

첫째는 출처관에 대해서다. 조식은 중국의 처사였던 엄광을 논한 산문과, 지인들과 함께 나눈 편지글·시 등과, 지리산 기행문 속에 담겨 있는 내용을 볼 때, 현실 정치에의 영합을 거절하고 자연 속에 은거하면서 야인으로서의 고결한 삶 의식을 추구하려고 했던 사실이 있는 그대로 드러난다.

삼동(三冬)에 베옷 입고
암혈(巖穴)에 눈비 맞아,

구름 낀 볕뉘도
쬔 적이 없건마는,

서산에 해 지다 하니
눈물겨워 하노라.

이 인용된 시조는 조식이 과연 이러한 내용의 작품을 지었을까 하는 의구심을 제기하는 사람들이 적지 않을 작품이다. 하지만 내용을 살펴보면 조식의 전기적인 삶과 연결된다. 그가 출사하며 국록을 받는 일이 없었기 때문에 그의 경제적 궁핍에 어떠한 볕뉘 즉 나라의 혜택을 입어본 일이 없다는 것은 엄연한 사실이다. 그래도 임금(중종)의 승하를 애도한 것은 백성된 자로서의 의무이기도 하고, 선비된 자로서의 임무이기도 하다. 무엇보다도 그의 처사적(處士的)인 생애를 잘 드러내고 있는 전형적인 작품이라고 하겠다.

둘째는 그의 문학사상에 애민의식이 강하게 드러나 있다. 이 하나의 가설을 허용하는 한, 이(理)보다는 기(氣)의 세계를 중시했다고 판단할 때, 그 기의 세계는 민(民)에 대한 자각, 현실주의적인 가치에의 경도 등을 적절하고도 필연적으로 반영한다. 특히, 그의 일부 시편들과, 「민암부」, 「을묘사직소」 등은 일종의 저항문학으로서도 매우 훌륭한 값어치를 갖고 있다고 하겠다. 본론 부문에 인용되어 있지 않는 시 「유감(有感)」 중에서 그 일부를 미리 우선적으로 제시해 보겠다.

> 굶주림 참는 데는
> 굶주림을 잊을 수밖에 없으니,
> 이 땅의 모든 백성들은
> 편안히 쉴 곳조차 없구나.

셋째, 조식의 정신세계에는 그 나름의 낙토 사상 같은 것으로 내재화되어 있다. 이른바 남명(南冥)이란 그의 호명(號名)에서도 나타나 있듯이 영원성의 원천을 표상하는 어둡지만 그윽한 세계로 비유되는 '두류산 양단수'는 이상향의 현세적인 모습이기도 하다. 그는 고사(高士)로서 청빈의 이상을 추구하려고 했던 것이다.

이상과 같은 세 가지 관점에서, 나는 향후 그의 문학사상을 검토해보겠거니와, 본론 부문에서는 좀 더 구체적으로 이러한 점들을 살펴보고, 되도록 작품 중심의 상세화 과정을 밟아 나아가면서 그것을 검토하는 데 초점을 두려고 한다. 이 글에서 인용된 조식의 문학 작품은 기존의 국역본을 참고하였음을 미리 밝혀둔다.

2. 날아간 새의 그림자만도 못한 것

조식의 문학에 깃들여 있는 사상의 첫 번째 내용은 그의 글 속에 출처관이 반영되었다는 사실이다. 출처관은 벼슬길에 나아가거나 나아가지 않거나 하는 이유 및 소신을 분명히 밝히는 것이다. 즉, 그것은 출세와 처세에 관한 개인적인 가치의 표명이다. 주지하듯이, 그도 종생토록 자신을 처사(處士)로 자처해 마지않았다. 그는 벼슬(출세)을 거부하면서 초야에 묻혀 야인으로 살아갔다. 요즈음 식의 표현대로라면 어떠한 공직에도 몸을 담지 아니하고 학문이나 실천에 전념한 철저한 재야인사라고 할 수 있다.

그의 출처관은 우선 「엄광론」에서 드러나고 있다. 엄광(嚴光)은 후한 시대에 황제인 광무제(유수)가 출세를 요구하였음에도 불구하고 뜻을 굽히지 않고 산중에 은거해 낚시질이나 하면서 생을 마쳤던 사람이다. 여든 해의 천수를 누렸다. 광무제는 그가 죽었다는 말을 듣고, 그의 가족에게 거액의 하사금과 곡식 1천 섬을 내렸다고 한다. 조식은 이 엄광을 가리켜 '성인의 도를 추구한 사람'이라고 높이 평가하고 있다. 따라서 그의 글 「엄광론」은 처사 엄광의 전형적인 삶을 통해 자신의 삶 의식을 옹호하고 있는 것이라고 할 수 있겠다. 그는 엄광을 두고 왕도를 실현할 인물로 보았던 것이다.

가령 엄광에게 조금이라도 왕도 정치를 실현해 보려는 뜻이 있었더라면, 광무제가 황제가 된 처음에, 마땅히 아침에 산을 나와 저녁에 임금을 만났을 것이다. 어찌 애초에 엄광이 갖고 있었던 마음은 비록 광무제가 그가 거처할 동산을 아름답게 꾸며주고, 비단을 쌓아 준다고 해도 끝내 그 도를 굽히려 하지 않았을 것은 분명하다. 후세에 평가하는 사람이 패도 정치를 실현하려는 관점에서 자릉(엄광)을 본다면 광무에게 제 뜻을 굽히지 않았음이 지나쳤다고 할 것이다. 그러나 만약 왕도정치를 실현할 수 있는 역량을 가진 사람의 관점에서 자릉을 평가한다면, 그가 광무(제)를 위해서 뜻을 굽히지 않았음은 마땅하였다.[2]

엄광이 처사로 스스로 만족하면서 살아간 이유가 왕도 정치를 실현할 수 없다는 현실적인 조건에 있다고 보는 것이 조식의 시각인 것이다. 왕도를 실현할 수 없고 패도의 정치만을 일삼는 정치적인 현실 속에서, 그역시 엄광의 경우처럼 재야에 머물 수밖에 없었던 것 같다. 그의 시대직전만 해도 나라의 정치 현실은 그악하였다. 성종 이래 사림의 정치적이상은 왕도를 실현하는 데 있었다. 왕도적인 이상과 정치적 현실은 네차례에 걸쳐 사화(士禍)를 촉발하게 한다. 엄혹한 정치적 암투의 장으로얼룩져 점철되었다는 사실과, 더욱이 이상주의적인 왕도 정치를 실현하려고 했던 틈새에 조광조가 있었다. 그가 현실주의 정치의 세력 앞에 굴복되었다는 사실은 조식으로 하여금 뼈저린 자각과 성찰을 반추하게 하였다.

고대 중국의 정치사상은 이른바 왕도(王道)와 패도(覇道)로 나누어지는대조된 측면이 있다. 왕도는 제왕이 된 자가 도덕적으로 올바르게 행하는 치세의 정도일 것이다. 반면에 패도는 정치적인 패권을 장악한 권력자가 공리(功利)를 목적으로 지향하여 도의를 수단으로 삼으며 무력과권세로 세상을 통치하려는 것을 가리킨다. 이 양자의 개념은 이상주의

---

2 국역본 남명집, 260쪽. (나는 이 글을 쓰기 위해 경상대학교 남명학 연구소에서 펴낸 국역본 『남명집』(이론과실천사, 1995)을 참고하였다. 인용문의 전거를 각주로 처리하는 데 있어서 '국역본 남명집'이란 약칭을 대신하여 쓴다. 이하 같음.)

와 현실주의, 덕치(德治)와 법치(法治), 예도의 중시와 부국강병 등의 성격으로 나누어질 듯하다.

조식은 엄광을 두고 말하기를, 왕도를 보좌할 수 있는 사람이 패도의 나라에 들어서지 않는다, 높은 벼슬과 많은 녹을 받기 위해 제왕의 도를 망가뜨리고 패자의 신하가 결코 될 수 없다, 라는 뜻을 엄광론에서 밝히고 있다. 환언하자면 그 자신의 정치관을 빗대어 표현하고 있는 셈이 된다. 자신이 머물던 동시대의 정치 현실 속에서, 그는 전혀 왕도를 실현할 수 없다는 판단에 이르렀던 것이다.

따라서 그에게 처사로서의 삶의 선택은 실존적인 결단과도 같은 것이다. 자신을 이전투구의 현장 속에 내몰지 않았던 점에서, 그는 처사이면서 고사라고 해도 좋을 듯하다. 아닌 게 아니라, 처사가 곧 고사다. 그는 벼슬을 하지 않는 선비들과 더욱 정신적인 교감을 나누었다. 세속의 욕망과 명리에 빠지지 않은 고결한 선비, 즉 고사여서다.

근래 서로 안부를 묻지 못했는데, 기력은 어떠하신지 모르겠습니다. 가슴속에 쌓인 회포, 말로 표현할 수가 없습니다. 저는 다행히 죽지 않고 살아 있으나, 집안이 망해 가는 것을 우두커니 지켜보고만 있는 처지가 된지라, 항상 죽는 것만 못하다고 생각한 지 오래입니다. 어머니의 병환은 끊이질 않고, 처의 병세도 점점 다해 밤새도록 눈물을 흘립니다. 훌쩍 먼 곳으로 달려가고 싶지만 그렇게 할 수도 없고, 그대를 만나고 싶은 마음 항상 절실하지만 늘 그러질 못하고 있습니다. 사사건건 참으로 고통스럽습니다. 이처럼 얽매여 있다 보니, 산장(山莊 : 김해 산해정을 가리킴—인용자)에 가지 못한 지도 벌써 해를 넘겼습니다. 그러나 누구에게 하소연하며, 어디에서 회포를 풀겠습니까? 온갖 가지 생각이 꼬리를 물어 말로 다할 수 없군요. 공의 안부가 궁금해 삼가 아룁니다. 14일 식(植)[3]

두 해나 소식이 끊겨 항상 마음이 불안했습니다. 사는 곳이 멀어지게 되니 서신마저도 뜸해지는군요. 늘그막에 만날 날이 다시 얼마나 되겠습니까? 봉성(鳳城)에 있을 때 공의 편지를 받았습니다. 지난달 김해(金海)에 있는 집으로 돌아왔습니다만, 아직 안부 편지도 띄우지 못해 얼마나 죄스러운지 모르겠습니다. 공의 체증(滯症)이 매우 위중하다고 오래 전에 들었지만, 혼자 탄식만 더할 뿐입니다. 늙고 병들어 출입하고 싶은 마음이 점점 해이해지니, 이제는 죽을 날이 멀지 않았나 봅니다. 누구와 더불어 이 근심스런 마음을 다 풀겠습니까? 산해정(山海亭)에 와 보니, 나무숲이 울창해져 지붕 머리를 완전히 덮어 버렸습니다. 경치가 매우 그윽해져 전보다 배나 좋아졌습니다. 그러나 공이 병을 참고 먼 길을 와 푸른 산에서 한가한 꿈을 함께 꿀 수 없으니, 저의 이 회포가 어떻겠습니까?[4]

인용한 두 편의 글은 조식이 신계성(申季誠)에게 보낸 편지글이다. 신계성은 경남 밀양에 거주하면서 조식과 각별한 우정을 나누었던, 그와 비슷한 처지의 처사다. 당대의 사람들은 조식과 신계성, 또 한 사람의 처사인 이희안(李希顏)을 가리켜, 세 사람의 고결한 처사라는 의미의 '삼고(三高)'라고 불렀다. 조식이 신계성에게 보낸 사신(私信)은 모두 5편이 현전하고 있는데, 이 중에서 나는 두 편의 글에서 따온 것이다.

편지글의 내용을 보면 알 수 있거니와, 학문적인 교감의 내용은 거의 없고, 인간적인 정리의 사사로운 감정이 짙게 깔려 있다. 남명이 정신적으로 동요하고 육체적으로 피폐해져 있을 때 보낸 편지임에 틀림없다. 인용하지 않은 글 나머지 세 편도 이와 유사한 내용으로 이루어져 있다.

편지글의 내용을 미루어볼 때 두 사람의 관계는 매우 막역한 지음(知音)의 관계였으리라고 짐작된다. 신계성에 대한 조식의 편지글은 사사

---

3 국역본 남명집, 143~144쪽.
4 국역본 남명집, 145쪽.

로운 감정의 토로가 엿보여 신변잡기의 사소한 정담이 적잖이 드러나 있다. 특히 김해와 밀양이라는 인접한 고장에서 각각 처사로 생을 보낸 두 사람의 처지를 감안한다면 더욱 그러했으리라고 충분히 짐작된다. 사적인 생활감정이 비교적 잘 드러나 있지 않는 조식의 글 가운데서 이러한 유의 편지글은 오늘날 독자들의 눈길을 끌게 한다.

그러면 조식이 이웃해 있으면서도 늘 그리워하던 신계성은 과연 누구일까? 일생동안 밀양에서만 거주하면서 세상의 일에 전혀 관심을 두지 않으면서 고결한 삶의 태도로써 학문과 수양에 정진했던 선비였으리라. 신계성에 관한 소개는 국역본 『밀양지(密陽誌)』에 소개한 그대로를 옮겨 보고자 한다.

평산인(平山人). 자는 자성, 호는 송계. 어려서부터 성리학에 뜻을 두고 거업(擧業)에 나아가지 않았다. 소학(小學)으로 율신(律身)하여 성경(誠敬)으로서 존심(存心)의 요체(要諦)로 삼았으며 더욱 역학(力學)에 잠심(潛心) 역구(力究)하여 무릇 의리의 온오(蘊奧)한 것과 사물의 미세한 것에 이르기까지 모두 동연(洞然)히 깨달아 조금도 저체(底滯)함이 없었다. 일찍이 송당 박영에게 수학하고 또한 삼족당 김대유, 남명 조식 등 제현(諸賢)과 종유(從游)하여 사우(師友) 연원(淵源)의 바름을 얻었다. 항상 말하기를 "존심(存心) 양성(養性)의 공력이 무르익으면 기상이 고대(古代)해지고 조신(操身) 성찰의 공부가 오래면 마음이 성명(誠明)해져서 만가지 변화에 수응하더라도 자연히 범응곡당(泛應曲當)하게 된다." 하였다. 송림(松林) 속 석계(石溪) 가에 초당을 지어 좌우에 도서를 비치하고 관복 단좌(端坐)하여 우유(優游) 함영(涵泳)하여 살았다. 공의 지신(持身) 제행(制行)이 승묵(繩墨)과 같고 가정의 엄하기가 조정과 같음을 보고 조남명(曺南冥)이 참으로 외우(畏友)라고 찬탄하였으며, 당대의 고사(高士)로 추중(推重)하였다. 학자들이 송계(松溪) 선생이라 추앙하였다. 『송계실기』가 전한다.[5]

밀양은 예로부터 선비향으로 이름이 높았던 곳이다. 고려 말의 송은 박익으로부터 비롯한 유풍(儒風)은 변계량, 김종직, 박한주 등으로 계승되어 신계성에까지 이르렀다. 조식과 신계성은 낙동강을 사이에 두고 서로 왕래하면서 학문과 처세(處世)를 논하고, 또 의기를 투합하면서 우정의 깊이를 확인했으리라고 본다.

동시대의 '3고' 중의 한 사람인 이희안은 조식보다 세 살 아래의 절친한 벗이다. 조식과는 연고지가 합천이란 점에서 서로 정서적으로 상통하는 면이 있었으리라고 본다. 이희안은 병마절도사와 호조참판에 이르기까지 내외직, 문무반에 걸쳐 화려한 관료 경력을 쌓았던 아버지 이윤검과는 달리, 벼슬길에 연연하지 않고 비교적 조용히 살아왔던 인물이다. 쉰 나이에 비로소 고령현감으로 제수되었으나 경상도 관찰사와 뜻이 맞지 않아 곧 사직했다. 사실상 그 역시 조식과 함께 평생을 처사로 보냈다. 두 사람은 학문적으로 소통, 교류했다고 전해지고 있다.

조식이 이희안에게 부친 시가 있다. 시제 「제황강정사(題黃江亭舍)」가 바로 그것이다. 이때 '황강'이란 뜻은 이희안의 호인 동시에 합천을 가로지르며 흐르는 강의 이름이다. 황강변의 정자에 앉아 두 사람의 교분을 나누고 있다. 길가 무명의 풀잎처럼 죽어가더라도 산의 구름처럼 자유롭게 살아가자는 것, 그것은 강물의 흐름처럼 유연한 삶이며 이 유연한 삶은 세속의 걸림돌을 비켜 가는 삶이라고 하겠다.

> 길 가 풀은 이름 없이 죽어 가고,
> 산의 구름은 자유롭게 일어나누나.
> 강은 가없는 한을 흘려보내면서,
> 돌과는 다투지를 않는다네.[6]

---

5 밀양지편찬위원회, 『밀양지』, 밀양문화원, 1987, 663~664쪽.
6 국역본 남명집, 38쪽.

그런데 이희안이 고령 현감에 제수되어 잠시 공무를 수행하고 있을 때 조식이 불만을 품었다는 구전 설화가 합천군에 전해지고 있는 것을 정우락 교수가 채록하여 공개한 바 있다. 조식이 이희안의 집을 지나갈 때 그가 벼슬을 한다는 이유로 부채를 가리고 지나갔다고 한다. 어쨌든 이희안이 세상을 버렸을 때는 조식이 상여의 줄을 메었을 만큼 두 사람의 우의가 두터웠다고 전해지기도 한다.[7]

이에 비해 현실타협적인 처신이나 처세관를 보여준 지인들에게는 따끔하게 충고하곤 했다. 조식은 앞 시대 영남 사림파의 전례를 생각하면서 자신의 출처관에 대해 타산지석으로 삼으려 했던 것 같다. 김종직과 김굉필은 사제지간이었다. 김종직이 이조참판으로 중용되자 조정을 바로 잡기 위한 건의도 올리지 않고 현실에 타협하여 안주하는 것을 못마땅하게 여긴 제자 김굉필은 스승의 태도에 불만을 품고 스승의 처세를 완곡하게 비판하는 시를 띄운다. 이 시의 내용 중에서 가장 핵심적인 부분과 스승인 김종직의 화답시 내용 중에서 가장 핵심적인 내용을 나란히 써보면, 다음과 같다.

김굉필 : 난초도 속된 것을 따라 마침내 변하게 된다(蘭如從俗終當變).

김종직 : 권세와 이익에 구구하게 편승함에 만족하지 않는다(勢利區區不足乘).

제자 김굉필의 문제 제기와, 스승 김종직의 변명은 보다시피, 사림파도 현실 정치에 굴절될 수 있음을 엿볼 수 있게 하는 사례다. 왕도의 이

---

7 정우락,『남명문학의 철학적 접근』, 박이정, 1998, 359쪽, 참고.

상도 권력의 단맛에 망각될 수 있다는 것이다. 조식은 두말할 나위도 없이 스승인 김종직보다 제자인 김굉필 쪽에 도덕적인 정당성을 부여하고 있다.

조식이 사림의 후배인 노진(盧禛)과, 자신의 수제자 격에 해당하는 오건(吳健)에게 보낸 편지글은 매우 준엄하다. 출처관과 관련된 자신의 입장이 매우 분명하게 담겨 있다고 하겠다. 다음에 인용할 두 편의 글은 노진과 오건에게 각각 보낸 것인데, 앞엣것은 노진에게 성현의 도를 실천하지도 못하면서 벼슬자리에 오래 머물지 말 것을 노골적으로 얘기하고 있으며, 뒤엣것은 자신의 제자에게 출처의 문제에 있어서 지절(志節)을 따르지 아니하고 사욕에 따르는 것을 가리켜 밥 먹는 것에 비유하면서 쓴 소리를 거침없이 토로하고 있다.

제가 여러 번 은명(恩命)을 받아들였으니 한 번이라도 대궐에 나아가 절하는 것이 예에 마땅하겠지마는, 도하(都下)에 머물며 다시 무슨 일을 하겠습니까? 영공께서는 아침저녁으로 조정에 들어가시는데, 만약 성현의 도를 시행하지도 못하면서 오래 머물며 물러나지 않으신다면, 또한 구차스럽게 녹만 먹는다는 비난을 면치 못할 것입니다.[8]

내가 사람들을 만나본 것이 적지 않은데, 유독 선생에 대해서 출처(出處)의 뜻으로 권면하는 것은, 전에 그대가 밥 먹는 것을 보니 등줄기를 따라 내리지 않고 식도(食道)를 따라 내리기 때문입니다. 시사(時事)가 두려워할 만하다는 것은 어리석은 부인들도 알고 있습니다. 선생은 본래 식견이 높지 않은데 지금 그 판국 안에 나아가 있으니, 소견이 벌써 어두워졌을 것입니다.[9]

---

8 국역본 남명집, 306쪽.
9 국역본 남명집, 146쪽.

이상의 인용문을 보자면 출처관에 대한 조식의 입장은 매우 단호하다. 그리고 그는 직설적이고 직정적인 성정의 소유자인 듯하다. 세칭 '단성소'에서 보듯이 그는 벼슬을 강요한 권력의 심장부를 겨냥하면서 칼날같이 예리한 사직 상소를 올리는 것은 자신의 뜻을 위해 목숨마저 초개처럼 버리겠다는 신념 혹은 강인한 의지를 비추고 있었다.

조식은 주지하듯이 지리산을 유람한 후 「유두류록」을 쓴 바 있었다. 기행적 산문의 명문으로 후세에 남겨진 이 글에 이러한 내용이 있다. 지리산 암벽에 이름이 새겨진 것들을 보고 썩지 않는 곳에 이름을 새겨 영원히 전하려 하는 욕망을 가리켜

날아가 버린 새의 그림자만도 못한(不如飛鳥之影)[10]

행위에 지나지 않는다고 말했다. 뒤집어 놓고 보면, 후세 사관(史官)의 책에 기록되고 넓은 땅 위의 사람들의 입으로 새겨져야 하는 이름이 아니어든 벼슬을 하여 이름을 남기지 말아야 한다는 것이 그의 지론인 것이다. 이 인용문은 이 글을 쓰고 있는 나에게도 실로 교훈이 되는 문구이다. 내가 평소에 글을 쓰고 책을 내고 하는 것도 '날아가 버린 새의 그림자만도 못한' 짓거리가 아닌가 하는 생각이 문득 스쳐 지나가고 있다.

3. 풍년 들어도 굶주리는 슬픈 백성

조식의 시대에는 큰 유학자들이 많이 있었다. 그에게 선배 격에 해당되는 인물로는 서경덕(1489~1544), 이언적(1491~1553), 주세봉(1495~1554)

---

[10] 국역본 남명집, 281쪽.

등이 있었고, 그와 동년배인 이황(1501~1570)은 그와 함께 유림의 정점에 도달했다. 조선조 성리학은 송도와 경주라는 두 고도에서 새로운 국면을 열었는바, 서경덕과 이언적이 그 장본인들이다.

조식은 57세 때 속리산에 있는 성운을 방문하면서 서경덕을 만났다고 한다. 조식과 서경덕의 우연한 조우는 조선시대의 유학사에서 무척 의미 있는 시사점을 내포하고 있다. 서경덕의 운을 받아서 남긴 시 한 편이 있는데 국역된 것을 인용해보면 다음과 같다.

가을 강 부슬비 속에 낚시 드리움직하고,
봄 들자 산고사리 돋아나니 가난하지 않다네.
일편단심으로 이 세상 소생시키고자 하는데,
누가 밝은 해를 돌려 이내 몸 비춰 줄는지?
시내에 가 거울 닦으니 번쩍번쩍 때 없고,
달 아래 누워 시 읊조리니 신나는 흥취가 있네.
뜰의 매화가 나무에 가득 필 때를 기다려,
한 가지 꺾어서 멀리서 온 사람에게 보낸다.[11]

이 시를 보면 조식이 서경덕을 은연중에 찬양하고 있음을 알 수 있다. 일관된 심지를 지니면서 지금 세상을 소생시켜줄 사람이야말로 바로 당신이라는 것. 그는 서경덕과 자신이 봄을 알리는 매화꽃처럼 세상의 도덕적인 타락을 쇄신할 수 있는 선구자라는 사실을 암시적으로 드러내고 있다. 동시대의 처사된 자로서 두 사람이 세상사를 논하고 조정의 일을 개탄하면서 교감을 나눌 수 있었던 것은 지극히 자연스러운 일이었을 터이다.

---

11 국역본 남명집, 99쪽.

이에 비해 조식은 훗날 종1품 정승 급의 반열에까지 올랐던 이언적에게는 인간적인 호감을 크게 느끼지 못했던 것 같다. 조식이 43세 되던 해인 1543년에 경상도 관찰사로 있던 이언적이 편지를 보내어 조식을 만나 보고자 하였으나, 조식은 이 제의에 완곡하게 거절하는 뜻을 밝히는 서신을 보낸다. 그 편지글의 내용은 다음과 같다.

어찌 거자(擧子)의 신분으로 감사를 찾아갈 수 있겠습니까? 다만 생각건대 옛사람은 네 조정에 걸쳐 벼슬하였지만 조정에 있었던 것은 겨우 사십 일이었습니다. 저는 상공(相公)께서 벼슬을 물러나 고향으로 돌아갈 날이 멀지 않을 것이라 생각합니다. 그때에 제가 각건(角巾)을 쓰고 안강리(인용자―경주에 있는 지명)에 있는 댁으로 찾아가 뵈어도 늦지 않을 것입니다.[12]

이언적이 죽은 후에 조식은 「관서문답에 대한 해명」을 쓴다. 이 글은 이언적과 관기(官妓) 사이에 낳은 아들 이전인을 그의 족인(族人)인 조윤손에게 빼앗겨 조씨의 양자로 키워진 사실, 즉 이언적의 사생활과 그 서자의 출생의 비밀을 밝혀 놓은 내용으로 이루어진 것이다. 조식은 이 글을 통해 '집안끼리 서로 연이 닿아 나는 일찍이 이전인의 출생에 관한 전말을 알고 있었다.'[13]라고 밝히고 있다. 뿐만 아니라, 이 글 속에는 이언적의 출처(出處)와 거관(居官)에 관한 비판의 내용도 담겨 있다. 조식의 사후에 그의 제자 정인홍이 『남명집』을 편찬, 간행하여 세상에 반포하자 이런 비밀스런 사생활 내용이 알려지게 된다. 이때 이언적과 이황의 학통을 계승한 영남 좌도의 선비들이 매우 분개하는 사태가 벌어지기도 했다.

조식은 중앙 무대에 정치적으로 나아간 이언적과 이황의 가치관에 대

---

12 국역본 남명집, 305쪽.
13 국역본 남명집, 263쪽.

해 적절히 거리를 둔 것 같다. 자신이 바른 말을 하다가 죽임을 당한 지역의 선비들인 영남 사림파의 적통을 계승한 것으로 생각했던 것 같다. 정여창을 가리켜 함양 출신의 유종(儒宗)이니, 학문이 깊고 독실해 '우리 도학' 즉 성리학의 계보에 실마리를 이어준 분이라고 추켜세운다.[14] 또 그는 김굉필의 그림병풍에 대해 발문(跋文)을 썼던 것으로 유명하다.

15세기 영남 사림파와 남명 조식을 이어준 매개적인 인물은, 김일손의 조카이자 정여창의 제자인 삼족당 김대유(1479~1552)이다. 조식은 김대유의 청도 집을 방문해 열흘간 머문 일이 있다. 혹자는 두 사람을 두고 친구지간이라고 하는데, 이는 잘못 알려진 것이다. 김대유가 조식보다 무려 스물두 살 연장자였다. 두 사람이 학문적인 교유가 있었지만, 친구라기보다 도리어 사제에 가까운 면이 없지 않다. 출처관에 대해선 서로 공감대가 있었던 것으로 족히 짐작된다. 조식이 김대유의 청도 집에 머물 때 김대유를 위한 시를 썼는데 제목은 「제삼족당(題三足堂)」이다. 시의 형태가 요즘 식으로 말해 5언 14행이니까, 매우 특이하다고 하겠다.[15] 이 14행 중에서 두 행을 가져오면 다음과 같다.

人歸西伐路
江注南河伯[16]

이 열 자에 조식의 출처관이 집약되어 있다고 해도 과언이 아니다.[17] 이 열 자는 제대로 번역이 될 수도 없다. 대부분의 사람들은 이렇게 번역할 것이다. 사람은 서쪽으로 향한 길을 가고, 강은 물의 신이 있는 남

---

14 국역본 남명집, 277쪽, 참고.
15 기존의 『남명집』에서는 이 시의 장르를 '고풍(古風)' 으로 분류하고 있다.
16 국역본 남명집, 원문(본집)편, 362쪽.
17 『남명집』을 간행하는 과정에서 갑오본과 경술본 이후로는 이 두 행이 삭제되었다고 한다. 가장 핵심적인 두 행이 후세에 삭제된 셈이 된다.

으로 흐르네. 방향 개념인 '서(西)'는 때로 서울을 상징하기도 한다. 고중세의 중국 수도인 함양·낙양·장안이 중국에서도 서쪽에 위치해 있었기 때문이다. 그래서 중국이나 우리나라에서는 관습적으로 서행(西行)과 상경(上京)이 동의어로 쓰였다.

인용 시에서의 '서벌로'는 한양으로 향하는 길이다. 다시 말하자면, 벼슬을 하고 싶은 욕망이다. 사람들은 누구나 벼슬을 하고 싶은 욕망에 귀의하지만……. 강물은 남으로 향해 하백으로 흐른다. 하백(河伯)은 누구나 물의 신으로 안다. 한자 백은 대체로 세 가지로 독음된다. 백·패·맥이다. 즉, 맏 백, 우두머리 패, 논밭사이길 맥이다. 여기에서는 두 번째인 '하패'에 해당한다. 하패는 물의 우두머리인 낙동강을 가리킨다. 울산에서 발원한 청도의 동창천은 남하해서 밀양강을 경유해 낙동강으로 흘러들어간다. 이 낙동강이 물의 우두머리인 것이다. 선비라면 누구나 벼슬을 하고 싶은 욕망에 귀의하겠지만, 강물은 이에 개의치 아니하고 남쪽의 낙동강을 향해 흘러간다. 벼슬을 하고 싶은 욕망이 인위적이라면, 이를 등지면서 강물을 따라 흐르고 싶은 마음은 무위자연이다.

실제로 김대유는 숙부 김일손이 능지처참을 당하는 집안의 비극에도 불구하고 등과했다. 그리고 벼슬길로 향해 나아가지만, 지금의 경남 함안군에 속해 있는 칠원에서 현감(종6품)으로 재직하는 데 만족했다. 지금 같으면 행정고시에 합격하고도 5급 공무원인 면장 직을 잠시 수행하고는, 더 이상 승진, 아니 관직 자체에 대한 욕심을 내지 않았다. 더욱이 한양으로 올라가서 내직을 맡을 마음도 전혀 없었던 것으로 보인다. 이 점에서 볼 때, 김대유와 조식은 출처관에 있어서 서로 공감한 것으로 보인다.

조식의 학문과 사상은 문도(門徒)들에 의해 계승되어 마침내 학파를 형성했다. 오늘날 세인들에 의해 남명학파라고 불리어지는바, 이것의 학파적인 성격은 색다른 색깔을 지니게 된다. 공소한 이기론보다는 독행(篤行)과 실천을 강조해온 남명학파의 규모와 의의는 인조반정(1623)과 무신(이인좌)란(1728)을 거치면서 거의 초토화되다시피 했지만, 오늘날에 이르러 긍정적으로 재조명되고 있다. 남명학의 독자성 및 현재성은 다음과 같이 요약될 수 있을 것이다.

이황 역시 이 점에서 조식과 유사성이 있지만 이들에 의해서 각각 형성된 학풍은 서로 다른 점이 많았다. 당시 주자학만을 존숭하고 문신을 우대하던 학문 분위기 속에서도 조식은 이에 구애받지 않고 이단시되던 불교, 노장, 양명학은 물론이고 병가서까지도 수용하는 입장을 견지했다. 이러한 태도는 그가 매우 드물게 개방적인 의식을 소유한 인물이었을 뿐 아니라, 다른 한편으로는 당시의 학문 풍토를 비판·극복하여 새로운 학문 풍토를 조성하려는 의도를 드러내는 것이라고 할 수 있다.[18]

남명학은 엄밀한 의미에서 경학은 아니다. 왜냐하면 조식 자신이 천도론과 심성론에 대한 과도한 관심을 경계했기 때문이다. 즉 본원 유가의 실천 정신을 제대로 계승하려고 한 것이 조식의 의도였으며, 당시의 시대 상황에서 봤을 때 과도하게 형이상학화하여 현실 대처 능력을 상실해 가던 다른 학파의 학문에 비해 훨씬 현실적이요, 그만큼 특색 있는 학문이었다고 하겠다. 특히 남명학은 실천윤리학 또는 경세학으로의 특징을 강하게 지닌다는 점에서 오늘날 이 시대의 제반 모순의 해결에 커다란 시사를 줄 수 있을 것이다.[19]

출처관에 있어서 이언적과 이황이 한통속이라면, 조식이 서경덕과 한통속이 되는 것은 엄연한 사실이다. 전자의 계열이 이(理)를 강조한다면,

---

18 한국사상연구회 편저, 『조선유학의 학파들』, 예문서원, 1997, 172~173쪽.
19 같은 책, 198~199쪽.

후자의 계열은 기(氣)를 중시한다. 이런 점에서 볼 때, 사상사적인 성격의 맥락에 있어서도 서경덕과 조식이 서로 유사성을 띠거나, 양자 간에 연결의 여지가 있을 수 있다. 물론 이 사실은 아직 검증되지 않는 가설일 뿐이다. 서경덕은 이언적과 달리 소위 이의 선재(先在)를 부정하고 기의 항존(恒存)을 주장함으로써, 이황과 이이를 비롯한 당시의 학자들로부터 이와 기를 혼동하고 있다고 비판을 받거나 (비정통으로 의심을 받는) 주기론자로 지목되기도 됐다.[20]

이기론의 입장에서 볼 때 조식의 위치가 어디에 놓이는가 하는 문제에 관해서는 학자들 간에 의견이 분분하다. 이 중에서 김충렬 교수는 「학기도」에서 이(理)를 언급한 예가 드물고 또 중시하지 않다는 점에서 조식의 학문적 경향을 주기론적으로 보기도 했다.[21] 이수건 교수도 조식이 평생토록 기의 수련에 힘써 호연지기를 함양했다는 점에서 분명하게도 주기적(主氣的)인 인물로 규정한 바 있었다.[22]

요즈음 공부하는 자들을 보건대, 손으로 물 뿌리고 비질하는 절도도 모르면서 입으로는 천리(天理)를 담론하여 헛된 이름이나 훔쳐서 남들을 속이려 하고 있습니다. 그러나 도리어 남에게서 상처를 입게 되고, 그 피해가 다른 사람에게까지 미치니, 아마도 선생 같은 장로(長老)께서 꾸짖어 그만두게 하시지 않기 때문일 것입니다. 저와 같은 사람은 마음을 보전한 것이 황폐하여 배우러 찾아오는 사람이 드물지만, 선생 같은 분은 몸소 상등의 경지에 도달하여 우러르는 사람이 참으로 많으니, 십분 억제하고 타이르심이 어떻겠습니까? 삼가 헤아려 주시기 바랍니다. 이만 줄입니다.[23]

---

20 같은 책, 141쪽.
21 『남명학연구논총』, 제10집, 2002, 46쪽, 참고.
22 『민족문화논총』, 제2·3집, 영남대학교, 188쪽, 참고.
23 국역본 남명집, 135쪽.

조식이 이황에게 보내는 편지글을 보면, 천리를 담론하는 자들을 꾸짖고 타이를 것을 요구한 바 있었듯이, 그는 이기론 자체를 공론(空論)으로 치부했는지도 모른다. 따라서 일부 학자들은 남명학을 양명학과 관련을 시키기도 하고 실학의 연원으로 파악하기도 한다.

조식의 사상에는 주기적인 성향과 현실주의적인 세계관을 담고 있다고 말할 수 있다. 그에게 있어서의 기(氣)는 기상인 동시에 '끼'이다. 그는 '동방기절지최(東方氣節之最)'라는 평판을 받아 왔듯이, 그의 문학에도 기상이 현실에 파고 들어가는 경향이 강하게 나타난다. 사람들은 이 기상을 맹자의 호연지기이거나 조비의 문기론(文氣論)에서 비롯된 것이라고 말하기도 한다. 통속적으로 말하라면, 끼가 있는 사내이기도 했던 모양이다. 미인을 좋아하고 기생과 어울리고 호색을 자인하며 높은 산에서 젊은 여인의 노랫소리를 그리워하고 말이다.

조식이 서경덕과의 주기론적 범주에 속할 수 있다는 또 하나의 가설은 그가 서경덕의 제자 허엽과 간접적인 관련성을 맺고 있다는 사실에 있다고 하겠다. 허엽(許曄) 가의 부자들은 일제히 조식의 죽음을 애도하는 만장을 지어 보냈고, 세 형제 중에서 막내인 허균은 조식의 수제자 정인홍이 이끄는 대북당(大北黨)에 소속되기도 했다. 일부에서는 허균의 문학에 남명 사상을 계승한 측면이 강하게 나타나 있다는 의견을 내놓고 있다.

기를 중시한다는 것은 무슨 의미일까? 한편으로는 민(民)에 대한 자각과 현실주의적인 가치에로 기울어지게 마련이다. 정우락은 이규보와 김시습에서 그 예를 찾았다.[24] 그런데 조식의 민 인식 내지 애민의식은 서경덕의 일기론(一氣論)에서 비롯된 평등의 철학과 서로 통하는 바가 있다. 모든 것은 하나로 귀결된다. 음과 양도, 움직이는 것과 정지된 것도,

---

24 정우락, 앞의 책, 341~349쪽, 참고.

삶과 죽음도, 결국에는 양반과 상놈도, 적자와 서자도 하나인 것이다. 서경덕의 사상에는 이처럼 신분해방의 사상이 배태되어 있었다. 젊은 시절의 서경덕이 백성의 고통을 빗대어 표현한 시 한 편에, 그것은 다음과 같이 이미 암시되어 있었다.

> 바위 틈새로 흐르는 물
> 밤낮 없이 울어대는데
> 슬픈 듯 원망스러운 듯,
> 아니 싸움질을 하는 듯,
> 세상을 크고 작건
> 억울하지 않은 것 하나 없는데
> 푸른 하늘에 터뜨리는 분노
> 아직 가라앉질 않누나.[25]

서경덕의 이러한 유의 시는 조식의 저항적인 작품과 바로 연결된다. 조식의 문학 작품 가운데서 애민의식이 가장 직설적으로 드러나 있는 것은 오늘날의 개념으로 보아 장시에 해당하는 「민암부」이다. 민암(民巖)이란, 백성이 나라를 엎을 수도 있는 위험한 존재라는 말이다. 임금이 백성을 위하지 않는다면 백성이 나라를 뒤엎을 수 있다는 발상을 당시의 윤리 기준에 의거할 때 매우 위험하기 짝이 없다. 이 작품에 조식의 기상이 서슬이 시퍼렇게 빛을 내고 있다. 그 일부를 다음과 같이 인용해본다.

> 아아!

---

25 동아일보, 1997, 10, 28, 재인.

험함이 이보다 더한 데는 없으리니,

배가 이로 인해 가기도 하고,

또한 이 때문에 엎어지기도 한다.

백성이 물과 같다는 말은,

예로부터 있어 왔으니,

백성은 임금을 받들기도 하지만,

백성은 나라를 엎어 버리기도 한다.

내 진실로 알거니와, 눈으로 볼 수 있는 것은 물이니,

　　(……)

궁실(宮室)이 넓고 큼은,

암험함의 시작이요,

여알(女謁)이 성행함은,

암험의 계단이요,

세금을 기준 없이 거두어들임은,

암험함을 쌓음이요,

도에 넘치는 사치는,

암험함을 일으켜 세움이요,

부극(掊克)이 자리를 차지함은,

암험으로 치닫는 길이요,

형벌을 자행함은,

암험을 돌이킬 수 없게 함이다.[26]

인용시에 난해한 표현이 있다. 여알(女謁)은 임금의 총애를 입은 비빈이나 치맛바람 일으키는 여인이 정치에 참여하는 것은 말하며, 부극(掊

26 국역본 남명집, 113~115쪽.

克)은 백성의 재물을 수탈하는 데 혈안이 된 사람을 가리킨다. 두말할
것도 없이, 얼마 전 TV 사극 「여인천하」에서 보여준 바 있었듯이, 여알
은 문정왕후과 정난정 등을 가리키고, 부극은 윤원형 일파를 뜻한다. (이
글을 처음 쓴 시점이 2003년이므로 '얼마 전'이란 표현을 살려둔다.) 조식이 현실 정
치에 뜻을 두지 않고 염증을 느끼게 된 것도 이들의 전횡에 그 원인이
있다.

조식은 1555년에 단성 현감에 임명되었다. 어쩔 수 없이 부임은 했지
만, 이로부터 한 달 남짓한 시간이 지나서 사직을 청하는 상소문을 올린
다. 세칭 '단성소'라고 이르기도 한 이 「을묘사직소(乙卯辭職疏)」는 오늘
날에도 인구에 널리 회자되거나 일부 내용이 인유되고 있을 만큼 유명
하다. 상소문도 문학 속에 포함될 수 있을까? 후세 사람들의 마음을 흔
들었다면, 상소문도 문학이다. 한말 장지연의 논설 「시일야방성대곡」도
마찬가지이듯이 말이다. 어떤 측면에서 볼 때, 조식의 「을묘사직소」는
어무적의 「유민탄」이나 허균의 「홍길동전」 등과 함께 조선시대 저항적
인 문학의 백미라고 단언해도 좋을 듯싶다. 한 시골 선비가 궁중의 지존
을 감히 훈계하는 데 이보다 더 저항적인 일이 어디 또 있겠는가?

또 전하의 나라일이 이미 그릇되어서, 나라의 근본이 이미 망했고, 하늘의 뜻
은 가버렸으며, 인심(人心)도 이미 떠났습니다. 비유하자면, 큰 나무가 백 년
동안 벌레가 속을 먹어 진액이 이미 말라 버렸는데 회오리바람과 사나운 비가
어느 때에 닥쳐올지 까마득하게 알지 못하는 것과 같으니, 이 지경에 이른 지
가 오랩니다. (……) 자전(慈殿)께서 생각이 깊으시기는 하나 깊숙한 궁중의
한 과부에 지나지 않고, 전하께서는 어리시어 다만 선왕의 한 아드님이실 뿐이
니, 천 가지 백 가지의 천재(天災)와 억만 갈래의 인심(人心)을 무엇으로 감당
해내며 무엇으로 수습하시겠습니까? 냇물이 마르고 좁쌀비가 내리니, 그 조
짐이 그 무엇이겠습니까? (……) 엎드려 원하옵건대, 전하께서는 반드시 마음

을 바로 하는 것으로써 백성을 새롭게 하는 요점으로 삼으시고, 몸을 수양하는 것으로써 사람을 쓰는 근본으로 삼으셔서, 왕도의 법을 세우십시오. 왕도의 법이 왕도의 법답지 않으면 나라가 나라답게 되지 못합니다. 밝게 살펴시길 엎드려 바라옵니다. 저는 감당할 수 없이 떨리고 두려운 마음으로 죽음을 무릅쓰고 전하께 올리옵니다.[27]

자신의 말처럼 그는 목숨을 걸고 임금에게 이 글을 올렸다. 회오리바람이 임꺽정의 난이고 사나운 비가 임진왜란 같은 거라면, 조식의 비유적인 표현은 매우 날카로운 통찰력을 품고 있는 것이라고 할 것이다. 하지만 무엇보다도 비교적 장문에 해당하는 이 글의 일부를 따랐거니와, 글의 행간 속에는 백성을 사랑하는 마음이 잘 배여 있다는 사실이 주목된다. 한편으로는 「민암부」·「을묘사직소」와 함께 조식의 문학적 명편으로 기억되고 있는 기행문학 「유두류록(遊頭流錄)」에도 애민의 사상이 그대로 드러난 바가 있다. 삶의 구체적인 현장을 있는 그대로 묘파하고 있다는 점에서 매우 사실적인 느낌을 전해주고 있다.

쌍계사와 신응사 두 절이 모두 두류산 한복판에 있어 푸른 산봉우리가 하늘을 찌르고 흰 구름이 문을 잠근 듯하여 마치 사람의 연기가 드물게 닿을 듯한 데도, 이곳 절까지 관가의 부역이 폐지되지 않아, 양식을 싸들고 무리를 지어 왕래함이 계속 잇달아서 모두 흩어져 떠나가는 형편에 이르렀다. 절의 중이 고을 목사(牧使)에게 편지를 써서 세금과 부역을 조금이라도 완화해 주기를 빌었다. 그들이 하소연할 데가 없음을 안타깝게 생각 해서 편지를 써주었다. 산에 사는 중의 형편이 이러하니 산촌의 무지렁이 백성들의 사정은 알 만하다 하겠다. 행정은 번거롭고 세금은 과중하여 백성과 군졸이 유망(流亡)하여 아버

---

27 국역본 남명집, 243~246쪽.

지와 아들이 서로를 돌보지도 못하고 있다. 조정에서 바야흐로 이를 크게 염려하고 있는데, 우리가 그들의 등 뒤에서 여유작작하게 한가로이 노닐고 있으니 이것이 어찌 참다운 즐거움이겠는가?[28]

조식이 「유두류록」이란 이름의 지리산 기행문을 쓰고 난 2년 후에 이황이 「서조남명유두류록후」라는 평론을 부치기도 했다. 이황은 조식의 글을 읽고 '놀러 다니며 탐구하는 일을 보인 외에도, 일에 따라 뜻을 나타내는 데에 감분하고 격앙한 말이 많아, 사람으로 하여금 늠름하게 하여, 오히려 그 사람됨을 상상해 볼 수 있게 한다.'[29]라는 감상을 남겼던 것이다.

조식의 「유두류록」에 대한 이황의 평은 한마디로 찬사라 할 수 있다. 이 찬사의 중심부에 감분하고 격앙한 말, 즉 감분격앙지사(感憤激昂之辭)라는 표현이 있다. 이황은 이를 매우 낯설게 느낀 듯하다. 선비된 자로서 내면의 불꽃같은 정열을 삭히는 일에 익숙한 그로서는 이례적인 감정의 표현으로 접수했을 터였으리라. 그는 이를 조식다움의 개성으로 받아들이면서 새삼스런 가치를 느끼게 된 것 같다. 그러나 그 역시 조식의 글에서 용솟음치는 듯한 절박기미(節拍氣味)를 끝내 이해하지 못했다. 아마도 이성주의자로서의 한계인 듯하다.

조식의 문학에 나타난 애민의식은 그의 절친한 벗인 이희안에게 보낸 시 「증황강(贈黃江)」에 날카롭게 제시되어 있다. 이 시를 통해 그가 백성들이 겪고 있는 고통의 수위가 어느 정도인지를 역사 앞에 충실하게 증언하고 있기 때문이다.

---

28 국역본 남명집, 285쪽.
29 국역본 남명집, 292쪽.

서리 내리는 밤 달빛 속에 그대 생각 정말 깊은데,

기러기 새로 돌아올 때 나그네 신세인 제비는 돌아가네.

붉은 나뭇잎 산에 가득하여 온통 붉은 색이고,

골짜기에 남은 푸른 솔은 가지 반쯤 없구나.

달려드는 백발에 근심은 뒤얽히고,

슬퍼 우는 백성들은 풍년에도 더욱 굶주린다.

배에 가득한 답답한 생각 적을 수 없지만,

우직한 황강(黃江) 노인 그대야 응당 알리라.[30]

조식의 시대에, 슬퍼 우는 백성들은 풍년에도 더욱 굶주리고 있었다. 이보다도 더 비분강개하고 격앙된 메시지가 어디 있을까? 치자의 수탈이 극에 달했음을 짐작하게 한다. 그의 시대에 임꺽정이 일으킨 변란은 역사의 필연적인 귀결인지도 모른다. 조식의 문장에, 현실 정치에 대한 혐오, 권력에 대한 저항의 파토스가 암시적이거나 명시적으로 반영되어 있는 것은, 다름 아니라 인간과 인간 사이의 형평과 인간과 자연의 합일에 대한 자신의 꿈을 반영하기도 한 것이다. 여기에 비록 소박한 수준일망정 그는 유토피아를 인식하는 가녀린 실눈을 뜨고 있었다. 우리는 이 대목에서 그의 참모습을 희미하게나마 발견할 수 있으리라.

4. 현실 속의 낙원 두류산 양단수여

조식은 개인적으로 불우한 삶을 살았다. 그의 일상을 압박한 것은 경제적 물질의 궁핍이었다. 그가 아내의 고향인 김해에서 17, 8년을 보낸

---

30 국역본 남명집, 94쪽.

것도 가난을 극복하기 위해서였다고 한다. 또한, 그의 몸을 압박해온 것은 고질적인 병고(病苦)였다. 갑자기 눈이 안보이거나 극심한 어지럼증을 일으키거나 하여 집안의 제사도 올리지 못한 적도 있다고 한다.

남명은 9세에 큰 병을 앓았으며, 장년에는 두통으로 괴로워한다. 이 두통은 만년에 현기증으로 이어져 방안에 편안히 앉아 있다가 자신도 모르게 쓰러지기도 하고. 갑자기 눈알이 깜깜하여 땅에 주저앉기도 하고, 그리하여 결국 선조의 제사에 가서 절을 할 수 없는 지경에까지 이른다.[31]

엎친 데 덮친 격으로, 진주에서 일어난 하종악 후처의 음행 사건은 그의 집안에 화가 미치게 되고, 그 역시 배후 인물로 비난을 받게 된다. 조식의 인간적인 고통은 그로 하여금 자연과의 합일마저 거부하게 한다. 이황은 「도산모춘우음」이란 시에서 '만 그루 붉은 복사꽃의 눈부신 노을(萬樹紅桃絢眼霞)' 속에서 치세의 아름다움을 노래했지만, 조식은 「유감」이란 시에서 '푸른 산의 어스름이 해질녘의 시냇물에 그림자를 드리우는(碧山蒼倒暮溪流)' 음습하고 불길한 징후를 감지하고 있었다. 이황의 제자 금란수는 이황과 조식의 시를 두고, 혼연지의(渾然之意)와 초월지기(超越之氣)로 각각 나누어 비유한 바 있었다. 이황의 시가 자아와 자연의 합일적인 도락을 추구해왔다면, 조식의 시는 사물이나 자연물에 동화되지 않는 벗어남의 기상을 드러내었다고나 할까?

높은 정자 위에 자연을 그리워함도
번거로운 백일몽과도 같아서,
도대체 몇 겹이나 떨어져 있으리오,

---

31 정우락, 앞의 책, 32쪽.

구름 속의 나무와 도화원(桃花源)이!

臥疾高齋晝夢煩
幾重雲樹隔桃源

인용된 시는 내가 의역해 보았다. 그 내용은 천석고황도 한낱 백일몽에 지나지 않으며 무릉도원과 같은 낙토로 현실 밖의 아득한 곳에 있다는 것. 아름다운 산수를 완상하며 인간이 이 속에서 자연화된다는 것도 절실한 생활감정이나 구체적인 삶의 현장으로부터 얼마나 유리되어 있는지를 능히 짐작할 수가 있겠다.

그러나 조식은, 세상과의 영합은 물론 자연과의 합일마저 넘어서는 경지에 도달하려고 했다. 그것은 '일체의 존재가 있는 그대로 긍정될 때 일체의 존재와 하나가 되는 망아지경(忘我之境)'[32]이라고 할 것이다. 자아와 세계 사이의 역동적인 긴장 관계를 잘 보여주고 있는 시 한 편이 있다. 다음의 「함벽루」가 그것이다.

남곽자(南郭子) 같은 무아지경에 이르진 못해도,
흐르는 강물만 멍하니 바라본다.
뜬구름의 일을 배우고자 하나,
높다란 바람이 흩어 버리네.[33]

이 시에 조식의 사상과 정신이 잘 함축되어 있다. 현실 초극의 기상이랄지, 시비의 벽을 넘어서고 현실의 경계를 초월하는 큰 자유의 정신 같은 것이 은연중에 드러나 있기 때문이다. 앞으로의 세계에서 이루어져

---

32 같은 책, 89쪽.
33 국역본 남명집, 40쪽.

야 하는 세계는 잃음의 세계, 무지(無知)의 세계로 언표되는 낙원의 세계일 것이다. 여기에 조식의 독창적인 사색의 자취와 정취가 잘 드러나고 있다. 이 시에 관한 기존의 해석이 있어 이를 옮기면 다음과 같다.

(조식은) 현실세계가 지니고 있는 시비를 모두 벗어나 나의 존재까지 망각한 '잃음(喪)'의 경지를 그리워하였던 것이다. 이 작품 2구에서처럼 함벽루에 높다랗게 올라 시비를 버리고 아득히 흘러가는 강물을 바라다보면서 자신 역시 그 세계에 의식이 닿아 있음을 보여준 것도 같은 이유에서였다.[34]

조식에게 있어서의 유토피아 사상의 진정성은 어디에 있었을까? 왕도가 실현될 유교적인 이상사회일 수도 있고 노장적인 소요의 경지일 수도 있다. 소유욕과 지적 오만에 스스로 빠져들지 않는 참다운 자유가 소위 남명 정신의 궁극적인 지향점이 될 듯하다. 그는 푸른 학이 산다는 지리산 청학동을 찾아 나서기도 하고, 아예 천왕봉이 물끄러미 바라다보이는 곳으로 이주하여 거처를 마련해 여생을 보내기도 했다. 그가 남긴 시조 한 편의 내용 속에 낙원에의 동경이 잘 반영해 있다.

두류산 양단수를
예 듣고 이제 보니,

도화(桃花) 뜬 많은 물에
산영(山影)조차 잠겼어라.

아희야, 무릉(武陵)이 어디오,

34 경상남도 편, 『경남정신의 뿌리―남명 조식 선생』, 경상남도 문화예술과, 2000, 86쪽.

나는 옌가 하노라.

이 시조는 조식의 시조 중에서 가장 잘 알려져 있는 작품이다. 조식은 8편의 시조를 지었다고 문헌상 전해지고 있는데, 후세의 위작설이 제기되기도 하거니와, 이 중에서 인용시가 가장 신빙성이 높은 작품으로 평가되기도 한다. 그가 만년에 살던 진주 속현의 덕산에 '양당수'라는 지명이 지금도 전해지고 있다. 양당수는 연못 형태의 늪이다. 양단수는 양당수의 와전된 것이라고 하는데 그 진위에 관해서는 나도 정확히 알지 못한다.

조식에게 있어서 연못은 영원성의 원천을 표상하는 이미지일 것이다. 그것은 본연지성(本然之性), 근본에의 회귀, 인간이 인간답게 본래의 자리로 되돌아가는 것을 의미한다. 이 연못을 두고 기모(氣母)라고 해야 될지도 모르겠다.

조식의 자호가 남명(南冥)인 것도 초탈의 경지를 가리키는 도가적인 명명(命名)에 의거하고 있듯이, 인용 시 역시 안분(安分)의 품격과 한정(閑情)의 도가적인 풍격을 동시에 지닌 작품이라고 말할 수 있다. 세속의 욕망과 속기(俗氣)를 끊고 고고한 생활의 기상을 드높이고자 하는 내용의 이 시조는 조식의 낙원관을 가장 투명하게 반영하고 있다.

그의 이상향은 현실과 격절한 아득한 곳에 있는 것도 아니요 더욱이 내세에의 허황된 발상 속에서 추구하려고 하지도 않았다. 그는 자신이 살고 있는 현세 가운데서 낙원을 찾으려 했던 것 같다. 참고로 밝히건대, 그의 자호명이 '남명'인 것도 기실 자신의 생활 주변에서 끝내 낙원을 찾게 되리라는 사실을 전제로 한다. 남명이란 즉 천지(天池)를 뜻한다. 우주 만물 생성의 가장 근원이 되는 순수의 세계―그것은 양당수로 불리어진 이웃한 이름이요, 친숙한 삶의 터전으로 언표될지도 모를 그러한 세계인 것이다.

세속의 근심을 잊고, 탈속의 경지에 들다

—의병장 곽재우의 삶과 생각

1. 실마리 : 영원한 극일의 표상

일본 총리 고이즈미가 올해(2004) 양력 정월 초하룻날부터 기습적으로 야스쿠니신사를 참배하더니, 또 며칠도 되지 않아 독도가 자기네 땅이라고 우긴 바 있었다. 일국의 총리로서 점잖지 못한 망언을 분개하는 목소리가 높았다. 특히 우리나라 지식인들은 정부가 공식적으로 일련의 사태에 외교적으로 대응할 것을 요구하는 글들을 발표하기도 했다.

침략의 역사를 미화하는 것 같은 간헐적인 망언이 있을 때마다, 우리는 역사 속에서 극일의 인물을 찾고는 한다. 극일의 인물 가운데 가장 대표적인 인물이 있다면, 두말할 나위도 없이 이충무공이 될 것이다. 그 다음의 인물로 떠오르는 사람이 있다면 사명당, 곽재우, 안용복, 안중근, 윤봉길 등이 아닐까 한다. 이러한 인물들 중에서도 경남 출신인 사명당과 곽재우는 비극적인 인물이 아니라 어려움 없이 생을 마쳤다. 이 글은 곽재우에 관한 비평문이다.

그는 지금의 경남 사람이다. 경북 사람인 그의 아버지는 경남 의령으로 장가를 들어 처가살이를 했다. 그는 의령에서 태어나 평생토록 살았다. 조선시대의 선비들은 선영이 있는 곳을 고향이라고 이르는 경향이 뚜렷하다. 지금 사람들은 선대의 일보다는 자신의 주체적인 삶의 장소성과 관련하기 때문에, 과거의 고향 관념과 전혀 다른 관념을 지니고 있다. 그 당시의 관점에서 볼 때 곽재우의 고향은 의령이 아닐 수 있다. 하지만 지금의 관점에서 볼 때, 그의 외향인 의령이 사실상 자신의 고향이다. 평생을 두고 산 곳이 고향이 아니고, 또 어디란 말인가? 고향이 경남이기도 한 재일학자 이진희의 객관적인 평가를 먼저 한번 읽어볼 만하다.

겨레가 입은 참화는 언어로는 형언하기 어려울 정도였다. 그 참화 속에서 선비와 하급 관리, 농민들이 궐기했고, 승려도 무기를 들었다. 처음에는 소규모의 전투였으나 점차 조직적 반격으로 이행하였다. 경상도에서는 상주 패전이 전해지자, 현풍(玄風)의 곽재우(郭再祐)가 10여 명으로 궐기, 삽시간에 그 대열은 천여 명으로 불어, 의령(宜寧), 합천(陜川)을 탈환하게 되었다. 곽재우의 뒤를 이어 제수(諸洙), 김면(金沔), 정인홍(鄭仁弘) 등이 각각 의병 부대를 조직하였고, 9월로 접어들자 박진(朴晉)이 이끄는 의병 부대가 경주를 탈환했다. 10월에는 곽재우 부대가 진주성을 포위한 일본군을 격파함으로써 일본군의 전라도 공략 작전을 좌절시켰다.[1]

곽재우는 역사적 인격으로서 또 하나 매력적인 부분이 있다면, 그의 스승인 남명 조식의 경우처럼 정치권력에 전혀 욕심을 두지 않았다는 사실에 있다. 그는 유자(儒者)로서 선도(仙道)의 세계에 탐닉했던 독특한 인물이기도 했다. 방외인이거나 방외인적인 기질이 농후한 과거의 인물

1 이진희, 『한국과 일본문화』, 을유문화사, 1982, 148쪽.

중에서 선도에 관심을 가졌던 사람이 주로 많았다. 최치원 · 이규보 · 김
시습 · 서경덕 · 이지함 · 전우치 · 허균 등이 대표적인 경우라고 하겠다.
곽재우의 글 가운데 이런 기질이 나온다.

> 거문고를 타니 마음이 담담해지고,
> 숨을 고르니 뜻은 점차 깊어만 가네.

> 彈琴心澹澹,
> 調息意淵淵.

그는 세상에 나아가 위기에 빠진 나라를 구하고, 세상으로부터 물러
나 자신의 몸을 길러 '망우귀선(忘憂歸仙)'의 경지에 들어서려고 했다. 의
를 중시하는 유자의 삶을 살다가, 마침내 자연 속에서 선인(仙人)의 삶을
향유하려고 했던 그. 그러면, 그와 관련된 문학이거나 그가 직접 창작한
문학을 통하여 그의 생애와 사상을 살펴보고자 한다.

2. 홍만종과 이덕무의 전기류 문학

망우당 곽재우가 죽은 뒤에 그의 삶의 발자취를 기록한 글들이 적지
않게 쓰였다. 흔히 한 개인의 일대기를 가리켜 행장(行狀)이라고 한다. 행
장은 주지하듯이 글쓴이의 추모의 감정이 깃들어져 있다. 글쓰기의 성
격을 가늠해 볼 때, 행장이 문학적인 글의 범주 속에 수용되기에는 지나
치게 실용적이다. 행장에 비해 전기(傳記) 유는 문학적인 성격을 다소간
지향한다.

곽재우의 삶을 기록한 (비교적 짧은) 글의 총량은 대체로 열네 편 정

도에 이르고 있다.[2] 물론 이 중에는 문학성을 따질 수 없는 글도 있겠거니와, 대체로 보아서 전기류(傳記類)가 문학성을 다소간 지향한다는 것은, 글쓴이의 최소한의 상상력을 논장(論章)의 형식으로서 드러낸다는 데서 엿볼 수가 있다.

이를테면, 홍양호는『해동명장전』을 지어 나라를 지킨 장수들의 빛나는 삶을 후세의 귀감으로 삼고자 하였는데, 그는 여기에서 조선조의 명장으로 이충무(李忠武), 권원수(權元帥), 곽홍의(郭紅衣)를 손꼽으며 이들의 걸출한 재주와 위대한 공을 찬양하면서도 곽재우가 자신의 재주를 다 쓰지 못했음을 아쉬워하였다.[3]

홍만종은 조선조 효종 때 사람이다. 그는 방외인 기질이 농후했으며 재야에서 왕성한 집필 활동을 했다. 시화총림(詩話叢林)·소화시평(小華詩評)·순오지(旬五志) 등의 제목으로 된 일련의 저작물들은 우리나라 고전문학 비평사에서 없어서는 안 될 중요한 문헌이다. 특히 그의 역저『해동이적(海東異蹟)』은 형식적으로 중국의 열선전(列仙傳)을 모방한 것에 지나지 않으나, 도교의 관점에서 본 인물 중심의 우리 역사를 기술한 것이어서 상당한 이채를 띠고 있다. 이 책에는 단군에서부터 비롯하여 곽재우에 이르는 선인(仙人), 이인(異人)들의 행적을 기록하고 있다. 홍만종에게 있어서의 곽재우는 가장 가까운 시대에 살았던 이인이었던 셈이 된다. 다시 말하면, 그는 곽재우를 도가 및 신선사상에 근거한 신비주의적인 사관으로써 바라보았던 것이다.

(곽재우가) 마침내 방술(方術)을 배우러 입산하여, 곡식을 끊고 거의 일 년이 지나도록 먹지 않았다. 이에 몸은 가벼워지고 건장해졌다. 오직 하루에 송

---

2 곽망우당기념사업회가 간행한『망우당 곽재우 연구』(1992)에서는 14편의 전기류를 '문헌설화'로 분류하고 있다.
3 곽망우당기념사업회,『홍의장군 곽망우당』, 연합신문사, 1959, 187쪽, 참고.

화(松花) 한 조각만 먹었을 뿐이었으니, 이는 대체로 연기법(嚥氣法)을 터득한 것이었다.

내가 생각건대, 곽재우는 대란을 당해 분전하여 왜적을 토벌하고 공을 세운 뒤 초연하게 멀리 이끌고 입산하여 곡식을 피하고 일 년이 지나도록 먹지 않고도 몸도 가벼워지고 튼튼해졌으니 어찌 이른바 신선의 부류가 아니겠는가?[4]

곽재우는 연기법이라고 하는 도가의 양생법을 터득했다고 한다. 홍만종은 이에 그의 신기한 행적, 예컨대 곡식을 피하고 화식을 끊고 솔잎만을 먹으면서 건강을 유지한 일, 또한 먹은 술을 귓구멍으로 흘러내리게하는 일 등에 주목하면서 선인의 부류로 범주화하려고 한 것이다.

이에 대해 이덕무의 「홍의장군전」은 실제적인 측면에서 곽재우의 삶의 족적을 서술하고 있다. 이덕무는 실사구시의 학풍(學風)이 널리 확산되던 영정조 시대의 인물이다. 따라서 그는 곽재우의 생애를 비교적 객관적이고 사실적(寫實的)으로 묘파하고 있다. 그만큼 곽재우가 신비적인 인물이 아니라 의(義)를 중시하고 초심이 한결 같은 유교적 인물로 초점을 맞추어 갔다.

곽재우의 인간됨은 이렇게 요약된다.

첫째, 곽재우는 아버지의 근무지에 있으면서 여색을 멀리하고, 부모의 복(服)을 엄수하였으며, 특히 전쟁 중 어머니의 상(喪)으로 인해 집으로 돌아가 있을 때 세 번이나 나라의 부름을 받았으나 벼슬길에 나아가지 않았다.

둘째, 곽재우는 경상도 순찰사 김수의 여덟 가지 죄를 성토하는 격문을 써 의병들을 선동하였다. 곽재우의 하극상은 초유사 김성일에 의해 무마되었다.

---

4 홍만종 저, 이석호 역, 『해동이적』, 을유문화사, 1986, 206쪽.

셋째, 곽재우는 전후(戰後)의 혼탁한 정치판에 끼어들지 않음으로써 무욕의 처신을 잘 보여 주었다. 그는 정치적인 이해와 관계없이 영창대군의 처형을 반대하는 상소를 올렸다.

이러한 점에서 볼 때, 이덕무는 곽재우가 현실 도피적이고 초월적인 도교적 인물이 아니라, 어느 정도 현실에 참여하면서 세속의 이해에 빠지지 않고 선비된 자로서의 냉철한 판단과 기상을 보여주는 유교적 인물로 파악하고 있다. 또한 그는 무용담으로 곽재우의 전기적인 삶을 재구성하기도 하였다. 그도 그럴 것이, 곽재우는 임진년에 일어난 미증유의 왜란으로 말미암아 역사의 현장에 등장한 구체적인 인물이기 때문이다.

재우가 수목 사이 이곳저곳에서 나타나니 적이 바야흐로 놀라고 의심하던 차에 다시 보니 붉은 전포를 입고 흰말을 탄 사람이 높은 봉우리와 깎아지른 절벽 사이에서 나와 빙 둘러서서 어지럽게 돌아가는데, 그 수를 헤아릴 수 없었다. 적은 더욱 놀라고 의심하여 천신(天神)이라고 생각하여 감히 가까이 하지 못하니 재우가 드디어 숲 속에서 나와 어지럽게 활을 쏘아 곧 전멸시켰다.[5]

곽재우의 무용은 그의 스승이자 처외조부인 남명 조식에게 기인하는 바 크다. 조식에게 사람 보는 안목이 있었는데 그가 곽재우를 외손서로 간택하고는 자제들에게도 가르쳐 주지 않았던 병서(兵書)를 가르쳤다고 이덕무는 적고 있다. 하지만 이덕무는 무엇보다도 곽재우의 담박한 인격을 높이 평가했다. 「홍의장군전」 말미에 쓴 그의 논평은 다음과 같다.

홍의장군은 성품이 뛰어나고 정직 순박하여 딴 사람과 서로 어울리지 않았

---

5 김성환 엮음, 『한국명문선』, 민족문화독립회, 1980, 207쪽.

으니, 조정에 있으면 마땅히 화가 미칠 것이며 싸움터에 있으면 마땅히 패할 것이다. 그러나 공리(功利)에 담박하여 물욕에서 벗어났으며 형세를 살펴 승리를 취하였고, 기이한 것을 싫어하지 않았다. 능히 세상의 재화를 면하여 일찍이 한 번도 패하지 않았으니, 이것은 공리에 담박한 때문이었다. 선무공신록(宣武功臣錄)에 조그마한 공로도 모두 기록하였는데, 홍의장군은 도리어 참여되지 않았다. 그러나 홍의장군의 공에 무슨 손상이 되겠는가.[6]

곽재우의 의병 활동에는 공명심이나 출세욕과 같은 음습한 동기가 깃들어져 있었던 것이 아니라, 그의 스승인 조식이 평소 강조하였던바 절조와 의리를 구현해내려는 의도가 명명백백하게 반영되어 있었다.『선무공신록』은 임진왜란을 평정하는 데 승리를 이끈 공이 있었던 사람들을 선정한 국가 공식 문서를 뜻한다. 여기에 이순신 장군이나 권율 장군이 최고의 공신으로 뽑혔음은 두말할 나위가 없겠지만, 곽재우는 재야 인사로서 정당한 대접을 받지 못했다. 당시에 기득권 세력의 자기 방어가 오늘날의 우리가 생각하는 것보다 훨씬 극심하였음을 잘 보여주는 증좌라고 하겠다.

그러나 곽재우가 세속의 지위보다 정신의 높이에 있어서만은 한 시대를 대표하는 고사(高士)였다. 이덕무는 이 사실을 인정하면서 그를 높이 평가하였던 것이다. 곽재우를 통해서 후세의 교훈이랄지, 역사의 효용적인 면모를 수용하려고 했다는 점에 있어서, 실학파의 한 사람인 이덕무는 실재론자이면서 현실주의자였다고 말할 수 있을 것이다.

곽재우에 관련된 이러한 전기류 글쓰기는 넓은 의미의 소설 영역에 포함된다고 할 수 있다. 오늘날 심미주의적인 문학관의 기준에서 보자면, 이런 성격의 글쓰기는 허구성이 강조되는 소설의 장르적인 성격과

---

6 같은 책, 215쪽.

전혀 무관하겠지만 말이다. 이상과 같이, 곽재우의 삶에 관해 후세인들이 전혀 상반되게 반응하고 수용했던 측면들을 살펴보았다.

3. 설화, 서사시, 소설 속의 곽재우

곽재우에 관한 설화는 그동안 많이 채록되고 연구되기도 했다. 정상 박·김광순·신태수 등이 채록한 곽재우 관련 구전설화는 대략 170여 편에 달한다. 이에 관한 연구도 충실히 진행되어 왔는데, 특히 『망우당 곽재우 연구』(1992)라는 단행본에, 김광순의 「곽재우 전승의 한 연구」, 임재해의 「전설에 나타난 곽망우당의 영웅다움과 이인다움」, 신태수의 「곽재우 전승의 양상과 의미」가 실려 있다.

소재영은 역사 문헌의 실기(實記)나 전승의 민담화 과정, 또한 소설 속에서 반영된 인물 형상이 소위 '민중적 영웅'으로 오늘날까지 살아남고 있다고 했다.[7]

이에 반해 임재해는 곽재우는 민중적 영웅이 아닌 '귀족적 영웅'의 범주 안에 포함된다고 했다. 구전된 이야기 속의 곽재우의 모습은 이인상과 영웅상을 공유하고 있다. 임진왜란 중의 곽재우는 영웅의 모습으로 그려졌으나, 전쟁이 끝난 후의 곽재우의 영웅적인 면모는 더 이상 발휘될 필요가 없어졌다. 세상과 대결하여 불패의 신화를 남긴 그는 현저히 귀족적인 영웅으로 그려져 온 것이 사실이다.

이인은 도술을 지니고 있되 직접 나서지 않고 숨어 지내는 인물이다. 숨어 지내는 일 자체가 잘못된 세상이나 세월에 대한 일종의 대결이라 하겠다. 탁월

---

7 곽망우당기념사업회 편, 『망우당곽재우연구』, 곽망우당기념사업회, 1992, 76~77쪽, 참고.

한 능력을 감추고 예사 사람처럼 지내지만 앞으로 벌어질 일에 대하여 누구보다 잘 알고 있다. 직접 도술을 발휘하여 잘못된 세상을 바로잡으려 하지 않으나 다른 사람을 가르쳐서 뜻을 펴기도 하고, 도움이 필요한 사람에게 도움을 베풀고는 홀연히 사라진다. 설화에서 이인은 도승의 모습으로 나타나거나 명풍수, 명의, 점장이 등으로 나타난다. 신원이 확실한 이도 더러 있다. 망우당 전설에는 임란이 일어날 시기를 일깨워 준 이나, 임란 때 실제로 망우당을 도와준 이는 모두 이인에 속하는 셈이다. 영웅은 숨어 지내지 않고 직접 나서서 도술을 발휘하며 세상과 대결하는 인물이다. 세상일에 나서는 것이 곧 싸움의 시작이며 반드시 싸워서 승패를 가린다. 출신 성분에 따라 승패의 양상이 달라진다. 고귀한 신분의 민족적 영웅은 싸움 끝에 승리를 거두지만, 미천한 신분의 민중적 영웅은 패배하기 일쑤이다. 귀족적 영웅이 주몽이나 탈해, 홍길동이라면 민중적 영웅은 아기장수, 김덕령(金德齡), 신돌석 등이다. 망우당은 직접 나서서 싸웠다. 그리고 번번이 승리를 거두었다. 자연히 망우당은 귀족적 영웅에 속한다고 하겠다.[8]

곽재우 구전 설화는 민중들에 의해 창작되고 전승되고, 끝내 향유되는 것이기 때문에 귀족적 영웅으로서의 곽재우상은 어느덧 민중화되어가기 시작한다. 초월적인 내용의 화소(話素)가 탈락된다든가, 평범한 인간으로서의 모습으로 재조정된다든가, 실패담 모티프가 나타난다든가 하는 것이 그것의 징후라고 하겠다. 예사 사람의 면모가 부각된 것으로, 정상박이 경남 의령군에서 채록한 민담의 화소를 정리해보면 다음과 같다.

임중이란 사람이 곽장군의 마부 노릇을 했는데 힘이 장사이다. 함안에서 진을 치고 있다가 왜놈에게 쫓겨 말과 마부를 내버린다. 강가에 다다라 건너지

---

8 같은 책, 84~85쪽.

못하니 뒤따라온 마부가 덜렁 보듬어 강을 건넜다.[9]

이 경우는 비범하지 않는 '민중 영웅'으로서의 인간적 결함을 제시하고 있는 전승담의 전형적인 화소가 아닌가 한다. 이와 유사한 것으로는, 곽재우가 왜병이 쳐들어오는 데도 배가 없어 도강을 못하자 이름 없는 마부가 한쪽에 말을 끼고 한쪽에 곽재우를 끼고 강을 훌쩍 건너 사경을 모면하는 화소[10]가 있다.

곽재우 설화의 실패담은 주로 합천군에서 채집된 것인데, 백마산성에서의 패배 화소(모티프)를 지닌 것이다. 백마는 뒤에서 덮치면 힘을 쓰지 못하는데, 왜병이 백마산성의 뒤를 덮쳐 곽재우 부대가 패배했다는 것. 이것은 사실이 아니다. 민속적인 구비전승의 과정에서 풍수지리적인 화소나 스토리텔링이 덧보태어진 것 같다. 상승(常勝)의 명장으로 묘파되어온 곽재우의 귀족적인 영웅담과 차이가 분명히 드러난다.

이름 없는 민중의 힘과 익명성 역시 곽재우의 초인적인 힘, 초월적인 행적을 제어하거나 압도한다. 결국 곽재우 역시 인간에 지나지 않으며 지혜가 부족해 때로는 패배도 당하게 된다는 것의 이야기는 자신들의 힘과 익명성에 신뢰하는 민중의 원망(願望)이 온축된 것이라 하겠다. 즉, 곽재우가 축지법을 써 강을 뛰어넘었다는 화소는 민중에 의해 충돌을 일으키면서, 민중을 다시 곽재우의 평범성 내지 세속적 면모라는 새로운 화소를 이끌어낸다.

　곽재우가 신선술을 닦은 데는 그만한 이유가 있었어요. 임진란이 끝나고 정치적인 사정이 참 복잡했던 것으로 보이는데, 곽망우당은 붕당이 일어날 줄을

---

9 권복순, 「인물전설의 서사 구성과 성격」, 경상대학교 대학원, 2003, 37쪽.
10 같은 책, 38쪽, 참고.

알고 있다가 그런 사정이 있었는데 나라가 우쨌는고 카마 전란 전에 난리가 일어난다 안 일어난다 두 패로 갈려 있었는데 고만 난리가 일어났잖아요. 그러자 안 일어난다카는 쪽에서는 할 말이 없었어. 나름 대로 피난도 하고 이랬는데 전쟁이 끝나자 내부적인 수습이 필요했지요. 주로 전쟁이 안 일어난다고 카는 사람들이 정권을 잡고 있었지요. 이런 사람들이 자기들이 계속 권세를 누리자면 난리 동안 공을 세운 사람들을 깔아뭉개야 되거등. 공을 세운 사람이라고 카마 잘 알다시피 곽재우, 서산대사 들이라요. 이런 의병들이 이 싸움에 이긴 공로를 등에 업고 일선에 나설까 해서 몹시 우려를 했어. 조그만한 일만 있어도 트집을 잡고 모함을 했어. 이런 형편을 누구보다 잘 알고 있는 곽재우는 혼탁한 조정을 피해서 시골로 낙향해서 신선술을 닦았지. 글쎄 신선될라꼬 참말로 그랬을까요? 나는 그렇게 안 봐요. 몸을 지킬라꼬 신선술을 닦았을 걸로 봐요.[11]

곽재우 설화 중에서 이인형(異人型) 전승담의 화소는 다소 유형화되어 있다. 그가 축지법과 분신술을 쓴다든가, 곡식을 피하여 솔잎으로 생식을 한다든가, 죽을 때 하늘로 뻗친 무지개를 타고 등선(登仙)한다든가 하는 모티프가 대표적으로 유형화된 사례이다.

그러나 앞의 인용문에서 암시되어 있듯이, 민중들은 곽재우의 이인성(異人性)을 부정하려는 경향이 있었다. 그가 벽곡 입산하여 양생(養生)의 도를 연마하려는 것은 정말 신선이 되기 위해서가 아니라는 것이다. 그가 「기관소(棄官疏)」에서, 당파를 만들어 자기만 옳고 남을 그르다 하여 국가의 존망과 상관없이 자기 한 몸만을 생각하는 자들과는 구별되는 선비로서의 자존심을 보여주고자 했듯이, 그가 정치적 현실로부터 피하고자 한 데는 세속의 명리에 초연한 그의 인격, 품성과 함께, 세상 살아가

---

11 『망우당곽재우연구』, 앞의 책, 300쪽.

는 일종의 존명책(存命策)의 의도가 담겨 있었다. 앞에 인용된 설화는 신태수가 1990년 경남 창녕군의 한 농부로부터 채록한 것이다. 곽재우의 신이한 행적에 시비의 단서를 제공하는 듯한 민중의 관점이 담겨 있다.

주지하듯이, 설화는 문학의 기록적인 측면이나 심미적 완성도의 기준에서 볼 때 미완의 문학이라고 할 수 있다. 서양의 서사문학의 전개 양상이 그러했듯이, 고대의 신비주의를 수반한 구비 전승담의 발전된 형태로서 서사시와 중세적인 수준의 소설이 있었다. 따라서 곽재우 설화로부터 발전된 문학적 형식이 있다면, 김창흡의 한문 단편서사시와, 한글 소설 「임진록」 속에 포함된 곽재우의 캐릭터를 살펴볼 수 있을 것이다.

> 임진란에 왜를 친 의로운 선비 허다하지만
> 홍의 장군을 뉘라서 간과하리
> 장군은 애초에 의령에서 일어나
> 비겁한 관리를 징치하러 분연히 무기를 들었네
> 흰말로 적진에 들어가 거리낌 없이 내달리니
> 붉은 옷만 한번 보아도 왜적들은 놀라네

> 壬辰討倭義士多
> 紅衣將軍孰能過
> 將軍初自宜寧起
> 請誅逗撓奮天戈
> 登陣白馬以橫行
> 一見紅衣衆倭驚

김창흡의 「과유허시(過遺墟詩)」는 곽재우의 생애를 연대기로 읊조린 일

종의 영사시이다. 이 시의 전모는 30행으로 이루어져 있으며,[12] 인용된
부분은 이야기가 시작되는 부분에 해당한다. 근대문학의 입장에서 보자
면 단편 서사시라고 할 수 있다. 물론 곽재우의 초인적인 힘에 관한 묘
파, 초월적인 행적에 대한 일방적인 찬미 같은 내용이 자제되어 있다.

> 곽장군은 거짓 패하여 산곡으로 달아나니 왜장이 승승하여 따르더니 한 모
> 롱이를 지나며 간 곳을 알지 못하고 주저할 즈음에 홀연 좌편 수풀에서 홍의
> 입은 백마 탄 장수가 문득 패하여 산곡으로 달아나거늘 왜장이 따르더니 또 길
> 을 잃고 주저할 즈음에 홍의에 백마 탄 장수 내달아 싸워 이렇듯 하기를 십 여
> 차에 이르러는 왜장이 크게 의혹하여 속은 줄 알고 급히 군사를 물리더니 문득
> 방포소리 나며 사면팔방으로 함성이 대진하거늘 안국사 실색하여 달아나고자
> 하나 사변 복병이 일시에 일어나니 왜병이 크게 어지러워 짓밟혀 죽는 자 그
> 수를 알지 못하고 남은 군사는 각각 명을 도망하는지라.[13]

고전소설『임진록』에 곽재우의 의병 활동이 서술되어 있거니와, 인용
문의 경우는 숭전대본(崇田大本)에서 따온 것이다. 곽재우의 장군으로서
의 위용이나 무용담은 설화, 단편 서사시의 단계를 지나 소설에 이르러
서 이처럼 잘 구체화되고 있다. 왜장인 안국사는 안국사라는 절의 주지
인 왜장인데, 법명은 '에케이(惠瓊)'이라고 한다. 그는 전후 일본의 내전인
세키가하라 전투에서 도쿠가와 이에야스를 지지하지 않아 참수되었다.
　동양권에서의 소설의 개념적 범주는 꽤 방대하다. 소설은『한서(漢書)』
「예문지」의 경우에서 보듯이 중국 고대 때부터 쓰인 용어이다. 즉, 소설
은 패사, 이를테면 패관에 의해 수집된 역사 기술문의 사료적인 기초에
서부터 비롯되었다. 서양의 서사시가 신화서술(mythologize)의 성격이 뚜

---

12 김창흡의 「과유허시」 전문 30행은『홍의장군 곽망우당』(앞의 책, 189~990쪽)에 실려 있다.
13 『망우당곽재우연구』, 앞의 책, 71쪽, 재인.

렷하다면, 동양의 소설은 역사에서 가져온 것이다. 『임진록』속에 구현된 곽재우의 모습은 소설적 허구의 인물이라기보다 실기와 유사한 역사기술(historiography)의 한 개인으로 그려졌다. 이와 같이, 소설적 인물로서의 형상화는 세속적이고 역사적인 영웅의 상으로부터 전형성을 획득할 수 있어야만 가능하다는 사실을 『임진록』속의 곽재우의 경우가 여실히 증명하고 있다고 하겠다.

4. 곽재우의 시문, 그의 올곧은 삶

곽재우는 학인(學人)이거나 예술적 감성이 풍부한 사람, 즉 학예인의 이미지이기보다는 무인(武人)의 이미지가 강하며, 이성적이거나 도덕군자라기보다는, 경험적, 실제적 인격의 범주 속에 뚜렷이 포함될 수 있는 인간상이다. 그는 평소에도 학문적인 저술이나 문학적인 글쓰기에 큰 관심을 두지 않았다. 스승 조식으로부터 성리학의 원리보다 선비로서의 기개와 기상, 실천궁행에 관해 더 많은 가르침을 받았던 것 같다.

그럼에도 불구하고 그는 유고 형태의 문집을 사후에 남기기도 했다. 현존하는 그의 문집 『망우선생문집』에는 한문으로 쓰인 28제(題) 37수(首)의 시와, 서간문을 포함한 실용적인 산문 36편이 전해지고 있다. 그런데 여기에 간과될 수 없는 점은 그의 글이 생활의 여기로 쓰인 게 아니라, 글과 행동양식과 사상적인 방향성 등이 서로 일치하고 있다는 사실이다. 말하자면 그의 글은 그의 삶이요 생활이며 그 자체인 것이다.

> 한평생에 절개와 의리만을 본받았으나,
> 오늘에 와서는 산 속의 중과 같은 신세가 되었네.
> 곡식을 먹지 않으니 배고프고 목마름은 없어지고,

마음이 비어 있으니 호흡은 저절로 안정이 되네.[14]

平生慕節義
今日類山僧
絶粒無飢渴
心空息自凝

이 시는 「영회(詠懷)」 3수 중에서 첫 번째에 해당하는 작품이다. 이 짧은 시 속에 곽재우의 생애와 사상이 농축되어 있다. 과거 젊었을 때는 절의를 숭상하고 실천하면서 살아왔지만, 지금 늘그막에는 세상으로부터 물러나 조식(調息)과 양생으로써 몸과 마음을 닦는다고 말하고 있다.

곽재우의 사상 가운데 한 축을 이루는 절의관은 유교 사상의 근본주의적인 성격을 잘 나타내고 있는바, 이론의 체계보다 행동양식을 중시하는 실천주의적인 측면에서 비롯된 것이다. 그가 난세의 현실로부터 도피하지 않고 민중의 구체적인 삶의 현장 중심부에 들어가 소위 정의의 군대를 양성하여 의적과의 처절한 전투에서 지속적인 승리를 가져다 왔던 삶의 족적도 여기에서 비롯되었던 것이다.

곽재우의 도학적 정신의 구조를 이룩하는 두 가지 주류 역량은 의(義)와 지명자족(知命自足)으로 요약된다고 하겠다. 이 양식화된 형국에 현실주의적이고 민중지향성이 첨부됨으로써 남명학파의 도학적 계보 가운데서도 행동화에도 보다 발전된 형태로 양식화되었다.[15]

실록에 곽재우가 방외인(方外人)의 기질이 농후하다고 적고 있는 사실이 유명하거니와, 그가 34세에 과거에 우수한 성적으로 합격하고도 과

---

14 이재호 역주,『국역망우선생문집』, 집문당, 2002, 169쪽.
15 이동환,「곽망우당의 도학적 정신 구조와 그 현실주의적 성향」,『복현한문학』, 제9집, 복현한문학연구회, 1993, 37쪽, 참고.

격한 논리 전개로 말미암아 파방(罷榜)한 것은 인생의 새로운 전기를 맞이하는 계기가 되었던 듯싶다. 당시 기준으로 볼 때, 이단의 사상에, 즉 노장 사상, 선(仙), 병가(兵家), 불교 등에 친화적이었던 것은 파방 사건을 계기로 유교적 독점주의에 약간의 반발적 심리를 갖지 않았나 하는 짐작을 해볼 수 있겠거니와, 무엇보다 그의 스승이자 처외조부인 남명 조식에 사상의 연원을 두었기 때문일 것이란 추측이 유력하리라고 본다.

남명은 학문적으로는 형이상학적이고 사변적인 이론을 배척하고 실천궁행의 학을 강조하였다. 그는 퇴계에게 글을 보내 퇴계가 너무 고답적인 이론을 교수(敎授)하고 있지 않는가라고 따지기까지 했다. 그리고 이학(異學)에 대해서도 그는 퇴계처럼 엄격하지 않았다. 그는 선도(仙道)를 강조한 위백양(魏伯陽)의 참동계(參同契)를 극히 좋아하였고 불교에 대해서 그 궁극처는 유교와 다름이 없다고 하였다.[16]

곽재우의 시는 대체로 만연에 이르러 자연에 은거할 때 쓰였던 것이 현전하고 있기 때문에 그의 실천궁행의 면모가 잘 드러나지 않고 있다. 반면에 이러한 측면은 그가 남긴 산문에 적절히 반영되어 있다. 그의 산문은 문학적인 성격의 글이 거의 없으며, 대부분이 실용문에 해당한다. 우선 「격순찰사김수문(檄巡察使金睟文)」 마무리 부분을 보자.

아아, 북쪽 하늘이 '임금이 계시는 곳' 아득히 멀고, 길이 막히고 끊어져서 나라의 법이 시행되지 못하기 때문에 너의 머리가 아직도 보전되어 있고, 죽은 것과 같은 기운과 육체를 떠난 영혼이 비록 하늘과 땅 사이에서 숨 쉬고 있지

---

16 이완재, 「망우당의 사상」, 곽망우당기념사업회, 『망우당곽재우연구(1)』, 신흥인쇄소, 1988, 106쪽.

마는, 너는 실상 머리가 없는 송장과 같은 존재이다. 네가 만약 신하가 된 본분을 알고 있다면 너의 군관을 시켜 네 머리를 베어서 천하 사람들과 뒷세상 사람들에게 사죄하도록 해야 할 것이고, 만약 그렇게 하지 않는다면, 내가 장차네 머리를 베어 신(神)과 사람의 분노를 풀도록 할 것이니 너는 그것을 알아야할 것이다.[17]

이 글은 경상도 순찰사 김수에게 여덟 가지 죄목을 내세워 죽이겠다고 협박하는 내용의 격문이다. 격문이란 자기주장이 가장 명백하게 드러나는 글이다. 포의한사로서 경상도의 도주(道主)에 해당하는 사람을처단하겠다고 위협하는 것으로 보아서 곽재우가 매우 강한 자질의 소유자임을 반증한다. 반군으로 의심받을 만큼 이는 명백한 하극상이다.하물며 전시임에랴.

곽재우가 주장하고 있는 김수의 죄 여덟 가지는, ①왜적을 맞아들인죄, ②패망을 즐거워한 죄, ③은혜를 잊은 죄, ④불효의 죄, ⑤세상을 기만한 죄, ⑥부끄러움이 없는 죄, ⑦추측할 수의 없는 죄, ⑧성공을 시기한 죄로 나열되고 있다. 그는 김수를 용서할 수 없는 죄인임을 도내의의병장들에게 통고한다. 그 통지문의 내용은 다음과 같다.

도내 의병 여러분들에게 널리 알려 드리건대 김수는 바로 나라를 망하게 한큰 역적입니다. 춘추대의에 입각하여 그의 옳고 그름을 논한다면 모든 사람들은 그를 죽여야 한다고 할 것입니다.

어떤 사람은 말하되 관찰사는 잘못이 있어도 그 허물을 말할 수 없는 것이거늘 하물며 머리를 베겠다고 해서 되겠는가, 라고도 하겠지만 이런 사람은 감사가 있는 줄은 알아도 임금님이 계시는 것을 알지 못하는 사람일 것입니다. 왜

---

17 이재호 역주, 『국역망우선생문집』, 집문당, 2002, 229~30쪽.

군을 맞아들이어 서울을 침입하게 함으로써 임금님을 피란 가게 한 자를 관찰
사라 할 수 있겠습니까. 팔짱끼고 바라보면서 나라가 멸망함을 즐거워하는 자
를 관찰사라 할 수 있겠습니까.

삼가 의병 여러분들께 원하노니 자세히 격문을 살펴보고 향병을 거느리고
김수가 있는 곳으로 달려가 그 머리를 베어 피란 가서 계시는 임금님에게 올리
면 그 공로는 풍신수길(豊臣秀吉)의 머리를 베는 것보다 배나 될 것입니다.

만일 어떤 수령이 나라가 장차 망함과 군신간의 대의를 생각하지 아니하고
역적인 김수에게 빌붙어 그 읍 사람들에게 의병을 일으키지 못하게 한다면 김
수와 함께 목을 벨 것입니다.[18]

김수는 상황에 알맞게 대처하지 못하고 안일한 보신에 빠져 영남을
외적으로부터 지켜야 하는 임무를 소홀히 여김으로써 일을 그르친 장
본인이었다. 무엇보다도 그는 의병들의 봉기에 대해 반군이 아닌가 하
는 의혹의 눈길로 바라봄으로써 적 앞에서 도리어 사기를 꺾는 결과를
가져 왔다. 그는 한마디로 전쟁 수행 능력이 전혀 없는 사람이었다. 곽
재우가 김수의 목을 베겠다고 공언한 것은 왕권에 대한 도전일 수 있다.
이 위험한 국면을 조정한 이는 초유사 김성일이었다.

전쟁 중에 곽재우의 전과는 혁혁하였지만 전후에 나라의 보상에 응하
지 않았다. 전쟁 후에 나라로부터 요직을 맡아달라는 몇 차례의 부탁이
있었지만, 그는 벼슬길에 좀처럼 나아가지 않았다. 1600년에는 시국(時
局)의 불합(不合)이란 이유로 겨우 부임한 자리를 버렸는데, 그는 이때 임
금에게 「기관소(棄官疏)」라는 상소를 올렸다.

관직을 포기하는 것은 임금의 뜻을 거역하는 것이어서 사헌부의 탄핵

---

18 홍우흠, 「곽망우당의 문학에 구현된 의기정신과 예술성」, 『한국한문학연구』, 학회창립20주년
기념호, 한국한문학회, 1996, 414쪽 재인.

을 받게 되기에 이르기도 한다. 그가 유배된 곳은 전라도 영암이었다. 그의 3년 간 유배 생활의 빌미가 되었던 「기관소」 내용 일부를 인용해 보면 다음과 같다.

> 신은 듣건대 조정의 붕당(朋黨)이 동서남북으로 갈라져 있다하니……무리
> 를 나누고 당을 만들어 자기 당에 들어오면 칭찬하고 자기 당에서 나가면 배척
> 하여 각각의 당파끼리 서로 옳고 그름을 따지고 날마다 헐뜯고 공격함을 일삼
> 아 국가 형세가 위급하게 되었습니다. 그들은 백성들의 이해와 자식의 존망은
> 조금도 마음에 두지 아니하고 있기 때문에 장차 이 나라로 하여금 반드시 망하
> 게 함에 이르게 한 뒤에라야 그만 둘 것입니다. 아! 참으로 통곡하고 눈물을 흘
> 리며 길게 한숨 쉬어 말지 아니할 일들입니다.[19]

곽재우는 권력이나 세속의 명리를 초연하는 삶을 선택했다. 편당을 짓고 붕당을 만드는 것이야말로 그에게 한 줌도 되지 않는 이익을 손아귀에 꽉 잡아드는 것에 지나지 않는 일이었을 것이다. 그의 시 한 편에, 진세사(塵世事) 난분분(亂紛紛)이라는 표현이 있는데, 정치 현실의 티끌 같은 세상일이 그의 눈에는 어지럽게 흩날릴 따름이었을 것이다.

광해군은 욕심 없는 곽재우를 매우 신뢰하였다. 그에 대한 예우도 정중하였고 그를 배려하는 데 있어서도 극진했다고 한다. 벼슬길에 나오라는 그의 부탁은 절절했다. 광해군은 곽재우에게 '경은 본래 방외(方外)의 인사가 아닌지라 과인이 오라고 명령하는 것은 뜻하는 바 있기 때문이다. 그럼에도 감히 신선도술로써 스스로를 높이고 부임하라는 명령을 수긍하지 아니하니 그 참으로 경중과 대소를 분별하는 사람이라고 할 수 있겠는가. 지금 국내의 사정을 생각해 보면 실로 신하된 사람이 안일

---

19 같은 책, 420~421쪽.

하게 지낼 때가 아니니 빨리 올라오라.'[20]라고 명령한다.

이에 곽재우는 임금의 은총을 감사히 여기면서 복직하지 못하는 대신에 나라의 장래를 위한 정책의 세 가지 방안—즉, 주승지도(主勝之道)와 병승지모(兵勝之謨)와 근보지계(僅保之計)에 관한 내용을 논리적으로 서술한 상소문인 「중흥삼책소(中興三策疏)」를 올린다.

곽재우의 현실적인 사상은 산문(실용문)에 잘 나타나 있다. 특히 그의 산문은 자신의 올곧은 삶을 고스란히 반영하고 있다. 개인적인 감정을 표현하는 시 짓는 일에 스스로 능치 못한 것으로 그 스스로 판단했던 것 같다. 그가 이원익에게 보내는 차운시(次韻詩)에 주를 붙일 때, 그는 스스로 불문(不文)이니 불승정(不勝情)이니 하는 표현을 썼다. 즉, 자신에겐 글 쓰는 재주도 없을뿐더러, 자기감정도 누르지 못한다고 했다. 상소문에도 그가 글재주가 짧고 표현방식이 졸렬하다는 뜻의 문단사졸(文短辭拙)이란 말을 남기기도 했다. 그의 상투적인 겸양이라기보다는 문학적인 표현방식에 대한 실천적인 행동양식의 중요성을 강조하는 평소의 지론을 되새겨본 것이라고 하겠다.

가을바람에 들국화 향기로운데,
말 재촉하며 달빛 속을 달려 왔네.

秋風野菊黃
策馬歸江月

떨어진 꽃들은 돌아갈 길마저 잃게 하니,

---

20 같은 책, 421~422쪽, 재인.

뉘라서 이내 마음을 알아주리오.

落火迷歸路
武人知此心

곽재우의 인용시를 보게 되면, 그의 시에는 최소한의 문식(文飾)의 개
념이 도입되어 있다. 사실상 그의 글재주는 기본적으로 갖추어져 있었
던 것 같다. 홍우흠은 이 점을 두고 '낭만적 미의식'[21] 운운하였으나, 아
무래도 간헐성에 지나지 않는다. 그의 시는 만연에 이르러 자연에 칩거
했을 때 쓰였던 것들이 현존하고 있을 따름이다. 자연으로 돌아갔다는
점에서 낭만적인 초속세성을 보여주고 있는 것이 사실이라면 사실이라
고 하겠다.

옛적에 전쟁터에서 만 번도 죽었을 목숨인데,
이제처럼 무사하여 한낱 한가로운 사람이 되었네.

昔日驅馳萬死身
如今無事一閒人

곽재우가 자연에 귀의하였음을 선언한 시이다. 자신을 스스로 한인(閒
人)이라고 했다. 예사로운 속인의 경지에 머물지 않고 스스로를 호흡을
조절하고 단전을 수련하고 곡식을 끊으면서 솔잎만을 먹고 심신의 밸
런스를 조화롭게 하여 장생의 삶을 도모하려고 했기 때문일 터이다. 그
의 조식잠(調息箴)이란 글에 이렇게 쓰여 있다.

---

21 같은 책, 434쪽.

허심(虛心)이 지극하고 정좌(靜坐)가 돈독하면, 마음이 가라앉아 맑아지게 된다. 잡념(雜念)을 그치고 근심을 끊는다면 마음이 그윽하고 조용하게 된다. 물이 솟아나야만 논에 물을 댈 수가 있으며, 불이 피어나야만 음식물을 덥혀 찔 수가 있다. 정신과 기력(氣力)이 뒤섞여 한데 합쳐져야만 정신이 안정된 속에 단전(丹田)의 호흡이 이루어지게 된다.[22]

곽재우가 상사(上舍) 곽진에게 차운한 시에 '만래조식(晩來調息)'이란 표현을 사용하고 있다. 만래조식이란, 무엇인가? 글자 그대로는 '느지막 무렵에 이르러 숨을 고르었다.'를 의미한다. 숨 고르기는 바로 단전호흡에 다름 아니다. 숨 고르기의 종국(終局)에 이르면 단(丹)이 실현된다. 짐작컨대, 곽재우에게 있어서의 단의 완성은 남명 조식을 통해 실현되었으리라고 여겨진다.

남명의 참동계(參同契)를 좋아했다는 것도 그 한 예이다. 남명의 제자인 망우당이 선도(仙道)를 좋아했다는 것은 그들의 사승(師承) 관계에 있어서 응당 있을 법한 일이다.[23]

옛날의 문학관이 '문이재도'라고 하는 데서 표현되어진다고 할 때, 곽재우 문학의 도(道)는 그렇다면 선도(仙道)라고 할 수 있을 것인가. 문집에 현존하는 작품의 성격을 두루 살펴볼 때 그렇다고 말할 수밖에 없다. 그렇다고 하더라도, 그는 백옥경과 광한전을 오가며 도원(桃園)과 선계를 노닐면서 허황되고 나르시시즘적인 시선(詩仙)인 척하지 않았다.

그런데 선도를 중국적인 기원에 둘 것이 아니라 우리 고유의 사상으로 적극적으로 해석해야 한다고 주장하는 이도 있다. 이완재는 곽재우

---

22 이재호, 앞의 책, 234쪽.
23 이완재, 앞의 책, 145쪽.

의 선도를 우리 고유 사상의 입장에서 보아야 한다고 했다.

이완재의 주장에는 논지의 합리화가 충분히 이루어지지 않았지만 앞으로 곽재우의 사상이 신라 화랑과 연개소문, 그리고 강감찬과 최영으로 이어지는 상무정신의 맥을 계승했다는 측면에서 이해해야 할 단서를 마련한 것으로 보아야 할 것 같다. 신라 화랑들에 의해 창도된 이러한 국선(國仙)의 전통이 곽재우의 선도 사상에까지 계승되었다고 보는 것은 결코 억측이 아니라고 보인다.

곽재우에 있어서의 조식(調息)과 양생의 선도 사상이 중국의 기학(氣學)과 다른 전통의 단학(丹學)의 계보 속에 포함될 수 있다면, 최치원이 말한바 '풍류'로 이름되는 현묘한 도에서 유래되었던 것은 아닐까? 오늘날 우리 시대에 선도가 대중화되고 있다. 규원사화 등의 사서(史書)가 민족 주체의 관점에서 폭넓은 관심을 불러일으킨다든가, 단학 선원의 활동이 뚜렷해지거나, 한때 소설 「단(丹)」이 독서계의 열풍을 몰고 왔던 점에서 말이다. 곽재우는 이런 점에서 역사의 효용 가치를 지닌 인물이라고 하겠다.

5. 마무리 : 망우선과 자유정신

나는 곽재우의 시 중에서 가장 눈여겨보아야 할 것은 「강사우음(江舍偶吟)」 2수 가운데 두 번째 작품이 아닐까, 생각한다. 이 시는 그 자신의 사상적 방향성을 추구하고 있을뿐더러, 인생관에 있어서도 가장 궁극적인 경지를 드러내고 있다. 그의 문학 극점은 비로소 여기에 이르는 감이 있다.

아래 녘엔 긴 강이요 위로는 청산인데,

망우정 아늑하니 그 사이로 자리했네.
근심 잊은 신선이 근심 잊고 누웠으니,
밝은 달, 맑은 바람만 한가로이 마주하네.

河有長江上有山
忘憂一舍在其間
忘憂仙子忘憂臥
明月淸風相對間

이 시는 평이한 표현 중에도 정서적으로 곡진하며 함축하는 뜻이 사
뭇 심오하다고 하겠다. 어떻게 보면, 옛 선비들이 자연에 귀의해 써본
평범한 자기 경계의 잠언 유의 글과 같다. 하지만 평범함 가운데 비범함
이 숨어 있다. 이 시를 가리켜 김주한은 이미 높이 평가한 바 있었다.

'망우선자'의 '선자(仙子)'는 도대체 어떤 것일까? 선생의 시에서도 잘 나타
나 있지만 다른 설명을 더 이끌어 와서 참고로 삼아보기로 한다. 상천하지(上
天下地)의 중간에 자리 잡은 망우정! 명월청풍을 상대하여 하나로 어울린 물
아일체의 경지, 일체와 경지에 들었으니 꼭 소아(小我)에 집착할 일도 없다. 대
아(大我)에 노닐고 있는 것이다.[24]

요컨대 곽재우는 우환이 많은 시대를 살아가면서 문득 망우(忘憂)의
지혜(知慧)[25]에 도달함으로써, 오늘날의 우리에게 역사의 교훈과 효용성
을 던져주고 있다. 인생살이에서 근심을 잊는다는 것은 대자유의 공간

---

24 김주한, 「곽망우당의 문학세계」, 곽망우당기념사업회 편, 『망우당곽재우연구』, 앞의 책, 70쪽.
25 같은 책, 94쪽.

에서 스스로 만족해하는 것에 다름 아니다. 즉, 이를 두고 소요(逍遙)의 경지에 들어섰다고 하겠다. 불교식의 표현이라면, 해탈에 해당하지 않을까?

조종업은 곽재우의 시 세계를 세 가지 단계의 관념으로 간주했다. 첫째는 '티끌세상을 끊고서 자연으로 돌아간다.'의 관념이며, 둘째는 '곡기를 끊고서 정기와 정신을 기른다.'의 관념이며, 셋째는 '근심을 잊고 신선으로 돌아간다.'는 관념이다.[26] 곽재우의 문학도 마침내 그의 사상의 요체인 '망우귀선(忘憂歸仙)'의 세계에 귀결한다. 망우귀선이란, 진정한 의미의 자유를 추구하는 것이다. 한마디로 말해, 곽재우는 나아가 나라를 구하고 물러나 자신의 몸을 길러 '망우귀선'의 경지에 도달하려 했던 참자유인이라고 할 수 있다.

---

[26] 조종업, 「망우당의 시세계」, 『복현한문학, 제9집』, 앞의 책, 6~11쪽, 참고.

석산의 해돋이와 해질녘 엷은 보랏빛

—성철에 대하여

1. 청년 독서광에서 출가자로

1932년, 약관의 나이인 청년 이영주는 독서광이었다. 가난한 선비의 7남매 장남으로 태어난 그는 궁벽한 시골에서는 구하기 어려운 일본어 책들이 많았다. 성경, 자본론, 하이네 시집 등 닥치는 대로 읽었다. 마을의 동경유학생에게 쌀 한 가마니를 주고 칸트의 『순수이성비판』을 얻기도 했다. 하지만 독서로 해결할 수 없는 정신적인 허기는 달랠 길이 없었다.

그는 출가를 결심한다. 그가 출가하게 된 동기는 독립운동가이면서 다솔사 승려이기도 한 여덟 살 연상의 효당 최범술이 청년 이영주의 사람 됨됨이를 보고 출가를 권유한 것으로 알려져 있다. 1936년 출가를 하면서 쓴, 산문적인 형태의 시가 남아 있다고 한다.

하늘에 넘치는 큰일들은 붉은 화롯불에 한 점 눈송이요, 바다를 덮는 큰 기틀이라도 밝은 햇볕에 한 방울 이슬일세. 그 누가 잠깐 꿈속 세상에 꿈을 꾸며

살다가 죽어가랴. 만고의 진리를 향해 모든 것을 다 버리고 초연히 내 홀로 걸어가노라.[1]

스스로 자기 자신에게 초심을 알리는 다짐의 글이다. 비록 줄글로 되어 있지만 운문의 범주로 보는 게 맞다. 시적인 비유의 표현이 돋보여서이다. 무명의 청년 이영주는 이제 승려 성철이 된 것이다. 그는 이때부터 열심히 수행하여 먼 훗날에 한국 불교의 주춧돌이 되었다. 그의 명성은 전국적으로 알려졌다. 많은 사람들이 그를 만나고자 해도 아무나 만나주지 않았다.

어떻게 된 이유인지는 잘 알 수 없으나, 시인 서정주의 만남 요청에는 흔쾌히 수락했다. 한 분야의 최고와 최고끼리 만나게 된 것이다. 서정주는 성철에 비해 나이가 세 살 아래였다. 두 사람의 만남은 무척 흥미롭게 느껴지지만, 이 사실을 아는 사람들이 거의 없었다. 두 분의 제자들 중에서 아는 이도 내가 알기로는 거의 없었다.

나는 20년 전 즈음에 헌책방에서 한 여성지 부록을 구입한 일이 있었다. 여기에 서정주가 성철을 찾아가 만난 인상기가 실려 있어서다. 두 번 다시 볼 수 없는 매우 희귀한 자료였다. 누가 여성지 부록 따위를 수십 년 동안 가지고 있는 사람이 있겠는가? 나는 이 자료를 십 수 년 동안을 가지고 있다가 서정주 전집을 다시 만드는 일에 열중하고 있던 후배 윤재웅 교수(동국대 사범대)에게 복사해 제공해 주기도 했다. 서정주에 관해서라면 거의 모르는 게 없는 그 역시 뜻밖의 자료를 접하면서 놀라워했다.

---

1 성철의 수제자 원택이 쓴 성철의 행장(行狀)에 기록되어 있다.

2. 해인사 1973년의 어느 봄날

시인 서정주는 젊었을 때 동아일보 신춘문예 시부분에 당선되었다. 당선작은 알려진 대로「벽」이다. 1936년의 일이었다. 자신은 그때 이 작품이 신춘문예에 응모한 것이 아니라, 독자투고란에 투고한 것이 잘못 분류되어 심사를 거쳐 당선된 것이라고 한다. 신춘문예에 당선한 그는 명실상부하게 시인으로 공인을 받게 되었다. 그리고 그 해 봄에 그는 문우인 김동리의 소개로 경남 합천군에 소재한 해인사로 내려간다.[2]

해인사에서 운영하는 해명학교 교사로 취직한 그는 그 해 4월부터 7월까지 네 달 동안 머문다. 지금으로 말하면, 비정규직 임시교사이다. 당시의 월급은 17원이었다고 한다. 그는 짧은 해인사 시절에 적지 않은 경험을 했다. 아이들을 가르치는 일, 프랑스 파리를 유학하고 돌아와 불경을 연구하던 김법린 선생을 만나 불어를 배우는 일, 해인사 주변의 여관에 머물고 있던 한 여류화가에게서 유혹을 받고 시「대낮」을 쓰고, 해인사 주변에서 울긋불긋한 꽃뱀을 보고는 관능적인 육감의 에로티시즘 시「화사」를 쓰던 일……[3]

시인 서정주에게 37년 만의 해인사행이 있었다.

1973년 4월 초파일. 20년 정도 연하의 시인인 정담(定潭) 스님의 초청을 받은 것 같다. 이때 백련암에 기거하고 있던 성철 스님을 3천배를 하지 않고도 만난 것으로 보아 특별한 초청이 아니었나 싶다. 이때 쓴 서정주의 짧은 산문이 있었다. 글의 제목은「해인사—가야산에 둘러싸인 대고찰(大古刹)」이다. 이 글은 서정주의 저서 어디에도 없는, 소위 버려

---

2 1936년 봄이라면, 초짜 수행자 성철이 해인사에서 열심히 수행하고 있었겠지만, 두 사람은 만나지 않았을 것이다. 스쳐지나간 인연은 있었는지 모른다. 옷깃만 스쳐도 인연이 있다고 하지 않던가?
3 정봉래 엮음,『시인 미당 서정주―그 문학과 생애』, 좋은글, 1993, 55~57쪽, 참고.

진 글이다. 이 글은, 내가 20여 년 전에 헌책방에서 우연히 눈에 띄어 구입한 천 원짜리 정도의 책인 『한국의 가볼만한 곳』에 실려 있다. 이 책은 『여성동아』(1973. 8) 별책부록이다. 이 글은 시인 서정주가 성철 스님을 만나고 쓴 일종의 인상기이다.

서정주와 성철은 백련암에서 오후 네 시간 동안 만나 한담을 나누었다. 화제 중의 화제는 3천배였을 것이다. 성철이 서정주에게 3천배 한 번 시도해볼 것을 권유하는 내용이 있다.

> 백련암이란 곳으로 성철 노스님을 찾아 갔더니 최정희, 조경희, 박희진 등의 문인들이 찾아왔다 갔었다는 이야기를 하시며 "박희진 씨는 우리 법당에서 부처님 앞에 절을 3천번만 하고 가라 했더니 한 2천 몇 백 번만에 못 견뎌서 그만 온다간다 말도 없이 없어져버리고 말았소. 시도 그렇게들 해야 하는 것일까요. 어허허허 허허허허……" 웃고 "당신네 동국대학교 총장 서돈각 씨는 약속을 지킬 줄 압디다. 역시 절을 3천번만 해보라고 했더니 '약속은 지금 할 수 없지만 노력은 해보겠다'고 그럽디다. 그러더니 뒤에 전해오는 풍편에 들으면 그걸 그 댁에서 잘 계속하고 있다고? 이거, 약속 잘 지키는 일 아니요? 서선생도—물론 필자에게 하는 말씀이었다—한번 해보시오. 모시고 절할 부처님을 내가 종잇조각에 그려드려도 되겠지요. 반드시 힘이 돼서 원하는 좋은 일 잘 풀려가게 되는 것이지만, 성큼 그걸 모두 안 할려고 해서 야단이지."했다.[4]

한 시대의 선객과 시인으로서 최고의 경지에 올랐던 성철과 서정주의 만남. 비록 짧은 만남이지만 매우 의미 있고 기념적인 만남인 것 같다. 이때 성철은 세수 61세의 나이요, 서정주는 58세의 나이였다. 두 사람은 네 시간에 걸쳐 이것저것 많은 얘기들이 오갔으리라고 짐작되는데

---

4 요산요수 가이드, 『한국의 가볼만한 곳』, 여성동아, 1973. 8, 별책부록, 176쪽.

기록에 남아 있는 것은 위에 인용된 3천배에 관한 것뿐이다. 두 사람의 대화가 거의 마쳐갈 무렵에, 서정주의 성철에 관한 인상기가 남아 있다. 매우 시적인 인상기라고 아니할 수 없다. 한 편의 산문시라고 해도 좋을 것 같다.

나와 줄곧 이어 이야기하고 있던 그 네 시간쯤 동안에 나는 그의 어여쁜 표정들의 주위에 어리는 후광을 보았던 걸, 이 글을 쓰는 지금도 역력히 기억한다. 그것은 흔히 성현의 초상화에 보이는 그 흰빛이나 금빛이 아니라, 묘하게도 석산(石山)의 해돋이나 해질녘에 어리는 그 엷은 보랏빛이었던 것도 이 나라의 해인사의 풍속다웠던 것으로 새삼스레 느껴진다.[5]

서정주는 성철에게서 천진난만한 소년의 이미지를 발견하고는 그의 얼굴 모습 언저리에 후광(後光)이 어리어 있는 것을 경험한다. 일종의 종교적인 신비체험과도 같은 것이다. 그는 그때의 경험이 한낱 환각이 아니라 뚜렷한 현실임을 말한다. 그 후광도 석산의 해돋이나 해질녘에 띠는 엷은 보랏빛이라고 한다. 참 신비로운 일이 아닐 수 없다.

서정주는 성철의 보랏빛 후광에 관해 시를 쓴 적이 물론 없다. 산문적인 경험의 한 조각을 그 당시의 한 여성 잡지 부록에다 남겨 놓았을 뿐. 그 보랏빛 후광은 시인의 예사롭지 않은 직관일까, 아니면 시의 가장 높은 경지일까. 어쨌거나 말이 절을 만나면 속기(俗氣)로부터 벗어난 경건한 말씀이 될까. 시를 짓는다는 것은 말로써 절을 짓는 일이 아닐까. 말의 터를 잡고, 말의 기둥을 세워 마음속의 절 한 채 저마다 짓는 일이 아닐 것인가.

---

5 같은 책, 176쪽.

3. 요지경 세상과 탈속의 광채

성철 스님에 관해서라면, 나도 기억 속에 남아 있는 게 있다. 1993년 에는 신신애의 트로트 가요 「세상은 요지경」이 선풍적인 인기를 끌었다. "세상은 요지경, 요지경 속이다. 잘난 사람 잘난 대로 살고, 못난 사람 못난 대로 산다. (……) 여기도 짜가 저기도 짜가, 짜가가 판친다." 노랫말의 내용이 상당히 허무적이고, 또 한 풍자적이다.

짜가는 가짜라는 말을 쓰기가 무엇해서 그냥저냥 철자를 바꾼 것에 지나지 않는다. 본래는 1990년대 초, 중국에서 들어온 헐값의 낮은 품질의 물건을 가리켜 덜 직설적인 은어 '짜가퉁이'란 말이 수입품을 담당하는 사람들 사이에 서로 통했다. 신신애의 노랫말에서 힌트를 얻었을 수 있다. 세월이 지나면서 이것이 2음절로 줄여서 '짝퉁'이란 말로 정착되었다. 이것이 사회적인 힘을 얻어 신조어가 되었다.

나는 그때 세상에 정말 가짜가 판을 치고 있나, 하고 생각해 보았다. 내가 그때 박사학위를 받고 심신이 지쳐 있었고, 물질적으로는 매우 궁핍했다. 그래선지 좀 사회적인 불만도 없지 않았다. 누가 혹은 무엇이 가짜가 판을 치는 세상의 보기 드문 진짜일까? 나는 이것을 성철 스님의 이미지에서 찾았다. 옷을 늘 꿰매어 입은 무소유의 정신 자체였다.

나는 그때 압구정동의 한 가정집을 방문해 논술 지도를 하고 있었다. 여고생 세 명과 함께 토론하고, 글을 쓰게 하고, 쓴 글을 분석해 주었다. 토론의 주제는 사회적인 문제가 많았다.

나는 학생들에게 성철 스님을 아느냐고 물어보았다. 학생들은 아무도 알지 못했다. 내가 그에 관해 설명했더니 학생들은 관심을 가지고 경청했다. 나는 그를 가리켜 우리 시대의 만해가 아닌가, 했다. 학생들은 만해 한용운에 대해선 잘 알고 있었다. 그날 늦은 시간에 집으로 가기 위해 압구정동 역에서 전차를 기다리고 있었다. 당일 석간인지 다음 날 조간인지 신문이 있어 구입했다. 성철 스님의 입적을 보도한 대서특필의 기사가 실렸다. 그해 11월 초 어느 날이었다.

이때부터 한동안 성철의 뉴스 보도가치는 상상을 초월했다. 사회적인 반향은 압도적이었다. 이듬해 초까지 이어졌다. 한 개인의 죽음을 두고 이렇게 보도 열풍이 장기간 이어간 것은 성철의 경우 외에는 없었다. 이 듬해 겨울방학 때 우리 가족도 해인사를 가 장사진의 기다림 끝에 영롱한 빛깔을 내고 있는 성철 스님의 사리를 친견하기도 했다. 그것은 완벽한 탈속의 광채였다.

만해와 성철은 어떻게 같고, 다른가?

서로 같은 점에 관해서는 독자의 판단에 맡길 수밖에 없다. 판단은 대체로 일치점을 향하고 있다고 보인다. 그도 그럴 것이, 두 사람이 승려로서 시대에 끼친 영향력이 다대했기 때문이다. 두 사람 사이에 서로 다른 점이 있다면, 청산의 은자냐, 저자의 지사냐 하는 데 있을 것 같다. 이 역시 사람마다 가치판단의 몫이다. 다음의 인용문을 대신하려고 한다.

> 만해는 전인적 풍모를 가진 인물로 사회 참여를 통해 역사적 현장에 투신했고, 시대와 싸우며 자신의 시공을 화장해 나갔다. 반면 성철 스님은 철저히 세간사에 대해 불간섭의 자세로 혼란한 시대상을 대쪽같이 관통했다.[6]

다시 되새김해 보면서 이 글을 마무르고자 한다. 시(詩)라는 글자는 말(言)이 절(寺)을 만난 형상으로 이루어진다. 그래서 시는 언어의 사원으로 곧잘 비유되기도 할까? 시인과 스님이 만나면 어떤 말이 오갈까? 어떠한 모습의 언어의 사원이 세워질까? 1973년 5월 어느 날, 해인사 백

---

6 서재영, 「'부처님 법대로' 살기를 주창한 수행자」, 『불교평론』, 2018, 봄, 99쪽.

련암을 방문한 시인 서정주는 성철 스님과 만났다. 두 사람은 네 시간에 걸쳐 대화를 나누었다. 대화 가운데 화려한 선문답이 오갔는지 시적인 표현이 난무했는지는 잘 알 수 없다. 다만 서정주 시인이 뚜렷이 보았다고 술회한 것은 성철 스님의 뒤를 감싸고 있는 신비로운 보랏빛 후광이었던 것이다.

역병 시대에 생각나는 유이태의 사상

1

안녕하십니까? 토론자 송희복입니다. 진주교육대학교 국어교육과에 재직하고 있습니다. 제 전공은 국문학입니다만, 경남 지역의 인문학적인 과제 탐색에 관한 글쓰기를 오랫동안 지속해오고 있습니다. 오늘의 주제는 지역의 역사 인물인 유이태 선생에 관한 재조명이라고 하겠는데요, 많은 분들의 말씀에 기대감이 자못 크다고 하겠습니다.

유이태 선생과 관련된 역사적인 진실 및 실체를 부단히 추적해온 발표자 유철호 박사님께서 먼저 경의를 드립니다. 더욱이 2020년 올해 온 세상이 코로나-19라고 하는 괴질, 역병 때문에 고통을 받고 있지 않습니까? 이 시대에 우리 지역사에 등장했던 명의 유이태 선생에 관해 그의 고향인 거창에서 세미나를 개최하게 되었다는 사실이 매우 시의적절하다고 생각하고 있습니다.

오늘 제 말씀은 대체로 두 갈래로 나누어집니다만, 앞엣것은 저뿐만이 아니라 청중 역시 궁금하게 생각한다고 판단되기에 발표자 유박사님의 답변을 청해 드리고, 뒤엣것은 이 자리에 참석한 제 소회를 밝히는 것이므로, 답변을 하셔도 좋고, 아니 하셔도 좋다는 말씀을 미리 드립니다. 지금부터는 유이태 선생을 객관적인 인물이라는 관점에 따라 존칭을 생략하겠습니다.

2

유철호 선생님의 발표문 「조선의 명의 유이태와 허준의 스승이라는 유의태는 누구인가?」의 원고량은 2백자 원고지로 환산해 308쪽에 해당합니다. 일반적으로 발표문이라고 하면 단편소설의 분량인데, 이 원고는 이보다 서너 배가 되는 중편소설의 분량입니다. 이 많은 분량에서 역사적으로 잘못된 부분에 대한 개신(改新)의 시각을 제시한다는 것은 평소의 신념과 집념이 아니고선 불가능할 것이라고 봅니다.

우리가 소설과 드라마를 통해 잘 알고 있는 허준의 스승 (버들 유 지) 유(柳)의태가 실존 인물로 알고 있는 사람들이 적지 않습니다. 이것의 연원은 1965년 노정우가 진주의 '허 아무개 씨'와 통화할 때 들은 명의였던 (속칭 '묘금도' 유 자) 유(劉)이태를 깊이 검토하지 않고, 시대적으로 앞선 인물인 허준의 스승으로 설정한 후 『인물한국사』 허준 약전에 발표한 데서 혼선이 생긴 데 있습니다. 이 허구적인 인물인 유의태가 '드라마 집념, 연재소설 동의보감, 소설 동의보감, 드라마 동의보감, 드라마 허준, 드라마 구암 허준'에서 살신성인하는 허준의 스승으로 묘사되면서, 마치 굴러온 돌이 박힌 돌을 빼내듯이 가상 인물이 실존 인물 위를 군

림하거나, 이 위에 덧칠하거나 해 대중들에게 역사적으로 최고의 명의
였던 허준의 스승으로 각인하여 그의 생을 더 드라마틱하게 구성하였
다지요.

  그런데 가공인물에 지나지 않은 유의태가 1945년 해방 이전에 간행
된 어떤 문헌에도 기록이 없고, 2000년에 간행된 산청의 향토사 문헌
『선비의 고장 산청의 명소와 이야기』와, 2005년에 건립하면서 작성한
묘갈문(墓碣文)과, 2009년 산청군청에서 발행한『산청의 한의학 전통과
한의약 문화연구』에 기록되어 있다는 사실이 매우 의아스럽게 생각됩
니다. 역사 문제에 관해서 공공성을 지향해야 할 관공서에서 역사 왜곡
에 앞장서지 않았나 하는 우려를 쉽게 떨쳐내지 못하게 하군요. 더욱이
유의태를 학계에 처음 발표한 노정우가 고증하지 못한 자신의 오류를
인정하였고, 소설을 집필할 때 옆에서 이은성을 조언했던 이진섭도
유의태가 허준 스승이라는 고증된 근거를 제시하지 못했으며, 드라마
'허준'의 집필가 최완규도 허준의 스승이 유의태가 아니고 유의태의 모
델인물은 유이태라는 밝혔다고 한다면, 이것은 쟁점의 여지조차 없어
보이네요.

  그렇다면, 역사적인 시공간에 존재하였던 실존 인물인 유이태는 어떤
인물이었을까요? 일반인들은 무척이나 생소한 인물일 겁니다. 가공인
물인 유의태보다 훨씬 지명도가 낮은 인물인 것이 엄연한 사실이기 때
문입니다. 비슷한 일을 한 두 사람 가운데, 어째서 실존인물이 가공인물
보다 덜 유명하고, 왜 사람들의 심정적인 공감대가 전자에 비해 후자 쪽
으로 쏠리고 있는가요? 이 사실은 매우 문제적이고, 아이러닉한 상황이
아닐 수 없습니다. 제게 미리 전달된 발표문 가운데 실존 인물인 유이태
에 관한 한, 가장 기본적인 정보는 다음에 인용된 부분이 아닐까, 하고

생각됩니다.

유이태는 실존 인물로서 (……) 저서와 문집을 남겼으며, 유의로서 의약에
동참하여 숙종의 어의를 지냈고, 숙종의 병을 고친 공로로 숭록대부와 안산군
수를 제수 받았으나 출사하지 않은 것으로 전해지고 있다. 또한, 조선왕조가 가
장 두려워했던 전염병 중 하나인 마진(홍역) 퇴치에 노력을 기울여 우리나
라 홍역 치료의 문을 열었던 조선의 명의이다.

제가 먼저 의문스러운 것은 유 박사님의 방대한 발표문에는 가공인물
유의태에 대한 이야기가 대부분이지, 정작 헤아리고 탐색하고 선양해야
할 유이태에 관해서는 매우 소략하다는 점입니다. 저는 한의학 전공자가
아니기 때문에 오늘 발표에 관해서는 문외한에 다름없습니다. 이 방면에
과문한 탓에, 어쩌면 토론자의 자격이 없을지도 모릅니다. 그럼에도 불
구하고, 경남 지역학에 대한 적지 않은 논문 등의 글쓰기를 해온 저로서
는 새로운 인물 발굴에 대해, 매우 고무적이지 아닐 수가 없습니다.

역사적으로 숨어있는 명의 유이태 선생이 왕실기록, 예조에 올리는
장계(狀啓), 관찰사에 올리는 문서, 그밖에 『산청군지』, 『거창 유씨 족보』
를 비롯한 고증된 고문헌에 등재되어 있다면, 이쪽으로 더 많은 관심을
돌려 역사의 곡직을 균형 있게 다루었어야 했을 것입니다. 이 균형 없는
시각이 토론자로서 가장 아쉽다는 점을 말씀 드립니다.

3

저는 의학 사상에 관해 약간의 관심을 가지고 있습니다. 특히 동양 의

학의 철학적인 배경 및 이와 관련된 문제는 인문학자라면, 누구나 호기심의 끈을 놓지 않을 것으로 보입니다. 사상이나 철학에 있어서 가장 근본적인 문제라면, 있음과 없음에 대한 성찰이 아닌가, 생각합니다. 물질의 소유니, 명예니, 존재감이니 하는 무언가를 '없애는 것'이야말로, 나는 인생의 이치, 우주의 궁극에 이르는 길이 아닐까, 하고 생각해 봅니다.

노자(老子)의 『도덕경』에 보면, '약기지(弱其志), 강기골(强其骨)'이란 말이 나옵니다. 뜻을 약하게 하면, 뼈가 강해진다는 것. 여기에서 말하는 뜻이란, 다름 아니라 욕심입니다. 욕심이 앞서면, 억지를 부리게 마련이고, 억지를 부리게 되면, 몸에 이상이 생기지요. 하늘의 이치랄까, 자연의 섭리를 따르면, 즉 자연에 순응하면, 욕심이 있을 리도 없고, 억지를 부릴 수도 없겠지요. 여기에서의 강기골인 '뼈의 강화'는, 문맥상 살펴볼 때, 건강한 몸을 가리키는 표현입니다. 요컨대, '약기지, 강기골'이란, 다름이 아니라 욕심을 버리면서 몸을 다스린다는 말이 될 것입니다.

한편 노자의 다른 어록에는 또 다른 비슷한 표현이 나오기도 해요. 위무위즉무물치(爲無爲則無不治). 직역하면 '무위로써 하면 다스려지지 않는 게 없다.'이며, 의역하면 '무위를 실천하면 모든 것을 다스릴 수 있다.'입니다. 노장(老莊) 사상의 키 워드라고 할 수 있는 '무위'는 도대체 무엇일까? 사전적인 정의에 따르면, 그것은 자연에 따라 행하고 인위를 가하지 않는 것, 혹은 인간의 지식이나 욕심이 오히려 세상을 혼란시킨다고 여기고 자연 그대로의 경지를 최고의 경지로 보는 것을 말합니다.

무위는 다름이 아니라 함(행위)을 짓지 않는 것, 욕심(억지)을 부리지 않는 것. 노자의 가르침을 강의록의 형식으로 남긴 무위당 장일순의 무위 사상에도 이상과 같이 소개한 노자의 두 어록에 대한 어록이 나오네요. 일종의 메타-어록이라고나 할까요?

(여)보게. 요즘 많은 질병의 원인이 지나친 욕심에서 나온다고 하지 않는가?

너무 많이 먹거나 과로해서 몸(骨)이 약해진단 말이야. (『무위당 장일순의 노자 이야기』, 심인, 2012, 69쪽.)

우리가 일반적으로 얘기할 때도 몸이 건강한 사람을 가리켜 '강골'이라고, 몸이 건강하지 않는 사람을 두고 '약골'이라고 하지 않습니까? 어쨌든, 동일한 조건이라면, 욕심이 많은 사람일수록, 병 얻기 쉽다는 것인데, 분명하게 말해, 현대인의 욕망이나 스트레스는 '뼈의 약화'를 가져옵니다.

무언가를 없앤다는 것, 비운다는 것은 건강을 유지하는 지름길인 게 틀림없습니다. 자신이 무아(無我)의 상태를 완성해가는 게 붓다의 진리라면, 자신이 무위를 실천함으로써 자신의 몸을 다스리는 게 노자 사상의 진리가 아닐까요? 몸을 '다스릴 수 없는(不治)' 병을 가리켜 불치병이라고 하지 않습니까?

4

코로나19의 전지구적인 파급 이후에 개개인마다 질병과 건강에 관한 관심이 무척 높아졌습니다. 역설적이지만, 이것은 제 몸에 대한 건강을 성찰할 수 있는 기회를 던져주고 있기도 합니다. 그런데 지금이야 세상에 돌고 도는 돌림병(전염병)의 실체를 알 수 있지만, 과거에는 사람들이 눈에 보이지 않은 역병의 실체를 전혀 알 길이 없는 괴질(怪疾)로만 인식하곤 했지요. 코로나19는 금세기를 대표하는 괴질인 게 틀림없습니다. 이 괴질을 우리는 알고도 당하고 있습니다. 이를 온전히 다스릴 방도가 아직 나오지 않고 있기 때문이지요.

유이태 선생을 진정한 명의로 다시 거듭나게 하는 것은 우리 후학의 몫입니다. 역사적인 효용의 가치를 어떻게 부여하느냐에 따라, 허준이나 이제마의 경우처럼 선생이 역사적인 인물로 인정되느냐 여부가 판가름될 것이라고 봅니다. 앞으로, 한의학 및 한의학사를 연구하는 분들이 그분이 남긴 문자 행위를 좀 더 심층적으로 파고들기를 기대해 마지 않습니다.

감사합니다.

전옥숙, 시대의 가교가 된 여인

1

통영 출신의 인물 중에서도, 이름난 여인들이 많다. 1930년대의 시인으로서, 모던보이로서 유명했던 백석이 흠모해 마지않았던 박경련은 이화고녀를 나온 재원이었다. 모던보이란 말은 현대적인 헤어스타일이나 복장의 취향을 추구하는 젊은 남자만을 가리키지 않는다. 모던보이는 후대에 핸섬보이와 동의어가 되고, 지금에 있어선 꽃미남을 의미하는 말이었다. 박경련이 얼마나 재색이 뛰어났으면 그런 백석이 홀딱 반했을까? 그는 훗날에 지역의 명망이 있는 교육자의 아내로서 평범한 삶을 살았다.

통영 출신의 공덕귀는 일제강점기에 여성 독립운동가, 유신 시대에 민주화 인물로 살았다. 대통령 윤보선의 아내로 대통령 영부인이었다. 한국 여성으로선 최초의 대통령 영부인이요, 지금까지 경남 지역이 배출한 그 영부인 네 명 중의 한 사람이기도 하다. 유년기와 청소년기에 부산에서 공부해, 부산의 인물로도 알려져 있다. 박경리는 두말할 필도 없는 존재다. 공덕귀가 여성의 사회적인 지위에 있어서 가장 높은 위치에 올랐다면, 그는 문인으로서 최고의 경지에 오른 인물이다. 그의 필생의 대작 「토지」는 주로 경남 지역을 배경으로 해 애증과 집념과 욕망의 서사가 전개된 대하소설로서, 세계문학사에서 「니벨룽겐의 노래」, 「아이반호」, 「전쟁과 평화」 등과 어깨를 겨루는 민족문학의 기념비적 작품이다.

아직 생존하고 있는 사람 중에, 1970년대 후반과 1980년대 초반에 주로 활약했던 여배우 정윤희는 정비석의 소설 「성황당」을 재구성한 영화 「뻐꾸기도 밤에 우는가」(1980)에서 배우로서 정점을 찍었다. 불타오르는 장작불 너머의 벗은 모습은 아름다움의 이미지로, 나의 뇌리에 시간의 흐름이 멎은 채 각인되어 있다. 그는 만인의 연인이었고, 시대의 가인(佳人)이었다. 통영 출신의 여성 명사들은 젊어서 한결같게 미인이었지만, 정윤희의 경우는 결이 달랐다. 절색이라고 해야 될 것 같다. 인생 후반기에 그리 행복한 삶을 살지 못하고 있다는 소문이 들려와 많은 이들이 안타까워하고 있다.

그건 그렇고, 나는 통영 여인들 중에서 미인이 상대적으로 많은 이유를 알 수 없다. 통영이 참으로 풍광이 명미한 항도여서 그런지 모르겠다. 통영은 물색, 하늘색조차 다르다. 자연의 형상이 아름다우면, 사람들의 용모도 아름다워지는 걸까? 통영 앞바다는 숱한 섬들로 점철되어 있다. 여기의 섬 중에서 비진도는 허리 잘록한 미인의 형승(形勝)이어서 미인도라고 한단다. 근데 미인의 일본어 발음이 '비진' 아닌가? 우연의 일치일까? 아니면, 일본어 발음을 하고선 '보배에 비길 만한'의 뜻이 있는 '비진(比珍)'을 갖다 붙인 걸까? 지금은 검증 시대다. 어쨌거나 나는 이렇게 문제를 제기해보고 싶다. 이에 관해선 통영 분들이 일본어 '비진(미인)'에서 유래되었나를 성찰해 봐야 할 것 같다. 내 말이 무책임할지 모르겠지만, 시쳇말로 '아니면 말고'다.

요즘 여론의 표적이 되는 국민권익위원회 위원장 전현희도 고향이 통영이다. 그녀는 통영의 충렬초등학교를 졸업한 후에 부산에서 중고등학교를 나왔고, 여성엘리트로서 치과의사, 변호사, 국회의원(2선) 등의 일을 하면서 아주 보기 드문 경력을 쌓았다. 그는 앞 정권이 임명한 장관급 자리를 놓고 진퇴양난에 빠져 이러지도, 저러지도 못하고 있다. 쉽게 문제가 해결되었으면 한다.

2

통영 출신의 이름난 여성 중에 전옥숙(1929~2015)을 빼놓을 수 없다. 다만 대중이 잘 모르는 인물이다. 역사 속의 숨은 인물이랄까? 그는 영화감독 홍상수의 모친이요, 물리학자요 지금의 서울대학교 총장인 오세정의 장모이다. 그는 1960년대 이후에 정계, 언론계, 문화예술계의 폭넓은 인맥을 형성한 중심인물이었다. 그래서 사교계의 여왕이라고 부른다. 이런 표현이 우리나라에서 좀 부정적인 뉘앙스를 가지는 게 사실이지만, 그는 긍정적인 의미에서 각계각층의 인간관계를 선도하였다. 또 능숙한 일본어를 바탕으로 한일 문화계를 잇는 가교 역할을 했던 사람이다.

그는 한국전쟁 직전에 이화여대 국문과에 재학했다. 그 당시에 사상적으로 좌파였다. (전옥숙은 이데올로기 문제를 다룬 훗날의 소설들에서는 김옥숙, 전옥희의 모델이 되기도 했다.) 인천상륙작전으로 북한 인민군이 후퇴할 때, 그는 월북하다가 의정부 쪽에서 국군에게 붙잡혔다. 빼어난 미모의 빨강색 처녀 전옥숙을 배려한 사람은 헌병대장 홍의선이었다. 두 사람은 이일이 인연이 되어 부부로 살았다. 1963년에는 답십리에 국내 첫 영화제작 스튜디오인 '은세계영화제작소'를 차렸다. 부부는 홍상수를 낳고

영화제작자로 사회 활동을 했다.

영화배우 신성일의 자서전『청춘은 맨발이다』(2011)에 의하면, 그는 1960년대에 정부에서 허가를 해준 영화사 대표 중에서 유일한 여성이었다고 한다. 그가 제작한 영화「휴일」(1968)은 당국과 마찰을 빚은 영화다. 사회의 어두운 측면을 지나치게 부각했다는 것. 정부는 조국 근대화 운운 하며 노력하고 있는데, 영화가 대중에게 가난, 불평등 따위의 부정적인 메시지를 던져선 되겠느냐는 것. 그는 이것저것 고쳐라, 이것저것 잘라라 하는 명령에 불복하면서 영화 자체를 스스로 공중분해해 버렸다. 한동안 이 영화의 필름이 오리무중이었는데, 2005년에 극적으로 발굴되었다. 이 상연금지의 영화는 동시대에 볼 수 없었지만, 앞으로 갈수록 고전 영화로 진가를 발휘할 것이다.

이 영화의 주인공은 당시 대중의 우상인 신성일이었다. 그는 이 영화를 거의 40년이 지난 후에 처음으로 보고 나서, 당시의 사회 모순을 가슴 뻥 뚫리게 해주는 매력이 있다는 소견을 남기기도 했다. 그는 전옥숙을 가리켜 '충무로의 여걸'이라고 칭하기도 했다. 담배를 피우면서 카랑카랑한 목소리로 한 마디 하면, 웬만한 남자들도 꼼짝하지 못했다고 한다.

전옥숙은 1970년대에 일본으로 건너가 출판인으로 활동했다. 1974년에 박정희 정부가 기획한 것으로 알려진 월간『일본연구』의 발행인을 맡았고, 1975년엔 문학계간지『한국문예』를 창간해 편집의 일을 했다. 물론 두 잡지는 일본에서 일본어로 발행했다. 모두 일본 독자를 겨냥한 것이다.

전자가 어떤 성격의 저널인지 알 수 없으나. 후자는 한국 문학을 일본에 소개하는 성격의 문학 잡지였다. 창간호에 시인 신경림과 소설가 이병주의 작품 등이 실려 있었다고 한다. 그는 편집인으로서 6호 정도 발행했을 때, 잡지가 적자라는 어려운 상황을 호소하기도 했다. 요컨대 그는 이 잡지를 통해 11년 동안(1975~1986) 43호를 내면서 한국의 단편소설을 일본어로 3백 편 이상 번역해 일본 독자층에 다가간 것이다. 정말 대단한 일을 했지만, 지금에 이르러서도 제대로 평가를 받지 못하고 있다. 아사히신문 여기자로 재직했던 나리카와 아야는 지금 활짝 꽃이 핀 한일 교류는 거의 50년 전에 씨앗을 뿌린『한국문예』에 있다고 단언하기도 했다.

그는 1982년에 5·18과 관련이 있는 조용필의 노래「생명」의 노랫말을 짓기도 했다. 1984년에는 최초의 드라마 외주제작사인 '시네텔서울'을 창업해 '베스트셀러극장'에 드라마「웃음소리」를 첫 작품으로 제작했으며, 1991년 한국방송아카데미를 열어 방송인 양성에도 앞장섰다.

그가 영화인, 출판인, 방송인으로서의 사회 활동보다, 사람들에게 사교계의 여왕으로서 인간관계의 폭을 넓힌 것이 유명하게 기억되고 있다. 문화예술계 인물로 각별히 가까웠던 사람은, 진보 사상의 은사로 꼽히는 이영희, 재야인사 장일순, 시인 김지하, 소설가 이병주, 가수 조용필, 연극인 오태석, 춤꾼 이애주 등이 있었다.

이런 일화가 있다.

유신체제에 저항한 시인 김지하가 감옥에 있다가 석방되었을 때, 조촐한 축하 모임이 있었다. 김지하는 숙부 같은 연갑의 선우휘에게 다짜고짜 욕설을 해댔다. 이를 지켜본 전옥숙은 '니가 누구 때문에 살아나온 줄 아나?'라고 하면서 뺨을 갈겼다고 한다. 선우휘는 김지하의 석방을 위해 권력층과 교감을 나누었던 모양이다. 천하의 김지하에게 뺨을 칠 사람은 그 당시에 전옥숙 밖에 없었다고 한다.

1980년대는 이랬다.

동시대의 최고 가수 조용필은 전옥숙에게 어머니라고 부르며 깍듯이 모셨다. 비슷한 연배인 이영희는 우리나라 진보사상가의 대부요, 프랑스 언론에 의하면 '사상의 은사'였다. 그를 보고 누나라고 불렀다.

3

전옥숙은 잘 알려진 바와 같이, 일본통이었다. 일본에 체류하고 있을 때도 인간관계의 폭을 넓혔다. 일본에서는 일본을 지탱하는 3대 정신적 지주를 두고, 대학교인 동경대, 신문사인 아사히(朝日), 출판사인 이와나미(岩波)라고들 말하곤 한다. 그는 이 세 곳과 연결될 수 있는 유일한 한국인이라고 평가되고 있다. 그의 일본인 지인 중에는 월간지 『세카이(世界)』 주간 야스에 료스케도 포함되어 있었다. 일본에서도 인간관계를 맺는 데 까다롭기로 유명했던 인물이라고 한다. 아사히신문에서는 '석별'이라는 제목의 칼럼이 있다. 작고한 지 몇 주 지난 고인 중에서 의미가 있는 인물에 대한 저널리즘 감각의 평판이다. 내국인도 아닌 전옥숙이 2015년에 석별의 대상이 된 것은 매우 이례적인 일이라고 한다. 더욱이 그는 대중의 인구에 회자되는 인물도 아니다. 한일 간의 문화 교류의 물꼬를 튼 그의 공헌을 높이 산 것이다.

한일의 국경은 물론, 좌우의 장벽과 남녀의 경계를 넘은 것은 그가 그의 시대에 가교와 통로를 마련한 것이라고 본다. 그는 이른바 안팎너머의 삶을 실천한 한 시대의 여인이다. 나는 누군가가 그의 평전을 썼으면, 하고 바란다. 제목은 '전옥숙과 그의 시대'가 적절해 보인다.

제4부

언어와 문학

내가 추론하거나, 직관하는 경남 방언

1. 한때의 삶의 경험 속에 들앉은 방언

몇 년 전의 일이다. 서울의 사학명문 S대를 다니다가 내가 재직하던 학교에 다시 입학하여 열심히 공부하던 한 남학생이 내 연구실 책 정리를 했든지 어쨌든지 간에 나를 도운 게 있어서 저녁을 함께한 적이 있었다. 고향이 광주라고 했다. 그 무렵에 내가 광주에 가서 윤동주에 관한 강의를 했다. 낯선 곳이라 택시를 타고 가는데 택시 기사가 무료했던지 내게 말을 걸어왔다. 어데서 오셨으라우? 진주요? 난 평생을 광주에서 살았지라우. 나보다 네 살 아래인 이 분은 연신 '했지라우'라는 말끝을 되풀이했다. 드라마에서 한때 자주 듣던 친근한 말투가 듣기 좋았다. 이 '했지라우'가 아주 듣기가 좋았다고, 내가 그 남학생에게 말했더니 뜻밖의 반응이었다.

"교수님. 우리 그런 말 안 쓰는데요."

내가 반문했다.

"너 정말 광주 사람 맞니? 혹시 경기도 광주 아냐?"

"전 전라도 광주에서 태어나서 고등학교 졸업할 때까지 살았어요."

이 학생의 말은 표준어에 거의 가까운 말이었다. 물론 요즘 젊은이들의 말은 지역과 관계없이 표준화되어 있는 게 사실이다. (경상도 학생들도 성조만 경상도지 말을 글로 전환하면 거의 표준어에 가깝다.) 그런데 내가 알기에도 '했지라우'가 전남 방언인 것이 분명한데, 이런 말을 모른다니 헷갈리지 않을 수가 없었다. 당장에, 소설가 정찬주 씨에게 전화를 했다. 정찬주는 소설에서 전남 방언을 가장 맛깔스럽게 구사하는 소설가다. 나의 대학 선배로서 오래 전부터 각별한 사이였다. 그는 내게 이런 말을 했다.

"요즘 애들이 그렇다니까."

그 역시 현실을 인정하는 반응이었다. 나와 정찬주 씨의 대화를 듣고 난 후에, 그 학생은 그제야 이런 말을 덧붙였다.

"교수님께서 하신 말씀인 '했지라우'는 정말 처음 들었고요, '했지라'는 들은 일이 있었지요."

물론 광주에 사는 어른이 미성년자였던 그 학생에게 '했지라우'라는 말을 썼을 일이 많지 않았을 터. 대신에 '했지라'는 평교간에 더러 썼을 거라고 본다. 그래도 그렇지 '했지라우'와 '했지라'는 그게 그건데, 하나는 알고 다른 하나는 모른다는 게 잘 받아들이기가 쉽지 않았다. 그래도 배우는 학생들은 교육을 받고 있는 세대가 아닌가? 과거에 교육을 받지 못한 사람들은 굳이 표준어를 새롭게 습득할 필요가 없었다.

일반의 젊은이들이 자신이 살아온 지역의 방언을 쓰면 로컬의 인간형으로 취급받는다고 생각할 것이다. 자신이 글로벌을 지향한다고 생각하면, 영어를 잘 구사해야 할 것이고, 모국어인 표준어 한국어조차 로컬의 산물에 지나지 않을 것이라고 생각할 것이다. 이런 점에서 볼 때, 방언은 이중의 로컬인 셈이다.

나는 그때 지역 소멸 시대에, 이제는 지역 방언도 죽어가고 있구나 하는 생각이 들었다.

방언에 대한 관심은 세계적으로 있었다. 언어학과 인류학이 각자 독자적인 학문으로 발전하던 19세기 말부터 곧 소멸될 것을 예감하고는 그것을 기록으로 남겨두려는 시도가 이루어졌다. 이제 방언의 미래는 문화유산으로 남게 될지 모른다.[1] 표준을 제시한 각 나라의 국어가 교육 현장의 도구적인 언어로 잘 활용되던 것이 역설적으로 방언의 관심을 불러왔던 것이다.

우리나라의 경우에도 방언에 대한 관심의 역사는 백 년이 넘는다. 일본인 학자 오구라 신페이가 1913년부터 조선어 방언을 연구하기 시작하여 최근에 출판사 시공사가 간행한 역저『말모이』(2021)에 이르기까지 긴 세월을 보내왔다. 표준어와 방언에 대한 사람들의 가치관은 뚜렷이 드러난다.

표준어에 대한 가치의 우월을 주장하는 사람들은 방언을 군이 방언이라고 하지 않고 '사투리'라고 한다. 사투리는 방언의 멸칭으로 사용되고 있다. 서울말이 바로 표준어인 것은 아니다. 서울말도 지방언어, 즉 하나의 방언이다. 흔히 미혼의 숙부인 '삼촌'을 '삼춘'이라고 한다거나 '…하고요'를 '…하구요'라고 하거나 '어떻게 살아가나?'를 '어떻게 살아가누?'라고 하는 경우가 전형적인 서울 방언이다. 서울말이 방언이라고 해도, 군이 사투리라고 하지 아니하는 것을 보면, 사투리가 멸칭인 게 사실이다. 요컨대 이것은 표준어 대한 가치의 관점에서 볼 때, 부정적으로 판단되는 낱말인 것이다.

그런데 '사투리'라는 말 자체가 토박이말인 것 같지만 사실은 한자어에서 나왔다. 어원은 사토리어(四土俚語)다. 이 말에서 사투리라는 말이 나왔다는 것은 잘 알려져 있지 않다. 사토리어는 언어나 문화의 중심으로부터 흩어져 있는 사방의 땅에 존재하고 있는, 속되고 속된 이속(俚俗)

---

1 로버트 파우저, 「방언이 문화유산이 될 날」, 한겨레신문, 2021. 9. 9.

의 언어다. 속될 이 자와 속될 속 자가 결합된 낱말이다. 반면에 우리의 표준어인 서울말은 서울에 사는 사람들에게 국한된 말이 아니다. 사방의 언어 중에서도 표준을 지향하는 말이다. 게다가 서울은 나라의 수도로서 오랫동안 문화적인 중심지였다. 서울말이 '격조 있는 특유한 음상(音相)의 언어'[2]인 까닭이 여기에 있다.

표준어에 비해 덜 세련된 느낌으로 다가오는 사투리에 좋은 정서는 없을까? 표준어에 도회적인 세련미가 있다면, 사투리에는 향토적인 인간미가 있다.[3] 한 예를 들어보자. 경주 출신의 시인으로 잘 알려져 있는 박목월의 시편 「사투리」 제1연에 이렇게 씌어있다.

우리 고장에서는
오빠를
오라베라 했다.
그 무뚝뚝하고 왁살스러운 악센트로
오오라베 부르면
나는
앞이 칵 막히도록 좋았다.[4]

표준어가 기의(記意 : signifie)라면, 방언은 기표(記表 : signifiant)다. 기의 즉 기호적인 의미는 관념적인 통일성을 추구하고, 기표 즉 기호적인 표현은 감각적인 다양성을 드러낸다. 오빠에게 '오라베'라고 부르는 경상도 젊은 여성의 말투는 무뚝뚝한 어감, 왁살스러운(우악살스러운) 청감으로 전해진다. 이 호칭을 듣는 오빠의 정서는 앞이 칵 막히도록 좋다고 한

---

2 이규항, 「동형이의어 소고」, 『어문생활』, 2022, 9, 4쪽.
3 같은 글, 같은 쪽수, 참고.
4 이남호 엮음, 『박목월 시전집』, 민음사, 2003, 150쪽.

다. 오빠라는 표준어에 이런 각별한 정서가 담겨나 있을까?

나는 우리 시대의 경남 방언에 관한 한 가장 정평이 있는 전문가로 김정대라는 분을 꼽는다. (그는 경남 방언에 관한 많은 연구 자취를 남겼으며, 지금은 경남대학교에서 퇴직한 재야의 국어학자이다. 나는 그를 한 번도 만난 적이 없다.) 그의 글에 방언의 가치를 다음과 같이 개진하고 있어 인용하려고 한다. 아무리 표준어의 절대 가치를 주장하는 이라고 해도, 누구에게나 공감하는 바가 있을 것이다.

> 현재 우리나라의 방언은 (……) 소멸의 단계에 도달해 있다. 방언이 사라지고 표준어로 우리말이 통일되는 것이 바람직하다고 여길 사람들도 없지 않을 것이지만, 이것은 하나만 알고 둘은 모르는 말이다. 각 방언에는 그 나름의 역사가 있고 문화가 있고 정서가 있어, 방언은 그 자체로 하나의 생명체이기 때문이다.[5]

지금 방언이 사라지고 있는 게 저간의 사정이요, 추세다. 내가 글의 첫머리에 광주 출신의 학생에 관한 얘기를 꺼냈거니와, 각 지역의 방언은 방언의 화자인 지역민에게조차 외면되고 있다. 의식적이든, 의식적이지 아니하든 간에 말이다. 다들 글로벌로 살고 싶지 로컬로 살고 싶지 않으니까. 방언보다는 표준어를 사용하고 싶고, 한국어 문해력보다는 영어를 유창하게 구사하고 싶어 한다. 따라서 방언은 이제 기억에서 잊혀가고 있다. 이것은 한때의 삶의 경험 속에, 우리 과거의 기억 속에 들앉아[6] 있을 뿐이다.

이 글은 경남 방언에 관한 글이다. 나는 국어학자가 아니다. 하지만

---

5 김정대, 「방언에 스며있는 향기」, 『새국어생활』, 2011, 봄, 168쪽.
6 '들앉다'는 본래 경남 방언이었다. 지금은 '들어앉다'의 준말로 인정되어 사전의 표제어로 등재되어 있다. 하지만 기는 모습으로 들어오다, (허락 없이) 슬금슬금 들어오다 등의 뜻을 지닌 '기어들다'의 준말인 '기들다'는 아직도 경남 방언으로 남아있다.

경남 방언 화자로서 평소에 경남 방언에 대해 적잖은 관심을 가져 왔다. 물론 경남 방언이라고 하면, 행정적으로 경남 속에 포함된 지역을 포함하겠지만, 일찌감치 행정적으로 독립된 부산의 말도 경남방언권에 포함된다. 울산도 마찬가지다. 울산이 지금은 광역시로 딴살림을 차렸지만 오랫동안 경남 지역 속에 포함되어 있었다.

경남 방언 중에서도 나에게 있어서 가장 익숙한 말들은 부산과 김해와 밀양의 말들이다. 부산은 나의 고향이다. 김해는 조상 대대로 살아온 세거지요, 밀양은 내 출생지이면서 외향(外鄕)이다. 이런저런 연고로 인해, 이 지역의 말들이 내게 가장 익숙한 이유가 된다. 또 울산은 20대 초 중반에 5년간 교사로 재직한 곳이요, 진주는 여기에서 서울로 오가는 생활을 하면서 교수로서 무려 24년을 보낸 곳이다.

부산과 울산을 포함한 경남 방언이 지역마다 대동소이하다. 외지의 사람들은 경남 각 지역의 말들이 모두 같다고 여길 것이다. 하지만 나는 경남 방언의 하위 개념인 경남 각처의 지역어들도 대충 구별하거나 감지해낼 수가 있다. 오랜 삶의 경험이 축적되었기 때문일 터이다.

나는 작년(2021) 연말에 문학평론집 『다문화 시대의 인간상』을 간행한 바가 있었다. 책머리에서 나는 표준어와 방언의 관계를 다문화(성)의 관점에서, 내 견해를 소박하게나마 밝힌 바 있었다. 참고가 되기를 바라는 마음에서 다음과 같이 인용하면서, 두 번째 장으로 넘어가려고 한다.

나는 다문화를 얘기할 때마다 언어의 문제도 간과할 수 없다고 본다. 지금도 우리나라 지식인 중에는 표준어 절대주의자가 적지 않다. 글자 그대로 보면, 절대(絶對)란 상대가 끊겼다는 뜻이다. 표준어의 상대 개념은 방언이 아닌가? 방언은 우리말과 우리 문학의 보물창고가 아닌가? 표준어는 근대 사회에서 의사소통의 필요성에 따라 만들어진 언어이지, 가치의 우위 위에 놓인 언어는 전혀 아니다. 우리의 표준어는 인접 지역이어도 말이 안 통하는 중국이 정해놓은 '보통화(普通話)'의 개념과 다르다. 우리는 남북한 언어도 서로 통한다. 세상에서 가장 힘이 센 언어인 영어에 표준어가 있다는 말을 들어 보았는가? 표준어와 방언이 공존한다는 생각이야말로 국어의 다문화인 것이다.[7]

2. 역사와 어원을 찾아가는 흥밋거리들

내가 경남 방언을 좇아가다 보면, 사뭇 흥미롭기까지 하다. 역사가 얼핏 보이고 어원의 실마리를 찾을 수가 있기 때문이다. 방언에 대한 관심의 이삭줍기가 아닌가 한다. 나는 이 글에서 여덟 가지 사실을 열거하면서 하나하나 설명을 덧붙이려고 한다.

첫째, '하늘대왕구'는 내 어릴 때 엄청나게 자주 썼던 말이었다. 사촌 형님 등 주변의 지인들에게 이 낱말에 대한 반응을 살펴보았다. 하루에도 몇 차례 쓰던 상용 관용어, 독불장군(이 문맥에서의 독불장군이란, 무슨 일이든 자기 생각대로 혼자서 처리하는 사람을 가리킨다.), 아이들이 서로 다툴 때 쓰던 말 등등의 반응이 나왔다. 이 낱말과 관련해 굳이 예문을 만들어보자면, 다음과 같다. 지가 무슨 하늘대왕구라고? 이 일은 하늘대왕구가 와도 안 된다카이. 어쨌든 이 낱말은 '하늘 대왕구'라고 하는 기표로서 『경남방언사전』에 등재되어 있다. 기의로는 하늘 아래의 '최고 권력가'[8]라고 설명되어 있다. 썩 마뜩찮은 해석이다. 어원을 알 수가 없는 상태에서, 문맥에 따른 뜻풀이 정도로만 처리해 있기 때문이다.

하늘대왕구는 합성어로 보아야 한다. 하늘과 대왕구가 어김없이 따라

---

7 송희복,『다문화 시대의 인간상』, 글과마음, 2021, 27쪽.
8 (사)경남방언연구보존회 펴냄,『경남방언사전』, 하, 경상남도, 2017, 269쪽. (이후로는 『경남방언사전』, 상 혹은 하로 표기하면서 쪽수를 드러내는 것으로 대신함.)

다니고 있기 때문이다. 그래서 띄어쓰기를 하는 것보다 붙여 쓰는 게 맞는다고 본다. 대완구 혹은 대왕구의 어원은 대체로 보아서 두 가지 중의 하나가 아닌가 한다.

하나의 어원은 성벽을 무너뜨리기 위해 만든 대형 화포에서 왔다. 정유재란 때 조명연합군이 울산성을 공격할 때, 또 홍경래 반군의 본거지인 정주성을 공격할 때, 그것은 공성용으로 사용했다. 화약 30냥에 사거리 370보인 대완구는 세종 때 처음 문헌에 등장한다. 성종 때는 총통완구, 순조 때는 별(別)완구라고도 했다. 일본 측 사료에 의하면, 자기 진영에 떨어진 괴물체를 구경하다가 대규모로 폭사한 사례를 들었다. 이장손이 개발한 비격진천뢰를 대완구로 쏜 것을 말하고 있다. 1845년 화포장 유희준과 김형업이 만든 대완구가 지금 유일하게 현존하고 있다. 내 어릴 때 부산 지역에서는 아이들이 '하늘대완구'라는 낱말을 일상으로 썼다. 네가 무슨 하늘대완구라고. 주로 입씨름할 때 쓰던 말이었다. 60대 이상의 마산 사람들도 아는 말이다. 『경남방언사전』에서 대완구를 하늘 아래 최고 권력가로 풀이한 것은 적확한 풀이라고 볼 수 없다. 그렇다고 전혀 다른 뜻인 것도 아니다. 걸핏하면 미사일을 쏘아대는 북한의 김정일이야말로 최고의 권력가로서의 하늘대완구다.

또 다른 의미로는 대왕구를 무속의 신격으로 볼 수 있다. 즉, 하늘대왕구는 한편으로는 무속의 '천왕신(天王神)'의 의미가 아닐까, 짐작된다. 무속의 신들은 거의 잡신이기 때문에 신격 자체가 무정부 상태이다. 이런 와중에서 전지전능한 유일신은 아니어도 그래도 가장 권세가 강한 신격이 있다면, 하늘의 상제(上帝)와 같은 천왕신이 여기에 해당된다고 하겠다.

무기의 일종인 전자의 경우라면, 하늘대완구는 부산에서 쓰던 말이 아닐까 한다. 부산은 수영이라는 중요한 군사기지가 있었다. 이곳에서 시작될 가능성이 많다. 부산 수영에서 백성들이 보는 앞에서 군례에 참여한 병사들의 의장용으로 시험적으로 발사하기도 했을 터다. 대완구가 곡사포이기 때문에 하늘로 향해 높게 솟구친다. 그 위력은 아마 대단했을 것이다. 이 낱말이 생긴 시점은 19세기 후반이거나 구한말이 아닐까? 만약 무속과 관련된 후자의 경우라면, 이보다 유래가 훨씬 시대적으로 소급될 수 있을 것이다. 우리나라의 역사에서 무속의 습속이 꽤 연원이 깊기 때문이다. 『경남방언사전』에서는 진주도 이 말이 쓰인 지역이라고 명기하고 있지만, 내가 오랫동안 진주의 여러 사람들에게 물어보니까 아무도 아는 사람들이 없었다. 반면에, 60대 이상의 마산 사람들은 대부분이 뜻은 정확히 몰라도 들어본 적이 있다고들 했다. 이런 점에서 '하늘대완구'는 부산 지역어라고 볼 수 있다.

둘째, 표준어 '부추'에 상응하는 경남 방언이 둘 있는데, 하나는 '정구지'이며 다른 하나는 '소풀'이다. 정구지와 소풀의 경계는 대체로 함안이라고 볼 수 있다. 『경남방언사전』은 함안이 이 두 가지 기표를 동시에 사용하는 지역으로 보았다. 부추를 가리켜 함안의 동쪽은 정구지라고, 그 서쪽은 소풀이라고 불렀다. 합천과 의령과 통영이 소풀이란 낱말만을 쓰는 경계선이 된다. 그런데 하동과 거창에서 정구지라는 말을 사용한다는 게 잘 이해가 가지 않는다.[9] 조사 과정에서 무슨 착오가 생긴 게 아닐까?

나는 소풀이란 말을 단 한 번도 사용한 적이 없다. 어원에 관한 정보도 감감무소식이다. 소풀은 소가 먹는 풀이 아니라, 푸성귀와 채소의 의미를 가리키는 '소(蔬)풀'일 가능성이 매우 높다. 문제는 정구지다. 이것이 도대체 어디에서 온 말일까? 얼마 전에 작고한 문학평론가 장윤익은, 한때 경북 도청의 후원을 받으면서 실크로드의 양쪽 끝인 이스탄불

---

9 『경남방언사전』, 상, 140쪽, 참고.

과 경주의 문화교류에 적극적으로 나섰다. 언젠가 경주에서 내게 사적으로 건넨 말이 있었다. 터키에서 부추를 두고 경상도 말처럼 '정구지'라고 한다고. 아마도 경주에서도 정구지라는 방언을 쓰나 보다, 생각했다. 그런데 터키어로 정구지라니? 이게 사실이라면, 정구지 어원의 단서나 역사적인 배경의 실낱을 찾아볼 수 있을 것이다. 부추는 일상에서 부식으로 사용되곤 하지만, 혈액순환에 탁월한 건강식품이기도 하다. 원산지가 동남아시아지만, 주로 중국에서 재배했다고 한다.

부추를 중국어로 '창셩쥬(changshēngjiŭ)'라고 한다. 우리식 한자음으로 읽으면 '장생구(長生韮)'이다. 이 장생구와 정구지는 무슨 관련이 있을 것 같다. 이 둘의 공통 발음인 '구'를 주목하지 않을 수 없다. 이런 점에서 볼 때 정구지의 구는 부추 구(韮) 자에서 온 것이라고 짐작된다.[10] 말하자면 중국의 부추인 장생구는 동쪽으로 우리나라에, 서쪽으로는 돌궐족에게 전해 주었다. 돌궐족은 서진해 나아가 오늘날 터키의 영토에 이르러 정착했다. 이들이 서진할 때 이 정구지도 가져갔을 것이다. 한국의 경남 방언 정구지와 터키어 정구지는 창셩쥬에서 시작해 우연의 일치로 같은 음인 정구지로 남게 되었던 것은 아닐까? 이 견해는 어디까지나, 나의 직관에 지나지 않는다.

요컨대 정구지와 소풀은 경남 지역의 동서를 대체로 가른다고 볼 수 있다. 이 두 가지 이름을 두고 '어휘 등어선(lexical isogloss)'을 그을 수 있다. 진달래와 참꽃, 옥수수와 강냉이의 경우처럼, 어원이 다른 낱말을 구분하는 선을 어휘 등어선이라고 한다.[11] 크게 나누어보면, 소풀을 쓰는 지역은 진주통영권이요, 정구지를 쓰는 지역은 부산마산권이다. 진

---

10 여기에다 다음의 내용을 덧붙여본다. 정구지의 '지'는 채소나 나물을 가리키는 채(菜)의 변형이라고 보는 것이 합리적이다. 시금치가 한자어 빨간색 뿌리의 채소라는 시니피에를 가진 '적근채(赤根菜)'에서 왔듯이 말이다. 경남 방언 중에서 정구지의 또 다른 기표는 정구치다. 어쨌거나 정구지는 사람을 장생하게 하는 채소의 한 종류라는 의미를 지닌다고 하겠다.
11 이익섭, 『방언학』, 민음사, 1986, 142쪽, 참고.

주통영권은 경상우도와 경상남도의 행정 중심지였다. 병영, 통제영, 도청이 있던 곳이다. 반면에 부산마산권은 개항도시로서 먼저 근대 문물을 받아들인 곳이었다. 경남 방언의 어휘 중에서 이 두 권역으로 대별되는 어휘 사례가 결코 적지 않다.

셋째, 표준어의 '누나'에 해당하는 경남 방언은 '누부'와 '누우'로 분기된다. 이 분기점이 경남 지역의 중간인 함안이나 마산이 아니라 낙동강 하류라는 사실에 주목하지 않을 수 없다. 경남 지역에서 낙동강 이동의 지역인 부산·양산·울산·밀양·창녕은 경남 지역 가운데서도 독자적인 방언권을 형성하고 있다.[12] 이 권역은 순경음 비읍과 반치음으로 소급하려는 경향이 낙동강 이서 지방에 비해 매우 뚜렷하다. 누부(누이), 이부지(이웃), 호부래비(홀아비), 가시개(가위), 끄시름(그을음), 부석(부엌) 등이 대표적인 사례다. 또 이 지역은 살(쌀)이나 사움(싸움)처럼 쌍시옷 발음을 잘 내지 못하는 경향이 있다. 창녕과 함안에서 정구지를 '정구치'라고 하는 사례[13]는 정구치가 정구지보다 더 오래된 형태임을 보여준다고 하겠다. 순경음 비읍이나 반치음으로 환원되는 경우와 '정구치'의 사례는 고형이요, 비읍이나 시옷이 모음화하는 경우와 '정구지'의 사례는 개신형이라고 하겠다. 지방마다 '새비' 형과 '새우' 형이 공존하고 있듯이 경남에도 고형과 개신형이 공존하고 있다. 광범위한 경남 방언의 연구를 통해 전이(轉移) 지대를 설정할 필요가 있다고 본다.[14] 물론 경남 방언 중에서 '새비' 형과 '새우' 형이 고형-개신형의 문제가 아니라, 이종

---

12 경남 방언의 '발음 등어선(pronunciation isogloss)'이 낙동강인 것은 이견의 여지가 없다. 이 선은 어원이 다른 두 단어의 문제가 아니라 한 단어 안에서의 음운적인 차이를 밝히려는 선을 말한다. 같은 책, 142~45쪽, 참고.
13 『경남방언사전』, 하, 140쪽, 참고.
14 언어 지도와 방언 구획에 있어서의 '고형과 개신형'의 문제는 이익섭의 앞의 책, 156~157쪽을 참고하기를 바란다.

이라는 설도 있다. 우리가 현재 알고 있는 왕새우를 두고, 독새비(하동), 시쌔비(김해), 왕새비(진주), 컨새비(고성) 등으로 조사되기도 했다.[15]

논의를 다시 '누부-누이'로 돌아간다.

나 역시 지금도 누나에게 누부라는 호칭을 사용하고 있다. 주지하듯이 한국어의 근원은 경주 지역이다. 경주의 다소 촌스럽고 '왁살스러운' 말(투)이야말로 한국어의 '라티움(라틴어의 시작이 된 지역)'인 것이다. 나는 경주 지역에서 비롯된 원시친족어형인 '압·엄·오랍·눕'이 선행했을 거라고 본다. 압은 아버지의 원시친족어형이다. 이 압을 개(開)음절화하기 위해 모음 이, 아, 에 등을 붙였다. 예컨대 아비, 아바(마마), 아베 등으로 말이다. 경남 방언은 압에다 '우지'를 붙여 거의 20세기 중반까지 전역에서 '아부지'라고 했다. 경북 일부 지역에서는 '아베'라고 했다. 20여 년 전에 TV에서 퇴계 종가집에 관한 다큐멘터리를 본 일이 있었다. 양반은 부모에게 혼정신성(정성)을 다해야 한다. 종손이 이른 새벽에 문밖에서 아버지에게 밤새 안부를 묻기 위해 방밖에서 인사말을 건넸다. 아베, 기침했으니껴? 타 지방 사람들이 보기에는 아버지를 두고 아베라는 호칭을 사용하는 것이 좀 무례해 보이지만, 그들에겐 그렇지가 않다. 같은 안동 지역이라고 해도 노론 집안은 아버지라고 한다. 안동은 대부분이 퇴계학을 계승한 남인 집안이다.[16]

어쨌거나 누나 이야기로 되돌아가보자.

누이는 누나이거나 여동생(누이동생)을 가리키는 친족 용어이다. 오랍이 오빠거나 남동생(오랍동생)을 가리키듯이. 원시형 '눕'에서 개음절화하기 위한 모음으로서, 대체로 '우'와 '이'로 쓰였다. 경남에서는 낙동강

---

15 말모이 편찬위원회 엮음, 『말모이』, 시공사, 2021, 380쪽, 참고. (이후로는 『말모이』로 표기하면서 쪽수를 드러내는 것으로 대신함.)

16 안동 남인 집안사람들은 옛날에 아버지를 '아베', 할아버지를 '큰아베', 큰아버지를 '맏아베'라고 불렀다. 낙동강 이동 지역에서의 큰아버지는 아버지의 형님이란 개념이 아니라, 아버지 형제 중에서의 장남이라는 개념이다. 장자 상속의 문화가 강한 일면을 엿볼 수 있는 대목이다.

을 넘어가면서 비읍이 우로 모음화했다. 그래서 낙동강을 넘으면 '누우'라고 했다. 경주에서 동해안으로 타고 올라간 '누부'는 함경도에 이르러 정착한다. 그런데 서북향으로 '누비'가 흘러갔다. 지금의 수도권에 '누이'가 정착되기 이전에 중세국어로 '누의'(『석보상절』)라는 어형이 있었다. 지금의 누이는 누비, 누의로부터 변화된 형태임이 명백하다고 추론할 수가 있다. 그렇다면 고려시대 정도에 충청도 지역에서 누비라는 말을 썼을 가능성이 매우 높다. 물론 지금에까지 그 증거 자료가 남아 있지 않지만. 또 수도권의 누이는 양서(황해도·평안도)로 가서 '뉘'로 축약된다.

넷째, 낙동강을 기준으로 경남의 동서 지역에만 쓰는 어휘 가운데 '돔베기'와 '시상이'를 꼽을 수 있다. 이 얘기는 누부와 누우의 연장선상 위에 놓인다. 이 돔배기는 아직 표준어로 인정되지 않고 있지만, 신문과 소설 등에서 표준어처럼 거의 규범적으로 쓰이고 있다. 표기로는 '돔배기'이다. 이 말은 최근에 간행된 것, 다시 쓰는 우리말 사전이라고 표방된 『말모이』에도 등재되어 있다. 이를테면, 제사상에 놓는 상어 고기[17]다.

1895년에 5백년 가까이 유지해온 8도제를 없애고 23부제를 신설했다. 이것 역시 1년 남짓 시행하다가, 마침내 1896년에 13도제로 환원했다. 지금까지도 우리나라의 행정구역은 이 13도제의 바탕 위에서 유지해 오고 있다. 경상남도와 경상북도로 나눈 지는 벌써 올해(2022)에 126년이 되는 해다. 8도제 아래에서도 경상도는 넓은 지역이기 때문에 낙동강을 분기점으로 해 편의상 좌우도로 나누었다. 퇴계학과 남명학으로 양분되는 성리학 문화에서 이 두 지역이 특화되어 오기도 했다. 지역적으로 가장 중심이 되는 대구에 감영을 두었다. 그런데 경상도 동부 지역

---

17 『말모이』, 205쪽.

인 우도에도 지역적으로나 문화적으로 양분되는 부분이 없지 않다. 즉,
북부와 남부이다. 이 양자의 문화는 대체로 아래와 같이 변별된다.

경상우도 남부 : 경상우도 북부

경주권 : 안동권

돔배기 : 문어숙회

의문형 '능교' : 의문형 '니껴'

이언적 : 이황

화강암 : 퇴적암

경상우도 남부 지방에서는 제사 때 반드시 돔배기를 쓴다. 나 역시 유
년기에서부터 지금까지 제사를 보아 왔지만, 돔배기를 제사상에 올리지
않은 적이 단 한 차례도 없었다. 돔배기의 상한선은 내가 생각하기로는
동쪽의 포항, 서쪽의 대구를 잇는 가상의 선이라고 생각한다. 이 상한선
의 중간에 놓인 영천에는 돔배기 전문집만 해도 20여 곳이 있다고 한
다. 이에 비해 경상우도 북부에는 제사상에 문어숙회를 아주 귀하게 여
긴다고 한다.

남북부 지방의 의문형도 '능교'와 '니껴'로 크게 나누어진다. '능교' 사
용권의 끝인 대구에선 이것이 반말투에 가깝다고, 한 대구 사람이 내게
살짝 귀띔을 하기도 했다. 하지만 경주만 해도 능교는 스스럼없이 쓰는
말이다. 울산에선 상인이 구매자에게 이렇게 말하기도 한다. 이 물건이
만족스럽지 않습니까? 한마디로 말해, 울산 사람들은 '파잉교?'다. 부산
에서도 쓸 수 있는 말인 것 같지만, 대놓고 말하기가 좀 뭣하다.

지질학적으로 볼 때, 경상우도 남북부는 화강암과 퇴적암 지대로 분
류된다. 경주 지역에 돌로 된 불상이 많은 것을 생각해 보면 잘 알 수 있
다. 지질이 사람들의 기질 및 성향에도 영향을 미칠까? 남쪽 사람들은

좀 무뚝뚝하고 왁살스럽다. 자기주장도 강하고. 반면에 상대적으로 볼 때, 북부 사람들은 부드럽고, 남을 좀 배려할 줄을 안다.

다시 돔배기 얘기로 돌아간다.

이 돔배기의 역사는 무려 2천년이 넘는다. 경북 경산에 삼국시대의 초기 소국인 압독국(압량국)이 있었다. 서기 101년에 신라에 병합되었다. 우리 고대사의 엄청난 정보가 내장된 임당동 고분군에서는 제기에 담긴 상어 뼈가 발견되기도 했다. 이에 관한 얘깃거리를 쉽게 쓴 글이 최근의 신문에 눈에 띄어서, 내가 다음과 같이 인용하려고 한다.

> 돔배기는 상어고기를 토막 내 소금에 절여 숙성시킨 고기를 가리키는 경상도 사투리예요. (……) 임당동 고분군에서는 뼈만 남은 돔배기가 토기에 담긴 채 발견됐어요. 굽다리 접시 같은 제기에 담겨 있거나, 둥근 단지에 최대 1m에 달하는 상어 한 마리가 잘려서 통째로 담긴 채 남아있기도 했어요. 동해나 남해 바닷가에서 포획한 상어를 말리거나 소금을 뿌려 염장한 다음 저장용 토기에 담아 먼 거리를 운송한 거예요. 경산에 살던 압독국의 유력자들은 돔배기를 제사상에 올리면서 자신의 사회경제적 능력을 과시했답니다.[18]

돔배기의 역사는 이처럼 매우 오랜 세월로 거슬러 올라간다. 하지만, 이 말의 역사는 그리 오래되지 않았을 것이다. 나의 시니피앙으로는 돔배기가 아니라 '톰베기'이다. 이런 발음을 듣고 평생토록 살아왔다. 어원론적으로 보자면, 돔배기는 '토막'과 '베다'의 톰베기라고 봐야 한다. 나는 톰베기라는 말만 들었지, 돔배기는 듣지 못했다. 수산물이 풍성한 부산에선 늘 톰베기라고 한다. 요컨대, 이것은 큰 상어를 토막 내기 위해 칼로 벤 것이다.

---

18 이병호, 「뉴스 속의 한국사 : 임당동 고분군」, 조선일보, 2022. 10. 6.

경남 지역에서 낙동강 이동의 지역인 부산·양산·울산·밀양·창녕은 톰베기를 소중한 제수(祭需)품으로 여기지만, 경남 지역에서 낙동강 이서인 여타의 지역에서는 물건이 없으니 말도 존재하지 않는다. 톰베기를 제수로 쓰지 않는 게 가야문화권의 생활 습속이었던 것 같다.

그러면 경남 지역에서 낙동강 이서 지역만 쓰는 경남 방언이 있을까? 김해에서 하동까지 말이다. 나의 뇌리에 떠오른 게 딱 하나 있다. 사전 표제어로 등재된 '실없쟁이' 혹은 '주책바가지'에 가장 가까운 낱말로서, 예컨대 시상이, 시사이, 시사니, 씨사이, 씨산이 등의 다양한 기표들로 사용되는 말이 있다. 이 중에서 '시사니'는 박경리의 「토지」에서 여러 차례 나오는 말이다. 여기에서는 '시사이 나흘 장 간다.'라는 속담을 인용한 것으로 보아, 좀 모자라는 사람을 두고 말한 것 같다. 나흘 장이란, 잘못 알고 하루 앞날에 장을 보러간다는 말이다. 『말모이』에서는 '실없는 사람을 놀림조로 이른 말'이라고 했고, 거제의 '씨산이'는 실없는 사람이 아니라 '말이 많은 사람'을 가리킨다는 의견도 제시되어 있다.[19] 어쨌든 이 말은 낙동강 이동 지방에서는 사용하지 않는다. 고향이 부산인 내 아버지나 나도, 고향인 밀양인 내 어머니도 평생토록 사용하지 않았던 말이다. 내가 울산에서도 한 번도 들어보지 못했던 말이다. 도저히 어원을 알 수 없는 말이다.

다섯째, 경남 방언 중에 두부를 가리키는 다른 말이 있다. 조포, 조푸, 조피라고 한다. 이 중에서 가장 오래된 형태는 '조포(造泡)'이다. 글자 그대로, 콩을 끓여 거품으로 만들어낸 것. 두부를 만들어 관가에 바치는 곳을 조포소라고 했고, 특히 이곳이 사찰일 경우에는 조포사라고 했다. 승려들은 육식을 하지 못하기 때문에 콩을 단백질로 늘 섭취해야 했다.

---

19 『말모이』, 442쪽, 참고.

과거에 경상도에 사찰이 많아서 두부를 적잖이 만들었을 것으로 보인다.[20] 임진왜란 때 경주 출신으로 진해성 전투에서 사로잡혀 일본으로 끌려간 박호인이 고치현의 영주로부터 두부를 제조하는 독점권을 따낸 사실은 잘 알려져 있다. 당인정 두부는 일본의 식생활에 영향을 끼쳤다. 당인정(唐人町)이란, 외국인 마을이라는 뜻인데, 바로 끌려온 조선인들이 모여 사는 마을이었다. 이 마을에서 조선식의 단단한 두부를 만들어냈고, 그 우두머리가 박호인이었다. 한때 경남에서는 두부를 두고 '조피', '조푸'라고 했다. 대체로 보아서, 경남 중에서도 낙동강 이동 지방은 전자의 기표를, 낙동강 이서 지방은 후자의 기표를 사용했다. 또 경남 전역에서 두부를 '더부'라고 하기도 했다. '조푸(혹은 조피)'와 '더부'를 공용한 게 아닌가 한다.

내 외가는 논 다섯 마지기로 늘 뽀닷이(빠듯하게) 살았다. 외할아버지는 어디선가에서 두부를 제조하는 기술을 배워 농한기인 겨울에 두부를 만들어 이웃 사람들에게 제공했다. 내 어머니는 미혼에 마을에서 '두부 집' 딸로 통했다. 내 어릴 때도 외가에 두부를 만드는 간단한 기구가 있었다. 외할머니나 외삼촌들이 두부를 가리켜 '조피'라고 했다.

여섯째, 마지막으로 호주머니에 관해 얘기 좀 해야겠다. 우리나라 한복에는 주머니가 따로 없었다. 허리에 차는 작은 주머니인 '옆 낭(囊)'이 있었다. 그냥 발음이 나는 대로 '염냥'이라고 했다. 우리말로는 두루주머니라고 한다. 옷에서 분리되어 있는 주머니가 두루주머니였다. 그런데 유목 생활을 하던 여진족의 옷에 주렁주렁 매달린 주머니가 우리나라 사람들의 눈에 보였다. 이 주머니를 두고 여진족, 즉 오랑캐의 주머

---

20 두부가 본래 사찰음식이었던 것은 일본의 경우를 봐도 잘 알 수 있다. 일본에서 두부의 고장은 교토다. 왜? 사찰이 많은 곳이기 때문이다.

니라고 해서 호(胡)주머니라고 했다. 이 호주머니라는 말이 언제 쓰였는지 잘 알 수 없다. 우리나라 사신이 자주 청나라를 다녀오면서부터 서서히 인식하게 된 것이 아닐까? 이 어휘는 19세기의 소산일 가능성이 높다. 호주머니는 조끼, 저고리 적삼 등에 헝겊조각을 덧대어 꿰매서 만든 주머니다.

그런데 이보다 더 개량된 주머니를 발견하게 된다. 양복주머니인 것이다. 부산 기장에서는 한복 조끼 주머니를 두고 '조깨줌치'라고 했고, 양복주머니를 가리켜 '개아줌치'라고 했단다. '줌치'는 다름 아니라 주머니의 경남 방언이다. 이 점을 착안한다면, 한때 경남 전역에서 사용한 '갯줌치'는 20세기 초인 개화기(開化期)의 주머니라는 뜻이 포함되어 있다고 봐야 한다.[21] 그런데 나는 '개아줌치'니 '개앗줌치'니 '갯줌치'라는 기표를 들어본 일이 없다. 나의 시니피앙은 '갯줌치'가 아니라 어디까지나 '갯줌추'였다. 여느 자료를 살펴보아도, 갯줌추는 어디에도 없고, 오로지 갯줌치만 있을 뿐이다.

일곱째, 근대에 생성된 어휘인 '달고나'의 경남 방언을 살펴본다. 이것은 불 위에 국자를 올리고 거기에 설탕과 소다를 섞어 만든 과자의 한 종류이다. 또 이것은 만드는 과정에서 포도당으로 분해되는 캐러멜 생성 원리가 전제되어야 한다. 낱말의 어원은 포도당 덩어리에 열을 가하면 단맛 역시 강해진다는 데서, 즉 '설탕보다 달구나'라는 표현에서 유래되었다. 사물의 유래는 한국전쟁 시기의 부산으로까지 거슬러 올라간다고 하나, 1960년대 초반에 부산에서 가내수공업으로 제품화되었다고 한다. 이 때문에 달고나는 동래 파전, 돼지 국밥, 밀면 등과 같이 부산에서 시작한 음식으로 분류되고 있다.

---

21 『경남방언사전』, 상, 52쪽, 참고.

달고나는 1970년대 이래 산업화 과정에서 길거리 간식으로 유명해졌다. 주로 학교 앞에서 아이들을 유혹하는 즉석 과자였다. 이 시절의 아이들은 이것이 위생적이든 비위생적이든 좋아했다. 지금 생각하면, 추억의 불량식품이랄까? 만듦의 요체는 위생적이든 말든 부드러운 질감의 유지에 있었다. 달고나는 최근에 세계적으로 주목을 받은 드라마「오징어 게임」을 통해 재조명되고 있다.[22] 달고나라고 하는 어휘는 표준어는 아니어도 거의 규범화되어 있다. 달고나는 수도권, 중부지방, 전북 일부에서는 '뽑기'라고 통했다. 남쪽에서는 다양한 기표로 사용되었다.

부산 : 쪽자
진해 : 골떡
마산 : 오리떼기
통영 : 야바구
광양 : 쪽다리

부산의 '쪽자'는 국자의 경남 방언이다. 경상도와 가까운 전남 광양에도 '쪽다리'라고 한 것으로 보아, 부산에서 멀리 영향을 끼친 것으로 보인다. 진해의 '골떡'은 만든 과자의 뜻을 포함한 것으로 알려져 있다. 통영의 '야바구'는 아이들을 유혹하는 과정에서 게임의 요소인 야바위가 발생한다고 해서 유래된 것 같다. 이 중에서 마산의 '오리떼기'가 압권이다. 나는 이 단어를 시조시인 이달균에게서 처음 들었다. 처음엔 물 위의 오리인 줄 알았다. 알고 보니, 상인이 판촉을 위해 아이들에게 달

---

22 외국에서도 우리나라의 달고나와 비슷한 것이 있다. 포도당으로 분해되는 캐러멜 생성 원리에 따라 제품화한 것들이다. 특히 일본에서는 '카루메야키(カルメ焼き)'라는 것이 있다. 카루메야키는 우리말로 옮기면, 카라멜구이, 캐러멜구이 정도가 된다. 중국에서는 '펑탕(椪糖)'이라는 달고나가 있다고 한다.

고나의 별표를 오려서 떼게 했다. 실패하지 않으면, 하나 더 주었다. 별표를 오려서 떼는 과정이 오리(五里)를 걸어갈 만큼 오래 걸린다고 해서 오리떼기다. 마치 십리(十里)를 걸어갈 동안 먹을 수 있는 사탕을 가리켜 이를테면 '십리사탕'이라고 하듯이 말이다.[23]

여덟째, 지금은 사실상 사라진 말이지만, 내가 어릴 때 '종내기'라는 말을 자주 들었었다. 동네 할머니들이 개구쟁이 아이들더러 '저 너무(놈의) 종내기들이……' 하면서 쓰던 말이었다. 뜻밖에도 이 낱말은 표준국어사전에 등재되어 있다. 종류, 품종, 종자 따위의 같고 다름을 이르는 말.[24] 물론 지금 내가 말하는 맥락과 의미의 초점이 맞지 않다. 동네의 개구쟁이 아이들더러 종내기라고 하는 사례는 경상도 전역의 방언이요, 경상도 지역의 언어와 문화에 영향을 많이 받은 강원도 관동 지역에도 쓰였던 방언이다. 경상도 출신이 많은 흑룡강성 조선족들도 사용했던 방언이기도 하다. 종내기는 한자어 '종락(種落)'에서 나왔다. 즉 '종락+이 〉종낙이 〉종나기 〉종내기'로 정착되어 갔다. 인간의 종류 중에서도 낙후된 인간, 말하자면 미개인을 가리킨다. 문명인, 개화인이 아니라는 얘기다. 이런 점에서 볼 때, 이 말은 개화기, 애국계몽기의 조어임을 알게 한다. 글자의 모양을 보면, 종처럼 살아가야 할 풋내기인 것 같지만, 이런 저주의 말은 아니다. 예의나 범절이나 행실이 없는 종류의 한 인간이란 뜻을 지닌 말이다.

---

23 『말모이』, 483쪽, 참고.
24 https://stdict.korean.go.kr/search/searchResult.do.

3. 방언 속의 방언인 지역어를 살펴보다

박경리의 대하소설「토지」는 우리 문학의 금자탑이다. 또 경남 방언
의 보고이기도 하다. 서울대학교 교수를 역임한 로버트 파우저는 이「토
지」에 기록으로 남은 경남 방언이 이미 문화유산으로 된 것 같다고 했
다. 나는 이 소설에서 가장 주목하는 어휘로서 '악문'을 꼽는 데 주저하
지 않겠다. 물론 발음대로 표기하면 '앙문'이 된다. 뜻은 문맥에 따라, 다
양하다. 내 스스로 정리한 바에 의하면, ①배신, ②보복, ③따돌림, 소외,
무시, ④저주 등이다.「토지」의 내용 중에는 주로 ①에 국한되어 있다.
간혹 ②와 ③의 문맥으로도 쓰였다. 가장 문학적인 깊이가 있을 ④에까
지 이르지 못한 것이 아쉽다. 작가는 '오늘 입때꺼지 내 밥 묵고, 내 옷
입고, 이렇기 악문을 할 수 있나, 어디 두고 보자.'[25]라는 문장에 나오는
'악문'을 가리켜 '악으로 되갚음'이란 주를 달았는데, 작가 자신은 악문
의 악을 모질 악(惡) 자로 본 것이 틀림없다. 즉, 모진 마음이 악문인 게
다. 만약 '앙심'을 품는 것이 '악심(惡心)'에서 비롯된 것이라면, 악문이
모질 악 자와 관련이 있다고 본다. 하지만 그 가능성은 절반이다.

이 악문은 작가의 고향인 통영의 고유한 지역어라고 본다. 이를 중심
으로 놓고 볼 때, 여타 지역에서의 변형된 기표가 있지만, 통영 지역어
로 보는 게 무난하다. 진주에서는 '악물'이라고 한다. 최근의『말모이』
에서는 '분하게 여겨 앙갚음할 마음'이라고 하면서 산청의 '앙물'과 합
천의 '앙문'의 예를 들고 있다.[26] 악문, 앙문, 악물, 앙물 등의 기표들은
사전 표제어 (원망할 앙 자와 성낼 분 자가 결합한) '앙분(怏忿)'과 무슨 관련이
있는지도 모르겠다.

---

25 박경리,『토지』, 제11권, 솔출판사, 1993, 73쪽. (이하『토지』의 권수와 쪽수만 병기한다.)
26 『말모이』, 456쪽, 참고.

박경리의 악문은 인간의 가장 원초적인 감정이다. 그는 작품 속에서 '짐승은 구해주믄 은혜를 갚고, 사람은 구해주믄 악문을 한다.'[27]라는 말을 되풀이하고 있다. 이 소설이 근대소설의 미학적인 기반뿐만이 아니라, 설화적인 서사 양식의 기반 위에도 서 있음을 말해주고 있다.

한마디로 말해, 박경리의 「토지」는 악문의 서사시다. 사람이 사람에게 악문할 뿐만 아니라, 돈도 사람에게 악문한다. 평사리 최참판 댁의 가운이 기운 것도 돈이 악문했기 때문이다. 별당아씨는 종놈과 눈이 맞아 도망갔고, 윤씨 부인은 호열자로 죽었고, 당주인 최치수는 살해되었고. 최씨 가의 마지막 사내인 그가 죽었을 때는 장례 행렬에 많은 사람이 따랐지만, 상제(상주)는 어린 여식 혼자뿐이었다. 작가 박경리의 금전관이 반영된 부분이 눈에 쏙 들어온다.

가운이 기울라 카믄 할 수 없는 일이라. 옛 말에 돈아 돈아 나갈라믄 소리 없이 나가라 했는데 그 눔으 돈이 악문 안 하고 나가야 말이제. 살림이 망할라 카믄 사람부텀 먼저 상하고 시작하는 거니께.[28]

이 부정적인 금전관에 맞서 부를 다시 축적한 최서희는 난세의 자본주의적 인간상이기도 하다. 지금 우리에게도 돈도 잃고 사람도 잃는 경우가 많다. 이 소설에서 악문의 억울함을 가장 드라마틱하게 토로하는 인물은 임이네다. 내가 이가 놈의 집구석에 무신 빚을 많이 졌길래 괄시받고 악문을 당하는고.[29] 진자리 마린자리 가리감서 손발 잦아지게 키웠더마는 악문을 해도 우짜믄 그렇기 하겠노.[30] 그녀는 타고난 욕심과 '용

27 『토지』, 제3권, 73쪽.
28 『토지』, 제2권, 198쪽.
29 『토지』, 제8권, 25쪽.
30 『토지』, 제8권, 202쪽.

심(시기심)'으로 인해 남편에게서도 아들에게서도 악문(버림)을 당한다. 끝내 아들에게 이렇게 외친다. 네 놈은 내 가심(가슴)에 맷돌을 얹었다! 악문(배신)을 당했다는 그녀는 누구에게라도 악문(저주)한다. 그녀에 대한 작가 자신의 편집자적인 주석도 흥미롭다.

칡넝쿨 같이 줄기찬 생활력과 물가의 잡풀같이 무성한 생명력을 지닌 임이네, 식욕과 물욕과 성욕이 터질 듯 팽팽한 살가죽에 넘쳐흐르듯 왕성한 임이네는 대지에 깊이 뿌리박은 여자, 풍요한 생산의 터전이라고 할까.[31]

경남 지방에서는 이러한 유의 성정을 두고 '애살'이라고 한다. 누군가 애살을 가리켜, 시기와 질투라고 했는데, 이는 잘못 짚은 것. 내가 보기에는 그것은 성취 욕구이다. 『말모이』에서는 '무엇을 하고자 하는 적극적인 마음이나 욕망'[32]이라고 기술되어 있다. 이것의 반대되는 개념이 '어영부영'이다. 채만식의 「치숙」에 이런 말이 나온다. 좋은 시절 어영부영 다 보냈지요. 이처럼 어영부영은 삶의 적극적인 의지가 없음을 가리키는 말이다.[33] 어쨌든 애살은 가장 대표적인 경남 방언의 하나라고 하겠다.

박경리의 「토지」가 위대한 문학작품이요, 방언에 관한 한 문화유산이기도 하지만, 언어 질감을 완벽하게 재현한 것은 아니다. 언어나 풍속에

---

31 『토지』, 제3권, 213쪽.
32 『말모이』, 459쪽.
33 어영부영의 어원은 어영청 부대는 군대도 아니다, 라는 뜻에서 나왔다. 반정(쿠데타)으로 왕위에 오른 인조는 또 다른 반정을 예방하기 위해 국왕의 친위부대인 어영군을 창설했다. 그의 예상대로, 또 다른 반정이 일어났다. 이괄의 난이었다. 이때 어영군을 인조를 공주에까지 잘 호위했다. 인조의 아들은 북벌을 기획했는데 그 중심에 어영청이 있었다. 어영청의 수장 어영대장 중에서 가장 유명한 이는 불벌 계획의 중심인물인 이완 장군이었다. 이 어영청이 19세기에 이르면서 군기가 빠져나갔다. 군기문란, 군납비리가 예사였다. 세평에 이런 말이 나돌았다. '어영비(非)영'이라. 어영청 부대는 군대도 아니다. 결국 어영청 구식 군대는 임오군란을 일으켰다. 어영비영이 어영부영이 된 것이다.

있어서 고증이 잘못된 것도 한두 군데가 아니다. 우선 악문은 하동 지역어가 아니라는 사실이다. 내가 알기로는 통영, 진주, 합천 등에서 쓰던 말이었다. 이마저도 지금은 사어(死語)다. 이 새북에 길상이가 웬 일고?[34] 경남 지역에선 대체로 새벽(새밝 : 동쪽의 밝음)을 가리켜 '새복'이라고 했다. 거의 유일하게 '새북'이라고 한 지역이 있다면, 통영이다. 즉, 통영 지역어라고 하겠다.[35] 물론 하동에서는 새복이었다.

작가 고향의 지역어가 소설 속의 하동에 투영되었듯이, 통영의 풍속이 하동으로 옮겨지기도 한다. 하동 평사리에서의 오광대 탈놀음은 가능성이 거의 제로에 가깝다. 오광대는 밤마리(합천), 신반(의령), 진주, 고성 등의 장터에서나, 조창(세금으로 거두어들인 곡물 창고)이 있었던 가산(사천), 마산포, 김해의 바닷가에서 연행이 되었다. 음력 2월에 어촌마을의 풍신제 때 세우는 영등할멈의 물대는 내륙인 평사리와는 전혀 무관하다. 작가가 어릴 때 보았던 통영오광대와 남해안 별신굿이 투사된 마음의 그림자일 뿐이다.

지역어는 방언 속의 방언이다. 지역어는 경계도 애매하고 사례도 그다지 많지 않다. 방언 연구 전문가들에게 필요해도, 일반 대중에게는 크게 관심을 일으키지 못한다. 여기에서는 내 삶의 체험과 관련해, 지금은 거의 사라진 지역어를, 기억과 추론 속으로 소환해 보려고 한다.

나는 국어 선생을 오래 했기 때문에 표준어가 편하지만, 내 말 속에는 부산 지역어가 알게 모르게 녹아 있다고 본다. 유튜브를 통해 공개 강의

---

34 『토지』, 제4권, 347쪽.
35 새벽을 두고 경북에서는 주로 '새북'이라고 했고, 경남에서는 주로 '새복'이라고 했다. 통영에서는 거의 예외적으로 새북이라고 했다. 새벽에 태어난 원효의 이름이 '새부(塞部)'인 것도 그의 고향이 지금의 경북 경산이기 때문이다. 원효(元曉)는 글자 그대로 원래 이름이 새벽이란 데서 유래된 말이다.

를 적잖이 하고 있지만, 잘 고쳐지지 않는 말이 '을매나(얼마나)'이다. 첫 음절 '얼'만 의식을 해도 쉽게 고쳐질 수 있다. 하지만 생각대로 잘 되지 않는다. 여타의 경남 방언도 다 그렇겠지만, 특히 부산 지역어는 성조(聲調)의 높낮이가 매우 중요하다. 1992년에, 동국대학교를 갓 졸업한 투수 가득염이, 부산을 연고지로 한 롯데 자이언트 야구단에 들어왔다. 성이 가씨인 게 독특했던지, 야구팬들이 이렇게 말했다.

가가 가가가?

표기만 두고 볼 때, 수도권 사람들이 무슨 괴물 같은 말이냐고 할 것 이다, 하지만 부산 사람들은 특유의 성조(聲調)만으로 의사가 충분히 전 달된다. 표준어 의미로는 이렇다. 그 애 성이 가씨냐? 이 글이 경남 방 언에 관한 글이지만, 정확하게 말하면 경남방언 중의 어휘에 관한 글이 다. 경남 방언의 특질을 살필 때 어휘 못지않게 중요하게 자리를 차지하 고 있는 것이 성조다. 경남 방언의 성조는 고중저의 3성 체계로 이루어 져 있다. 중국어는 평상거입의 4성 체계다. 베트남어는 5성 체계라고 한 다. 나는 아래의 세 가지 예문을 만들어놓고 나와 내 아내가 반복적으로 발음을 해 보았다. 내 아내는 조상 대대로 서울에서 살아온 서울토박이 다. 아무리 생각을 해도, 나는 고저형이고, 아내는 장단형이다. 이 사실 이 미세하게 감지되어 왔다.

되로 주고 말(斗)로 받다.
걷지 않고 말(馬)을 타다.
그는 말(言)이 너무 많다.

경남 방언이 성조로 인해 무뚝뚝하게 느껴져도 어감에는 민감하다. 우리 속담에 '아' 다르고 '어' 다르다는 말이 있듯이 모음 '이'를 두고 공손과 불손의 어감으로 받아들이는 경우도 있다. 내가 재직하는 학교에 이런 일이 있었다. 경남 출신의 한 젊은 교수가 부임했다. 선임 교수 여러 명이 환영하는 뜻에서 술을 샀다. 술이 오간 후에 분위기도 좀 익숙해졌다. 신임교수가 한 선임교수에게 '한 잔 드소.'하면서 잔을 권하였다. 잔을 받은 이 선임교수가 언짢은 말투로 한마디를 했다. '한 잔 드소.'가 뭐예요? 신임교수가 당황해, 그럼, 어떻게 말씀해요, 하고 물었다. 공손하게, 한잔 드이소, 라고 해야 한다는 것. 신임교수는 '드소'와 '드이소'가 무슨 차이가 있냐고 생각했지만, 말로는 표현하지 않았다고 한다. 이와 같이 경남에서는 모음 '이' 하나가 소지역어의 차이, 공불손 어감의 차이로 드러나는 게 현실이다.

> '하소'와 '하이소'는 '이' 하나 차이지만 받아들이는 것은 많이 다르다. '하소'는 무뚝뚝함·건방짐이 묻어 있는 반면 '하이소'는 공손함이 전해진다. 더 높이면 '하시이소'가 된다.[36]

내가 알기로는 부산 지역어는 '하소'와 '하이소'를 모두 수용하고 있다. '하소'는 동부와 해안, '하이소'는 서부와 내륙에 쓴다는 인상이 있다. 그러면 부산 지역어로는 '하소'라고 해야 한다. 내 경험으로도 부산에선 '하이소'를 자주 쓴다. 자갈치시장 상인들의 표어가 '오이소, 보이소, 사이소.'가 아닌가? 부산에는 사람들이 몰려드는 곳이다. 원주민 못지않게 외래인, 경남 여기저기에서 온 사람들이 뒤섞여 사는 곳이다.

부산 지역어는 우선 양성모음을 선호한다. 다른 경남 지역에서 주로

---

36 남석형 외 지음, 『한국 속 경남』, 도서출판 피플파워, 2017, 18쪽.

여시(여우), 염새이(염소), 저트랑(겨드랑이), 여불때기(옆)라고 해도, 부산에서는 야시, 얌새이, 자트랑, 야불때기라고 한다. 사람 됨됨이의 기질이, 물론 상대적이겠지만, 감춤보다 드러남을 지향하는 면이 있다. 직관적으로 볼 때, 양성모음이 이 드러남의 지표가 아니겠느냐고 추정된다. 내가 진주에서 이런 말을 더러 들었다. 외고 패고(펴고) 할 것 없이……. 자신의 주장을 밝히고 펼치고 할 것이 없다는 뜻. 일을 은밀하게 추진할 때 쓰는 말이다. 공개적이거나 떳떳이 할 것 없다는 점에서, 무언가 감추려는 의도와 관련이 있다. 부산 사람의 기질은 감추는 걸 싫어한다. 사람들의 음모도 질색이란다.

내가 부산 지역어로 제시하고 싶은 것은 '송싫다'와 '덧정없다'다. 이 둘의 어휘는 유의어, 즉 비슷한 말로 볼 수 있다. 동의어, 즉 같은 말은 아니다. 전자는 '귀찮다'에 가깝고, 후자는 '정나미가 떨어지다'에 가깝다. 물론 후자는 다른 지역에서도 쓸 것 같다.

내 어릴 때 기억에 의하면, 아이들은 '비슷하다'보다 '빵상하다'를 더 선호했다. 이 말은 '가리방상하다'에서 나온 게 분명해 보인다. 어원은 한자어 '방사(倣似)'이다.[37] 모방한 것처럼 흡사하다는 뜻. '빵상하다'는 '비스무리하다, 비수무리하다'보다 훨씬 강한 뜻을 지녔다.

부산 지역어는 구개음화가 매우 심하다. 지금 구개음화의 경계선은 휴전선이다. 북한어에는 구개음화가 없다. '정거장'을 '덩거장'이라고 하듯이. 옛날에 들은 얘기지만, 내가 취중에 '학교'를 '학조'라고 발음한다고, 누군가 말한 적이 있었다. '김치'를 '짐치'라고 하듯이. 한때 부산 사람들은 '겪다'를 '쩎다'로, '견디다'를 '전디다'로, '견주다'를 '전주다'로 발음했다. 이제는 교육을 받지 못한 극소수의 할머니들이 쓰는 말이다. 구개음화는 부산이 가장 심하고 더 심한 곳은 일본이다. 일본에서의

---

37 『경남방언사전』, 상, 23쪽, 참고.

'라디오'는 '나지오'다. 이 '나지오'는 한때의 경남 방언이기도 했다.

표준어 '여위다'에 해당하는 말이 있다. 즉 '에비다'다. 나는 지금도 누군가의 여윈 모습을 보면서 '여위다'보다 '에비다'라는 표현이 입에서 금세 튀어나올 것 같다. 이 둘은 사실 같은 말이다, 어원은 '엷다'이다. 부산 사람들은 '엷'의 원형 비읍을 유지하려고 한다. 순경음 비읍으로 소급하려는 경향이 뚜렷하다고 설명된다. 하지만 비읍이 모음과 결합되면서 모음화된다. 그 대표적인 게 '오'나 '우'다.

나는 진주에서 24년 동안에 재직했기 때문에 진주 지역어에 관심이 있다. 하지만 진주 지역어라는 게 듣기가 거의 어렵다. 말도 평균적인 상태를 지향하기 때문이다. 진주에서 들었던 말의 대부분은 표준어다. 일부는 소위 경상도 사투리거나 경남 방언이요, 극소수가 진주 지역어일 따름이다. 일반적으로 볼 때, '에나'는 진주를 대표하는 지역어로 간주되고 있다.

니 이사 간다 카더만 에나가? (네가 이사 간다 하더니 정말이냐?)

이 '에나'는 사실은 진주에만 쓰는 말이 아니다. 진주, 고성, 통영, 창원, 거제, 하동 등 진주 가까운 남쪽에서 두루 쓰이는 말이다. 동쪽으로 가면서 발음도 '애나'로 접근하는 것 같다. 내 큰어머니는 김해 토박이분인데, '애나'를 가끔 쓰셨다. 뜻은 정말, 참말보다는 '오히려'의 문맥으로 쓰였음이 아련히 기억된다. 창원에서는 '애초에' 정도의 뜻을 지닌 것으로 알려져 있다.[38]

---

38 김정대,『경남 창원 지역의 언어와 생활』, 태학사, 2007, 183쪽, 참고.

내가 기억하는 범위에서는, 진주 지역어라고 하면 다음의 문장이 그 대표적인 예문이 아닐까, 한다.

아요, 어데 가네? (아니, 어디 가니?)

웅가 니가 그래쿵게 그래쿤 거 아이가? (형이 그렇게 말을 하니까, 내가 그렇게 행동한 것이 아냐?)

강구를 '돈벌거지'라 쿤 적이 있었다. (바퀴벌레를 돈벌레라고 한 적이 있었다.)

옛날에는 돈내이짐치 담가 묵고 그랬지. (옛날에는 돌나물김치 담아 묵고 그랬지.)

어중개비 뗀고 산다고 마너래가 욕본다. (좀 모자란 사람을 데리고 산다고 마누라가 수고한다.)

이런 유의 문장들이 진주 지역어라고 할 수 있다. 아요, 어데 가네? 진주 말 '아요'는 특별한 의미도 없이 쓰는 간투사이다. '—네'는 진주에만 있는 의문형 어미가 아닐까, 한다. 진주에만 오로지 사용하는 단어는 거의 없다. 표준어로 돌나물김치에 해당하는 '돈내이짐치'가 있다. '수병이'라는 말이 있다. 이 말은 진주의 젊은이들이 전혀 모르는 말이다. 현실 발음은 '수뱅이'와 '수배이'의 중간 소리인 듯하다. 이것은 왕잠자리를 가리키는데, 경우에 따라선 일반 잠자리까지 지칭한다. 왕잠자리는 연못 등 물가를 맴도는 잠자리이기 때문에, '수뱅이' 혹은 '수배이'는 '수병(水兵)'의 의미에서 비롯된 것으로 보인다.[39]

진주의 지역어 중에서, 내가 생각키로는, 가장 아름다운 말이 있다. 아침노을을 뜻하는 말인 '아적붉새'다. '아적'은 아침이다. 아침의 붉은 모

---

39 같은 논문, 160쪽, 참고.

양새랄까? 나는 우리말 접미사 '새'를 무척 좋아한다. 거의 짝사랑 수준으로 열애한다. 예컨대, 생김새, 쓰임새, 짜임새, 차림새……. 마치 국악의 발성법 하나인 시김새가 소리와 소리를 이어주는 이음새이듯이 말이다. 나는 얼마 전에 진주 형평사 운동을 소재로 한 서사시를 창작하면서, 제목에다 '아적붉새'를 잘 이용한 바 있었다. 언어의 격물치지랄까? 핍진성이랄까? 이를테면, 진주를 있는 그대로 다가가기 위해서는 진주의 지역어가 필요했기 때문이다. 내가 여기저기 물어본 바로는 진주에서 초등학교에서 대학까지 졸업한 국어학자 양태식 선생(서울교대 명예교수)만이 알고 있는 낱말이었다.

진주 지역어 중에서 그밖에도 좋은 말들이 있다. 매착없다(주책없다), 얼척없다(어처구니가 없다), 소잡다(매우 좁다), 고매(고구마)……. 먼 옛날에, 이 '고오매' 때문에 진주의 고등학교학생이 MBC 장학퀴즈에 출전했다가 떨어졌다. 마지막 문제에서 당황한 그 학생이 고구마를 '고매'로 발음한 것. 차인태 아나운서가 전혀 몰랐던 말이었다. 세 글자로 말해 달랐고 했다. 그러니 그 학생은 '물고매'라고 했다. 한 학생이 사투리 때문에 장학퀴즈 주 장원에서 떨어졌다고, 한때 두고두고 인구에 회자했다. 이 말은 진주 지역어라기보다 경남 방언으로 보는 게 어떨지? 옛날에 주식이 고구마라던 통영 욕지도의 사람들도 '고매'라고 한단다.

내가 듣지 못한 진주 지역어로 '무다랍시'와 '나막신쟁이날'도 있다. '무다랍시'는 '무던히'의 뜻을 가진 말이라고 한다. 이 말은 한번도 들은 일이 없다. 나막신쟁이날은 사람들이 1년 중에서 가장 추운 날이라고 믿고 있는 음력 12월 22일을 가리킨단다. 또 한 가지 문득 생각키는 게 있다. 현재 시제의 추측을 나타내는 형태인 'ㄴ가 봐'는 진주 지역어로 내가 몇 번 들은 형태인 'ㄴ갑서'에 대응하는데, 이를테면 지금 진양호에 가면 왕벚꽃이 피는갑서……이 돌발적인 형태에 대해선 내게 전혀 이해되는 바가 없다.

나의 출생지이자 외향인 밀양의 지역어를 살펴보자.

내 어머니가 사용하던 말 중에서 '안들'과 '각중에'는 몇몇 지역에서 쓰는 말이다. 경남 지역 중에서 비교적 동쪽에서는 남의 부녀자를 높여 지칭할 때는 '안댁'이라고, 반면에 낮춰 지칭할 때는 '안들'이라고 했다. 40년 좀 넘은 일이다. 가족들이 대통령 취임식을 보았다. 왕비 복장을 하고 나온 이순자 여사더러, 어머니가 중얼거렸다. 저 안들, 오늘 기분이 좋겠네. '각중에'는 '갑자기'나 '느닷없이'를 뜻한다. 한자어 '촌각(寸刻) 중(中)에'에서 촌이 생략된 형태다. 어머니는 '배추'를 두고 '배차' 혹은 '뱁차'라고 했다. 전자가 경남 방언이라면, 후자는 밀양 지역어가 아닐까. 어머니는 '상그랍다'라는 말도 자주 썼다. 이 말은 경남 방언으로서, '성가시다, 불편하다, 번거롭다, 위태하다, 정신이 사납다' 등의 기호적인 의미로 쓰였다.

어머니의 상용어 중에서 밀양 지역어라고 충분히 짐작되는 게 있다. 어머니는 나에게 '훗번'이라는 말을 자주 썼다. 표기법으로는 '후번(後番)'이 될 것이고, 발음은 '후뺀'이 될 것이다. 나의 관념 속에는 한자어 사이의 사이시옷인 '숫자'처럼 훗번으로 들어앉아 있다. 내 어머니의 훗번은 조사 '에'와 결합해 부사적 표현으로 사용되었다는 점에서 매우 독특했다. 서울 가는 내게 언제나 그랬다. 니, 훗번에 언제 오노? 돌아가신 지 10년이 넘어도 지금도 귀에 쟁쟁하다. 이 조선 시대의 언어는 내 어머니가 마지막 화자인 것 같다.

경남 지역에서는 먼지나 먼지보다 미세한 공기 중의 부유물을 두고 '미검'[40] 혹은 '미금'이라고 했다. 내 어머니는 '미굼'이라고 한 것으로 보

---

40 '미검'이 '미진(微塵) 검부러기(부스러기)'의 준말이라고 하는 설이 있으나, 신뢰하기 어렵다. 억지로 맞추어놓은 것 같은 느낌이 뚜렷해서다.

아 이 '미굼'이 밀양 지역어라고 보아야 할 것 같다. 또 계란을 '개랄'로 발음할 때도 있었다. 어머니는 낚시를 '낚수'라고 했는데, 낚시의 전북 방언은 '낚쑤'이기도 하다.[41] 내가 경험한 가장 각별한 밀양 지역어는 '경걸지기다'다. 지금으로부터 거의 40년 가까운 시절의 얘기다. 우리 집에 종자가 자그마한 외국종 개를 키우고 있었다. 춥지 않은 때에, 개가 온몸을 떨기도 했다. 여동생이 개가 온몸을 떠는 걸 보고, 개가 왜 저러나, 했다. 어머니가 이런 말을 했다.

경걸지긴다고 안 그라나?

여동생이 이 말을 듣고 뒤집어졌다. 평생 들어보지 못한 괴상한 말을, 엄마가 한다고 야단을 떨었다. 나는 그때 '경걸지기다'가 불쌍하게 보인다, 라는 뜻으로 받아들였다. '경걸'이 '긍휼(矜恤)'의 변형으로 보았던 거다. 최근에 방언에 관한 이런저런 자료를 열람하면서 '경걸지기다'는 '식탐을 내다' 혹은 '걸신이 들다'의 뜻인 줄을 알았다. 그러니까, 내 어머니는 개가 먹을 것을 달라는 몸짓으로 보았던 거였다. 이 낱말은 밀양 지역어인 동시에, 또 경주 지역어이기도 하다. 어머니는 모가 나지 않고 좀 둥근 것을 보고 '돌방하다'라고 했는데, 이 말은 경북 일부 지역에서도 쓰는 것으로 알고 있다.

내 어머니는 '아시동생'이란 말도 더러 썼다.[42] 요즘 말로는 '아우동생'인데, 토착어와 한자어가 동어반복의 형태로 결합되었다. 담장이니, 야밤중이니, 새신랑이니, 빵떡이니 하는 조어법과 유사하다. 담, 밤중, 신랑, 빵 정도로 충분하지만, 이 말을 강조하는 의미에서 의미를 강화한 것

---

41 『말모이』, 147쪽, 참고.
42 경남 방언에서 동생이 기의라면, 변이형 기표로는 '동상, 동성, 동숭, 동싱'이 있다. 이 모두 고형이다. 지금은 동생이 개신형으로 굳건히 자리를 잡고 있다.

이다. 아시동생은 내 어머니가 누군가를 나무랄 때 쓰던 말이었다. 어원은 앗은 동생. 특히 모유(母乳)를 빼앗은 바로 아래의 동생을 가리킨다.

내 외할머니는 비누를 늘 '사분'이라고 했다. 나는 어릴 적에 이 말을 들었을 때마다 말이 그리 촌스러울 수가 없었다. 내가 근래에 프랑스 나들이를 했을 때 마르세이유의 유명한 비누 가게에서 지인들에게 줄 선물로 구매했다. 이때 프랑스어 '사봉(savon)'이 얼마나 아름답게 들렸는지. 내 자신을 반성했다. 외할머니에 대한 미안한 생각이 드는 김에, 나는 오래 전에 이미 돌아가신 외할머니의 말을 다음과 같이 가상으로 꾸며 본다.

누가 오는갑다. 삽짝걸에 마지미 나가 바라. (누가 오는가 보다. 사립문 쪽에 마중을 나가 보아라.)

마지막으로 김해와 창원의 지역어에 관해 몇 마디 해보겠다. 김해는 금관가야의 왕도이고, 창원은 지금의 도청소재지이다. 경남의 중심지인 게 사실이다.

과거에 경상도 지방에서는 막걸리보다 '탁배기'라는 말을 더 많이 사용했다. 지금이 이 말이 거의 사어화되었다. 산청에서는 집에서 담은 가양주를 탁배기라고 하고, 대신에 제품화된 탁주를 막걸리라고 했단다. 이에 반해 김해는 이것저것 나누지 않고 한때 탁주를 '탁걸리'라는 말로 통합해 사용했다고 한다. 나는 언제가 김해 지역어 '억우로'라는 말을 들은 적이 있었다. '억수로'의 시옷 묵음화 현상이라고 하겠다. 잠자리를 가리켜 '털기'라고 하는 것은 그렇다고 치자, 김해 지역어 중에 '갱비랑'이 있다고 한다. 강변의 고장인 김해에서 강변(江邊)의 의미로 쓰인다고 한다.[43] 한 번도 들어본 적이 없는 말이다.

박경리의 「토지」에, 행상(行商)을 두고 '도붓(到付)장시'라고 가리키기도 했다. 듣고 보이, 도붓장시밖에 할 기이 없네.[44] 장시는 시장이기도 하다. 그런데 장시는 상인을 가리키는 말로도 사용된다. 내 큰어머니는 김해 분인데, 장사꾼을 두고 장시라고 이르기도 했다. 김해 지역어인 듯 싶다.

  김해의 지형은 사뭇 폐쇄적이다. 동쪽과 북쪽은 대하(大河) 낙동강을 경계선으로 삼는다. 남쪽은 바다요, 서쪽은 꽤 높은 산이 가로막는다. 고대 왕도를 외부로부터 방어할 수 있는 조건에 딱 알맞다. 폐쇄적인 곳에 지역어가 발달되었을 것이다. 통영도 지형도 폐쇄적이다. 김해 못지 않게 통영에도 지역어가 많을 것이다.[45] 경남의 여타의 지역에서 사용하지 않는 말들이 더러 있다. 특히 수산물 용어를, 앞으로 주목해야 한다. 예컨대 가오리를 가리키는 '고도무시'[46]와, 건홍합을 가리키는 '동구재비' 등 말이다.

  김해 사람들은 '쎄리'라는 부사를 자주 사용한다.[47] 다른 지역에서도 쓰는 말이지만, 인상이나 느낌의 강도가 다르다. 표준어로 '들입다'와 '마구'의 뜻으로 대충 쓰이지만, 김정대에 의하면, 창원 지역어이기도 한 '쎄리'의 정확한 의미 기술은 쉽지 않으며, 다만 강세와 관련된 말과 관련이 된다.[48]

  창원 지역어에 대한 연구로는 김정대의 『경남 창원 지역의 언어와 생

---

43 김해 지역어 '갱비랑'이 강변을 뜻한다면, 전남 방언 '갱분'은 해변을 뜻한다. (『말모이』, 47쪽, 참고.) 갱비랑과 갱분이 무슨 관련이 있는 것인지 잘 알 수 없다.

44 『토지』, 제10권, 108쪽.

45 새벽을 가리켜 경남의 여타 지역이 '새복'이라고 하는데 유독 통영은 '새북'이라고 한다. 작가 박경리는 이 '새북'을 경남 방언으로 「토지」에 반영했지만, 사실은 통영 지역어다.

46 가오리를 두고 경남의 여타 지역이 '가부리'나 '가보리'라고 해도, 통영에서는 가오리가 '고도 무시'다. 가오리가 물속에서 고동을 까먹고 산다고 해서 생긴 말이다.

47 '쎄리'의 또 다른 기표는 '쌔리'다. 이 말들은 '들입다'와 '마구'의 기의 혹은 이미지를 머금고 있다고 하겠다.

48 김정대, 앞의 논문, 270쪽, 참고.

활』을 꼽을 수 있다. 그는 창원 지역에서 집성촌을 이룬 김해 김씨 '삼현파'[49]의 일원이다. 어릴 때 그는 '새미파'니 '새민파'니 하는 말을 듣고 자랐다. 그는 어릴 때 조상이 우물과 관련이 있는 줄을 알았다고 한다.[50]

창원 지역어로 주목할 부분은 '여남은'이 있듯이 '스무남은'이 있다는 것, '원래'를 두고 '아시본대'라는 좋은 말을 사용하고 있다는 것이다. 생활과 관련해 '쇠꼴머슴(쇠꼴머심)'도 흥미롭다. 창원에서는 농사의 중요한 일들을 도맡아하는 머슴을 가리켜 '큰머슴'이라고 한다. 나락 대엿 섬 정도는 줘야 한다. 쇠꼴머슴은 꼴이나 베어 소에게 먹이는 잔일을 하는 머슴이다. 보수는 한 섬 반 정도라고 한다.[51] 큰머슴과 쇠꼴머슴 사이에는 '그냥머슴'도 있다. 일제강점기에까지 머슴도 이처럼 위계화되어 있었다.

각 지역마다 독특한 지역어가 적지 않다. 지금 내가 읽은바, 겪은바 떠오르는 대로 적어보면, 대충 다음과 같다.

하동 : 추매물(낙숫물)
남해 : 애블낭구(버드나무)
거창 : 삭다리총각(순수한 총각)
고성 : 아시레기(아지랑이)
울산 : 다말래기(달리기)
사천 : 청포간장(왜간장)
창녕 : 늪찌끼미(잉어)

---

49 김해 김씨 중에서 4대에 걸쳐 김극일(金克一) · 김일손(金馹孫) · 김대유(金大有) 등 세 현인이 한 집안에서 나왔다 하여 그 후손을 삼현파라고 한다.
50 김정대, 앞의 논문, 89쪽, 참고.
51 같은 논문, 161~162쪽, 참고.

욕지도 : 도끼(돌)

하동의 '추매물'은 건물의 처마에서 떨어지는 물이다. 남해의 '애블낭구(버드나무)'에서 '애블'과 '버들'의 유의 관계를 향후 파악할 필요가 있다. 거창의 '삭다리총각'은 순수한 총각을 가리키는 말인데, 쓸모없는 나뭇가지인 삭정이와 순수함의 의미 관련성이 궁금하지만, 거창이 고향인 지인들은 이 말을 그냥 관용적으로 쓰는 말이라고 한다. 고성의 '아시레기'는 '아스라하다, 가물가물하다'에서 비롯된 것 같다. 울산의 지역어로는 '초배기'[52]와 '다말래기'가 매우 독특하다. 특히 후자는 울산 지역어의 상징과 같다. 내가 경험한 바가 있었는데, 어른이 아이에게 소리치곤 한다. 다마라 온다. 뛰어서 오라는 말이다. 사천의 '청포간장'은 백태로 된 메주에서 시작하는 조선간장과 달리 왜간장의 제조 과정이 녹두를 거품으로 발효한다는 데서 나온 것 같다. 창녕의 '늪찌끼미'는 지역 색이 짙게 반영된 말이다. 잉어를 두고 우포늪을 지키는 수호신이라고 한다. 토템의 전통을 반영한 것이라고 본다.

앞에 나열된 것 중에서 가장 주목되는 건 욕지도의 '도끼'다. 이 지역어는 내가 20여 년 전에 학생들의 방언 조사 때 얻은 정보다. 연령이 꽤 높은 현지의 노인이 한 말이다. '도끼'는 '돌(石)'의 고형인 '돍'의 변형이다. 나는 이 말을 듣는 순간에, '돍셤(獨島)' 즉 돌섬을 가리켜 '다케시마'라고 한 일본어가 생각났다. '다케시마'와 '죽도(竹島)'는 의미론적으로 아무런 관련을 맺고 있지 않다. 독도는 대나무는커녕 풀 한 포기도 나기 어려운 조건을 가졌다. 일본어로 독도는 대나무 섬이다. 이 말도 안 되는 기호를 굳이 염두에 두지 않더라도, 한국어 명칭의 일본적인 변형이

---

52 초배기는 대나무 살이나 고리버들로 (결어서) 만든 도시락이다. 속 바구니와 덮개 바구니로 구성되어 있다. 내가 울산의 지인에게 물어본 바에 의하면, 어릴 때 산으로 나무하러 보내는 머슴들에게 사준 점심 도시락 정도로 기억하고 있었다.

바로 다케시마인 것이다. 일본어 '다케'가 한국어 고형 '댉'이나 욕지도의 '도끼'로 소급되는 것은 두말할 나위가 없다.

4. 경남인의 삶의 목록 같은 경남 방언

경남 방언 중에서 들온말(외래어, 차용어)로 의심되는 것도 없지 않다. 경남에서는 내 어릴 때만 해도 '가게'란 말을 거의 쓰지 않았다. 이 낱말이 한말(韓末)에 생긴 게 아닌가 하는 것은 내 추측이다. 어원은 한자어 '가가(假家)' 즉 가짜 집에서 왔다. 요즘 말로는 가건물. 물건을 팔기 위해 임시로 지은 집이다. 경남에서는 가게 대신에 '점포'니 '점방'이니 하는 말을 주로 사용했다. 일본에서 들온말로 의심을 받는다. 점포(店鋪)는 일본어로 '뎀뽀'라고 발음한다. 한편 점방의 경상도 발음은 '점빵'이다. 발음부터가 비슷한 어감이다. 그러나 점방은 가게보다 훨씬 먼저 생긴 말이다. 『세종실록』에 '나라에서 행랑(行廊)을 세워 저자의 점방을 설치했다.'[53]라는 최만리의 말이 기록되어 있다.

벌써 45년 전의 일이다. 같이 하숙하던 친구가 여럿 있었다. 울산 친구의 하숙방은 1층이었고, 나의 하숙방은 2층이다. 서로의 방을 오가면서 친하게 지냈는데, 그에게서 평생 처음 들어보는 말을 들었다. "어제는 내가 밤늦게까지 술에 '히토반죽'이 되었다." 그에게서 몇 차례 들은 이 히토반죽이란 말이 문맥상 엉망진창인 줄은 알겠는데, 어원이 궁금했다. 그 이후에 나는 울산에서 5년간 교사로 근무했기에, '철때반죽'이라고 하는 울산의 고유한 지역어를 들은 적은 있었다. 즉, 이것은 표준어 '뒤죽박죽, 엉망진창'에 해당한다. 요컨대 히토반죽은 일본어 '히토반주(ひとば

---

53 『세종실록』, 제7권, 1420년(세종2년), 윤1월 29일 기사.

んじゅう : 한밤중에서 새벽녘에 이르기까지)와 울산의 지역어 '철때반죽'이 음성적으로, 또 의미론적으로 합성된 말이다. 그 옛날에, 밤늦게까지 술에 '히토반죽'이 되었다고 한 내 친구의 말은, 술 때문에 일이 뒤죽박죽이 되고, 몸이 엉망진창이 되었다는 뜻에서 한 말이었을 것이다.

나는 또 경남만이 아니라 경상도 전역에서 쓰다시피 하는 말 '꾸무리하다' 역시 일본어 들온말로 의심하는 입장을 가지고 있다. 날씨가 꾸무리하다, 안경알이 꾸무리하다……. 경상도 사람이라면, 매우 귀에 익은 말이다. 이 '꾸무리'는 '흐림'을 가리키는 일본어 '쿠모리(曇 : くもり)'가 아닐는지. 나의 가설에 누군가는 매우 불쾌한 반응을 보이기도 했다. 그래서 내가 말했다. 이 '꾸무리'가 만약 일본어에서 왔다면 당연히 쓰지 말아야 할 것이 아닌가? 일본어 잔재를 사용하지 말아야 한다는 데 왜 그리 불쾌해 하시냐고.

한때 일부 지역 사람들이 자주 사용했던 '단도리(だんどり)'는 명백하게도 일본어다. 이 낱말은 경남에서도 자주 사용했다. 일본어로는 일을 진행하는 순서 · 절차 · 방도를 의미하지만, 우리나라에선 '단속'이라는 말을 대신하곤 했다. 사무실에 도둑이 들지 않도록 단도리를 잘해 두어야지. 이 문맥의 단도리에 해당하는 좋은 우리말로는 '잡도리'가 있다. 단도리는 잡도리다.

경남 지역에서는 땅을 파고 흙을 뜨는 데 쓰는 연장을 두고 '수건포'라고 한다. 매우 익숙한 말인데 어원이 아리아리하다. 최근의 『말모이』에서는 다음과 같이 설명되어 있다.

말의 어원은 영어 스쿱(scoop) 또는 네덜란드어 스콥(schop)이 일본어 수콧푸(スコップ)로 변형된 다음 우리말로 차용되었다는 것이 통설이지만, 경상도 지역에서 '수건표'라는 이름을 달고 판매되었던 삽의 상표라는 설도 있다.[54]

이와 같이 볼 때, 수건포는 두 가지 설이 있다. 전자의 설이 후자에 비해 무게감이 있다. 서양의 언어가 그대로 수용되지 않고 일본어라는 중간 단계를 거쳐 들어온 셈이다. 수건포는 일본어 '수콧푸'와는 발음부터 차이가 있다. 우리말로 토착화된 것으로 봐야 한다. 일본어에서 우리말로 토착화한 사례는 수건포 사례 이전에도 더러 있었다. 고구마가 '고코이모(孝行藷 : こうこういも)'[55]에서, 냄비가 '나베(鍋 : なべ)'에서, 구두가 '구츠(靴 : くつ)'에서 온 말이 아니던가. 수건포 등의 이런 유의 들온말을 두고 이른바 귀화어라고 한다.

말은 아시본대(애시당초) 있던 우리의 토박이말이거나 들온말 중에서 우리식으로 귀화한 것도 다 같이 소중하다. 중국어 '핑지에(憑藉)'에서 유래한 '핑계'도 이미 토착화했다고 보아야 한다.

내가 그 동안 궁금해 한 말 중에서 일본어로 충분히 짐작되지만 일본인에게 물어보아도 전혀 모르는 말 하나가 있었다. 따까마시. 나는 이 말을 엄청나게 듣고 자랐다. 우리 반 반장이 학급 공금을 따까마시했다 카더라. 중간에서 돈이나 물건을 들어먹는 것을 두고 소위 '따까마시'라고 한다. 흔히 쓰이는 말로는 횡령. 시쳇말로 하면, 배달사고와도 관련이 있다.

나는 한때 젊은 일본인 언어학자인 이토 다카요시와 서로 알고 지낸 적이 있었다. 도쿄 사학명문 케이오 출신에다 서울대 대학원에서 비교언어학 관련 논문으로 박사학위를 받았다. 서울대에서 같이 공부한, 예쁘다는 한국 여자와 결혼했다. 경주에서 재직할 때 경상도 방언의 성조를 연구했는데 내가 진주 화자들을 소개해 준 적이 있었다. 그 후에도

---

54 『말모이』, 406쪽.
55 고구마를 수확한 대마도 사람들은 고구마가 귀한 작물이어서 부모님에게 먼저 바친다는 점에서, 효행저, 즉 '고코이모(효행의 뿌리덩이)'라고 했다. 이 고코이모가 부산으로 와 고구마가 되었다.

경주에서도 부산에서도 여러 차례 만났다. 그가 술을 좋아해 한국에서 고생이 많다면서 술자리도 내가 마련했다. 그는 한국어가 얼마나 완벽한지 어감까지 파악했다. 내가 그랬다.

　　이토 선생. 우리 조상들은 강아지를 두고 '가이삿기'라고 했어요.

　가이삿기가 때로 사람에게 하는 심한 욕설이 된다는 점에서, 그는 참을 수 없는 웃음을 터뜨렸다. 그가 부산외국어대학에서 잠시 재직할 때였다. 부산 서면의 술집에서 만났다. 내가 물었다. 이토 선생, 따까마시를 아세요? 그 역시 고개를 갸웃하면서 일본어 같은데 처음 듣는 말이라고 했다. 우리는 이 무국적의 말을 두고 깊이 토론했다.

　한국어 '속이다'는 일본어로 '타마스'이다. 명사형은 '타마시'다. 결정적인 비밀의 열쇠를 찾았다. 그의 외할아버지가 '타마스'를 평소에 '타마카스'라고 했단다. 후쿠오카 분이라고 했다. 이것이 일제강점기 부산의 음습한 도박판으로 흘러들면서 '타카마스'로 변형된 것. 제2·3음절이 호전되었다. 외국어니까 충분히 그럴 수가 있다. 말하자면 '따까마시'는 음습한 도박판에서 은밀히 횡행하는 속임수을 가리키는 변말(은어)인 셈이다. 원천은 쿠슈 지방의 방언이다. 부산은 대구와 바로 기차로 연결되기 때문에, 이 말은 대구의 도박판에도 악영향을 끼쳤다. 따까마시는 대구 사람들도 한때 쓰던 말이었다. 이토가 교토의 한 대학교의 정식 교수로 부임한 후에 연락이 서로 끊겼다.

　따까마시를 경남 방언으로 환원하자면, 이른바 '가리단죽'이라고 한다. 현실적으로는 거의 쓰지 않는 낱말이다. 박경리의 「토지」에 몇 차례 나올 뿐이다. 삼수 놈이 중도에서 (최치수 가의) 곡식을 가리단죽했는지[56]……. 가리단죽이 되살리고 싶은 아주 좋은 말이긴 하나, 내게 생활밀착형 경험이 반영되지 않았다. 내 입 속에 다꾸앙이 단무지로 교체된

지는 이미 오래다. 그런데 어묵보다 오뎅이 아직 편하다. 내가 입은 '런닝셔츠'는 영원한 '난닝구'다. 그놈의 '빤스(팬티)'는 입 밖으로 후둑아(쫓아내)버렸지만, 내가 난닝구로부터는 평생 벗어나지를 못했다. 난닝구와 따까마시가 아무리 변형의 들온말이라고 해도, 나에게는 입에 늘 착 달라붙어 있다는 점에서, 여전히 소중하고도 엄연한 모국어다.

경남 방언은 여러 가지 특징을 반영하고 있다. 이 중에서 나는 두 가지 특징을 되짚어보려고 한다. 하나는 모음 사이에 니은(ㄴ)이 첨가하는 현상이요, 다른 하나는 미음(ㅁ)과 비읍(ㅂ)이 서로 영향을 준다는 사실이다.

니은이 첨가하는 현상으로서는 민요, 참여, 절약 등을 실제로 발음하는 데서 쉽게 확인이 된다. 이 사례에 해당하는 방언 어휘의 목록을 만들어보자. 방언과 표준어의 대응관계를 살펴보면서 말이다. 이를테면, 인자와 이제, 난중과 나중, 간지로미와 가지런히, 목안지와 목아지, 근냥과 그냥 등이 대표적이다. 과거의 대통령 성함인 '김영삼'은 경남 지역에서 어떻게 발음될까? 거의 대부분 '김녕삼'이다. 표준 발음으로는 '기명삼'이 돼야 한다. 더 소급하자면 '김녕샘'이다. 물론 이렇게 발음하는 노인들도 거의 사라졌다. 과거에 경남에서는 '사람'을 '사램'으로, '남'을 '냄'으로, '함양'을 '해명(혹은 해맹)'으로 발음했다.

또 다른 하나는 미음과 비읍의 호전 현상. 적례를 살펴보면, 다음과 같다. 양말과 양발, 한번과 하문(혹은 함), 마리와 바리 등. 양발의 경우에, 발에 신는다는 의미 간섭이 개입되어 있기는 하다. 박경리의 「토지」에 나오는 '악문'도 어원이 만약 '앙분(怏憤)'이라면, '앙분 〉 앙문 〉 악문 〉 앙물'의 절차를 밟은 것으로 보인다. '앙분'이 '앙문'으로 소리 내는 것

---

56 『토지』, 제3권, 95쪽.

은 경남적인 음운의 호전 현상이요, '악문'이 '앙물'로 변한 것은 밀양 지역어에 '계란'이 '개랄'이 되듯이 받침 니은(ㄴ)이 리을(ㄹ)로 바뀐다는 것의 한 사례이기도 하다.

그밖에도 경남 방언은 축약과 생략의 정도가 심하다. 예컨대 이와 관련된 보기는 '샘(선생님)', '능가뿌라(넘겨버려라)', '뭐라카노(무엇이라고 하느냐)' 등에서 쉽게 찾을 수 있다. 1984년으로 기억된다. 시인이 되려고 하던 광주 출신 후배가 다방에서 이런 말을 제의했다. 구로몽의 시로 유명한 문장 '시몬, 너는 좋으냐?'를 각각 광주 말과 부산 말로 재현해 보자는 것이었다. 그리곤 서로 마주 보면서 크게 웃었다.

광주 : 시몬, 너는 좋아버리냐(잉)?
부산 : 시몬, 니 좋나?

부산 말은 글자 수로 볼 때 반으로 줄어든다. 물론 표기보다 성조가 들어가야 어감이 적확할 것이다. 경남 방언은 어휘로 파악할 게 아니라, 문장으로 엮인 채 이해해야 더 실상에 접근할 수 있다. 몇몇 가지 예문을 생각나는 대로 다음과 같이 기술해 보겠다.

① 그거 공구고 낑궈라. 널찔라, 단디해라.
② 니는 마 가리늑가 와 가꼬 머 돌라 카노.
③ 장어국에 방아를 옇어야 지 맛이 난다카이.
④ 그 새댁, 참 아금바르고 애살스러운 기라.
⑤ 미친개이매로 날뛰더니, 사부작이 가삤네.
⑥ 도둑을 후둑어야제 잡으러 캐선 안 된다.
⑦ 입수구리 빨간 거 처바르고 돌아댕긴다.

예문 ①에서 '공구다'는 '괴다, 받치다'이며, '낑구다'는 '끼우다'에 해당한다. '널찌다'는 '떨어지다'이며, '단디하다'는 '단단히 하다'이다. 이 예문은 일을 할 때나, 이사짐 옮길 때 자주 쓰는 표현이다. ②의 '가리늑가(혹은 가리늦가)'는 '뒤늦게'에 해당하는 말이다. ③의 '방아'는 깻잎처럼 생긴 식물의 잎이다. 아열대 원산지에서 유래하여 우리나라 남부지방에 정착한 것으로서 주로 향신료로 쓰인다. 경남 사람들만 식용한다.

경북 사람들이 방아를 먹지 않은 것을 두고 우연한 결과라고 보는 시각이 있는데 반드시 그렇지는 않다. 한때 구교도 사람들이 치즈를 먹고, 신교도 사람들이 버터를 먹는다고 했는데 이 역시 우연의 일치만은 아니다. 대체로 보아서, 구교도가 남부 유럽 사람들이라면, 신교도는 북부 유럽 사람들이다. 남유럽인들은 곡물 빵을 주식으로 한다. 포도주와 올리브기름과 채소류에 소량의 치즈를 먹는다. 반면에, 짐승들이 풀을 먹는다고 본 유목민 북유럽인들은 육식을 주식으로 하면서 버터를 애용한다. 로마 교황청에서 버터 금식령을 내리게 됨으로써 종교개혁의 한 빌미를 제공한다. 경북의 중심지인 대구에서는 따로국밥이나 육개장을 선호하듯이, 경남처럼 강한 맛을 내는 잡탕류는 그다지 애용하지 않는다. 특히 경남에서는 비릿한 어탕류를 선호한다. 경남에서 강한 맛이나 비릿한 냄새를 중화할 향신료가 필요했던 거다. 나는 어릴 때 방아를 생선국에다 주로 넣은 것으로 기억한다. 한때 보신탕(개장국)에 넣었던 것이 지금은 경상도 식의 각종 전이나 추어탕에 주로 넣는 것으로 안다.[57] 타 지역에서 약용으로 간혹 쓰이는 방아의 표준어는 '배초향'이다. 그런데 왜 경남 못지않게 자극적인 맛을 선호하는 전남은 방아를 기피하는

---

[57] 내가 진주에서 살 때 진주의 한 식당에서 방아가 나물무침처럼 나온 적이 있었다. 내가 진주 살이할 때는 방아를 된장국에는 물론 끓는 라면에도 넣기도 했다. 향신료 식품으로는 방아 외에 산초도 있다. 중부 지방에서 진주로 온 한 교수는 열무김치에 산초를 넣은 것을 맛보고는 기겁을 하기도 했다. 이게 무슨 맛이야 하면서. 물론 나에게는 매우 익숙한 맛이었다.

가? 방아가 중국이 아닌 일본을 중간 루트로 삼았기 때문이다.[58]

경남을 대표하는 음식으로 '밥국'이란 게 있었다. 이것은 물에다 신맛의 김장 김치와 식은 밥과 마른 멸치 몇 마리를 넣어 끓인 죽 같은, 지금은 사라진 향토음식이다. 주로 겨울에 먹었으며, 식구가 많거나 살림이 어려울 때 끼니를 때우던 추억의 음식이었다. 진주에 이런 속담이 있었다고 한다. 밥국 삼년에 논 산다.[59] 가난을 견디면서 형성한 재산이랄까, 고진감래랄까, 하는 교훈이 내포된 것 같다. 국밥과 밥국은 어떻게 다른가? 수분 함량의 많고 적음에 따라 구별된다. 밥국은 죽의 개념에 가깝다. 경남과 가까운 경북 남부에도 밥국이 있었다.

그밖에 ④에서 누가 아금바르고 애살스럽다는 것은 그 누가 야무지고 또 성취욕구가 강한 성정이 있음을 말한다. 여자의 살림살이와 관련해서 적절히 쓸 수 있는 말이다. '애살스럽다'를 표준어 '애바르다'와 연결시킬 수 있으나, 내가 생각키로는 말맛이 전혀 다르다. 긍정과 부정의 말맛이 각각 내포하고 있기 때문일 테다. ⑤의 '미친개이(혹은 미춘개이)'는 표준어 '미치광이'에 해당하는 말이다. '사부작이'는 '아무도 모르게'이며, 참고로 '시부직이(혹은 쉬부지기)'는 '슬며시, 쉽게'이다. ⑥의 '후둑다'는 매우 독특한 형태다. 뜻은 '내쫓다'이다. ⑦의 '입수구리 빨간 거 처바르고 돌아댕긴다.'는 이제는 쓰지 말아야 할 말이다. 남존여비와 반(反)페미니즘적인 언사다. 방언에 비속어가 적지 않다. 경남 방언으로 된 입과 입술의 비속어는 '아각바리'과 '입수구리'다. 이런 비속한 언어는 다른 지역의 방언의 경우도 마찬가지로 존재한다. 이제 삶의 현장으로부터 아웃돼야 한다.

---

58 방아(배초향)가 일본과 대만에도 있지만, 식용으로 사용하지 않는다. 경남만이 유일한 방아식용권이다.

59 『경남방언사전』, 상, 348쪽, 참고.

5. 노다지는 노다지 비이는 기 아이다

내가 가장 좋아하는 경남 방언을 고르라고 하면, 두 가지를 택하겠다. 하나는 '늘품수'요, 다른 하나는 '호리뺑뺑이'다. 내가 고등학교를 졸업할 무렵에, 교원양성학교에 입학하기로 되어 있었다. 산업화가 자리를 잡을 무렵이었다. 부모님이 걱정을 했다. 이제 선생들이나 공무원들은 늘품수가 없을 텐데. 1970년대 후반기에 개인택시 운전수가 이들보다 월수입이 서너 배 높았다.

늘품수는 늘어날 품새의 가능성이다. 말하자면, 성장가능성이랄까? 물론 '늘품'[60]은 표준어다. 현실적으로는 거의 쓰이지 않는다. 박근혜 정부의 문화융성사업의 하나로 '늘품체조'가 있었지만 부정적인 이미지만 남겨놓고 사라졌다. 늘품수의 '수'는 가능성뿐 아니라, 기대, 조짐, 예상치 등과도 관련이 있다. 어디, 뾰족한 수가 있어야지. 이런 유의 문장은 흔히 쓰이는 문장이 아닌가. 박경리의 「토지」에도 '늘품수'의 개념이 등장한다. 표기는 '늘푼수'이다. 한때 경남에서는 두루 쓰였던 말인 듯싶다.

> 그 아이도 늘푼수가 없어서 남의 고공살일 영 못 면한다. (……) 기술자치고 운전수라면 월급 칭아가 얼매나 난다고?[61]

고공살이는 고용살이. 요즘의 개념으로는 월급쟁이다. 일제강점기에도 트럭운전수가 인기가 좋았다. 지금이라면 비행기 파일럿에 해당하는 사회경제적인 지위가 있었을 거다. 그 당시의 운전수는 개인사업자인

---

60 국립국어원의 『표준국어대사전』에서는 '행동에서 드러나는 태도나 됨됨이'라고 풀이되었다. 즉, 사람이나 사물의 늘어날 됨됨이다.
61 『토지』, 제9권, 163쪽.

것 같다. 월급쟁이와 개인사업자간의 칭아, 즉 층위(소득격차)가 꽤 큰 것 같다. 내 부모님이 걱정하던 1976년의 초와 비슷한 면이 있었다.

한때 경남인들에게 '호리뼁뼁이'는 입에 붙어있었던 말이다. 쉬운 죽 먹기니 여반장(如反掌)이니 하는 개념과 동의어다.

기존의 두 사전을 살펴보자. 『경남방언사전』에서는 '호리뼁뼈이'를 두고 매우 쉬운 일을 비유적으로 이르는 말이라고 했다. 또한 '호시뼁뼈이'와 동의어라고 했다. 이 호시는 나무줄기, 그네, 시소 따위를 타는 놀이를 가리킨다고 했다.[62] 이에 비해 『말모이』에서는 '호리'를 소 한 마리가 끄는 간단한 쟁기로 보고 있다.[63] 여기에서도 '호리뼁뼁이'와 '호시뼁뼈이'는 관련이 있다고 했다. 여기에서는 '호시뼁뼈이'가 지극히 호사스러운 일이라고 했다.[64] 『경남방언사전』에선 답이 맞지만 설명은 틀렸다. 『말모이』는 답도 설명도 모두 틀렸다. 애초 '호리뼁뼁이'와 '호시뼁뼈이'를 같은 것으로 본 것부터가 잘못되었던 것이다.

주지하듯이, 농무는 모자 끝 부분에 줄을 매달고 풍물소리에 맞춰 띠를 빙빙 돌리면서 흥겹게 추는 춤이다. 춤추는 사람의 머리에는 모자를 쓴다. 이 모자는 전립(戰笠)이라고 해서 조선시대의 무관이 쓰던 일종의 군모다. 토박이말로는 벙거지라고 한다. 벙거지 끝부분에 털이나 띠를 매다는 고리가 있다. 이 고리가 바로 '호리'이다. 이 호리는 사전에도 없는 구석진 말이다. 나는 내 평생에 이 말을 아는 딱 한 사람을 보았을 뿐이다. 지금은 작고했지만, 진주의 연만한 시인이었다.

요컨대 호리뼁뼁이는 고개를 까닥이면서 호리를 돌리면 띠가 뱅뱅(뼁뼁) 잘 돌아간다. 세상에 이보다 더 쉬운 일이 어디에 또 있겠는가? 그래서 호리뼁뼁이인 것이다. 다만 '호리'와 '고리'가 어떠한 유의 관계를 가

---

62 『경남방언사전』, 하, 297쪽, 참고.
63 『말모이』, 634쪽, 참고.
64 같은 책, 636쪽, 참고.

지고 있는지를 유심히 살펴볼 따름이다.

　이 글에서 다루지 않은 경남 방언 중에서, 짜다라(그다지), 패내기(횅하니), 칼롱다(깨끗하다), 빼때기(말랭이), 하루점도록(온종일), 이녁(당신), 짜치다(쪼들리다), 배랑박[65](바람벽) 등등에 관한 특별한 방언은 논의할 여지가 충분한 것으로 보인다. 이에 관해서는 다음에도 기회가 있으면, 담론을 구성해 볼 계획이다.

　나는 직관적인 면에서 볼 때, 경남 방언 중에서 4음절로 된 것이 가장 경남적이라는 느낌을 지울 수가 없었다. 이유는 일단 유보하겠다. 그도 그럴 것이 직관에 논리적인 이유가 뚜렷하지 않기 때문이다. 말에도 울림이 있다면, 사투리에도 체취가 있다면, 이런 경우가 아닐까, 생각된다. 경남 방언 가운데 지금까지 사례로 지적하지 않은 4음절 경남 방언의 목록을 다음과 같이 가나다순으로 열거해 보겠다.

　　녹디질금 : 숙주나물
　　달구새끼 : 병아리
　　덕석말이 : 내다버림, 뭇매(멍석말이)
　　마치맞다 : 알맞다, 적당하다
　　문엣가락 : (마른) 문어 다리
　　물엣짐치 : 오이소박이
　　바당고기 : 생선 (거제 지역어)
　　반주깨미 : 소꿉장난
　　뺄구디기 : 수렁, 뺄구덕(변이형)
　　보리동생 : 바로(보리) 아래 동생, 아시동생

---

65 박경리의 「토지」에서는 '벼루박'이란 기표로 사용되어 있다.

생긴바꾸 : 생김새, 생긴 바탕

숙숙하다 : 어수선하다

시껍하다 : 깜짝 놀라다. 낭패를 당하다.

심청궂다 : 심술을 내다

아시갈이 : 처음으로 논밭을 가는 행위, 애벌갈이

차게차게 : 차곡차곡

항새배기 : 억새

해물고기 : 생선 (밀양 지역어)

경남 방언의 4음절은 어찌 보면 한자어의 4자성어와 같고, 어찌 보면 이와는 색다른 맛을 느끼게 한다. 나열한 어휘 중에서 '녹디질금'과 '물엣짐치'은 '녹두질금'과 '물엣김치'로 변형하여 충분히 되살려 쓸 수 있는 말이라고 본다. 생선을 두고 '바당고기'와 '해물고기'라고 말하는 것도 재미있다. 표준어 '수렁'에 해당하는 경남 방언은 '뻘구덕', '뻘구디기', '뻘구디이'로 실현된다. 시인 김기택은 이 수렁의 개념을 두고 시편 「황사 2」에서 '뻘늪'이라고 표현한 바 있었다.[66] 비록 이 역시 비표준어이지만, 참 좋은 시어로 선택되었다고 본다.

이와 같이 네 글자로 표현한 경남 방언을 두고 보면, 매우 반듯하고 각이 지다는 인상을 주기에 충분하다. 어느 지방 사람인들 그렇지 않으랴마는, 경남 사람들 중에는 특히 '지줌(제각각)' 남을 속이지 않고 정직하게 살아가려고 노력하는 사람들이 있음을 느끼게 한다. 이처럼 경남 방언에는 한때의 삶의 경험과 향토적인 인간미가 담겨 있다.

내가 이상으로 경남 방언에 관해 글을, 이와 같이 무계획적으로, 또

---

[66] 김기택 시집, 『껌』, 창비, 2011, 95쪽, 참고.

생각이 내키는 대로 쓰다 보니 예상보다 긴 글이 되고 말았다. 나는 문인으로서 오랫동안 많은 글을 써 왔다. 거의 대부분 표준어로써 상상하고 사유한 결과였다. 모든 부분에서 한 집단, 하나의 권역, 또 세계를 지배하는 것이 표준인 것은 엄연한 사실이다. 특히 글쓰기에 있어서 표준이 된 언어의 준거는 나에게 매우 기능적이었음을 고백하지 않을 수 없다.

한편으로, 사람 됨됨이와 말의 됨됨이는 결코 무관하지 않다는 사실에도 주목해야 한다. 즉, 자연인으로서의 나의 인격 형성에 유형무형으로 큰 영향력을 미쳤을 경남 방언, 부산 지역어는 내게 존재의 집이요, 정체성이요, 실존 그 자체이다. 또한 이것은 원초적인 날것의 언어요, 모국어 중의 모국어, 진짜 모국어였으리라고 본다.

마지막으로, 인생에 도움이 되는 경남 방언 한 문장을 남길까, 한다.

요즘 중년 이상은 부동산에 혈안이 되어 있고, 젊은 사람 중에서는 인터넷 도박, 가상화폐, 주식 투자에 관심이 많다고 한다. 로또 행운은 두세 번 찾아오지 않는다. 아금바르게, 즉 알뜰하고 야무지게 노력을 해야지, 마냥 대박을 기다릴 수는 없지 않은가. 뜻밖에도 '노다지'란 서로 다른 말이 있다. 뜻밖의 재물을 상징하는 광맥으로서의 노다지와, '언제나, 늘'을 뜻하는 경남 방언, 부산 지역어로서의 노다지다. 너무 지나친 욕망이나 행운을 바라지 말라는 뜻에서, 나는 문장 하나를 만들어 보았다. 단순한 글쓰기의 문장(文章)이기보다는 인생에 도움이 되는 빛나는 문장(紋章)이기를 바란다.

노다지는 노다지 비이는 기 아이다. (황금은 언제나 발견되는 것이 아니다.)

김해 송장군 설화와, 김동리의 「황토기」

1. 영원회귀와 유적의 신화

김동리의 소설 「황토기」는 신화의 잃어버린 낙원으로부터 시작한 얘기다. 이것이 설화의 단계를 거쳐 소설로 정착되기에 이르렀다. 이 소설은 김동리 소설의 초기 작품 세계를 구성하는 성취적인 수준작이 된다.

설화의 세계를 바탕으로 한 이 소설은 애최 『문장』지(誌)에 발표한 것이다. 잡지에 발표한 원본(1939)을 거쳐 단행본에 전재될 때 일차적인 수정의 과정을 겪어서 개정본(1949)의 형태로 다시 선을 보였고, 마침내 완결된 형태의 작품으로서의 재개정본(1959)을 확정하기에 이른다. 이 소설은 비록 단편으로 인지되어 있지만, 서사 구조의 관습에 의하면 중, 장편의 급에 해당한다고 할 수 있다. 이 소설은 풍수 설화와 장수 설화 등의 여러 갈래의 설화에서 창작의 동기를 얻은 것으로 확인되고 있다.

이십 년 가까이 되어 보이는, 내 비교적 작은 노트가 우연히 발견되었다. 온통 영화에 관한 메모들이었다. 나의 짧은 감상, 영상 자료의 목록,

영화인의 어록 등등으로 채워져 있다. 눈에 띄는 인용문이 있어 여기에 다시 인용해본다.

신화의 공간은 현실적으로 부재하는 저편 피안의 공간이 아니라 우리에게도 존재하고 있다. 그것은 꿈과 추억과 무의식을 통해서 뿌리 깊게, 줄기차게 현존하고 있는 세계이다.

메모에 의하면, 이 글은 예술영화의 대표적인 영화감독으로서 러시아의 위대한 영상시인인 타르코프스키가 남긴 에세이 「영원회귀와 유적(流謫)의 신화」에서 따온 것이라고 되어 있다. 그의 영화는 매우 시적이면서 또 신화적이다. 그는 이런 어록을 남길만한 사람이었다.

위의 인용문에서 말하고자 하는 바는, 신화가 우리로부터 멀리 동떨어져 있는 게 아니라 우리에게 현존하는 세계라는 사실이다. 신화는 현대인에게 어떠한 경로를 통해서든 실제적으로 현현하게 해준다.

한 소설의 얘기가 천상에서 용과 용이 크게 격투한다는 신화적인 성전(聖戰)의 모티프에서 비롯되고 있다. 지상으로 유배되어온 용들이 이무기들이 되어 이전투구를 벌인다. 김동리의 소설 「황토기」는 이들의 무의미한 난투극이다. 요즘의 용어를 빌자면, 이것은 TV에서 보는 것처럼 비장미가 사라진 소위 '허무 개그'와도 같은 것이다.

이무기들의 난투극은 민중들에 의해 19세기의 영남 지역에서 김해 송장군 설화로 투사되기에 이른다. 이제까지 논의가 본격적으로 이루어지지 않았던 점에 착안하여, 본 발표는 특히 김해 송장군 설화와 관련해서 김동리의 「황토기」에 관한 한, 새로운 논의의 방향성을 얻고자 한 것이다.

2. 창작의 동기와 감동의 구체화

김동리의 「황토기」는 다솔사의 만허(滿虛) 스님에게서 들은 이야기에
서 시작된다. 이때 청년 김동리는 형언할 수 없는 충격에 사로잡힌다.
그냥 지나쳐도 좋을 범속한 설화일 수도 있지만 '왠지 모르게 가슴 뭉
클했던 어떤 충격'을 경험함으로써 소설 창작의 동기를 얻는다.

내가 경상남도 사천군 다솔사(多率寺)에 묵고 있을 때다. 절을 에워싸고 있
는 수풀이 신록으로 파랗게 물들어 올 무렵이었다. 법당 앞뜰에는 햇볕이 쨍하
게 밝아 있고, 뒷길 불당에서는 목탁 소리가 졸리웁게 들려오는 어느 오전이었
다. 나와 만허(滿虛) 선사는 석란대(石蘭臺)에서 한담을 하고 있었다. 그때 만
허 선사는 문득 다음과 같은 이야기를 했다.

옛날 어느 산골짜기에 늙은 두 장사가 살고 있었다. 그들은 보통 사람과 비
교도 할 수 없는 힘을 가지고 있었다. 그런데 그들은 하는 일 없이 서로 싸우기
를 잘했다. 왜 싸우는가는 아무도 몰랐다고 한다. 그렇게 그들은 까닭모를 싸
움을 하다가 그대로 늙어 죽었다.

나는 이 이야기 듣고 어떤 충격을 받았다. 왠지 모르게 가슴이 뭉클했던 것
이다. 나는 이 '가슴이 뭉클했던' '어떤 충격' 그것을 저버릴 수 없었다. 나는 그
이야기를 들었을 때 왜 그렇게 가슴이 아팠던가, 그 순간, 내가 받은 '어떤 충
격'의 내용은 무엇이며 의미는 무엇일까, 나는 이것을 나타내고 싶었다. 그 아
픔 '충격'을 작품으로 구현시켜 보고 싶었다.[1]

김동리는 젊었을 때 경남 사천 다솔사에서 운영하는 학교의 교사가
된 일이 있었다. 만허 선사와 나눈 한담을 통해 힘센 장사의 이야기를

---

[1] 김동리 외, 『소설 작법』, 문명사, 1969, 25쪽.

듣는다. 그는 생의 심연에 깔려 있는 허무감에 충격을 받은 이 이야기의 내용을 통해 소설을 쓸 동기를 얻었다고 한다. 만허 선사로부터 들은 힘 센 두 장사의 이야기는 자신의 소설을 창작하는 데 있어서 직접적인 모티프로 작용한다. 김동리 자신은 창작의 동기가 감동을 구체화하는 데 있다고 보고 스토리텔링을 위한 자기 논리를 다음과 같이 계발하기에 이른다.

> 나는 그 늙은 두 장사의 억울한 인생이란 것을 생각했다.
> 첫째 보통 사람과 다른 초인적인 힘을 가지고서도 그것을 정당하게 써보지 도 못한 채 이름 없는 잡초처럼 세상에서 사라져가는 억울한 심정.
> 둘째 나는 두 장사의 불우한 운명이란 것을 생각해 본다. 그들은 확실히 범인이 아닌 초인적인 능력을 가진 사람들이다. 그럼에도 불구하고 그 초인적인 역량을 발휘할 기회를 얻지 못한 채 명목 없이 늙어가는 비통한 심정.
> 셋째 나는 그 늙은 장사의 절망적인 고독이란 것을 생각했다. 이 세상에서 아무도 알아주는 이 없는 자기들의 초인적인 힘—그것도 이제는 노경에 접어 들었으니 앞날에 대한 기대를 걸어볼 수도 없다. 영원한 고독, 절망적인 고독.[2]

한 스님에게서 우연찮게 들은 이야기. 세상을 위해 힘 한번 써보지 못 하고 까닭 모를 싸움만 일삼다가 노경에 이르러 죽어버린 두 장수의 이야기. 이 이야기 속에서, 작자 김동리는 억울한 심정, 비통한 심정, 절망 적인 고독을 읽어내었던 것이다. 그의 상상력의 촉수는 자신이 어릴 때 들었다는 김해 송노인 이야기까지 거슬러 오른다. 이 이야기는 다름이 아니라 김해 송장군 설화다.

김해 송장군 설화와 김동리의 「황토기」의 텍스트 상호관련성에 대한

---

2 같은 책, 26쪽.

언급은 권복순의 「김해 송장군 설화에 관한 한 고찰」(2013)에서 이미 다루어진 바 있다. 필자는 설화 연구자 권복순에게 이 논문을 위해 송장군에 관한 자료를 제공한 바 있다. 김해 송장군 설화가 김동리에게 있어서의 「황토기」의 창작적인 원천이 된다는 사실도 알려 주었다.

　김동리는 '두 장사가 왜 싸우는가'에 대한 물음과 답변에 대해 다음과 같은 문답을 통해 해명하고 있다. 두 장사의 불행은 자신의 비범성을 인지 못하는 인물의 무지와 시대적인 상관관계에 있다는 것이다. 이들의 무지는 천부적으로 타고난 비범성을 발휘할 기회조차 얻지 못한 처지로 인해, 자신도 모르는 사이 쌓여있는 억울함과 비통함과 고독감을 해소하려는 무의식적인 욕구가 분노로 나타난다는 것이다. 김동리가 만허 선사로부터 들은 한담으로부터 영감을 받아쓰게 된 두 장사의 캐릭터는 앞에서 살펴본 송장군의 역사적 기록과 상당히 일치한다. 송장군 또한 지략과 용력을 겸비한 인물이었으나 전시가 아닌 태평시대에 태어나 그 역량을 펼칠 기회가 없어 팔도를 유람하며 시름을 달랜 인물이다.[3]

　송장군 설화의 모델이 되는 이는 임진왜란 때 김해 읍성을 사수하며 순국한 송빈의 7세 후손인 송림(宋琳)이다. 그에 관한 문헌적인 기록은 소략하지만 몇 가지가 된다. 예컨데 『청주송씨세보』와 『(증보판)김해읍지』와 『조선환여승람(김해)』과 같은 고문헌이다. 먼저, 자신의 가계보인 『청주송씨세보』 중에서 2005년인 가장 최근에 간행된 한글판과, 『조선환여총람(김해)』 명망(名望)편 원문을 보면 다음과 같이 각각 기술되어 있다. 요컨대 설화의 인물은 실존 인물이었다.

---

3 송희복 엮음, 『눈 속의 외솔에도 봄기운이 감도네—김해 향촌 사회의 문중사적 조명』, 국학자료원, 2013, 285쪽.

송장군의 휘(諱)는 림(琳) 자(字)는 내윤(乃潤) 정조 十四년 경술(庚戌 : 1790년) 생으로 임진왜란의 충신 송빈 공의 7대손으로 충효가 대대로 이어진 유가에서 태어나 일찍이 학문과 병서에 통달하여 장수로서의 지략을 갖추었으나 나라가 태평하여 큰 뜻을 펼칠 기회가 없었다. 태산 같은 풍모에 호기 또한 담대하여 감히 대적할 만한 사람이 없었으며 역발산(力拔山)의 용력을 가졌으나 쓰임이 없어 팔도는 물론 압록강 건너까지 유람하여 쓴 일기가 동국여지승람에 올라있고 그 외에도 송장군이라는 이름으로 많은 일화(逸話)가 여러 고을 읍지에 실려 있기도 하다.[4]

字乃潤遺逸洙玄孫性純謹有大度通兵書多將畧因國家無事不能展基所蘊渡鴨江周遊天下只日記還名十二國路程記[5]

이 두 가지 사료를 보면, 대체로 유사하다. 송장군의 본명인 송림은 장수로서의 지략, 즉 장략(將畧)이 있었으나 시대의 부름을 받지 못하고 그 천부적인 재주가 쓰이지 못했다. 그는 성품이 순수하고 도량이 크고 병서도 많이 읽었으나 능히 재능을 펴지 못했다. 압록강을 건너 천하를 주유하며 일기를 써서 귀국하였다. 그 일기의 이름은 「십이국 노정기(十二國路程記)」라고 한다. 집안의 세보에서 말한 '동국여지승람'은 '조선환여승람'의 오기이며, 「십이국 노정기」는 현전하지 않은 텍스트이다.

3. 김동리의 기억 속에 들앉은 송장군

김동리는 어린 시절에 장사 이야기를 많이 들었다고 한다. 이 장사는

---

4 『청주송씨세보(淸州宋氏世譜)』, 을유보(乙酉譜), 수권(首卷) , 2005, 150~151쪽.
5 목판본 고서, 『조선환여승람(김해)』, 명망편.

보통 사람보다 힘이 좀 센 정도가 아니라 초인적인 괴력의 소유자라는 것. 서양식의 개념이라면, 거인과 같은 존재이다. 그의 기억 속에 내장되어 제시되어 있는 김해 송장군 설화—김해 송노인 이야기—는 두 가지이다. 더 이상의 독립 화소(話素)도 알고 있었는지 모른다. 그가 제시한 것을 유형 1-1, 1-2로 나누어 인용한다.

유형 1-1 : 호랑이를 죽인 송노인

송노인이 나막신을 신고 뒷간에서 뒤를 보고 있는데 황소만한 호랑이가 담을 훌쩍 넘어왔다. 송노인은 그 호랑이를 붙잡아서 오금에 낀 채 담배 한 대를 다 태웠다. 그때는 호랑이도 죽어 있었다. 이튿날 송노인은 장정 삼십 명을 불러다 자기 오금에 밧줄을 걸고 잡아당기게 했더니 어저께 호랑이가 오금에 끼어 들을 때만치 오금이 달싹거렸다. 노인이 감탄해 가로되, 호랑이 한 마리가 장정 삼십에 맞선다고.[6]

유형 1-2 : 거짓으로 죽은 척한 장사

천하에 힘을 자랑하던 장사가 하루는 자기 이상의 장사가 올 터이니 자기는 몸을 피하기로 하고, 그 대신 버드나무를 깎아서 신체를 만들고 돌을 씌워서 머리를 만든 뒤 옷을 입혀 곽 속에 넣게 하고, 그가 오거든 자기는 죽었다고 전하라 했다. 이튿날 과연 초립동이 장사 하나가 와서 그를 찾기에 죽었다고 했더니 그러면 시체라도 보겠노라고 했다. 초립동이 장사는 신체(버드나무와 돌 확)를 발목에서 한 번씩 쥐어보고 나서 머리(돌확)를 만질 때 여기 힘이 좀 들었던가 하고 돌아갔다. 나중 옷을 벗겨 보니 초립동이가 쥐었던 자리(버드나무)는 모두 가루가 나 있고 돌확이 쩍 갈라져 있었다고.[7]

---

6 김동리 외, 앞의 책, 29쪽.
7 같은 책, 29쪽.

유형 1-1은 송장군의 호랑이를 죽이는 괴력을 말하고 있는 설화의 한 가지이며, 유형 1-2는 그보다 힘이 센 초립동이가 찾아서 겨루어볼까 해서 죽은 척하면서 이를 피하는 내용이다. 김동리의 기억 속에 남아 있는 송장군 설화가 지금까지 수집된 자료 가운데 동일한 것은 아마도 없는 것 같다. 하지만 유사한 모티프를 가진 것을 통해 대비해 볼 수는 있다.

유형 2-1 : 호랑이를 해치운 송장군의 힘

송장군이 활천 고개를 넘는데 황소만한 호랑이가 눈앞을 가로막았다. 호랑이가 여자를 내려 놓고 송장군에게 덤벼들자 송장군이 주먹으로 호랑이를 해치웠다. 여인을 구해 사연을 들어보니 자신은 합천 거부집 딸인데 혼례를 치른 첫날밤 호랑이에게 물려갔다 한다. 신부집에서 막걸리를 얻어 마시고 자는데 코를 고는 소리가 천둥소리 같았다. 이때부터 합천의 거부들은 진례 송장군의 본댁에 세찬을 바쳤다.[8]

유형 2-2 : 늘그막에 죽은 척한 송장군

나이 70인 송장군은 어느 날 자기 부고 몇 장 써서 이걸 사람을 사서 8도에 부치라는 것이다. 가족들은 연유가 있는 줄 알고 그렇게 했다. 그리고는 그의 가족들에게 디딜방아 몸통을 구해 오게 하여 자기의 키만큼 자르더니 솜으로 몇 갑질 감고 겉에는 삼베로 염한 것처럼 단단히 묶어두고 생전에 절친한 친구가 찾아와서 꼭 얼굴이라도 봐야겠다는 사람이 있으면 시체나 만져보게 하라 하였다. 과연 8도에 힘 꽤나 쓰던 사람이 구름처럼 모여 드는데 상주들은 모두 평소에 못 보던 사람들이니 그냥 조문만 받고 그들의 말대로만 믿고 인사만 건넬 뿐이다.

하루는 몸이 짚동만 하고 키가 9척인 노인이 몇이 찾아와서 생전에 결의형

---

8 송희복 편, 앞의 책, 278쪽, 참고.

제를 맺은 사이니 얼굴이라도 봐야겠다고 한다. 아직 입관 전이라며 그렇게 했더니 '이 사람아 왜 먼저 갔어?' 하며 '응, 여기가 평생의 힘이 다 든 곳이구먼. 이것 가지고 그리 자랑을 했나?' 하며 나가더라는 것이다.

그들이 떠나고 난 뒤에 이 광경을 벽장 속에서 들은 송장군은 슬그머니 나와서 가족들에게 이르는 말이 '내가 평생 힘자랑을 하였지만 방금 그 중에 한 사람은 막상막하였다. 이젠 다시 힘자랑 판에 나가지는 않기로 했다. 이름이 한번 났으면 조용히 물러서야지.' 했다.[9]

김동리의 기억 속에 있는 송장군 설화는 '유형 1-1 : 호랑이를 죽인 송노인'에서 보듯이, 장정 30명에 맞서는 호랑이를 가볍게 압도해버리는 힘을 지녔다. 이 이야기는 '유형 2-1 : 호랑이를 해치운 송장군의 힘'와 비교된다. 두 호랑이는 모두 황소만한 크기의 호랑이다. 그런데 후자의 호랑이는 부잣집 딸인 신부를 납치해가는 호랑이다. 후자의 화소가 다소 의인화된 감이 있어서 힘센 산적 두목이 아니겠는가 하고 짐작된다. 어쨌든 김해 송장군은 괴력의 소유자로 형상화되고 있다.

그의 기억 속에 있는 또 다른 송장군 설화는, 송장군이 독보적인 천하장사가 아니라 그의 힘에 필적하거나 능가하거나 하는 또 다른 경쟁자가 존재한다는 화소를 가지는 것이다. 김동리가 기억하는 또 다른 송장군 설화인 '유형 1-2 : 거짓으로 죽은 척한 장사'는 송장군보다 더 엄청난 힘을 가진 억센 장사다. 이름을 '초립동이'라고 한 것으로 보아, (풀갓을 쓴) 소년 장사인 듯하다. 송장군은 초립동이가 자기를 찾아올 것을 예상하고는 거짓으로 죽은 척하였다. 승산 없는 싸움을 회피하기 위해서였다.[10]

---

9 『김해의 설화』, 김해시, 1998, 129~130쪽.
10 경기도 포천 지방에 전해오는 초립동이 설화가 있다. 초립동이가 한 장사의 집에 와서 하룻밤을 재워달라고 했다. 쪼그만 놈이 안에서 불을 쬐려고 한다고 야단을 쳤다. 바깥에서 불을 지

이것과 유사한 화소를 가진 설화가 '유형 2-2 : 늘그막에 죽은 척한 송장군'이다. 그를 문상하러온 장사는 그와 힘이 막상막하인 강호(江湖)의 후배다. 그는 나이도 일흔 고개에 이르렀으니 더 이상 힘자랑의 판에 나아가지 않기로 한다. 세대교체를 조용히 수용하겠다는 뜻이다. 그래서 죽은 척했던 거다.

김동리의 소설 「황토기」는 다솔사에서 만허 스님에게 들은 이야기를 라이트모티프(Leitmotiv : 주도동기)로 삼고 있다. 하지만 이 이야기는 그에게 충격을 주었지만 서사구조가 매우 단순했다. 그래서 그는 자신의 기억 속에 들어앉아 있던 김해 송장군 설화를 이끌고 와서 여기에 부차적인 동기를 부여했던 것이다. 거의 아무에게도 알려져 있지 않았지만, 보는 바와 같이 이 설화는 김동리의 소설 「황토기」에 적잖이 영향을 준 것이다.

4. 설화와 소설 간의 주제론적 유사성

이른바 김해 송장군 설화를 독립된 화소로 된 텍스트를 한 곳에 집적한다면 십 수 가지 정도에 이른다. 대부분이 선민(選民 : elite)으로서의 영웅상을 묘사하고 있는데 일부는 능력의 한계를 보이고 또 장사로서는 비운을 타고 태어난 민중의 모습으로 나타나고 있다. 물론 여기에서 문학성이 높은 것은 후자의 유형이라고 할 수 있다. 후자의 텍스트 가운데 한국정신문화원에서 기획하여 국문학자 김승찬에 의해 조사된 텍스트를 소개하고자 한다. 구술자는 1901년에 출생한 김해 진영읍 현지인으

피면서 쬐라고 했다. 다음 날 아침에 장사는 초립동이에게 장작을 패게 했는데 그 힘이 엄청 난지라, 놀란 모습으로 무릎을 꿇고 몰라보아 미안하다고 했다. 초립동이는 평소에 약한 사람을 괴롭히는 장사를 꾸짖으면서 섬돌 위에 내던졌다. 장사는 꼽추가 되었다.

로서 조사 당시에 나이가 81세였다. 아주 심한 방언 어휘와 비논리적인 통사 구조로 인해 타 지역의 사람으로서는 의사소통이 되지 않을 정도이다. 그래서 필자는 다음과 같이 알기 쉽게 간추려 표준어로 재구성해 보았다.

힘이 센 송장군은 불만이 있는 주인을 매질하기 위해 찾아 갔다. 내일이면 주인에게 곤장을 치려고 한다. 그런데 조막손인 불구자를 만난다. 그는 송장군을 달랜다. 그런 짓 하지 말고 집에 가서 농사나 지으라고. 그까짓 기운으로는 당신이 할 일이 아니라는 얘기다. 그러면서 자신의 경험담을 얘기한다. 자신을 포함한 삼형제는 본디 힘이 장사인 강도였는데 거상 중에 있는 상제(喪制)를 만났다는 것. 그는 자신의 아버지 제사를 지내기 위해 소를 팔고 오는 중이었다. 그 돈을 빼앗기 위해 삼형제가 버티고 섰다. 조막손은 소 판 돈 반으로 나누자고 했다. 상제도 동의했다. 그런데 두 형제는 상제에게 돈을 다 내놓아라, 라고 했다. 삿갓 쓴 상제는 하늘에 빌면서 말하기를 '하느님, 힘 발휘를 하지 않으려고 했는데 오늘은 어쩔 수 없습니다' 하고는 자신의 형제 한 명씩을 한 손으로 던지니 형체도 없이 죽어버렸다. 자신은 반으로 나누자고 제안을 했기 때문에 바위 위에 살짝 던져 조막손(불구자)이 되었다는 것이다. 조막손의 경험담을 듣고 집으로 온 송장군은 어린 아이가 개울에서 큰 바위를 위로 구르게 해 가재를 잡는 것을 보았다. 저 놈 힘이 참 세구나 하는 순간, 살펴보니 자신의 어린 아들이었다. 힘이 세면 언젠가 귀신도 모르게 죽을 것으로 생각해, 끌로 아들의 어깨뼈를 파버렸다. 그러자 용마(龍馬)가 나타나서 울며 물에 빠져 죽었다.[11]

이 텍스트에서 송장군은 다른 텍스트와는 달리 피지배층으로 등장한

11 김승찬,『한국구비문학대계』, 8-9, 한국정신문화연구원, 1983, 161~163쪽, 참고.

다. 주인에게 곤장을 치러 갔다는 것으로 보아 소작인임에 틀림없다. 그가 힘을 쓰는 것은 민중의 불만을 상징한다. 이 텍스트는 김해 지역뿐만이 아니라, 굳이 송장군 설화가 아니라고 해도 유사한 텍스트로 광범위하게 분포되어 있다. (송장군이 등장하는 설화만 해도 충청도와 전라도에서도 발견된다.) 조막손은 그에게 인생의 경험과 지혜를 전해주는 역할을 하는 인물이다. 주지하듯이, 같은 유형과 경험을 반복하는 동안에 특유의 집단무의식이라는 정신 반응을 지니는 경향이 있다. 이를 구체화한 것이 원형(archetype)이며, 또한 원형은 신화, 전설, 구전동화에 많이 나타난다. 인간의 원초적인 경험들이 집단무의식을 통해 유전되며 상징의 형태로 나타나는데, 시운을 만나지 못해 좌절된 장사에게는 더 큰 힘이 운명적으로 존재하고 있다. 더 큰 힘은 바로 권력이다. 송장군 설화에 나타난 상제는 권력의 상징이다.

　김동리는 어릴 때 두 가지 형태의 장수 설화를 전해 들으면서 자랐다고 했다. 하나는 김해 송노인 이야기이며, 다른 하나는 초립동이 이야기이다. 송장군의 늙은 캐릭터인 송노인은 호랑이를 붙잡아서 오금에 껴죽였는데 그 힘이 장정 삼십 명에 해당하는 힘이라는 것이다. 초립동이는 전술한 텍스트의 상제에 해당하는 인물이다. 그가 소설 「향토기」를 쓸 때 이 두 개의 설화 텍스트는 창작 동기를 구체화하는 데 모델이 된 것이다.

　　내가 어려서 받아들인 장사의 이미지는 대개 이상과 같다.

　　그 뒤 나는 장사가 나면 역적이 된다 하여 부모들이 그(장사)의 어깨에 뜸을 뜨거나 심줄을 끊어 버린다는 이야기를 여러 번 들었다.

　　그 뿐 아니라 내가 생각해 봐도 김해 '송노인'이나 '초립동이' 같은 장사가 세상에 (그것도 시골에) 난다면 그들의 나갈 길은 너무도 막막했다.[12]

부모가 아기장수의 힘을 약화하기 위해 어깨나 겨드랑이를 훼손시키는 것은 하나의 원형이요, 상징 형태이다.[13] 앞서 소개한 조막손이 텍스트에도 나타나 있다. 초립동이의 원형은 송장군 설화의 이본에 투영되어 있기도 하다.[14] 이 텍스트에서는 송장군과 초립동이는 막상막하의 라이벌 관계이며, 이 관계는 김동리의 소설 「향토기」에 이르러 억쇠와 득보의 관계로 변용된다. 전승자의 태도라는 측면에서 볼 때, 신화의 전승자는 자신이 전하는 이야기가 신성하고 진실되다고 믿고, 전설의 전승자는 신성하다고까지는 생각하지 않으나 진실되다고 믿으며, 민담의 전승자는 신성하거나 진실되거나 하다고도 생각하지도 믿지도 않는다. 송장군 설화는 전설이다. 전설이기 때문에 진실성이 있다. 그 진실성은 역사적인 사실의 배경 속에서 자라난 민중들의 문학적인 진실이라고 할 것이다.

설화에서 전개되는 자아와 세계의 대결 양상 자체가 일정한 역사적인 의의를 지닐 뿐만 아니라, 설화의 각 작품도 어느 것이나 현실적인 문제에 대한 논쟁에 참가하고 있다고까지 말할 수 있다. 설화를 이야기하거나 기록하는 까닭을 흥미를 끌기 위해서라고 설명할 일은 아니다.[15]

설화도 일단 서사문학이기 때문에 자아와 세계의 대결 양상을 보인다. 송장군은 힘을 쓰고 싶지만 함부로 썼다간 역적이 되기 때문에 세상을 돌아다녔다. 그는 경상 우도의 사람으로서 무신란 이후 무과에 등과조차 할 수 없었던 시대를 잘못 만난 비운의 장사였다. 그를 두고 일반

---

12 김동리 외, 앞의 책, 1969, 29~30쪽.
13 이것은 일종의 '예언적 서사(prediction narrative)'의 관습이라고 말해질 수 있다.
14 『김해의 설화』, 앞의 책, 129~130쪽, 참고.
15 조동일, 『구비문학의 세계』, 새문사, 1989, 124쪽.

적인 호칭에 따라 '장사'라고 하지 않고, 장군이 아닌 데도 불구하고 '장군'이라는 별칭을 부여한 것도 이런 맥락에서 이해할 수 있다. 말하자면, 민중들은 그의 운명을 초월적인 힘의 이야기로써 대리만족하려고 했던 것이다.

한 텍스트에 의하면, 한 지인이 영남루에서 그를 소개하기를 "힘이 산을 뽑고 기운은 세상을 덮소. 때가 불리하여 용맹도 쓸 곳 없어 나그넷길 수천 리에 우연히 여기 왔소."[16]라고 했다. 김해와 밀양 간의 거리가 지근의 거리에 있음에도 '나그넷길 수천 리' 운운한 것은 앞서 문헌에 드러난 것처럼 월경하여 만주 열두 마을을 주유한 후에 압록강을 건너 밀양까지 되돌아 왔음을 시사해 주고 있다.

김동리의 「황토기」는 이상의 「날개」처럼 프롤로그와 본문이라는 두 겹의 구조로 이루어져 있다. 이상의 「날개」에 지적(知的) 프롤로그가 전제되어 있다면, 김동리의 「황토기」는 신화적 프롤로그가 선행해 있다. 이 신화적 프롤로그에는 황토골의 유래가 되는 '지리적 결구'가 있다. 지리적 결구는 풍수의 또 다른 이름이다. 상룡설과 쌍룡설과 절맥설…… 산의 형상이 상처 입은 용의 모습이든, 두 마리의 용의 모습이든 모든 게 다 신화적이요, 제의적이다. 또 모든 게 다 김동리의 라이트 모티프인 두 장사의 제의적인 격투와 관련되어 있다. 소설 「황토기」의 주인공이 억쇠와 득보이지만, 억쇠가 더 주도적인 위치에 있으며, 득보는 다소 보조적인 역할을 맡고 있다. 소설 속의 억쇠는 김해 송장군의 변형된 캐릭터라고 할 수 있다.

절맥설의 관점에서 본다면, 송장군과 억쇠는 시운(時運)을 얻지 못한 채 가진 힘 한 번 제대로 쓰지 못하고 속절없이 늙어간 비극적인 운명

---

16 『김해의 설화』, 앞의 책, 126쪽.

의 영웅들이다. 송장군 설화에서는 자신도 자신이지만 힘이 센 어린 아들을 걱정해, 즉 힘이 세면 언젠가 귀신도 모르게 죽을 것으로 생각해, 끌로 아들의 어깨뼈를 파버린다. 아기장수가 겨드랑이에 날개가 있어 비상할 수 있지만 송장군은 아들을 미리 거세해 불구자로 만들어버린다. 이 이야기는 아기장수 설화에서 파생된 텍스트 변이형이라고 추정해 볼 수 있다.

소설 「황토기」의 주인공인 억쇠 역시 예로부터 황토골에 장사가 나면 역적이 난다는 말이 있어 억쇠의 주변 인물들은 억쇠의 힘을 거세하기 위해 어깨의 힘줄이나 팔을 분질러야 한다고 생각한다. 이 대목에 이르러, 매우 설득력이 있는 권복순의 설명을 제시하지 않을 수 없다.

그러나 자식 하나 밖에 없는 억쇠의 아버지가 수긍을 하지 않는 바람에 뜻을 이루지 못한다. 여기서 주목되는 사실은 억쇠와 아기장수이야기와의 관련성이다. (……) 억쇠의 모습에서 송장군의 모습이 연상됨을 알 수 있다. 억쇠 친척들이 천하장사인 억쇠의 힘을 못쓰게 하기 위한 방안으로 어깨뼈를 부수거나 또는 억쇠가 힘이 장사로서 그 힘을 펼치지 못하고 (……) 송장군이 늙으면 억쇠의 모습이 되리라는 것은 어렵지 않게 떠올릴 수 있다. 그런데 공동작인 설화보다 특정 소설가에 의해 창작되는 소설은 보다 입체적이고 탄탄한 플롯과 흥미소를 요구한다. 이와 같은 조건을 충족하기 위한 기법으로 김동리는 억쇠와 힘이 대적되는 득보를 등장시킨다. 득보도 송장군 설화의 인물들과 무관하지 않다. 특정 인물과의 관련성을 찾는다면, 조막손 쯤에 해당할 것이다. 그 근거는 힘이 센 장사라는 점이라는 것과 그 힘을 정당하게 쓸 기회가 주어지지 않아 도적질을 하며 살아가다 농사꾼이 되어 살아가는 인물이기 때문이다.[17]

---

17 송희복 엮음, 앞의 책, 286~287쪽.

설화 속의 송장군이 소작인으로서 주인을 매질하려고 하였다. 조막손은 힘자랑하지 말고, 즉 체제를 전복하려는 그 딴 짓 하지 말고 집으로 돌아가서 농사나 지으라고 조언한다. 소설 「황토기」에서 억쇠는 고향인 황토골에서 (송장군처럼) 농사꾼으로 자족하면서 살아가기 전까지 내면의 갈등이 많았다.

그가 스무 살의 나이가 넘었을 때 솟구치는 힘을 감당하지 못하고, 어느 밤에는 혼자서 바위를 안고 산꼭대기로 올라갔다 골짜기로 내려왔다 하기를 반복하였다. 설화 속의 송장군이 어린 아들의 어깨뼈를 파버렸다면, 소설 속의 억쇠는 자신의 어깨 심줄을 끊어버린다.

다음에 인용된 것은 소설 「황토기」에서 힘을 쓰고 싶어도 힘을 쓸 수 없는 인간 조건의 한계에 달한 비극적인 영웅의 처절함이 잘 나타나고 있는 부분이다. 비극적인 장중함은 독자를 사뭇 숙연하게 한다.

상투가 풀려 머리칼이 헝클어지고 두 눈엔 벌겋게 핏대가 서고 하여 흡사 미친 사람 같았다. 밤사이는 또 이렇게 바위와 씨름이라도 할 수 있지만, 낮이 되면 무엇이든지 눈에 뵈는 대로 때려 부수고 싶고 메어치고 싶고 온갖 몸부림과 발광이 치밀어 올라 잠시도 견딜 수가 없었다. 힘자랑이 하고 싶어서가 아니라, 힘을 써보고 싶다는 욕망이었다.

억쇠의 이런 소문이 또 한 번 황토골에 퍼지자, 그의 백부는 그의 아버지를 보고,

"인제는 그 놈이 무슨 일을 낼 게다. 자아, 그때 내 말대로 단속을 했다면 이런 후환은 없었을 걸. 자아, 인제 그 놈을 누가 감당할꼬. 자아, 그러면 늬 자식 늬가 혼자 맡아라. 나는 이 황토골에 못 살겠다."

이러고는, 재를 넘어 이사를 가버렸다.

억쇠는 이 말을 듣고 홀로 깊은 산 속으로 들어가 목을 놓고 울었다. 집에 돌아와 낫을 갈아서 아버지 모르게 오른쪽 어깨를 끊고 피를 흘렸다.[18]

설화 속의 송장군이 어린 아들의 어깨뼈를 파버린 사실과, 소설 속의 억쇠가 자신의 어깨 심줄을 끊어버린 사실은, 장사가 함부로 힘을 쓰면 역적이 되어 멸문한다는 금기(禁忌)의 비극적인 운명을 나타낸 것이다. 민간에 전승해온 송장군 설화의 유형들 대부분이 귀족형에 속하는데, 이에 반해 조막손에게 충고를 듣는 이상의 유형은 민중형에 속한다고 할 수 있다. 소설 「황토기」에 영향을 준 것은 이 민중형이라고 하겠다. 이 경우에 주제론적인 유사성이 공존하고 있다. 시운을 얻지 못한 비극적인 영웅의 좌절상이 바로 공동의 주제인 것이다.

5. 복잡한 성적 관계의 부연된 주제

소설 「황토기」의 리딩 캐릭터는 억쇠이다. 억쇠가 현실의 한계를 알고 고향 황토골에서 살아가고 있는데 그에 필적하는 힘의 경쟁자가 느닷없이 등장한다. 득보가 바로 그 경쟁자다. 송장군 설화에서 조막손, 초립동이, 문상(問喪)하려 온 후배 장사가 힘의 경쟁자이나, 소설에 있어서의 득보는 설화와 다른 또 다른 성격이 부여되어 있다. 득보는 억쇠보다 덩치는 작지만 나이가 젊고, 성적인 욕망과 능력에 있어서 더 왕성하다.

두 장사는 만나자마자 서로 싸운다. 주먹질을 해대다 이빨로 서로 물어뜯는 지경에 이른다. 억쇠는 득보의 어깨살을 씹고, 득보는 억쇠의 귀를 뜯는다. 두 장사는 승자도 패자도 없이 상룡(傷龍)의 형상이 된 것이다. 억쇠는 자신의 영역인 황토골에 살도록 득보를 받아들인다. 두 사람의 관계는 형식적으로 볼 때 상전과 하인의 관계지만 힘자랑하고 여자 차지하는 데 있어선 한 치의 양보도 없는 경쟁자이다. 이 두 사람 사이

---

18 김동리 단편선, 『무녀도』, 문학과지성사, 2004, 130쪽.

에 끼어든 첫 번째 여자는 분이. 분이는 색녀(色女)의 전형적인 인물이다. 오로지 성적 본능만을 추구하기 위해 살아가는 듯한 여자이다. 억쇠가 득보에게 잘 자리를 배려하자 득보는 자기 여자인 분이를 억쇠에게 양보한다.

이 낯선 사내─그의 이름이 득보였다─가 억쇠를 따라서 황토골로 들어와 억쇠와 징검다리 하나를 사이하고 살게 된 것은 바로 이틀 뒤의 일이었다. 냇물가 길을 향해 앉아 있던 오두막 한 채를 억쇠가 그를 위하여 마련해 주었던 것이다.

한 사날 뒤에 득보는

"털이 그렇게 반이나 세인 놈이 여태 자식새끼 하나도 없다니 가련 하다. 헌데 나는 네 놈한테 아무것도 줄 게 없구나. 그래서 분이를 데리고 왔다. 네 새끼 삼아 네가 데리고 살아라."

하였다.

억쇠가 거북하게 웃으며,

"너는 이놈아……"

하고 물으니까, 득보는

"늙은 놈이 남의 걱정까지 하게 됐느냐. 고맙다 하고 술이나 한 턱 걸쩍하게 낼 일이지. 하기야 그렇지 않기로서니 아무럼 이 득보가 조카딸년 데리고 살겠나마는……"

하며 입맛을 다시었다.[19]

득보와 분이는 판소리 사설인 「변강쇠가」의 세칭 천하잡놈 변강쇠와 천하잡년 옹녀를 연상시킨다. 게다가 두 사람은 숙질간이다. 득보는 분이

---

[19] 같은 책, 133~134쪽.

가 조카딸이기 때문에 함께 살지 못하고 홀아비 억쇠에게 양보한다. 분이는 억쇠를 서방으로 두고, 또 그러면서도 득보를 군서방으로 여긴다. 그녀는 서방의 잠자리가 다소 심심하다는 것이다. 그렇기 때문에, 억쇠와 득보를 번갈아 보기 위해 징검다리를 사이에 두고 밤낮으로 왔다 갔다 하는 것이다. 득보는 오래 외출한 이후에 처음 본 계집을 하나씩 달고 들어 왔지만 사흘도 못가 도망가곤 했다. 분이가 번번이 강짜를 부렸기 때문이다. 한 힘센 여자가 한 달포 동안 득보 곁에 붙어살았을 뿐이다.

……여자 하나가, 득보에게 정이 들었던지 얼른 달아나지 않고 한 달포 동안이나 붙어살게 되었다. 분이가 그런 따위 수작을 붙이면 서슴지 않고 제 보따리를 털어서 척척 내어주어 버렸다. 몸집도 큼직하려니와 여자치고는 힘도 세어서 분이가 본래 남의 머리를 뜯고 옷벌이나 찢는 데는 여간한 솜씨가 아니라고 하지만 이 여자에게만은 그리 잘 되지 않는 모양이었다. 몇 번 머리를 뜯으려고 달려들었다가는 번번이 실패를 보고 말았다. 그러자 분이는 일도 하지 않고 잠도 자지 않는 채 며칠이든지 득보네 방구석에 그냥 박혀 있었다. 밤사이에는 셋이서 무엇을 하는지, 밖에서 들으면 흡사 씨름을 하는 것처럼 툭탁거리고 쾅쾅거리는 소리만 들렸다. 어떤 때는 그것이 거의 밤새도록 계속되기도 하였다. 이러고 난 이튿날 아침에 보면 세 사람이다 으레 머리를 풀어 흩뜨린 채 눈들이 벌개져 있었다. 그것을 보는 억쇠는 입맛이 쓴지,

"더러운 연놈들 !"
하면서 침을 뱉곤 하였다.[20]

득보가 억센 여자 한 명 데리고 왔다. 분이는 질투를 내었으나 감당하

---

20 같은 책, 139쪽.

지 못하니 공존할 길을 찾았다. 남자 하나 여자 둘이 일대이로 소위 그룹섹스를 벌이는 것. 억쇠는 멀찍이 지켜보면서 '더러운 연놈들'이라고 하면서 저주한다. 어쨌든 분이가 서방을 따로 두고 서방질을 버젓이 해대니 입맛이 쓸 수밖에 없다.

득보는 이처럼 성적 본능에 의해 지배받는 존재이다. 이에 비해 분이에게 신물이 난 억쇠는 요조숙녀 같은 과부인 설희와 동거 생활에 들어갔다.

득보는 또 위반의 영역에 머문 존재다. 금기의 영역에 놓여 있는 억쇠에 비하면 썩 대조적인 인간형이다. 득보는 이복형제를 죽이고 살인자로 도피생활을 했다. 멀리 도망가 대갓집의 하인 노릇을 했는데 그 부인과 상관해 들통이 났다. 다시 고향 쪽으로 내려온 득보는 분이와 만나 근친상간에 빠진다. 그러곤 이번에는 억쇠의 짝인 설희를 유혹한다. 설희는 득보의 유혹에 흔들리지 않고 지조를 지킨다. 분이는 두 남자에게 몸과 마음을 빼앗긴 채 소외된다. 질투의 화신인 그녀는 마침내 설희를 죽이고 도망쳤다.

갑자기 설희와 분이를 잃어버린 두 사내. 신화적인 프롤로그처럼 필경에는 여의주를 잃고 한쌍의 용이 슬픔에 못 이겨 서로 저희들의 머리를 물어뜯어 피를 흘리는 것처럼 되어 간다. 설희와 분이는 두 사내의 여의주와 같은 존재인 것이다. 고통을 받는 이들이 서로 위로하지 않고 상대에게 고통을 주려는 것은 명백하게도 희생양 의식의 변형인 것이다. 두 사내에겐 이제 마지막 격투의 제의만이 남아 있을 뿐이다.

막걸리 먹은 다음에 소주를 걸친 때문인지, 옛날 첩으로 장가란 것을 가던 때처럼 가슴이 다 설레며 걸음이 흥청거렸다.

"네 놈이 내 초상 안 치르고 자빠질 줄 아나."

억쇠는 문득 언젠가 득보가 가래와 함께 뱉어놓던 이 말이 머리에 떠오르며,

동시에 아까 술상 위에 내어 놓던 득보의 그 날이 시퍼렇던 단도가 생각났다.

그 한 뼘도 넘어 될 득보의 단도 날이 자기의 가슴 한복판을 푹 찔러, 이 미칠 듯이 저리고 근지러운 간과 허파를 송두리째 긁어내어 준다면, 하는 생각과 함께 자기 자신도 모르게 몸서리를 한 번 치고, 문득 걸음을 멈추고 고개를 들었을 때, 해는 이미 황토재 위에 설핏한데, 한 마장 가량 앞에는 득보가 터덕터덕 혼자서 먼저 용냇가로 내려가고 있었다.[21]

소설 「황토기」의 결말 부분이다. 네 놈이 내 초상 안 치르고 자빠질 줄 아나, 하는 득보의 대사와, 이 미칠 듯이 저리고 근지러운 간과 허파를 송두리째 긁어내어 준다면, 하는 억쇠의 생각이 언더플롯을 형성하고 있다.

억쇠와 득보의 싸움질 결과는 어찌되었을까?

이때 득보는 분이의 칼맛을 보아 시름시름 앓고 있었다. 대적이 되지 아니한 싸움이다. 득보는 억쇠에게 일방적으로 얻어맞는다. 얻어맞고 죽기 바로 직전에 억쇠의 배에 칼을 푸욱 찌른다. 두 장사는 함께 죽는다. 쌍룡이 물어뜯고 싸우다가 공멸하는 것 같은 비극적인 영웅의 최후를 방불케 한다.

6. 동시대의 자기 반영인가

김해 송장군 설화와 김동리의 소설 「황토기」는 시대의 반영물일 수도 있다.

먼저, 김해 송장군 설화의 정치사적인 배경을 살펴보자. 송장군의 실

---

21 같은 책, 155쪽.

존인물이 되는 송림은 1790년에 김해 진례면에서 태어났다. 이미 이때 인조반정 이후 청주 송씨는 사실상 잔반으로 몰락해 갔다. 그의 나이 38세 때에는 영남 반란으로 규정된 무신란이 발생하였다. 이 난과 송장군 설화는 무관하지가 않다고 보인다. 난이 발생한 해가 무신년(1728)이기 때문에 무신란(戊申亂)이라고도 한다. 경종 독살설과 함께 영조 즉위라는 역사적인 배경 아래 발생한 이 난은 지방 선비들이 무장한 초유의 정치적인 사건이기도 하다. 주동자가 세종의 11세 후손인 이인좌였기 때문에 이인좌(李麟佐)의 난이라고도 한다. 영남에서는 정희량(鄭希亮)이 거병하여 안음 · 거창 · 합천 · 함양을 점령하였으나 경상도관찰사가 지휘하는 관군에 의해 토벌을 당했다. 피해를 입은 정치적인 집단은 소론이었다. 지역적으로는 인조반정 이후 소외를 당한 경상 우도이다. 무신란 이후 노론의 권력 장악이 가속화하였고, 소론은 인조반정 때의 북인처럼 재기불능의 상태에 이르렀다. 또한 중앙 정부는 지방 세력을 억누르는 정책을 강화하였고 토착 세력에 대한 수령들의 권한을 크게 부여했다.

무신란 이후에 김해를 포함한 경상 우도 전체는 역향(逆鄕)으로 낙인이 찍혀 벼슬은커녕 과거 시험조차 보지 못했다. 시운을 잘못 만난 영웅적인 인물의 비운에 대한 이 지역의 사족과 지역민들의 울분이 송장군 설화 텍스트의 행간에 투영되어 있는 것은 두말할 필요가 없다.

18세기인 영, 정조 시대의 경남 지역(경상우도)의 정치적인 박해에 대한 민중의 동요와 무관하지 않는다고 본다. 김해 향촌 사족의 한 가문인 청주 송씨의 경우에도 17세기 중 · 후반 이후에 동요의 흔적이 나타난다. 정치적으로나 학문적으로 중앙 무대로 진출하는 사람이 거의 없었기 때문이다. 주지하듯이, 김해는 도성(서울)을 기준으로 한다면 가장 변방의 위치에 놓여 있다. 더욱이 인조반정으로 인해 남명학맥이 단절되고, 영남 인물의 등용이 엄격히 제한되고, 마침내는 무신란 이후에 50년간에 걸쳐 경상 우도 선비에게 과거 시험을 보는 기회조차 박탈되어

갔기 때문이다.

이와 같은 상대적 박탈감은 김해 송장군 설화와 상당한 관련성을 띠고 있다고 하겠다. 이 설화는 김해라는 특정 지역과 일반적인 의미의 장수가 아닌 장군이라는 신분에서 독자성을 띠고 있다. 김해 송장군 이야기는 설화의 하위 갈래 중에서 전설에 해당한다. 전설은 신화나 민담 사이에 존재하고 있다.

김동리의 소설 「황토기」는 애최 1939년에 발표되었다. 경남 사천이 창작의 산실이었다. 이 소설이 발표된 시대는 주지하듯이 일제강점기다. 이 시대는 시운을 얻지 못하고 낙백한 사람들이 많았다. 친일하지 않고 출세할 수 없는 세상이었다. 김동리의 가형인 범부 김정설은 시대를 대표하는 동양학자, 큰 사상가였다. 그 역시 낙백하여 아우 김동리와 함께 경남 사천의 다솔사 근처에 머물고 있었다. 형제는 친일 하지 않고 은자적인 삶을 살았다. 그리고 해방 이후에 시운을 얻어 비상한다. 경남 사천에서 함께 은거하던 최범술과 김법린도 건국 후에 각각 제헌국회의원과 제3대 문교부장관으로 비상한다.

결론적으로 말해, 김정설·김동리 형제나, 설화 속의 송장군·조막손·초립동이나, 소설 속의 억쇠·득보·분이는 어느 한 시대에서거나 존재감을 상실한 존재의 군상이란 점에서 서로서로 비슷한 사람들이다.

경남방언 '쇠주, 쇠고기'와 이메일 논쟁

나는 2012년 10월23일 진주교육대학교 인근에 소재한 삼천포횟집에서 같은 대학 교수인 이재인, 류성기, 조기제와 함께 모여 생선회를 안주로 하여 술을 마시고 있었다. 대화의 분위기는 좋았고, 재미있는 얘기들이 오갔다. 대화 중에 이런 얘기도 오갔다. 이 얘깃거리가 영남 지역의 국어학자들 사이에 이메일 논쟁으로 격화될 원인이 될 줄을 그 당시에 아무도 몰랐다. 대화의 내용을 극히 요약하자면 이러했다.

송희복 : 이재인 원장님께서 귀한 안동소주를 가지고 나오셨는데, 소주라는 말은 조선 시대에 지방마다 다르게 불렀다더라. 전라도, 제주도 일부 지역에선 효주라고 했고. 진주를 중심으로 그 인근 지역에서는 쇠주라고 했다더라.

이재인 : 경상도 사람들답게 발음이 세구먼.

송희복 : 서부 경남에선 소고기도 쇠고기라고 했다. 1930년대에 조선어학회에서 표준어를 사정할 때 경상도 출신 학자들이 많았는데 이들이 빡빡 우겨 소

고기가 표준어가 되지 않고 쇠고기가 표준어가 되었다. 지금은 완전히 굳어졌다. 사람들이 쇠고기를 소의 고기를 뜻한다고 보며 '이' 모음을 속격(의)으로 생각하는데 그 당시의 사정을 잘 몰라서 하는 얘기다. 왜 그럼 염소갈비는 염쇠갈비라고 하지 않느냐?

류성기 : 쇠주, 쇠고기가 경상도 방언이라는 것은 정말 말이 되지 않는다. 경상도 방언의 모음 체계는 6모음 체계이지 않느냐?

송희복 : 경상도 모음이 6단모음의 체계란 것은 낙동강 이동 지방에 해당하고 그 이서 지방, 특히 서부경남은 반드시 그렇지 않을 텐데. ㅅ과 ㅆ의 차이가 없는 것도 낙동강 이동에만 국한되듯이.

나는 평소 쇠고기가 본래 경남 방언인데, 지금은 표준어로 굳어졌던 것으로 보아 왔다. 반면에, 쇠주도 쇠고기처럼 경남 방언이지만 이 두 낱말의 운명은 사뭇 달라졌다. 다시 말하면, 쇠고기가 당당히 표준어로 격상되었지만, 쇠주는 소주에 밀려 이제 경남의 언중들에게조차 잊힌 말이 되었다는 것이다. 이와 같이 딜레당트적인 나의 믿음은 전문가(국어학자)인 동료 류성기 교수에 의해 동요를 일으키게 되었던 것이다.

류성기 교수는 나의 이런 주장에 대하여 이메일로 이의를 제기하였다. 이메일 내용의 전문을 다음과 같이 옮겨본다.

From: 류성기
To: 송희복
Sent: Wednesday, October 24, 2012 1:24 PM
Subject: 송교수님

송 교수님

어제 경상도 방언의 '쇠고기'의 'ㅚ'에 관한 것입니다.

경상도 지역어에는 단모음 'ㅚ'가 없습니다. 8음소가 있는 지역(남해, 하동 등)이 있고, 7음소가 있는 지역(진주 등)이 있고, 6음소가 있는 지역(통영, 함안, 의령, 거창, 울산, 양산)이 있습니다.

따라서 모음 음소의 다름이 낙동강이 분기점이 된다는 교수님의 의견에도 문제가 있습니다. 어제 'ㅅ'과 'ㅆ'의 다름을 예로 들면서 낙동강 분기점을 들었으나 그것은 자음 'ㅅ'과 'ㅆ'일 경우 그렇습니다. 그렇기 때문에 '쇠고기'의 'ㅚ' 문제와는 다른 것입니다.

어제 교수님이 화제를 재미있게 이끌고 가고 있어서 더 이상 이의를 제기하지 않은 것이 좋을 것 같아 더 이상 얘기하지 않았지만, 혹 교수님이 잘못 알고 있어서 다음에 이러한 화제가 나오면 또 다시 같은 이야기를 반복할까봐 알려 드립니다.

선생님의 해박한 지식이 있어서 어제 자리는 즐거웠습니다.

류성기

나 역시 그에게 답신을 보냈다. 서로주고 받은 이메일로 여러 차례 논쟁의 공방전이 이루어졌던 것이다.

류 교수님

조언 감사합니다.

경상도 방언 쇠고기, 암쇠, 수쇠, 염쇠, 쇠주 등은 지금의 경상도 방언이 아니며, 적어도 1930년대의 경상도 방언이며, 이는 저의 은사님이신 박종수 교수님의 1970년대의 증언이 있었습니다. (그 분의 말씀에 의하면, 암소, 수소란 말, 자랄 때 한 번도 들은 적이 없고, 암쇠, 수쇠라고 들었다고 했음.) 아마도 실제의 발음은 세고기, 암세, 수세, 염세(제 고향 부산에선 〈얌새이〉라고 했음), 세주 등의 발음에 가까웠을 것으로 추정됩니다.

이러한 현실 발음과 상관없이, 경상도 사람들의 관념적인 인식 체계는 물론 쇠고기, 암쇠, 수쇠, 염쇠, 쇠주였으리라는 뜻입니다. 경상도에 단모음 〈외〉 발음이 없다고 해도 관념적인 음소로 복원되는 〈외〉는 존재할 수 있다는 것입니다. 모음 체계의 낙동강 분기설은 하나의 가설이며 지금처럼 낙동강을 쉽게 건널 수 있는 근현대 사회가 아닌 전근대 사회를 염두에 두어야 할 것 같습니다. 조언 감사드리며 모음체계가 낙동강과 유관하느냐 무관하느냐 하는 문제는 더 찾아보고 단서가 있으면

말씀 올리겠습니다.

감사합니다.

두 사람 사이의 쟁점에 관해 경상대학교 국문과 박용식 교수의 견해가 전해지기도 했다. 그는 진주교육대학교에서 조교로 근무한 적이 있기 때문에 두 사람과 인간적으로 친분이 있었다. 참고로 말하면, 그는 국어사, 이 중에서도 이두(吏讀)와 구결(口訣)을 전공으로 삼고 있는 소장학자다.

박용식입니다. 재미있는 자료 고맙습니다. 그리고 저에게 의견을 물어 보시는 것도 고맙습니다. 우선 '쇠'는 15세기 국어에 '소ㅣ고기'가 나타납니다. 여기서의 'ㅣ'는 '너' '네'의 'ㅣ'와 같이 소유격(속격)의 조사로 이해하고 있습니다. 고어형이 많은 경상 방언에는 '소ㅣ고기'(소의 고기)가 '쇠고기'로 정착되고 '쇠'의 'ㅚ'는 이후 'ㅔ' 소리로 바뀐 이후에도 그대로 사용된 듯합니다. 그래서 단독으로 쓰였을 때도 '소'는 '세'로 남아 있는 것이 아닌가 합니다. 경남에서의 '쇠고기' 실제 소리는 100년 전이나 지금이나 분명히 '세고기'임은 분명합니다.

'쇠고기'를 '세고기'라 발음한다고 해서 '쇠고기'를 경상 방언이 아니라 하는 점은 오류가 있습니다. 특히 '쇠고기'뿐만 아니라 단독으로 쓰이는 '소'나 '소주', '염소', '숫쇠' 등에서도 '소'가 '쇠'로 나타나는 점은 분명 경상 방언의 특성으로 봐야 합니다. 이는 이들 낱말에 '쇠'의 소리가 '쇠'가 아니라 '세'라는 점은 이와는 별개의 이야기입니다. 경상 방언에서 '염쇠, 숫쇠, 쇠주'는 '소고기 : 쇠고기=염소 : x'에서와 같은 유추 현상에 의한 것으로 볼 수 있습니다. 그만큼 이 지역에서는 '소'보다는 '쇠/세'가 우세하게 쓰였다는 점을 알 수 있습니다.

이 지역 사람들은 '쇠고기'를 '세고기'라 발음하면서도 글로 적을 때는 '쇠고기'라 적습니다. 그래서 실제 '쇠'라는 발음이 없다고 하더라도 '쇠'라는 어형이 존재하지 않는다고는 할 수 없습니다. '쇠'라는 형태를 '세'로 발음할 뿐입니다.

나는 국어학 전공이 아니다. 나 자신도 이 문제에 관해 더 공부하고 싶다는 생각이 있어서 전공자인 동국대학교 변용우 박사에게 조언을 구해 보았다. 그는 국어 음운론 전공자이다. 세 사람의 이메일 내용을 보고 다음과 같이 이메일을 보내 왔다. 물론 류성기 교수와 박용식 교수에게도 참고로 보내주었다.

선생님께

선생님이 쓰신 책을 접하면서 그 박학다식함에 놀란 적이 있는데, 이번 논쟁 거리를 보면서 다시금 선생님의 지식과 사고의 깊이에 무한한 경외를 표합니다. 흥미로운 주제라는 생각이 들어 무례함을 살피지 않고 제 생각을 적겠습니다.

1. 경상 방언에서 '쇠고기, 암쇠, 수쇠, 쇠주' 등의 어형에서 '쇠'의 발음은 단모음과 이중모음을 반영한 것일 수 있습니다. 왜냐하면 자소 'ㅚ'는 단모음 [ö]나 이중모음 [we]로 발음되기 때문입니다. 가령 '외롭다'는 화자에 따라 단모음이나 이중모음으로 발음되지만 표기는 같습니다. 실제 이중모음으로 발음될 경우 한글 표기는 '웨롭다' 혹은 '왜롭다'로 적어야 맞는데 역사적으로 자소 'ㅚ'는 이중모음 [oj], 단모음 [ö], 이중모음 [we]처럼 그 음가가 변하여서 현대 국어에는 이중모음 [we]로 발음되는 것이 일반적이지만, 단어의 어형을 고려하여 '웨롭다/왜롭다'로 적지 않고 '외롭다'로 표기하는 것입니다.

경상 방언의 단모음 체계에 'ㅚ[ö]'가 있는지를 '한국방언자료집(경상남도편)'(1993)을 참고하니, 단모음 'ㅚ'는 '창녕, 울주' 지역에 단모음 'ㅟ'는 '거창, 창녕, 밀양, 울주, 함안' 지역에 분포하는 것으로 파악됩니다. 그런데 이 지역에서 '오이[瓜]'의 방언형 '외'는 대부분 지역에서 이중모음 [we](거창, 합천, 창녕, 밀양, 울주, 함양, 산청, 의령, 하동, 진양, 함안, 의창, 양산, 고성, 거제)로 발음되나 '남해, 통영'에서는 단모음으로도 볼 수 있는 [we]로 전사하고 있습니다.

한 가지 지적할 점은 단모음 'ㅚ[ö]'는 초성에 자음이 올 경우 '괴기, 뙤(윷), 열쇠' 어떠한 경우라도 단모음 [ö]로 발음되지 못하는데, 이런 경우 단모음 [e]나 이중모음 [we]로 발음된다는 것입니다. 경상방언에서 '괴기'는 [kegi] 혹은 [kwegi]로 발음되거나 '열쇠'는 [yəls'e] 혹은 [yəls'we]로 발음된다고 할 수 있습니다.

즉 '쇠주, 쇠고기'에서 '쇠'는 단모음 [ö]가 아니라 단모음 [e]나 이중모음 [we]로 발음된다고 할 수 있습니다. 이들을 표기할 때 단모음 발음형 '세주', 이중모음 발음형 '쉐주/쇄주'를 표기에 반영하지는 않는다는 것입니다.

2. 국어음운론의 연구 성과를 빌리자면, '쇠고기'와 '쇠주'는 전혀 다른 성격의 음운현상이 반영된 것으로 이해합니다. '쇠고기'는 속격조사 '의'가 결합하면서 모음탈락으로 '쇠'가 되었다고 보는 것이고, '쇠주'는 'ㅗ〉ㅚ' 전설모음화에 의한 결과로 해석합니다. 그런데 저도 의문을 품고 있었던 점인데, '쇠고기, 쇠주' 모두 전설모음화의 적용을 받은 것으로 생각하고 있습니다. 왜냐하면 속격조사 '의'가 결합하지 않는 단독형에서도 '쇠'가 쓰인다는 것입니다(쇠를 몰러 가다/쇠를 잡다). 속격조사 '의' 결합 관점에 문제가 있다는 것입니다. '암쇠, 수쇠, 염쇠' 등은 '쇠가죽, 쇠고기, 쇠기름, 쇠머리, 쇠뼈'의 구성요소 '의'의 존재를 의심할 수 있는 반례가 된다고 하겠습니다. 저는 '쇠고기, 쇠주'가 같은 전설모음화의 적용을 받았다고 생각하지만, 해결되지 못한 점은 전설모음화의 동기가 분명치 않다는 것입니다. 보통 전설모음화는 'ㅣ'모음 역행동화(혹은 움라우트)라고 해서 '고기〉괴기, 죽이다〉쥑이다/직이다, 다리다〉대리다'처럼 'ㅣ'모음의 영향을 받아 후설모음 'ㅗ,ㅜ,ㅏ'가 전설모음 'ㅚ, ㅟ, ㅐ'로 바뀌는데, '쇠고기, 쇠주'에서 'ㅗ〉ㅚ' 변화는 그렇지 않다는 것입니다. 제 나름의 설명 방식은 갖고 있지만 복잡함을 피하기 위해 생략하도록 하겠습니다.

3. '쇠고기'의 구성에 관한 선생님의 관찰은 저도 동감하는 바입니다. 선생님의 혜안에 박수를 보내드립니다. 흥미로운 주제를 생각할 수 있는 기회를 주셔서 감사합니다.

다양한 의견들이 난무하면서 이메일 논쟁은 점점 달아오르는 느낌이 있었다. 류성기 교수는 새로운 의견을 보내 왔다.

1. '쇠고기'를 '세고기'라 발음한다고 해서 '쇠고기'를 경상 방언이 아니라 하는 점은 오류가 있습니다. (박용식 교수의 의견)

—'쇠고기'를 경상도 방언에서 '세고기'라 한다면 경상도 방언은 '세고기'입니다. '세고기'에 대한 관념이 '쇠고기'라 하여 '쇠고기'가 경상도 방언이라고 하는 것은 문제가 있습니다. 그것은 마치 '뿔'을 평북 영주에서는 '뿌다구'라 하는데 '뿌다구'가 '뿔'을 말한 것이라 하여 평북 영주에서 '뿔'이라는 방언을 썼다고 말한 것이나 다름이 없기 때문입니다.

2. 단모음 'ㅚ'는 '창녕, 울주' 지역에 단모음 'ㅟ'는 '거창, 창녕, 밀양, 울주, 함안' 지역에 분포하는 것으로 파악됩니다. (변용우 박사 의견)

—어떤 예인지 궁금하여 최학근(1978) '한국 방언사전'을 찾아보았습니다. 그리고 둘째 음절이 아닌 '소'라는 단어가 단모음인 상태로, 독자적인 단어로 '쇠'로 쓰인 예가 있는지, 그리고 '위'가 단모음인 상태로, 독자적인 단어로 '위'로 쓰인 예가 있는지 찾아보았습니다. 그랬더니 단모음의 '쇠'는 경남에서는 진주, 충무, 거제, 진양, 창원, 고성, 의령, 남해에서 쓰였고, 경북, 전남, 함북, 함남, 강원 일부 지역에서도 쓰였습니다. 이는 초성이 자음이어도 [쇠]로 발음이 되었다는 것입니다. '쉬' '쇳'의 경우에도 'ㅟ'가 단모음으로 발음되는 경우는 있습니다. 'ㅟ'의 발음되는 위치와 'ㅅ'의 발음되는 위치가 가까워서 그런지도 모르겠습니다. '되, 뒤' 경우도 생각해 볼 수 있겠습니다만 정확한 것은 아니고, 생각해 볼 문제입니다. 단모음 '위'는 발견되지 않았습니다. 이중모음으로 쓰인 예만 발견되었습니다. 변박사님께서 본 예가 무엇인지 궁금합니다.

3. 둘을 종합하여-경상도 위에 제시한 일부 지역에서는 단모음 'ㅚ'가 존재했습니다. 그래서 '소'를 단모음의 '쇠'라고 하였습니다. 또 '세'라고도 발음하

였습니다. (방언사전에 '세'가 쓰인 경남의 지역은 하동, 창원, 남해, 사천, 마산, 거제, 충무, 진주입니다.) 그리고 '쇠고기'가 단모음 '쇠'로 쓰인 지역은 경남에서는 진주, 하동, 거창입니다. '세고기'라고 쓰인 곳은 사천, 의령입니다. 아무튼 논란이 된 '쇠고기'는 이 사전에 따르면 단모음의 '쇠고기'이고 따라서 'ㅚ' 단모음이 존재했다는 것입니다.

그런데 어떻게 해서 '쇠'가 되었는지에 대해서는 시간이 너무 많이 걸릴 문제이므로 논의하지 않겠습니다.

경상대학교의 박용식 교수가 여러 사람들의 견해를 보고 다시 의견을 제시하기도 했다. 이메일 논쟁의 분위기는 난상토론을 연상시키고 있었다. 난상(爛商)은 축자적인 의미대로, '무르익은 헤아림'이란 뜻이다. 숙고라는 말과 비슷하다. 사람들은 이것을 난상(難床)으로 오인해 격식 없이 마구 제 말만 지껄이는 토론을 난상토론이라고 오인하는 사람들도 있다.

또 적게 됩니다.

'쇠고기'의 '쇠'를 단모음 'ㅚ[ö]'로 발음하는 소리 즉 [쇠고기]라는 소리는 경상방언에 존재할 수 없습니다. 그러나 '쇠고기'를 [세고기]로 발음하는 경상방언은 있습니다. 그래서 류성기 교수님의 의견이 적절하다고 할 수 있습니다. 다만 '방언' 혹은 '말'에 대한 관점의 차이가 있는 듯합니다.

류성기 교수님은 'ㅚ[ö]'라는 소리가 없으니까 단모음으로 발음되는 [쇠고기]라는 실제 낱말이 있을 수 없다는 말씀이고 저는 실제 발음은 [세고기]라고 하면서 적을 때는 '쇠고기'라고 적는 낱말 즉, 경상 지역 사람들이 '쇠고기'라 적고 [세고기]라 발음하는 '쇠고기'는 경상 방언으로 보아야 한다는 말입니다.

경상 방언을 쓰는 사람은 실제 대화에서는 '쇠'를 '세'로 발음했을 겁니다. 대화의 문맥에서 송희복 교수님은 '쇠고기'로 적고 [세고기]로 발음하는 그 낱말을 가리킨 것으로 볼 수 있는데 류성기 교수님은 이를 단모음 'ㅚ[ö]'로 발음하는 [쇠고기]로 이해하신 듯합니다.

송희복 : 서부 경남에선 소고기도 쇠고기[세고기]라고 했다.
박용식 : '쇠고기'를 '세고기'라 발음한다고 해서 '쇠고기[세고기]'를 경상 방언이 아니라는 점은 오류가 있습니다.

변용우 선생은 '소주〉쇠주'를 음운변화 현상으로 보았는데 저는 '소고기 : 쇠고기=소주 : 쇠주'의 유추로 보았습니다. 방언 어형에서 음운변화형이 아닌 유추에 의해 생성된 것이 있는지 알아보고 몇 개 있다면 논문으로 써 보겠습니다. '염쇠갈비'가 없는 이유는 '염소갈비'가 처격으로 쓰이는 'ㅣ'가 소멸된 이후에 형성된 낱말이기 때문에 '염소갈비, 돼지갈비'라 하여도 [염소의 갈비, 돼지의 갈비]의 뜻이 있기 때문이라 볼 수 있습니다. 그리고 '염소'를 '염세이 / 얌세이'라고 하는 지역에서는 '얌세이 / 염세이 갈비'가 있을 수 있습니다. 다만 '염세이갈비'가 하나의 낱말인지 두 낱말인지는 논란이 있을 수 있습니다. '염소갈비'도 식당의 메뉴에서는 하나의 낱말이지만 염소갈비를 먹지 않은 지역에서의 '염소 갈비'는 낱말이 아닌 구(句)로 보아야 합니다.

초등학교 교사로 재직하고 있는 이창수 박사가 관전평을 보내 왔다. 그는 송희복, 류성기의 제자이면서, 경상대학교에서 국어교육학 박사를 받았고, 동아대학교에서 국어학(문법론) 박사를 받았다. 그의 가세로 이메일 논쟁이 혼전으로 치닫는 느낌을 주지만, 더 깊이 있는 논쟁이 되어 갔음도 부인할 수가 없었다. 이런 논쟁이 지식인 사회에서 자주 있으면 좋겠다는 생각을 했다. 술집에서 시작된 사소한 견해차가 방언학의 깊은 부분을 건드리게 된 것이다.

이창수입니다. 먼저 재미있는 논쟁 보면서 많이 배웠습니다. 저는 학문적으로 깊이 있게 말씀드릴 깜냥이 안 되고 경상도 사투리를 쓰는 사람이면서 이론을 공부한 사람으로서 드는 생각을 말씀드리겠습니다.

'쇠', '세' 둘 다 표준국어대사전에는 '소'를 나타내는 방언으로 올라가 있지 않습니다. 이 말은 어느 지역에서도 이렇게 발음하는 곳이 없다는 이야기라고 할 수도 있을 것입니다. 서울 사람들이 '쇠고기'라고는 하지만 홀로 쓰일 때 '쇠'라고 하지 않는 것은 분명합니다. 그리고 경상도 사람들은 '소'라고 하지 않는 것도 분명합니다. 엄밀하게 말하면 홀로 쓰이는 '쇠'는 단모음 'ㅚ'와 'ㅔ'의 중간 발음이 아닐까 생각합니다(한글학회편 토박이말 사전에는 경북 방언으로 '쇄'를 표제어로 올려 두기도 했음). 표기법이 현실 발음을 정확하게 표현하지 못한다고 할까요?.

경상도 방언 모음체계도 분명 지역에 따라 시대에 따라 다른 것도 틀림이 없습니다. 그래서 현대 국어 단모음 음가인 'ㅚ'를 정확하게 실현하는 것은 아니지만 'ㅔ'와 다른 것이 현실 발음이라고 생각합니다. '소주'도 '쇠주'보다 '쐬주'에 가까운 게 현실 발음이라고 봅니다.

'ㅚ'라는 단모음 실현이 안 되는 경상도에서 '쇠'가 경상도 방언이라고 보는 것은 무리가 있다는 류성기 교수님의 지적도 일리가 있고, 일화와 현실음을 근거로 '쇠고기'와 '쇠주'를 연결지어 해석하신 송희복 교수님 말씀도 수긍이 갑니다. 음운체계가 문자체계가 아니란 류성기 교수님 지적에 동감하지만 소리를 다 문자로 적을 수 없는 현실도 인정해야 할 듯합니다.

술자리에서 이런 깊이 있는 학문적 논의를 하신 두 분께 존경의 말씀을 올립니다. 더 나은 말씀들이 오가면 더 배울 것이 많겠다 싶습니다.

같은 자리에서 함께 말씀을 나눈 듯합니다. 고맙습니다.

이메일 논쟁이 끝이 났나 했는데 또 다시 계속 이어졌다. 류성기 교수는 나에게 이메일 질문을 다시 보내와 두 차례 답을 했다. 지면 관계상, 그의 이메일 내용을 인용하지는 않겠지만, 필요한 부분은 요점만 가져왔다.

류 교수님께

얼마 전 여남은 날을 인도에서 보내면서 이동 거리 때문에 무료했습니다. 그래서 미리 국내에서 책을 서너 권 가져가서 읽었습니다. 인도고 해서 불교에 관한 책이 대부분이었지요. 석가모니 부처의 어록 중에 이런 것이 있었습니다. 어리석은 자와 논쟁하지 말라. 이미 2천 6백 년 전에 이런 가르침이 있다는 게 흥미롭군요.

반면에 저에게 시비를 건다는 제목부터 논쟁적인 류 교수님의 글은 사실상 저에게 큰 도움이 되고 있고, 앞으로의 경계도 시사해 주고 있어서 감사하게 생각하고 있는 게 사실입니다. 남에게서 지식과 경험을 얻는다는 게 바로 이런 것이구나 하며 생각했습니다.

그런데, 저와 류 교수님이 이 문제에 관해 왜 이렇게 어긋나고 있는가 하는 점을 먼저 곰곰이 생각해 보았습니다. 서로 염두에 두고 있고 전제로 삼고 있는 것이 각각 다르기 때문이지요. 류 교수님께서 이런 질문을 했습니다. 류 교수님의 말씀은 한 포인트 낮은 글씨체로 인용하겠습니다.

맨 처음 식당에서 모음의 낙동강 분화에 대한 얘기를 할 때에는 시대적으로 1920년대로 끌고 올라가지 않았습니다. 만약 1920년대에는 그렇다, 라고 말했다면 나는 그 시대에 대하여 잘 알지 못했기 때문에 문제를 제기하지 않았을 것입니다. 그런데 '진국'에서는 논의를 왜 과거의 이야기로 국한시켜 몰고 갔는지 모르겠습니다.

류 교수님께서는 왜 과거의 이야기로 몰고 가느냐고 하셨는데 애초부터 제 이야기가 과거의 이야기였습니다. 2012년 10월 23일 사적인 모임에서 저는 화제의 단서를 이렇게 제시했습니다. "이재인 원장님께서 귀한 안동소주를 가지고 나오셨는데, 소주라는 말은 조선 시대에 지방마다 다르게 불렀다더라. 전라도, 제주도 일부 지역에선 효주라고 했고. 진주를 중심으로 그 인근 지역에서는 쇠주라고 했다더라."(진국, 11집, 11면) 조선시대의 이야기거나, 적어도 100년 전 즈음의 이야기를 하고 있는데, 류 교수님이나, 지난 학과 회의에서 이번 논쟁에 관해 관심을 보이신 (가장 전문적인 위치에 놓인) 박정수 교수님 역시 지금의 음운 현상을 말하고 있다는 것입니다. 이러한 전제 조건의 차이 때문에 의견의 차이 역시 좁혀지지 않는 것이 아닌가 여겨집니다.

2012년 10월 23일 사적인 모임에서도 말씀 드린 바 있었지만, 제가 아는 분 중에 오세영이란 분이 계십니다. 서울대 국문과 교수로 퇴임한 우리나라의 유명한 시인이시죠. 전 그분과 20년 동안 십 수 차례 이상 만나 뵈었습니다. 그분은 몇 번 이런 말을 했습니다. 고향이 전남 분이고 학교는 전북에서 다녔던 이 분은 어릴 때 소주를 효주라고도 들었다는 얘기를, 제가 몇 차례 들었습니다. 조선시대 때 쓴 이 말이 1940년대까지 잔존하고 있었단 거죠. 쇠주라는 말은 언제까지 서부 경남 지역에 잔존해 있었는지 저는 잘 모릅니다. 적어도 부산에서는 잔존하지 않았거나 애초부터 없었습니다. 제 고향 부산에선 소지라고 했다는데 정말 그랬다면 조선시대의 말일 겁니다. 요즈음 사람 중에 누가 효주니, 쇠주니, (주로 부산, 밀양, 양산에서 썼다는) 소지니, (하동과 광주에서 썼다는) 아랑주니 하는 말을 씁니까? 이 물음은 어디까지나 제 얘기가 요즘 이 야기가 아닌, 옛날의 얘기라는 것에 대한 방증이기도 한 것입니다.

송 교수님은 박종수 교수님에게 들은 '쇠고기'라는 말의 발음이 [sogogi]였 는지, [segogi]]였는지 다시 한 번 밝혀 주시고, 송 교수가 맨 처음 식당에서 말 할 때의 '쇠고기'의 발음은 무엇이었는지 다시 밝혀 주십시오. 그리고 현재는 어떤 발음이라고 생각하는지도 밝혀 주십시오.

제가 박종수 은사님께 들은 발음은 세고기가 아닌 〈쇠고기〉가 맞습니다. 그 분은 암소, 수소도 암쇠, 수쇠라고 했습니다. 발음도 세가 아니라 쇠로 정확히 했습니다. 적어도 100년 전까지는 합천처럼 극히 제한된 곳에서 〈외〉라는 발 음이 존재했을 거라고 봅니다. 그렇다, 그렇지 않다는 증거도 없습니다. 녹음된 기록이 남아 있지 않을뿐더러, 문자 기록도 없지 않습니까? 있다면 최초로 방 언을 연구한 오구라 신페이의 1924년 저서뿐이죠. 오구라 신페이는 〈외〉라는 발음이 합천에서 실현된다고 보았습니다. 그리고 박종수 님의 부차적인 증언 도 있습니다. 이를 부인한다면 방언학의 선편을 쥔, 그것도 다른 나라 방언 연 구의 선구자인 그분(오구라 신페이)에 대한 예의가 아니라고 봅니다.

쇠고기의 경남 발음이 어떠냐 하는 것은 제가 답해야 할 몫이 아니라고 봅니 다. 그럼에도 불구하고, 학문적 사고의 결과가 아니라 고향인 이 지역 사람의 식자(識者)로서 경험을 밝히자면, 즉 문외한으로서 답할 수 있는 기회가 주어 진다면, 전 이렇게 말하겠습니다. 동쪽으로 가면 갈수록 〈쇠〉는 〈세〉의 소리가 분명해지고, 서쪽으로 가면 갈수록 〈쇠〉는 〈쇠〉와 〈세〉의 중간음에 가깝다는 것입니다. 서쪽 사람도 지리방언(dialect) 외에 개인방언(idiolect)에 따라 〈세〉

라고 발음하는 사람도 있을 것입니다. 다음으로는 저에게 의문을 강하게 제기하신 낙동강 분화설에 관해 보겠습니다.

송 교수님은 모음의 낙동강 분화설에 대하여 오구라 신뻬이의 '남부조선의 방언 연구'와 고노 로쿠로의 '조선방언학 시고'의 '외'(胡瓜) 발음이 낙동강 동쪽과 서쪽 지역의 모음체계가 다르다는 것을 말했습니다(『진국』, 32쪽). 나는 고노 로쿠로의 연구는 1945년 연구이므로 제외하겠습니다. 왜냐하면 송 교수님이 말한 연대(1920년대)에 초점을 맞추기 위해서입니다.

개인적인 말씀을 드려 죄송합니다만, 오구라 신페이의 『남부조선의 방언 연구』(1924)는 제 서울 집에 있어서 지금 다시 살펴볼 수 없습니다. 구정 전에 내려 와 보름 이상 상경을 못했습니다만, 제 기억에 의하면 모음의 경계가 낙동강을 사이에 두고 대체로 나누어지는 경향이 있는 게 사실입니다. 물론 두부 자르듯이 경계가 나누어지는 것은 아닙니다. (유교수님께서 두부 자르듯이 경계가 나누어지느냐 하면서 강박적으로 물으신다면 저는 더 이상 할 말이 없습니다.) 『남부조선의 방언 연구』에 의하면, 대체로 예외 지역이 보이는데, 합천과 거창이 낙동강 이서이면서 낙동강 이동에 가깝다고 기억됩니다. 이 이유는 언어지리학적인 문제라기보다는 문화적인 요인과 결부된다고 보입니다. 합천과 거창은 대구와 교류가 잦습니다. 도계(道界)를 넘더라도 진주보다 대처인 대구로 진출하려고 하는 마음이 큰 것 같습니다. 작년에 중국에 동행한 영어교육과 임상봉 교수님의 말씀에 따르면, 거창에서 볼 때 진주와 대구가 거리는 비슷하지만 거창 사람들에게 진주가 훨씬 심리적인 거리가 멀게 느껴진다는 말을 음미할 필요가 있습니다. 합천도 마찬가지일 것입니다.

그럼 이제 '오구라 신페이(小倉進平)(소화 19년 6월 15일), 朝鮮語方言の研究 上卷, 東京 : 白井赫太郞. 1974년 1월 25일, 아세아문화사 영인본'을 참고하여 송 교수님의 모음의 낙   동강 분화설에 대한 반론을 제기하겠습니다. (…중략…) 아무튼 좋습니다. 위와 같은 저의 논박으로 송 교수님의 모음의 낙동강 분화설은 설득력을 잃었습니다. 송 교수님의 모음의 낙동강 분화설 또는 낙동강 경계설에 대한 더 많은 자료를 동반한 반박을 요청합니다.

이 인용문의 중략 부분은 오구라 신페이의 『조선어 방언의 연구』에 의해 마련된 바, 모음의 낙동강 경계설은 사실무근이라는 것의 논거입니다. 그런데 류 교수님은 이 대목에서 결정적인 논리의 모순에 빠져 있습니다. 바로 앞부분에 '나는 고노 로쿠로의 연구는 1945년 연구이므로 제외하겠습니다. 왜냐하면 송 교수님이 말한 연대(1920년대)에 초점을 맞추기 위해서입니다.'라고 했습니다. 오구라 신페이의 『조선어 방언의 연구』는 1944년에 간행되었습니다. 시간마저 일왕(日王)의 것인가, 하는 일왕 연호에 의한 연도가 우리에게 기분이 나쁘지만, 어쨌든 소화 19년은 1944년입니다. 1945년은 무시하고 한 해 전인 1944년은 인정하겠다는 교수님의 논리적인 모순을 이해하지 못하겠습니다.

오구라 신페이의 『남부조선의 방언 연구』은 1924년에, 그의 『조선어 방언의 연구』는 1944년에 간행된 책입니다. 이 두 저서는 강산이 두 번 바뀐 20년의 시대적인 차이가 있습니다. 잘 아시다시피, 1920년대부터 일본제국주의는 근대화라는 미명 아래 우리나라의 큰 강에 다리를 놓기 시작합니다. 그 20년 동안에 구포교, 수산교, 남강교 등등의 다리가 놓여지고, 사람들의 왕래도 빈번해집니다. 오래 동안 견고하게 유지해 왔던 언어지리학적인 경계선이 흔들리거나, 허물어지기 시작했습니다. 오구라 신페이의 『남부조선의 방언 연구』는 그 혼돈과 난맥상을 보여주고 있다는 것의 증좌입니다. 1950년대에 이르면 한국전쟁으로 인한 인구의 대량 이동으로 인해 더 심한 혼돈과 난맥상을 보여줍니다.

신라어의 '눕'이 모음 '우'와 결합되면서 순경음 비읍 가까운 소리를 냅니다.

경주, 포항, 영천, 울산, 동래, 밀양 등지에서는 누나를 일컬어 '누부'라고 합니다. 이것이 신라어의 원형에 가장 가까운 발음이지요. 그런데 이것이 낙동강을 건너가면 분화가 됩니다. 순경음 비읍 소리가 사라져 '누우' 혹은 '누'로 바뀝니다. 낙동강 이서 지역에서 김해만이 예외적입니다. 부산, 양산, 밀양의 영향 때문이지요. 거제 등 김해에서 가까운 지역은 '누우'요, 먼 지역은 '누'가 되지요. 진주는 두 소리 모두 공존했으며, 남해, 합천, 곡성, 여수의 경우는 '누' 형에 속합니다. 남해는 때로 '눙이'라고도 했답니다.

그런데 신라어 '눕'이 모음 '이'와 결합되면서 북상되어 간 것으로 보입니다. 즉, 누비, 누이, 뉘로 간편하게 진화된 것으로 추정됩니다. 신라어 '눕'이 누나와 여동생을 포함한 개념이었듯이—물론 '오랍'도 오빠와 남동생을 포함한 개념입니다만—수도권의 '누이'는 누나와 여동생을 포함한 의미를 담고 있습니다. 대체로 보아 충청권과 강원 일부에 '누비'가 남아 있어서 북상의 경로를 쉽게 설명할 수 있는데 만만치가 않군요. 제가 알아본 것으로는 충청이 아닌 함경권에 '누비'가 좀 남아 있다고 합니다. 서천, 홍성, 천안 지방의 '누의'가 '누비'의 이형(異形)이 아니겠느냐고 생각되기도 합니다. 수도권과 황해도가 대체로 오랫동안 '누이'란 말을 써 왔고, 이게 지금 우리의 표준으로 확정되었습니다. 서북 지방에서는 지금은 모르겠으나 일제강점기에까지 '뉘'로 축약되어 써 왔습니다. 대체로 보아, 동해안에 가까운 지역에서는 순경음 비읍의 형태인 '누부'와 '누비'가 보수적으로 유지되어 온 특징이 있습니다.

이제 갈무리를 지으려 합니다.

저도 류 교수님께 남는 말을 드리겠습니다. 하나는 질문이고, 다른 하나는 이 논쟁을 둘러싼 소회(所懷)입니다.

첫째, 낙동강 분화설이 자음에는 해당이 되고, 모음에는 해당이 되지 않는다면, 왜 이렇게 형평이 맞지 않는지가 궁금합니다. 설명의 여지가 있으시다면 설명을 부탁드립니다.

둘째, 류 교수님의 말씀을 인용하면서 저의 마지막 말을 남깁니다.

국어학은 상상과 창작이 아닙니다. 과학입니다. 그래서 언어과학이라 합니다.

원론적으로 볼 때 류 교수님의 말씀은 백 번 옳습니다. 그러나 심리적으로볼 때 논쟁에서는 이것이 상대에 대한 배려랄까, 친화감이 부족하다고 생각합니다. 이 말씀은 내가 주장하는 견해는 과학적인 것이고, 남이 주장하는 의견은 비과학적 것—상상과 창작이라는 이름으로 포장된—이라고 들립니다. 요컨대 이 말씀의 논리는 내가 하면 로맨스요, 남이 하면 스캔들이라는 논리와 무엇이 다르냐 하는 것입니다.

다만, 지식과 경험을 가진 분과 논쟁을 하게 되어 많은 것을 배우며, 또 이 과정이 진정으로 행복하다는 말씀을 남깁니다.

2013년 2월 25일.

다시, 류 교수님께

또 다시 펜을 들었습니다. 몇 가지 답변을 하려고 합니다. 이번에도 한 포인트 낮은 글씨체는 류 교수님의 글에서 따 왔습니다.

그런데 교수님의 이메일 내용 중에서 '쇠' 발음이 "서쪽으로 가면 갈수록 〈쇠〉는 〈쇠〉와 〈세〉의 중간음에 가깝다는 것입니다."라는 말이 있는데, 그 발음을 어떻게 하는지 나

중에 만나면 한 번 들려주십시오.

저는 동남방언 화자로서 가장 동쪽 지방에서 성장했습니다. 의식적으로 〈쇠〉 발음을 내지 않고서는 자연스럽지가 못합니다. 〈쇠〉와 〈세〉의 중간 음이란 다름 아니라 〈쇠〉와 〈세〉가 구분되지 않는 조음 위치에서 발음이 되는 것을 뜻하는 게 아닐까요? 어떻게 들으면 〈쇠〉 같고, 어떻게 들으면 〈세〉 같은 것이 〈쇠〉와 〈세〉의 중간 음이라고 보면 되겠습니다. 최학근 씨가 진주 등지에 〈쇠〉 발음이 존재했다면 〈세〉 발음도 함께 있을 것이고, 이 두 가지가 잘 구별되지 않은 부분도 있었을 것입니다. 곽재용 교수가 어릴 때 하동군 향리에서 〈수소〉를 〈숙쇠〉라고 들었다, 라는 전언이 있습니다. 곽 교수라면 〈쇠〉와 〈세〉의 중간 음에 대한 이해가 저보다 있으리라고 보입니다.

지금의 음운 현상은 진주 지역 등을 연고로 하는 음운론 연구자의 몫이 아닐까요? 박정수 교수 같은 분께 맡겨둡시다.

서울에 올라가면 소장하고 있는 『남부조선의 방언 연구』라는 책에서 '외' 음운이 들어 있는 '뫼, 외(外), 왼' 등 10여개 이상의 단어의 발음이 어떻게 났다고 기록되어 있는지 확인하여 답변 메일 주기 바랍니다. 모음의 낙동강 분기설에 대한 논쟁은 그것이 확인되고 난 후에 다시 하겠습니다.

오구라 신페이의 『남부조선의 방언 연구』의 정확한 제목은 『南部朝鮮の方言目錄』입니다. 여기에서 남부조선은 삼남 지방(충청, 전라, 경상)과 강원도 영동 지방(동해안쪽)을 가리키는 용어입니다. 이 책은 음운 분포도를 제외하면 212쪽에 불과합니다. 『조선어 방언의 연구』에 비하면 내용이 매우 빈약합니다. 어쨌든 본서의 체재(體裁)는

제1편 음운

제2편 어법

제3편 어휘

제4편 참고 논문

으로 구성되어 있습니다. '뫼, 외(外), 왼' 등과 같은 단어 중심으로 목록이
작성된 게 아니라 음운 중심으로 이루어져 있습니다. 질문하신 〈'뫼, 외(外),
왼' 등 10여개 이상의 단어의 발음〉은 없습니다. 다만, 말씀 드릴 수 있는 것은,
모음의 낙동강 분기설은 이 책에서 반반(半半) 정도의 데이터를 확인할 수 있
다는 겁니다. 정설이라기보다는 앞으로 검증해야 할 가설입니다. 예컨대, 〈야〉
〈여〉〈예〉〈외〉 등은 모음의 낙동강 분기설을 뒷받침해 줄 수 있는 데이터가
되고, 〈위〉〈와〉〈워〉〈왜〉 등은 이와 무관한 데이터가 된다는 사실을, 이 책을
통해 확인할 수 있습니다.

한 가지 예를 들어 보겠습니다. 이 책 3쪽에 의하면, 낙동강 동쪽 지방인 밀
양과 창녕에서는 〈야〉는 〈아〉로 발음된다고 합니다. 오구라 신페이는 밀양에
서 오량(五兩)은 〈닷량〉으로 밀양은 〈밀앙〉으로 소리가 나고 창녕에서 고향
(故鄕)이 〈고항〉으로 소리가 난다고 적시하고 있습니다. 저는 밀양과 창녕뿐
아니라 양산, 울산, 부산도 마찬가지라고 봅니다. 제 아버지는 부산에서 태어나
부산에서 성장했는데 초량(草梁 : 부산지명)을 〈초랑〉으로, 노량진을 〈노랑진
〉으로 발음했습니다. 저의 외가도 밀양인지라, 제 발음 역시, 이러한 발음에 큰
영향을 받고 자랐습니다. 반면에, 제1음절 〈야〉는 낙동강 이동 지방 사람들도
원음대로 발음을 합니다.

시간마저 일왕(日王)의 것인가, 하는 일왕 연호에 의한 연도가 우리에게 기
분이 나쁘지만,

이 부분은 류 교수님께서 오해를 하셨군요. 기분 나쁘다는 것은 류 교수님께 기분 나쁘다는 게 아니라, 지금도 세계 표준의 서력기원을 무시하고 있는 일본인들에게 기분이 나쁘다는 말입니다. 그런데 웬 일본 노래 얘기가 느닷없이 나옵니까? (논지에서 벗어난 얘기 한마디 하겠습니다.) 노래야말로 취향의 문제니까, 타인의 취향을 존중해야죠. 또 노래는 화해의 시작입니다. 반미주의자들도 팝송을 부를 수 있습니다. 김정일도 남한 가요를 즐겼습니다. 10년 전, 이미자 평양 공연이 있던 다음날 북한의 관영 매체는 〈이미자 선생은 위대한 인민 가수〉라는 이례적인 논평을 내지 않았습니까? 일본 젊은이들에게 있어서의 한류 가요는 한일 평화의 실마리가 될 수도 있습니다.

언어는 그렇게 쉽게 변하지 않습니다. 송 교수님도 지금도 '누이'를 '누부'라고 한다고 동일 이메일에서 말했지 않습니까? 그리고 '쌀'을 '살'이라고 하지 않습니까? 세월이 그렇게 흘렀어도 그렇게 쓰지 않습니까? 특히 1900년대 전반기는 매스미디어가 발달한 시대도 아니고, 외국어 교육도 잘 안 받은 시기인데 다리 한두 개 났다고 20년 만에 확 바뀌지 않습니다. 언어는 고착성이 있습니다. 한 번 배워 익히면 잘 안 바뀌는 것이죠.

교수님의 지적대로 어문(語文)의 질서가 보수적이라는 것은 원론입니다. 다만 유교수님과 저의 차이는 절대적이란 것과 상대적이란 것의 생각의 차이에 말미암고 있습니다. 우리 한국어는 다른 나라의 말에 비해 변화가 극심합니다. 4백 년 전 즈음의 셰익스피어 작품의 화자는 현대 영국인과 대화를 하면 대화가 됩니다. 괴테가 만약 살아와서 지금의 젊은 독일인과 대화를 하면 역시 소통할 수 있습니다. 우리나라 영문학자, 독문학자들도 이 사실을 인정하고 있습니다. 제가 일본에 있을 때 일본 고전문학 전공자에게 물었습니다. 에도 시대 문학의 언어와 지금 동경어가 어느 정도 차이가 있느냐고? (에도라는 지명은 지금의 동경입니다.) 충분히 소통할 수 있는 정도라고 대답하더군요. 그런데 우리의 경우를 보십시오. 가정을 해서 말하자면, 송강 정철과 탤런트 김태희가 대화한다고 합시다. 대화가 될까요? 혜경궁 홍씨의 말과 김연아의 말 사이에 어느 정도 소통이 이루어질까요? 현대의 한국인들이 특별한 학교 교육을 받지 않으면,『송강가사』와『한중록』을 해독할 수 없다는 사실이 우리말의 극심한 시대적인 변화를 반증하고 남음이 있습니다. 언어의 보수성이라면 몰라도, 언어의 고착성이란 표현은 제게 선뜻 받아들여지지 않습니다.

몇 가지 말씀을 남기려고 합니다.

첫째, 〈누부〉라는 방언은 낙동강 이동의 동남방언 화자들에게는 너무도 자연스럽고 상식적인 얘깃거리라서 굳이 근거를 대고 자시고 할 필요를 느끼지 못합니다.

둘째, 오구라 신페이에 관한 말씀입니다. 류 교수님은 소창진평(小倉進平)를 오쿠라 신페이라고 표기하고 있는데 저 역시도 학창 시절에 선생님들로부터 오꾸라 신뻬이라고 들었습니다. 그 이후에 제정된 외래어 표기법에 의하면 오꾸라 신뻬이는 오쿠라 신페이라고 적습니다. 그런데 최근에 한일(韓日)을 넘나들면서 공부하고 있는 젊은 언어학자들의 책에서는 오구라 신페이라고 적고 있습니다. 이것이 맞는 표기일 것 같습니다. 그리고 오구라 신페이가 동경제국대학 언어학과 교수로 있을 때도 방학 기간 중에 조선에 와서 경성제국대학에서 조선인 제자들이 포함된 제자들에게 집중 강의를 했습니다. 이희승, 이숭녕 씨의 증언이 있습니다.

셋째, 오구라 신페이에게는 독특한 방언관이 있습니다. "고어가 방언에 남아 있기 때문에 일본어에 비해서 오래된 시대의 언어 자료가 부족한 조선어의 역사적인 연구를 구축하기 위해 방언 연구를 했다." 환언하자면, 우리말은 변화가 일본어에 비해 심하기 때문에 고어가 쉽게 사라지게 되고, 이 사라진 고어를 보충하기 위해 방언을 연구하게 되었다는 얘기입니다. (야스다 도시아키(安田敏朗) 저, 이진호 외 역주, 『언어의 구축』, 제이앤씨, 2009, 129면, 참고.)

넷째, 오구라 신페이는 방언 경계선이 자연적인 지형에만 국한할 수 없다고 했습니다. 이 점은 이번에야 알았습니다. 예컨대 그는 남원과 구례에 경상도 악센트가 많이 남아 있다고 보고 있는데 (저는 이를 동의하는데 주저합니다만) 그의 견해로는 문화적인 긍지 및 경제적 지위도 방언 경계선의 한 사례가 된다고 했습니다. (소창진평 저, 이진호 역주, 『한국어 방언 연구』, 전남대학교출판부, 558~9면, 참고.) 오구라 신페이의 이 독특한 방언관에 관해 (남원이 고향이신) 류 교수님의 반론도 시도해봄 직합니다.

다섯째, 교수님의 경남 방언에 관한 좋은 논문을 기대해 봅니다. 혹시 『진국』에 실린 제 글이 인용하시기에 필요하다면 조교에게 파일을 요청하십시오. 제 서울 집에 있는 『남부조선의 방언 목록』 복사본이 필요하시다면 빌려드릴 수 있습니다. 교수님의 학문적인 진보와 성취를, 마음속 깊이 기원합니다.

2013년 2월 28일 아침.

가창 언어 노랫말을 통해본 경남 지역

—정두수를 중심으로

1. 정두수, 고향 선배 남대우를 잇다

하동 출신의 대중가요 작사자 정두수가 공간한 저서 중에서 『한국가요 걸작가사 해설(1)』의 중요성을 언급하지 않을 수 없다. 이 책은 우리 대중가요사 초창기부터 광복 이전까지의 유행가 명곡을 선정하여 그것의 가사를 해설한 것으로서 1998년 혜림출판사에서 간행되었다. 이 책은 677면 4·6배판으로 대저의 형태로 만들어졌다. 이 책은 대중가요사의 가사분석을 체계화한 유일한 저서이다. 조선말 구전민요 「파랑새」에서부터 「왕서방 연서」에 이르기까지 해방 이전의 주옥같은 노랫말 명을 망라한 것이 이 책이 갖는 의의라고 할 수 있다.

정두수가 관심을 둔 작사가들이 많거니와, 이 중에서 본 연구자가 각별히 주목하지 않을 수 없는 부분이 남대우(南大祐)에 관한 기록이다. 그는 1913년 하동읍에서 태어나 1948년에 때 이른 나이에 세상을 떠났다. 그는 1934년 동아일보 신춘문예에 동화 「쥐와 고양이」가 당선되었다. 그는 아동문학가로서 수 십 편의 동화와 수 백 편의 동요를 창작했다고 한다. 그는 주로 남서우(南曙祐), 지리산인 등의 필명을 사용했으며, 하동공립보통학교 교원을 역임하고, 또 동아일보 지국 및 하동서관을 운영했다. 그는 아동문학가로서의 명성 못지않게 작사가로서의 필명을 남겼다. 1930년대에 「섬진강 오백리」「섬진강」「화개동 처녀」등의 향 토색이 짙은 노랫말을 남겼다. 다음에 인용된 노래는 하동포구 제1절에 해당한다.

> 하동포구 팔십리에 물새가 울고
> 하동포구 팔십리에 달이 뜹니다.
> 섬호정 댓돌 위에 시를 쓰는 사람은
> 어느 고향 떠나온 풍류랑인고.

이 노래는 1940년 콜롬비아레코드사에서 취입한 것으로 한상기 작곡에 당시의 가수 남일연에 의해 불려진 것이다. 정두수는 이를 두고 섬진 강 동쪽 하동 땅은 축복의 땅으로 노래도 많은데 이 중에서도 대표적인 노래라고 평가한 바 있다.

정수두의 노래시 중에서도 고향 하동을 노래한 것들이 무수히 많다. 본인의 진술에 의하면 67편에 이른다고 한다. 이 가운데 가장 대표적인 사례가 있다면 그것은 단연 나훈아의 「물레방아 도는데」와 하춘화의 「하동포구 아가씨」라고 할 것이다.

그 역시 남대우처럼 고향의 노래를 많이 남겼다.

그에게 있어서의 남대우는 고향선배, 선배 작사자였다는 점에서 그는 남대우를 계승한 것이라고 말할 수 있다. 시경(詩經)에 이르기를 시 삼백 편에 사악한 마음이 없어진다고 했듯이, 인간의 노래는 인간의 마음을 정화하는 힘이 담겨있다. 한 시대의 노래 속에는 그 시대 사람의 인정세 태가 반영된다. 또 고향이라는 이름의 공동체를 엮는 정서의 교감으로 자리한다.

2. 애향심과 지방색 : 하동을 노래하다

주지하는 바이겠거니와 정두수는 시인으로 출발했지만 거의 평생토록 작사가로서의 삶을 살았다. 그의 무수한 대중가요 노랫말을 서책의 형태로 정착시키기 위해 그는 2009년에 도서출판 천산을 통해 두 권의 노래시집을 간행하기도 했다. 그는 대중가요 가사라는 일반적인 용어보다는 '노래시'라는 말을 좋아한다. 자신이 평생토록 일구어놓은 일에 대한 자존심의 표현이라고 해야 할 것 같다. 그가 노래시라는 용어를 착안한 것은 문학평론가 이어령의 평가에 연원을 두고 있다. 그의 가사 중의 대표작으로 손꼽히는 「가슴 아프게」가 노래로 대중의 심금을 파고들 무렵에 이어령이 한 편의 노래시라고 규정한 데서 비롯된 용어라고 한다. 그래서 그는 노랫말을 모은 가사집이 아니라 노래시집으로 불러주기를 말한 바가 있다.[1] 그가 묶어낸 그 노래시집은 『시로 쓴 사랑노래』와 『꽃핀 노래 사랑시』로 이름된 것들이다. 이 두 권의 노래시집은 2009년에 동시에 간행되었다. 여기에 실려 있는 노랫말(노래시)들의 제목을 보면, 50대 이상 세대의 귀에 익숙한 것들이 무척 많다. 이 노래들은 196, 70년대에 이미자, 남진, 나훈아 등 당대 최고급 가수들에 의해 불리어졌다.

정두수의 작사는 3천 편에 달하는 것으로 추정된다. 이 중에서 대중으로부터 사랑을 받았던 것 3백편을 가려서 두 권의 노래시집 속에 싣게 되었다. 그의 작품 가운데 가장 대표성을 띠는 것이라고 하면 「가슴 아프게」와 「물레방아 도는데」로 집약된다는 것에 이의를 제기하지 못

---

1 조선일보, 2009. 12. 8. 참고.

할 성 싶다.

당신과 나 사이에
저 바다가 없었다면
쓰라린 이별만은 없었을 것을

해 저문 부두에서 떠나가는 연락선을
가슴 아프게, 가슴 아프게
바라보지 않았으리
갈매기도 내 마음 같이 목 메여 운다.

―「가슴 아프게」 제1절

노랫말은 비유적인 표현이 성패를 좌우할 때가 많다. 이 노랫말은 가정법과 의인법으로 이루어져 있으며, 이 두 가지의 비유법이 적절하게 호응함으로써 대중의 심금을 울릴 수 있었던 것 같다. 이 노래는 일본인들의 마음을 한껏 사로잡았다는 점에서 한일 간 대중문화 교류 이전에 현해탄의 파고를 넘은 심정적 공감의 노래이다. 정두수 본인은 이것을 두고 '한류 제1호'라고 표현하는데 그다지 무리한 표현은 아니다.

돌담길 돌아서며
또 한 번 보고
징검다리 건너갈 때
뒤돌아보며
서울로 떠나간 사람.
천 리 타향 멀리 가더니,
새봄이 오기 전에

잊어버렸나.

고향의 물레방아

오늘도 돌아가는데.

—「물레방아 도는데」제1절

돌아오지 않는 사람에 대한 애틋한 그리움의 정서를 곡진하게 노래한 것이다. 산업화의 물목에 접어들 시점에 이향(離鄕)의 유동 인구가 많아졌던 가운데 고향을 소재로 한 대중가요가 1970년대 초에 봇물처럼 터져 나왔다. 이러한 분위기 속에서 이 노래는 반짝 빛을 발하였다. 노랫말 역시 간절함과 애절함이 묻어난다. 돌아오지 않음에 대한 경미한 원망은 자연의 불변성에 대한 인사(人事)의 유한성으로 이어지게 한다.

위의 두 노래는 라이벌 관계로 세간의 화제를 증폭시켰던 남진과 나훈아가 각각 부른 노래이다.

그런데 이 두 노래에는 이별의 노래라는 점에서 공통점이 있다.

그러나 이보다 동일한 모티프를 가지고 있다는 것이 더 본질적이다. 내가 작사자 정두수를 만나 인터뷰한 결과, 이 두 노래는 시인의 유년기에 경험했던 아릿한 별리의 체험에 말미암는다. 그는 학령 전 유년기에 삼촌과 이별한 후 영원히 만나지 못한다. 일제 강점기 말에 미혼인 그의 삼촌은 일본 유학생으로서 도쿄의 릿쿄(立教)대학교에 재학하고 있었다. 삼촌이 학병으로 끌려가 남의 나라 군인으로 산화한 것은 가족사의 비운이자 민족의 비극인 것이다. 그에게는 평생 지울 수 없는 트라우마가 되었을 터이다. 영원히 돌아오지 않는 삼촌에 대한 아련한 유년기의 기억이 두 노래의 창작 동기로 자리를 잡았던 것. 물론 표면적으로는 연인적인 남녀 관계의 헤어짐의 사연으로 포장하고 있다. 정두수 자신의 증언에 의해「물레방아 도는데」가 '일제 말 학병으로 끌려가는 막냇삼촌이 집 앞 징검다리를 건너다 안타깝게 뒤돌아보던 마지막 모습을 떠올

리며 쓴 작품'이라고 널리 알려져 있지만 「가슴 아프게」 역시 같은 모티
프를 가지고 있다는 사실은 이번 인터뷰를 통해 새삼스레 확인할 수 있
었다. 자전적 체험을 극화(허구화)한 두 노래가 그의 작품 가운데 대표성
을 얻을 수 있다는 것은 각별한 의미로 다가선다고 하겠다.

　정두수의 노래시를 잘 살펴보면 고향의 정서를 자극하는 어휘들이 많
음을 알 수 있다. 그가 노래한 고향의 노래들은 한국인의 보편적인 고향
의 정서를 물씬 풍기고 있는 것이 사실이지만 자신의 망향정서와 로컬
컬러가 적잖이 투사되어 있는 측면도 뚜렷하다. 양적으로 보아도 그는
예순 일곱 편의 고향노래를 작사했거니와, 어쨌든 스무 세 편의 대표작
가운데 그의 고향 하동과 직접적이건 간접적이건 관련된 것은 열한 편
에 해당한다. 거의 절반에 육박하고 있다.

　　목화 따던 아가씨
　　찔레꽃 필 때
　　복사꽃 피는 포구
　　십리 포구로
　　달마중 가던 순이야
　　뱃고동이 울 때마다
　　열아홉 설레이는
　　꽃 피는 가슴
　　강바람 산바람에
　　검은 머리 날리며
　　목화 따던 아가씨

　　　　　　　　　　　　　　　　　　—「목화아가씨」 제1절

이 노래는 그가 자신의 유년기 시절 고향 마을을 떠 올리면서 지은 노랫말이다. 그의 증언에 의하면 그의 마을에는 목화밭이 많았다고 한다. 남쪽의 다사로운 강마을 하동 전체가 봄이 되면 꽃으로 만발하는 곳이다. 오죽 했으면 화개(花開)라는 땅이름이 있을 정도이다. 꽃은 여성성의 표상이다. 목화, 찔레꽃, 복사꽃으로 이어지는 꽃의 향연은 또 다른 여성성의 표상인 달의 이미지로 모아진다. 결국 이러한 여성적인 이미저리는 마치 꽃으로 피는 듯한 아가씨의 이미지를 명료화하면서 확대 재생산하기에 이른다.

연보라색 도라지꽃
피던 고갯길

사나이 가슴에 사랑을 주고
가버린 정든 님

이별이 서러워 이슬비도
하염없이 오는데,
첫사랑에 울고 웃던
첫사랑에 울고 웃던
도라지고갯길

—「도라지고갯길」 제1절

도라지고갯길은 작사자 정두수의 고향 마을에 있는 길을 지칭하는 것이다. 물론 그 이름은 공식적인 땅이름은 아닌 듯하다. 1972년에 처음으로 세상에 나온 이 노래는 문주란, 김상진 등의 가수들에 의해 불리어진 노래이다. 아마도 추측컨대 문주란이 이 노래를 처음 불렀으나 김상진이 다시 불러 인기를 모은 것 같다. 이 노래의 첫머리는 제1절 '연보라색 도라지꽃 피던 고갯길'로부터 제2절 '백도라지 꽃잎이 지던 고갯길'로 변환된다. 꽃이 피고 지고 하는 데서 인간사의 무상을 경험하게 하는 비감의 정조가 낮게 깔려 있는 인상적인 노래다.

산제비 넘는 고갯길
산딸기 피는 고갯길
재 너머 감나무골
사는 우리 님
휘영청 달이 밝아
오솔길 따라
오늘밤도 그리움에
가슴 태우며
나를 찾아오시려나
달빛에 젖어

―「감나무골」 제1절

가수 나훈아가 불러 대중의 사랑을 듬뿍 받았던 이 노래는 약간의 민요풍이 가미된 트로트 리듬으로 이루어진 무척 흥겹고 신명이 나는 노래이다. 이 노래를 두고 작사자 자신은 하동 고향 마을을 그리워하는 망향가라고 밝힌 바 있다. 그가 술회한 창작의 변을 옮겨보면 다음과 같다. "필자의 작품에는 언제나 고향의 흙냄새가 작품 세계를 형성하고 있습니다. 서부 경남의 비옥한 땅을 목 추기며 구수한 흙냄새 실어 나르는 섬진강. 이 젖줄기로 이어진 논밭은 기름져서 과수원이 유달리 많은 이 고장. 그윽한 토질에서랄까. 알맞은 풍광(風光)에서랄까. 그래서 그런지 내가 태어난 이 마을은 온통 감나무로 둘러싸인 그야말로 감나무골입니다."[2] 이 말에서 볼 때 정두수 노래시는 고향, 혹은 산자수명한 고향의 자연 풍광에서 작품성의 원천을 찾을 수가 있는 것이다. 위에 인용된 노래「감나무골」은 일종의 사랑의 찬가이다. 일반적으로 대중가요는 잃어버린 사랑의 애틋함을 구가하는 것이 상례인데 이 노래는 사랑의 결실을 암시하고 있다. 마치 감나무마다 주렁주렁 열려 있는 감의 대봉처럼 말이다.

쌍돛대 님을 싣고
포구로 들고
섬진강 맑은 물엔 물새가 운다.

쌍계사 쇠북소리 은은히 울 때
노을진 강물 위엔
꽃잎이 진다.

팔십리 포구야
하동 포구야
내 님께 데려다 주오.

—「하동포구 아가씨」 제1절

이 노래는 가수 하춘화가 불렀다. 하동을 노래한 정두수의 대표적인 노래는 대개 1970년대에 만들어졌다.「물레방아 도는데」,「목화아가씨」,「도라지 고갯길」,「감나무골」,「하동포구 아가씨」 등의 하동 노래는 필자의 중학교 시절에 유행한 것으로 아련히 기억되고 있다. 이와 같

---

2 정두수,『알기 쉬운 작사법』, 세광출판사, 세광출판사, 1973, 289쪽.

은 노래는 작사자의 망향의 정서와 하동의 로컬 컬러가 짙게 배여 있다는 점에서 공통적이다. 이 중에서도 「하동포구 아가씨」는 하동의 지역적인 색깔이 전형적으로 드러나 있다고 하겠다.

3. 삼백 리 한려수도와 시오리 솔밭 길

작사가 정두수는 자연에의 풍광을 묘사하는 데 탁월한 재능을 가졌다. 자연과 인간의 정서와 완벽하게 조응하려 한다. 예컨대, 흑산도를 우리말로 풀이한다면 '검은 뫼의 섬'이다. 이 흑산도처럼 검게 되어버린 흑산도 아가씨의 내면 풍경은 서로 탁월하게 조응한다. 에메랄드빛 바다의 한없이 넓은 곳에 외로이 떠 있는 한 점 섬 흑산도는 어느새 검은 운명의 여신으로 화해 버린 듯한 느낌이다. 정두수의 노랫말 「가을밤」을 두고 누군가가 묘사와 진술이 합치하며 정경(情景)이 교융(交融), 일치하는 서정의 압권이라고 말한 바 있었듯이 말이다.[3] 정두수가 작사하고 이미자가 노래한 「삼백리 한려수도」도 이러한 맥락에서 읽히는 노랫말이다. 한려수도는 한산섬에서 여수까지의 물길을 말한다. 우리나라에서 물길로서는 가장 아름다운 곳. 노래의 배경은 한산섬이다.

노을진 한산섬에 갈매기 날으니
삼백 리 한려수도 그림 같구나
굽이굽이 바닷길에 배가 오는데
임 마중 섬 색시의 풋가슴 속은

---

3 이경철, 「반만 년 민족의 핏줄을 흘러내린 그리움의 서정시편」, 정두수, 『꽃핀 노래 사랑시』, 도서출판 천산, 2009, 217쪽, 참고.

빨갛게 빨갛게 동백처럼 타오르네
바닷가에 타오른다네.

달 밝은 한산섬에 기러기 날으니
삼백 리 한려수도 거울 같구나
굽이굽이 바닷길에 밤은 깊은데
섬 색시 풋가슴에 피는 사랑은
빨갛게 빨갛게 동백꽃처럼 타오르네
바위 틈에 타오른다네

—「삼백리 한려수도」 전문

노랫말을 보면, 흑산도 아가씨가 바로 한산도 섬 색시로 변주되고 있음을 알 수 있다. 한산도 섬 색시는 흑산도 아가씨의 후속편이라고 할 수 있다. 이 노래는 몇몇 사람들에 의해 문학성이 확보된 노랫말로 평가되었던 작품이다. 작사자로 활동했던 김지평은 「삼백리 한려수도」의 노랫말을 가요사의 관점에서 1960년대 「동백아가씨」의 다소 음습한 정서를 넘어선 노랫말로 본다. 그의 평가를 구체적으로 인용하면 다음과 같다.

이 노래만큼 문학적인 노래도 드물 것이다. 1970년을 전후한 때까지의 찌들린 정서로부터 시원스레 탈출한 아름다운 애가(哀歌)다. 그림 같은 섬 사이 거울 같은 한려수도 굽이굽이 돌아서 고운 삼백리……놀이 지고 달이 뜨고 갈매기 기러기 오고가고, 섬색시 풋가슴엔 사랑이 타고……참으로 산뜻하고 아름다운 구성이다. 1960년대, 「동백아가씨」에서 이미지는 울다가 지쳐 빨갛게 멍든 한을 노래했으나 이 「삼백리 한려수도」에서는 그런 어두운 정서를 훌쩍 던져버렸다. 시대를 볼 줄 아는 작가에 의해서 한의 정서였던 이미지가 산뜻한 서정으로 새 이미지를 보여주었다.[4]

김지평은 「삼백리 한려수도」의 밝고 산뜻한 정서를 높이 사고 있다. 그리고 작사자 정두수를 두고 시대를 볼 줄 아는 작가라고 평을 한 것도 예사롭게 보아 넘길 일이 결코 아닌 듯하다. 이 노래의 노랫말은 시인이요 가요평론가인 이동순도 높이 평가한 바 있다. 그는 노랫말이 좋은 노래 스무 편을 선정한 바 있었는데 「삼백리 한려수도」도 여기에 포함시킨 바가 있었다.

이 노래는 필자가 대학 졸업반 때 세상에 나온 노래이다. 당시는 3공화국 시기로서 많은 대학생들은 현실에 대한 과도한 중압감을 느끼며 학교를 다녔다. 교련 반대, 삼선개헌반대 등으로 대학가는 최루탄 연기가 가라앉을 날이 없었다. 졸업을 앞둔 가을 어느 날, 마산에서 배를 타고 한산도를 거쳐서 여수까지 이른바 한려수도 삼백 리 뱃길을 학우들과 여행하게 되었다. 바닷물은 호수처럼 고요하고, 시월 훈풍에 햇살은 장글장글한 느낌으로 두 볼에 와 닿았다. 무수한 섬과 섬 사이를 지나서 배는 작은 포구마다 모두 찾아 들어갔었고, 그때마다 섬 주민들이 분주히 오르고 내렸다. 우리가 탄 선박의 주인은 노래를 몹시 즐기는 사람으로 보였다. 발표된 지 얼마 되지 않는 이미자의 신곡 「삼백 리 한려수도」가 담긴 테이프를 수없이 반복해서 틀고 또 틀었다. 실로 구성지고 애처로운 느낌으로 들리는 이미자의 노래 소리는 삼백 리 한려수도의 바다 물길 위로 바닷바람을 타고 너울너울 하염없이 퍼져 나갔다.[5]

정두수의 노래시를 가리켜 시인이면서 방송인인 박건삼은 한국 서정시의 맥을 이은 서정적인 원형의 기다림, 그리움의 축적으로 이루어진 한(恨)과 애이불비의 미학이라고 평가한 바 있다. 아닌 게 아니라, 그가 작사자로서 한국인의 전통적인 정서의 공감대에 호소하는 노랫말을 잘

---

4 김지평, 『한국가요정신사』, 아름출판사, 2000, 200쪽.
5 「가요연구가 이동순 교수가 꼽은 한국 가요 베스트 20」(2005. 7. 16), 네이버 검색.

썼기 때문에 당대의 대중과 함께 호흡할 수 있었던 것으로 생각된다.

정두수의 노랫말 중에서 '솔바람 소리에 잠이 깨이면 / 어머님 손을 잡고 따라 나선 시오리길'로 시작되는 가요 「시오리 솔밭길」의 노래비는 두 군데에 세워져 있다. 작사자 정두수의 고향인 하동과, 이 노래를 부른 가수 진송남의 고향인 의령에서. 특히 가수 진송남이 부른 '시오리 솔밭길 노래비'가 의령군 칠곡면 신포숲에 건립되었다는 것이 이채롭다. 소나무와 참나무가 하천을 따라 기다랗게 숲을 이루고 있는 신포숲은 의령읍까지의 거리가 6km에 달해 시오리길로 불린다.

아무리 작사자가 노래를 지었다고 해도, 대중은 가수의 스토리로 보는 경향이 있다. 가요의 수용자들은 남인수가 노래한 고향을 작사자의 고향이 아니라 가수의 고향으로 보는 데 익숙하다.

의령예술단은 신포숲에서 '제1회 시오리 솔밭길 음악회'도 열어 노래비 건립의 의의를 더했다고 한다. 이런 방식으로 기억하고 선양하는 것은 지역민의 몫이라고 본다. 시오리 솔밭길은 하동, 의령에만 있는 게 아니다. 경남 전역에 걸쳐 있다. 또 전국 방방곡곡 도처에 널려 있다.

4. 경남을 노래한 대중가요 노랫말들

1960년대. 작곡가 송운선은 작사가 반야월으로부터 노랫말을 받았다. 내용이 무척 애절했다. 이별한 사람을 부두에서 기다리는 안타까운 여인의 마음이 고스란히 배어 있었다. "이건 실화야. 둘도 없는 내 친구의 딸 이야기거든. 삼천포에서 약국을 하며 혼자 살아가고 있어. 처녀로서."[6] 송운선이 가수 은방울자매를 떠올리며 그 자신이 주인공이 돼 악상을 다듬었다. 노래는 세칭 대박이 되었다. 은방울자매는 우리 부모가 무척이나 좋아했던 가수였다. 내가 초등학교 시절부터 익숙하게 들었던 시대의 명곡「삼천포 아가씨」는 이렇게 탄생했다.

비 내리는 삼천포에 부산 배는 떠나간다.
어린 나를 울려놓고 떠나가는 내 님이시여.
이제 가면 오실 날짜 일 년이요, 이 년이요.
돌아와요 네, 돌아와요 네. 삼천포 내 고향으로.

조개껍질 옹개종개 포개놓은 백사장에,
소꿉장난 하던 시절 잊었나, 내 님이시여.
이 배 가면 부산 마산 어디든지 가련마는,
기다려요 네, 기다려요 네. 삼천포 아가씨는.

그때는 구불구불한 육로는 길이 매우 멀었다. 삼천포에서 부산으로 버스를 타고 가려면 하루 종일 걸렸다. 자주 다니지 않는 경전선을 갈아 타고 가도 별로 그다지 시간을 단축하지 못했다. 빠른 길은 해상로. 이 해상로는 고속도로가 없던 시절의 고속도로였다. 부산 배는 부산이 종점인 여객선이다. 부산에서 출발해서 삼천포로 가던 배가 기관사의 실수로 통영을 거치지 않고 바로 간 적이 있었다. 이때 생긴 말이 '잘 나가다가 삼천포로 빠졌다.'라는 속언이었다.

노랫말 2절에 보면 '부산 마산'이 나오는데 공교롭게도 작곡자 송운선은 부산이 고향이요, 작사자 진방남의 고향은 마산이다. 두 사람 다 대중가요계의 거목이다. 법대 출신의 송운선은「삼천포 아가씨」외에도,「쌍고동 우는 항구」,「무정한 그 사람」,「영산강 처녀」,「하동포구 아

6「작사가 정두수의 가요 따라 삼천리」, 문화일보, 2012. 10. 10.

가씨」 등 히트곡을 쏟아냈다. 나는 평소에 「무정한 그 사람」의, 한과 신명이 어우러진 전주곡을 특히 좋아한다.

지금 생각하면, 시대의 아이러니였다. 1960년대의 정치권력은 근대화 국책의 향방성에 맞지 않는 후락한 정서의 트로트를 죽이기에 혈안이 되었다. 표현하기 좋은 말로 왜색(倭色)이라고 했다. 도리어, 이때 트로트를 국민가요의 반열로 올려놓은 작곡가가 있었으니, 그가 바로 백영호다. 그의 대표작이 금지곡으로 된 사례는 유명하다. 젊어서는 일제강점기에 몽골 등에서 기타연주자로 활동했고, 만년에는 아들이 병원장으로 재직하는 진주에서 살다가, 마침내 처향인 사천에 묻혔다. 진주의 서울내과병원장인 장남 백경권은 선친의 선양 사업에 관한 많은 일들을 해오고 있다. 「해운대 엘레지」(1958)와 함께 초기 대표작으로 잘 알려져 있는 「추억의 소야곡」(1955)은 진주의 장소성과 관련된 노래다. 이 노래는 가요황제라고 일컬어진 남인수가 불렀는데, 그의 자전적인 삶의 경험과 무관하지 않다.

(대사)

인생은 가도 노래는 남아 당신의 이 노래를 당신에게 보냅니다. 비봉산 양지 쪽에 진달래 피고 진주 남강 백사장에 물새가 울 때 그님을 부여잡고 몸부림치며 울며 혜진 젊은 날의 푸른 그 추억 그 추억을 못 잊어서 부르던 노래 바람에 태워 구름에 태워 보냅니다.

(가사)

다시 한 번 그 얼골(얼굴)이 보고 싶어라
몸부림치며 울며 떠난 사람아

저 달이 밝혀주는 이 창가에서
이 밤도 너를 찾는 이 밤도 너를 찾는
노래 부른다

이 노래는 병고에 시달리던 남인수가 피를 토하는 심정으로 불렀다. 나는 이 노래를 남인수의 육성으로 들을 때마다 '그 얼골'에 형언할 수 없는 아우라를 느낀다. 우리의 옛말인 얼골이 한용운의 시에서 끝날 줄 알았는데, 이 노래에서 마지막으로 반영된다. 얼골이란 모국어의 장엄한 최후랄까? 여기에서 나는 깊고도 처연한 감회를 느낀다. 또 이 얼골은 「목포의 눈물」을 부른 여가수 이난영으로 알려져 있다. 16세의 남인수와 18세의 이난영은 서로 마음으로 사랑하던 사이였다. 하지만 이들의 사랑은 이루어지지 않았다. 이난영의 남편이 납북되고, 남인수는 아내와 별거함으로써 비로소 이루어진 생애 막바지의 사랑이었다. 이 노래 작사자의 이름이 한산도로 되어 있지만, 병중의 남인수를 설득하기 위해 백영호가 작사에 깊이 개입했을 거라고 본다.

지인들의 증언에 의하면, 백영호는 「동백아가씨」(1964) 이후에 서울에서 활동했어도 고향 부산으로부터 마음이 떠난 적이 한 번도 없었다고 한다. 또 그는 처향에 대한 사랑도 남달랐다. 처가는 옛 삼천포의 구도심인 벌거동. 지금의 넓은 개념으로는 사천시이다. 그의 삼천포에 관한 노래로는 「사랑은 삼천포에서」, 「이별의 삼천포」, 「내 고향 삼천포」가 있다.[7] 나의 취향이 허용된다면, 백영호가 작곡한 노래 중에서 가장 마음의 울림이 큰 것은 「역(驛)에 선 가로등」(1968)이다. 원창자 진송남의 버전보다는, 배호가 부른 애절한 저음의 극치는 이 글을 쓰고 있는 중에도 귀에서 울려오는 것 같다.

---

[7] www.gukjenews.com/news.

황혼의 저녁노을 물들인 진주 남강,

목을 놓고 불러봐도 대답이 없구나.

배호에 의한, 애절한 저음의 극치는「남강의 비가」(1967)에서도 확인된다. 이 노래는 반야월 작사에, 김영종 작곡의 노래다. 1967년에 전국을 떠들썩하게 만든 사건이 있었다. 진주 부호의 어린 아들 박춘우가 유괴되고, 살해되고, 남강변에 암매장되었다. 즉각 라디오드라마로 만들어졌다. 열 살의 어린 나이인 나도 이 드라마를 청취했다. 아빠가 외국에 출장하여 귀국할 때 아들에게 줄 선물을 사서 집으로 돌아오는 과정의 스토리가 지금도 기억이 난다. 이 사건을 소재로 한 노래「남강의 비가」는 지나친 비탄조의 노래라는 점에서 방송금지곡이 되었다. 이듬해에 제작한 영화로서 국민배우 김승호가 주연으로 나온「아빠 아빠 우리아빠」(1968)는 상영금지 영화가 되었다. 십 수 년 전에 한국영상자료원에서 이 영화를 시사했지만 나는 진주에서 수업이 있었기에 가지 못했다. 영화의 내용도 내용이지만, 1960년대 영화 속의 진주 모습을 보지못해 무척 아쉬웠다. 다시 십 수 년이 지나도, 한국영상자료원은 또 한번 시사할 생각이 전혀 없는 듯하다.

포크 이중창 둘다섯의「밤배」(1974)는 우리 세대의 전설적인 서정가요다. 둘다섯의 이두진과 오세복은 휘문고와 동국대의 동문이다. 각자의 성이 이 씨라서 둘이요, 오 씨라서 다섯이다. 후배 오세복은「긴 머리 소녀」(1973)를 불러 신입생 때부터 대학가의 스타가 됐다. 그가 1973년 경남 남해의 상주해수욕장이 내려다보이는 금산 보리암에 머물면서 앞바다에 떠다니는 밤배의 불빛을 보고 가사 초안을 만들었다. 오세복의 시상, 이두진의 악상이 어우러져 탄생한 노래「밤배」는 1974년 6월 그들의 데뷔 음반에 실렸다.

검은 빛 바다 위를
밤배 저어 밤배
무섭지도 않은가봐
한없이 흘러가네.

밤하늘 잔별들이
아롱져 비칠 때면,
작은 노를 저어 저어
은하수 건너가네.

끝없이 끝없이 자꾸만 가면
어디서 어디서 잠 들 텐가.
음~볼 사람 찾는 이 없는
조그만 밤배야

　그런데 2007년 7월에, 당사자가 사이버카페에 이 노래가 만들어진 배경에 관해 밝힘에 따라 세간의 화제를 불러일으켰다. 그 내용은 대체로 다음과 같다. "남해를 여행하던 중에 금산 보리암에 하룻밤을 묵게 됐다. 발아래는 남해바다가 한눈에 들어오고 상주해수욕장이 그림처럼 펼쳐져 있었다. 캄캄한 밤바다에 작은 불빛이 외롭게 떠가는 게 정말 인상적이었다. 그 인상을 그대로 메모해 즉석에서 곡을 흥얼거려보니 어느 정도 노래가 돼 그 다음날 서울로 올라와 다듬어 「밤배」 노랫말을 완성했다"[8]고 했다. 아직도 금산 보리암에서 바라본 밤바다의 작은 불빛, 그 밤배의 기억을 그대로 가지고 있다. 가야 할 목적지를 향해 쉼 없이 가

---

8 여성소비자신문, 2022. 2. 11. 참고.

야 하는 노래 내용의 「밤배」는 거친 바다와 싸우며 삶을 살아가는 어민들의 운명이기도 해, 그들에게 바치는 노래이기도 하다." 이 노래의 창작 배경이 널리 알려지자, 남해군은 2008년 11월에 상주해수욕장 은모래비치에 노래비를 세웠다. 노랫말이 어렵지 않고 곡이 서정적이어서 초등학교 6학년 음악 교과서에 실리기도 했다. 노래도 이처럼 세대를 이어간다는 점에서, 일종의 문화재이다.

문학을 하는 내 생각으로는 제목이 '밤배'라고 하기보다 '밤배 저어 밤배'라고 했으면 더 독창적이었겠다. 이것을 기왕에 시작하는 부분의 노랫말로 사용했으니, 제목으로 품었으면 더 좋았었겠다.

둘다섯의 「밤배」가 경남의 경관을 배경으로 한 장소성의 노래라면, 힙합가수 술제이는 경남의 방언과 억양으로 노래하는 가수다. 결코 쉬운 일이 아니다. 장소성의 노래는 수없이 많다. 반면에 이런 유의 노래는 거의 없다. 이런 점에서 볼 때, 대중가요로선 또 다른 의미의 이상향이기도 하다.

가수명 술제이는 술을 좋아한다는 의미의 경상도적인 표현이다. 그는 거제 옥포에서 태어나 통영을 거쳐 창원에서 자랐다. 최초의 기억 공간이 창원이기 때문에, 그의 고향은 창원이다. 대학은 서울에서 다녔다. 지금도 서울에서 경남 방언을 일상어로 쓰고 다닌단다.[9] 그의 노래 「뭐라꼬」 중에서 사투리 랩을 인용하면서, 나는 이 글을 마무르려고 한다.

와이리 예쁘노 니 땜에 진짜 돌아삐긋다
뭐든지 말만해라 니한테 뭐 돈 아끼긋나
가시나야 확신한다 내 같은 놈 다신 없데이

---

9 남석형 외, 『한국 속 경남』, 도서출판 피플파워, 2017, 27~32쪽, 참고.

오늘 날씨도 따시고 기분 역시 좋네이
걱정 말고 고마 내 옆에만 딱 붙어라
달콤한 말은 잘 못해도 내는 항상 니부터 다
챙기주고 싶고 보호해두고 싶다
무뚝뚝하게 대답하는거 내도 싫타
그런데 우짜긋노 닭살 돋고 넘사시럽다
니 좋아하는 서울남자 사실 다 실없다
투박하게 구박해도 니 내 맘 알제
내가 국밥처럼 소박해도 솔찌 니삐 없데이

경남 시인들의 아나키즘 성향

1. 이진언의 자유

안녕하십니까? 저는 송희복입니다. 진주교대에 재직하고 있습니다. 오늘 행사의 성격이 맞추어 경남 시인들의 아나키즘 성향에 관해 말씀을 드릴까 합니다. 아나키즘이라면 유치환 같은 분도 있지만, 어느 정도 논문도 나왔고 해서, 오늘은 시인이나 대중들이 생소한 세 분 즉 이진언과 이경순과 이형기에 관해 말씀하려고 합니다.

이진언(1906~1964)에 관해 지금까지 알려진 가장 뚜렷한 행적은 시집 『행정(行程)의 우수(憂愁)』를 간행했다는 사실입니다. 1933년 한성도서에서 출판된 이 시집은 (물론 이은상의 시조집 『노산시조집』이 한 해 전에 나왔지만) 시집으로선 경남 지역의 출신이 펴낸 최초의 근대 시집입니다. 이제까지 이 시집에 관해 작품의 실체를 놓고서는 전혀 언급되지 않았습니다. 앞으로 비평과 연구의 여지가 충분히 남아 있는 시집임에는 틀림이 없습니다. 지금 세 권밖에 남아있지 아니한 이 시집을 볼 수 없어 수소문해 이진언 님의 연만하신 아드님과 통화가 되었습니다. 필요한 게 있어서 찾아뵙자고 한다고 하니, 시집이 필요하다면 진주로 아버지의 시집을 가지고 가겠다고 해서 진주의 전통 찻집에서 뵈었습니다.

시인 이진언에 관한 여러 가지 얘기를 전해 듣고 시집을 일단 제 수중에 넣었습니다. 두 부를 복사해 한 부는 제가 가지고, 한 부는 자료를 좋아하는 박태일 님께 보냈습니다. 이 시집에는 7·5조 서정시 계통의 시도 더러 있지만, 자유로운 형태의 현실주의 시도 많았습니다. 물론 제가 주목하고자 하는 것은 후자의 경우이었지요. 시집의 자서(自序) 부분에, 부득이한 사정으로 십 수 편 생략하게 됨을 적잖게 유감으로 생각한다고 밝힌 것으로 보아 저항시 십 수 편이 검열 과정에서 타의에 의해 배제된 것이 틀림없다고 생각됩니다.[1] 그의 시는 시대의 고뇌가 처절하게 반영되어 있습니다. 두말할 나위도 없이 아나키즘이 스며있습니다.

> 열 번 잘 하다 한 번만 실수하면,
> 이 집 상전님들은
> 어찌 그리도 야박한지,
> 찌르는 눈살과
> 파는 듯한 꾸중으로,
> 어린 마음을
> 여지없이 짓밟습니다.
>
> "종의 씨가리란 하는 수 없는 게야
> 저 년 제 어미도 그렇더니만"
>
> (……)

---

1 이진언, 『행정의 우수』, 한성도서주식회사, 1933, 5쪽, 참고.

해 지도록 밤새도록,

실컷 실컷 울고나 싶지만

그나마 못 하는 이 신세,

오오 무슨 죄입니까.

(……)

스무 세 살 먹는 이 집 새아씨는

어찌 그리도 괴팍한지 마다마디

'꿈에도 못 면할' 종년이라고,

이것이다 나의 설움

아아 하루 한시

그치지 않는

나의 삶이외다.

—이진언의 「어린 노예의 설움」 부분

　이 시는 열세 살 소녀가 화자로 등장하고 있는, 일종의 단편서사시입
니다. 화자의 넋두리를 통해 탄탄한 서사의 구조가 마련해 있기 때문입
니다. 이 소녀 화자에게 가난 설움도 가난 설움이지만 무엇보다도 부자
유에서 기인한 설움이 더 큽니다. 억압하는 '이 집 새아씨'가 일본 제국
주의로 대유된다면, 설움에서 헤어나지 못하는 '나'는 피지배의 조선 민
족으로 의미로 확장되고 있습니다. 절대 자유가 아나키즘 사상의 구경
이라면, 이 시는 어떠한 사상적인 경향성을 띠고 있는지를 잘 암시해 주
고 있습니다. 요컨대 이 시는 인간의 우애적 결속을 저해하는 반사회적
현상의 시랄까요? 아나키스트 미학자인 허버트 리드 역시 아나키즘의

본질적인 원리는 인류가 오래된 주종관계를 폐지하고 평등한 협동관계
로 나아가는 것에 있다고 했습니다.[2]

> 보라,
> 저 꿈틀거리는
> 지게꾼들을.
> 보라,
> 저 헤매는
> 거지 떼들을.
>
> 그 고정(苦情),
> 그 참상
> 오호 그들의 뇌리에
> 소스라치는 격분.
>
> 누구 하나 알 사람도 없고,
> 아는 사람도 없이,
> 곤궁에 사무친 그들
> 군중을 헤치고
> 말없이 지나가는 나
>
> 그들의 불행,
> 그들의 막다른 침묵,
> 오호 그들의 참지 못할

---

2 H. 리이드, 정진업 역, 『시와 아나키즘』, 형설출판사, 67쪽, 참고.

분노는, 어느 때나

터질 것고.

—이진언의 「야시」 부분

야시(夜市)는 밤의 저자입니다. 이 시는 야시의 풍경을 그리고 있어요. 평등의 혜택을 받지 못해 자유롭지 않은 시장의 낙오자들은 저마다 고정(苦情), 즉 괴로운 사정이나 심정을 가집니다. 지식인 화자의, 도회지 현실에 대한 부정적인 반응은 반근대성, 반자본주의에 기반을 두고 있겠지요.

이 시는 일제강점기의 아나키스트 시인을 대표하는 권구현의 아나키즘 시들과 대비할 수 있겠는데요, 이진언은 권구현처럼 전원으로 돌아가자, 장엄한 대자연으로 가자, 거룩한 땅의 어머니에게로 돌아가자, 라고 주장하지 않아도, 아귀의 싸움터인 도시를 버리자는 데는 동의하고 있는 것으로 보이네요.[3]

2. 이경순의 생명

진주 출신의 시인 이경순(1905~1985)이 아나키스트였다는 사실에 주목을 요합니다. 그는 이진언과 동갑의 나이이지만 한참 뒤늦게 시를 썼습니다. 이 두 사람에게는 세 살 위의 김소월이 있었고, 또 세 살 아래의 유치환이 있었습니다. 이경순은 이진언의 경우처럼 부농의 아들로서 일본에서 유학했습니다. 그는 1937년에 동경도(東京都) 바로 위에 소재한 경북(京北)치과의전을 나왔다고 하네요. 치과의사 자격증을 얻어도 써먹

---

3 김경복, 「생태 아나키즘 문학의 흐름」, 『오늘의 문예비평』, 1998, 겨울, 65~67쪽, 참고.

지 못했다고 해요.

그는 유학 시절부터 해방 전까지 동경의 한국인 아나키스트 단체인 흑우회(黑友會)에 가담하면서 사상운동을 벌였던 것으로 확인되고 있습니다. 이 조직은 식민지 정치적인 억압을 강요하는 시대에 과격할 정도의 정치적인 색깔을 표방하는 것이어서 물론 불온시되었습니다. 그가 1928년에 정태성·홍두표와 함께 진주 청곡사를 거점으로 삼아 국내 아나키즘 조직을 확대하려다가 적발되어 옥고를 치르기도 했어요. 세칭 '진주(晋州)아나사건'이 바로 이것입니다. 당시 검사는 이들이 허무주의에 고취되어 아나키스트로서 사유재산제를 부정하고 비밀결사를 조직하려고 했다는 죄를 뒤집어씌우려고 했다지요. 이들의 재판은 세인들의 관심사가 되었는지 방청석이 대만원을 이루었다고 해요. 결국 1929년 대구 복심법원에서 무죄 판결을 받았어요.

그런데 해방 이후에 아나키스트로서의 이경순이 어떠한 활동을 보였을까요? 지금까지 알려진 바로는 그의 아나키스트로서 활동 시기는 1920~30년대에 국한되어 있습니다. 다시 말하면 아나키스트로서의 행동의 여지마저 사라졌을 때 그의 시 창작 행위가 비로소 시작되었을 것입니다. 이경순의 경우에 있어서 아나키스트와 시인의 삶은 서로 겹쳐지지 않고 있다는 사실에 우선 주목할 필요가 있어요.

　쾅!
　彈丸이 달아났다.

　壁 넘엔
　구멍난 방이
　窒息한 歷史를 흔들어 깨우고

册床엔

亡命의 길을 잊은

데카단티즘이

呻吟만 한다.

 (……)

盞조각이 흩어진 머리맡엔

기름 다 탄 호롱불

가물가물

臨終을 지킨다.

                    —이경순의 「盞」 부분

　인용시 「잔」은 1948년 경향신문에 발표된 시입니다. 이 시는 그의 초기 대표작이라고 해도 좋습니다. 이 시는, 해방기 현실의 혼돈과 암울함과 전망 부재의 상황을 소위 '니힐리즘적 다다이즘 수법'으로 묘파한 시라기보다, 일제 말의 극심한 사상적 탄압 속에서 쓰인, 허무주의의 물씬한 체취가 풍겨나는 시입니다. 이 시를 두고 김경복이 "이경순에게 아나키즘 사상의 예술적 형상화의 방법이 다다이즘으로 귀착되지 않을 수 없었을 것이다."[4]라고 말한 것도 이 때문이 아닌가 합니다. 그러나 유감스럽게도 아나키즘이든 다다이즘이든 그의 시에 뚜렷하게 반영된 사례가 많지 않습니다.

　기존의 인습, 기성의 제도, 이 지상에 존재하는 모든 권위를 부정하려는 이경순이 심지어는 역사마저 부정하려 했습니다. 그가 역사를, 절대

---

4 김경복, 「부정과 저항으로서 한국 아나키즘 시」, 『시와 반시』, 2003, 여름, 199쪽.

자유를 추구하는 데 장애가 되는 개념으로 파악했던 거죠. 사람들이 이것이야말로 스스로를 구속시킨다는 사실을 잘 모르고 있다고, 시인은 경고하고 있어요.

하늘빛
날개 벌리고.
볕살이
드나드는
숨결

슬픔에,
웃음을,
불어내는
목이
간지러워

긁어 던지려고 해도
자꾸, 가슴에
돌아나는
번뇌의
싹…….

—이경순의 「목숨」 전문

이경순 시 세계를 통해 가장 높은 지점에 이 작품이 놓이고 있다고 해도 과언이 아닐 것입니다. 그의 시는 이처럼 '볕살이 드나드는 숨결'로 표현되는바 정신적 가치 창조로서의 자유 개념에 와서 마침내 멈추어

버립니다. 이 경지에 들어서면 그에게 시가 더 이상 필요가 없어진다고 하겠습니다.

　이 시는 극도로 응축된 형식으로 깊이 있는 내용을 머금고 있어요. 그의 말을 빌린다면 '적멸의 미학'이 아닐까요? 시와 선(禪)이 일체화되는 그 장엄한 순간에 놓이는 생명사상이랄까요?

　주지하듯이, 아나키즘은 '상호부조'의 사상이에요. 다윈의 진화론이 약육강식론에 근거해 있다면, 아나키즘은 생태학적 공동체의 전망을 밝게 해주고 있는 사상이랍니다. 아나키스트들에게 있어서 자유가 바로 생명의 본능이 되는 까닭이 여기에 있습니다. 아나키즘 시인으로서 이론적으로 가장 뚜렷한 족적을 남긴 허버트 리드는, 아나키즘 시에 관하여

　　① 예술은 근본적으로 생물학적 본성을 가졌다.
　　② 생물학적 본성은 바로 자유라는 본성이다.
　　③ 신체의 자유, 호흡의 자유처럼 유기체가 기능하는 것은 생명체가 생명을 유지할 수 있도록 생기를 불러일으킨다.
　　④ 이것은 억압된 공동체에 자유의 생기를 불러일으키는 것을 의미한다.[5]

라고 하는 견해를 이미 밝힌 바 있었어요. 이경순 시에 '바람'의 이미지가 자주 등장하고 있는 것도 생명 현상의 자각을 의미한다고 하겠습니다. 그가 1970년대에 발표한 「열풍」 연작시에 나오는 '열풍'을 두고 '자연 현상의 바람이 아니라 존재의 숨결로서의 바람'을 가리킨다고 했어요.

　아나키즘의 사상적인 뿌리가 자연에 있으며, 세계의 자연적인 질서에

---

5 송재우, 「자유의 미학 : 허버트 리드(Herbert Read)의 아나키즘」, 『시와 반시』, 앞의 책, 212~213쪽. 참고.

는 본래부터 평등의 원리가 갖추어져 있다고 해요. 이경순은 이 원리보다 생명의 그물망을 더 강조하는 것 같아요. 그의 바람은 어쨌거나 아나키스트 애니메이터인 미야자키 하야오의 바람과 연결됩니다. 바람이 생명을 만들어낸다는 점에서 말이죠. 향후 이 점에 관해선 후학의 분발이 요구됩니다.

3. 이형기의 전복

이경순의 진주농림학교 제자였던 시인 이형기에게는 부드러운 바람의 이미지보다는 꼿꼿함의 이미지가 강렬합니다. 그는 이 꼿꼿함의 물성을 통해 생명의 본질을 성찰했습니다. 나의 대학원 스승이기도 한 그는 평소에도 세계의 질서에 순응하면 자유가 없다고 보았습니다. 그렇다면 강고한 세계 질서는 전복의 대상이 될 수밖에 없는 거죠. 기존의 권위도, 기성 가치도, 인간을 억압하는 모든 제도도 전복의 대상이 될 수밖에 없는 거지요.

김영철은 「이형기론—서정주의와 악마주의의 변증법」란 논문에서, 그가 병적일 정도로 후기 시에 도광(刀狂 : knife-mania)의 이미지에 사로잡혔다고 한 바 있었죠. 이 견해를 입증하기 위해, 그는 여기저기의 시구에서 그 적례를 찾은 바 있었습니다.[6] 아나키스트이기도 한 이육사가 그의 대표작 「절정」에서 보여주기도 한 도광의 이미지는 이형기 시의 아나키즘적인 반점(斑點)임을 나타내주는 한 표지이기도 합니다. 그는 고향 진주에 관한 소재의 시를 단 한 편도 쓴 일이 없었지요. 굳이 진주적인 소재의 시라고 한다면, 다음의 정도가 아닌가, 해요.

---

6 일모 정한모 박사 퇴임기념논문집, 『한국현대시연구』, 민음사, 1989, 143~144쪽.

대밭에 쭉쭉 내가 솟아 있다
날카롭게 일직선으로 위로만 뻗은 키
곧은 마디마디

왕조시대의 민란에 앞장선
원통한 분노

—이형기의 「대」 부분

이 시에서 대(竹), 혹은 죽창은 왕조시대의 민란 혼돈(아나키)을 상징하는 시어입니다. 19세기의 임술년에 전국적인 민중항쟁을 선도한 소위 진주민란이 있었다는 것은 알 만한 사람들은 다들 알고 있겠지요. 이 시에서의 대(죽창)는 민란을 상징하는 사물입니다. 파도는 배를 띄우기도 하고, 배를 뒤집어엎기도 하지요. 쿠데타가 인위적이라면, 민란은 자연 발생적이지요. 머레이 북친의 사회생태론도 동양의 무위자연론과 관련이 있지 않을까요? 이형기 시집 『절벽』(1998)의 표제어인 '절벽' 역시 '대'와 마찬가지로 후기 시의 도광 이미지를 나타내고 있습니다.

하느님은 오늘밤 톱질을 한다.
사르륵 사르륵
실톱으로 켜는 나의 갈비뼈
피 한 방울 흐르지 않고
하얀 톱밥
그 미세한 뼛가루가 떨어진다
하느님은 이따금 일손을 멈추고
안경을 고쳐 쓴다
훅 하고 톱밥을 불어낸다

갑자기 날개를 푸드덕거리는

남미산 흡혈박쥐의 목마름

하느님은 손으로 입을 가리고

밭은기침을 한다

이제는 늙어 피가 마른 하느님

잠도 없는 하느님

그래서 오늘밤은

나의 갈비뼈를 썰고 있는 하느님

아, 알겠다

들판이 들판 위에 넘어져 죽어 있는

새벽바다의 소리

그 허연 백치풍경을 이제는 알겠다

—이형기의 「백치풍경」 전문

　이형기의 「백치풍경」은 영혼 없는 육체의 메마르고 공허한 세계상을 은유하고 있습니다. 하느님은 세계의 권위, 정치 내지 종교 권력을 상징합니다. 시인-화자는 세계의 권위나 권력에 의해 억압되고 기획 당하는 존재에 불과합니다. 백치풍경의 세계상은 세계의 규율에 길들어진 인간의 나약한 존재성을 비유하는 것이 아닐까요?

　이 대목에서, 허버트 리드의 예술관을 떠올리지 않을 수 없습니다. 그는 예술을 가리켜 '상징적인 규율'이라고 했습니다. 규율이란 뭔가요? 모든 것을 하나의 힘으로 구조화시킬 수 있다는 것. 시나 어떤 예술이나 할 것 없이 일정한 형식, 직관, 창조적인 에너지가 요구됩니다. 이러한 규율은 목적이 아니라 수단이지요.[7] 그럼, 목적은 무엇인가요? 이른바

---

7 H. 리드, 앞의 책, 48쪽, 참고.

아나키가 아닐까요? 아나키는 무질서요, 혼돈이에요. 시든 예술이든 본질적으로 혁명적일 수밖에 없습니다. 시인은 그리하여 전복의 기획자, 모의자가 됩니다.

제 은사이기도 한 이형기 선생은 스스로 아나키스트였습니다. 자신이 아나키스트라고 말할 때는 약간 취기가 돌 무렵이었지요. 다만 젊었을 때도, 아나키즘 사회활동 같은 것은 전혀 없었지요. 그와 아나키즘을 연결할 수 있는 점은, 주식이나 부동산을 투자하는 데 욕심이 전혀 없었고, 교수 치고는 상대적으로 가난했다는 사실일 것입니다. 아나키즘에서 말하는 소위 반자본, 무소유라고 할까요? 무엇보다도 그는 학부 학생들에게 매양 전복을 강조했습니다.

그러면, 마지막으로 제 자작의 졸시 「아나키즘의 시」 일부를 낭독하면서 오늘 제 말씀을 마무리할까, 합니다.

이형기 선생님 취하시면
아나키스트로 자처했다.
아나키즘 시 한 편 남기지 않으셨다.

이형기 선생님 더 취하시면
아나키스트임을 자임했다.
선생님의 모든 시는 아나키즘 시였다.

(……)

아나키즘의 시는 버려진 돌이다.
아나키즘의 시는 돌처럼 말이 없고

아나키즘의 시는 돌처럼 견고하다

—송희복의 「아나키즘의 시」 부분

왜 아나키즘일까요? 지금 세계의 지식 시장에서는 한물간 사상인 아나키즘을 재조명하는 분위기가 없지 않습니다. 지금의 아나키즘은 '생태'의 관점에서 주목을 받고 있습니다. 하지만 과거의 아나키즘은 인간 존재의 '자유'에 관한 영감이나 성찰을 던져주었지요.

물론 자유에도 '리버티'와 '프리덤'으로 나누어집니다. 전자의 개념이 시민의 권리, 구체적, 실존적, 가치의 기반이라면, 후자의 개념은 인격적 특질, 추상적, 본질적, 가치 그 자체라고 할 수 있겠습니다.[8]

앞으로, 정치를 텅 빈 것으로 만들어버리는 가치의 무정부 상태에서, 진짜와 가짜, 실재와 현상이 잘 구별되지 아니하는 이 탈진실(post-truth)의 시대에, 메타버스라고 하는 이름의 디지털 아나키즘이 우리에게 파고들 것으로 예상됩니다.

경청해주셔서, 감사합니다. 늘 건강하십시오.

---

8 같은 책, 195~198쪽, 참고.

격동하는 시대의 하동은?

1

이 글은 격동하는 시대인 1980년대에 민중주의의 시각을 직간접적으로 보여준 문인들이 그 시대의 하동 지역을 바라본 것을 소재로 삼는다. 그 시대의 하동은 경관만 존재할 뿐 일쑤 시대의 담론으로부터 비켜선 몰역사적인 공간으로 생각하기 싶다. 문학과 관련된 자료를 통해 한 시대에 투영된 '하동'을 살펴본다는 것은 하동의 지역문학적인 성격의 전체상을 구성하는 데 좀 도움이 되리라고 본다.

주지하듯이, 1980년대는 격동의 시대였다. 해방기 3년간과 4월의 시민혁명 이후에 이처럼 정치적으로 격변하고 사람들의 마음을 들끓게 한 시대는 없었을 성싶다. 이 시대는 이른바 '서울의 봄'과 광주 민주화 운동과 함께 시작되었다. 그리고 시민들은 1987년 6월 항쟁을 계기로 미완의 민주화를 쟁취하기도 했다. 좌절과 성취의 극명한 엇갈림 속에 존재하였던 이 10년의 세월은 마침내 소위 3당 통합이 남긴 감정의 진폭과 함께 쏩쓸하게 마감되고야 만다.

2

1980년대에 민중주의자로 일컬어진 문인들의, 시대적으로 기여한 바는 컸고, 또한 목소리도 높았다. 이 기간만큼 문인 사회도 한국전쟁 이후 60년간에 걸친 민중지향적인 세력의 지형도가 완성된 적이 없었다.

1980년대에 고은과 더불어 민중시인의 중심부에 자리를 차지하고 있었던 신경림은 이 시기에 민요 기행을 위해 전국을 누비면서 돌아다녔다. 그는 이때 적어도 두 차례에 걸쳐 하동에 들렀다. 1984년, 벼를 베고 타작도 할 무렵이었다. 조각배 위에서 당시에 이른 다섯 나이의 할머니를 만났는데 강 건너 딸네집으로 마실간다고 했다. 이 할머니의 이름은 김길례. 신경림이 하동에서 나서 화개로 시집가 살아왔다는 이 할머니에게 민요 한 가락을 청하니, 노래하지 않고 읊조리는 조(調)로 들려주었다는 것이 다음의 「사위 노래」이다.

> 찹쌀 서 말 백미 속에
> 앵미 같이 구한 사우
> 진주 달성 새들 밭에
> 이슬 같은 우리 사우
> 밀양 삼당 유리잔에
> 구슬 같은 우리 사우
> 은잔 놋잔 유리잔에
> 소주 가득 부어놓고
> 자네 친 술 자네 먹고
> 우리 딸 데려다 잘도 살게

장모의 사위 사랑과 직유법의 향연으로 교직된 민요의 노랫말이다. 과거에 이 지역 사람들의 인정세태를 잘 짐작하게 해주는 노래다. 옛 사람들이 노래는 참말이요, 이바구(이야기)는 거짓말이라고 하지 않았던가. 민요가 진실의 언어라면, 민담은 허구의 언어이다. 인용한 「사위 노래」는 하동 지역에 전래해온 민요의 자료로 남겨도 좋을 듯하다. 신경림은 3년 후에 다시 하동을 방문하여 산문 「섬진강 사람들」을 쓰기도 했었다.

이 산문은 1987년 대통령 선거를 앞둔 시점에서 하동 섬진강변 사람들의 살아가고 있는 모습을 취재한 것. 당시에는 르포 형식의 글쓰기가 유행했었다. 이 글 역시 굳이 말하자면 르포 형식의 기행문이라고 할 수 있겠다. 물론 섬진강변을 삶의 토대로 삼고 있는 민초(民草)들의 인터뷰의 내용들이 녹아져 있어 감상 위주의 단순한 기행문은 아니다. 분량도 단편소설 정도에 이른다. 글의 내용에 담고 있는 여정은 구례에서 화개로 가는 길, 화개장터와 화개나루, 평사리의 악양들(판), 하동읍 섬진교 주변으로 옮겨진다. 글쓰기는 드문드문 묘파되어 있는 자연 풍광보다는 사람살이의 여실한 면모에 초점을 두고 있다.

1987년 대선을 앞에 둔 하동의 인정세태는 어땠을까? 인정은 세태를 만들어내고, 세태는 인정을 반영해 마지않는다. 그때 섬진강 주변의 하동 사람들과, 하동으로 넘어온 전라도 사람들은 아무런 지역적인 차이나 제약도 없이 그저 옹기종기, 오순도순 모여서 살아가고 있었다. 시인 신경림이 당시에 현장에서 확인한 바가 바로 그렇다는 얘기다. 그의 글에는 다음의 내용이 들앉아 있다.

이 다리(섬진교-인용자)를 두고 갈등의 해소니 화해니 하는 말들이 쓰인 것을 기억하지만, 이런 말들에 대하여 정작 이 고장 사람들의 반응은 시큰둥하다.

"다리가 없을 땐 우리가 척지고 살았던 말인가요!"

이 말은 다리를 찾는 내게 김복만 씨가 한 말이지만, 이 고장 사람들의 생각은 대개 이와 같은 듯했다. 애당초 척진 일도 없고 원수지고 반목한 일도 없는데 무슨 갈등을 해소하고 무슨 화해를 한단 말인가.

(……)

운전수는 심한 경상도 사투리다. 고향이 하동이냐니까 '어데예, 순천 아닝요.' 한다. 순천 사람이 어찌 그렇게 경상도 사투리가 심하냐니까, 오래 살다 보면 그 고장 사람 되는 거지, 경상도 전라도가 따로 있느냐고 면박이다. (신경림, 『진실의 말 자유의 말』, 문학세계사, 1988, 257~258쪽.)

인용문에서 '척지고 살다'의 '척지다'가 무척 흥미로운 표현이다. 약한 뜻으로는 '서로 갈등을 일으키다'가 되며, 강한 뜻에 있어서는 '서로 원한을 품어 반목하게 되다'(표준국어대사전)가 된다. 척(隻)은 다름이 아니라 본디 쟁송(爭訟)의 의미로 쓰인 말이었다. 고대 중국의 법제와 송사(재판)에 의하면, 척은 '피고'를 의미하는 말이었다.

척지는 관계가 되려면, 로미오 집안과 줄리엣 집안의 관계 정도가 되어야 한다. 경상도와 전라도의 관계가 어찌 이 집안들의 관계처럼 원한의 관계가 될 것인가? 하동 사람들과 하동에서 살아가고 있는 전라도 사람들이 평소 지역감정을 느끼거나 얽매이지 않고 살아가고 있다고 하더라도, 대선을 앞두고 사람들이 서로 낯선 대립의 목소리도 내는 현장도, 신경림에게 목도되지 아니한 것은 아니었다. 그는 이 사실을 가리켜 어떠한 형태로든 지역감정이 있다, 라는, 더 나아가 없다는 사실을 확인하거나 강조하거나 하는 것이야말로 있다는 현실의 반증이다, 라는 생각에 미치고 있다.

지역감정이란, 반드시 부정적인 것일까? 반드시 그렇지 않다고 보는데는 거기에 삶의 활력이랄까, 공간의 자장(磁場)이 미치는 힘과 같은 것이 배여 있지나 않을까 해서다. 이 개념을 특성화니, 선의의 경쟁이니 하는 뜻으로 바꾸면 어떨까 하면서, 나는 넌지시 생각해본다. 이러한 뜻은 배타주의, 정치적인 저의, 이기적인 속성 등의 음습하고도 부정적인 면에 맞서는 개념이기 때문이다. 다행한 사실은 급변하는 21세기의 시대사적인 흐름과 함께 그것이 우리 사회에 엷어져가고 있거나, 퇴색되어가고 있다는 게 엄연하다는 사실이다.

바람으로 이야기하마.
마른 풀꽃 고개 수그리며
은빛 세모래 슬픔보다 많이
이 강변을 떠난 사람
(……)
송화처럼 탄재가 날리는 용산역에서
새벽 김밥을 팔던 김씨
말조개국물에 뜨는 구로동의
가을하늘이 좋다던 서당골 이씨
얼핏얼핏 스쳐간 모두의 얼굴 속에
늘 펼쳐지던 은모래사장
더덕다발 장에 내실
어머님의 삿대질 소리
(……)
지금 이 강변 갈숲 가득
일어서는 바람들의 칼날
모래도 새도 바람도 풀도
모두들 제 자리에 돌아와서
저녁 짓는 골안개 지켜볼 수 있게끔

귀향하는 마지막 얼굴까지

눈물과 손 흔들어줄 수 있게끔.

—곽재구의 「화개에서」 부분

인용한 시 「화개에서」는 '오월시' 동인으로 활동했던 곽재구가 마치 화개에서 시를 쓴 것처럼 허구화한 시이다. 시의 화자는 시인 자신이 아니라 하동군 화개 마을에서 고향을 떠난 사람을 그리워하는 극화된 화자이다. 고향을 떠나간 사람들은 용산역의 김씨, 구로동의 이씨, 장터에서 소리를 치는 어머님 등등으로 구체적으로 적시되어 있다. 이 모두는 그리움의 대상이다. 화개에서 서울로 이주해 새로운 삶의 터전을 일구며 살아가는 그 이향민들은 민중적인 삶의 조건을 고스란히 갖춘 소위 업루츠(uproots), 즉 '뿌리 뽑힌 군상'이다. 유신과 5공으로 이어진 197, 80년대에, 산업화 과정에서 심화된 이농(離農)의 사회 현상을 낳았다. 이농민의 도시 유입이 급증한 시대의 사회 현상이, 인용한 시가 가지는 내용상의 특징을 이루고 있다고 말할 수 있겠다. 하동과 아무런 연고도 없고 하동에서 살아본 적도 없는, 저 유명한 사평역의 시인인 곽재구가 「화개에서」란 시를 썼다는 것은 이례적이요, 또한 흥미롭기까지 하다. 탈(脫)지역의 시심은 이와 같이 자유로운 날개를 펼친 것이다.

3

하동 출신의 민중시인이라고 하면, 단연 정규화(1949~2007)를 빼놓지 않을 수 없다. 그는 하동군 옥종군면 위태리에서 태어나 불우한 유소년기를 보냈다. 보도연맹 사건에 연루된 아버지를 잃고 홀어머니 무릎 아래에서 성장했다. 1969년 마산상고를 졸업한 후에, 그는 무작정 상경을 했다. 시인으로서는 1981년 난세에 창작과비평사가 간행한 사화집『우리들의 그리움은』에 시를 발표함으로써 등단했다. 그 후에『시와 경제』동인으로 활동했고, 1984년에 첫 시집인『농민의 아들』(실천문학사)을 간행했다.

이 시집의 내용은 전(全)4부로 이루어져 있다. 제1부 '위태리'는 시인의 생장 환경인 하동을 배경으로 한 자전적인 삶의 체험이 잘 녹아나 있다. 연작시「농민의 아들」에서는 그가 살아온 내력과 현실의 기구한 사연이 한국 농민의 아들인 전형을 이루고 갔음을 잘 보여주고 있다. 하지만 그의 고향 체험이 형식과 세계관에 있어서 총체적으로 반영한 경우는 시집의 제4부에 들앉아 있는 시편「지리산」이 아닌가 하고 생각된다.

지리산은
못생기고 짓밟히고 자빠지고
힘없는 이에게
더 떳떳한 하늘을
지니게 한다 비록 움집 짓고
살았으나 억척스런 그 삶,
(……)
왜기름을 구할 수 없어
관솔불 밝혀서 바느질하던
시퍼런 사랑, 누가 온몸을 물들이지 않고
껴안을 수 있을까
화전 일구는 일에만 전념하다
늙은 어떤 할머니는
호미 닳는 게 아까워
손으로 더 많은 잡초를 뽑았나니

그 억센 손으로

　　다듬은 지리산은 저리도 웅장한데

—정규화의 「지리산」 부분

　지리산을 배경으로 삼아 살아가는 지리산의 숱한 민초들은 저 지리산의 웅숭깊음과 위의(威儀)를 한껏 배운다. 그 힘없고 가난한 사람들은 현실적으로 억척스럽게 살아가면서도, 정신적으로는 지리산의 웅장한 친화력에 감응되어 간다. 그리고 그들은 서로가 서로를 껴안으며 살아가는 지혜를, 지리산에게서 배우게 되거나 부여받고는 한다. 그들은 지리산을 스스로 만들어가고, 마침내 이것에 자족적으로 동화되어 가기에 이른다.

　1980년대 초반이었을 게다. 시인 김정환의 증언에 의하면, 정규화가 취중에 택시를 타고 가다 택시비가 없어 택시 기사에게 '나, 시인인데……' 하면서 사정을 호소해 보았으나, 경찰서까지 끌려갔단다. 김정환은 그때 그가 '나, 지리산인데……' 하고 넉살좋게 사정해 보았더라면 어땠을까, 하고 말한 바 있었다. 자연인이자 시인인 정규화를 두고, 김정환은 '상경한 지리산'이라고 말한 바 있었다. 매우 적절한 비유다! 더 적확하게 이르자면 '상경한 하동의 지리산'이라고 해야 되지 않았을까 싶다.

　그는 1985년이 되어 서울 동대문구 신설동에 붓과 벼루를 파는 전문 가게를 개업했으나, 1989년에 이르러 마흔 늦은 나이에 언론계에 종사하기 위해 다시 경남의 품으로 돌아왔다. 그리고 세월이 흘러 비교적 때 이른 나이인 쉰여덟의 나이에 세상을 떠나고 말았다. 그의 고향인 하동군에서는 하동공원 내 '시의 언덕'에 그의 시비를 세워 주었다. 이 시비는 지금도 그를 기리고 있다. 이 시비에는 그의 시편인 「지리산 수첩 8」의 전문이 다음과 같이 적혀 있다.

오랜 눈부심에

너무도 오랜 노래로

고향으로

남은 산

저기 푸른 산 우레가 다시 오를 때

겨울 포근한 자락마다

은거한 봄의

눈부심에 그 황홀함에 취해

푸른 산

다가서도 물러나지 않는 산

보기에도 아까운 산

4

두루 알려진 바처럼, 1970년대가 정치적 무의식의 시대, 혹은 유례없는 정치 실조의 시대였다면, 1980년대는 수면 하에 잠겨 있던 앞 시대의 정치의식이 분출되던 격동의 시대였다. 이 글은 이상으로 보는 바와 같이, 1980년대에 민중주의의 시각을 직간접적으로 보여준 문인들이 그 시대의 하동 지역을 바라본 것을 대체로 소재로 삼았다. 그 시대의 하동은 경관만 존재하여 시대의 담론으로부터 비켜선 몰역사적인 공간이 결코 아니었다. 그 시대의 하동은 한국 사회의 또 다른 축소판이었다고 해도 과언이 아니었다. 요컨대, 앞으로 하동 지역문학의 전체상을 구성하는 데 있어서, 그 시대에 투영된 하동 소재의 문학이 앞으로도 유효하게 기억되고 맥락화될 수 있으리라고, 나는 본다.

향토적 경관의 시학

1

최근에 이르러 경관이란 말을 부쩍 많이 사용하고 있다. 경관이란, 흔히 한눈에 들어오는 경치, 즉 자연의 풍경, 특히 아름답게 눈에 보이는 것을 뜻한다. 그런데 엄밀히 따지면, 경관은 단순히 아름다운 경치만을 뜻하지 않는다. 이 개념은 오히려 인간적인 삶의 구체적 현장과 무관하지 않은 공간으로서, 지지(地誌)의 학적인 입장에서 그것은 기후, 지형, 토양 따위의 자연적 요소에 대하여 인간의 활동이 작용하여 만들어낸 지역의 통일된 특성을 가리킨다. 특히 지역의 경관은 땅의 지질적인, 사람의 기질적인 특성과도 무관하지 않다.

경관은 앞에서 얘기했듯이 한눈에 들어오는 경치다. 회화에서는 풍경, 혹은 산수라고 한다. 경관은 다양한 분야에서 쓰는 용어이기 때문에 다의성을 지닌다. 이 용어에 관한 학문적인 해석은 환경조경학자 황기원의 저서 『경관의 해석―그 아름다움의 앎』(2011)에서 심층적으로 다루어진 바가 있었다. 그에 의하면, 이 말은 시간이 지나갈수록 '힘이 세

어지는 말'이다. 사람들은 자연경관에서 만족하지 않고, 생각을 문화경
관, 도시경관으로 확장해 간다. 예컨대 '경관녹지는 도시의 자연적 환경
을 보존하거나 개선하고……' 하는 표현이 법률 문장으로 나오기도 한
다. 최근에 이르러 소위 '경관생태학(landscape ecology)'이라는 분야까지
새로 생겼다. 그는 경관의 해석에 있어서 가치관을 찾아내는 일이 매우
중요하다고 한다. 그는 또 자연경관이 어떤 가치관에 의해 인공화되지
않은 경관이라면, 문화경관은 어떤 가치관에 의해 인공화되는 경관이라
고 했다.

　황기원이 이 책에서 의미를 간과하기 쉽다고 주의를 환기한 개념이
'향토적 경관(vernacular landscape)'이다. 그는 미국에서 공부했기 때문에
이 용어가 미국에서 중시되는 개념임을 알고 있었다. 유럽의 유서 깊은
도시들은 도심 공동화 현상이 생기든 말든 원(原)도심을 그대로 두려는
경향이 있다. 우리의 수도인 서울도 마찬가지여야 한다. 수도의 이른바
능선경관(ridge-landscape)은 향토적 경관의 기본이라고 할 수 있다. 이명
박의 청계천 복원 사업은 성공을 거두었지만, 4대강 성패에 대한 판단
은 더 지켜보아야 한다.

　한때 산업화의 상징처럼 여겨졌던 복개된 콘크리트나 높직한 고가도
로를 걷어내면서 원생(原生) 경관을 감동적으로 복원하려는 시학적인
프로젝트 같은 일이 향토적 경관이다. 알기 쉽게 말하자면, 산과 물을
사람들이 거주하는 문화경관 속에 들어앉히는 일이다. 요컨대 향토적
경관의 개념은 물론 이 글에서 기둥말로 사용되고 있다. 이 개념은 도
시계획의 몫일 뿐 아니라, 동시대의 문학비평이 감당해야 할 과제이기
도 하다.

2

지리산은 영남의 사림, 즉 선비 사회의 '선험적 고향'이었다. 김종직
에서부터 마음으로 기대어 산 웅숭깊은 상징 공간이었다. 그러면서도
이것은 구체적인 향토 경관이었다. 잘 알다시피 조선조 중기의 큰 학자
인 조식도 지리산을 좋아했다. 지리산의 승려들과도 정신적인 교감이
있었다. 쌍계사와 신응사와 오대사 등에서 하룻밤 정도는 묵기도 했다.
산중에 은거하던 승려들도 현실이 녹록치 않았다. 사찰에 부과된 세금
과 부역을 감해 달라고 하는, 수령에게 보내는 편지를, 그가 대신에 쓰
기도 했다.

현실이 고달프면, 사람들은 유토피아를 마음속에 그린다. 조식은 시
조에서 지리산 양단수를 유토피아로 보았듯이, 수많은 선비, 시인묵객
들이 지리산에 존재할지모르는 낙토 청학동을 노래해 마지않았다. 지리
산에는 청학동이 어디에도 있고, 결국 아무데도 없다. 지금은 지명이 남
아 있지만, 낙원으로서의 청학동은 낱낱의 사람들마다 상상 속에 깃들
어져 있다. 중국의 역대 시를 보면 황학(黃鶴)이 시의 소재로 수용한 자
취가 완연하다. 중국의 장강 중류에 있는 큰 도시 무한에 황학루란 누각
이 우뚝 솟아 있어 지나가는 관광객들을 맞이한다. 나도 십 수 년 전에
가본 적이 있었다. 한국의 청학과 중국의 황학. 어쨌든 한국과 중국의
시인들은 학을 통해 초현실, 초자연의 삶을 꿈꾸면서 현실 너머에, 자연
너머에 있을지도 모를 낙원의 삶을 꿈꾸었을 게다. 다음은 조식이 시로
표현한 청학동이다.

외로운 학은 구름을 뚫고 하늘나라로 올라갔어라.
구슬처럼 흐르는 한 줄기 시냇물은 속세로 흐르네.
누(累) 없는 게 도리어 누가 된다는 것을 알고서,

마음에는 산천을 품고도 이를 보지 않았다 말하네.

—조식의 「청학동」 전문

한 마리의 학은 하늘로 향해 위로 날고, 한 가닥의 시냇물은 인간 세상 아래로 향해 흐른다. 하늘과 인간 세상, 산(山)과 천(川), 위와 아래가 서로 조화를 이루니 자연은 그 나름대로 온전하다. 시의 화자가 산천의 아름다움을 마음껏 향유하면서 산천의 모든 걸 껴안는다는 것을 감지하고 있다. 그리고 지상의 낙원에 진배없는 청학동 주변의 자연을 보지 않았다고 남들에게 말하리라고 한다. 보지 않았다고 말하는 것은, 보았다고 말하지 않는다는 걸 뜻한다. 전자보다 후자가 한결 강렬한 의미로 다가선다.

조식은 푸른 학이 산다는 지리산 청학동을 찾아 나서기도 하고, 아예 천왕봉이 물끄러미 바라다 보이는 곳으로 이주하여 거처를 마련해 여생을 보내기도 했다. 그가 남긴 시조 한 편의 내용 속에 낙원에의 그리움의 충동 같은 것이 잘 반영되어 있다. 두류산 양단수를, 예 듣고 이제 보니. 그가 만년에 살던 지금의 산청군 덕산에 '양당수'라는 지명이 지금도 전해지고 있다고 한다. 양당수는 연못 형태의 늪이다. 양단수는 양당수의 와전된 것이라고 하는데 그 진위에 관해서는 나도 정확히 알지 못한다. 다만 양단수는 지금 우리들이 잘 쓰는 말에 의하면 이른바 '두물머리'인데, 두물머리를 한자어로 표현한 것이 쌍계(雙溪)라면, 양단수는 지리산 쌍계사가 있는 곳인지도 모른다. 꽃필 녘에 가본 사람은 안다. 여기는 경관에 있어서는 낙원과 같은 곳이다.

최근에 경남 지역의 지질학적인 특성을 매우 돋보이게 하는 공간은 우포늪이라 할 수 있다. 가을이면 어김없이 연출하는 억새의 장관, 진흙 속에 묻힌 채 늪을 덮는 붉은 보랏빛의 가시연꽃, 수천만 년 전부터 숱한 생명체들이 생멸을 거듭한 살아있는 자연사 박물관에 다름없다. 문학비평가들은 경관이란 말 대신에 '장소상상력'이라는 말을 대신하기도 한다. 1960년대와 1970년대에 한국전쟁의 후유증과 산업화 과정으로 인해 고향을 상실했다는 소시민 의식이 반영된 가상공간인 무진(霧津)과 삼포(森浦)가 각각의 시대를 상징하는 장소 상상력이 되기도 했다. 이에 비해 우포늪은 21세기의 문학 공간으로 상징적인 기호의 힘을 가지고 있다. 이것은 가상공간이 아니라, 21세기의 우리에게 무언가 함의를 던지는 인간적인 실제 경관이자 상징 경관인 것이다.

> 우포늪의 겨울 밤하늘은 철새 울음으로 가득 차 있다.
> 기러기, 고니, 쇠오리, 백로, 흰쭉지, 댕기물떼새
> 울음 한 곡조에서 별 하나씩 태어나고
> 지상에는 잠 못 드는 가장들의 뜬눈이 집집마다 등불로 매달린다.
> 구조조정에 칼바람 맞은 쑥새 가족의 눈물 등불
> 지난여름 폭우에 일년 농사 다 망친 물닭 가족의 눈물 등불
> 하늘로 가면 길이 보일까, 등불 하나씩 꿰차고 날아오른 우리들 웃음이
> 동천 가득 찬 별로 돌며 지상을 내려다본다.
> 무엇이냐, 눈에 귀만 열리는 밤
> 울음은 하늘에 묻고, 몸도 지상에 남아
> 날개 푸덕이며 밤을 지새는 가창오리, 청동오리, 개똥지빠귀……. 이 시대 우
> 리들의 얼굴은
>
> —배한봉의 「지상의 별」 전문

이 시에서 우포늪은 우리의 삶의 현장과 유리된 생태 공간이 결코 아니다. 바로 우리가 살아가야 할 삶의 터전으로서의 '오이코스(oikos)'이다. 기독교 초기의 선지자들은 이교도의 오이코스에 들어가 복음을 전

했다고 하지 않는가? 요즘에 이르러 오이코스를 지나치게 이상적인 용어로 사용하는 경향이 있다. 오이코스는 생태적인 낙원이 아니요, 사람이 살아가야 할 근거이다. 우리는 근거를 두고 '터무니'라고도 한다. 터무니가 있니 없니 할 때의 그 터무니 말이다. 터무니의 어원은 이를테면 '터의 무늬'이다. 우리 시대의 우포늪은 우리이게 가장 상징적인 터의 무늬이다.

배한봉의 시집 『우포늪 왁새』(2002)는 우포늪을 소재로 한 시편들만 모아서 시집 한 권으로 묶어놓은 것이다. 이 시집은 독자로 하여금 생명공동체인 우포늪의 살냄새를 느끼게 하는데 기획되었다는 점에서 교훈과 도덕적 엄숙의 의도가 개입되어 있다는 문제점도 지적될 수 있겠지만, 21세기에 걸쳐 경남의 지역시, 경관시가 일구어 낸 최대의 성과가 아닌가 하는 데는 이견의 여지가 없으리라고 평가되고 있다.

최정규의 『통영바다』(1997) 역시 지역의 자연경관과 관련된 시집이다. 배한봉의 그것이 생태학적 서정시라면, 최정규의 이 시집은 일종의 세기말적 문명비판시이다. 황기원이 이런 말을 했다. 너저분한 빈민굴이나 오염된 공장지대나 살벌한 전쟁터라고 해도 일단 그림이 그려지면 아름답다고. 물론 시에서도 마찬가지다. 최정규가 그린 오염된 통영바다는 시로 그려져서 아름답다. 역사가 시간 개념이라면, 경관은 공간 개념이다. 이 두 가지 개념을 동시에 수용한 학 분야가 역사지리학이다. 내가 요즘에 관심을 쏟고 있는 미지의 필드다. 최정규의 시집은 20세기 말 통영 지역의 역사지리학적인 의미가 부여된 시집이다. 자, 그럼, 백년 안으로 더 들어가 보자. 19세기 말의 김해 지역의 경관을 제시하고 있는 시 한 편을 보자.

명지의 섬은 창망한 남쪽 물 끝에 있고,
널다리의 초옥 가게엔 버들이 흔들흔들.

햇살 아래의 백사장에 밭둑길이 놓였고,

소금수레는 일꾼의 붉은 적삼을 적시네.

—강담운의 「금릉잡시」 중의 한 수

김해 기생인 강담운이 쓴 한시다. 우리말로 인용한 것은 내가 옮긴 졸역본이다. 지금의 명지는 부산으로 편입되어 있지만, 가야 시대에서부터 김해에 속한 곳. 김해 읍성에서도 변방인 낙동강 하류의 강마을이다. 강마을이지만 바다와 맞닿은 곳이다. 염전을 일구는 민초의 땀 흘리는 모습이 선명하게 떠오르는 경관을 묘사하고 있다. 그 당시에 김해는 염전이 주요한 생산 수단이었다. 물억새와 갈대와 염전과 오리 떼와 철새 떼가 어우러져 펼쳐진 모습이 본디 김해의 그 시대의 경관이었다. 원생 경관이었다. 직핍(直逼)된 삶의 경관이었다. 우리 속담에 십 년이면 강산도 변한다고 했는데, 강산이 수십 번 바뀌었다. 시인 박태일이 보는 명지에 대한 시적 경관은 다음과 같다.

꼬리 문드러진 준치가 희게 솟다 가라앉았다 장어발이 통발 멀리 드문드문 갈잎이 되받아주는 청둥오리 울음소리 마지막 찌 끝에 몸을 얹고 물가 곤한 물거품처럼 홀로 밀리면 겨울은 늘 낯선 골목 첫 골목이었다.

—박태일의 「명지 물끝5」 전문

연작시 「명지 물끝」의 한 편이다. 시인 박태일이 바라본 명지 물끝은 실제의 경관은 아닐 것이다. 시인의 상상 속에서 재현된 원생 경관일 터. 지금은 명지에는 원생 경관이 온전히 사라졌다. 그 아름답고 가슴 설레게 했던 을숙도의 경관도 많이도 상했다. 밀려오던 바닷물을 막는 바람에, 재첩국 사이소, 하면서 부산의 골목마다 누비던 재첩도 온전히 사라졌다.

박태일은 고향이 합천이다. 초등학교 2학년 때까지 살다가 부산으로 이주했다. 그는 청소년기에 부산에서 살면서 늘 김해를 돌아다녔다. 시인의 마음속에는 김해와 낙동강이 고향인 합천과 황강을 대체했다. 고향에 대한 가상 고향, 의사 공간인 셈이다. 그의 등단작의 표제인 '미성년의 강'도 낙동강이다. 그가 김해를 배경으로 하거나 소재로 한 장소시만 해도 무려 33편에 이른다. 이것을 한데 모아 『장소시학』 창간호(2021)에 싣고 있다.

새가 날았다.
저문 산길을 따라가면
사금파리 하나로 모습 숨긴 봉황대
(……)
동리 우물마다
소금물이 솟았다.
손으로 입을 막아 사람들은
가을을 견뎠다.
새가 날았다, 깃털 고운
한 마리 두 마리
가락국의 자모(子母)들
노을 내린 하늘에
우수수 바람으로
몰려나갔다.

—박태일의 「가락기 3—봉황대」 부분

김해 도심의 봉황대는 구릉으로 이루어져 있었다. 김해부사 정현석이 구릉의 생김새가 봉황이 날개를 편 모양과 같다고 하여 붙여준 이름이었다. 이것이 한참 후에 발굴 조사를 통해 금관가야 지배 세력의 집단 취락지임이 밝혀졌다. 여기에는 조개무지도 포함되어 있다. 시인은 왜 '가락국의 모자(어미아들)'라고 하지 않고, '가락국의 자모'라고 했을까? 모자라면 서로 기대는 관계요, 삶을 이어가는 관계가 아닌가? 자모라고 했으니, 자음과 모음, 즉 가락국의 잃어버린 언어를 말하는 것 같다. 사람 사는 곳에 언어가 없는 곳이 있을까? 그때의 언어는 복원할 수 없어도, 삶의 모습은 시인의 상상 속에서 재현된다. 상실된 장소성에 대한 원생 경관의 시학적, 심미적인 복원은 시인이나 화가의 몫이다. 경남의 지역시, 경관시와 관련해, 시인 박태일은 향토적 경관의 가장 중요한 위상에 놓여 있는 시인이다.

그렇게 가야는 죽어 무덤이 되었다

발목 아래 강을 불러 왕조를 역설하고

지순한 굽다리접시로 지나긴 잠을 깨운다

—이달균의 「아라가야」 제1수

시조시인 이달균은 고향이 함안이다. 함안은 아라가야의 수도이다. 아라가야를 두고 고문헌에서는 안라(安羅)라고도 했다. 토기 굽다리(高杯)의 불꽃 무늬 투창은 함안 식 토기의 전형적인 장식이다. 나는 20년 전 즈음에 이것에 매료되어 수집도 많이 했었다. 지금도 토기 중에서 태토가 부드럽고 형태가 가장 아름다운 토기는 함안 식 토기라는 생각에는 변함이 없다. 이에 비하면 진주 식 토기는 얼마나 태토가 억세고 형태가 투박한지 모른다. 내 친구이기도 한 이달균 시인이 자기 고향의 함안 식 토기에 관해 어느 정도의 심미안을 가지고 있을까, 궁금하다.

최근에 이르러 가야와 관련된 스토리텔링의 기본 자료들이 많이 쏟아지고 있다. 창녕의 복원된 순장 소녀, 함안의 재생된 연꽃과 천문도와 목간들이 대표적이다. 이것들이 앞으로 때가 되면, 시가 되고, 스토리텔링이 되고, 문화콘텐츠가 되기도 한다. 나는 늘 이렇게 생각하곤 한다. 이야기의 옷에다 옷을 덧입히는 것이 스토리텔링이요, 본래의 콘텐트를 과대포장하는 것이 문화콘텐츠라고. 문덕수의 시편 「안라국의 목걸이」는 개방적인 시적 담론을 구성한 것으로 성공을 거두었다.

> 잭슨 폴락의 그림에 소더비는 환호했다
> 캔버스를 누인 채 물감을 붓고 흘리는
> 새롭고 독특한 기법, 뉴욕은 환호했다
>
> 기실, 그 신선함은 우리가 내다 버린 것
> 한 획 글자를 갈겨쓰면 나비가 날고
> 또 한 번 휘감아 돌면 설경에 봉황이 울던
>
> 하지만 아서라, 재인(才人)과 환쟁이는
> 난전에서 태어나고 난전에서 스러졌느니
> 우리들 예인의 삶은 저자거리의 힘이었다
>
> 약장수 신파극도 지쳐가는 오일장
> 함석전을 비집은 반 평 돗자리는
> 처음 본 갤러리였고 내 시심의 우물이었다
>
> ─이달균의 「혁필─대산장터에서」 전문

이 작품은 모두 4수로 된 연시조이다. 시인의 마음속에 들앉아 있는 어린 시절의 추억 경관이다. 혁필(革筆)은 가죽 끝을 잘게 잘라 먹과 무지개 색깔을 묻혀 글자를 쓰거나 형상을 그리는 일종의 글씨 예술이다. 가죽의 갈라진 틈과 필세와 색감 등을 이용해 탁월한 디자인 감각이 돋보이는 우리나라 고유한 타이포그래피의 중요 유산이다. 실학자 유득공의 『경도잡지』에 나오는 걸 보아 유래가 꽤 오래된 것 같다. 민간에서는 주로 용(龍), 봉(鳳), 귀(龜), 호(虎) 등의 길상 글자가 인기가 있었다. 또한 혁필로 그린 그림을 두고, 혁필화라고 한다.

시인의 기억 속에 투영된 함안 대산장터에는 온갖 잡색의 꾼들이 등장했다. 재인과 환쟁이 등의 예인은 저자거리의 힘이었고, 약장수 신파극에 신물이 날 때 눈을 번쩍 뜨게 한 것은 혁필로 표현된 서화였다. 시인의 이 기억이 자신이 시인으로서 살아가게 한 원천이었다고 한다. 문학과 모든 예술은 서로 통하게 마련이다. 그는 혁필로 구현된 서화를 가리켜 자신을 움직인 '시심의 우물'이라고 했다.

나 역시 이달균과 유사한 추억 경관이 있다.

올해(2023)부터 부산 서면의 부전천에 복개된 콘크리트를 걷어내기 시작한다고 한다. 서울의 청계천 복원 사업과 유사하다. 1967년, 내 나이 열 살 때인 것 같다. 첫 번째 구간의 복개가 이루어졌다. 복개된 빈터 위에 포장된 약장수 가설무대가 세워졌다. 나는 할아버지들 틈서리에 앉아 몇 차례 구경한 적이 있었다. 각종 소리와 신파극이 주요한 레퍼토리였다.

한번은 내가 판소리 심청가를 들었는데, 젊은 여성 소리꾼이 얼마나 슬프게 부르던지, 이 절절한 슬픔의 소리에 몸서리를 쳤다. 심봉사와 심청 부녀의 이별하는 대목이었을 거다. 아마 판소리 심청전에 실린 슬픔의 정서가 내 마음속에 수묵화처럼 적시면서 번져 왔는지 모른다. 나는 그동안 국문학자로서 수십 년을 살아 왔다. 그때의 정서적인 반응이 내 문학과 학문의 우물이 되었는지도 모른다. 그때의 일 모든 게 머릿속에서 그림처럼 그려진다. 일종의 추억 경관이다.

3

무엇이 고향인가? 고향의 고(故) 자는 '옛'이기도 하고, '떠나온'과 '두고 온'의 뜻을 가진 글자이기도 하다. 고향은 출향(出鄕)인에게 해당되는 말이지, 재지(在地)인에게는 별로 의미가 없는 말이다. 개인에게 있어서 고향은 최초의 기억 공간이자, 성장한 곳이다. 이런 점에서 볼 때, 고향은 옛 향리요, 두고 온 산하다. 시와 노래에서 고향이 적지 않다. 독일에서는 '고향노래(Heimatlied)'라고 하는 장르가 따로 있다고 한다. 축자적인 의미라면, 신라 때의 향가 역시 고향노래다. 최초의 고향노래는 성경에 실려 있다. 유대인의 디아스포라와 관련되는 노래다. 인류 최초의 세계 도시였던 고대의 바빌론에서 부른 그 망향가.

우리가 바빌론의 여러 강변 거기에
앉아 시온을 그리워하며 울었노라.
그 중의 버드나무에 우리가 우리의
수금(竪琴 : 하프)을 걸었나니…….

여기에서 시인의 고향에 관한 쟁점이 생겼다. 유치환의 고향이 거제인가, 통영인가. 법정에까지 갔다. 경상도에서는. 태를 안치한 곳, 즉 안태고향이라고 해서 출생지를 강조한다. 그에게 있어서 거제는 존재의 뿌리와 착근(着根)의 장소성을 지닌 곳이다. 그러면서도 기억의 그물에 걸려들지 않은 존재의 과거 지평이기도 하다. 반면에 그에게 있어서의 통영은 최초의 기억 공간이자, 성장지이다. 존재의 뿌리냐? 삶이 이루어진 장소냐? 둘 다 고향이라고 하면 어떨까?

국문학자 김열규의 수필집 『노을진 메아리』(1978)는 글의 첫머리 문장들이 '내겐 고향이 없다. 없어도 아주 없다. 곧이 듣지를 않겠지만 그건 정말이다.'로 시작하는 책이다. 경남 고성에서 태어나 도회지 부산에서 성장했으니 그럴 만도 하겠다. 산업화가 진행하던 그 시대만 해도 고향의 의미는 시골이었다. 그가 그리고 있던 고향은 다음과 같이 상상으로 그려보는 모습이었다.

군데군데 돌을 괴어서 전체를 진흙으로 발라 올린 토담도 함초롬하다. 박 넝쿨과 강낭콩 넝쿨에 빗방울이 맺혀 있다. 잎들은 더욱 무성하고, 사이사이 하이얀 박꽃. 푸른 콩꽃이 빛을 더한다. 가볍게 비를 몰아오는 바람에 희고 푸른 빛이 물보라처럼 부서진다. 맹꽁이 소리가 무던히도 한가롭다. 손바닥에 쓰리는 댓잎자리의 감촉을 즐기며 나는 다시 눈을 감는다. 고향이라는 안도감이 쾌적하게 온몸에 번져간다. (23쪽)

눈앞에 펼쳐지는 경관이 아니다. 상상으로 그리는 향토적인 경관이다. 전형적인 시적 산문의 글이다. 그냥, 산문시라고 해도 좋겠다. 산문이래도 시적인 정감이 넘친다. 현대인들 중에 고향상실증에 빠진 경우가 없지 않다. 현대 사회에서는 산업화의 뿌리가 내려지고 시민사회가 형성됨으로써 고향 또한 타향화된다. 고향상실증은 풍경적 정체성의 상실이 가장 큰 원인의 하나이다.

조식의 청학동, 강담운의 명지, 허민의 율화촌, 박태일의 김해, 배한봉의 우포늪 등은 향토적 경관의 시학을 성취한 경우다. (이 외에도 시적 성공사례를, 우리는 무수히 목도할 수 있다.) 이들의 경우는 자신의 고향을 노래한 게 아니었다. 굳이 고향이 따로 있나? 풍경이나 산수가 훼

손되지 않고 아름다우면, 그게 마음의 고향이다. 또한, 지내기 좋은 곳이야말로 바로 (내) 고향이다. "우비 베네, 이비 파트리아(Ubi bene, ibi patria)." 나는 내 마무리 말을 짐짓 시처럼 남긴다.

인간은 본질적으로 나그네다.
인생은 또 여로(旅路)와 같고.